2007

全国农产品成本收益资料汇编

国家发展和改革委员会价格司 编

中国统计出版社
China Statistics Press

(京)新登字 041 号

图书在版编目（CIP）数据

2007 全国农产品成本收益资料汇编 / 国家发展和改革委员会价格司编.
—北京：中国统计出版社，2007. 10
ISBN 978-7-5037-5273-5

Ⅰ. 2…
Ⅱ. 国…
Ⅲ. 农产品 - 产品成本 - 成本效益分析 - 资料 - 中国 -2007
Ⅳ. F323.7

中国版本图书馆 CIP 数据核字（2007）第 150437 号

2007 全国农产品成本收益资料汇编

作　　者 / 国家发展和改革委员会价格司
责任编辑 / 许立舫
装帧设计 / 艺编广告
出版发行 / 中国统计出版社
通信地址 / 北京市西城区月坛南街 75 号
邮政编码 /100826
办公地址 / 北京市丰台区西三环南路甲 6 号
电　　话 / 邮购（010）63376907　书店（010）68783172
印　　刷 / 河北天普润印刷厂
经　　销 / 新华书店
开　　本 /880 × 1230 毫米　1/16
字　　数 /1400 千字
印　　张 /45
印　　数 /1 — 2400 册
版　　别 /2007 年 10 月第 1 版
版　　次 /2007 年 10 月第 1 次印刷
书　　号 /ISBN 978-7-5037-5273-5/F · 2565
定　　价 /238.00 元

本书附同版本 CD-ROM 一张，光盘内容以书面文字为准。

《全国农产品成本收益资料汇编－2007》
编辑委员会和编辑部

编 者 说 明

一、《全国农产品成本收益资料汇编－2007》收录了我国2006年主要农产品生产成本和收益资料及1978年以来成本收益简明数据。其中全国性数据均未包括香港、澳门特别行政区和台湾省数据。

二、本汇编共分九个部分，即：第一部分，综合；第二部分，粮食、油料；第三部分，棉、麻、烟、糖料；第四部分，蚕茧、茶叶、水果；第五部分，肉、禽、蛋、奶；第六部分，水产品；第七部分，蔬菜；第八部分，中药材；第九部分，畜产品。

三、本汇编中，“三种粮食平均”指稻谷、小麦、玉米平均；稻谷指早籼稻、中籼稻、晚籼稻和粳稻平均；“两种油料平均”指花生、油菜籽平均；“规模生猪”、“规模肉鸡”、“规模蛋鸡”、“规模奶牛”均指各品种小规模、中规模和大规模的平均；蔬菜平均指西红柿、黄瓜、茄子、元白菜、菜椒、大白菜、马铃薯7种蔬菜平均。

四、本汇编中各品种家庭用工折价均按2006年全国统一劳动日工价计算。种植业和一般饲养业为16.9元/日，淡水鱼养殖为23.7元/日。

五、自2004年开始，全国农产品成本调查核算实行新指标体系。为便于比较分析，1978–2003年主要农产品成本收益数据已按照新农产品成本核算体系的口径作了转换。转换方法详见附录二。

六、本书编辑过程中得到了各级价格主管部门成本调查队及烟草、供销等相关部门的大力支持，在此谨致谢意。

七、全国主要农产品成本收益简明数据电子版可在“全国成本调查网”(www.npcs.gov.cn)免费下载。

八、本汇编由国家发展和改革委员会价格司编印。

联系电话：010–68502285、68501740，传真：010–68501742。

E-ail: gjjw0069@mx.cei.gov.cn 、chengbenchu@npcs.gov.cn

目 录

一、综 合

二、各地区粮食、油料

三、各地区棉、麻、烟、糖料

四、各地区蚕茧、茶叶、水果

五、各地区肉、禽、蛋、奶

（一）省、自治区、直辖市

（二）大中城市

六、各地区水产品

（一）省、自治区、直辖市

（二）大中城市

七、各地区蔬菜

八、各地区中药材

九、各地区畜产品

一、综　　合

1－1－1　三种粮食平均成本收益情况

项　目	单位	1978 年	1985 年	1988 年	1990 年	1991 年	1992 年	1993 年
每亩								
主产品产量	公斤	221.40	290.70	294.50	334.30	323.90	329.60	345.00
产值合计	元	56.05	114.44	159.06	199.15	188.26	207.79	270.91
主产品产值	元	48.84	102.99	143.20	179.50	169.19	187.42	247.04
副产品产值	元	7.21	11.45	15.86	19.65	19.07	20.37	23.87
总成本	元	58.23	73.67	106.11	142.89	153.93	163.79	178.58
生产成本	元	56.00	68.25	98.75	133.52	142.77	151.63	164.24
物质与服务费用	元	29.36	41.85	61.13	83.35	85.89	89.62	99.46
人工成本	元	26.64	26.40	37.62	50.17	56.88	62.01	64.78
家庭用工折价	元	26.64	26.40	37.62	50.17	56.88	62.01	64.78
雇工费用	元							
土地成本	元	2.23	5.42	7.36	9.37	11.16	12.16	14.34
流转地租金	元							
自营地折租	元	2.23	5.42	7.36	9.37	11.16	12.16	14.34
净利润	元	-2.18	40.77	52.95	56.26	34.33	44.00	92.33
现金成本	元	29.36	41.85	61.13	83.35	85.89	89.62	99.46
现金收益	元	26.69	72.59	97.93	115.80	102.37	118.17	171.45
成本利润率	%	-3.73	55.34	49.90	39.37	22.30	26.86	51.70
每 50 公斤主产品								
平均出售价格	元	11.03	17.71	24.31	26.85	26.12	28.43	35.80
总成本	元	11.46	11.40	16.22	19.26	21.36	22.41	23.60
生产成本	元	11.02	10.56	15.09	18.00	19.81	20.75	21.70
净利润	元	-0.43	6.31	8.09	7.59	4.76	6.02	12.20
现金成本	元	5.78	6.48	9.34	11.24	11.92	12.26	13.14
现金收益	元	5.25	11.23	14.97	15.61	14.20	16.17	22.66
附:								
每亩用工数量	日	33.30	17.60	17.10	17.30	15.80	15.90	15.80
每亩主产品出售数量	公斤					159.40	175.30	182.40
每亩主产品出售产值	元					96.32	102.63	127.77
商品率	%					49.20	53.20	52.90
每亩补贴收入	元							
每亩成本外支出	元		2.07	3.15	4.35	6.19	6.58	7.66

1-1-1 续表 1

项目	单位	1994 年	1995 年	1996 年	1997 年	1998 年	1999 年	2000 年
每亩								
主产品产量	公斤	341.00	342.40	352.60	349.50	350.50	348.40	342.20
产值合计	元	430.10	545.67	544.37	491.46	463.14	396.25	352.96
主产品产值	元	405.40	514.36	509.77	455.01	435.00	369.55	331.00
副产品产值	元	24.70	31.31	34.60	36.45	28.14	26.70	21.96
总成本	元	239.37	321.76	388.70	386.05	383.85	370.68	356.18
生产成本	元	219.44	294.39	354.98	355.57	331.63	321.15	309.22
物质与服务费用	元	142.43	178.32	202.69	202.57	195.62	192.72	182.87
人工成本	元	77.01	116.07	152.29	153.00	136.01	128.43	126.35
家庭用工折价	元	77.01	116.07	152.29	153.00	128.64	107.35	117.00
雇工费用	元					7.37	21.08	9.35
土地成本	元	19.93	27.37	33.72	30.48	52.22	49.53	46.96
流转地租金	元					8.39	6.14	4.90
自营地折租	元	19.93	27.37	33.72	30.48	43.83	43.39	42.06
净利润	元	190.73	223.91	155.67	105.41	79.29	25.58	-3.22
现金成本	元	142.43	178.32	202.69	202.57	211.38	219.94	197.12
现金收益	元	287.67	367.35	341.68	288.89	251.76	176.32	155.84
成本利润率	%	79.68	69.59	40.05	27.30	20.66	6.90	-0.89
每 50 公斤主产品								
平均出售价格	元	59.44	75.11	72.29	65.09	62.05	53.04	48.36
总成本	元	33.08	44.29	51.62	51.13	51.43	49.62	48.80
生产成本	元	30.33	40.52	47.14	47.09	44.43	42.99	42.37
净利润	元	26.36	30.82	20.67	13.96	10.62	3.42	-0.44
现金成本	元	19.68	24.55	26.92	26.83	28.32	29.44	27.01
现金收益	元	39.76	50.56	45.37	38.26	33.73	23.60	21.35
附:								
每亩用工数量	日	15.10	15.90	15.70	15.30	13.80	12.80	12.20
每亩主产品出售数量	公斤	183.50	177.00	177.50	178.60	189.40	184.80	168.10
每亩主产品出售产值	元	215.61	266.86	244.28	233.01	233.76	195.26	161.59
商品率	%	53.80	51.70	50.30	51.10	54.00	53.00	49.10
每亩补贴收入	元					1.21	0.86	0.45
每亩成本外支出	元	9.86	15.11	18.56	15.54	37.43	35.61	32.10

1－1－1　续表 2

项　　目	单位	2001 年	2002 年	2003 年	2004 年	2005 年	2006 年	2006 年比 2005 年 ±%
每亩								
主产品产量	公斤	356.00	358.30	344.20	404.80	393.10	403.90	2.75
产值合计	元	390.04	375.26	411.24	591.95	547.60	599.86	9.54
主产品产值	元	366.65	352.87	389.22	572.60	529.48	581.46	9.82
副产品产值	元	23.39	22.39	22.02	19.35	18.12	18.40	1.55
总成本	元	350.61	370.40	377.03	395.45	425.02	444.90	4.68
生产成本	元	308.04	319.37	324.30	341.38	363.00	376.65	3.76
物质与服务费用	元	179.39	189.32	186.64	200.12	211.63	224.75	6.20
人工成本	元	128.65	130.05	137.66	141.26	151.37	151.90	0.35
家庭用工折价	元	119.60	121.00	128.26	129.33	140.00	140.10	0.07
雇工费用	元	9.05	9.05	9.40	11.93	11.37	11.80	3.78
土地成本	元	42.57	51.03	52.73	54.07	62.02	68.25	10.05
流转地租金	元	4.68	5.19	3.74	5.96	5.80	6.64	14.48
自营地折租	元	37.89	45.84	48.99	48.11	56.22	61.61	9.59
净利润	元	39.43	4.86	34.21	196.50	122.58	154.96	26.42
现金成本	元	193.12	203.56	199.78	218.01	228.80	243.19	6.29
现金收益	元	196.92	171.70	211.46	373.94	318.80	356.67	11.88
成本利润率	%	11.25	1.31	9.07	49.69	28.84	34.83	
每 50 公斤主产品								
平均出售价格	元	51.50	49.24	56.54	70.73	67.35	71.98	6.87
总成本	元	46.29	48.60	51.84	47.25	52.27	53.39	2.14
生产成本	元	40.67	41.91	44.59	40.79	44.65	45.20	1.23
净利润	元	5.21	0.64	4.70	23.48	15.08	18.59	23.28
现金成本	元	25.50	26.71	27.47	26.05	28.14	29.18	3.70
现金收益	元	26.00	22.53	29.07	44.68	39.21	42.80	9.16
附:								
每亩用工数量	日	12.00	11.50	11.10	9.97	9.59	8.68	－9.49
每亩主产品出售数量	公斤	179.10	173.70	166.40	190.50	186.20	213.20	14.50
每亩主产品出售产值	元	183.39	169.86	183.95	259.24	241.44	299.60	24.09
商品率	%	50.30	48.50	48.30	53.00	55.90	64.50	
每亩补贴收入	元	0.04	0.03	0.73	8.33	9.84	16.58	68.50
每亩成本外支出	元	26.62	10.09	8.44	4.68	2.76	1.87	－32.25

1－1－2　三种粮食平均费用和用工情况

项　　目	单位	1978 年	1985 年	1988 年	1990 年	1991 年	1992 年	1993 年
一、每亩物质与服务费用	元	29.36	41.85	61.13	83.35	85.89	89.62	99.46
（一）直接费用	元	24.38	34.97	51.61	70.98	72.86	75.62	83.81
1. 种子费	元	2.98	4.83	6.72	10.65	9.45	9.64	10.13
2. 化肥费	元	7.08	12.25	20.13	27.77	28.68	30.01	33.56
3. 农家肥费	元	6.72	5.76	5.99	7.35	7.07	6.45	6.71
4. 农药费	元	0.84	1.14	2.06	3.33	3.63	3.73	4.04
5. 农膜费	元				0.92	1.00	1.30	1.42
6. 租赁作业费	元	4.89	8.97	13.07	17.07	19.09	19.58	22.42
机械作业费	元	0.84	1.63	3.14	5.00	5.99	6.72	8.04
排灌费	元	1.12	1.91	2.92	3.74	4.51	5.06	5.63
其中：水费	元							
畜力费	元	2.93	5.43	7.01	8.33	8.59	7.80	8.75
7. 燃料动力费	元					0.25	0.42	0.41
8. 技术服务费	元							
9. 工具材料费	元				0.07	0.10	0.10	0.07
10. 修理维护费	元	1.22	1.26	1.78	1.90	1.87	2.18	2.58
11. 其他直接费用	元	0.65	0.76	1.86	1.92	1.72	2.21	2.47
（二）间接费用	元	4.98	6.88	9.52	12.37	13.03	14.00	15.65
1. 固定资产折旧	元	1.38	1.65	2.36	3.00	3.64	3.86	4.63
2. 税金	元	2.23	3.35	4.21	5.02	4.97	5.58	6.68
3. 保险费	元							
4. 管理费	元	1.37	1.66	2.56	3.64	3.81	3.82	3.60
5. 财务费	元							
6. 销售费	元		0.22	0.39	0.71	0.61	0.74	0.74
二、每亩人工成本	元	26.64	26.40	37.62	50.17	56.88	62.01	64.78
1. 家庭用工折价	元	26.64	26.40	37.62	50.17	56.88	62.01	64.78
家庭用工天数	日	33.30	17.60	17.10	17.30	15.80	15.90	15.80
劳动日工价	元	0.80	1.50	2.20	2.90	3.60	3.90	4.10
2. 雇工费用	元							
雇工天数	日							
雇工工价	元							
三、附记								
1. 每亩种子用量	公斤	5.54	4.65	4.52	4.21	8.31	8.08	7.94
2. 每亩化肥用量	公斤	15.20	19.60	23.90	28.70	25.50	16.60	21.20
3. 每亩农膜用量	公斤					0.20	0.30	0.40

1－1－2 续表 1

项　　目	单位	1994 年	1995 年	1996 年	1997 年	1998 年	1999 年	2000 年
一、每亩物质与服务费用	元	142.43	178.32	202.69	202.57	195.62	192.72	182.87
(一)直接费用	元	120.35	151.45	171.52	170.71	164.99	163.27	153.33
1.种子费	元	15.82	22.65	24.97	22.63	20.71	21.25	18.94
2.化肥费	元	46.12	62.79	72.11	68.00	64.43	62.75	57.37
3.农家肥费	元	8.21	10.56	11.85	11.09	11.11	10.40	8.87
4.农药费	元	5.85	7.33	8.29	8.30	8.25	8.69	8.12
5.农膜费	元	1.35	1.71	2.49	2.51	2.72	2.16	1.78
6.租赁作业费	元	33.97	36.70	41.89	47.62	47.50	49.02	50.66
机械作业费	元	12.49	13.21	15.74	18.44	20.38	21.22	22.85
排灌费	元	10.29	9.42	11.07	13.88	12.84	14.98	15.67
其中:水费	元							
畜力费	元	11.19	14.07	15.08	15.30	14.28	12.82	12.14
7.燃料动力费	元	0.62	1.04	1.11	1.60	0.85	0.95	0.09
8.技术服务费	元							
9.工具材料费	元	0.22	0.28	0.11	0.21	0.22	0.29	0.18
10.修理维护费	元	3.50	4.16	4.23	4.22	4.05	3.67	3.24
11.其他直接费用	元	4.69	4.23	4.47	4.53	5.15	4.09	4.08
(二)间接费用	元	22.08	26.87	31.17	31.86	30.63	29.45	29.54
1.固定资产折旧	元	5.46	6.59	6.63	7.00	7.33	7.22	6.76
2.税金	元	10.07	12.26	15.16	14.94	14.79	13.92	14.86
3.保险费	元							
4.管理费	元	5.20	6.61	7.52	7.96	5.26	5.13	4.86
5.财务费	元					0.47	0.48	0.54
6.销售费	元	1.35	1.41	1.86	1.96	2.78	2.70	2.52
二、每亩人工成本	元	77.01	116.07	152.29	153.00	136.01	128.43	126.35
1.家庭用工折价	元	77.01	116.07	152.29	153.00	128.64	107.35	117.00
家庭用工天数	日	15.10	15.90	15.70	15.30	13.40	11.30	11.70
劳动日工价	元	5.10	7.30	9.70	10.00	9.60	9.50	10.00
2.雇工费用	元					7.37	21.08	9.35
雇工天数	日					0.40	1.50	0.50
雇工工价	元					18.43	14.05	18.70
三、附记								
1.每亩种子用量	公斤	8.94	8.27	8.20	7.87	7.80	7.79	7.54
2.每亩化肥用量	公斤	16.86	17.43	17.55	17.17	19.64	19.95	20.30
3.每亩农膜用量	公斤	0.23	0.17	0.25	0.23	0.28	0.26	0.20

1－1－2 续表 2

项 目	单位	2001 年	2002 年	2003 年	2004 年	2005 年	2006 年	2006 年比 2005 年 ±%
一、每亩物质与服务费用	元	179.39	189.32	186.64	200.12	211.63	224.75	6.20
（一）直接费用	元	149.72	153.74	153.09	178.21	203.62	218.54	7.33
1. 种子费	元	18.00	20.32	19.07	21.06	24.90	26.29	5.58
2. 化肥费	元	54.76	57.27	57.93	71.44	84.31	86.81	2.97
3. 农家肥费	元	9.35	9.16	9.04	9.95	9.03	8.89	-1.55
4. 农药费	元	8.31	8.70	9.22	11.55	14.38	16.15	12.31
5. 农膜费	元	1.93	1.77	1.66	1.63	2.01	2.10	4.48
6. 租赁作业费	元	50.30	49.71	49.42	56.72	63.26	73.28	15.84
机械作业费	元	22.79	23.78	24.09	31.58	37.73	46.73	23.85
排灌费	元	15.50	14.77	14.72	15.01	15.27	16.79	9.95
其中：水费	元				6.05	6.57	6.86	4.41
畜力费	元	12.01	11.16	10.61	10.13	10.26	9.76	-4.87
7. 燃料动力费	元	0.04	0.07	0.02	0.72	0.42	0.33	-21.43
8. 技术服务费	元				0.10	0.09	0.07	-22.22
9. 工具材料费	元	0.18	0.19	0.14	2.41	2.60	2.71	4.23
10. 修理维护费	元	3.29	3.38	3.02	1.60	1.63	1.49	-8.59
11. 其他直接费用	元	3.56	3.17	3.57	1.03	0.99	0.42	-57.58
（二）间接费用	元	29.67	35.58	33.55	21.91	8.01	6.21	-22.47
1. 固定资产折旧	元	6.00	6.15	6.26	4.93	4.49	4.11	-8.46
2. 税金	元	15.95	25.63	23.69	13.87	0.74		-100.00
3. 保险费	元				0.16	0.24	0.14	-41.67
4. 管理费	元	4.88	1.10	1.16	1.04	0.76	0.34	-55.26
5. 财务费	元	0.32	0.27	0.23	0.25	0.37	0.24	-35.14
6. 销售费	元	2.52	2.43	2.21	1.66	1.41	1.38	-2.13
二、每亩人工成本	元	128.65	130.05	128.12	141.26	151.37	151.90	0.35
1. 家庭用工折价	元	119.60	121.00	118.72	129.33	140.00	140.10	0.07
家庭用工天数	日	11.50	11.00	10.60	9.44	9.15	8.29	-9.40
劳动日工价	元	10.40	11.00	11.20	13.70	15.30	16.90	10.46
2. 雇工费用	元	9.05	9.05	9.40	11.93	11.37	11.80	3.78
雇工天数	日	0.50	0.50	0.50	0.53	0.44	0.39	-11.36
雇工工价	元	18.10	18.10	18.80	22.51	25.84	30.26	17.11
三、附记								
1. 每亩种子用量	公斤	7.40	7.40	7.30	6.67	6.47	6.46	-0.15
2. 每亩化肥用量	公斤	19.80	20.90	20.20	19.14	20.29	20.96	3.30
3. 每亩农膜用量	公斤	0.20	0.20	0.20	0.20	0.18	0.18	

1-1-3 三种粮食平均化肥投入情况

项 目	单位	1998年	1999年	2000年	2001年	2002年	2003年	2004年	2005年	2006年	2006年比2005年±%
一、每亩化肥金额	元	64.43	62.75	57.37	54.76	57.27	57.93	71.44	84.31	86.81	2.97
(一)氮肥	元	37.81	35.85	32.73	30.65	31.56	32.29	37.79	40.81	39.24	-3.85
1.尿素	元	24.17	23.00	21.44	19.90	21.71	22.36	27.43	30.53	30.31	-0.72
2.碳铵	元	12.29	11.92	10.72	9.84	9.39	9.40	9.96	9.97	8.59	-13.84
3.其他氮肥	元	1.35	0.93	0.57	0.91	0.46	0.53	0.40	0.31	0.34	9.68
(二)磷肥	元	6.33	6.45	5.46	5.54	5.27	4.72	4.17	5.23	5.09	-2.68
其中:过磷酸钙	元	6.33	6.45	5.46	5.54	5.27	4.72	3.52	4.25	4.13	-2.82
(三)钾肥	元	2.03	1.90	1.87	1.74	1.71	1.82	2.19	3.17	3.18	0.32
其中:氯化钾	元	2.03	1.90	1.87	1.74	1.71	1.82	1.75	2.48	2.52	1.61
(四)复混肥	元	18.26	18.55	17.31	16.83	18.73	19.10	24.56	34.66	38.76	11.83
1.复合肥	元	16.43	16.96	15.69	15.58	16.97	17.76	22.52	32.50	36.50	12.31
其中:二铵	元	8.88	8.59	8.16	7.31	7.71	8.22	9.31	10.13	10.00	-1.28
2.混配肥	元	1.83	1.59	1.62	1.25	1.76	1.34	2.04	2.16	2.26	4.63
(五)其他肥料	元							2.73	0.44	0.54	22.73
二、每亩化肥折纯用量	公斤	19.64	19.95	20.30	19.80	20.90	20.20	19.14	20.29	20.96	3.30
(一)氮肥	公斤	11.83	12.05	12.10	11.50	11.90	11.50	11.09	10.40	10.24	-1.54
1.尿素	公斤	7.32	7.49	7.70	7.30	8.00	7.60	7.67	7.30	7.41	1.51
2.碳铵	公斤	4.07	4.29	4.20	3.90	3.70	3.80	3.35	3.02	2.73	-9.60
3.其他氮肥	公斤	0.44	0.27	0.20	0.30	0.20	0.10	0.07	0.08	0.10	25.00
(二)磷肥	公斤	1.90	1.94	1.90	2.20	2.10	2.00	1.72	1.89	1.75	-7.41
其中:过磷酸钙	公斤	1.90	1.94	1.90	2.20	2.10	2.00	1.44	1.52	1.40	-7.89
(三)钾肥	公斤	0.72	0.66	0.70	0.70	0.70	0.70	0.64	0.75	0.76	1.33
其中:氯化钾	公斤	0.72	0.66	0.70	0.70	0.70	0.70	0.58	0.65	0.65	
(四)复混肥	公斤	5.19	5.30	5.60	5.40	6.20	6.00	5.69	7.25	8.21	13.24
1.复合肥	公斤	4.66	4.85	5.00	5.00	5.50	5.50	5.06	6.81	7.75	13.80
其中:二铵	公斤	2.60	2.35	2.50	2.30	2.60	2.50	2.55	2.37	2.30	-2.95
2.混配肥	公斤	0.53	0.45	0.60	0.40	0.70	0.50	0.63	0.44	0.46	4.55

1-2-1 稻谷成本收益情况

项　　目	单位	1978年	1985年	1988年	1990年	1991年	1992年	1993年
每亩								
主产品产量	公斤	278.40	376.90	373.10	414.10	399.80	403.80	410.10
产值合计	元	69.01	145.35	214.73	264.44	250.78	259.97	356.37
主产品产值	元	60.64	131.93	195.31	241.27	228.17	236.82	331.66
副产品产值	元	8.37	13.42	19.42	23.17	22.61	23.15	24.71
总成本	元	65.95	88.31	130.78	169.28	188.41	192.29	211.24
生产成本	元	63.26	81.84	121.56	158.30	174.26	177.94	194.21
物质与服务费用	元	32.78	48.99	75.14	98.56	102.62	102.67	115.49
人工成本	元	30.48	32.85	46.42	59.74	71.64	75.27	78.72
家庭用工折价	元	30.48	32.85	46.42	59.74	71.64	75.27	78.72
雇工费用	元							
土地成本	元	2.69	6.47	9.22	10.98	14.15	14.35	17.03
流转地租金	元							
自营地折租	元	2.69	6.47	9.22	10.98	14.15	14.35	17.03
净利润	元	3.06	57.04	83.95	95.16	62.37	67.68	145.13
现金成本	元	32.78	48.99	75.14	98.56	102.62	102.67	115.49
现金收益	元	36.23	96.36	139.59	165.88	148.16	157.30	240.88
成本利润率	%	4.64	64.59	64.19	56.21	33.10	35.20	68.70
每50公斤主产品								
平均出售价格	元	10.89	17.50	26.17	29.13	28.54	29.32	40.44
总成本	元	10.41	10.63	15.94	18.65	21.44	21.69	23.97
生产成本	元	9.98	9.85	14.82	17.44	19.83	20.07	22.04
净利润	元	0.48	6.87	10.23	10.48	7.10	7.63	16.47
现金成本	元	5.17	5.90	9.16	10.86	11.68	11.58	13.11
现金收益	元	5.72	11.60	17.01	18.27	16.86	17.74	27.33
附：								
每亩用工数量	日	38.10	21.90	21.10	20.60	19.90	19.30	19.20
每亩主产品出售数量	公斤					177.10	189.90	182.40
每亩主产品出售产值	元					113.63	118.97	148.09
商品率	%					44.30	47.00	44.50
每亩补贴收入	元							
每亩成本外支出	元		2.17	3.90	4.59	7.46	7.26	8.01

1－2－1　续表 1

项　　目	单位	1994 年	1995 年	1996 年	1997 年	1998 年	1999 年	2000 年
每亩								
主产品产量	公斤	412.10	408.20	415.80	423.10	421.90	420.60	415.10
产值合计	元	614.72	702.50	705.74	621.93	593.36	500.90	451.72
主产品产值	元	586.62	670.32	670.44	587.46	564.63	475.99	429.56
副产品产值	元	28.10	32.18	35.30	34.47	28.73	24.91	22.16
总成本	元	298.07	391.40	458.28	450.18	437.44	425.15	401.65
生产成本	元	269.92	354.17	417.21	409.05	379.50	370.44	351.69
物质与服务费用	元	175.06	215.47	232.91	231.05	215.58	212.00	199.21
人工成本	元	94.86	138.70	184.30	178.00	163.92	158.44	152.48
家庭用工折价	元	94.86	138.70	184.30	178.00	152.64	131.10	140.00
雇工费用	元					11.28	27.34	12.48
土地成本	元	28.15	37.23	41.07	41.13	57.94	54.71	49.96
流转地租金	元					8.66	5.91	4.23
自营地折租	元	28.15	37.23	41.07	41.13	49.28	48.80	45.73
净利润	元	316.65	311.10	247.46	171.75	155.92	75.75	50.07
现金成本	元	175.06	215.47	232.91	231.05	235.52	245.25	215.92
现金收益	元	439.66	487.03	472.83	390.88	357.84	255.65	235.80
成本利润率	%	106.23	79.48	54.00	38.15	35.64	17.82	12.47
每 50 公斤主产品								
平均出售价格	元	71.17	82.11	80.62	69.42	66.92	56.58	51.74
总成本	元	34.51	45.75	52.35	50.25	49.34	48.02	46.00
生产成本	元	31.25	41.40	47.66	45.66	42.80	41.84	40.28
净利润	元	36.66	36.36	28.27	19.17	17.58	8.56	5.74
现金成本	元	20.27	25.18	26.61	25.79	26.56	27.70	24.73
现金收益	元	50.90	56.93	54.01	43.63	40.36	28.88	27.01
附:								
每亩用工数量	日	18.60	19.00	19.00	17.80	16.40	15.10	14.60
每亩主产品出售数量	公斤	207.70	181.70	196.10	198.10	211.20	196.90	189.60
每亩主产品出售产值	元	304.64	308.94	308.92	281.40	286.25	223.50	199.46
商品率	%	50.40	44.50	47.20	46.80	50.10	46.80	45.70
每亩补贴收入	元					1.44	1.01	0.83
每亩成本外支出	元	13.80	19.25	20.62	21.04	38.22	36.72	31.34

1－2－1　续表 2

项　　目	单位	2001 年	2002 年	2003 年	2004 年	2005 年	2006 年	2006 年比 2005 年 ±%
每亩								
主产品产量	公斤	427.20	420.40	408.80	450.90	431.00	436.30	1.23
产值合计	元	481.85	453.37	513.96	739.73	686.02	720.60	5.04
主产品产值	元	458.64	432.10	491.03	719.80	669.40	703.63	5.11
副产品产值	元	23.21	21.27	22.93	19.93	16.62	16.97	2.11
总成本	元	400.47	415.82	416.66	454.64	493.31	518.23	5.05
生产成本	元	352.45	359.49	360.11	397.68	426.99	441.54	3.41
物质与服务费用	元	198.46	206.68	207.39	226.24	242.45	255.21	5.26
人工成本	元	153.99	152.81	152.72	171.44	184.54	186.33	0.97
家庭用工折价	元	139.36	138.60	140.00	150.29	162.49	163.93	0.89
雇工费用	元	14.63	14.21	12.72	21.15	22.05	22.40	1.59
土地成本	元	48.02	56.33	56.55	56.96	66.32	76.69	15.64
流转地租金	元	4.16	3.88	2.55	7.64	9.56	12.00	25.52
自营地折租	元	43.86	52.45	54.00	49.32	56.76	64.69	13.97
净利润	元	81.38	37.55	97.30	285.09	192.71	202.37	5.01
现金成本	元	217.25	224.77	222.66	255.03	274.06	289.61	5.67
现金收益	元	264.60	228.60	291.30	484.70	411.96	430.99	4.62
成本利润率	%	20.32	9.03	23.35	62.71	39.06	39.05	
每 50 公斤主产品								
平均出售价格	元	53.68	51.39	60.06	79.82	77.66	80.64	3.84
总成本	元	44.61	47.13	48.69	49.06	55.84	57.99	3.85
生产成本	元	39.26	40.75	42.08	42.91	48.34	49.41	2.21
净利润	元	9.07	4.26	11.37	30.76	21.82	22.65	3.80
现金成本	元	24.20	25.48	26.02	27.52	31.02	32.41	4.48
现金收益	元	29.48	25.91	34.04	52.30	46.64	48.23	3.41
附：								
每亩用工数量	日	14.10	13.30	13.10	11.85	11.39	10.37	-8.96
每亩主产品出售数量	公斤	200.90	189.90	180.10	183.60	175.40	199.50	13.74
每亩主产品出售产值	元	219.53	196.00	217.01	292.53	274.06	322.50	17.67
商品率	%	47.00	45.20	44.10	46.50	50.70	57.10	
每亩补贴收入	元	0.13	0.10	1.47	13.08	12.83	20.31	58.30
每亩成本外支出	元	27.68	9.57	7.71	5.98	4.03	2.97	-26.30

1－2－2 稻谷费用和用工情况

项　　目	单位	1978 年	1985 年	1988 年	1990 年	1991 年	1992 年	1993 年
一、每亩物质与服务费用	元	32.78	48.99	75.14	98.56	102.62	102.67	115.49
(一)直接费用	元	26.93	40.75	63.65	83.34	86.27	85.93	96.76
1. 种子费	元	3.74	4.74	6.50	10.32	8.98	9.05	9.25
2. 化肥费	元	7.93	14.60	25.37	31.58	32.72	33.27	37.73
3. 农家肥费	元	5.80	4.74	5.69	6.47	6.73	5.44	6.16
4. 农药费	元	1.72	2.65	4.78	6.88	7.32	6.97	7.45
5. 农膜费	元				1.08	1.31	1.38	1.42
6. 租赁作业费	元	5.25	11.37	16.97	21.91	23.32	23.04	27.25
机械作业费	元	1.06	1.81	3.05	4.99	5.78	6.14	8.04
排灌费	元	1.47	3.10	4.64	5.97	6.63	6.74	7.93
其中:水费	元							
畜力费	元	2.72	6.46	9.28	10.95	10.91	10.16	11.28
7. 燃料动力费	元					0.31	0.79	0.56
8. 技术服务费	元							
9. 工具材料费	元				0.22	0.29	0.27	0.17
10. 修理维护费	元	1.44	1.61	2.38	2.68	2.69	2.92	3.21
11. 其他直接费用	元	1.05	1.04	1.96	2.20	2.60	2.80	3.56
(二)间接费用	元	5.85	8.24	11.49	15.22	16.35	16.74	18.73
1. 固定资产折旧	元	1.50	1.99	2.95	3.79	4.32	4.71	4.80
2. 税金	元	2.69	4.30	5.32	6.39	6.69	7.09	9.02
3. 保险费	元							
4. 管理费	元	1.66	1.68	2.72	4.26	4.67	4.28	4.30
5. 财务费	元							
6. 销售费	元		0.27	0.50	0.78	0.67	0.66	0.61
二、每亩人工成本	元	30.48	32.85	46.42	59.74	71.64	75.27	78.72
1. 家庭用工折价	元	30.48	32.85	46.42	59.74	71.64	75.27	78.72
家庭用工天数	日	38.10	21.90	21.10	20.60	19.90	19.30	19.20
劳动日工价	元	0.80	1.50	2.20	2.90	3.60	3.90	4.10
2. 雇工费用	元							
雇工天数	日							
雇工工价	元							
三、附记								
1. 每亩种子用量	公斤	7.82	5.20	4.54	3.64	6.57	6.17	5.79
2. 每亩化肥用量	公斤	17.80	23.30	29.00	34.20	29.50	20.00	23.80
3. 每亩农膜用量	公斤					0.30	0.30	0.30

1-2-2 续表 1

项　　目	单位	1994 年	1995 年	1996 年	1997 年	1998 年	1999 年	2000 年
一、每亩物质与服务费用	元	175.06	215.47	232.91	231.05	215.58	212	199.21
(一)直接费用	元	146.20	180.04	192.28	190.74	178.86	177.99	165.75
1. 种子费	元	15.12	22.71	22.12	19.30	16.64	18.17	15.29
2. 化肥费	元	51.67	72.12	76.87	71.61	65.34	63.97	57.02
3. 农家肥费	元	8.44	9.01	10.68	9.42	9.35	8.03	7.04
4. 农药费	元	11.21	13.79	14.56	15.42	15.02	15.59	14.87
5. 农膜费	元	2.27	2.86	3.01	3.16	3.21	3.12	2.77
6. 租赁作业费	元	42.06	43.89	49.35	55.29	54.81	56.70	57.62
机械作业费	元	12.95	12.63	14.49	15.84	17.99	20.51	21.30
排灌费	元	15.60	12.21	13.63	16.27	16.58	16.82	17.97
其中:水费	元							
畜力费	元	13.51	19.05	21.23	23.18	20.24	19.37	18.35
7. 燃料动力费	元	1.16	2.27	1.64	2.15	1.15	1.00	0.07
8. 技术服务费	元							
9. 工具材料费	元	0.59	0.54	0.34	0.59	0.61	0.77	0.49
10. 修理维护费	元	4.51	5.49	5.57	5.85	5.26	4.36	4.19
11. 其他直接费用	元	9.17	7.36	8.14	7.95	7.47	6.28	6.39
(二)间接费用	元	28.86	35.43	40.63	40.31	36.72	34.01	33.46
1. 固定资产折旧	元	6.81	7.88	8.72	8.59	8.81	7.72	7.43
2. 税金	元	14.35	17.98	20.45	20.09	19.72	17.99	18.62
3. 保险费	元							
4. 管理费	元	6.36	7.97	9.62	9.06	5.14	5.10	4.61
5. 财务费	元					0.25	0.35	0.19
6. 销售费	元	1.34	1.60	1.84	2.57	2.80	2.85	2.61
二、每亩人工成本	元	94.86	138.70	184.30	178.00	163.92	158.44	152.48
1. 家庭用工折价	元	94.86	138.70	184.30	178.00	152.64	131.10	140.00
家庭用工天数	日	18.60	19.00	19.00	17.80	15.90	13.80	14.00
劳动日工价	元	5.10	7.30	9.70	10.00	9.60	9.50	10.00
2. 雇工费用	元					11.28	27.34	12.48
雇工天数	日					0.50	1.40	0.60
雇工工价	元					22.56	19.53	20.80
三、附记								
1. 每亩种子用量	公斤	6.91	5.46	5.45	4.59	4.27	4.52	3.90
2. 每亩化肥用量	公斤	19.40	19.66	18.50	18.32	20.20	20.55	20.60
3. 每亩农膜用量	公斤	0.32	0.27	0.35	0.29	0.34	0.39	0.30

1-2-2 续表 2

项 目	单位	2001 年	2002 年	2003 年	2004 年	2005 年	2006 年	2006 年比 2005 年 ±%
一、每亩物质与服务费用	元	198.46	206.68	207.39	226.24	242.45	255.21	5.26
(一)直接费用	元	163.36	165.43	169.56	200.41	231.32	246.10	6.39
1. 种子费	元	13.53	15.23	15.07	16.65	20.35	21.81	7.17
2. 化肥费	元	56.19	57.10	58.69	72.80	85.12	84.15	-1.14
3. 农家肥费	元	7.03	6.89	6.11	8.24	8.21	7.56	-7.92
4. 农药费	元	15.58	15.50	17.45	22.22	28.68	33.60	17.15
5. 农膜费	元	2.60	2.57	2.31	3.05	3.65	3.69	1.10
6. 租赁作业费	元	58.82	58.46	60.39	68.77	76.89	87.81	14.20
机械作业费	元	21.75	23.30	24.58	32.68	41.53	51.43	23.84
排灌费	元	19.18	18.46	19.20	18.34	18.32	19.78	7.97
其中:水费	元				8.78	9.40	11.35	20.74
畜力费	元	17.89	16.70	16.61	17.75	17.04	16.60	-2.58
7. 燃料动力费	元	0.01	0.05		0.98	0.54	0.64	18.52
8. 技术服务费	元				0.11	0.10	0.06	-40.00
9. 工具材料费	元	0.48	0.51	0.37	3.31	3.51	3.83	9.12
10. 修理维护费	元	4.27	4.29	3.90	2.29	2.28	2.18	-4.39
11. 其他直接费用	元	4.85	4.83	5.27	1.99	1.99	0.77	-61.31
(二)间接费用	元	35.10	41.25	37.83	25.83	11.13	9.11	-18.15
1. 固定资产折旧	元	6.72	7.31	7.24	7.14	6.70	6.33	-5.52
2. 税金	元	20.34	29.86	27.68	14.69	0.13		-100.00
3. 保险费	元				0.28	0.54	0.25	-53.70
4. 管理费	元	5.26	1.15	0.73	1.61	1.30	0.49	-62.31
5. 财务费	元	0.11	0.17	0.10	0.30	0.68	0.40	-41.18
6. 销售费	元	2.67	2.76	2.08	1.81	1.78	1.64	-7.87
二、每亩人工成本	元	153.99	152.81	152.72	171.44	184.54	186.33	0.97
1. 家庭用工折价	元	139.36	138.60	140.00	150.29	162.49	163.93	0.89
家庭用工天数	日	13.40	12.60	12.50	10.97	10.62	9.70	-8.66
劳动日工价	元	10.40	11.00	11.20	13.70	15.30	16.90	10.46
2. 雇工费用	元	14.63	14.21	12.72	21.15	22.05	22.40	1.59
雇工天数	日	0.70	0.70	0.60	0.88	0.77	0.67	-12.99
雇工工价	元	20.90	20.30	21.20	24.03	28.64	33.43	16.72
三、附记								
1. 每亩种子用量	公斤	3.70	3.50	3.50	2.78	2.68	2.62	-2.24
2. 每亩化肥用量	公斤	20.40	21.10	21.00	19.52	20.89	20.62	-1.29
3. 每亩农膜用量	公斤	0.30	0.40	0.30	0.41	0.36	0.32	-11.11

1－2－3　稻谷化肥投入情况

项　　目	单位	1998 年	1999 年	2000 年	2001 年	2002 年	2003 年	2004 年	2005 年	2006 年	2006 年比 2005 年 ±%
一、每亩化肥金额	元	65.34	63.97	57.02	56.19	57.10	58.69	72.80	85.12	84.15	－1.14
（一）氮肥	元	38.94	37.12	32.96	31.24	31.95	32.10	39.63	43.43	40.16	－7.53
1. 尿素	元	24.63	23.24	20.25	19.59	20.22	20.94	28.49	30.98	29.78	－3.87
2. 碳铵	元	14.23	13.72	12.63	11.53	11.55	11.07	10.95	12.15	10.07	－17.12
3. 其他氮肥	元	0.08	0.16	0.08	0.12	0.18	0.09	0.19	0.30	0.31	3.33
（二）磷肥	元	7.63	7.44	6.95	6.90	5.96	5.84	4.92	5.95	5.03	－15.46
其中：过磷酸钙	元	7.63	7.44	6.95	6.90	5.96	5.84	4.35	4.89	4.25	－13.09
（三）钾肥	元	4.62	4.37	4.61	4.10	3.86	4.45	5.53	7.60	7.21	－5.13
其中：氯化钾	元	4.62	4.37	4.61	4.10	3.86	4.45	4.75	6.49	6.23	－4.01
（四）复混肥	元	14.15	15.04	12.50	13.95	15.33	16.30	19.61	27.54	31.12	13.00
1. 复合肥	元	11.54	12.37	10.65	12.15	13.16	14.43	17.96	24.33	28.44	16.89
其中：二铵	元	2.96	3.25	2.39	2.12	2.30	2.84	3.01	2.73	2.40	－12.09
2. 混配肥	元	2.61	2.67	1.85	1.80	2.17	1.87	1.65	3.21	2.68	－16.51
（五）其他肥料	元							3.11	0.60	0.63	5.00
二、每亩化肥折纯用量	公斤	20.20	20.55	20.60	20.40	21.10	21.00	19.52	20.89	20.62	－1.29
（一）氮肥	公斤	12.25	12.43	12.40	11.70	11.90	11.50	11.31	10.90	10.40	－4.59
1. 尿素	公斤	7.54	7.42	7.30	7.00	7.30	6.90	7.58	7.23	7.15	－1.11
2. 碳铵	公斤	4.69	4.95	5.10	4.60	4.50	4.60	3.69	3.61	3.17	－12.19
3. 其他氮肥	公斤	0.02	0.06		0.10	0.10		0.04	0.06	0.08	33.33
（二）磷肥	公斤	2.30	2.25	2.50	2.60	2.50	2.50	2.08	2.19	1.77	－19.18
其中：过磷酸钙	公斤	2.30	2.25	2.50	2.60	2.50	2.50	1.80	1.76	1.49	－15.34
（三）钾肥	公斤	1.63	1.55	1.80	1.60	1.60	1.70	1.66	1.85	1.77	－4.32
其中：氯化钾	公斤	1.63	1.55	1.80	1.60	1.60	1.70	1.56	1.70	1.62	－4.71
（四）复混肥	公斤	4.02	4.32	3.90	4.50	5.10	5.30	4.47	5.95	6.68	12.27
1. 复合肥	公斤	3.27	3.55	3.30	3.90	4.40	4.60	3.76	5.25	6.10	16.19
其中：二铵	公斤	0.84	0.88	0.70	0.70	0.90	0.90	0.78	0.68	0.54	－20.59
2. 混配肥	公斤	0.75	0.77	0.60	0.60	0.70	0.70	0.71	0.70	0.58	－17.14

1－3－1 早籼稻成本收益情况

项　　目	单位	1978 年	1985 年	1988 年	1990 年	1991 年	1992 年	1993 年
每亩								
主产品产量	公斤	315.20	374.80	351.40	389.40	356.10	360.00	379.30
产值合计	元	68.45	129.00	168.94	218.82	203.61	208.68	300.26
主产品产值	元	60.78	117.82	151.90	199.24	185.84	190.88	279.18
副产品产值	元	7.67	11.18	17.04	19.58	17.77	17.80	21.08
总成本	元	68.73	87.91	123.45	159.06	180.35	174.20	198.33
生产成本	元	65.84	82.05	115.42	150.06	168.24	162.34	182.38
物质与服务费用	元	32.16	50.40	72.30	96.70	98.76	91.75	107.76
人工成本	元	33.68	31.65	43.12	53.36	69.48	70.59	74.62
家庭用工折价	元	33.68	31.65	43.12	53.36	69.48	70.59	74.62
雇工费用	元							
土地成本	元	2.89	5.86	8.03	9.00	12.11	11.86	15.95
流转地租金	元							
自营地折租	元	2.89	5.86	8.03	9.00	12.11	11.86	15.95
净利润	元	-0.28	41.09	45.49	59.76	23.26	34.48	101.93
现金成本	元	32.16	50.40	72.30	96.70	98.76	91.75	107.76
现金收益	元	36.29	78.60	96.64	122.12	104.85	116.93	192.50
成本利润率	%	-0.40	46.74	36.85	37.57	12.90	19.79	51.39
每 50 公斤主产品								
平均出售价格	元	9.64	15.72	21.61	25.58	26.09	26.51	36.80
总成本	元	9.68	10.71	15.79	18.59	23.11	22.13	24.31
生产成本	元	9.27	10.00	14.76	17.54	21.56	20.62	22.35
净利润	元	-0.04	5.01	5.82	6.99	2.98	4.38	12.49
现金成本	元	4.53	6.14	9.25	11.30	12.65	11.66	13.21
现金收益	元	5.11	9.58	12.36	14.28	13.44	14.85	23.59
附：								
每亩用工数量	日	42.10	21.10	19.60	18.40	19.30	18.10	18.20
每亩主产品出售数量	公斤					177.80	164.30	143.80
每亩主产品出售产值	元					98.46	86.42	97.47
商品率	%					49.90	45.60	37.90
每亩补贴收入	元							
每亩成本外支出	元		1.21	2.40	2.69	4.93	4.55	6.89

1－3－1 续表 1

项目	单位	1994 年	1995 年	1996 年	1997 年	1998 年	1999 年	2000 年
每亩								
主产品产量	公斤	358.80	366.10	370.30	384.10	351.30	352.80	372.80
产值合计	元	428.93	550.69	596.72	529.80	442.35	402.04	340.81
主产品产值	元	407.09	525.38	570.52	500.15	417.56	382.08	319.94
副产品产值	元	21.84	25.31	26.20	29.65	24.79	19.96	20.87
总成本	元	262.82	366.21	433.84	441.89	407.93	387.84	364.22
生产成本	元	234.49	330.73	393.29	398.41	350.98	342.31	319.94
物质与服务费用	元	145.75	202.98	219.66	228.41	205.13	195.68	185.38
人工成本	元	88.74	127.75	173.63	170.00	145.85	146.63	134.56
家庭用工折价	元	88.74	127.75	173.63	170.00	141.12	116.85	126.00
雇工费用	元					4.73	29.78	8.56
土地成本	元	28.33	35.48	40.55	43.48	56.95	45.53	44.28
流转地租金	元					4.79	4.69	2.19
自营地折租	元	28.33	35.48	40.55	43.48	52.16	40.84	42.09
净利润	元	166.11	184.48	162.88	87.91	34.42	14.20	-23.41
现金成本	元	145.75	202.98	219.66	228.41	214.65	230.15	196.13
现金收益	元	283.18	347.71	377.06	301.39	227.70	171.89	144.68
成本利润率	%	63.20	50.38	37.54	19.89	8.44	3.66	-6.42
每 50 公斤主产品								
平均出售价格	元	56.73	71.75	77.03	65.11	59.43	54.15	42.91
总成本	元	34.76	47.71	56.00	54.31	54.81	52.24	45.86
生产成本	元	31.01	43.09	50.77	48.96	47.15	46.11	40.28
净利润	元	21.97	24.04	21.03	10.80	4.62	1.91	-2.95
现金成本	元	19.28	26.45	28.36	28.07	28.84	31.00	24.69
现金收益	元	37.45	45.30	48.67	37.04	30.59	23.15	18.22
附:								
每亩用工数量	日	17.40	17.50	17.90	17.00	14.90	13.60	13.00
每亩主产品出售数量	公斤	153.90	143.80	163.90	189.00	177.30	156.50	167.10
每亩主产品出售产值	元	174.21	203.31	243.71	253.48	205.90	170.58	139.70
商品率	%	42.90	39.30	44.30	49.20	50.50	44.40	44.80
每亩补贴收入	元					1.32	1.11	0.31
每亩成本外支出	元	11.36	13.00	16.81	20.28	36.49	27.74	26.16

1－3－1　续表 2

项　　目	单位	2001 年	2002 年	2003 年	2004 年	2005 年	2006 年	2006 年比 2005 年 ±%
每亩								
主产品产量	公斤	374.80	364.40	370.50	393.40	375.50	387.00	3.06
产值合计	元	372.08	365.27	400.73	617.60	561.41	597.00	6.34
主产品产值	元	352.02	346.97	382.04	598.75	546.20	581.93	6.54
副产品产值	元	20.06	18.30	18.69	18.85	15.21	15.07	－0.92
总成本	元	365.30	376.03	376.96	433.19	463.32	488.61	5.46
生产成本	元	321.62	325.14	322.48	376.64	403.61	424.38	5.15
物质与服务费用	元	185.82	188.99	184.88	209.35	224.25	243.24	8.47
人工成本	元	135.80	136.15	137.60	167.29	179.36	181.14	0.99
家庭用工折价	元	124.80	125.40	128.80	152.89	162.95	167.48	2.78
雇工费用	元	11.00	10.75	8.80	14.40	16.41	13.66	－16.76
土地成本	元	43.68	50.89	54.48	56.55	59.71	64.23	7.57
流转地租金	元	2.81	2.55	1.95	6.39	7.33	7.10	－3.14
自营地折租	元	40.87	48.34	52.53	50.16	52.38	57.13	9.07
净利润	元	6.78	－10.76	23.77	184.41	98.09	108.39	10.50
现金成本	元	199.63	202.29	195.63	230.14	247.99	264.00	6.46
现金收益	元	172.45	162.98	205.10	387.46	313.42	333.00	6.25
成本利润率	%	1.86	－2.85	6.31	42.57	21.17	22.18	
每 50 公斤主产品								
平均出售价格	元	46.96	47.61	51.56	76.10	72.73	75.18	3.37
总成本	元	46.10	49.01	48.50	53.38	60.02	61.53	2.52
生产成本	元	40.59	42.38	41.49	46.41	52.29	53.44	2.20
净利润	元	0.86	－1.40	3.06	22.72	12.71	13.65	7.40
现金成本	元	25.20	26.37	25.17	28.36	32.13	33.25	3.49
现金收益	元	21.76	21.24	26.39	47.74	40.60	41.93	3.28
附：								
每亩用工数量	日	12.50	11.90	11.90	11.74	11.21	10.33	－7.85
每亩主产品出售数量	公斤	175.00	154.20	159.10	145.30	130.50	162.70	24.67
每亩主产品出售产值	元	163.40	145.71	162.21	222.38	187.04	239.40	27.99
商品率	%	46.70	42.30	42.90	41.50	44.20	50.50	
每亩补贴收入	元	0.12	0.04	2.13	9.41	8.36	14.32	71.29
每亩成本外支出	元	24.10	8.89	7.08	4.99	3.24	2.36	－27.16

1－3－2 早籼稻费用和用工情况

项　　目	单位	1978 年	1985 年	1988 年	1990 年	1991 年	1992 年	1993 年
一、每亩物质与服务费用	元	32.16	50.40	72.30	96.70	98.76	91.75	107.76
(一)直接费用	元	26.30	41.51	61.68	81.33	83.88	76.65	91.09
1. 种子费	元	3.37	4.43	5.98	8.89	8.60	8.23	8.56
2. 化肥费	元	6.79	15.47	26.00	32.85	33.32	32.51	40.29
3. 农家肥费	元	7.51	5.41	6.34	7.96	8.91	6.36	6.46
4. 农药费	元	1.42	2.43	4.10	6.21	5.73	5.25	5.87
5. 农膜费	元				1.37	1.73	1.53	1.83
6. 租赁作业费	元	4.99	11.08	15.64	19.96	21.29	17.96	23.20
机械作业费	元	0.85	2.00	2.88	4.44	3.94	3.53	5.27
排灌费	元	1.39	2.53	3.48	4.16	4.01	3.71	4.97
其中:水费	元							
畜力费	元	2.75	6.55	9.28	11.36	13.34	10.72	12.96
7. 燃料动力费	元					0.15	0.22	0.28
8. 技术服务费	元							
9. 工具材料费	元				0.11	0.12	0.25	0.13
10. 修理维护费	元	1.49	1.84	2.45	2.96	2.83	2.88	2.90
11. 其他直接费用	元	0.73	0.85	1.17	1.02	1.20	1.46	1.57
(二)间接费用	元	5.86	8.89	10.62	15.37	14.88	15.10	16.67
1. 固定资产折旧	元	1.56	2.28	2.48	3.58	4.30	4.06	4.28
2. 税金	元	2.89	4.65	5.63	6.31	7.18	7.31	9.06
3. 保险费	元							
4. 管理费	元	1.41	1.68	2.14	4.59	2.77	3.08	2.86
5. 财务费	元							
6. 销售费	元		0.28	0.37	0.89	0.63	0.65	0.47
二、每亩人工成本	元	33.68	31.65	43.12	53.36	69.48	70.59	74.62
1. 家庭用工折价	元	33.68	31.65	43.12	53.36	69.48	70.59	74.62
家庭用工天数	日	42.10	21.10	19.60	18.40	19.30	18.10	18.20
劳动日工价	元	0.80	1.50	2.20	2.90	3.60	3.90	4.10
2. 雇工费用	元							
雇工天数	日							
雇工工价	元							
三、附记								
1. 每亩种子用量	公斤	7.14	6.04	5.84	4.74	8.17	7.94	8.11
2. 每亩化肥用量	公斤	14.40	26.20	31.20	35.90	30.20	18.50	26.90
3. 每亩农膜用量	公斤					0.30	0.20	0.30

1－3－2 续表 1

项 目	单位	1994 年	1995 年	1996 年	1997 年	1998 年	1999 年	2000 年
一、每亩物质与服务费用	元	145.75	202.98	219.66	228.41	205.13	195.68	185.38
(一)直接费用	元	115.91	165.40	180.37	186.01	170.63	165.33	154.72
1. 种子费	元	11.30	19.41	18.71	16.81	15.75	14.98	13.53
2. 化肥费	元	46.72	72.72	79.20	73.53	66.76	63.26	56.63
3. 农家肥费	元	9.54	10.56	10.89	11.19	10.83	7.65	7.58
4. 农药费	元	7.26	11.83	11.95	13.89	12.94	13.13	12.44
5. 农膜费	元	2.37	3.21	3.95	4.27	4.34	3.79	3.70
6. 租赁作业费	元	30.68	36.71	43.92	52.05	48.47	51.08	50.40
机械作业费	元	8.24	8.83	11.36	13.04	15.45	20.12	19.13
排灌费	元	6.25	6.06	7.49	8.53	8.88	8.07	9.33
其中:水费	元							
畜力费	元	16.19	21.82	25.07	30.48	24.14	22.89	21.94
7. 燃料动力费	元	0.31	0.43	0.78	0.70	0.37	0.37	0.13
8. 技术服务费	元							
9. 工具材料费	元	0.16	0.33	0.30	0.33	0.62	1.59	0.58
10. 修理维护费	元	4.56	5.74	5.42	5.93	5.47	4.82	4.52
11. 其他直接费用	元	3.01	4.46	5.25	7.31	5.08	4.66	5.21
(二)间接费用	元	29.84	37.58	39.29	42.40	34.50	30.35	30.66
1. 固定资产折旧	元	7.39	7.71	8.28	8.79	8.16	7.00	6.97
2. 税金	元	16.97	22.48	23.74	23.20	20.46	17.79	18.12
3. 保险费	元							
4. 管理费	元	4.41	5.83	5.77	8.13	3.50	3.13	3.41
5. 财务费	元					0.17	0.21	0.08
6. 销售费	元	1.07	1.56	1.50	2.28	2.21	2.22	2.08
二、每亩人工成本	元	88.74	127.75	173.63	170.00	145.85	146.63	134.56
1. 家庭用工折价	元	88.74	127.75	173.63	170.00	141.12	116.85	126.00
家庭用工天数	日	17.40	17.50	17.90	17.00	14.70	12.30	12.60
劳动日工价	元	5.10	7.30	9.70	10.00	9.60	9.50	10.00
2. 雇工费用	元					4.73	29.78	8.56
雇工天数	日					0.20	1.30	0.40
雇工工价	元					23.65	22.91	21.40
三、附记								
1. 每亩种子用量	公斤	8.18	7.55	7.00	6.07	6.40	6.23	5.60
2. 每亩化肥用量	公斤	17.20	19.78	19.05	18.27	20.06	19.72	20.10
3. 每亩农膜用量	公斤	0.30	0.38	0.35	0.42	0.47	0.45	0.50

1－3－2　续表 2

项　　目	单位	2001 年	2002 年	2003 年	2004 年	2005 年	2006 年	2006 年比 2005 年 ±%
一、每亩物质与服务费用	元	185.82	188.99	184.88	209.35	224.25	243.24	8.47
（一）直接费用	元	152.40	150.72	150.11	181.55	214.03	234.20	9.42
1. 种子费	元	12.44	13.37	13.05	14.49	18.70	20.78	11.12
2. 化肥费	元	55.78	54.62	55.70	64.54	83.38	86.21	3.39
3. 农家肥费	元	7.91	6.44	5.72	8.35	10.15	8.19	－19.31
4. 农药费	元	12.56	11.92	12.93	18.15	20.45	26.15	27.87
5. 农膜费	元	3.17	3.17	2.85	3.94	5.14	5.46	6.23
6. 租赁作业费	元	51.51	51.21	50.59	62.50	66.59	77.33	16.13
机械作业费	元	18.35	21.07	22.38	28.38	36.54	44.99	23.13
排灌费	元	9.63	8.70	7.76	9.27	9.23	9.15	－0.87
其中：水费	元				5.47	6.05	6.03	－0.33
畜力费	元	23.53	21.44	20.45	24.85	20.82	23.19	11.38
7. 燃料动力费	元				1.04	0.88	1.27	44.32
8. 技术服务费	元				0.07	0.07	0.05	－28.57
9. 工具材料费	元	0.38	0.40	0.30	4.24	4.25	4.61	8.47
10. 修理维护费	元	4.47	4.41	4.35	2.46	2.56	3.00	17.19
11. 其他直接费用	元	4.18	5.18	4.62	1.77	1.86	1.15	－38.17
（二）间接费用	元	33.42	38.27	34.77	27.80	10.22	9.04	－11.55
1. 固定资产折旧	元	7.44	7.64	6.98	8.32	8.26	7.36	－10.90
2. 税金	元	19.58	26.73	25.61	16.25			
3. 保险费	元							
4. 管理费	元	4.09	1.52	0.53	1.53	0.27	0.15	－44.44
5. 财务费	元	0.08	0.11	0.11	0.05	0.03		－100.00
6. 销售费	元	2.23	2.27	1.54	1.65	1.66	1.53	－7.83
二、每亩人工成本	元	135.80	136.15	137.60	167.29	179.36	181.14	0.99
1. 家庭用工折价	元	124.80	125.40	128.80	152.89	162.95	167.48	2.78
家庭用工天数	日	12.00	11.40	11.50	11.16	10.65	9.91	－6.95
劳动日工价	元	10.40	11.00	11.20	13.70	15.30	16.90	10.46
2. 雇工费用	元	11.00	10.75	8.80	14.40	16.41	13.66	－16.76
雇工天数	日	0.50	0.50	0.40	0.58	0.56	0.42	－25.00
雇工工价	元	22.00	21.50	22.00	24.83	29.30	32.52	10.99
三、附记								
1. 每亩种子用量	公斤	4.80	4.70	4.30	3.26	3.30	3.07	－6.97
2. 每亩化肥用量	公斤	20.50	19.50	19.90	17.85	20.84	20.84	
3. 每亩农膜用量	公斤	0.60	0.60	0.50	0.51	0.54	0.48	－11.11

1－3－3 早籼稻化肥投入情况

项 目	单位	1998 年	1999 年	2000 年	2001 年	2002 年	2003 年	2004 年	2005 年	2006 年	2006 年比 2005 年 ±%
一、每亩化肥金额	元	66.76	63.26	56.63	55.78	54.62	55.70	64.54	83.38	86.21	3.39
(一)氮肥	元	35.76	32.31	29.69	28.69	27.52	27.84	33.56	37.02	36.92	-0.27
1. 尿素	元	23.84	20.50	19.73	19.06	18.58	18.97	23.98	27.19	28.39	4.41
2. 碳铵	元	11.89	11.81	9.90	9.62	8.94	8.87	9.43	9.66	8.52	-11.80
3. 其他氮肥	元	0.03		0.06	0.01			0.15	0.17	0.01	-94.12
(二)磷肥	元	9.74	8.58	8.57	8.15	7.54	7.21	5.68	7.63	6.88	-9.83
其中:过磷酸钙	元	9.74	8.58	8.57	8.15	7.54	7.21	5.01	6.26	5.63	-10.06
(三)钾肥	元	6.27	5.64	5.57	5.49	5.49	5.65	7.62	11.07	10.86	-1.90
其中:氯化钾	元	6.27	5.64	5.57	5.49	5.49	5.65	7.02	10.87	9.38	-13.71
(四)复混肥	元	14.99	16.73	12.80	13.45	14.07	15.00	14.76	26.90	30.95	15.06
1. 复合肥	元	11.51	13.56	10.48	12.05	11.22	12.37	13.41	21.26	27.56	29.63
其中:二铵	元	0.04	0.23		0.07	0.04	0.08	0.28	0.76	0.40	-47.37
2. 混配肥	元	3.48	3.17	2.32	1.40	2.85	2.63	1.35	5.64	3.39	-39.89
(五)其他肥料	元							2.92	0.76	0.60	-21.05
二、每亩化肥折纯用量	公斤	20.06	19.72	20.10	20.50	19.50	19.90	17.85	20.84	20.84	
(一)氮肥	公斤	10.84	10.45	10.70	10.80	9.70	9.70	9.91	9.40	9.41	0.11
1. 尿素	公斤	6.95	6.34	6.80	6.90	6.30	6.10	6.57	6.39	6.66	4.23
2. 碳铵	公斤	3.89	4.11	3.90	3.90	3.40	3.60	3.31	2.96	2.74	-7.43
3. 其他氮肥	公斤							0.03	0.05	0.01	-80.00
(二)磷肥	公斤	2.89	2.53	3.10	3.20	3.10	3.00	2.32	2.75	2.35	-14.55
其中:过磷酸钙	公斤	2.89	2.53	3.10	3.20	3.10	3.00	1.99	2.20	1.92	-12.73
(三)钾肥	公斤	2.21	2.00	2.20	2.20	2.30	2.20	2.42	2.92	2.70	-7.53
其中:氯化钾	公斤	2.21	2.00	2.20	2.20	2.30	2.20	2.35	2.88	2.43	-15.63
(四)复混肥	公斤	4.12	4.74	4.10	4.30	4.40	5.00	3.20	5.77	6.38	10.57
1. 复合肥	公斤	3.25	3.87	3.30	3.90	3.40	3.80	2.55	4.53	5.66	24.94
其中:二铵	公斤	0.01	0.06					0.09	0.31	0.10	-67.74
2. 混配肥	公斤	0.87	0.87	0.80	0.40	1.00	1.20	0.65	1.24	0.72	-41.94

1－4－1 中籼稻成本收益情况

项　　目	单位	1985 年	1988 年	1990 年	1991 年	1992 年	1993 年	1994 年
每亩								
主产品产量	公斤	408.60	420.30	458.20	432.70	456.10	448.40	454.10
产值合计	元	146.96	212.92	264.59	241.25	259.24	351.80	582.80
主产品产值	元	132.27	190.87	239.34	211.74	229.57	325.23	557.37
副产品产值	元	14.69	22.05	25.25	29.51	29.67	26.57	25.43
总成本	元	84.40	129.61	162.29	176.10	180.52	193.15	252.78
生产成本	元	78.58	119.51	151.91	161.52	166.18	180.09	227.81
物质与服务费用	元	42.13	67.37	83.18	86.64	84.28	95.63	129.38
人工成本	元	36.45	52.14	68.73	74.88	81.90	84.46	98.43
家庭用工折价	元	36.45	52.14	68.73	74.88	81.90	84.46	98.43
雇工费用	元							
土地成本	元	5.82	10.10	10.38	14.58	14.34	13.06	24.97
流转地租金	元							
自营地折租	元	5.82	10.10	10.38	14.58	14.34	13.06	24.97
净利润	元	62.56	83.31	102.30	65.15	78.72	158.65	330.02
现金成本	元	42.13	67.37	83.18	86.64	84.28	95.63	129.38
现金收益	元	104.83	145.55	181.41	154.61	174.96	256.17	453.42
成本利润率	%	74.12	64.28	63.04	37.00	43.61	82.14	130.56
每 50 公斤主产品								
平均出售价格	元	16.19	22.71	26.12	24.47	25.17	36.27	61.37
总成本	元	9.30	13.82	16.02	17.86	17.53	19.91	26.62
生产成本	元	8.66	12.75	15.00	16.38	16.13	18.57	23.99
净利润	元	6.89	8.89	10.10	6.61	7.64	16.36	34.75
现金成本	元	4.64	7.19	8.21	8.79	8.18	9.86	13.62
现金收益	元	11.55	15.52	17.91	15.68	16.99	26.41	47.75
附：								
每亩用工数量	日	24.30	23.70	23.70	20.80	21.00	20.60	19.30
每亩主产品出售数量	公斤				143.70	178.70	170.40	155.20
每亩主产品出售产值	元				74.94	93.67	119.91	185.39
商品率	%				33.20	39.20	38.00	34.20
每亩补贴收入	元							
每亩成本外支出	元	2.08	5.34	4.65	9.24	8.35	6.07	11.87

1-4-1 续表 1

项 目	单位	1995 年	1996 年	1997 年	1998 年	1999 年	2000 年	2001 年
每亩								
主产品产量	公斤	471.80	469.50	471.60	474.50	475.00	470.90	468.00
产值合计	元	714.48	756.95	677.91	640.28	516.74	473.91	493.82
主产品产值	元	679.88	719.40	638.59	609.46	489.80	449.75	471.57
副产品产值	元	34.60	37.55	39.32	30.82	26.94	24.16	22.25
总成本	元	387.86	453.28	446.71	455.57	442.24	415.36	415.93
生产成本	元	347.52	411.39	404.38	386.22	379.40	358.70	366.05
物质与服务费用	元	183.27	202.84	198.38	194.17	194.97	182.65	182.67
人工成本	元	164.25	208.55	206.00	192.05	184.43	176.05	183.38
家庭用工折价	元	164.25	208.55	206.00	177.60	153.90	167.00	169.52
雇工费用	元				14.45	30.53	9.05	13.86
土地成本	元	40.34	41.89	42.33	69.35	62.84	56.66	49.88
流转地租金	元				5.28	5.20	2.63	1.20
自营地折租	元	40.34	41.89	42.33	64.07	57.64	54.03	48.68
净利润	元	326.62	303.67	231.20	184.71	74.50	58.55	77.89
现金成本	元	183.27	202.84	198.38	213.90	230.70	194.33	197.73
现金收益	元	531.21	554.11	479.53	426.38	286.04	279.58	296.09
成本利润率	%	84.21	66.99	51.76	40.55	16.85	14.10	18.73
每 50 公斤主产品								
平均出售价格	元	72.05	76.61	67.70	64.22	51.56	47.75	50.38
总成本	元	39.11	45.88	44.61	45.69	44.13	41.85	42.43
生产成本	元	35.04	41.64	40.38	38.74	37.86	36.14	37.34
净利润	元	32.94	30.73	23.09	18.53	7.43	5.90	7.95
现金成本	元	18.48	20.53	19.81	21.45	23.02	19.58	20.17
现金收益	元	53.57	56.08	47.89	42.77	28.54	28.17	30.21
附:								
每亩用工数量	日	22.50	21.50	20.60	19.20	17.80	17.20	17.00
每亩主产品出售数量	公斤	182.60	193.80	173.30	180.90	167.10	155.40	171.50
每亩主产品出售产值	元	250.47	286.80	243.38	231.45	169.67	147.27	171.74
商品率	%	38.70	41.30	36.80	38.10	35.20	33.00	36.60
每亩补贴收入	元				1.45	0.48		
每亩成本外支出	元	25.32	22.49	24.19	48.84	44.00	36.79	27.98

1－4－1　续表 2

项　　目	单位	2002 年	2003 年	2004 年	2005 年	2006 年	2006 年比 2005 年 ±%
每亩							
主产品产量	公斤	464.30	426.90	505.60	482.00	444.10	-7.86
产值合计	元	474.57	493.77	779.15	702.12	670.56	-4.49
主产品产值	元	453.68	473.60	762.27	687.42	656.57	-4.49
副产品产值	元	20.89	20.17	16.88	14.70	13.99	-4.83
总成本	元	435.57	442.46	445.72	468.21	469.39	0.25
生产成本	元	373.20	383.87	405.14	425.97	426.84	0.20
物质与服务费用	元	194.23	196.90	203.97	206.12	214.81	4.22
人工成本	元	178.97	186.97	201.17	219.85	212.03	-3.56
家庭用工折价	元	158.40	173.74	178.51	200.12	193.51	-3.30
雇工费用	元	20.57	13.23	22.66	19.73	18.52	-6.13
土地成本	元	62.37	58.59	40.58	42.24	42.55	0.73
流转地租金	元	1.89	1.06	4.03	2.62	2.99	14.12
自营地折租	元	60.48	57.53	36.55	39.62	39.56	-0.15
净利润	元	39.00	51.31	333.43	233.91	201.17	-14.00
现金成本	元	216.69	211.19	230.66	228.47	236.32	3.44
现金收益	元	257.88	282.58	548.49	473.65	434.24	-8.32
成本利润率	%	8.95	11.60	74.81	49.96	42.86	
每 50 公斤主产品							
平均出售价格	元	48.86	55.47	75.38	71.31	73.92	3.66
总成本	元	44.84	49.71	43.12	47.55	51.74	8.81
生产成本	元	38.42	43.12	39.20	43.26	47.05	8.76
净利润	元	4.02	5.76	32.26	23.76	22.18	-6.65
现金成本	元	22.31	23.72	22.32	23.20	26.05	12.28
现金收益	元	26.55	31.74	53.06	48.11	47.87	-0.50
附:							
每亩用工数量	日	15.50	15.30	14.09	13.82	11.99	-13.24
每亩主产品出售数量	公斤	168.70	146.30	164.80	163.40	188.80	15.54
每亩主产品出售产值	元	158.52	160.90	246.46	231.43	278.38	20.29
商品率	%	36.30	34.30	40.40	48.10	61.40	
每亩补贴收入	元		1.37	13.49	12.31	19.20	55.97
每亩成本外支出	元	9.91	8.23	5.44	4.06	2.93	-27.83

1-4-2 中籼稻费用和用工情况

项　　目	单位	1985年	1988年	1990年	1991年	1992年	1993年	1994年
一、每亩物质与服务费用	元	42.13	67.37	83.18	86.64	84.28	95.63	129.38
（一）直接费用	元	35.73	57.30	71.04	73.30	70.65	80.38	105.50
1. 种子费	元	4.30	5.88	9.89	7.67	6.78	7.92	11.05
2. 化肥费	元	12.33	20.32	25.41	27.95	29.36	31.53	39.75
3. 农家肥费	元	4.62	6.17	6.56	5.76	3.74	5.66	7.42
4. 农药费	元	1.60	3.39	4.42	5.91	5.73	5.49	6.22
5. 农膜费	元			0.67	0.77	0.48	0.96	1.16
6. 租赁作业费	元	10.61	17.44	19.88	20.85	20.58	23.02	32.10
机械作业费	元	0.76	1.93	2.79	4.10	4.89	5.59	5.57
排灌费	元	1.73	4.07	4.26	5.30	5.91	5.42	8.76
其中：水费	元							
畜力费	元	8.12	11.44	12.83	11.45	9.78	12.01	17.77
7. 燃料动力费	元				0.42	0.04	0.27	0.58
8. 技术服务费	元							
9. 工具材料费	元			0.10	0.14	0.05	0.15	0.18
10. 修理维护费	元	1.51	2.44	2.52	2.44	2.51	3.66	4.53
11. 其他直接费用	元	0.76	1.66	1.59	1.39	1.38	1.72	2.51
（二）间接费用	元	6.40	10.07	12.14	13.34	13.63	15.25	23.88
1. 固定资产折旧	元	1.17	2.00	3.29	3.63	3.62	4.48	5.76
2. 税金	元	3.74	4.76	5.73	5.34	5.99	6.99	13.10
3. 保险费	元							
4. 管理费	元	1.27	2.60	2.79	3.82	3.49	3.36	4.64
5. 财务费	元							
6. 销售费	元	0.22	0.71	0.33	0.55	0.53	0.42	0.38
二、每亩人工成本	元	36.45	52.14	68.73	74.88	81.90	84.46	98.43
1. 家庭用工折价	元	36.45	52.14	68.73	74.88	81.90	84.46	98.43
家庭用工天数	日	24.30	23.70	23.70	20.80	21.00	20.60	19.30
劳动日工价	元	1.50	2.20	2.90	3.60	3.90	4.10	5.10
2. 雇工费用	元							
雇工天数	日							
雇工工价	元							
三、附记								
1. 每亩种子用量	公斤	3.58	3.80	2.50	4.51	3.82	2.78	3.05
2. 每亩化肥用量	公斤	17.40	25.70	29.20	24.60	19.60	19.60	14.24
3. 每亩农膜用量	公斤				0.20	0.10	0.20	0.11

1－4－2 续表 1

项　　目	单位	1995 年	1996 年	1997 年	1998 年	1999 年	2000 年	2001 年
一、每亩物质与服务费用	元	183.27	202.84	198.38	194.17	194.97	182.65	182.67
(一)直接费用	元	154.36	165.90	164.12	157.72	160.67	146.88	147.17
1.种子费	元	25.36	22.21	19.43	16.67	20.20	15.51	12.42
2.化肥费	元	61.39	64.95	60.09	56.66	55.93	49.91	47.60
3.农家肥费	元	8.66	9.83	9.45	8.78	10.06	7.36	8.25
4.农药费	元	9.55	10.28	10.40	10.83	11.46	10.84	11.00
5.农膜费	元	1.67	1.98	2.44	2.44	2.29	2.55	2.49
6.租赁作业费	元	36.83	44.98	52.17	47.54	50.08	51.45	56.13
机械作业费	元	7.23	9.06	10.50	11.72	12.38	14.43	14.26
排灌费	元	10.21	11.91	17.05	13.19	14.42	16.53	22.42
其中:水费	元							
畜力费	元	19.39	24.01	24.62	22.63	23.28	20.49	19.45
7.燃料动力费	元	1.82	1.10	0.96	1.41	0.75		
8.技术服务费	元							
9.工具材料费	元	0.18	0.15	0.29	0.53	0.28	0.43	0.50
10.修理维护费	元	5.52	5.15	5.28	5.84	4.51	4.32	4.39
11.其他直接费用	元	3.38	5.27	3.61	7.02	5.11	4.51	4.39
(二)间接费用	元	28.91	36.94	34.26	36.45	34.30	35.77	35.50
1.固定资产折旧	元	6.25	9.22	6.76	7.95	7.32	7.41	6.04
2.税金	元	15.02	19.40	18.14	20.51	18.84	19.87	21.90
3.保险费	元							
4.管理费	元	6.43	6.66	7.88	4.68	4.74	4.82	4.53
5.财务费	元				0.21	0.24	0.26	0.04
6.销售费	元	1.21	1.66	1.48	3.10	3.16	3.41	2.99
二、每亩人工成本	元	164.25	208.55	206.00	192.05	184.43	176.05	183.38
1.家庭用工折价	元	164.25	208.55	206.00	177.60	153.90	167.00	169.52
家庭用工天数	日	22.50	21.50	20.60	18.50	16.20	16.70	16.30
劳动日工价	元	7.30	9.70	10.00	9.60	9.50	10.00	10.40
2.雇工费用	元				14.45	30.53	9.05	13.86
雇工天数	日				0.70	1.70	0.50	0.70
雇工工价	元				20.64	17.96	18.10	19.80
三、附记								
1.每亩种子用量	公斤	2.31	2.40	1.94	1.98	1.89	1.50	1.50
2.每亩化肥用量	公斤	17.01	15.80	14.86	18.02	18.35	19.40	17.70
3.每亩农膜用量	公斤	0.17	0.15	0.23	0.27	0.27	0.30	0.20

1-4-2 续表 2

项　　目	单位	2002 年	2003 年	2004 年	2005 年	2006 年	2006 年比 2005 年 ±%
一、每亩物质与服务费用	元	194.23	196.90	203.97	206.12	214.81	4.22
(一)直接费用	元	150.43	154.08	178.45	199.09	208.18	4.57
1. 种子费	元	16.02	16.62	19.31	24.12	24.94	3.40
2. 化肥费	元	52.37	53.61	67.02	75.66	67.08	-11.34
3. 农家肥费	元	7.70	7.11	9.30	9.01	8.72	-3.22
4. 农药费	元	13.24	14.99	15.45	18.43	23.99	30.17
5. 农膜费	元	2.21	2.31	2.85	2.29	3.02	31.88
6. 租赁作业费	元	50.78	51.49	57.98	63.47	75.12	18.36
机械作业费	元	16.44	16.51	21.27	26.14	36.85	40.97
排灌费	元	14.92	14.70	17.39	13.95	18.47	32.40
其中:水费	元			9.36	6.66	12.64	89.79
畜力费	元	19.42	20.28	19.32	23.38	19.80	-15.31
7. 燃料动力费	元			0.35	0.05	0.37	640.00
8. 技术服务费	元			0.15	0.02	0.06	200.00
9. 工具材料费	元	0.32	0.19	2.57	3.05	2.84	-6.89
10. 修理维护费	元	4.36	3.67	2.27	1.85	1.64	-11.35
11. 其他直接费用	元	3.43	4.09	1.20	1.14	0.40	-64.91
(二)间接费用	元	43.80	42.82	25.52	7.03	6.63	-5.69
1. 固定资产折旧	元	5.90	7.14	5.77	5.57	5.19	-6.82
2. 税金	元	33.75	32.78	17.80			
3. 保险费	元						
4. 管理费	元	0.90	0.29	0.31	0.06	0.04	-33.33
5. 财务费	元	0.09	0.08	0.05	0.01	0.02	100.00
6. 销售费	元	3.16	2.53	1.59	1.39	1.38	-0.72
二、每亩人工成本	元	178.97	176.75	201.17	219.85	212.03	-3.56
1. 家庭用工折价	元	158.40	163.52	178.51	200.12	193.51	-3.30
家庭用工天数	日	14.40	14.60	13.03	13.08	11.45	-12.46
劳动日工价	元	11.00	11.20	13.70	15.30	16.90	10.46
2. 雇工费用	元	20.57	13.23	22.66	19.73	18.52	-6.13
雇工天数	日	1.10	0.70	1.06	0.74	0.54	-27.03
雇工工价	元	18.70	18.90	21.38	26.66	34.30	28.66
三、附记							
1. 每亩种子用量	公斤	1.40	1.60	1.29	1.12	1.12	
2. 每亩化肥用量	公斤	20.30	20.40	19.37	19.74	17.65	-10.59
3. 每亩农膜用量	公斤	0.40	0.20	0.34	0.22	0.26	18.18

1-4-3 中籼稻化肥投入情况

项　　目	单位	1998年	1999年	2000年	2001年	2002年	2003年	2004年	2005年	2006年	2006年比2005年±%
一、每亩化肥金额	元	56.66	55.93	49.91	47.60	52.37	53.61	67.02	75.66	67.08	-11.34
(一)氮肥	元	37.37	36.02	32.41	29.50	31.62	31.87	39.41	41.50	35.06	-15.52
1.尿素	元	18.55	18.74	16.33	14.24	16.49	17.10	23.96	23.82	21.15	-11.21
2.碳铵	元	18.74	16.98	15.88	14.95	15.02	14.72	15.37	17.64	13.77	-21.94
3.其他氮肥	元	0.08	0.30	0.20	0.31	0.11	0.05	0.08	0.04	0.14	250.00
(二)磷肥	元	9.43	8.93	8.34	8.59	7.51	7.40	7.03	8.28	6.12	-26.09
其中:过磷酸钙	元	9.43	8.93	8.34	8.59	7.51	7.40	6.14	6.90	5.33	-22.75
(三)钾肥	元	2.02	2.28	2.26	2.08	1.93	2.33	1.98	3.97	3.05	-23.17
其中:氯化钾	元	2.02	2.28	2.26	2.08	1.93	2.33	1.26	2.00	2.43	21.50
(四)复混肥	元	7.84	8.70	6.90	7.43	11.31	12.01	15.27	21.17	22.11	4.44
1.复合肥	元	6.53	7.22	6.19	7.00	10.25	10.59	13.73	18.51	19.96	7.83
其中:二铵	元	1.38	0.94	0.68	0.40	0.68	0.75	1.10	0.18	0.21	16.67
2.混配肥	元	1.31	1.48	0.71	0.43	1.06	1.42	1.54	2.66	2.15	-19.17
(五)其他肥料	元							3.33	0.74	0.74	
二、每亩化肥折纯用量	公斤	18.02	18.35	19.40	17.70	20.30	20.40	19.37	19.74	17.65	-10.59
(一)氮肥	公斤	11.80	12.28	13.00	11.50	12.10	11.80	11.68	10.72	9.50	-11.38
1.尿素	公斤	5.77	6.22	6.50	5.20	6.00	5.70	6.43	5.57	5.11	-8.26
2.碳铵	公斤	6.00	5.97	6.40	6.00	6.10	6.10	5.24	5.14	4.35	-15.37
3.其他氮肥	公斤	0.03	0.09	0.10	0.30			0.01	0.01	0.04	300.00
(二)磷肥	公斤	2.98	2.74	3.20	3.20	3.40	3.40	3.22	3.28	2.32	-29.27
其中:过磷酸钙	公斤	2.98	2.74	3.20	3.20	3.40	3.40	2.77	2.67	2.00	-25.09
(三)钾肥	公斤	0.76	0.80	0.90	0.70	0.90	1.00	0.53	0.70	0.70	
其中:氯化钾	公斤	0.76	0.80	0.90	0.70	0.90	1.00	0.43	0.51	0.63	23.53
(四)复混肥	公斤	2.48	2.53	2.30	2.30	3.90	4.20	3.94	5.04	5.13	1.79
1.复合肥	公斤	2.07	2.13	2.10	2.20	3.50	3.70	3.18	4.43	4.63	4.51
其中:二铵	公斤	0.48	0.25	0.20	0.10	0.20	0.20	0.31	0.07	0.06	-14.29
2.混配肥	公斤	0.41	0.40	0.20	0.10	0.40	0.50	0.76	0.61	0.50	-18.03

1-5-1 晚籼稻成本收益情况

项　　目	单位	1978年	1985年	1988年	1990年	1991年	1992年	1993年
每亩								
主产品产量	公斤	196.50	350.10	315.00	374.30	371.50	363.90	372.10
产值合计	元	46.02	128.14	182.73	230.23	223.19	230.16	351.06
主产品产值	元	40.50	115.78	165.81	204.66	203.05	208.67	330.43
副产品产值	元	5.52	12.36	16.92	25.57	20.14	21.49	20.63
总成本	元	55.87	83.05	129.43	163.10	177.57	181.03	193.64
生产成本	元	53.45	76.69	120.63	152.45	163.63	168.78	178.79
物质与服务费用	元	25.77	46.09	77.07	95.32	96.67	97.02	105.81
人工成本	元	27.68	30.60	43.56	57.13	66.96	71.76	72.98
家庭用工折价	元	27.68	30.60	43.56	57.13	66.96	71.76	72.98
雇工费用	元							
土地成本	元	2.42	6.36	8.80	10.65	13.94	12.25	14.85
流转地租金	元							
自营地折租	元	2.42	6.36	8.80	10.65	13.94	12.25	14.85
净利润	元	-9.85	45.09	53.30	67.13	45.62	49.13	157.42
现金成本	元	25.77	46.09	77.07	95.32	96.67	97.02	105.81
现金收益	元	20.25	82.05	105.66	134.91	126.52	133.14	245.25
成本利润率	%	-17.62	54.29	41.18	41.16	25.69	27.14	81.30
每50公斤主产品								
平均出售价格	元	10.31	16.54	26.32	27.34	27.33	28.67	44.40
总成本	元	12.52	10.72	18.64	19.37	21.74	22.55	24.49
生产成本	元	11.97	9.90	17.38	18.10	20.04	21.02	22.61
净利润	元	-2.21	5.82	7.68	7.97	5.59	6.12	19.91
现金成本	元	5.77	5.95	11.10	11.32	11.84	12.09	13.38
现金收益	元	4.54	10.59	15.22	16.02	15.49	16.58	31.02
附：								
每亩用工数量	日	34.60	20.40	19.80	19.70	18.60	18.40	17.80
每亩主产品出售数量	公斤					130.70	131.00	125.70
每亩主产品出售产值	元					80.07	75.80	114.85
商品率	%					35.20	36.00	33.80
每亩补贴收入	元							
每亩成本外支出	元		1.99	3.00	3.64	6.61	4.46	5.69

1-5-1 续表 1

项 目	单位	1994 年	1995 年	1996 年	1997 年	1998 年	1999 年	2000 年
每亩								
主产品产量	公斤	355.60	362.90	361.00	364.40	379.90	366.60	365.40
产值合计	元	540.35	613.70	589.65	528.04	537.01	436.81	421.13
主产品产值	元	518.32	587.79	558.78	498.74	509.69	414.74	403.31
副产品产值	元	22.03	25.91	30.87	29.30	27.32	22.07	17.82
总成本	元	264.79	361.19	410.26	403.74	384.09	381.43	360.86
生产成本	元	237.08	330.71	372.97	368.24	336.41	334.92	318.52
物质与服务费用	元	151.40	203.69	206.13	204.24	192.95	188.10	182.00
人工成本	元	85.68	127.02	166.84	164.00	143.46	146.82	136.52
家庭用工折价	元	85.68	127.02	166.84	164.00	138.24	125.40	128.00
雇工费用	元					5.22	21.42	8.52
土地成本	元	27.71	30.48	37.29	35.50	47.68	46.51	42.34
流转地租金	元					4.39	1.85	2.04
自营地折租	元	27.71	30.48	37.29	35.50	43.29	44.66	40.30
净利润	元	275.56	252.51	179.39	124.30	152.92	55.38	60.27
现金成本	元	151.40	203.69	206.13	204.24	202.56	211.37	192.56
现金收益	元	388.95	410.01	383.52	323.80	334.45	225.44	228.57
成本利润率	%	104.07	69.91	43.73	30.79	39.81	14.52	16.70
每 50 公斤主产品								
平均出售价格	元	72.88	80.99	77.39	68.43	67.08	56.57	55.19
总成本	元	35.71	47.67	53.85	52.32	47.98	49.40	47.29
生产成本	元	31.98	43.64	48.95	47.72	42.02	43.37	41.74
净利润	元	37.17	33.32	23.54	16.11	19.10	7.17	7.90
现金成本	元	20.42	26.88	27.05	26.47	25.30	27.37	25.24
现金收益	元	52.46	54.11	50.34	41.96	41.78	29.20	29.95
附:								
每亩用工数量	日	16.80	17.40	17.20	16.40	14.60	14.20	13.20
每亩主产品出售数量	公斤	110.70	127.80	135.40	151.00	164.20	143.20	139.00
每亩主产品出售产值	元	162.47	203.76	207.89	210.17	220.45	159.89	153.07
商品率	%	31.10	35.20	37.50	41.40	43.20	39.10	38.00
每亩补贴收入	元					2.55	0.63	0.30
每亩成本外支出	元	10.63	10.01	16.23	16.05	29.60	29.15	25.14

1-5-1 续表 2

项 目	单位	2001 年	2002 年	2003 年	2004 年	2005 年	2006 年	2006 年比 2005 年 ±%
每亩								
主产品产量	公斤	388.00	370.40	378.80	397.70	379.70	399.60	5.24
产值合计	元	430.42	394.10	502.24	670.53	599.10	669.08	11.68
主产品产值	元	410.67	375.24	482.34	651.56	583.92	652.34	11.72
副产品产值	元	19.75	18.86	19.90	18.97	15.18	16.74	10.28
总成本	元	353.57	365.56	373.68	437.66	468.61	489.03	4.36
生产成本	元	311.00	317.49	323.21	382.13	403.96	424.90	5.18
物质与服务费用	元	177.43	182.51	189.63	220.97	234.96	251.94	7.23
人工成本	元	133.57	134.98	133.58	161.16	169.00	172.96	2.34
家庭用工折价	元	122.72	126.50	122.08	146.86	155.45	159.54	2.63
雇工费用	元	10.85	8.48	11.50	14.30	13.55	13.42	-0.96
土地成本	元	42.57	48.07	50.47	55.53	64.65	64.13	-0.80
流转地租金	元	3.10	2.11	1.72	6.68	7.92	7.10	-10.35
自营地折租	元	39.47	45.96	48.75	48.85	56.73	57.03	0.53
净利润	元	76.85	28.54	128.56	232.87	130.49	180.05	37.98
现金成本	元	191.38	193.10	202.85	241.95	256.43	272.46	6.25
现金收益	元	239.04	201.00	299.39	428.58	342.67	396.62	15.74
成本利润率	%	21.74	7.81	34.40	53.21	27.85	36.82	
每 50 公斤主产品								
平均出售价格	元	52.92	50.65	63.67	81.92	76.89	81.62	6.15
总成本	元	43.47	46.98	47.37	53.47	60.14	59.66	-0.80
生产成本	元	38.24	40.80	40.97	46.69	51.85	51.83	-0.04
净利润	元	9.45	3.67	16.30	28.45	16.75	21.96	31.10
现金成本	元	23.53	24.82	25.72	29.56	32.91	33.24	1.00
现金收益	元	29.39	25.83	37.95	52.36	43.98	48.38	10.00
附:								
每亩用工数量	日	12.30	11.90	11.40	11.28	10.62	9.84	-7.34
每亩主产品出售数量	公斤	157.70	135.50	136.40	125.20	120.00	135.00	12.50
每亩主产品出售产值	元	166.98	134.39	170.81	201.16	179.46	214.42	19.48
商品率	%	40.60	36.60	36.00	37.60	40.60	44.60	
每亩补贴收入	元	0.40	0.37	1.15	8.35	9.48	14.27	50.53
每亩成本外支出	元	24.77	6.72	5.34	5.20	4.51	2.88	-36.14

1－5－2　晚籼稻费用和用工情况

项　　目	单位	1978 年	1985 年	1988 年	1990 年	1991 年	1992 年	1993 年
一、每亩物质与服务费用	元	25.77	46.09	77.07	95.32	96.67	97.02	105.81
（一）直接费用	元	20.83	38.55	65.94	81.05	81.81	80.53	89.01
1. 种子费	元	2.73	4.02	5.47	9.01	8.09	8.06	8.10
2. 化肥费	元	6.45	15.55	30.96	33.21	33.36	33.61	37.51
3. 农家肥费	元	4.03	3.20	4.54	5.40	6.38	5.67	6.26
4. 农药费	元	1.70	3.61	6.15	8.85	8.40	7.92	8.75
5. 农膜费	元					0.15	0.12	0.02
6. 租赁作业费	元	4.06	9.96	15.43	20.84	20.60	20.10	23.11
机械作业费	元	0.63	1.01	1.81	4.02	4.62	3.67	5.57
排灌费	元	1.10	2.17	2.54	4.10	4.51	3.97	4.31
其中：水费	元							
畜力费	元	2.33	6.78	11.08	12.72	11.47	12.46	13.23
7. 燃料动力费	元					0.14	0.23	0.20
8. 技术服务费	元							
9. 工具材料费	元				0.27	0.01		0.02
10. 修理维护费	元	1.33	1.82	2.64	2.88	3.17	3.87	3.78
11. 其他直接费用	元	0.53	0.39	0.75	0.59	1.51	0.95	1.26
（二）间接费用	元	4.94	7.54	11.13	14.27	14.86	16.49	16.80
1. 固定资产折旧	元	1.12	1.69	3.04	3.80	4.07	4.77	4.62
2. 税金	元	2.42	4.37	5.80	7.01	7.33	7.79	9.16
3. 保险费	元							
4. 管理费	元	1.40	1.24	1.97	2.77	2.85	3.38	2.60
5. 财务费	元							
6. 销售费	元		0.24	0.32	0.69	0.61	0.55	0.42
二、每亩人工成本	元	27.68	30.60	43.56	57.13	66.96	71.76	72.98
1. 家庭用工折价	元	27.68	30.60	43.56	57.13	66.96	71.76	72.98
家庭用工天数	日	34.60	20.40	19.80	19.70	18.60	18.40	17.80
劳动日工价	元	0.80	1.50	2.20	2.90	3.60	3.90	4.10
2. 雇工费用	元							
雇工天数	日							
雇工工价	元							
三、附记								
1. 每亩种子用量	公斤	6.49	3.85	3.18	2.45	3.88	3.29	3.26
2. 每亩化肥用量	公斤	14.90	23.40	29.40	33.30	31.70	22.80	23.90
3. 每亩农膜用量	公斤						0.20	0.10

1－5－2 续表 1

项 目	单位	1994 年	1995 年	1996 年	1997 年	1998 年	1999 年	2000 年
一、每亩物质与服务费用	元	151.40	203.69	206.13	204.24	192.95	188.10	182.00
(一)直接费用	元	122.41	167.38	169.36	171.11	159.40	157.52	152.75
1. 种子费	元	13.08	21.30	17.89	16.89	15.47	17.37	14.69
2. 化肥费	元	49.15	72.56	74.68	70.37	62.83	60.49	56.06
3. 农家肥费	元	8.13	9.17	8.43	8.74	8.44	7.42	6.92
4. 农药费	元	11.34	14.01	16.33	18.36	16.36	18.41	17.64
5. 农膜费	元	0.05	0.05	0.12	0.18	0.44	0.12	0.20
6. 租赁作业费	元	28.06	39.86	41.44	43.72	44.59	44.85	46.20
机械作业费	元	6.39	9.72	10.17	11.28	14.17	17.02	17.00
排灌费	元	6.58	7.08	7.81	7.72	7.74	8.22	9.56
其中:水费	元							
畜力费	元	15.09	23.06	23.46	24.72	22.68	19.61	19.64
7. 燃料动力费	元	1.65	0.60	0.57	0.60	0.55	0.33	0.16
8. 技术服务费	元							
9. 工具材料费	元	0.37		0.01	0.18	0.02	0.02	0.11
10. 修理维护费	元	4.90	5.83	5.85	5.29	5.73	4.52	4.34
11. 其他直接费用	元	5.68	4.00	4.04	6.78	4.97	3.99	6.43
(二)间接费用	元	28.99	36.31	36.77	33.13	33.55	30.58	29.25
1. 固定资产折旧	元	7.15	9.19	8.96	7.64	9.97	7.69	6.83
2. 税金	元	17.08	20.47	21.06	19.45	18.08	17.36	17.20
3. 保险费	元							
4. 管理费	元	3.84	6.00	5.78	4.65	3.31	3.53	3.58
5. 财务费	元					0.14	0.17	0.09
6. 销售费	元	0.92	0.65	0.97	1.39	2.05	1.83	1.55
二、每亩人工成本	元	85.68	127.02	166.84	164.00	143.46	146.82	136.52
1. 家庭用工折价	元	85.68	127.02	166.84	164.00	138.24	125.40	128.00
家庭用工天数	日	16.80	17.40	17.20	16.40	14.40	13.20	12.80
劳动日工价	元	5.10	7.30	9.70	10.00	9.60	9.50	10.00
2. 雇工费用	元					5.22	21.42	8.52
雇工天数	日					0.20	0.90	0.40
雇工工价	元					26.10	23.80	21.30
三、附记								
1. 每亩种子用量	公斤	3.12	3.28	3.40	2.60	1.92	1.94	1.70
2. 每亩化肥用量	公斤	18.94	19.29	17.90	19.52	18.90	19.40	19.80
3. 每亩农膜用量	公斤	0.01	0.01		0.02	0.05	0.01	

1-5-2 续表 2

项目	单位	2001 年	2002 年	2003 年	2004 年	2005 年	2006 年	2006 年比 2005 年 ±%
一、每亩物质与服务费用	元	177.43	182.51	189.63	220.97	234.96	251.94	7.23
(一)直接费用	元	146.76	145.35	156.05	194.96	226.34	244.05	7.82
1. 种子费	元	12.39	14.12	13.75	15.71	20.09	21.34	6.22
2. 化肥费	元	54.03	54.15	57.51	74.53	84.11	86.32	2.63
3. 农家肥费	元	5.78	5.75	5.36	8.07	6.42	6.26	-2.49
4. 农药费	元	17.95	17.00	19.57	26.02	35.53	40.23	13.23
5. 农膜费	元	0.40	0.28	0.31	0.72	0.70	0.65	-7.14
6. 租赁作业费	元	47.50	46.47	50.42	61.42	71.89	81.23	12.99
机械作业费	元	19.72	20.98	23.23	31.43	43.48	52.47	20.68
排灌费	元	9.35	7.62	8.82	10.97	12.12	11.84	-2.31
其中:水费	元				5.72	6.38	6.91	8.31
畜力费	元	18.43	17.87	18.37	19.02	16.29	16.92	3.87
7. 燃料动力费	元				1.18	0.89	0.71	-20.22
8. 技术服务费	元				0.05	0.10	0.04	-60.00
9. 工具材料费	元	0.03	0.03	0.10	3.58	3.28	3.84	17.07
10. 修理维护费	元	4.32	4.37	4.40	2.24	2.24	2.50	11.61
11. 其他直接费用	元	4.36	3.18	4.63	1.44	1.09	0.93	-14.68
(二)间接费用	元	30.67	37.16	33.58	26.01	8.62	7.89	-8.47
1. 固定资产折旧	元	6.50	7.12	7.11	7.97	7.14	6.75	-5.46
2. 税金	元	17.80	26.93	24.94	14.95			
3. 保险费	元							
4. 管理费	元	4.67	1.31	0.38	1.64	0.19	0.08	-57.89
5. 财务费	元	0.04	0.05	0.08	0.10	0.01	0.02	100.00
6. 销售费	元	1.66	1.75	1.07	1.35	1.28	1.04	-18.75
二、每亩人工成本	元	133.57	134.98	133.58	161.16	169.00	172.96	2.34
1. 家庭用工折价	元	122.72	126.50	122.08	146.86	155.45	159.54	2.63
家庭用工天数	日	11.80	11.50	10.90	10.72	10.16	9.44	-7.09
劳动日工价	元	10.40	11.00	11.20	13.70	15.30	16.90	10.46
2. 雇工费用	元	10.85	8.48	11.50	14.30	13.55	13.42	-0.96
雇工天数	日	0.50	0.40	0.50	0.56	0.46	0.40	-13.04
雇工工价	元	21.70	21.20	23.00	25.54	29.46	33.55	13.88
三、附记								
1. 每亩种子用量	公斤	1.60	1.70	1.80	1.67	1.61	1.53	-4.97
2. 每亩化肥用量	公斤	19.20	19.40	19.80	19.10	20.38	20.73	1.72
3. 每亩农膜用量	公斤	0.10	0.10	0.10	0.16	0.07	0.07	

1-5-3 晚籼稻化肥投入情况

项　　目	单位	1998年	1999年	2000年	2001年	2002年	2003年	2004年	2005年	2006年	2006年比2005年±%
一、每亩化肥金额	元	62.83	60.49	56.06	54.03	54.15	57.51	74.53	84.11	86.32	2.63
(一)氮肥	元	34.27	32.41	29.16	27.41	27.67	28.90	36.15	38.80	36.53	-5.85
1.尿素	元	26.31	22.71	20.41	19.20	19.45	21.45	27.35	29.12	28.23	-3.06
2.碳铵	元	7.96	9.69	8.75	8.21	8.22	7.45	8.79	9.66	8.29	-14.18
3.其他氮肥	元		0.01					0.01	0.02	0.01	-50.00
(二)磷肥	元	6.91	7.11	6.10	6.24	5.30	5.18	4.31	5.46	5.17	-5.31
其中:过磷酸钙	元	6.91	7.11	6.10	6.24	5.30	5.18	3.97	4.39	4.32	-1.59
(三)钾肥	元	8.40	7.71	8.39	6.50	6.37	8.25	9.04	11.10	10.75	-3.15
其中:氯化钾	元	8.40	7.71	8.39	6.50	6.37	8.25	8.28	10.03	10.12	0.90
(四)复混肥	元	13.25	13.26	12.41	13.88	14.81	15.18	21.42	28.55	33.43	17.09
1.复合肥	元	11.03	10.75	10.68	12.20	13.22	13.58	19.13	25.74	30.83	19.77
其中:二铵	元	0.01	0.16	0.22	0.22	0.07	0.13	1.06	0.89	0.27	-69.66
2.混配肥	元	2.22	2.51	1.73	1.68	1.59	1.60	2.29	2.81	2.60	-7.47
(五)其他肥料	元							3.61	0.20	0.44	120.00
二、每亩化肥折纯用量	公斤	18.90	19.40	19.80	19.20	19.40	19.80	19.10	20.38	20.73	1.72
(一)氮肥	公斤	10.52	10.59	10.70	9.80	9.90	10.10	9.93	9.63	9.32	-3.22
1.尿素	公斤	7.91	7.09	7.20	6.70	6.90	7.00	6.93	6.70	6.70	
2.碳铵	公斤	2.61	3.50	3.50	3.10	3.00	3.10	3.00	2.93	2.62	-10.58
3.其他氮肥	公斤										
(二)磷肥	公斤	1.99	2.17	2.20	2.40	2.10	2.10	1.66	1.89	1.73	-8.47
其中:过磷酸钙	公斤	1.99	2.17	2.20	2.40	2.10	2.10	1.51	1.48	1.43	-3.38
(三)钾肥	公斤	2.92	2.75	3.10	2.60	2.70	3.00	2.80	2.86	2.72	-4.90
其中:氯化钾	公斤	2.92	2.75	3.10	2.60	2.70	3.00	2.71	2.66	2.64	-0.75
(四)复混肥	公斤	3.47	3.89	3.80	4.40	4.70	4.60	4.71	6.00	6.96	16.00
1.复合肥	公斤	2.83	3.19	3.30	3.90	4.30	4.10	3.88	5.39	6.39	18.55
其中:二铵	公斤		0.04	0.10	0.10	0.10		0.30	0.31	0.07	-77.42
2.混配肥	公斤	0.64	0.70	0.50	0.50	0.40	0.50	0.83	0.61	0.57	-6.56

1－6－1 粳稻成本收益情况

项　　目	单位	1978 年	1985 年	1988 年	1990 年	1991 年	1992 年	1993 年
每亩								
主产品产量	公斤	323.60	373.90	405.80	434.70	438.90	435.30	440.40
产值合计	元	92.57	177.32	294.34	344.10	335.08	341.83	422.36
主产品产值	元	80.64	161.86	272.67	321.82	312.06	318.17	391.80
副产品产值	元	11.93	15.46	21.67	22.28	23.02	23.66	30.56
总成本	元	73.31	97.81	140.75	192.30	219.71	233.05	260.21
生产成本	元	70.55	89.99	130.82	178.41	203.72	214.06	235.95
物质与服务费用	元	40.39	57.29	83.74	118.96	128.48	137.62	152.72
人工成本	元	30.16	32.70	47.08	59.45	75.24	76.44	83.23
家庭用工折价	元	30.16	32.70	47.08	59.45	75.24	76.44	83.23
雇工费用	元							
土地成本	元	2.76	7.82	9.93	13.89	15.99	18.99	24.26
流转地租金	元							
自营地折租	元	2.76	7.82	9.93	13.89	15.99	18.99	24.26
净利润	元	19.26	79.51	153.59	151.80	115.37	108.78	162.15
现金成本	元	40.39	57.29	83.74	118.96	128.48	137.62	152.72
现金收益	元	52.18	120.03	210.60	225.14	206.60	204.21	269.64
成本利润率	%	26.27	81.29	109.12	78.94	52.51	46.68	62.32
每 50 公斤主产品								
平均出售价格	元	12.46	21.64	33.60	37.02	35.55	36.55	44.48
总成本	元	9.87	11.94	16.07	20.69	23.31	24.92	27.40
生产成本	元	9.50	10.98	14.93	19.19	21.61	22.89	24.85
净利润	元	2.59	9.70	17.53	16.33	12.24	11.63	17.08
现金成本	元	5.44	6.99	9.56	12.80	13.63	14.71	16.08
现金收益	元	7.02	14.65	24.04	24.22	21.92	21.84	28.40
附：								
每亩用工数量	日	37.70	21.80	21.40	20.50	20.90	19.60	20.30
每亩主产品出售数量	公斤					256.40	285.80	289.70
每亩主产品出售产值	元					201.04	219.98	260.15
商品率	%					58.40	65.70	65.80
每亩补贴收入	元							
每亩成本外支出	元		3.38	4.85	7.39	9.07	11.70	13.38

1－6－1 续表 1

项 目	单位	1994 年	1995 年	1996 年	1997 年	1998 年	1999 年	2000 年
每亩								
主产品产量	公斤	448.90	431.90	462.60	472.30	481.80	487.90	451.10
产值合计	元	743.85	931.14	879.65	751.95	753.80	648.01	571.02
主产品产值	元	708.94	888.24	833.07	712.34	721.81	617.33	545.23
副产品产值	元	34.91	42.90	46.58	39.61	31.99	30.68	25.79
总成本	元	347.21	451.08	530.81	510.30	502.62	484.70	465.39
生产成本	元	317.71	408.46	486.29	467.13	444.87	420.73	408.88
物质与服务费用	元	216.73	271.95	302.96	293.13	270.04	269.25	246.68
人工成本	元	100.98	136.51	183.33	174.00	174.83	151.48	162.20
家庭用工折价	元	100.98	136.51	183.33	174.00	154.56	126.35	140.00
雇工费用	元					20.27	25.13	22.20
土地成本	元	29.50	42.62	44.52	43.17	57.75	63.97	56.51
流转地租金	元					20.17	11.88	10.04
自营地折租	元	29.50	42.62	44.52	43.17	37.58	52.09	46.47
净利润	元	396.64	480.06	348.84	241.65	251.18	163.32	105.63
现金成本	元	216.73	271.95	302.96	293.13	310.48	306.26	278.92
现金收益	元	527.12	659.19	576.69	458.82	443.32	341.76	292.10
成本利润率	%	114.24	106.42	65.72	47.35	49.97	33.69	22.70
每 50 公斤主产品								
平均出售价格	元	78.96	102.83	90.04	75.41	74.91	63.26	60.43
总成本	元	36.86	49.81	54.33	51.18	49.95	47.32	49.25
生产成本	元	33.73	45.11	49.78	46.85	44.21	41.07	43.27
净利润	元	42.10	53.02	35.71	24.23	24.96	15.94	11.18
现金成本	元	23.01	30.03	31.01	29.40	30.85	29.90	29.52
现金收益	元	55.95	72.80	59.03	46.01	44.06	33.36	30.91
附:								
每亩用工数量	日	19.80	18.70	18.90	17.40	17.10	14.90	15.00
每亩主产品出售数量	公斤	297.40	272.50	291.20	279.10	322.60	320.60	297.00
每亩主产品出售产值	元	472.82	578.20	497.27	418.59	487.19	393.86	357.78
商品率	%	66.30	63.10	62.90	59.10	66.90	65.70	65.80
每亩补贴收入	元					0.43	1.80	2.72
每亩成本外支出	元	17.22	28.66	26.94	23.62	37.92	45.99	37.23

1－6－1 续表 2

项　　目	单位	2001 年	2002 年	2003 年	2004 年	2005 年	2006 年	2006 年比 2005 年 ±%
每亩								
主产品产量	公斤	477.80	482.40	459.00	507.00	486.60	514.50	5.73
产值合计	元	631.07	579.53	659.09	891.61	881.43	945.75	7.30
主产品产值	元	600.29	552.51	626.13	866.61	860.04	923.67	7.40
副产品产值	元	30.78	27.02	32.96	25.00	21.39	22.08	3.23
总成本	元	464.10	480.50	479.42	501.80	572.91	625.84	9.24
生产成本	元	408.18	416.50	416.75	426.64	474.26	489.97	3.31
物质与服务费用	元	247.70	260.88	258.03	270.53	304.31	310.76	2.12
人工成本	元	160.48	155.62	158.72	156.11	169.95	179.21	5.45
家庭用工折价	元	142.48	139.70	140.00	122.89	131.43	135.20	2.87
雇工费用	元	18.00	15.92	18.72	33.22	38.52	44.01	14.25
土地成本	元	55.92	64.00	62.67	75.16	98.65	135.87	37.73
流转地租金	元	9.54	8.97	5.48	13.45	20.35	30.82	51.45
自营地折租	元	46.38	55.03	57.19	61.71	78.30	105.05	34.16
净利润	元	166.97	99.03	179.67	389.81	308.52	319.91	3.69
现金成本	元	275.24	285.77	282.23	317.20	363.18	385.59	6.17
现金收益	元	355.83	293.76	376.86	574.41	518.25	560.16	8.09
成本利润率	%	35.98	20.61	37.48	77.68	53.85	51.12	
每 50 公斤主产品								
平均出售价格	元	62.82	57.27	68.21	85.46	88.37	89.76	1.57
总成本	元	46.20	47.48	49.62	48.10	57.44	59.40	3.41
生产成本	元	40.63	41.16	43.13	40.89	47.55	46.50	-2.21
净利润	元	16.62	9.79	18.59	37.36	30.93	30.36	-1.84
现金成本	元	27.40	28.24	29.21	30.40	36.41	36.60	0.52
现金收益	元	35.42	29.03	39.00	55.06	51.96	53.16	2.31
附：								
每亩用工数量	日	14.60	13.50	13.40	10.30	9.92	9.30	-6.25
每亩主产品出售数量	公斤	299.30	301.20	278.40	299.00	287.80	311.50	8.23
每亩主产品出售产值	元	375.98	345.36	374.12	500.11	498.32	557.78	11.93
商品率	%	62.60	62.40	60.70	66.50	69.70	72.00	
每亩补贴收入	元	0.01		1.24	21.06	21.18	33.45	57.93
每亩成本外支出	元	33.86	12.76	10.21	8.29	4.32	3.69	-14.58

1-6-2 粳稻费用和用工情况

项 目	单位	1978 年	1985 年	1988 年	1990 年	1991 年	1992 年	1993 年
一、每亩物质与服务费用	元	40.39	57.29	83.74	118.96	128.48	137.62	152.72
(一)直接费用	元	33.64	47.19	69.60	99.92	106.15	115.85	126.52
1. 种子费	元	5.12	6.22	8.66	13.50	11.55	13.14	12.41
2. 化肥费	元	10.54	15.05	24.18	34.85	36.26	37.61	41.58
3. 农家肥费	元	5.85	5.71	5.69	5.96	5.87	6.00	6.25
4. 农药费	元	2.04	2.96	5.48	8.05	9.26	8.97	9.70
5. 农膜费	元				2.26	2.61	3.37	2.85
6. 租赁作业费	元	6.72	13.82	19.33	26.96	30.54	33.51	39.67
机械作业费	元	1.71	3.45	5.58	8.71	10.45	12.47	15.73
排灌费	元	1.93	5.98	8.45	11.37	12.71	13.35	17.03
其中:水费	元							
畜力费	元	3.08	4.39	5.30	6.88	7.38	7.69	6.91
7. 燃料动力费	元					0.53	2.66	1.50
8. 技术服务费	元							
9. 工具材料费	元				0.38	0.90	0.76	0.36
10. 修理维护费	元	1.49	1.26	1.99	2.35	2.33	2.43	2.51
11. 其他直接费用	元	1.88	2.17	4.27	5.61	6.30	7.40	9.69
(二)间接费用	元	6.75	10.10	14.14	19.04	22.33	21.77	26.20
1. 固定资产折旧	元	1.82	2.82	4.29	4.47	5.28	6.39	5.80
2. 税金	元	2.76	4.44	5.08	6.50	6.92	7.29	10.88
3. 保险费	元							
4. 管理费	元	2.17	2.51	4.16	6.87	9.24	7.18	8.39
5. 财务费	元							
6. 销售费	元		0.33	0.61	1.20	0.89	0.91	1.13
二、每亩人工成本	元	30.16	32.70	47.08	59.45	75.24	76.44	83.23
1. 家庭用工折价	元	30.16	32.70	47.08	59.45	75.24	76.44	83.23
家庭用工天数	日	37.70	21.80	21.40	20.50	20.90	19.60	20.30
劳动日工价	元	0.80	1.50	2.20	2.90	3.60	3.90	4.10
2. 雇工费用	元							
雇工天数	日							
雇工工价	元							
三、附记								
1. 每亩种子用量	公斤	9.83	7.31	5.32	4.88	9.69	9.62	9.02
2. 每亩化肥用量	公斤	24.30	26.30	29.60	38.30	31.60	19.20	25.00
3. 每亩农膜用量	公斤					0.60	0.70	0.50

1-6-2 续表 1

项　　目	单位	1994年	1995年	1996年	1997年	1998年	1999年	2000年
一、每亩物质与服务费用	元	216.73	271.95	302.96	293.13	270.04	269.25	246.68
(一)直接费用	元	186.50	233.01	253.45	241.70	227.69	228.43	208.53
1.种子费	元	19.29	24.79	29.65	24.09	18.66	20.13	17.42
2.化肥费	元	59.48	81.80	88.63	82.43	75.12	76.20	65.43
3.农家肥费	元	8.52	7.63	13.57	8.30	9.35	6.98	6.28
4.农药费	元	14.65	19.76	19.69	19.03	19.94	19.37	18.57
5.农膜费	元	3.81	6.51	5.99	5.77	5.66	6.33	4.61
6.租赁作业费	元	57.89	62.14	67.04	73.20	78.62	80.76	82.40
机械作业费	元	21.10	24.74	27.35	28.54	30.62	32.52	34.63
排灌费	元	26.81	25.47	27.32	31.77	36.50	36.56	36.45
其中:水费	元							
畜力费	元	9.98	11.93	12.37	12.89	11.50	11.68	11.32
7.燃料动力费	元	1.48	6.25	4.09	6.35	2.28	2.55	
8.技术服务费	元							
9.工具材料费	元	1.05	1.67	0.92	1.55	1.26	1.19	0.84
10.修理维护费	元	4.28	4.87	5.87	6.90	4.01	3.59	3.58
11.其他直接费用	元	16.05	17.59	18.00	14.08	12.79	11.33	9.40
(二)间接费用	元	30.23	38.94	49.51	51.43	42.35	40.82	38.15
1.固定资产折旧	元	6.78	8.35	8.43	11.19	9.15	8.88	8.52
2.税金	元	12.28	13.96	17.58	19.55	19.83	17.98	19.28
3.保险费	元							
4.管理费	元	9.14	13.63	20.28	15.57	9.07	8.98	6.64
5.财务费	元					0.48	0.79	0.32
6.销售费	元	2.03	3.00	3.22	5.12	3.82	4.19	3.39
二、每亩人工成本	元	100.98	136.51	183.33	174.00	174.83	151.48	162.20
1.家庭用工折价	元	100.98	136.51	183.33	174.00	154.56	126.35	140.00
家庭用工天数	日	19.80	18.70	18.90	17.40	16.10	13.30	14.00
劳动日工价	元	5.10	7.30	9.70	10.00	9.60	9.50	10.00
2.雇工费用	元					20.27	25.13	22.20
雇工天数	日					0.90	1.50	1.00
雇工工价	元					22.52	16.75	22.20
三、附记								
1.每亩种子用量	公斤	9.95	8.69	9.05	7.77	6.76	8.00	6.90
2.每亩化肥用量	公斤	22.46	22.56	21.30	20.61	23.82	24.65	23.10
3.每亩农膜用量	公斤	0.58	0.52	0.55	0.50	0.57	0.80	0.50

1－6－2 续表 2

项 目	单位	2001 年	2002 年	2003 年	2004 年	2005 年	2006 年	2006 年比 2005 年 ±%
一、每亩物质与服务费用	元	247.70	260.88	258.03	270.53	304.31	310.76	2.12
（一）直接费用	元	206.93	215.12	217.90	246.58	285.66	297.94	4.30
1. 种子费	元	16.85	17.39	16.84	17.09	18.49	20.18	9.14
2. 化肥费	元	67.29	67.22	67.88	85.04	97.29	96.97	-0.33
3. 农家肥费	元	6.18	7.68	6.25	7.25	7.24	7.08	-2.21
4. 农药费	元	20.79	19.84	22.32	29.24	40.30	44.02	9.23
5. 农膜费	元	4.29	4.58	3.77	4.70	6.46	5.64	-12.69
6. 租赁作业费	元	80.13	85.33	89.05	93.17	105.58	117.54	11.33
机械作业费	元	34.68	34.69	36.19	49.64	59.94	71.42	19.15
排灌费	元	35.31	42.58	45.53	35.74	37.97	39.64	4.40
其中：水费	元				14.56	18.51	19.83	7.13
畜力费	元	10.14	8.06	7.33	7.79	7.67	6.48	-15.51
7. 燃料动力费	元	0.05	0.20		1.35	0.32	0.21	-34.38
8. 技术服务费	元				0.16	0.20	0.10	-50.00
9. 工具材料费	元	0.99	1.30	0.88	2.86	3.46	4.03	16.47
10. 修理维护费	元	3.89	4.03	3.18	2.17	2.45	1.59	-35.10
11. 其他直接费用	元	6.47	7.55	7.73	3.55	3.87	0.58	-85.01
（二）间接费用	元	40.77	45.76	40.13	23.95	18.65	12.82	-31.26
1. 固定资产折旧	元	6.91	8.59	7.71	6.50	5.84	6.02	3.08
2. 税金	元	22.06	32.04	27.39	9.77	0.52		-100.00
3. 保险费	元				1.10	2.17	0.98	-54.84
4. 管理费	元	7.74	0.85	1.70	2.94	4.67	1.67	-64.24
5. 财务费	元	0.26	0.43	0.14	1.01	2.67	1.54	-42.32
6. 销售费	元	3.80	3.85	3.19	2.63	2.78	2.61	-6.12
二、每亩人工成本	元	160.48	155.62	158.72	156.11	169.95	179.21	5.45
1. 家庭用工折价	元	142.48	139.70	140.00	122.89	131.43	135.20	2.87
家庭用工天数	日	13.70	12.70	12.50	8.97	8.59	8.00	-6.87
劳动日工价	元	10.40	11.00	11.20	13.70	15.30	16.90	10.46
2. 雇工费用	元	18.00	15.92	18.72	33.22	38.52	44.01	14.25
雇工天数	日	0.90	0.80	0.90	1.33	1.33	1.30	-2.26
雇工工价	元	20.00	19.90	20.80	24.98	28.96	33.85	16.89
三、附记								
1. 每亩种子用量	公斤	6.80	6.30	6.30	4.88	4.70	4.74	0.85
2. 每亩化肥用量	公斤	23.90	24.50	23.30	21.68	22.58	23.24	2.92
3. 每亩农膜用量	公斤	0.50	0.50	0.60	0.62	0.61	0.48	-21.31

1-6-3 粳稻化肥投入情况

项　　目	单位	1998 年	1999 年	2000 年	2001 年	2002 年	2003 年	2004 年	2005 年	2006 年	2006 年比 2005 年 ±%
一、每亩化肥金额	元	75.12	76.20	65.43	67.29	67.22	67.88	85.04	97.29	96.97	-0.33
(一)氮肥	元	48.37	47.74	40.54	39.36	40.97	39.77	49.40	56.39	52.12	-7.57
1. 尿素	元	29.82	31.01	24.51	25.86	26.35	26.23	38.66	43.78	41.36	-5.53
2. 碳铵	元	18.33	16.39	15.99	13.35	14.03	13.25	10.22	11.65	9.68	-16.91
3. 其他氮肥	元	0.22	0.34	0.04	0.15	0.59	0.29	0.52	0.96	1.08	12.50
(二)磷肥	元	4.43	5.14	4.79	4.60	3.49	3.57	2.65	2.44	1.96	-19.67
其中:过磷酸钙	元	4.43	5.14	4.79	4.60	3.49	3.57	2.27	2.00	1.73	-13.50
(三)钾肥	元	1.80	1.85	2.21	2.32	1.63	1.56	3.47	4.26	4.18	-1.88
其中:氯化钾	元	1.80	1.85	2.21	2.32	1.63	1.56	2.44	3.05	2.97	-2.62
(四)复混肥	元	20.52	21.47	17.89	21.01	21.13	22.98	26.96	33.50	37.96	13.31
1. 复合肥	元	17.09	17.95	15.25	17.32	17.94	21.15	25.55	31.79	35.40	11.36
其中:二铵	元	10.42	11.68	8.67	7.78	8.39	10.39	9.58	9.08	8.72	-3.96
2. 混配肥	元	3.43	3.52	2.64	3.69	3.19	1.83	1.41	1.71	2.56	49.71
(五)其他肥料	元							2.56	0.70	0.75	7.14
二、每亩化肥折纯用量	公斤	23.82	24.65	23.10	23.90	24.50	23.30	21.68	22.58	23.24	2.92
(一)氮肥	公斤	15.85	16.35	15.20	14.80	15.70	14.30	13.71	13.86	13.32	-3.90
1. 尿素	公斤	9.54	10.01	8.70	9.30	10.10	8.80	10.39	10.26	10.11	-1.46
2. 碳铵	公斤	6.25	6.20	6.50	5.40	5.40	5.40	3.20	3.41	2.95	-13.49
3. 其他氮肥	公斤	0.06	0.14		0.10	0.20	0.10	0.12	0.19	0.26	36.84
(二)磷肥	公斤	1.33	1.55	1.50	1.60	1.30	1.40	1.10	0.83	0.69	-16.87
其中:过磷酸钙	公斤	1.33	1.55	1.50	1.60	1.30	1.40	0.92	0.67	0.59	-11.94
(三)钾肥	公斤	0.63	0.63	0.80	0.80	0.60	0.50	0.87	0.92	0.97	5.43
其中:氯化钾	公斤	0.63	0.63	0.80	0.80	0.60	0.50	0.75	0.75	0.78	4.00
(四)复混肥	公斤	6.01	6.12	5.60	6.70	6.90	7.10	6.00	6.97	8.26	18.51
1、复合肥	公斤	4.92	5.01	4.70	5.40	6.00	6.70	5.42	6.64	7.73	16.42
其中:二铵	公斤	2.86	3.17	2.60	2.40	3.10	3.20	2.40	2.02	1.94	-3.96
2、混配肥	公斤	1.09	1.11	0.90	1.30	0.90	0.40	0.58	0.33	0.53	60.61

1-7-1 小麦成本收益情况

项 目	单位	1978 年	1985 年	1988 年	1990 年	1991 年	1992 年	1993 年
每亩								
主产品产量	公斤	156.80	198.50	197.10	230.30	217.30	233.50	255.80
产值合计	元	49.21	94.62	116.50	155.37	144.76	170.45	205.39
主产品产值	元	43.26	84.84	103.88	140.17	130.20	154.76	186.63
副产品产值	元	5.95	9.78	12.62	15.20	14.56	15.69	18.76
总成本	元	55.54	67.99	92.68	128.44	138.42	149.27	169.76
生产成本	元	53.48	63.15	86.66	120.04	129.25	138.47	155.39
物质与服务费用	元	28.92	41.40	56.96	79.44	82.45	90.89	102.09
人工成本	元	24.56	21.75	29.70	40.60	46.80	47.58	53.30
家庭用工折价	元	24.56	21.75	29.70	40.60	46.80	47.58	53.30
雇工费用	元							
土地成本	元	2.06	4.84	6.02	8.40	9.17	10.80	14.37
流转地租金	元							
自营地折租	元	2.06	4.84	6.02	8.40	9.17	10.80	14.37
净利润	元	-6.33	26.63	23.82	26.93	6.34	21.18	35.63
现金成本	元	28.92	41.40	56.96	79.44	82.45	90.89	102.09
现金收益	元	20.29	53.22	59.54	75.93	62.31	79.56	103.30
成本利润率	%	-11.39	39.17	25.70	20.97	4.58	14.19	20.99
每 50 公斤主产品								
平均出售价格	元	13.79	21.37	26.35	30.43	29.96	33.14	36.48
总成本	元	15.56	15.36	20.96	25.16	28.65	29.02	30.15
生产成本	元	14.99	14.26	19.60	23.51	26.75	26.92	27.60
净利润	元	-1.77	6.01	5.39	5.27	1.31	4.12	6.33
现金成本	元	8.10	9.35	12.88	15.56	17.06	17.67	18.13
现金收益	元	5.69	12.02	13.47	14.87	12.90	15.47	18.35
附:								
每亩用工数量	日	30.70	14.50	13.50	14.00	13.00	12.20	13.00
每亩主产品出售数量	公斤					107.90	120.10	123.40
每亩主产品出售产值	元					87.47	80.75	93.32
商品率	%					49.70	51.40	48.20
每亩补贴收入	元							
每亩成本外支出	元		1.84	2.28	3.81	4.66	5.63	8.09

1－7－1 续表 1

项　　目	单位	1994 年	1995 年	1996 年	1997 年	1998 年	1999 年	2000 年
每亩								
主产品产量	公斤	244.00	257.30	260.90	277.40	245.90	261.30	289.80
产值合计	元	295.54	412.24	452.39	424.28	351.25	339.45	323.70
主产品产值	元	275.83	388.21	422.62	388.99	327.38	315.37	306.49
副产品产值	元	19.71	24.03	29.77	35.29	23.87	24.08	17.21
总成本	元	213.24	281.70	359.49	349.46	357.47	351.51	352.48
生产成本	元	196.54	257.86	323.46	325.00	307.45	303.72	312.06
物质与服务费用	元	135.34	165.15	203.18	203.00	200.63	203.10	228.96
人工成本	元	61.20	92.71	120.28	122.00	106.82	100.62	83.10
家庭用工折价	元	61.20	92.71	120.28	122.00	98.88	92.15	74.00
雇工费用	元					7.94	8.47	9.10
土地成本	元	16.70	23.84	36.03	24.46	50.02	47.79	40.42
流转地租金	元					9.61	7.66	9.74
自营地折租	元	16.70	23.84	36.03	24.46	40.41	40.13	30.68
净利润	元	82.30	130.54	92.90	74.82	－6.22	－12.06	－28.78
现金成本	元	135.34	165.15	203.18	203.00	218.18	219.23	247.80
现金收益	元	160.20	247.09	249.21	221.28	133.07	120.22	75.90
成本利润率	%	38.60	46.34	25.84	21.41	－1.73	－3.42	－8.16
每 50 公斤主产品								
平均出售价格	元	56.52	75.44	80.99	70.11	66.57	60.35	52.88
总成本	元	40.78	51.55	64.36	57.75	67.75	62.49	57.58
生产成本	元	37.59	47.19	57.91	53.70	58.27	54.00	50.98
净利润	元	15.74	23.89	16.63	12.36	－1.18	－2.14	－4.70
现金成本	元	25.88	30.22	36.37	33.54	41.35	38.98	40.48
现金收益	元	30.64	45.22	44.62	36.57	25.22	21.37	12.40
附：								
每亩用工数量	日	12.00	12.70	12.40	12.20	10.80	10.50	7.90
每亩主产品出售数量	公斤	120.10	135.30	121.70	134.30	129.00	147.00	190.40
每亩主产品出售产值	元	134.43	209.14	183.70	192.33	172.57	182.15	206.16
商品率	%	49.20	52.60	46.70	48.40	52.50	56.30	65.70
每亩补贴收入	元					1.80	0.87	1.09
每亩成本外支出	元	7.71	12.34	21.81	11.08	36.59	34.73	28.64

1－7－1 续表 2

项 目	单位	2001年	2002年	2003年	2004年	2005年	2006年	2006年比2005年±%
每亩								
主产品产量	公斤	261.40	261.90	255.20	339.80	325.80	351.80	7.98
产值合计	元	296.14	290.04	309.36	525.50	468.96	522.46	11.41
主产品产值	元	274.52	268.47	287.95	506.11	449.68	503.88	12.05
副产品产值	元	21.62	21.57	21.41	19.39	19.28	18.58	-3.63
总成本	元	323.64	342.71	339.64	355.92	389.61	404.77	3.89
生产成本	元	283.09	294.18	287.97	312.12	337.69	350.17	3.70
物质与服务费用	元	182.31	189.87	185.16	200.28	216.35	230.56	6.57
人工成本	元	100.78	104.31	102.81	111.84	121.34	119.61	-1.43
家庭用工折价	元	95.68	99.00	97.44	109.05	118.73	115.93	-2.36
雇工费用	元	5.10	5.31	5.37	2.79	2.61	3.68	41.00
土地成本	元	40.55	48.53	51.67	43.80	51.92	54.60	5.16
流转地租金	元	5.86	8.10	4.93	3.47	2.27	2.35	3.52
自营地折租	元	34.69	40.43	46.74	40.33	49.65	52.25	5.24
净利润	元	-27.50	-52.67	-30.28	169.58	79.35	117.69	48.32
现金成本	元	193.27	203.28	195.46	206.54	221.23	236.59	6.94
现金收益	元	102.87	86.76	113.90	318.96	247.73	285.87	15.40
成本利润率	%	-8.49	-15.36	-8.91	47.65	20.37	29.08	
每50公斤主产品								
平均出售价格	元	52.51	51.25	56.42	74.47	69.01	71.61	3.77
总成本	元	57.39	60.56	61.94	50.44	57.33	55.48	-3.23
生产成本	元	50.20	51.98	52.52	44.23	49.69	48.00	-3.40
净利润	元	-4.88	-9.31	-5.52	24.03	11.68	16.13	38.10
现金成本	元	34.27	35.92	35.65	29.27	32.56	32.43	-0.40
现金收益	元	18.24	15.33	20.77	45.20	36.45	39.18	7.49
附：								
每亩用工数量	日	9.50	9.30	9.00	8.10	7.91	7.01	-11.38
每亩主产品出售数量	公斤	131.90	127.30	112.20	141.50	134.00	174.90	30.52
每亩主产品出售产值	元	138.91	132.83	124.03	209.56	182.82	248.37	35.85
商品率	%	50.50	48.60	44.00	46.00	47.30	54.70	
每亩补贴收入	元			0.58	5.21	8.32	15.64	87.98
每亩成本外支出	元	25.43	9.99	9.05	4.16	2.44	1.89	-22.54

1－7－2　小麦费用和用工情况

项　　目	单位	1978 年	1985 年	1988 年	1990 年	1991 年	1992 年	1993 年
一、每亩物质与服务费用	元	28.92	41.40	56.96	79.44	82.45	90.89	102.09
（一）直接费用	元	24.28	35.10	48.64	68.93	71.74	78.12	86.54
1. 种子费	元	3.77	6.61	8.82	13.31	12.21	12.61	13.07
2. 化肥费	元	5.89	11.31	17.60	25.80	27.54	29.63	32.26
3. 农家肥费	元	7.89	6.40	6.22	7.53	7.81	7.63	7.63
4. 农药费	元	0.52	0.52	0.90	2.05	2.54	2.82	3.18
5. 农膜费	元					0.11	0.06	0.11
6. 租赁作业费	元	4.49	8.44	12.37	16.64	18.19	21.38	24.89
机械作业费	元	0.77	2.12	3.91	6.33	7.84	9.43	11.84
排灌费	元	1.10	1.57	2.60	3.34	3.67	5.37	6.13
其中：水费	元							
畜力费	元	2.62	4.75	5.86	6.97	6.68	6.58	6.92
7. 燃料动力费	元					0.30	0.35	0.47
8. 技术服务费	元							
9. 工具材料费	元						0.03	0.01
10. 修理维护费	元	1.16	1.15	1.44	1.55	1.56	1.68	2.39
11. 其他直接费用	元	0.56	0.67	1.29	2.05	1.48	1.93	2.53
（二）间接费用	元	4.64	6.30	8.32	10.51	10.71	12.77	15.55
1. 固定资产折旧	元	1.30	1.51	2.05	2.57	2.98	3.53	4.80
2. 税金	元	2.06	3.00	3.74	4.59	4.51	5.17	6.28
3. 保险费	元							
4. 管理费	元	1.28	1.63	2.16	2.81	2.80	3.59	3.75
5. 财务费	元							
6. 销售费	元		0.16	0.37	0.54	0.42	0.48	0.72
二、每亩人工成本	元	24.56	21.75	29.70	40.60	46.80	47.58	53.30
1. 家庭用工折价	元	24.56	21.75	29.70	40.60	46.80	47.58	53.30
家庭用工天数	日	30.70	14.50	13.50	14.00	13.00	12.20	13.00
劳动日工价	元	0.80	1.50	2.20	2.90	3.60	3.90	4.10
2. 雇工费用	元							
雇工天数	日							
雇工工价	元							
三、附记								
1. 每亩种子用量	公斤	6.75	7.04	7.50	7.51	15.26	14.97	14.40
2. 每亩化肥用量	公斤	12.90	19.10	22.00	26.50	23.70	15.10	20.90
3. 每亩农膜用量	公斤					0.10		0.10

1-7-2 续表 1

项目	单位	1994 年	1995 年	1996 年	1997 年	1998 年	1999 年	2000 年
一、每亩物质与服务费用	元	135.34	165.15	203.18	203.00	200.63	203.10	228.96
(一)直接费用	元	115.44	140.22	174.55	172.88	172.02	173.44	195.41
1. 种子费	元	18.77	25.70	31.55	31.30	28.19	28.46	28.74
2. 化肥费	元	43.20	53.33	69.97	66.56	63.51	62.94	65.01
3. 农家肥费	元	9.15	11.02	12.43	11.63	11.44	11.72	7.68
4. 农药费	元	3.76	4.25	6.58	5.54	5.37	6.31	6.00
5. 农膜费	元	0.07	0.12	0.64	0.74	1.02	0.24	0.09
6. 租赁作业费	元	33.72	37.89	44.85	48.33	53.72	55.55	78.84
机械作业费	元	15.58	17.51	22.40	26.93	30.58	30.08	50.10
排灌费	元	9.05	9.95	12.77	12.63	13.52	17.31	23.45
其中:水费	元							
畜力费	元	9.09	10.43	9.68	8.77	9.62	8.16	5.29
7. 燃料动力费	元	0.52	0.70	0.93	1.79	0.93	1.19	
8. 技术服务费	元							
9. 工具材料费	元	0.05	0.01				0.01	
10. 修理维护费	元	3.26	3.76	4.07	3.43	3.33	3.25	2.97
11. 其他直接费用	元	2.94	3.44	3.53	3.56	4.51	3.77	6.08
(二)间接费用	元	19.90	24.93	28.63	30.12	28.61	29.66	33.55
1. 固定资产折旧	元	4.88	5.86	5.72	6.91	6.70	7.56	10.44
2. 税金	元	8.99	11.50	14.22	13.38	13.43	13.06	11.78
3. 保险费	元							
4. 管理费	元	4.63	6.26	7.06	8.12	5.37	5.54	7.16
5. 财务费	元					0.51	0.74	0.77
6. 销售费	元	1.40	1.31	1.63	1.71	2.60	2.76	3.40
二、每亩人工成本	元	61.20	92.71	120.28	122.00	106.82	100.62	83.10
1. 家庭用工折价	元	61.20	92.71	120.28	122.00	98.88	92.15	74.00
家庭用工天数	日	12.00	12.70	12.40	12.20	10.30	9.70	7.40
劳动日工价	元	5.10	7.30	9.70	10.00	9.60	9.50	10.00
2. 雇工费用	元					7.94	8.47	9.10
雇工天数	日					0.40	0.80	0.50
雇工工价	元					19.85	10.59	18.20
三、附记								
1. 每亩种子用量	公斤	16.59	16.06	15.80	15.96	15.91	15.80	17.80
2. 每亩化肥用量	公斤	15.70	15.31	16.80	16.89	18.99	19.48	22.00
3. 每亩农膜用量	公斤	0.04	0.01	0.05	0.07	0.11	0.03	

1－7－2 续表 2

项　　目	单位	2001 年	2002 年	2003 年	2004 年	2005 年	2006 年	2006 年比 2005 年 ±%
一、每亩物质与服务费用	元	182.31	189.87	185.16	200.28	216.35	230.56	6.57
（一）直接费用	元	154.27	157.03	153.40	179.32	210.56	225.98	7.32
1. 种子费	元	24.93	24.70	24.21	25.73	29.79	31.16	4.60
2. 化肥费	元	52.55	55.93	54.74	66.89	86.79	91.00	4.85
3. 农家肥费	元	9.78	9.85	10.28	10.93	9.57	9.30	－2.82
4. 农药费	元	5.01	5.88	5.59	6.82	7.98	8.25	3.38
5. 农膜费	元	0.14	0.09	0.03	0.07	0.02	0.03	50.00
6. 租赁作业费	元	56.01	55.37	53.83	64.73	72.00	82.63	14.76
机械作业费	元	32.36	32.79	32.38	43.22	48.89	59.80	22.32
排灌费	元	15.83	16.24	15.55	17.41	18.34	19.24	4.91
其中：水费	元				5.45	6.18	4.80	－22.33
畜力费	元	7.82	6.34	5.90	4.10	4.77	3.59	－24.74
7. 燃料动力费	元				0.34	0.40	0.04	－90.00
8. 技术服务费	元				0.08	0.08	0.06	－25.00
9. 工具材料费	元				2.08	2.27	2.23	－1.76
10. 修理维护费	元	2.75	2.97	2.66	1.14	1.15	1.00	－13.04
11. 其他直接费用	元	3.10	2.24	2.06	0.51	0.51	0.28	－45.10
（二）间接费用	元	28.04	32.84	31.76	20.96	5.79	4.58	－20.90
1. 固定资产折旧	元	5.86	5.64	6.10	3.29	2.98	2.95	－1.01
2. 税金	元	15.12	23.98	21.95	15.65	1.20		－100.00
3. 保险费	元				0.12	0.14	0.12	－14.29
4. 管理费	元	4.48	0.89	1.47	0.69	0.43	0.22	－48.84
5. 财务费	元	0.46	0.37	0.37	0.09	0.08	0.12	50.00
6. 销售费	元	2.12	1.96	1.87	1.12	0.96	1.17	21.88
二、每亩人工成本	元	100.78	104.31	102.81	111.84	121.34	119.61	－1.43
1. 家庭用工折价	元	95.68	99.00	97.44	109.05	118.73	115.93	－2.36
家庭用工天数	日	9.20	9.00	8.70	7.96	7.76	6.86	－11.60
劳动日工价	元	10.40	11.00	11.20	13.70	15.30	16.90	10.46
2. 雇工费用	元	5.10	5.31	5.37	2.79	2.61	3.68	41.00
雇工天数	日	0.30	0.30	0.30	0.14	0.15	0.15	
雇工工价	元	17.00	17.70	17.90	19.93	17.40	24.53	40.98
三、附记								
1. 每亩种子用量	公斤	15.60	15.70	15.60	14.24	13.88	14.02	1.01
2. 每亩化肥用量	公斤	18.80	20.60	18.90	19.11	21.59	22.21	2.87
3. 每亩农膜用量	公斤				0.01			

1-7-3 小麦化肥投入情况

项 目	单位	1998 年	1999 年	2000 年	2001 年	2002 年	2003 年	2004 年	2005 年	2006 年	2006 年比 2005 年 ±%
一、每亩化肥金额	元	63.51	62.94	65.01	52.55	55.93	54.74	66.89	86.79	91.00	4.85
(一)氮肥	元	31.80	30.32	29.58	25.67	26.87	26.58	32.42	37.21	35.40	-4.86
1.尿素	元	20.26	19.60	22.69	17.14	18.79	18.55	22.42	28.11	26.93	-4.20
2.碳铵	元	10.23	9.86	6.34	7.59	7.76	7.63	9.69	8.67	8.29	-4.38
3.其他氮肥	元	1.31	0.86	0.55	0.94	0.32	0.40	0.31	0.43	0.18	-58.14
(二)磷肥	元	6.96	7.49	4.04	5.43	5.71	4.80	4.67	6.70	6.96	3.88
其中:过磷酸钙	元	6.96	7.49	4.04	5.43	5.71	4.80	3.88	5.30	5.35	0.94
(三)钾肥	元	0.60	0.84	0.93	0.54	0.47	0.48	0.50	1.09	1.12	2.75
其中:氯化钾	元	0.60	0.84	0.93	0.54	0.47	0.48	0.32	0.60	0.59	-1.67
(四)复混肥	元	24.15	24.29	30.46	20.91	22.88	22.88	27.37	41.42	46.95	13.35
1.复合肥	元	22.37	23.14	27.66	19.59	21.36	21.79	26.23	40.22	45.32	12.68
其中:二铵	元	14.64	14.24	14.62	12.29	13.04	14.09	16.25	17.85	17.10	-4.20
2.混配肥	元	1.78	1.15	2.80	1.32	1.52	1.09	1.14	1.20	1.63	35.83
(五)其他肥料	元							1.93	0.37	0.57	54.05
二、每亩化肥折纯用量	公斤	18.99	19.48	22.00	18.80	20.60	18.90	19.11	21.59	22.21	2.87
(一)氮肥	公斤	9.92	10.16	10.90	9.70	10.50	9.70	10.23	9.90	9.50	-4.04
1.尿素	公斤	6.02	6.40	8.10	6.40	7.30	6.50	6.83	7.02	6.74	-3.99
2.碳铵	公斤	3.43	3.52	2.60	3.10	3.10	3.10	3.34	2.74	2.70	-1.46
3.其他氮肥	公斤	0.47	0.24	0.20	0.20	0.10	0.10	0.06	0.14	0.06	-57.14
(二)磷肥	公斤	2.11	2.28	1.40	2.10	2.20	2.00	1.93	2.41	2.39	-0.83
其中:过磷酸钙	公斤	2.11	2.28	1.40	2.10	2.20	2.00	1.59	1.89	1.79	-5.29
(三)钾肥	公斤	0.22	0.29	0.30	0.20	0.20	0.10	0.14	0.24	0.22	-8.33
其中:氯化钾	公斤	0.22	0.29	0.30	0.20	0.20	0.10	0.11	0.17	0.15	-11.76
(四)复混肥	公斤	6.74	6.75	9.40	6.80	7.70	7.10	6.81	9.04	10.10	11.73
1.复合肥	公斤	6.24	6.42	8.40	6.30	7.10	6.70	6.36	8.78	9.77	11.28
其中:二铵	公斤	4.27	3.81	4.30	3.80	4.30	4.30	4.56	4.19	4.02	-4.06
2.混配肥	公斤	0.50	0.33	1.00	0.50	0.60	0.40	0.45	0.26	0.33	26.92

1－8－1 玉米成本收益情况

项　　目	单位	1978 年	1985 年	1988 年	1990 年	1991 年	1992 年	1993 年
每亩								
主产品产量	公斤	229.00	296.90	313.20	358.30	354.50	351.50	369.30
产值合计	元	49.91	103.37	145.93	177.64	169.25	192.93	250.99
主产品产值	元	42.61	92.21	130.40	157.05	149.21	170.67	222.84
副产品产值	元	7.30	11.16	15.53	20.59	20.04	22.26	28.15
总成本	元	53.17	64.59	94.43	131.00	135.26	150.59	155.18
生产成本	元	51.23	59.63	87.60	122.26	125.12	139.27	143.54
物质与服务费用	元	26.35	35.18	51.30	72.09	72.56	75.31	80.81
人工成本	元	24.88	24.45	36.30	50.17	52.56	63.96	62.73
家庭用工折价	元	24.88	24.45	36.30	50.17	52.56	63.96	62.73
雇工费用	元							
土地成本	元	1.94	4.96	6.83	8.74	10.14	11.32	11.64
流转地租金	元							
自营地折租	元	1.94	4.96	6.83	8.74	10.14	11.32	11.64
净利润	元	-3.26	38.78	51.50	46.64	33.99	42.34	95.81
现金成本	元	26.35	35.18	51.30	72.09	72.56	75.31	80.81
现金收益	元	23.56	68.19	94.63	105.55	96.69	117.62	170.18
成本利润率	%	-6.12	60.04	54.54	35.60	25.13	28.12	61.74
每 50 公斤主产品								
平均出售价格	元	9.30	15.53	20.82	21.92	21.05	24.28	30.17
总成本	元	9.91	9.70	13.47	16.16	16.82	18.95	18.65
生产成本	元	9.55	8.96	12.50	15.09	15.56	17.53	17.25
净利润	元	-0.61	5.83	7.35	5.76	4.23	5.33	11.52
现金成本	元	4.91	5.29	7.32	8.90	9.02	9.48	9.71
现金收益	元	4.39	10.24	13.50	13.02	12.03	14.80	20.46
附：								
每亩用工数量	日	31.10	16.30	16.50	17.30	14.60	16.40	15.30
每亩主产品出售数量	公斤					193.30	215.90	241.50
每亩主产品出售产值	元					87.85	108.16	141.89
商品率	%					54.50	61.40	65.40
每亩补贴收入	元							
每亩成本外支出	元		2.20	3.26	4.66	6.44	6.84	6.89

1－8－1 续表 1

项目	单位	1994 年	1995 年	1996 年	1997 年	1998 年	1999 年	2000 年
每亩								
主产品产量	公斤	366.80	361.60	381.10	348.00	383.90	363.20	350.50
产值合计	元	380.06	522.28	474.98	428.18	444.79	348.40	323.68
主产品产值	元	353.76	484.56	436.24	388.59	412.98	317.28	300.10
副产品产值	元	26.30	37.72	38.74	39.59	31.81	31.12	23.58
总成本	元	206.74	292.19	351.21	358.43	356.56	337.21	330.56
生产成本	元	191.80	271.15	327.16	332.59	307.82	291.13	285.30
物质与服务费用	元	116.83	154.35	171.96	173.59	170.72	163.02	158.50
人工成本	元	74.97	116.80	155.20	159.00	137.10	128.11	126.80
家庭用工折价	元	74.97	116.80	155.20	159.00	133.44	99.75	120.00
雇工费用	元					3.66	28.36	6.80
土地成本	元	14.94	21.04	24.05	25.84	48.74	46.08	45.26
流转地租金	元					6.89	4.86	5.01
自营地折租	元	14.94	21.04	24.05	25.84	41.85	41.22	40.25
净利润	元	173.32	230.09	123.77	69.75	88.23	11.19	－6.88
现金成本	元	116.83	154.35	171.96	173.59	181.27	196.24	170.31
现金收益	元	263.23	367.93	303.02	254.59	263.52	152.16	153.37
成本利润率	%	83.83	78.75	35.24	19.46	24.74	3.32	－2.07
每 50 公斤主产品								
平均出售价格	元	48.22	67.00	57.23	55.83	53.79	43.68	42.81
总成本	元	26.23	37.48	42.32	46.74	43.12	42.28	43.72
生产成本	元	24.33	34.78	39.42	43.37	37.23	36.50	37.73
净利润	元	21.99	29.52	14.91	9.09	10.67	1.40	－0.91
现金成本	元	14.82	19.80	20.72	22.63	21.92	24.60	22.53
现金收益	元	33.40	47.20	36.51	33.20	31.87	19.08	20.28
附：								
每亩用工数量	日	14.70	16.00	16.00	15.90	14.20	12.80	12.40
每亩主产品出售数量	公斤	222.70	214.00	214.60	203.40	227.90	210.50	189.10
每亩主产品出售产值	元	207.75	282.50	240.21	225.31	242.46	180.13	159.78
商品率	%	60.70	59.20	56.30	58.40	59.40	58.00	54.00
每亩补贴收入	元					0.38	0.69	0.15
每亩成本外支出	元	8.08	13.73	13.24	14.49	37.53	35.36	33.32

1-8-1 续表 2

项 目	单位	2001 年	2002 年	2003 年	2004 年	2005 年	2006 年	2006 年比 2005 年 ±%
每亩								
主产品产量	公斤	379.40	392.60	368.50	423.60	422.60	423.50	0.21
产值合计	元	392.13	382.38	410.41	510.64	487.82	556.53	14.09
主产品产值	元	366.79	358.05	388.68	491.90	469.35	536.88	14.39
副产品产值	元	25.34	24.33	21.73	18.74	18.47	19.65	6.39
总成本	元	327.88	351.56	347.63	375.70	392.28	411.77	4.97
生产成本	元	288.76	303.36	297.65	314.26	324.46	338.32	4.27
物质与服务费用	元	157.36	171.42	167.43	173.77	176.08	188.38	6.99
人工成本	元	131.40	131.94	130.22	140.49	148.38	149.94	1.05
家庭用工折价	元	124.80	122.10	119.84	128.64	138.92	140.61	1.22
雇工费用	元	6.60	9.84	10.38	11.85	9.46	9.33	-1.37
土地成本	元	39.12	48.20	49.98	61.44	67.82	73.45	8.30
流转地租金	元	4.03	3.59	3.74	6.77	5.58	5.57	-0.18
自营地折租	元	35.09	44.61	46.24	54.67	62.24	67.88	9.06
净利润	元	64.25	30.82	62.78	134.94	95.54	144.76	51.52
现金成本	元	167.99	184.85	181.55	192.39	191.12	203.28	6.36
现金收益	元	224.14	197.53	228.86	318.25	296.70	353.25	19.06
成本利润率	%	19.60	8.77	18.06	35.92	24.36	35.16	
每50公斤主产品								
平均出售价格	元	48.34	45.60	52.74	58.06	55.53	63.39	14.15
总成本	元	40.42	41.92	44.67	42.72	44.65	46.90	5.04
生产成本	元	35.60	36.18	38.25	35.73	36.93	38.54	4.36
净利润	元	7.92	3.68	8.07	15.34	10.88	16.49	51.56
现金成本	元	20.71	22.04	23.33	21.87	21.76	23.15	6.39
现金收益	元	27.63	23.56	29.41	36.19	33.77	40.24	19.16
附：								
每亩用工数量	日	12.40	11.70	11.30	9.97	9.49	8.67	-8.64
每亩主产品出售数量	公斤	204.40	203.80	206.90	246.30	249.10	265.10	6.42
每亩主产品出售产值	元	191.74	180.74	210.82	275.62	267.43	327.93	22.62
商品率	%	53.90	51.90	56.10	66.60	69.70	81.80	
每亩补贴收入	元			0.13	6.70	8.36	13.78	64.83
每亩成本外支出	元	26.74	10.70	8.55	3.90	1.81	0.75	-58.56

1－8－2 玉米费用和用工情况

项 目	单位	1978年	1985年	1988年	1990年	1991年	1992年	1993年
一、每亩物质与服务费用	元	26.35	35.18	51.30	72.09	72.56	75.31	80.81
（一）直接费用	元	21.90	29.07	42.56	60.71	60.53	62.83	68.13
1.种子费	元	1.42	3.13	4.85	8.31	7.15	7.25	8.08
2.化肥费	元	7.41	10.84	17.43	25.94	25.77	27.14	30.70
3.农家肥费	元	6.48	6.15	6.06	8.04	6.67	6.29	6.33
4.农药费	元	0.28	0.26	0.50	1.07	1.03	1.41	1.50
5.农膜费	元				1.69	1.57	2.45	2.72
6.租赁作业费	元	4.90	7.10	9.86	12.67	15.75	14.30	15.11
机械作业费	元	0.68	0.97	2.46	3.67	4.36	4.58	4.23
排灌费	元	0.78	1.05	1.51	1.92	3.22	3.06	2.84
其中:水费	元							
畜力费	元	3.44	5.08	5.89	7.08	8.17	6.66	8.04
7.燃料动力费	元					0.13	0.13	0.21
8.技术服务费	元							
9.工具材料费	元					0.02	0.01	0.02
10.修理维护费	元	1.06	1.03	1.53	1.47	1.36	1.95	2.15
11.其他直接费用	元	0.35	0.56	2.33	1.52	1.08	1.90	1.31
（二）间接费用	元	4.45	6.11	8.74	11.38	12.03	12.48	12.68
1.固定资产折旧	元	1.35	1.46	2.09	2.65	3.62	3.34	4.28
2.税金	元	1.94	2.76	3.57	4.08	3.70	4.48	4.75
3.保险费	元							
4.管理费	元	1.16	1.66	2.79	3.85	3.96	3.58	2.76
5.财务费	元							
6.销售费	元		0.23	0.29	0.80	0.75	1.08	0.89
二、每亩人工成本	元	24.88	24.45	36.30	50.17	52.56	63.96	62.73
1.家庭用工折价	元	24.88	24.45	36.30	50.17	52.56	63.96	62.73
家庭用工天数	日	31.10	16.30	16.50	17.30	14.60	16.40	15.30
劳动日工价	元	0.80	1.50	2.20	2.90	3.60	3.90	4.10
2.雇工费用	元							
雇工天数	日							
雇工工价	元							
三、附记								
1.每亩种子用量	公斤	2.03	1.70	1.53	1.49	3.10	3.12	3.63
2.每亩化肥用量	公斤	14.90	16.50	20.70	25.30	23.20	14.70	18.90
3.每亩农膜用量	公斤					0.20	0.60	0.70

1－8－2　续表 1

项　　目	单位	1994 年	1995 年	1996 年	1997 年	1998 年	1999 年	2000 年
一、每亩物质与服务费用	元	116.83	154.35	171.96	173.59	170.72	163.02	158.50
（一）直接费用	元	99.36	134.10	147.73	148.45	144.17	138.34	131.74
1. 种子费	元	13.56	19.55	21.24	17.30	17.30	17.11	15.40
2. 化肥费	元	43.49	62.92	69.50	65.82	64.47	61.31	57.86
3. 农家肥费	元	7.03	11.65	12.43	12.21	12.54	11.46	10.04
4. 农药费	元	2.59	3.94	3.74	3.93	4.37	4.16	4.08
5. 农膜费	元	1.70	2.15	3.81	3.62	3.96	3.14	2.42
6. 租赁作业费	元	26.11	28.33	31.46	39.21	33.98	34.80	36.64
机械作业费	元	8.93	9.50	10.33	12.54	12.56	13.07	14.70
排灌费	元	6.21	6.09	6.81	12.73	8.43	10.80	11.46
其中：水费	元							
畜力费	元	10.97	12.74	14.32	13.94	12.99	10.93	10.48
7. 燃料动力费	元	0.17	0.16	0.75	0.85	0.47	0.66	0.20
8. 技术服务费	元							
9. 工具材料费	元	0.02	0.28		0.04	0.05	0.09	0.05
10. 修理维护费	元	2.73	3.23	3.05	3.39	3.55	3.40	2.76
11. 其他直接费用	元	1.96	1.89	1.75	2.08	3.48	2.21	2.29
（二）间接费用	元	17.47	20.25	24.23	25.14	26.55	24.68	26.76
1. 固定资产折旧	元	4.70	6.02	5.43	5.50	6.47	6.37	6.39
2. 税金	元	6.86	7.31	10.81	11.35	11.21	10.72	11.94
3. 保险费	元							
4. 管理费	元	4.60	5.59	5.89	6.70	5.27	4.74	5.09
5. 财务费	元					0.66	0.36	0.67
6. 销售费	元	1.31	1.33	2.10	1.59	2.94	2.49	2.67
二、每亩人工成本	元	74.97	116.80	155.20	159.00	137.10	128.11	126.80
1. 家庭用工折价	元	74.97	116.80	155.20	159.00	133.44	99.75	120.00
家庭用工天数	日	14.70	16.00	16.00	15.90	13.90	10.50	12.00
劳动日工价	元	5.10	7.30	9.70	10.00	9.60	9.50	10.00
2. 雇工费用	元					3.66	28.36	6.80
雇工天数	日					0.30	2.30	0.40
雇工工价	元					12.20	12.33	17.00
三、附记								
1. 每亩种子用量	公斤	3.31	3.28	3.35	3.05	3.22	3.05	3.00
2. 每亩化肥用量	公斤	15.50	17.32	17.30	16.32	19.76	19.84	20.50
3. 每亩农膜用量	公斤	0.33	0.21	0.30	0.32	0.40	0.35	0.30

1－8－2 续表 2

项 目	单位	2001 年	2002 年	2003 年	2004 年	2005 年	2006 年	2006 年比 2005 年 ±%
一、每亩物质与服务费用	元	157.36	171.42	167.43	173.77	176.08	188.38	6.99
（一）直接费用	元	131.51	138.77	136.35	154.82	168.98	183.41	8.54
1. 种子费	元	15.54	21.04	17.93	20.81	24.57	25.89	5.37
2. 化肥费	元	55.51	58.77	60.39	74.61	80.97	85.20	5.22
3. 农家肥费	元	11.23	10.74	10.74	10.67	9.31	9.80	5.26
4. 农药费	元	4.34	4.71	4.62	5.62	6.49	6.60	1.69
5. 农膜费	元	3.06	2.66	2.66	1.76	2.36	2.57	8.90
6. 租赁作业费	元	36.07	35.31	34.04	36.65	40.90	49.41	20.81
机械作业费	元	14.27	15.25	15.32	18.85	22.76	28.96	27.24
排灌费	元	11.49	9.62	9.41	9.27	9.16	11.36	24.02
其中：水费	元				3.92	4.12	4.43	7.52
畜力费	元	10.31	10.44	9.31	8.53	8.98	9.09	1.22
7. 燃料动力费	元	0.12	0.17	0.05	0.83	0.32	0.32	
8. 技术服务费	元				0.10	0.08	0.08	
9. 工具材料费	元	0.06	0.05	0.05	1.83	2.03	2.06	1.48
10. 修理维护费	元	2.85	2.87	2.51	1.36	1.47	1.28	－12.93
11. 其他直接费用	元	2.73	2.45	3.36	0.58	0.48	0.20	－58.33
（二）间接费用	元	25.85	32.65	31.08	18.95	7.10	4.97	－30.00
1. 固定资产折旧	元	5.42	5.49	5.43	4.37	3.79	3.04	－19.79
2. 税金	元	12.38	23.04	21.44	11.26	0.89		－100.00
3. 保险费	元				0.08	0.04	0.06	50.00
4. 管理费	元	4.89	1.27	1.29	0.82	0.56	0.32	－42.86
5. 财务费	元	0.38	0.27	0.23	0.37	0.34	0.21	－38.24
6. 销售费	元	2.78	2.58	2.69	2.05	1.48	1.34	－9.46
二、每亩人工成本	元	131.40	131.94	130.22	140.49	148.38	149.94	1.05
1. 家庭用工折价	元	124.80	122.10	119.84	128.64	138.92	140.61	1.22
家庭用工天数	日	12.00	11.10	10.70	9.39	9.08	8.32	－8.37
劳动日工价	元	10.40	11.00	11.20	13.70	15.30	16.90	10.46
2. 雇工费用	元	6.60	9.84	10.38	11.85	9.46	9.33	－1.37
雇工天数	日	0.40	0.60	0.60	0.58	0.41	0.35	－14.63
雇工工价	元	16.50	16.40	17.30	20.43	23.07	26.66	15.56
三、附记								
1. 每亩种子用量	公斤	2.90	3.00	2.90	2.99	2.84	2.73	－3.87
2. 每亩化肥用量	公斤	20.00	20.90	20.90	18.81	18.39	20.05	9.03
3. 每亩农膜用量	公斤	0.30	0.30	0.30	0.19	0.19	0.21	10.53

1－8－3　玉米化肥投入情况

项　　目	单位	1998年	1999年	2000年	2001年	2002年	2003年	2004年	2005年	2006年	2006年比2005年±%
一、每亩化肥金额	元	64.47	61.31	57.86	55.51	58.77	60.39	74.61	80.97	85.20	5.22
（一）氮肥	元	42.70	40.12	36.03	35.01	35.86	38.20	41.31	41.76	42.13	0.89
1.尿素	元	27.61	26.17	24.57	22.96	26.13	27.58	31.39	32.49	34.21	5.29
2.碳铵	元	12.42	12.18	10.31	10.39	8.86	9.51	9.23	9.08	7.40	－18.50
3.其他氮肥	元	2.67	1.77	1.15	1.66	0.87	1.11	0.69	0.19	0.52	173.68
（二）磷肥	元	4.41	4.41	3.93	4.29	4.13	3.53	2.91	3.04	3.27	7.57
其中：过磷酸钙	元	4.41	4.41	3.93	4.29	4.13	3.53	2.32	2.56	2.78	8.59
（三）钾肥	元	0.88	0.48	0.39	0.57	0.81	0.53	0.53	0.81	1.20	48.15
其中：氯化钾	元	0.88	0.48	0.39	0.57	0.81	0.53	0.18	0.34	0.73	114.71
（四）复混肥	元	16.48	16.30	17.51	15.64	17.97	18.13	26.70	35.00	38.19	9.11
1.复合肥	元	15.39	15.35	15.76	15.00	16.39	17.06	23.36	32.94	35.73	8.47
其中：二铵	元	9.05	8.27	9.50	7.53	7.80	7.72	8.66	9.81	10.49	6.93
2.混配肥	元	1.09	0.95	1.75	0.64	1.58	1.07	3.34	2.06	2.46	19.42
（五）其他肥料	元							3.16	0.36	0.41	13.89
二、每亩化肥折纯用量	公斤	19.76	19.84	20.50	20.00	20.90	20.90	18.81	18.39	20.05	9.03
（一）氮肥	公斤	13.33	13.55	13.30	13.10	13.20	13.40	11.74	10.40	10.80	3.85
1.尿素	公斤	8.39	8.65	8.90	8.50	9.40	9.40	8.61	7.66	8.34	8.88
2.碳铵	公斤	4.10	4.39	4.00	4.00	3.50	3.70	3.01	2.71	2.31	－14.76
3.其他氮肥	公斤	0.84	0.51	0.40	0.60	0.30	0.30	0.12	0.03	0.15	400.00
（二）磷肥	公斤	1.30	1.29	1.40	1.80	1.60	1.50	1.16	1.07	1.10	2.80
其中：过磷酸钙	公斤	1.30	1.29	1.40	1.80	1.60	1.50	0.93	0.90	0.93	3.33
（三）钾肥	公斤	0.30	0.16	0.20	0.30	0.30	0.20	0.11	0.17	0.28	64.71
其中：氯化钾	公斤	0.30	0.16	0.20	0.30	0.30	0.20	0.06	0.09	0.18	100.00
（四）复混肥	公斤	4.83	4.84	5.60	4.80	5.80	5.80	5.80	6.75	7.87	16.59
1.复合肥	公斤	4.49	4.59	4.90	4.70	5.00	5.30	5.06	6.39	7.39	15.65
其中：二铵	公斤	2.70	2.37	2.80	2.30	2.50	2.40	2.31	2.23	2.35	5.38
2.混配肥	公斤	0.34	0.25	0.70	0.10	0.80	0.50	0.74	0.36	0.48	33.33

1-9-1 大豆成本收益情况

项目	单位	1978 年	1985 年	1988 年	1990 年	1991 年	1992 年	1993 年
每亩								
主产品产量	公斤	87.20	97.60	95.40	100.40	94.00	95.60	110.90
产值合计	元	38.29	74.39	113.58	125.43	118.56	157.46	201.07
主产品产值	元	35.30	69.77	107.66	117.60	111.46	146.03	191.23
副产品产值	元	2.99	4.62	5.92	7.83	7.10	11.43	9.84
总成本	元	35.72	44.85	64.15	83.86	87.58	100.62	112.26
生产成本	元	34.17	40.48	57.67	75.21	77.27	85.67	99.23
物质与服务费用	元	16.41	23.08	32.15	40.41	39.83	43.94	53.72
人工成本	元	17.76	17.40	25.52	34.80	37.44	41.73	45.51
家庭用工折价	元	17.76	17.40	25.52	34.80	37.44	41.73	45.51
雇工费用	元							
土地成本	元	1.55	4.37	6.48	8.65	10.31	14.95	13.03
流转地租金	元							
自营地折租	元	1.55	4.37	6.48	8.65	10.31	14.95	13.03
净利润	元	2.57	29.54	49.43	41.57	30.98	56.84	88.81
现金成本	元	16.41	23.08	32.15	40.41	39.83	43.94	53.72
现金收益	元	21.88	51.31	81.43	85.02	78.73	113.52	147.35
成本利润率	%	7.19	65.86	77.05	49.57	35.37	56.49	79.11
每 50 公斤主产品								
平均出售价格	元	20.24	35.74	56.43	58.57	59.29	76.38	86.22
总成本	元	18.88	21.55	31.87	39.16	43.80	48.81	48.14
生产成本	元	18.06	19.45	28.65	35.12	38.64	41.56	42.55
净利润	元	1.36	14.19	24.56	19.41	15.49	27.57	38.08
现金成本	元	8.67	11.09	15.97	18.87	19.92	21.31	23.04
现金收益	元	11.57	24.65	40.46	39.70	39.37	55.07	63.18
附:								
每亩用工数量	日	22.20	11.60	11.60	12.00	10.40	10.70	11.10
每亩主产品出售数量	公斤					59.70	69.10	79.10
每亩主产品出售产值	元					71.92	111.64	137.33
商品率	%					63.50	72.30	71.30
每亩补贴收入	元							
每亩成本外支出	元		1.90	3.38	5.18	6.99	10.64	8.82

1-9-1 续表 1

项　　目	单位	1994 年	1995 年	1996 年	1997 年	1998 年	1999 年	2000 年
每亩								
主产品产量	公斤	108.60	116.10	120.80	108.60	129.00	121.70	121.20
产值合计	元	233.76	316.41	379.48	345.35	308.68	255.61	261.59
主产品产值	元	221.54	299.44	358.15	326.41	291.83	241.64	249.11
副产品产值	元	12.22	16.97	21.33	18.94	16.85	13.97	12.48
总成本	元	135.76	186.03	248.93	258.30	245.77	220.64	215.24
生产成本	元	120.94	161.68	218.06	229.72	196.84	176.37	172.07
物质与服务费用	元	64.84	83.57	107.48	117.72	105.96	101.13	96.47
人工成本	元	56.10	78.11	110.58	112.00	90.88	75.24	75.60
家庭用工折价	元	56.10	78.11	110.58	112.00	86.40	72.20	72.00
雇工费用	元					4.48	3.04	3.60
土地成本	元	14.82	24.35	30.87	28.58	48.93	44.27	43.17
流转地租金	元					9.85	4.75	4.80
自营地折租	元	14.82	24.35	30.87	28.58	39.08	39.52	38.37
净利润	元	98.00	130.38	130.55	87.05	62.91	34.97	46.35
现金成本	元	64.84	83.57	107.48	117.72	120.29	108.92	104.87
现金收益	元	168.92	232.84	272.00	227.63	188.39	146.69	156.72
成本利润率	%	72.19	70.09	52.44	33.70	25.60	15.85	21.53
每 50 公斤主产品								
平均出售价格	元	102.00	128.96	148.24	150.28	113.11	99.28	102.77
总成本	元	59.24	75.82	97.24	112.40	90.06	85.70	84.56
生产成本	元	52.77	65.90	85.18	99.96	72.13	68.50	67.60
净利润	元	42.76	53.14	51.00	37.88	23.05	13.58	18.21
现金成本	元	28.29	34.06	41.99	51.23	44.08	42.30	41.20
现金收益	元	73.71	94.90	106.25	99.05	69.03	56.98	61.57
附:								
每亩用工数量	日	11.00	10.70	11.40	11.20	9.30	7.90	7.40
每亩主产品出售数量	公斤	81.70	82.10	92.00	88.70	91.50	94.40	77.40
每亩主产品出售产值	元	163.17	206.56	269.96	251.68	205.03	187.28	155.49
商品率	%	75.20	70.70	76.20	81.60	71.00	77.50	63.90
每亩补贴收入	元					0.17	0.42	
每亩成本外支出	元	8.91	17.26	19.09	17.72	38.67	34.35	31.89

1－9－1 续表 2

项　　　目	单位	2001 年	2002 年	2003 年	2004 年	2005 年	2006 年	2006 年比 2005 年 ±%
每亩								
主产品产量	公斤	118.60	133.60	119.90	130.20	132.20	128.40	－2.87
产值合计	元	244.09	309.08	366.38	380.11	352.02	335.37	－4.73
主产品产值	元	229.51	295.12	353.06	367.21	339.42	322.95	－4.85
副产品产值	元	14.58	13.96	13.32	12.90	12.60	12.42	－1.43
总成本	元	217.58	237.27	254.65	253.05	270.54	267.53	－1.11
生产成本	元	174.87	185.38	197.83	190.91	195.32	191.58	－1.91
物质与服务费用	元	95.90	104.35	111.27	116.75	113.79	109.71	－3.59
人工成本	元	78.97	81.03	86.56	74.16	81.53	81.87	0.42
家庭用工折价	元	73.84	75.90	79.52	65.49	72.98	74.19	1.66
雇工费用	元	5.13	5.13	7.04	8.67	8.55	7.68	－10.18
土地成本	元	42.71	51.89	56.82	62.14	75.22	75.95	0.97
流转地租金	元	4.11	3.57	2.85	12.57	12.99	10.58	－18.55
自营地折租	元	38.60	48.32	53.97	49.57	62.23	65.37	5.05
净利润	元	26.51	71.81	111.73	127.06	81.48	67.84	－16.74
现金成本	元	105.14	113.05	121.16	137.99	135.33	127.97	－5.44
现金收益	元	138.95	196.03	245.22	242.12	216.69	207.40	－4.29
成本利润率	%	12.18	30.27	43.88	50.21	30.12	25.36	
每 50 公斤主产品								
平均出售价格	元	96.76	110.45	147.23	141.02	128.37	125.76	－2.03
总成本	元	86.25	84.79	102.33	93.88	98.66	100.32	1.68
生产成本	元	69.32	66.25	79.50	70.83	71.23	71.84	0.86
净利润	元	10.51	25.66	44.90	47.14	29.71	25.44	－14.37
现金成本	元	41.68	40.40	48.69	51.19	49.35	47.99	－2.76
现金收益	元	55.08	70.05	98.54	89.83	79.02	77.77	－1.58
附：								
每亩用工数量	日	7.40	7.20	7.50	5.18	5.11	4.65	－9.00
每亩主产品出售数量	公斤	85.40	99.20	86.80	104.00	106.30	106.20	－0.09
每亩主产品出售产值	元	161.08	216.17	248.73	282.11	268.46	263.58	－1.82
商品率	%	72.00	74.30	72.40	86.00	85.20	88.60	
每亩补贴收入	元			0.09	7.67	8.64	15.68	81.48
每亩成本外支出	元	30.39	10.34	7.81	2.99	1.10	0.57	－48.18

1－9－2　大豆费用和用工情况

项　　目	单位	1978 年	1985 年	1988 年	1990 年	1991 年	1992 年	1993 年
一、每亩物质与服务费用	元	16.41	23.08	32.15	40.41	39.83	43.94	53.72
（一）直接费用	元	12.70	17.66	25.15	31.72	30.34	34.74	42.77
1. 种子费	元	3.50	5.74	8.79	11.13	9.92	11.99	14.68
2. 化肥费	元	1.18	3.29	5.04	6.57	6.87	7.98	8.86
3. 农家肥费	元	2.82	2.12	2.59	3.69	2.96	3.31	3.18
4. 农药费	元	0.27	0.42	0.66	1.04	0.99	1.47	2.04
5. 农膜费	元					0.01	0.06	0.14
6. 租赁作业费	元	3.39	5.03	6.45	7.42	7.75	7.97	11.48
机械作业费	元	0.45	0.57	1.21	1.58	2.31	2.21	3.88
排灌费	元	0.49	0.25	0.41	0.29	0.43	0.69	0.82
其中：水费	元							
畜力费	元	2.45	4.21	4.83	5.55	5.01	5.07	6.78
7. 燃料动力费	元					0.06	0.06	0.03
8. 技术服务费	元							
9. 工具材料费	元						0.01	
10. 修理维护费	元	0.95	0.84	1.11	1.44	1.29	1.38	1.65
11. 其他直接费用	元	0.59	0.22	0.51	0.43	0.49	0.51	0.71
（二）间接费用	元	3.71	5.42	7.00	8.69	9.49	9.20	10.95
1. 固定资产折旧	元	0.89	1.34	1.78	2.10	2.67	2.20	2.85
2. 税金	元	1.55	2.47	3.10	3.47	3.32	4.31	4.21
3. 保险费	元							
4. 管理费	元	1.27	1.46	1.96	2.87	3.23	2.33	3.37
5. 财务费	元							
6. 销售费	元		0.15	0.16	0.25	0.27	0.36	0.52
二、每亩人工成本	元	17.76	17.40	25.52	34.80	37.44	41.73	45.51
1. 家庭用工折价	元	17.76	17.40	25.52	34.80	37.44	41.73	45.51
家庭用工天数	日	22.20	11.60	11.60	12.00	10.40	10.70	11.10
劳动日工价	元	0.80	1.50	2.20	2.90	3.60	3.90	4.10
2. 雇工费用	元							
雇工天数	日							
雇工工价	元							
三、附记								
1. 每亩种子用量	公斤	4.95	3.48	3.78	3.65	7.32	6.82	6.91
2. 每亩化肥用量	公斤	5.10	5.50	6.10	7.20	6.00	5.40	5.60
3. 每亩农膜用量	公斤							0.10

1－9－2 续表 1

项 目	单位	1994 年	1995 年	1996 年	1997 年	1998 年	1999 年	2000 年
一、每亩物质与服务费用	元	64.84	83.57	107.48	117.72	105.96	101.13	96.47
(一)直接费用	元	52.03	65.25	82.19	93.06	81.02	77.96	72.59
1. 种子费	元	15.41	18.44	24.41	25.71	21.64	19.33	20.26
2. 化肥费	元	13.00	18.82	23.41	19.71	18.31	17.59	16.33
3. 农家肥费	元	3.77	4.19	6.30	7.66	6.07	5.89	3.23
4. 农药费	元	2.53	2.98	3.43	4.55	3.76	5.01	5.52
5. 农膜费	元	0.18				0.01	0.12	
6. 租赁作业费	元	13.84	17.46	20.25	29.32	25.60	25.74	23.82
机械作业费	元	3.59	5.77	5.59	7.33	8.17	11.03	11.92
排灌费	元	2.05	1.16	1.84	9.29	3.85	4.70	4.03
其中:水费	元							
畜力费	元	8.20	10.53	12.82	12.70	13.58	10.01	7.87
7. 燃料动力费	元	0.17	0.06	0.11	0.10	0.06	0.12	0.02
8. 技术服务费	元							
9. 工具材料费	元							
10. 修理维护费	元	2.21	2.38	2.59	2.98	4.02	2.54	1.97
11. 其他直接费用	元	0.92	0.92	1.69	3.03	1.55	1.62	1.44
(二)间接费用	元	12.81	18.32	25.29	24.66	24.94	23.17	23.88
1. 固定资产折旧	元	2.82	5.05	4.75	5.77	5.80	6.04	5.64
2. 税金	元	5.91	7.09	11.78	10.86	10.26	9.92	11.28
3. 保险费	元							
4. 管理费	元	3.36	4.80	7.46	6.61	6.31	5.08	4.63
5. 财务费	元					0.39	0.32	0.65
6. 销售费	元	0.72	1.38	1.30	1.42	2.18	1.81	1.68
二、每亩人工成本	元	56.10	78.11	110.58	112.00	90.88	75.24	75.60
1. 家庭用工折价	元	56.10	78.11	110.58	112.00	86.40	72.20	72.00
家庭用工天数	日	11.00	10.70	11.40	11.20	9.00	7.60	7.20
劳动日工价	元	5.10	7.30	9.70	10.00	9.60	9.50	10.00
2. 雇工费用	元					4.48	3.04	3.60
雇工天数	日					0.20	0.30	0.20
雇工工价	元					22.40	10.13	18.00
三、附记								
1. 每亩种子用量	公斤	6.91	6.69	6.95	6.54	6.67	6.98	6.70
2. 每亩化肥用量	公斤	5.05	5.08	5.55	4.82	5.58	5.60	5.40
3. 每亩农膜用量	公斤	0.20			0.14		0.02	

1－9－2 续表 2

项 目	单位	2001 年	2002 年	2003 年	2004 年	2005 年	2006 年	2006 年比 2005 年 ±%
一、每亩物质与服务费用	元	95.90	104.35	111.27	116.75	113.79	109.71	－3.59
（一）直接费用	元	71.69	70.08	77.20	97.47	103.95	104.73	0.75
1. 种子费	元	17.78	17.35	19.21	22.82	21.72	20.84	－4.05
2. 化肥费	元	17.90	18.22	20.79	29.52	35.41	35.49	0.23
3. 农家肥费	元	3.77	3.03	3.94	2.02	2.32	1.47	－36.64
4. 农药费	元	4.33	5.13	5.18	8.82	8.65	7.43	－14.10
5. 农膜费	元	0.01		0.05	0.05	0.06	0.04	－33.33
6. 租赁作业费	元	23.99	22.62	24.57	28.71	30.95	36.59	18.22
机械作业费	元	10.91	10.98	11.38	22.62	26.18	31.07	18.68
排灌费	元	3.63	4.56	4.33	1.78	1.69	1.80	6.51
其中：水费	元				0.49	0.53	0.51	－3.77
畜力费	元	9.45	7.08	8.86	4.31	3.08	3.72	20.78
7. 燃料动力费	元				1.64	1.01		－100.00
8. 技术服务费	元				0.25	0.25	0.07	－72.00
9. 工具材料费	元				1.47	1.61	1.50	－6.83
10. 修理维护费	元	2.49	2.48	2.33	1.25	1.15	1.21	5.22
11. 其他直接费用	元	1.42	1.25	1.13	0.92	0.82	0.09	－89.02
（二）间接费用	元	24.21	34.27	34.07	19.28	9.84	4.98	－49.39
1. 固定资产折旧	元	5.00	5.18	5.14	5.83	5.22	3.33	－36.21
2. 税金	元	12.32	25.98	26.28	7.24	0.34		－100.00
3. 保险费	元				0.91	0.80	0.01	－98.75
4. 管理费	元	4.16	0.41	0.36	2.95	1.55	0.26	－83.23
5. 财务费	元	0.21	0.28	0.13	0.70	0.68	0.23	－66.18
6. 销售费	元	2.52	2.42	2.16	1.65	1.25	1.15	－8.00
二、每亩人工成本	元	78.97	81.03	86.56	74.16	81.53	81.87	0.42
1. 家庭用工折价	元	73.84	75.90	79.52	65.49	72.98	74.19	1.66
家庭用工天数	日	7.10	6.90	7.10	4.78	4.77	4.39	－7.97
劳动日工价	元	10.40	11.00	11.20	13.70	15.30	16.90	10.46
2. 雇工费用	元	5.13	5.13	7.04	8.67	8.55	7.68	－10.18
雇工天数	日	0.30	0.30	0.40	0.40	0.34	0.26	－23.53
雇工工价	元	17.10	17.10	17.60	21.68	25.15	29.54	17.46
三、附记								
1. 每亩种子用量	公斤	6.20	6.10	6.40	5.67	5.58	5.46	－2.15
2. 每亩化肥用量	公斤	5.60	6.70	7.20	7.16	7.45	7.49	0.54
3. 每亩农膜用量	公斤							

1-9-3 大豆化肥投入情况

项 目	单位	1998 年	1999 年	2000 年	2001 年	2002 年	2003 年	2004 年	2005 年	2006 年	2006 年比 2005 年 ±%
一、每亩化肥金额	元	18.31	17.59	16.33	17.90	18.22	20.79	29.52	35.41	35.49	0.23
(一)氮肥	元	8.47	7.62	6.61	6.86	7.17	9.27	6.37	7.21	6.98	-3.19
1.尿素	元	5.41	5.32	4.82	5.57	5.06	6.49	5.64	6.17	5.92	-4.05
2.碳铵	元	2.64	1.94	1.73	1.21	2.11	2.49	0.73	1.04	1.06	1.92
3.其他氮肥	元	0.42	0.36	0.06	0.08		0.29				
(二)磷肥	元	2.31	2.25	1.86	2.40	2.46	2.62	1.56	1.68	1.28	-23.81
其中:过磷酸钙	元	2.31	2.25	1.86	2.40	2.46	2.62	1.41	0.92	0.99	7.61
(三)钾肥	元	0.18	1.17	0.14	0.05	0.24	0.23	0.84	0.74	0.71	-4.05
其中:氯化钾	元	0.18	1.17	0.14	0.05	0.24	0.23	0.59	0.54	0.26	-51.85
(四)复混肥	元	7.35	6.55	7.72	8.59	8.35	8.67	19.76	25.56	25.53	-0.12
1.复合肥	元	7.09	6.35	7.22	8.16	8.22	8.37	19.00	24.84	24.38	-1.85
其中:二铵	元	5.47	4.38	4.74	4.81	3.30	3.82	10.10	11.06	9.09	-17.81
2.混配肥	元	0.26	0.20	0.50	0.43	0.13	0.30	0.76	0.72	1.15	59.72
(五)其他肥料	元							0.99	0.22	0.99	350.00
二、每亩化肥折纯用量	公斤	5.58	5.60	5.40	5.60	6.70	7.20	7.16	7.45	7.49	0.54
(一)氮肥	公斤	2.62	2.57	2.40	2.30	2.70	3.30	1.82	1.78	1.78	
1.尿素	公斤	1.58	1.76	1.70	1.80	1.80	2.20	1.58	1.46	1.45	-0.68
2.碳铵	公斤	0.91	0.71	0.70	0.50	0.90	1.00	0.24	0.32	0.33	3.13
3.其他氮肥	公斤	0.13	0.10				0.10				
(二)磷肥	公斤	0.67	0.64	0.60	0.90	1.00	1.10	0.59	0.57	0.42	-26.32
其中:过磷酸钙	公斤	0.67	0.64	0.60	0.90	1.00	1.10	0.53	0.30	0.32	6.67
(三)钾肥	公斤	0.06	0.39			0.10	0.10	0.23	0.19	0.14	-26.32
其中:氯化钾	公斤	0.06	0.39			0.10	0.10	0.20	0.16	0.07	-56.25
(四)复混肥	公斤	2.23	2.00	2.40	2.40	2.90	2.70	4.52	4.91	5.15	4.89
1.复合肥	公斤	2.16	1.93	2.20	2.30	2.60	2.60	4.29	4.78	4.92	2.93
其中:二铵	公斤	1.64	1.31	1.40	1.30	1.10	1.30	2.71	2.42	2.00	-17.36
2.混配肥	公斤	0.07	0.07	0.20	0.10	0.30	0.10	0.23	0.13	0.23	76.92

1－10－1　两种油料平均成本收益情况

项　　目	单位	1978 年	1985 年	1988 年	1990 年	1991 年	1992 年	1993 年
每亩								
主产品产量	公斤	93.80	117.40	110.30	133.10	134.80	120.70	130.90
产值合计	元	51.55	118.30	161.93	224.47	220.14	201.59	274.21
主产品产值	元	48.63	112.52	154.18	213.64	208.76	190.72	262.03
副产品产值	元	2.92	5.78	7.75	10.83	11.38	10.87	12.18
总成本	元	52.94	75.39	107.09	142.93	162.60	159.30	179.20
生产成本	元	50.83	70.31	100.35	134.72	151.64	145.57	166.75
物质与服务费用	元	24.35	38.66	55.47	73.24	81.08	75.37	88.03
人工成本	元	26.48	31.65	44.88	61.48	70.56	70.20	78.72
家庭用工折价	元	26.48	31.65	44.88	61.48	70.56	70.20	78.72
雇工费用	元							
土地成本	元	2.11	5.08	6.74	8.21	10.96	13.73	12.45
流转地租金	元							
自营地折租	元	2.11	5.08	6.74	8.21	10.96	13.73	12.45
净利润	元	-1.39	42.91	54.84	81.54	57.54	42.29	95.01
现金成本	元	24.35	38.66	55.47	73.24	81.08	75.37	88.03
现金收益	元	27.20	79.64	106.46	151.23	139.06	126.22	186.18
成本利润率	%	-2.62	56.92	51.21	57.05	35.39	26.55	53.02
每 50 公斤主产品								
平均出售价格	元	25.92	47.92	69.89	80.26	77.43	79.01	100.09
总成本	元	26.62	30.54	46.22	51.11	57.19	62.44	65.41
生产成本	元	25.56	28.48	43.31	48.17	53.34	57.05	60.87
净利润	元	-0.70	17.38	23.67	29.15	20.24	16.57	34.68
现金成本	元	12.24	15.66	23.94	26.19	28.52	29.54	32.13
现金收益	元	13.68	32.26	45.95	54.07	48.91	49.47	67.96
附：								
每亩用工数量	日	33.10	21.10	20.40	21.20	19.60	18.00	19.20
每亩主产品出售数量	公斤					96.60	93.40	101.20
每亩主产品出售产值	元					148.83	144.48	205.67
商品率	%					74.70	78.50	77.20
每亩补贴收入	元							
每亩成本外支出	元		2.24	2.96	3.87	6.59	8.62	6.81

1－10－1 续表 1

项　目	单位	1994 年	1995 年	1996 年	1997 年	1998 年	1999 年	2000 年
每亩								
主产品产量	公斤	133.20	137.80	136.30	145.10	138.10	140.60	149.80
产值合计	元	415.65	432.57	427.05	480.02	401.04	362.63	353.74
主产品产值	元	401.72	414.03	407.70	463.20	382.99	344.92	336.53
副产品产值	元	13.93	18.54	19.35	16.82	18.05	17.71	17.21
总成本	元	231.11	344.52	340.48	375.31	365.27	333.04	342.13
生产成本	元	215.08	313.64	315.78	346.29	321.77	287.79	294.59
物质与服务费用	元	120.73	177.86	147.00	164.29	153.78	150.80	150.28
人工成本	元	94.35	135.78	168.78	182.00	167.99	136.99	144.31
家庭用工折价	元	94.35	135.78	168.78	182.00	163.20	124.45	139.00
雇工费用	元					4.79	12.54	5.31
土地成本	元	16.03	30.88	24.70	29.02	43.50	45.25	47.54
流转地租金	元					7.42	6.99	5.93
自营地折租	元	16.03	30.88	24.70	29.02	36.08	38.26	41.61
净利润	元	184.54	88.05	86.57	104.71	35.77	29.59	11.61
现金成本	元	120.73	177.86	147.00	164.29	165.99	170.33	161.52
现金收益	元	294.92	254.71	280.05	315.73	235.05	192.30	192.22
成本利润率	%	79.85	25.56	25.43	27.90	9.79	8.88	3.39
每 50 公斤主产品								
平均出售价格	元	150.80	150.23	149.56	159.61	138.66	122.66	112.33
总成本	元	83.85	119.65	119.24	124.79	126.29	112.65	108.64
生产成本	元	78.03	108.93	110.59	115.14	111.25	97.35	93.55
净利润	元	66.95	30.58	30.32	34.82	12.37	10.01	3.69
现金成本	元	43.80	61.77	51.48	54.63	57.39	57.62	51.29
现金收益	元	107.00	88.46	98.08	104.98	81.27	65.04	61.04
附：								
每亩用工数量	日	18.50	18.60	17.40	18.20	17.20	14.50	14.20
每亩主产品出售数量	公斤	95.00	93.70	102.60	109.10	108.10	108.20	103.90
每亩主产品出售产值	元	285.51	269.20	299.62	343.09	292.81	259.71	222.51
商品率	%	70.70	68.00	75.00	75.00	78.20	77.00	69.40
每亩补贴收入	元					0.95	0.47	0.06
每亩成本外支出	元	7.90	20.87	13.37	15.88	31.32	33.11	33.08

1－10－1　续表 2

项　　目	单位	2001 年	2002 年	2003 年	2004 年	2005 年	2006 年	2006 年比 2005 年 ±%
每亩								
主产品产量	公斤	154.50	154.60	140.80	173.80	163.70	174.40	6.54
产值合计	元	341.93	375.02	424.85	570.09	486.06	595.47	22.51
主产品产值	元	325.62	357.16	410.42	556.38	474.83	583.03	22.79
副产品产值	元	16.31	17.86	14.43	13.71	11.23	12.44	10.77
总成本	元	340.24	334.34	346.29	368.76	384.58	407.76	6.03
生产成本	元	297.57	287.40	301.67	325.92	335.45	354.87	5.79
物质与服务费用	元	147.52	146.85	145.40	169.12	166.62	177.80	6.71
人工成本	元	150.05	140.55	156.27	156.80	168.83	177.07	4.88
家庭用工折价	元	144.56	135.30	148.83	152.62	162.64	173.39	6.61
雇工费用	元	5.49	5.25	7.44	4.18	6.19	3.68	-40.55
土地成本	元	42.67	46.94	44.62	42.84	49.13	52.89	7.65
流转地租金	元	5.10	3.54	2.64	3.23	3.15	3.36	6.67
自营地折租	元	37.57	43.40	41.98	39.61	45.98	49.53	7.72
净利润	元	1.69	40.68	78.56	201.33	101.48	187.71	84.97
现金成本	元	158.11	155.64	155.48	176.53	175.96	184.84	5.05
现金收益	元	183.82	219.38	269.37	393.56	310.10	410.63	32.42
成本利润率	%	0.50	12.17	22.69	54.60	26.39	46.03	
每 50 公斤主产品								
平均出售价格	元	105.38	115.51	145.75	160.06	145.03	167.15	15.25
总成本	元	104.86	102.98	118.80	103.53	114.75	114.46	-0.25
生产成本	元	91.71	88.52	103.49	91.51	100.09	99.61	-0.48
净利润	元	0.52	12.53	26.95	56.53	30.28	52.69	74.01
现金成本	元	48.73	47.94	53.34	49.56	52.50	51.89	-1.16
现金收益	元	56.65	67.57	92.41	110.50	92.53	115.26	24.57
附：								
每亩用工数量	日	14.20	12.60	12.70	11.37	10.91	10.40	-4.67
每亩主产品出售数量	公斤	107.60	103.80	92.80	113.00	95.90	111.20	15.95
每亩主产品出售产值	元	220.57	236.78	267.16	354.97	267.26	368.15	37.75
商品率	%	69.60	67.10	65.90	70.70	68.80	71.60	
每亩补贴收入	元			0.09	0.20	1.20	5.33	344.17
每亩成本外支出	元	28.01	8.48	7.87	4.42	3.52	2.87	-18.47

1－10－2　两种油料平均费用和用工情况

项　　目	单位	1978 年	1985 年	1988 年	1990 年	1991 年	1992 年	1993 年
一、每亩物质与服务费用	元	24.35	38.66	55.47	73.24	81.08	75.37	88.03
（一）直接费用	元	19.85	32.55	47.89	63.64	69.76	64.37	76.30
1. 种子费	元	5.00	10.06	14.41	19.38	20.75	20.39	24.45
2. 化肥费	元	3.46	7.91	13.06	18.21	20.33	18.42	21.88
3. 农家肥费	元	6.87	5.54	6.55	8.92	9.04	8.73	8.87
4. 农药费	元	0.53	0.73	1.83	2.34	2.92	2.62	2.61
5. 农膜费	元				1.55	1.77	0.92	1.29
6. 租赁作业费	元	2.54	5.59	8.45	10.81	12.73	11.13	13.88
机械作业费	元	0.21	0.62	0.91	1.51	1.94	1.97	3.23
排灌费	元	0.26	0.62	1.04	1.18	2.15	1.42	2.07
其中：水费	元							
畜力费	元	2.07	4.35	6.50	8.12	8.64	7.74	8.58
7. 燃料动力费	元					0.08	0.10	0.12
8. 技术服务费	元							
9. 工具材料费	元						0.01	0.01
10. 修理维护费	元	1.10	1.26	1.54	1.55	1.52	1.48	1.82
11. 其他直接费用	元	0.35	1.46	2.05	0.88	0.62	0.57	1.37
（二）间接费用	元	4.50	6.11	7.58	9.60	11.32	11.00	11.73
1. 固定资产折旧	元	1.15	1.28	1.75	2.22	2.74	2.76	2.72
2. 税金	元	2.11	2.84	3.78	4.34	4.38	5.11	5.64
3. 保险费	元							
4. 管理费	元	1.24	1.74	1.80	2.69	3.79	2.81	2.86
5. 财务费	元							
6. 销售费	元		0.25	0.25	0.35	0.41	0.32	0.51
二、每亩人工成本	元	26.48	31.65	44.88	61.48	70.56	70.20	78.72
1. 家庭用工折价	元	26.48	31.65	44.88	61.48	70.56	70.20	78.72
家庭用工天数	日	33.10	21.10	20.40	21.20	19.60	18.00	19.20
劳动日工价	元	0.80	1.50	2.20	2.90	3.60	3.90	4.10
2. 雇工费用	元							
雇工天数	日							
雇工工价	元							
三、附记								
1. 每亩种子用量	公斤	3.56	4.46	3.97	4.08	8.85	8.54	8.14
2. 每亩化肥用量	公斤	10.00	13.60	17.70	19.10	18.00	13.95	14.35
3. 每亩农膜用量	公斤					0.25	0.15	0.20

1－10－2　续表 1

项　　目	单位	1994 年	1995 年	1996 年	1997 年	1998 年	1999 年	2000 年
一、每亩物质与服务费用	元	120.73	177.86	147.00	164.29	153.78	150.80	150.28
（一）直接费用	元	103.71	158.50	123.52	141.15	129.97	127.54	123.82
1. 种子费	元	32.79	35.73	35.10	42.08	36.30	33.44	32.51
2. 化肥费	元	32.15	76.79	41.56	42.88	40.30	43.45	41.21
3. 农家肥费	元	10.62	11.01	11.85	12.16	13.72	10.42	11.79
4. 农药费	元	3.99	4.96	5.53	6.19	6.22	6.63	6.73
5. 农膜费	元	1.74	4.34	1.80	2.39	2.08	1.51	2.09
6. 租赁作业费	元	18.85	21.09	23.19	30.48	24.59	27.14	24.46
机械作业费	元	3.88	4.17	5.03	6.52	5.55	8.26	7.22
排灌费	元	3.05	3.85	3.75	8.58	4.70	7.21	5.30
其中：水费	元							
畜力费	元	11.92	13.07	14.41	15.38	14.34	11.67	11.94
7. 燃料动力费	元	0.20	0.10	0.14	0.12	0.30	0.17	0.02
8. 技术服务费	元							
9. 工具材料费	元		0.01			0.01	0.01	0.01
10. 修理维护费	元	2.36	2.93	2.79	3.35	3.29	3.01	3.00
11. 其他直接费用	元	1.01	1.54	1.56	1.50	3.16	1.76	2.00
（二）间接费用	元	17.02	19.36	23.48	23.14	23.81	23.26	26.46
1. 固定资产折旧	元	3.72	3.80	4.38	4.10	4.59	4.66	4.62
2. 税金	元	8.13	10.01	11.33	13.14	12.18	12.14	14.46
3. 保险费	元							
4. 管理费	元	3.59	4.11	6.54	4.58	3.88	3.65	4.37
5. 财务费	元					0.32	0.18	0.30
6. 销售费	元	1.58	1.44	1.23	1.32	2.84	2.63	2.71
二、每亩人工成本	元	94.35	135.78	168.78	182.00	167.99	136.99	144.31
1. 家庭用工折价	元	94.35	135.78	168.78	182.00	163.20	124.45	139.00
家庭用工天数	日	18.50	18.60	17.40	18.20	17.00	13.10	13.90
劳动日工价	元	5.10	7.30	9.70	10.00	9.60	9.50	10.00
2. 雇工费用	元					4.79	12.54	5.31
雇工天数	日					0.20	1.40	0.30
雇工工价	元					23.95	8.96	17.70
三、附记								
1. 每亩种子用量	公斤	8.36	7.80	7.90	8.24	9.06	8.38	8.10
2. 每亩化肥用量	公斤	14.21	21.01	10.05	10.46	12.04	13.69	14.60
3. 每亩农膜用量	公斤	0.24	0.30	0.15	0.33	0.24	0.19	0.20

1-10-2 续表 2

项 目	单位	2001 年	2002 年	2003 年	2004 年	2005 年	2006 年	2006 年比 2005 年 ±%
一、每亩物质与服务费用	元	147.52	146.85	145.40	169.12	166.62	177.80	6.71
（一）直接费用	元	120.89	115.36	115.82	147.89	160.44	173.33	8.03
1. 种子费	元	31.45	29.71	31.98	44.08	43.93	46.69	6.28
2. 化肥费	元	40.04	39.09	41.05	52.55	61.37	66.36	8.13
3. 农家肥费	元	11.44	9.70	8.60	8.85	8.31	8.92	7.34
4. 农药费	元	6.88	6.65	6.55	8.73	9.81	10.55	7.54
5. 农膜费	元	2.04	1.57	0.97	2.81	4.23	4.74	12.06
6. 租赁作业费	元	24.36	23.95	22.70	26.29	28.32	32.38	14.34
机械作业费	元	7.24	7.02	8.25	12.48	14.15	16.20	14.49
排灌费	元	4.40	6.63	5.20	4.97	4.23	4.74	12.06
其中：水费	元				2.45	1.83	1.82	-0.55
畜力费	元	12.72	10.30	9.25	8.84	9.94	11.44	15.09
7. 燃料动力费	元				0.19	0.34	0.22	-35.29
8. 技术服务费	元				0.10	0.05	0.04	-20.00
9. 工具材料费	元				2.04	2.27	2.29	0.88
10. 修理维护费	元	2.70	2.91	2.63	1.22	1.20	0.97	-19.17
11. 其他直接费用	元	1.98	1.78	1.34	1.03	0.61	0.17	-72.13
（二）间接费用	元	26.63	31.49	29.58	21.23	6.18	4.47	-27.67
1. 固定资产折旧	元	4.56	4.00	4.07	3.92	3.63	3.14	-13.50
2. 税金	元	14.66	24.38	22.31	15.66	0.93		-100.00
3. 保险费	元							
4. 管理费	元	4.33	0.49	0.79	0.37	0.33	0.07	-78.79
5. 财务费	元	0.12	0.16	0.18	0.05	0.05	0.01	-80.00
6. 销售费	元	2.96	2.46	2.23	1.23	1.24	1.25	0.81
二、每亩人工成本	元	150.05	140.55	145.20	156.80	168.83	177.07	4.88
1. 家庭用工折价	元	144.56	135.30	137.76	152.62	162.64	173.39	6.61
家庭用工天数	日	13.90	12.30	12.30	11.14	10.63	10.26	-3.48
劳动日工价	元	10.40	11.00	11.20	13.70	15.30	16.90	10.46
2. 雇工费用	元	5.49	5.25	7.44	4.18	6.19	3.68	-40.55
雇工天数	日	0.30	0.30	0.40	0.23	0.28	0.14	-50.00
雇工工价	元	18.30	17.50	18.60	18.17	22.11	26.29	18.91
三、附记								
1. 每亩种子用量	公斤	7.60	8.30	8.10	7.73	7.73	7.91	2.33
2. 每亩化肥用量	公斤	14.30	14.40	14.60	13.44	14.49	15.69	8.28
3. 每亩农膜用量	公斤	0.30	0.20	0.10	0.41	0.35	0.40	14.29

1－10－3　两种油料平均化肥投入情况

项　　目	单位	1998 年	1999 年	2000 年	2001 年	2002 年	2003 年	2004 年	2005 年	2006 年	2006 年比 2005 年 ±%
一、每亩化肥金额	元	40.30	43.45	41.21	40.04	39.09	41.05	52.55	61.37	66.36	8.13
（一）氮肥	元	20.83	20.99	19.67	16.38	17.23	16.66	21.10	22.57	22.10	－2.08
1. 尿素	元	13.55	14.53	14.40	12.03	12.23	11.80	15.28	16.40	15.69	－4.33
2. 碳铵	元	7.17	6.08	5.05	4.18	4.83	4.62	5.65	5.98	6.30	5.35
3. 其他氮肥	元	0.11	0.38	0.22	0.17	0.17	0.24	0.17	0.19	0.11	－42.11
（二）磷肥	元	6.40	7.28	6.87	6.54	6.54	6.28	4.03	5.03	5.26	4.57
其中：过磷酸钙	元	6.40	7.28	6.87	6.54	6.54	6.28	3.39	3.91	4.65	18.93
（三）钾肥	元	0.77	1.04	1.23	1.02	1.01	1.39	1.39	2.09	1.65	－21.05
其中：氯化钾	元	0.77	1.04	1.23	1.02	1.01	1.39	0.65	1.59	1.32	－16.98
（四）复混肥	元	12.30	14.14	13.43	16.10	14.31	16.72	23.22	30.93	36.54	18.14
1. 复合肥	元	11.18	12.95	11.85	14.66	13.13	15.15	21.82	28.82	34.86	20.96
其中：二铵	元	3.77	4.69	3.49	3.37	3.58	4.37	5.03	3.86	4.95	28.24
2. 混配肥	元	1.12	1.19	1.59	1.44	1.18	1.57	1.40	2.11	1.68	－20.38
（五）其他肥料	元							2.81	0.75	0.81	8.00
二、每亩化肥折纯用量	公斤	12.04	13.69	14.40	14.00	14.40	14.60	13.44	14.49	15.69	8.28
（一）氮肥	公斤	6.40	7.03	7.20	6.00	6.50	6.00	6.25	5.87	5.82	－0.85
1. 尿素	公斤	3.99	4.75	5.10	4.30	4.40	4.00	4.29	4.02	3.80	－5.47
2. 碳铵	公斤	2.37	2.17	2.00	1.65	2.00	1.90	1.93	1.79	1.98	10.61
3. 其他氮肥	公斤	0.04	0.11	0.10	0.05	0.10	0.10	0.03	0.06	0.04	－33.33
（二）磷肥	公斤	1.96	2.34	2.45	2.65	2.80	2.60	1.80	1.96	1.90	－3.06
其中：过磷酸钙	公斤	1.96	2.34	2.45	2.65	2.80	2.60	1.51	1.49	1.66	11.41
（三）钾肥	公斤	0.27	0.38	0.45	0.35	0.40	0.70	0.30	0.51	0.37	－27.45
其中：氯化钾	公斤	0.27	0.38	0.45	0.35	0.40	0.70	0.21	0.43	0.33	－23.26
（四）复混肥	公斤	3.41	3.94	4.30	5.00	4.70	5.30	5.09	6.15	7.60	23.58
1. 复合肥	公斤	3.08	3.57	3.75	4.55	4.30	4.70	4.44	5.68	7.23	27.29
其中：二铵	公斤	1.10	1.25	1.10	1.10	1.30	1.50	1.40	0.93	1.18	26.88
2. 混配肥	公斤	0.33	0.37	0.55	0.45	0.40	0.60	0.65	0.47	0.37	－21.28

1－11－1 花生成本收益情况

项 目	单位	1978 年	1985 年	1988 年	1990 年	1991 年	1992 年	1993 年
每亩								
主产品产量	公斤	112.50	148.20	136.10	165.50	170.40	144.50	157.70
产值合计	元	62.67	154.52	221.16	286.88	293.63	266.31	374.56
主产品产值	元	59.16	147.12	212.27	275.05	280.51	255.42	361.56
副产品产值	元	3.51	7.40	8.89	11.83	13.12	10.89	13.00
总成本	元	56.06	90.49	129.73	169.10	200.03	187.75	205.31
生产成本	元	53.98	84.94	121.65	160.43	187.73	170.69	194.17
物质与服务费用	元	25.42	49.69	70.83	91.41	107.09	91.91	107.66
人工成本	元	28.56	35.25	50.82	69.02	80.64	78.78	86.51
家庭用工折价	元	28.56	35.25	50.82	69.02	80.64	78.78	86.51
雇工费用	元							
土地成本	元	2.08	5.55	8.08	8.67	12.30	17.06	11.14
流转地租金	元							
自营地折租	元	2.08	5.55	8.08	8.67	12.30	17.06	11.14
净利润	元	6.61	64.03	91.43	117.78	93.60	78.56	169.25
现金成本	元	25.42	49.69	70.83	91.41	107.09	91.91	107.66
现金收益	元	37.25	104.83	150.33	195.47	186.54	174.40	266.90
成本利润率	%	11.79	70.76	70.48	69.65	46.79	41.84	82.44
每 50 公斤主产品								
平均出售价格	元	26.29	49.64	77.98	83.10	82.31	88.38	114.64
总成本	元	23.52	29.07	45.74	48.98	56.07	62.31	62.84
生产成本	元	22.64	27.29	42.89	46.47	52.62	56.65	59.43
净利润	元	2.77	20.57	32.24	34.12	26.24	26.07	51.80
现金成本	元	10.66	15.96	24.97	26.48	30.02	30.50	32.95
现金收益	元	15.63	33.68	53.01	56.62	52.29	57.88	81.69
附:								
每亩用工数量	日	35.70	23.50	23.10	23.80	22.40	20.20	21.10
每亩主产品出售数量	公斤					107.70	105.00	123.10
每亩主产品出售产值	元					177.60	182.96	279.82
商品率	%					63.20	72.70	78.10
每亩补贴收入	元							
每亩成本外支出	元		2.83	4.21	4.66	8.34	12.28	6.29

1－11－1　续表 1

项　　目	单位	1994 年	1995 年	1996 年	1997 年	1998 年	1999 年	2000 年
每亩								
主产品产量	公斤	166.70	169.50	164.90	174.10	182.70	176.20	178.00
产值合计	元	559.04	563.71	567.46	652.95	541.08	479.89	480.95
主产品产值	元	541.55	540.83	543.53	632.97	518.15	455.36	458.92
副产品产值	元	17.49	22.88	23.93	19.98	22.93	24.53	22.03
总成本	元	265.03	340.97	386.17	439.62	420.09	363.29	387.66
生产成本	元	250.17	318.96	363.03	411.23	378.99	321.69	338.10
物质与服务费用	元	147.66	170.04	176.79	202.23	188.56	181.46	184.47
人工成本	元	102.51	148.92	186.24	209.00	190.43	140.23	153.63
家庭用工折价	元	102.51	148.92	186.24	209.00	183.36	132.05	152.00
雇工费用	元					7.07	8.18	1.63
土地成本	元	14.86	22.01	23.14	28.39	41.10	41.60	49.56
流转地租金	元					11.35	9.69	6.36
自营地折租	元	14.86	22.01	23.14	28.39	29.75	31.91	43.20
净利润	元	294.01	222.74	181.29	213.33	120.99	116.60	93.29
现金成本	元	147.66	170.04	176.79	202.23	206.98	199.33	192.46
现金收益	元	411.38	393.67	390.67	450.72	334.10	280.56	288.49
成本利润率	%	110.93	65.33	46.95	48.53	28.80	32.10	24.06
每 50 公斤主产品								
平均出售价格	元	162.43	159.54	164.81	181.78	141.80	129.22	128.91
总成本	元	77.00	96.50	112.16	122.39	110.09	97.82	103.91
生产成本	元	72.69	90.27	105.44	114.49	99.32	86.62	90.62
净利润	元	85.43	63.04	52.65	59.39	31.71	31.40	25.00
现金成本	元	42.90	48.12	51.35	56.30	54.24	53.67	51.59
现金收益	元	119.53	111.42	113.46	125.48	87.56	75.55	77.32
附：								
每亩用工数量	日	20.10	20.40	19.20	20.90	19.50	15.30	15.30
每亩主产品出售数量	公斤	122.30	111.10	125.90	132.10	145.60	133.10	113.30
每亩主产品出售产值	元	397.19	333.98	400.36	469.02	407.22	336.49	280.36
商品率	%	73.40	65.50	76.30	75.90	79.70	75.50	63.70
每亩补贴收入	元					0.62	0.61	0.02
每亩成本外支出	元	7.45	12.16	13.08	15.95	31.13	30.75	35.09

1-11-1 续表 2

项　　目	单位	2001 年	2002 年	2003 年	2004 年	2005 年	2006 年	2006 年比 2005 年 ±%
每亩								
主产品产量	公斤	188.90	195.80	165.30	213.00	199.80	217.60	8.91
产值合计	元	454.63	528.03	561.20	767.01	677.33	876.82	29.45
主产品产值	元	434.41	505.20	545.62	747.41	663.34	859.76	29.61
副产品产值	元	20.22	22.83	15.58	19.60	13.99	17.06	21.94
总成本	元	397.14	383.99	403.94	448.82	473.74	503.92	6.37
生产成本	元	349.66	331.60	352.47	398.02	415.88	441.73	6.22
物质与服务费用	元	185.02	180.33	182.88	224.62	225.28	241.11	7.03
人工成本	元	164.64	151.27	169.59	173.40	190.60	200.62	5.26
家庭用工折价	元	161.20	149.60	164.22	168.24	181.15	195.20	7.76
雇工费用	元	3.44	1.67	5.37	5.16	9.45	5.42	-42.65
土地成本	元	47.48	52.39	51.47	50.80	57.86	62.19	7.48
流转地租金	元	5.98	4.47	3.06	3.54	2.93	2.92	-0.34
自营地折租	元	41.50	47.92	48.41	47.26	54.93	59.27	7.90
净利润	元	57.49	144.04	157.26	318.19	203.59	372.90	83.16
现金成本	元	194.44	186.47	191.31	233.32	237.66	249.45	4.96
现金收益	元	260.19	341.56	369.89	533.69	439.67	627.37	42.69
成本利润率	%	14.48	37.51	38.93	70.89	42.98	74.00	
每50公斤主产品								
平均出售价格	元	114.98	129.01	165.04	175.45	166.00	197.56	19.01
总成本	元	100.44	93.82	118.79	102.67	116.10	113.54	-2.20
生产成本	元	88.43	81.02	103.66	91.05	101.92	99.53	-2.34
净利润	元	14.54	35.19	46.25	72.78	49.90	84.02	68.38
现金成本	元	49.18	45.56	56.26	53.37	58.25	56.20	-3.52
现金收益	元	65.80	83.45	108.78	122.08	107.75	141.36	31.19
附:								
每亩用工数量	日	15.70	13.70	14.10	12.56	12.27	11.75	-4.24
每亩主产品出售数量	公斤	126.40	127.10	105.00	134.30	108.10	136.50	26.27
每亩主产品出售产值	元	282.85	328.72	344.37	467.37	348.40	536.84	54.09
商品率	%	66.90	64.90	63.50	69.60	63.50	71.50	
每亩补贴收入	元			0.18	0.20	1.57	6.36	305.10
每亩成本外支出	元	32.79	9.15	8.41	3.64	1.42	1.08	-23.94

1-11-2　花生费用和用工情况

项　　目	单位	1978年	1985年	1988年	1990年	1991年	1992年	1993年
一、每亩物质与服务费用	元	25.42	49.69	70.83	91.41	107.09	91.91	107.66
（一）直接费用	元	21.04	43.03	63.07	81.93	94.56	81.38	96.99
1. 种子费	元	9.58	19.27	27.61	36.38	39.53	38.39	46.62
2. 化肥费	元	1.89	7.47	12.36	16.32	20.03	14.62	17.72
3. 农家肥费	元	4.92	5.13	6.54	8.98	10.32	9.64	9.84
4. 农药费	元	0.39	0.85	2.06	2.45	3.49	3.32	3.14
5. 农膜费	元				3.07	3.47	1.80	2.47
6. 租赁作业费	元	2.75	6.33	9.43	12.01	15.15	11.44	14.53
机械作业费	元	0.14	0.63	0.77	1.27	1.60	1.03	2.62
排灌费	元	0.18	0.80	1.36	1.24	3.07	1.74	3.14
其中：水费	元							
畜力费	元	2.43	4.90	7.30	9.50	10.48	8.67	8.77
7. 燃料动力费	元					0.03	0.01	0.01
8. 技术服务费	元							
9. 工具材料费	元							
10. 修理维护费	元	1.14	1.36	1.47	1.54	1.67	1.44	1.69
11. 其他直接费用	元	0.37	2.62	3.60	1.18	0.87	0.72	0.97
（二）间接费用	元	4.38	6.66	7.76	9.48	12.53	10.53	10.67
1. 固定资产折旧	元	1.04	1.41	1.66	1.98	3.21	2.69	2.37
2. 税金	元	2.08	2.72	3.87	4.01	3.96	4.78	4.85
3. 保险费	元							
4. 管理费	元	1.26	2.19	1.92	3.19	4.86	2.68	2.76
5. 财务费	元							
6. 销售费	元		0.34	0.31	0.30	0.50	0.38	0.69
二、每亩人工成本	元	28.56	35.25	50.82	69.02	80.64	78.78	86.51
1. 家庭用工折价	元	28.56	35.25	50.82	69.02	80.64	78.78	86.51
家庭用工天数	日	35.70	23.50	23.10	23.80	22.40	20.20	21.10
劳动日工价	元	0.80	1.50	2.20	2.90	3.60	3.90	4.10
2. 雇工费用	元							
雇工天数	日							
雇工工价	元							
三、附记								
1. 每亩种子用量	公斤	6.88	8.51	7.50	7.63	16.85	16.27	15.49
2. 每亩化肥用量	公斤	9.20	14.10	16.60	15.00	17.90	10.90	11.10
3. 每亩农膜用量	公斤					0.50	0.30	0.30

1-11-2 续表 1

项 目	单位	1994 年	1995 年	1996 年	1997 年	1998 年	1999 年	2000 年
一、每亩物质与服务费用	元	147.66	170.04	176.79	202.23	188.56	181.46	184.47
(一)直接费用	元	131.54	150.55	154.42	179.26	166.15	158.78	157.27
1. 种子费	元	62.38	67.06	66.01	79.70	69.02	62.65	60.68
2. 化肥费	元	28.95	36.67	37.79	37.00	38.18	42.01	38.53
3. 农家肥费	元	9.86	12.00	14.13	14.47	15.50	10.46	13.26
4. 农药费	元	4.47	5.77	6.69	8.01	7.58	7.46	8.50
5. 农膜费	元	3.21	3.97	3.17	4.05	4.15	2.81	3.99
6. 租赁作业费	元	18.70	20.08	22.31	31.00	24.71	28.72	26.87
机械作业费	元	2.47	3.31	3.55	4.83	4.80	8.22	7.35
排灌费	元	3.45	4.12	3.23	12.55	5.85	9.23	6.59
其中:水费	元							
畜力费	元	12.78	12.65	15.53	13.62	14.06	11.27	12.93
7. 燃料动力费	元	0.25	0.16	0.11	0.12	0.07	0.13	0.02
8. 技术服务费	元							
9. 工具材料费	元		0.02					
10. 修理维护费	元	2.83	3.19	3.05	3.99	3.82	3.10	3.23
11. 其他直接费用	元	0.89	1.63	1.16	0.92	3.12	1.44	2.19
(二)间接费用	元	16.12	19.49	22.37	22.97	22.41	22.68	27.20
1. 固定资产折旧	元	4.23	4.33	4.86	4.39	5.11	4.84	5.58
2. 税金	元	7.41	9.85	10.06	12.44	9.97	10.85	14.47
3. 保险费	元							
4. 管理费	元	3.55	3.49	6.31	4.54	3.85	3.67	3.93
5. 财务费	元					0.12	0.13	0.14
6. 销售费	元	0.93	1.82	1.14	1.60	3.36	3.19	3.08
二、每亩人工成本	元	102.51	148.92	186.24	209.00	190.43	140.23	153.63
1. 家庭用工折价	元	102.51	148.92	186.24	209.00	183.36	132.05	152.00
家庭用工天数	日	20.10	20.40	19.20	20.90	19.10	13.90	15.20
劳动日工价	元	5.10	7.30	9.70	10.00	9.60	9.50	10.00
2. 雇工费用	元					7.07	8.18	1.63
雇工天数	日					0.30	1.40	0.10
雇工工价	元					23.57	5.84	16.30
三、附记								
1. 每亩种子用量	公斤	15.94	14.79	15.00	15.52	17.35	15.94	15.50
2. 每亩化肥用量	公斤	11.89	9.73	9.10	9.11	11.05	13.52	13.60
3. 每亩农膜用量	公斤	0.44	0.28	0.25	0.57	0.47	0.35	0.40

1－11－2 续表 2

项　　目	单位	2001 年	2002 年	2003 年	2004 年	2005 年	2006 年	2006 年比 2005 年 ±%
一、每亩物质与服务费用	元	185.02	180.33	182.88	224.62	225.28	241.11	7.03
（一）直接费用	元	157.23	144.84	149.00	201.14	218.17	236.75	8.52
1. 种子费	元	58.84	55.11	59.23	80.45	80.27	84.62	5.42
2. 化肥费	元	39.15	35.86	40.31	58.93	69.75	77.37	10.92
3. 农家肥费	元	14.17	11.65	8.98	9.40	9.33	8.98	-3.75
4. 农药费	元	8.27	7.88	7.90	11.36	13.17	14.14	7.37
5. 农膜费	元	3.99	3.05	1.89	5.59	8.45	9.48	12.19
6. 租赁作业费	元	27.18	26.29	26.52	30.93	32.27	37.98	17.69
机械作业费	元	6.72	6.14	10.00	18.13	19.43	22.44	15.49
排灌费	元	6.30	9.78	7.48	5.51	5.03	6.51	29.42
其中：水费	元				2.05	1.25	1.48	18.40
畜力费	元	14.16	10.37	9.04	7.29	7.81	9.03	15.62
7. 燃料动力费	元				0.19	0.53	0.23	-56.60
8. 技术服务费	元				0.11	0.08	0.05	-37.50
9. 工具材料费	元				2.30	2.65	2.69	1.51
10. 修理维护费	元	3.13	3.24	2.85	1.20	1.09	0.97	-11.01
11. 其他直接费用	元	2.50	1.76	1.32	0.68	0.58	0.24	-58.62
（二）间接费用	元	27.79	35.49	33.88	23.48	7.11	4.36	-38.68
1. 固定资产折旧	元	5.26	4.59	4.67	4.34	3.74	2.84	-24.06
2. 税金	元	14.69	27.52	25.48	17.08	1.76		-100.00
3. 保险费	元							
4. 管理费	元	4.26	0.36	0.99	0.40	0.28	0.09	-67.86
5. 财务费	元	0.04	0.14	0.11	0.04	0.04	0.01	-75.00
6. 销售费	元	3.54	2.88	2.63	1.62	1.29	1.42	10.08
二、每亩人工成本	元	164.64	151.27	159.93	173.40	190.60	200.62	5.26
1. 家庭用工折价	元	161.20	149.60	154.56	168.24	181.15	195.20	7.76
家庭用工天数	日	15.50	13.60	13.80	12.28	11.84	11.55	-2.45
劳动日工价	元	10.40	11.00	11.20	13.70	15.30	16.90	10.46
2. 雇工费用	元	3.44	1.67	5.37	5.16	9.45	5.42	-42.65
雇工天数	日	0.20	0.10	0.30	0.28	0.43	0.20	-53.49
雇工工价	元	17.20	16.70	17.90	18.43	21.98	27.10	23.29
三、附记								
1. 每亩种子用量	公斤	14.50	15.80	15.40	14.93	15.01	15.45	2.93
2. 每亩化肥用量	公斤	13.50	12.40	14.00	13.63	14.87	16.71	12.37
3. 每亩农膜用量	公斤	0.50	0.30	0.20	0.81	0.70	0.79	12.86

1－11－3 花生化肥投入情况

项　　目	单位	1998年	1999年	2000年	2001年	2002年	2003年	2004年	2005年	2006年	2006年比2005年±%
一、每亩化肥金额	元	38.18	42.01	38.53	39.15	35.86	40.31	58.93	69.75	77.37	10.92
（一）氮肥	元	15.74	16.87	14.53	10.22	11.13	11.21	15.14	17.02	15.37	－9.69
1. 尿素	元	11.58	11.70	12.15	8.96	8.94	8.41	11.63	13.54	12.90	－4.73
2. 碳铵	元	4.07	4.92	2.38	1.25	2.12	2.66	3.41	3.47	2.26	－34.87
3. 其他氮肥	元	0.09	0.25		0.01	0.07	0.14	0.10	0.01	0.21	2000.00
（二）磷肥	元	6.13	6.69	6.10	6.08	5.36	5.83	4.00	4.14	4.02	－2.90
其中：过磷酸钙	元	6.13	6.69	6.10	6.08	5.36	5.83	3.15	2.78	3.27	17.63
（三）钾肥	元	0.74	1.19	1.83	0.99	0.95	1.88	1.84	2.80	2.29	－18.21
其中：氯化钾	元	0.74	1.19	1.83	0.99	0.95	1.88	0.49	2.13	1.86	－12.68
（四）复混肥	元	15.57	17.26	16.07	21.86	18.42	21.39	34.99	45.13	54.85	21.54
1. 复合肥	元	14.07	15.85	14.07	19.72	16.88	19.31	33.39	42.44	53.57	26.23
其中：二铵	元	5.20	5.47	4.39	3.57	4.53	5.36	6.26	5.28	8.35	58.14
2. 混配肥	元	1.50	1.41	2.00	2.14	1.54	2.08	1.60	2.69	1.28	－52.42
（五）其他肥料	元							2.96	0.66	0.84	27.27
二、每亩化肥折纯用量	公斤	11.05	13.52	13.60	13.50	12.40	14.00	13.63	14.87	16.71	12.37
（一）氮肥	公斤	4.74	5.78	5.50	3.70	3.90	3.90	4.32	4.30	3.90	－9.30
1. 尿素	公斤	3.31	3.91	4.50	3.20	3.10	2.80	3.18	3.25	3.12	－4.00
2. 碳铵	公斤	1.40	1.80	1.00	0.50	0.80	1.10	1.12	1.05	0.70	－33.33
3. 其他氮肥	公斤	0.03	0.07					0.02		0.08	
（二）磷肥	公斤	1.85	2.32	2.10	2.50	2.20	2.40	1.78	1.57	1.36	－13.38
其中：过磷酸钙	公斤	1.85	2.32	2.10	2.50	2.20	2.40	1.39	1.02	1.07	4.90
（三）钾肥	公斤	0.28	0.47	0.70	0.40	0.40	1.00	0.32	0.63	0.51	－19.05
其中：氯化钾	公斤	0.28	0.47	0.70	0.40	0.40	1.00	0.15	0.54	0.45	－16.67
（四）复混肥	公斤	4.18	4.95	5.30	6.90	5.90	6.70	7.21	8.37	10.94	30.70
1. 复合肥	公斤	3.75	4.52	4.60	6.20	5.30	5.80	6.51	7.82	10.71	36.96
其中：二铵	公斤	1.46	1.52	1.40	1.20	1.70	1.80	1.77	1.27	1.98	55.91
2. 混配肥	公斤	0.43	0.43	0.70	0.70	0.60	0.90	0.70	0.55	0.23	－58.18

1－12－1 油菜籽成本收益情况

项　　目	单位	1978 年	1985 年	1988 年	1990 年	1991 年	1992 年	1993 年
每亩								
主产品产量	公斤	75.00	86.60	84.60	100.60	99.20	96.90	104.00
产值合计	元	40.42	82.08	102.70	162.04	146.64	136.86	173.85
主产品产值	元	38.10	77.92	96.09	152.22	137.00	126.02	162.49
副产品产值	元	2.32	4.16	6.61	9.82	9.64	10.84	11.36
总成本	元	49.67	60.18	84.16	116.65	124.72	130.37	152.95
生产成本	元	47.54	55.59	78.77	108.92	115.10	119.98	139.20
物质与服务费用	元	23.22	27.54	40.05	54.98	54.98	58.75	68.27
人工成本	元	24.32	28.05	38.72	53.94	60.12	61.23	70.93
家庭用工折价	元	24.32	28.05	38.72	53.94	60.12	61.23	70.93
雇工费用	元							
土地成本	元	2.13	4.59	5.39	7.73	9.62	10.39	13.75
流转地租金	元							
自营地折租	元	2.13	4.59	5.39	7.73	9.62	10.39	13.75
净利润	元	-9.25	21.90	18.54	45.39	21.92	6.49	20.90
现金成本	元	23.22	27.54	40.05	54.98	54.98	58.75	68.27
现金收益	元	17.20	54.54	62.65	107.06	91.66	78.11	105.58
成本利润率	%	-18.61	36.39	22.03	38.91	17.58	4.98	13.66
每 50 公斤主产品								
平均出售价格	元	25.40	44.99	56.79	75.66	69.05	65.03	78.12
总成本	元	31.21	32.99	46.54	54.47	58.73	61.95	68.73
生产成本	元	29.87	30.47	43.56	50.86	54.20	57.01	62.55
净利润	元	-5.81	12.00	10.25	21.19	10.32	3.08	9.39
现金成本	元	14.59	15.10	22.15	25.67	25.89	27.92	30.68
现金收益	元	10.81	29.89	34.64	49.99	43.16	37.11	47.44
附：								
每亩用工数量	日	30.40	18.70	17.60	18.60	16.70	15.70	17.30
每亩主产品出售数量	公斤					85.50	81.70	79.20
每亩主产品出售产值	元					120.05	105.99	131.51
商品率	%					86.20	84.30	76.20
每亩补贴收入	元							
每亩成本外支出	元		1.64	1.70	3.07	4.83	4.95	7.33

1-12-1 续表 1

项 目	单位	1994 年	1995 年	1996 年	1997 年	1998 年	1999 年	2000 年
每亩								
主产品产量	公斤	99.70	106.10	107.60	116.10	93.60	105.00	121.50
产值合计	元	272.25	301.42	286.64	307.09	261.00	245.36	226.51
主产品产值	元	261.89	287.22	271.87	293.43	247.83	234.48	214.13
副产品产值	元	10.36	14.20	14.77	13.66	13.17	10.88	12.38
总成本	元	197.13	245.98	294.69	310.91	310.46	301.97	295.11
生产成本	元	179.93	227.11	268.43	281.27	264.59	253.10	249.62
物质与服务费用	元	93.74	104.47	117.11	126.27	118.87	119.99	115.98
人工成本	元	86.19	122.64	151.32	155.00	145.72	133.11	133.64
家庭用工折价	元	86.19	122.64	151.32	155.00	143.04	115.90	126.00
雇工费用	元					2.68	17.21	7.64
土地成本	元	17.20	18.87	26.26	29.64	45.87	48.87	45.49
流转地租金	元					3.49	4.29	5.49
自营地折租	元	17.20	18.87	26.26	29.64	42.38	44.58	40.00
净利润	元	75.12	55.44	-8.05	-3.82	-49.46	-56.61	-68.60
现金成本	元	93.74	104.47	117.11	126.27	125.04	141.49	129.11
现金收益	元	178.51	196.95	169.53	180.82	135.96	103.88	97.40
成本利润率	%	38.11	22.54	-2.72	-1.22	-15.92	-18.74	-23.24
每50公斤主产品								
平均出售价格	元	131.34	135.35	126.33	126.37	132.39	111.66	88.12
总成本	元	95.10	110.46	129.88	127.94	157.48	137.42	114.81
生产成本	元	86.80	101.98	118.30	115.74	134.21	115.18	97.11
净利润	元	36.24	24.89	-3.55	-1.57	-25.09	-25.76	-26.69
现金成本	元	45.22	46.91	51.61	51.96	63.43	64.39	50.23
现金收益	元	86.12	88.44	74.72	74.41	68.96	47.27	37.89
附:								
每亩用工数量	日	16.90	16.80	15.60	15.50	15.00	13.60	13.00
每亩主产品出售数量	公斤	67.70	76.20	79.30	86.00	70.50	83.30	94.40
每亩主产品出售产值	元	173.83	204.42	198.88	217.16	178.40	182.93	164.65
商品率	%	67.90	71.80	73.70	74.10	75.40	79.40	77.70
每亩补贴收入	元					1.28	0.33	0.09
每亩成本外支出	元	8.35	8.71	13.66	15.80	31.48	35.45	31.04

1－12－1 续表 2

项目	单位	2001 年	2002 年	2003 年	2004 年	2005 年	2006 年	2006 年比 2005 年 ±%
每亩								
主产品产量	公斤	120.00	113.30	116.20	134.60	127.50	131.10	2.82
产值合计	元	229.22	222.00	288.48	373.16	294.78	314.11	6.56
主产品产值	元	216.83	209.11	275.21	365.35	286.31	306.30	6.98
副产品产值	元	12.39	12.89	13.27	7.81	8.47	7.81	-7.79
总成本	元	282.37	284.86	286.11	288.52	295.31	311.35	5.43
生产成本	元	244.52	243.36	248.41	253.65	254.92	267.76	5.04
物质与服务费用	元	109.88	113.26	107.75	113.45	107.86	114.40	6.06
人工成本	元	134.64	130.10	140.66	140.20	147.06	153.36	4.28
家庭用工折价	元	126.88	121.00	132.98	137.00	144.13	151.42	5.06
雇工费用	元	7.76	9.10	7.68	3.20	2.93	1.94	-33.79
土地成本	元	37.85	41.50	37.70	34.87	40.39	43.59	7.92
流转地租金	元	4.21	2.61	2.21	2.92	3.37	3.80	12.76
自营地折租	元	33.64	38.89	35.49	31.95	37.02	39.79	7.48
净利润	元	-53.15	-62.86	2.37	84.64	-0.53	2.76	
现金成本	元	121.85	124.97	117.64	119.57	114.16	120.14	5.24
现金收益	元	107.37	97.03	170.84	253.59	180.62	193.97	7.39
成本利润率	%	-18.81	-22.06	0.83	29.34	-0.17	0.89	
每 50 公斤主产品								
平均出售价格	元	90.35	92.28	118.42	135.72	112.28	116.82	4.04
总成本	元	111.30	118.41	117.45	104.94	112.48	115.79	2.94
生产成本	元	96.38	101.16	101.97	92.25	97.10	99.58	2.55
净利润	元	-20.95	-26.13	0.97	30.78	-0.20	1.03	
现金成本	元	48.03	51.95	48.29	43.49	43.48	44.68	2.76
现金收益	元	42.32	40.33	70.13	92.23	68.80	72.14	4.85
附：								
每亩用工数量	日	12.60	11.50	11.30	10.17	9.55	9.04	-5.34
每亩主产品出售数量	公斤	88.70	80.40	80.60	91.60	83.70	85.80	2.51
每亩主产品出售产值	元	158.28	144.83	189.94	242.57	186.11	199.46	7.17
商品率	%	73.90	71.00	69.40	71.70	74.00	71.60	
每亩补贴收入	元				0.20	0.82	4.29	423.17
每亩成本外支出	元	23.22	7.81	7.31	5.20	5.62	4.65	-17.26

1-12-2 油菜籽费用和用工情况

项 目	单位	1978 年	1985 年	1988 年	1990 年	1991 年	1992 年	1993 年
一、每亩物质与服务费用	元	23.22	27.54	40.05	54.98	54.98	58.75	68.27
（一）直接费用	元	18.61	22.02	32.67	45.28	44.90	47.30	55.51
1. 种子费	元	0.41	0.85	1.21	2.37	1.97	2.38	2.27
2. 化肥费	元	5.02	8.34	13.76	20.09	20.63	22.22	26.03
3. 农家肥费	元	8.82	5.95	6.56	8.86	7.75	7.81	7.89
4. 农药费	元	0.66	0.61	1.59	2.23	2.34	1.92	2.07
5. 农膜费	元				0.02	0.07	0.04	0.10
6. 租赁作业费	元	2.33	4.82	7.46	9.59	10.29	10.80	13.21
机械作业费	元	0.28	0.60	1.05	1.74	2.27	2.90	3.84
排灌费	元	0.34	0.43	0.71	1.11	1.22	1.09	0.99
其中：水费	元							
畜力费	元	1.71	3.79	5.70	6.74	6.80	6.81	8.38
7. 燃料动力费	元					0.12	0.18	0.23
8. 技术服务费	元							
9. 工具材料费	元						0.01	0.01
10. 修理维护费	元	1.05	1.16	1.60	1.55	1.36	1.52	1.94
11. 其他直接费用	元	0.32	0.29	0.49	0.57	0.37	0.42	1.76
（二）间接费用	元	4.61	5.52	7.38	9.70	10.08	11.45	12.76
1. 固定资产折旧	元	1.26	1.14	1.83	2.46	2.26	2.82	3.06
2. 税金	元	2.13	2.95	3.69	4.66	4.79	5.44	6.42
3. 保险费	元							
4. 管理费	元	1.22	1.28	1.68	2.19	2.72	2.94	2.95
5. 财务费	元							
6. 销售费	元		0.15	0.18	0.39	0.31	0.25	0.33
二、每亩人工成本	元	24.32	28.05	38.72	53.94	60.12	61.23	70.93
1. 家庭用工折价	元	24.32	28.05	38.72	53.94	60.12	61.23	70.93
家庭用工天数	日	30.40	18.70	17.60	18.60	16.70	15.70	17.30
劳动日工价	元	0.80	1.50	2.20	2.90	3.60	3.90	4.10
2. 雇工费用	元							
雇工天数	日							
雇工工价	元							
三、附记								
1. 每亩种子用量	公斤	0.24	0.41	0.44	0.54	0.84	0.81	0.79
2. 每亩化肥用量	公斤	10.90	13.10	18.80	23.30	18.10	17.00	17.60
3. 每亩农膜用量	公斤							0.10

1－12－2　续表 1

项　　目	单位	1994 年	1995 年	1996 年	1997 年	1998 年	1999 年	2000 年
一、每亩物质与服务费用	元	93.74	104.47	117.11	126.27	118.87	119.99	115.98
（一）直接费用	元	75.82	85.27	92.55	102.97	93.67	96.18	90.26
1. 种子费	元	3.19	4.39	4.18	4.45	3.58	4.22	4.34
2. 化肥费	元	35.34	40.12	45.32	48.75	42.37	44.84	43.85
3. 农家肥费	元	11.38	10.02	9.56	9.85	11.94	10.37	10.31
4. 农药费	元	3.51	4.14	4.36	4.37	4.85	5.79	4.95
5. 农膜费	元	0.26	0.37	0.42	0.73	0.01	0.20	0.18
6. 租赁作业费	元	18.98	22.09	24.06	29.93	24.45	25.55	22.02
机械作业费	元	5.28	5.03	6.51	8.20	6.29	8.30	7.08
排灌费	元	2.64	3.57	4.27	4.60	3.55	5.18	4.00
其中：水费	元							
畜力费	元	11.06	13.49	13.28	17.13	14.61	12.07	10.94
7. 燃料动力费	元	0.15	0.04	0.17	0.11	0.52	0.20	0.02
8. 技术服务费	元							
9. 工具材料费	元					0.01	0.01	0.02
10. 修理维护费	元	1.89	2.66	2.53	2.71	2.75	2.92	2.77
11. 其他直接费用	元	1.12	1.44	1.95	2.07	3.19	2.08	1.80
（二）间接费用	元	17.92	19.20	24.56	23.30	25.20	23.81	25.72
1. 固定资产折旧	元	3.21	3.26	3.89	3.81	4.07	4.47	3.66
2. 税金	元	8.85	10.16	12.60	13.84	14.39	13.42	14.45
3. 保险费	元							
4. 管理费	元	3.63	4.73	6.76	4.62	3.91	3.63	4.81
5. 财务费	元					0.51	0.22	0.46
6. 销售费	元	2.23	1.05	1.31	1.03	2.32	2.07	2.34
二、每亩人工成本	元	86.19	122.64	151.32	155.00	145.72	133.11	133.64
1. 家庭用工折价	元	86.19	122.64	151.32	155.00	143.04	115.90	126.00
家庭用工天数	日	16.90	16.80	15.60	15.50	14.90	12.20	12.60
劳动日工价	元	5.10	7.30	9.70	10.00	9.60	9.50	10.00
2. 雇工费用	元					2.68	17.21	7.64
雇工天数	日					0.10	1.50	0.40
雇工工价	元					26.80	11.47	19.10
三、附记								
1. 每亩种子用量	公斤	0.78	0.81	0.80	0.96	0.76	0.81	0.70
2. 每亩化肥用量	公斤	16.52	11.28	11.00	11.81	13.00	13.82	15.20
3. 每亩农膜用量	公斤	0.04	0.02	0.05	0.09		0.02	

1－12－2　续表 2

项　　目	单位	2001 年	2002 年	2003 年	2004 年	2005 年	2006 年	2006 年比 2005 年 ±%
一、每亩物质与服务费用	元	109.88	113.26	107.75	113.45	107.86	114.40	6.06
（一）直接费用	元	84.43	85.78	82.51	94.52	102.63	109.83	7.02
1. 种子费	元	4.05	4.31	4.73	7.70	7.58	8.75	15.44
2. 化肥费	元	40.87	42.26	41.73	46.11	52.95	55.29	4.42
3. 农家肥费	元	8.70	7.75	8.21	8.30	7.29	8.86	21.54
4. 农药费	元	5.48	5.41	5.19	6.09	6.45	6.96	7.91
5. 农膜费	元	0.08	0.08	0.02	0.03	0.01		－100.00
6. 租赁作业费	元	21.53	21.60	18.87	21.63	24.36	26.78	9.93
机械作业费	元	7.75	7.90	6.49	6.82	8.87	9.96	12.29
排灌费	元	2.50	3.48	2.92	4.42	3.43	2.97	－13.41
其中：水费	元				2.84	2.40	2.16	－10.00
畜力费	元	11.28	10.22	9.46	10.39	12.06	13.85	14.84
7. 燃料动力费	元				0.18	0.14	0.21	50.00
8. 技术服务费	元				0.08	0.02	0.03	50.00
9. 工具材料费	元				1.78	1.89	1.89	
10. 修理维护费	元	2.27	2.57	2.41	1.24	1.30	0.96	－26.15
11. 其他直接费用	元	1.45	1.80	1.35	1.38	0.64	0.10	－84.38
（二）间接费用	元	25.45	27.48	25.24	18.93	5.23	4.57	－12.62
1. 固定资产折旧	元	3.86	3.41	3.46	3.49	3.52	3.43	－2.56
2. 税金	元	14.63	21.24	19.13	14.23	0.10		－100.00
3. 保险费	元							
4. 管理费	元	4.40	0.61	0.59	0.33	0.37	0.05	－86.49
5. 财务费	元	0.19	0.18	0.24	0.05	0.05	0.01	－80.00
6. 销售费	元	2.37	2.04	1.82	0.83	1.19	1.08	－9.24
二、每亩人工成本	元	134.64	130.10	129.76	140.20	147.06	153.36	4.28
1. 家庭用工折价	元	126.88	121.00	122.08	137.00	144.13	151.42	5.06
家庭用工天数	日	12.20	11.00	10.90	10.00	9.42	8.96	－4.88
劳动日工价	元	10.40	11.00	11.20	13.70	15.30	16.90	10.46
2. 雇工费用	元	7.76	9.10	7.68	3.20	2.93	1.94	－33.79
雇工天数	日	0.40	0.50	0.40	0.17	0.13	0.08	－38.46
雇工工价	元	19.40	18.20	19.20	18.82	22.54	24.25	7.59
三、附记								
1. 每亩种子用量	公斤	0.70	0.80	0.80	0.53	0.45	0.36	－20.00
2. 每亩化肥用量	公斤	14.50	16.00	14.90	13.23	14.06	14.66	4.27
3. 每亩农膜用量	公斤							

1－12－3　油菜籽化肥投入情况

项　　目	单位	1998 年	1999 年	2000 年	2001 年	2002 年	2003 年	2004 年	2005 年	2006 年	2006 年比 2005 年 ±%
一、每亩化肥金额	元	42.37	44.84	43.85	40.87	42.26	41.73	46.11	52.95	55.29	4.42
（一）氮肥	元	25.91	25.08	24.80	22.51	23.32	22.08	27.04	28.11	28.81	2.49
1. 尿素	元	15.52	17.35	16.65	15.09	15.51	15.18	18.92	19.25	18.47	－4.05
2. 碳铵	元	10.26	7.23	7.72	7.10	7.54	6.57	7.88	8.49	10.33	21.67
3. 其他氮肥	元	0.13	0.50	0.43	0.32	0.27	0.33	0.24	0.37	0.01	－97.30
（二）磷肥	元	6.66	7.86	7.64	6.99	7.71	6.72	4.05	5.91	6.49	9.81
其中：过磷酸钙	元	6.66	7.86	7.64	6.99	7.71	6.72	3.63	5.04	6.02	19.44
（三）钾肥	元	0.80	0.89	0.63	1.04	1.06	0.89	0.94	1.37	1.00	－27.01
其中：氯化钾	元	0.80	0.89	0.63	1.04	1.06	0.89	0.81	1.05	0.78	－25.71
（四）复混肥	元	9.00	11.01	10.78	10.33	10.17	12.04	11.43	16.73	18.21	8.85
1. 复合肥	元	8.27	10.04	9.61	9.59	9.36	10.98	10.24	15.20	16.14	6.18
其中：二铵	元	2.33	3.90	2.58	3.17	2.62	3.38	3.80	2.43	1.55	－36.21
2. 混配肥	元	0.73	0.97	1.17	0.74	0.81	1.06	1.19	1.53	2.07	35.29
（五）其他肥料	元							2.65	0.83	0.78	－6.02
二、每亩化肥折纯用量	公斤	13.00	13.82	15.20	14.50	16.00	14.90	13.23	14.06	14.66	4.27
（一）氮肥	公斤	8.05	8.26	8.90	8.30	8.80	7.90	8.16	7.42	7.74	4.31
1. 尿素	公斤	4.67	5.58	5.70	5.40	5.60	5.10	5.39	4.79	4.48	－6.47
2. 碳铵	公斤	3.34	2.54	3.00	2.80	3.10	2.70	2.73	2.52	3.26	29.37
3. 其他氮肥	公斤	0.04	0.14	0.20	0.10	0.10	0.10	0.04	0.11		－100.00
（二）磷肥	公斤	2.06	2.35	2.80	2.80	3.40	2.80	1.82	2.34	2.44	4.27
其中：过磷酸钙	公斤	2.06	2.35	2.80	2.80	3.40	2.80	1.63	1.96	2.25	14.80
（三）钾肥	公斤	0.26	0.28	0.20	0.30	0.40	0.30	0.28	0.38	0.23	－39.47
其中：氯化钾	公斤	0.26	0.28	0.20	0.30	0.40	0.30	0.27	0.31	0.20	－35.48
（四）复混肥	公斤	2.63	2.93	3.30	3.10	3.40	3.90	2.97	3.92	4.25	8.42
1. 复合肥	公斤	2.40	2.62	2.90	2.90	3.20	3.60	2.37	3.54	3.75	5.93
其中：二铵	公斤	0.73	0.98	0.80	1.00	0.80	1.20	1.03	0.58	0.38	－34.48
2. 混配肥	公斤	0.23	0.31	0.40	0.20	0.20	0.30	0.60	0.38	0.50	31.58

1-13-1 棉花成本收益情况

项目	单位	1978年	1985年	1988年	1990年	1991年	1992年	1993年
每亩								
主产品产量	公斤	38.50	59.20	53.30	67.80	69.10	52.80	57.40
产值合计	元	102.52	210.23	272.50	538.89	545.15	373.60	488.37
主产品产值	元	92.60	180.68	222.46	463.46	475.85	323.96	423.84
副产品产值	元	9.92	29.55	50.04	75.43	69.30	49.64	64.53
总成本	元	93.40	135.91	187.00	265.63	323.24	330.81	358.56
生产成本	元	89.69	126.70	175.08	249.02	300.16	305.39	329.11
物质与服务费用	元	41.29	62.35	85.10	120.55	140.68	145.49	159.37
人工成本	元	48.40	64.35	89.98	128.47	159.48	159.90	169.74
家庭用工折价	元	48.40	64.35	89.98	128.47	159.48	159.90	169.74
雇工费用	元							
土地成本	元	3.71	9.21	11.92	16.61	23.08	25.42	29.45
流转地租金	元							
自营地折租	元	3.71	9.21	11.92	16.61	23.08	25.42	29.45
净利润	元	9.12	74.32	85.50	273.26	221.91	42.79	129.81
现金成本	元	41.29	62.35	85.10	120.55	140.68	145.49	159.37
现金收益	元	61.23	147.88	187.40	418.34	404.47	228.11	329.00
成本利润率	%	9.76	54.68	45.72	102.87	68.65	12.93	36.20
每50公斤主产品								
平均出售价格	元	120.26	152.60	208.69	341.78	344.32	306.78	369.20
总成本	元	109.56	98.65	143.21	168.47	204.16	271.64	271.07
生产成本	元	105.21	91.97	134.08	157.94	189.58	250.77	248.80
净利润	元	10.70	53.95	65.48	173.31	140.16	35.14	98.13
现金成本	元	48.43	45.26	65.17	76.46	88.85	119.47	120.48
现金收益	元	71.83	107.34	143.52	265.32	255.47	187.31	248.72
附:								
每亩用工数量	日	60.50	42.90	40.90	44.30	44.30	41.00	41.40
每亩主产品出售数量	公斤					66.60	51.90	56.00
每亩主产品出售产值	元					455.13	318.80	413.99
商品率	%					96.40	98.30	97.60
每亩补贴收入	元							
每亩成本外支出	元		3.91	5.39	8.50	11.96	15.50	19.62

1－13－1　续表 1

项　　目	单位	1994 年	1995 年	1996 年	1997 年	1998 年	1999 年	2000 年
每亩								
主产品产量	公斤	60.10	61.50	61.10	65.10	68.30	66.90	71.30
产值合计	元	814.87	1035.80	997.23	1030.89	919.63	601.03	839.23
主产品产值	元	704.15	904.62	879.37	917.46	810.55	510.05	737.99
副产品产值	元	110.72	131.18	117.86	113.43	109.08	90.98	101.24
总成本	元	465.96	617.45	734.57	728.36	725.48	632.39	624.99
生产成本	元	432.07	578.23	687.64	676.26	646.79	557.82	559.44
物质与服务费用	元	211.24	273.82	282.18	288.26	293.32	266.53	259.98
人工成本	元	220.83	304.41	405.46	388.00	353.47	291.29	299.46
家庭用工折价	元	220.83	304.41	405.46	388.00	308.16	272.65	282.00
雇工费用	元					45.31	18.64	17.46
土地成本	元	33.89	39.22	46.93	52.10	78.69	74.57	65.55
流转地租金	元					23.84	13.50	6.35
自营地折租	元	33.89	39.22	46.93	52.10	54.85	61.07	59.20
净利润	元	348.91	418.35	262.66	302.53	194.15	－31.36	214.24
现金成本	元	211.24	273.82	282.18	288.26	362.47	298.67	283.79
现金收益	元	603.63	761.98	715.05	742.63	557.16	302.36	555.44
成本利润率	%	74.88	67.75	35.76	41.54	26.76	－4.95	34.28
每 50 公斤主产品								
平均出售价格	元	585.82	735.46	719.62	704.65	593.37	381.20	517.52
总成本	元	334.98	438.41	530.08	497.86	468.10	401.09	385.41
生产成本	元	310.62	410.57	496.21	462.25	417.33	353.79	344.98
净利润	元	250.84	297.05	189.54	206.79	125.27	－19.89	132.11
现金成本	元	151.86	194.42	203.63	197.04	233.88	189.43	175.00
现金收益	元	433.96	541.04	515.99	507.61	359.49	191.77	342.52
附：								
每亩用工数量	日	43.30	41.70	41.80	38.80	34.40	30.20	29.10
每亩主产品出售数量	公斤	58.00	56.00	54.30	61.40	64.90	60.80	66.10
每亩主产品出售产值	元	675.72	828.57	751.88	860.40	763.59	470.29	684.20
商品率	%	96.50	91.10	88.80	94.30	95.20	91.00	92.70
每亩补贴收入	元					1.48	0.35	0.27
每亩成本外支出	元	19.58	21.82	25.02	30.32	58.50	55.47	45.52

1－13－1 续表 2

项　　目	单位	2001 年	2002 年	2003 年	2004 年	2005 年	2006 年	2006 年比 2005 年 ±%
每亩								
主产品产量	公斤	77.90	81.90	68.20	76.30	74.80	85.10	13.77
产值合计	元	689.59	889.26	1138.71	966.15	1122.86	1206.07	7.41
主产品产值	元	589.78	783.66	1018.80	832.16	977.70	1032.33	5.59
副产品产值	元	99.81	105.60	119.91	133.99	145.16	173.74	19.69
总成本	元	638.00	677.95	677.43	743.10	791.50	870.35	9.96
生产成本	元	574.26	596.19	594.08	652.58	692.92	765.64	10.49
物质与服务费用	元	256.02	269.14	284.72	297.80	295.49	323.03	9.32
人工成本	元	318.24	327.05	309.36	354.78	397.43	442.61	11.37
家庭用工折价	元	303.68	311.30	294.56	319.76	361.54	398.67	10.27
雇工费用	元	14.56	15.75	14.80	35.02	35.89	43.94	22.43
土地成本	元	63.74	81.76	83.35	90.52	98.58	104.71	6.22
流转地租金	元	9.32	11.38	7.18	17.89	7.16	6.70	-6.42
自营地折租	元	54.42	70.38	76.17	72.63	91.42	98.01	7.21
净利润	元	51.59	211.31	461.28	223.05	331.36	335.72	1.32
现金成本	元	279.90	296.27	306.70	350.71	338.54	373.67	10.38
现金收益	元	409.69	592.99	832.01	615.44	784.32	832.40	6.13
成本利润率	%	8.09	31.17	68.09	30.02	41.86	38.57	
每 50 公斤主产品								
平均出售价格	元	378.55	478.42	746.92	545.32	653.54	606.54	-7.19
总成本	元	350.23	364.74	444.35	419.42	460.68	437.70	-4.99
生产成本	元	315.24	320.75	389.68	368.33	403.30	385.05	-4.53
净利润	元	28.32	113.68	302.57	125.90	192.86	168.84	-12.45
现金成本	元	153.65	159.39	201.18	197.95	197.04	187.92	-4.63
现金收益	元	224.90	319.03	545.74	347.37	456.50	418.62	-8.30
附：								
每亩用工数量	日	30.00	29.20	27.10	24.63	24.86	25.04	0.72
每亩主产品出售数量	公斤	72.10	71.10	63.30	67.40	69.00	77.90	12.90
每亩主产品出售产值	元	545.65	702.92	941.69	734.66	902.84	940.16	4.13
商品率	%	92.60	86.80	92.80	94.80	96.00	96.80	
每亩补贴收入	元	0.50	0.02	0.13	0.04	1.67	4.01	140.12
每亩成本外支出	元	42.10	17.01	12.71	9.98	5.53	5.10	-7.78

1－13－2　棉花费用和用工情况

项　　目	单位	1978年	1985年	1988年	1990年	1991年	1992年	1993年
一、每亩物质与服务费用	元	41.29	62.35	85.10	120.55	140.68	145.49	159.37
（一）直接费用	元	33.40	50.94	70.11	99.68	114.00	121.38	135.33
1. 种子费	元	1.94	3.40	4.89	7.07	7.57	6.97	8.85
2. 化肥费	元	8.04	14.99	23.82	33.01	37.43	38.99	43.89
3. 农家肥费	元	8.74	10.55	9.18	13.23	12.05	12.01	12.70
4. 农药费	元	5.94	6.56	12.13	20.34	22.92	27.60	30.25
5. 农膜费	元				6.16	8.37	9.78	10.93
6. 租赁作业费	元	4.97	7.21	9.62	12.10	16.75	17.82	20.11
机械作业费	元	1.02	1.01	1.90	3.06	4.57	4.88	5.53
排灌费	元	1.24	1.86	2.80	3.74	6.22	6.97	7.17
其中：水费	元							
畜力费	元	2.71	4.34	4.92	5.30	5.96	5.97	7.41
7. 燃料动力费	元				0.38	0.70	0.81	0.67
8. 技术服务费	元							
9. 工具材料费	元				0.37	0.51	0.34	0.41
10. 修理维护费	元	1.73	2.07	2.36	2.69	2.69	2.56	3.05
11. 其他直接费用	元	2.04	6.16	8.11	4.33	5.01	4.50	4.47
（二）间接费用	元	7.89	11.41	14.99	20.87	26.68	24.11	24.04
1. 固定资产折旧	元	2.16	2.13	3.09	4.90	5.62	4.60	4.63
2. 税金	元	3.71	5.30	6.53	8.11	11.12	9.92	9.83
3. 保险费	元							
4. 管理费	元	2.02	3.39	4.69	7.08	8.73	8.47	8.36
5. 财务费	元							
6. 销售费	元		0.59	0.68	0.78	1.21	1.12	1.22
二、每亩人工成本	元	48.40	64.35	89.98	128.47	159.48	159.90	169.74
1. 家庭用工折价	元	48.40	64.35	89.98	128.47	159.48	159.90	169.74
家庭用工天数	日	60.50	42.90	40.90	44.30	44.30	41.00	41.40
劳动日工价	元	0.80	1.50	2.20	2.90	3.60	3.90	4.10
2. 雇工费用	元							
雇工天数	日							
雇工工价	元							
三、附记								
1. 每亩种子用量	公斤	4.86	3.11	2.55	2.31	5.10	4.66	5.61
2. 每亩化肥用量	公斤	14.40	21.70	26.10	29.50	32.10	22.50	30.30
3. 每亩农膜用量	公斤					1.00	1.40	1.40

1－13－2 续表 1

项　　目	单位	1994 年	1995 年	1996 年	1997 年	1998 年	1999 年	2000 年
一、每亩物质与服务费用	元	211.24	273.82	282.18	288.26	293.32	266.53	259.98
(一)直接费用	元	178.91	234.48	240.11	242.03	252.03	226.81	219.88
1. 种子费	元	11.62	15.36	15.88	17.34	18.04	19.08	18.86
2. 化肥费	元	60.27	83.25	90.77	89.16	79.72	78.12	76.77
3. 农家肥费	元	15.23	20.33	21.46	15.31	19.65	17.20	15.76
4. 农药费	元	41.67	55.63	48.05	48.51	51.70	40.73	39.99
5. 农膜费	元	12.22	15.50	16.66	16.93	17.45	14.55	14.43
6. 租赁作业费	元	27.89	33.15	34.84	44.69	42.98	40.74	38.79
机械作业费	元	7.60	9.59	11.01	13.46	14.70	13.00	12.71
排灌费	元	10.14	11.76	12.95	19.45	18.09	18.97	18.49
其中:水费	元							
畜力费	元	10.15	11.80	10.88	11.78	10.19	8.77	7.59
7. 燃料动力费	元	1.32	0.61	0.78	1.03	0.92	0.78	
8. 技术服务费	元							
9. 工具材料费	元	0.52	0.63	0.80	0.52	0.77	0.39	0.45
10. 修理维护费	元	3.95	5.18	5.28	4.00	4.15	3.89	4.15
11. 其他直接费用	元	4.22	4.84	5.59	4.54	16.65	11.33	10.68
(二)间接费用	元	32.33	39.34	42.07	46.23	41.29	39.72	40.10
1. 固定资产折旧	元	6.27	6.90	7.27	7.67	7.69	7.00	6.62
2. 税金	元	14.31	17.40	21.91	21.78	20.19	19.10	20.03
3. 保险费	元							
4. 管理费	元	9.98	12.26	10.52	14.12	7.33	7.94	8.01
5. 财务费	元					0.87	0.66	0.70
6. 销售费	元	1.77	2.78	2.37	2.66	5.21	5.02	4.74
二、每亩人工成本	元	220.83	304.41	405.46	388.00	353.47	291.29	299.46
1. 家庭用工折价	元	220.83	304.41	405.46	388.00	308.16	272.65	282.00
家庭用工天数	日	43.30	41.70	41.80	38.80	32.10	28.70	28.20
劳动日工价	元	5.10	7.30	9.70	10.00	9.60	9.50	10.00
2. 雇工费用	元					45.31	18.64	17.46
雇工天数	日					2.30	1.60	0.90
雇工工价	元					19.70	11.65	19.40
三、附记								
1. 每亩种子用量	公斤	5.61	5.08	4.50	4.67	4.85	4.14	3.50
2. 每亩化肥用量	公斤	24.09	23.12	22.05	22.45	23.93	24.36	26.50
3. 每亩农膜用量	公斤	1.35	1.48	1.70	1.59	1.90	1.74	1.70

1－13－2　续表 2

项　　目	单位	2001 年	2002 年	2003 年	2004 年	2005 年	2006 年	2006 年比 2005 年 ±%
一、每亩物质与服务费用	元	256.02	269.14	284.72	297.80	295.49	323.03	9.32
（一）直接费用	元	216.68	216.18	235.76	262.64	282.82	313.97	11.01
1. 种子费	元	21.19	21.31	24.56	31.08	29.99	35.80	19.37
2. 化肥费	元	73.72	80.87	84.94	101.86	113.55	125.90	10.88
3. 农家肥费	元	14.30	12.25	15.03	13.40	16.20	13.68	－15.56
4. 农药费	元	36.92	34.25	37.83	32.49	37.01	42.48	14.78
5. 农膜费	元	15.78	13.77	16.72	18.60	22.67	24.63	8.65
6. 租赁作业费	元	41.53	43.36	44.12	54.65	55.65	65.31	17.36
机械作业费	元	14.07	15.44	15.99	27.20	26.82	32.05	19.50
排灌费	元	19.34	21.61	22.12	22.41	23.92	28.56	19.40
其中：水费	元				7.29	7.97	8.18	2.63
畜力费	元	8.12	6.31	6.01	5.04	4.91	4.70	－4.28
7. 燃料动力费	元				0.36	0.51	0.55	7.84
8. 技术服务费	元				0.61	0.39	0.10	－74.36
9. 工具材料费	元	0.38	0.22	0.27	6.62	3.94	3.34	－15.23
10. 修理维护费	元	3.64	3.63	3.99	1.32	1.26	1.51	19.84
11. 其他直接费用	元	9.22	6.52	8.30	1.65	1.65	0.67	－59.39
（二）间接费用	元	39.34	52.96	48.96	35.16	12.67	9.06	－28.49
1. 固定资产折旧	元	6.20	6.16	6.31	6.94	4.72	4.81	1.91
2. 税金	元	21.64	40.22	37.30	20.54	2.79		－100.00
3. 保险费	元				0.72	0.50	0.51	2.00
4. 管理费	元	6.52	1.36	1.56	2.59	0.81	0.51	－37.04
5. 财务费	元	0.40	0.42	0.19	0.93	0.77	0.78	1.30
6. 销售费	元	4.58	4.80	3.60	3.44	3.08	2.45	－20.45
二、每亩人工成本	元	318.24	327.05	309.36	354.78	397.43	442.61	11.37
1. 家庭用工折价	元	303.68	311.30	294.56	319.76	361.54	398.67	10.27
家庭用工天数	日	29.20	28.30	26.30	23.34	23.63	23.59	－0.17
劳动日工价	元	10.40	11.00	11.20	13.70	15.30	16.90	10.46
2. 雇工费用	元	14.56	15.75	14.80	35.02	35.89	43.94	22.43
雇工天数	日	0.80	0.90	0.80	1.29	1.23	1.45	17.89
雇工工价	元	18.20	17.50	18.50	27.15	29.18	30.30	3.84
三、附记								
1. 每亩种子用量	公斤	3.80	3.40	3.10	2.93	2.90	2.64	－8.97
2. 每亩化肥用量	公斤	26.10	29.00	30.40	25.50	26.01	27.86	7.11
3. 每亩农膜用量	公斤	1.80	1.80	1.90	2.23	1.84	2.00	8.70

1-13-3 棉花化肥投入情况

项　　目	单位	1998 年	1999 年	2000 年	2001 年	2002 年	2003 年	2004 年	2005 年	2006 年	2006 年比 2005 年 ±%
一、每亩化肥金额	元	79.72	78.12	76.77	73.72	80.87	84.94	101.86	113.55	125.90	10.88
(一)氮肥	元	41.00	40.20	37.28	35.96	40.21	43.86	41.42	48.56	45.40	-6.51
1.尿素	元	31.20	29.27	29.06	28.10	32.42	34.79	33.95	41.21	39.87	-3.25
2.碳铵	元	8.99	9.77	7.27	6.23	6.04	7.51	7.21	7.10	5.20	-26.76
3.其他氮肥	元	0.81	1.16	0.95	1.63	1.75	1.56	0.26	0.25	0.33	32.00
(二)磷肥	元	7.83	7.99	7.82	6.73	6.52	6.57	3.47	4.16	4.51	8.41
其中:过磷酸钙	元	7.83	7.99	7.82	6.73	6.52	6.57	2.81	3.33	3.26	-2.10
(三)钾肥	元	3.61	4.01	4.64	4.70	4.44	4.42	3.03	4.71	7.14	51.59
其中:氯化钾	元	3.61	4.01	4.64	4.70	4.44	4.42	2.80	3.95	5.54	40.25
(四)复混肥	元	27.28	25.92	27.03	26.33	29.70	30.09	47.69	54.46	65.17	19.67
1.复合肥	元	25.09	22.42	25.07	24.53	28.66	28.00	42.64	52.37	61.18	16.82
其中:二铵	元	16.69	13.49	13.64	15.19	17.29	14.62	23.35	29.67	29.20	-1.58
2.混配肥	元	2.19	3.50	1.96	1.80	1.04	2.09	5.05	2.09	3.99	90.91
(五)其他肥料	元							6.25	1.66	3.68	121.69
二、每亩化肥折纯用量	公斤	23.93	24.36	26.50	26.10	29.00	30.40	25.50	26.01	27.86	7.11
(一)氮肥	公斤	12.91	13.45	13.70	13.40	15.10	16.30	12.12	12.33	11.85	-3.89
1.尿素	公斤	9.58	9.51	10.50	10.30	11.40	12.30	9.66	10.00	9.99	-0.10
2.碳铵	公斤	3.10	3.63	2.90	2.50	2.90	3.50	2.42	2.27	1.76	-22.47
3.其他氮肥	公斤	0.23	0.31	0.30	0.60	0.80	0.50	0.04	0.06	0.10	66.67
(二)磷肥	公斤	2.32	2.37	2.80	2.60	2.50	3.00	1.52	1.36	1.48	8.82
其中:过磷酸钙	公斤	2.32	2.37	2.80	2.60	2.50	3.00	1.24	1.17	1.14	-2.56
(三)钾肥	公斤	1.23	1.33	1.60	1.70	1.60	1.70	0.95	1.20	1.60	33.33
其中:氯化钾	公斤	1.23	1.33	1.60	1.70	1.60	1.70	0.93	1.10	1.42	29.09
(四)复混肥	公斤	7.47	7.21	8.40	8.40	9.80	9.40	10.91	11.12	12.93	16.28
1.复合肥	公斤	6.86	6.12	7.70	7.80	9.50	8.80	9.45	10.73	12.18	13.51
其中:二铵	公斤	4.77	3.57	4.30	4.80	5.50	4.20	6.07	6.70	6.40	-4.48
2.混配肥	公斤	0.61	1.09	0.70	0.60	0.30	0.60	1.46	0.39	0.75	92.31

1－14－1 烤烟成本收益情况

项　　目	单位	1978 年	1985 年	1988 年	1990 年	1991 年	1992 年	1993 年
每亩								
主产品产量	公斤	141.30	151.90	137.40	141.50	138.70	137.70	127.20
产值合计	元	158.99	282.64	515.11	507.98	493.32	463.35	462.06
主产品产值	元	157.13	277.68	510.95	498.91	486.43	457.03	454.93
副产品产值	元	1.86	4.96	4.16	9.07	6.89	6.32	7.13
总成本	元	127.54	171.73	240.48	322.64	369.64	375.25	377.37
生产成本	元	124.44	167.05	233.44	318.18	356.56	360.54	366.02
物质与服务费用	元	57.32	84.70	122.34	160.42	164.32	166.32	181.52
人工成本	元	67.12	82.35	111.10	157.76	192.24	194.22	184.50
家庭用工折价	元	67.12	82.35	111.10	157.76	192.24	194.22	184.50
雇工费用	元							
土地成本	元	3.10	4.68	7.04	4.46	13.08	14.71	11.35
流转地租金	元							
自营地折租	元	3.10	4.68	7.04	4.46	13.08	14.71	11.35
净利润	元	31.45	110.91	274.63	185.34	123.68	88.10	84.69
现金成本	元	57.32	84.70	122.34	160.42	164.32	166.32	181.52
现金收益	元	101.67	197.94	392.77	347.56	329.00	297.03	280.54
成本利润率	%	24.66	64.58	114.20	57.44	33.46	23.48	22.44
每 50 公斤主产品								
平均出售价格	元	55.60	91.40	185.94	176.29	175.35	165.95	178.82
总成本	元	44.60	55.53	86.81	111.97	131.39	134.40	146.04
生产成本	元	43.52	54.02	84.27	110.42	126.74	129.13	141.65
净利润	元	11.00	35.87	99.13	64.32	43.96	31.55	32.78
现金成本	元	20.05	27.39	44.16	55.67	58.41	59.57	70.25
现金收益	元	35.55	64.01	141.78	120.62	116.94	106.38	108.57
附：								
每亩用工数量	日	83.90	54.90	50.50	54.40	53.40	49.80	45.00
每亩主产品出售数量	公斤					135.40	137.20	127.10
每亩主产品出售产值	元					474.81	455.45	454.62
商品率	%					100.00	99.60	99.90
每亩补贴收入	元							
每亩成本外支出	元		1.44	2.44		7.41	9.50	5.42

1－14－1　续表 1

项　　目	单位	1994 年	1995 年	1996 年	1997 年	1998 年	1999 年	2000 年
每亩								
主产品产量	公斤	129.80	126.90	139.30	137.30	137.30	138.10	128.40
产值合计	元	559.03	929.44	1379.71	1046.29	789.89	959.15	861.76
主产品产值	元	548.13	919.27	1369.93	1033.71	779.72	951.09	851.08
副产品产值	元	10.90	10.17	9.78	12.58	10.17	8.06	10.68
总成本	元	493.32	652.70	839.92	858.15	815.94	772.40	792.97
生产成本	元	474.18	627.64	808.31	827.68	769.09	726.34	747.18
物质与服务费用	元	229.38	286.00	354.35	365.68	348.00	334.22	336.43
人工成本	元	244.80	341.64	453.96	462.00	421.09	392.12	410.75
家庭用工折价	元	244.80	341.64	453.96	462.00	394.56	364.80	386.00
雇工费用	元					26.53	27.32	24.75
土地成本	元	19.14	25.06	31.61	30.47	46.85	46.06	45.79
流转地租金	元					19.50	17.73	20.18
自营地折租	元	19.14	25.06	31.61	30.47	27.35	28.33	25.61
净利润	元	65.71	276.74	539.79	188.14	－26.05	186.75	68.79
现金成本	元	229.38	286.00	354.35	365.68	394.03	379.27	381.36
现金收益	元	329.65	643.44	1025.36	680.61	395.86	579.88	480.40
成本利润率	%	13.32	42.40	64.27	21.92	－3.18	24.18	8.67
每 50 公斤主产品								
平均出售价格	元	211.14	362.20	491.72	376.44	283.95	344.35	331.42
总成本	元	186.32	254.36	299.34	308.75	293.32	277.31	304.96
生产成本	元	179.09	244.59	288.08	297.79	276.47	260.77	287.35
净利润	元	24.82	107.84	192.38	67.69	－9.37	67.04	26.46
现金成本	元	86.63	111.45	126.29	131.57	141.65	136.17	146.67
现金收益	元	124.51	250.75	365.43	244.87	142.30	208.18	184.75
附:								
每亩用工数量	日	48.00	46.80	46.80	46.20	42.90	40.50	40.10
每亩主产品出售数量	公斤	128.50	124.20	126.80	130.40	131.90	135.30	127.10
每亩主产品出售产值	元	541.79	905.40	1247.35	968.99	749.03	935.44	841.63
商品率	%	99.00	97.90	91.00	94.90	96.10	98.00	99.00
每亩补贴收入	元					15.22	7.43	11.31
每亩成本外支出	元	10.44	14.80	18.35	17.35	34.35	34.82	32.11

1-14-1 续表 2

项 目	单位	2001 年	2002 年	2003 年	2004 年	2005 年	2006 年	2006 年比 2005 年 ±%
每亩								
主产品产量	公斤	121.20	128.70	126.20	130.50	133.70	137.40	2.77
产值合计	元	915.00	1053.75	1026.55	1259.41	1393.67	1381.26	-0.89
主产品产值	元	904.03	1042.73	1017.96	1252.90	1387.74	1374.66	-0.94
副产品产值	元	10.97	11.02	8.59	6.51	5.93	6.60	11.30
总成本	元	811.31	873.63	859.13	1071.99	1255.21	1320.96	5.24
生产成本	元	765.56	819.17	806.05	1000.03	1172.12	1224.69	4.49
物质与服务费用	元	347.12	390.72	384.13	445.47	539.11	567.62	5.29
人工成本	元	418.44	428.45	421.92	554.56	633.01	657.07	3.80
家庭用工折价	元	395.20	377.30	387.52	522.52	597.62	612.29	2.45
雇工费用	元	23.24	51.15	34.40	32.04	35.39	44.78	26.53
土地成本	元	45.75	54.46	53.08	71.96	83.09	96.27	15.86
流转地租金	元	16.37	18.58	21.77	8.25	8.73	11.85	35.74
自营地折租	元	29.38	35.88	31.31	63.71	74.36	84.42	13.53
净利润	元	103.69	180.12	167.42	187.42	138.46	60.30	-56.45
现金成本	元	386.73	460.45	440.30	485.76	583.23	624.25	7.03
现金收益	元	528.27	593.30	586.25	773.65	810.44	757.01	-6.59
成本利润率	%	12.78	20.62	19.49	17.48	11.03	4.56	
每 50 公斤主产品								
平均出售价格	元	372.95	405.10	403.31	480.04	518.98	500.24	-3.61
总成本	元	330.69	335.86	337.53	408.60	467.42	478.40	2.35
生产成本	元	312.04	314.92	316.68	381.17	436.48	443.54	1.62
净利润	元	42.26	69.24	65.78	71.44	51.56	21.84	-57.64
现金成本	元	157.63	177.01	172.98	185.15	217.19	226.08	4.09
现金收益	元	215.32	228.09	230.33	294.89	301.79	274.16	-9.16
附:								
每亩用工数量	日	39.40	37.40	36.60	39.87	40.67	38.03	-6.49
每亩主产品出售数量	公斤	114.10	126.40	121.40	126.40	132.50	136.30	2.87
每亩主产品出售产值	元	838.47	1027.99	988.22	1230.02	1377.34	1364.42	-0.94
商品率	%	94.10	98.20	96.20	97.90	99.30	99.60	
每亩补贴收入	元	10.42	22.97	24.49	16.81	137.25	178.37	29.96
每亩成本外支出	元	32.27	8.80	5.76	4.13	2.67	1.70	-36.33

1-14-2 烤烟费用和用工情况

项目	单位	1978年	1985年	1988年	1990年	1991年	1992年	1993年
一、每亩物质与服务费用	元	57.32	84.70	122.34	160.42	164.32	166.32	181.52
(一)直接费用	元	47.31	72.94	103.07	138.14	139.02	143.03	158.66
1.种子费	元	0.90	1.10	1.04	1.30	1.21	1.43	2.05
2.化肥费	元	5.38	10.03	19.75	31.81	35.60	43.23	44.96
3.农家肥费	元	13.49	12.23	13.37	15.59	15.68	13.28	13.61
4.农药费	元	0.90	1.83	4.13	5.25	5.61	6.19	6.35
5.农膜费	元				8.46	8.99	9.31	11.28
6.租赁作业费	元	4.25	6.82	10.32	11.74	13.51	15.58	15.98
机械作业费	元	0.45	0.70	1.44	1.67	2.10	2.18	2.11
排灌费	元	0.61	1.04	1.45	0.95	1.07	3.05	2.84
其中:水费	元							
畜力费	元	3.19	5.08	7.43	9.12	10.34	10.35	11.03
7.燃料动力费	元				50.31	48.45	45.50	53.15
8.技术服务费	元							
9.工具材料费	元				2.32	2.37	2.00	3.52
10.修理维护费	元	2.35	1.82	3.88	2.88	2.66	2.61	3.53
11.其他直接费用	元	20.04	39.11	50.58	8.48	4.94	3.90	4.23
(二)间接费用	元	10.01	11.76	19.27	22.28	25.30	23.29	22.86
1、固定资产折旧	元	3.80	4.10	8.04	11.61	11.01	10.81	9.33
2、税金	元	3.10	3.24	4.60	4.46	5.67	5.21	5.93
3、保险费	元							
4、管理费	元	3.11	3.60	5.44	4.73	6.27	4.88	4.71
5、财务费	元							
6、销售费	元		0.82	1.19	1.48	2.35	2.39	2.89
二、每亩人工成本	元	67.12	82.35	111.10	157.76	192.24	194.22	184.50
1.家庭用工折价	元	67.12	82.35	111.10	157.76	192.24	194.22	184.50
家庭用工天数	日	83.90	54.90	50.50	54.40	53.40	49.80	45.00
劳动日工价	元	0.80	1.50	2.20	2.90	3.60	3.90	4.10
2.雇工费用	元							
雇工天数	日							
雇工工价	元							
三、附记								
1.每亩种子用量	公斤							
2.每亩化肥用量	公斤	9.90	10.90	17.40	26.20	32.30	24.40	29.00
3.每亩农膜用量	公斤					1.30	1.30	1.90

1－14－2　续表 1

项　　目	单位	1994 年	1995 年	1996 年	1997 年	1998 年	1999 年	2000 年
一、每亩物质与服务费用	元	229.38	286.00	354.35	365.68	348.00	334.22	336.43
（一）直接费用	元	198.31	253.43	309.47	324.89	305.94	292.22	292.71
1. 种子费	元	2.26	2.00	1.85	2.65	3.82	3.79	3.36
2. 化肥费	元	62.25	82.78	112.08	110.21	108.38	108.39	105.72
3. 农家肥费	元	16.46	25.46	24.99	26.76	24.89	24.71	24.22
4. 农药费	元	8.67	10.63	13.44	12.02	13.21	12.62	15.44
5. 农膜费	元	13.75	15.29	16.26	20.82	21.28	18.25	18.94
6. 租赁作业费	元	19.15	27.93	29.18	36.73	30.02	30.11	32.59
机械作业费	元	2.85	6.05	3.85	8.00	7.38	8.24	7.79
排灌费	元	3.82	5.52	3.28	10.15	3.83	4.24	6.64
其中：水费	元							
畜力费	元	12.48	16.36	22.05	18.58	18.81	17.63	18.16
7. 燃料动力费	元	63.39	71.75	95.54	93.11	83.28	79.79	76.84
8. 技术服务费	元							
9. 工具材料费	元	4.53	5.35	4.63	5.72	4.99	4.70	3.27
10. 修理维护费	元	3.65	4.46	4.38	4.38	4.56	3.89	4.35
11. 其他直接费用	元	4.20	7.78	7.12	12.49	11.51	5.97	7.98
（二）间接费用	元	31.07	32.57	44.88	40.79	42.06	42.00	43.72
1. 固定资产折旧	元	13.75	14.43	18.97	16.96	15.88	18.88	17.87
2. 税金	元	8.70	10.26	13.26	13.12	12.50	11.24	13.68
3. 保险费	元							
4. 管理费	元	6.08	4.35	8.87	5.87	5.13	4.16	3.60
5. 财务费	元					1.75	0.42	0.63
6. 销售费	元	2.54	3.53	3.78	4.84	6.80	7.30	7.94
二、每亩人工成本	元	244.80	341.64	453.96	462.00	421.09	392.12	410.75
1. 家庭用工折价	元	244.80	341.64	453.96	462.00	394.56	364.80	386.00
家庭用工天数	日	48.00	46.80	46.80	46.20	41.10	38.40	38.60
劳动日工价	元	5.10	7.30	9.70	10.00	9.60	9.50	10.00
2. 雇工费用	元					26.53	27.32	24.75
雇工天数	日					1.80	2.20	1.50
雇工工价	元					14.74	12.42	16.50
三、附记								
1. 每亩种子用量	公斤							
2. 每亩化肥用量	公斤	26.35	23.34	27.15	23.64	30.54	31.37	34.60
3. 每亩农膜用量	公斤	1.40	1.79	1.50	2.08	2.26	2.18	2.30

1－14－2 续表 2

项 目	单位	2001 年	2002 年	2003 年	2004 年	2005 年	2006 年	2006 年比 2005 年 ±%
一、每亩物质与服务费用	元	347.12	390.72	384.13	445.47	539.11	567.62	5.29
(一)直接费用	元	303.83	330.54	327.13	396.26	504.17	529.69	5.06
1.种子费	元	3.54	5.56	5.10	11.07	10.54	13.35	26.66
2.化肥费	元	109.09	121.47	118.76	139.02	168.35	182.96	8.68
3.农家肥费	元	21.56	20.82	22.03	23.38	24.57	26.47	7.73
4.农药费	元	15.96	16.85	18.63	21.23	28.13	27.86	-0.96
5.农膜费	元	21.00	19.51	20.46	21.65	34.29	30.93	-9.80
6.租赁作业费	元	32.75	34.42	30.95	38.11	41.82	46.95	12.27
机械作业费	元	8.75	12.08	11.42	13.52	14.27	18.51	29.71
排灌费	元	7.31	4.92	3.04	6.01	6.79	6.83	0.59
其中:水费	元				2.52	3.42	3.36	-1.75
畜力费	元	16.69	17.42	16.49	18.58	20.76	21.61	4.09
7.燃料动力费	元	83.07	95.90	96.56	127.73	177.32	184.18	3.87
8.技术服务费	元				1.50	3.80	2.52	-33.68
9.工具材料费	元	3.86	3.74	2.84	6.89	7.76	9.25	19.20
10.修理维护费	元	3.99	4.16	4.81	3.68	4.21	3.89	-7.60
11.其他直接费用	元	9.01	8.11	6.99	2.00	3.38	1.33	-60.65
(二)间接费用	元	43.29	60.18	57.00	49.21	34.94	37.93	8.56
1.固定资产折旧	元	16.61	21.01	21.57	22.96	23.82	25.62	7.56
2.税金	元	13.48	29.32	26.09	14.54	0.95		-100.00
3.保险费	元				0.87	1.51	2.23	47.68
4.管理费	元	4.23	0.99	1.34	1.32	0.23	0.61	165.22
5.财务费	元	0.67	0.59	0.49	0.38	0.46	0.33	-28.26
6.销售费	元	8.30	8.27	7.51	9.14	7.97	9.14	14.68
二、每亩人工成本	元	418.44	428.45	421.92	554.56	633.01	657.07	3.80
1.家庭用工折价	元	395.20	377.30	387.52	522.52	597.62	612.29	2.45
家庭用工天数	日	38.00	34.30	34.60	38.14	39.06	36.23	-7.25
劳动日工价	元	10.40	11.00	11.20	13.70	15.30	16.90	10.46
2.雇工费用	元	23.24	51.15	34.40	32.04	35.39	44.78	26.53
雇工天数	日	1.40	3.10	2.00	1.73	1.61	1.80	11.80
雇工工价	元	16.60	16.50	17.20	18.52	21.98	24.88	13.19
三、附记								
1.每亩种子用量	公斤							
2.每亩化肥用量	公斤	30.50	33.90	34.00	25.78	26.45	34.77	31.46
3.每亩农膜用量	公斤	2.50	2.70	2.50	2.59	2.88	2.60	-9.72

1－14－3　烤烟化肥投入情况

项　　目	单位	1998 年	1999 年	2000 年	2001 年	2002 年	2003 年	2004 年	2005 年	2006 年	2006 年比 2005 年 ±%
一、每亩化肥金额	元	108.38	108.39	105.72	109.09	121.47	118.76	139.02	168.35	182.96	8.68
（一）氮肥	元	11.21	7.38	7.76	6.47	6.32	6.26	5.99	5.44	4.85	－10.85
1. 尿素	元	5.40	3.06	3.64	2.90	2.13	2.62	3.93	2.76	2.48	－10.14
2. 碳铵	元	3.35	2.29	1.86	1.31	0.68	0.91	1.01	0.70	1.03	47.14
3. 其他氮肥	元	2.46	2.03	2.26	2.26	3.51	2.73	1.05	1.98	1.34	－32.32
（二）磷肥	元	8.00	7.70	6.78	6.09	5.93	5.71	7.36	7.68	9.34	21.61
其中：过磷酸钙	元	8.00	7.70	6.78	6.09	5.93	5.71	5.75	6.25	7.06	12.96
（三）钾肥	元	12.51	11.40	12.70	11.14	10.07	8.04	20.13	30.27	31.06	2.61
其中：氯化钾	元	12.51	11.40	12.70	11.14	10.07	8.04	3.54	3.78	2.69	－28.84
（四）复混肥	元	76.66	81.91	78.48	85.39	99.15	98.75	89.23	116.63	130.09	11.54
1. 复合肥	元	57.02	62.02	60.19	64.18	68.95	68.53	76.90	97.69	104.43	6.90
其中：二铵	元	3.16	2.12	2.65	2.79	2.47	3.05	2.03	1.06	1.14	7.55
2. 混配肥	元	19.64	19.89	18.29	21.21	30.20	30.22	12.33	18.94	25.66	35.48
（五）其他肥料	元							16.31	8.33	7.62	－8.52
二、每亩化肥折纯用量	公斤	30.54	31.37	34.60	30.50	33.90	34.00	25.78	26.45	34.77	31.46
（一）氮肥	公斤	3.41	2.28	2.70	1.90	1.90	1.80	1.59	1.10	1.25	13.64
1. 尿素	公斤	1.67	0.94	1.30	0.90	0.60	0.80	1.07	0.66	0.58	－12.12
2. 碳铵	公斤	1.06	0.74	0.70	0.40	0.30	0.30	0.34	0.20	0.30	50.00
3. 其他氮肥	公斤	0.68	0.60	0.70	0.60	1.00	0.70	0.18	0.24	0.37	54.17
（二）磷肥	公斤	2.45	2.40	2.50	2.20	2.70	2.40	3.11	2.83	3.32	17.31
其中：过磷酸钙	公斤	2.45	2.40	2.50	2.20	2.70	2.40	2.39	2.33	2.52	8.15
（三）钾肥	公斤	4.26	3.43	4.50	3.10	3.20	2.60	2.87	4.20	5.22	24.29
其中：氯化钾	公斤	4.26	3.43	4.50	3.10	3.20	2.60	1.06	0.94	0.52	－44.68
（四）复混肥	公斤	20.42	23.26	24.90	23.30	26.10	27.20	18.21	18.32	24.98	36.35
1. 复合肥	公斤	15.03	17.86	18.40	17.30	17.20	18.60	14.36	15.35	20.12	31.07
其中：二铵	公斤	1.10	0.69	0.70	0.80	0.70	1.20	0.64	0.26	0.28	7.69
2. 混配肥	公斤	5.39	5.40	6.50	6.00	8.90	8.60	3.85	2.97	4.86	63.64

1－15－1 甘蔗成本收益情况

项目	单位	1978 年	1985 年	1988 年	1990 年	1991 年	1992 年	1993 年
每亩								
主产品产量	公斤	3418.50	5223.60	4686.70	4922.90	5325.60	4937.60	5151.20
产值合计	元	130.03	498.43	674.54	744.32	752.51	617.45	780.51
主产品产值	元	118.72	477.83	644.87	701.44	706.87	580.02	736.24
副产品产值	元	11.31	20.60	29.67	42.88	45.64	37.43	44.27
总成本	元	98.93	208.48	301.06	375.04	398.16	415.22	456.26
生产成本	元	94.37	193.85	283.00	353.15	381.51	396.42	428.96
物质与服务费用	元	42.21	118.70	180.70	223.23	234.99	245.10	265.78
人工成本	元	52.16	75.15	102.30	129.92	146.52	151.32	163.18
家庭用工折价	元	52.16	75.15	102.30	129.92	146.52	151.32	163.18
雇工费用	元							
土地成本	元	4.56	14.63	18.06	21.89	16.65	18.80	27.30
流转地租金	元							
自营地折租	元	4.56	14.63	18.06	21.89	16.65	18.80	27.30
净利润	元	31.10	289.95	373.48	369.28	354.35	202.23	324.25
现金成本	元	42.21	118.70	180.70	223.23	234.99	245.10	265.78
现金收益	元	87.82	379.73	493.84	521.09	517.52	372.35	514.73
成本利润率	%	31.44	139.08	124.06	98.46	89.00	48.70	71.07
每 50 公斤主产品								
平均出售价格	元	1.74	4.57	6.88	7.12	6.64	5.87	7.15
总成本	元	1.32	1.91	3.07	3.59	3.51	3.95	4.18
生产成本	元	1.26	1.78	2.89	3.38	3.37	3.77	3.93
净利润	元	0.42	2.66	3.81	3.53	3.13	1.92	2.97
现金成本	元	0.56	1.09	1.84	2.14	2.07	2.33	2.43
现金收益	元	1.18	3.48	5.04	4.98	4.57	3.54	4.72
附:								
每亩用工数量	日	65.20	50.10	46.50	44.80	40.70	38.80	39.80
每亩主产品出售数量	公斤					4902.00	4175.30	4885.10
每亩主产品出售产值	元					650.77	461.83	650.97
商品率	%					92.00	84.60	94.80
每亩补贴收入	元							
每亩成本外支出	元		7.58	9.39	12.10	6.68	8.13	13.62

1－15－1　续表 1

项　　目	单位	1994 年	1995 年	1996 年	1997 年	1998 年	1999 年	2000 年
每亩								
主产品产量	公斤	4954.70	4844.70	5007.20	5128.90	4815.00	4468.80	4725.90
产值合计	元	1079.52	1284.75	1339.34	1341.87	1098.50	795.86	914.41
主产品产值	元	1032.61	1225.96	1292.43	1294.58	1054.53	764.30	864.31
副产品产值	元	46.91	58.79	46.91	47.29	43.97	31.56	50.10
总成本	元	594.54	770.15	909.01	937.04	832.11	766.79	756.56
生产成本	元	553.93	731.37	858.13	888.35	762.85	704.00	693.17
物质与服务费用	元	352.99	459.81	495.35	519.35	433.84	398.40	408.05
人工成本	元	200.94	271.56	362.78	369.00	329.01	305.60	285.12
家庭用工折价	元	200.94	271.56	362.78	369.00	280.32	224.20	270.00
雇工费用	元					48.69	81.40	15.12
土地成本	元	40.61	38.78	50.88	48.69	69.26	62.79	63.39
流转地租金	元					28.43	29.07	27.65
自营地折租	元	40.61	38.78	50.88	48.69	40.83	33.72	35.74
净利润	元	484.98	514.60	430.33	404.83	266.39	29.07	157.85
现金成本	元	352.99	459.81	495.35	519.35	510.96	508.87	450.82
现金收益	元	726.53	824.94	843.99	822.52	587.54	286.99	463.59
成本利润率	%	81.57	66.82	47.34	43.20	32.01	3.79	20.86
每 50 公斤主产品								
平均出售价格	元	10.42	12.65	12.91	12.62	10.95	8.55	9.14
总成本	元	5.74	7.58	8.76	8.81	8.29	8.24	7.56
生产成本	元	5.35	7.20	8.27	8.35	7.60	7.56	6.93
净利润	元	4.68	5.07	4.15	3.81	2.66	0.31	1.58
现金成本	元	3.41	4.53	4.77	4.88	5.09	5.47	4.51
现金收益	元	7.01	8.12	8.14	7.74	5.86	3.08	4.63
附:								
每亩用工数量	日	39.40	37.20	37.40	36.90	32.00	28.70	27.90
每亩主产品出售数量	公斤	4845.30	3966.10	4830.80	4881.90	4736.50	3902.60	4574.10
每亩主产品出售产值	元	1009.91	1190.67	1242.00	1193.30	1037.40	743.64	829.33
商品率	%	97.80	81.90	96.50	95.20	98.40	87.30	96.80
每亩补贴收入	元					0.94	2.53	1.69
每亩成本外支出	元	21.07	15.68	21.90	18.17	49.42	40.96	43.21

1－15－1 续表 2

项 目	单位	2001 年	2002 年	2003 年	2004 年	2005 年	2006 年	2006 年比 2005 年 ±%
每亩								
主产品产量	公斤	4991.90	4533.90	4768.70	4652.50	4612.00	5022.40	8.90
产值合计	元	971.62	785.15	763.41	894.10	1220.44	1334.25	9.33
主产品产值	元	946.44	756.83	741.35	870.33	1198.42	1312.28	9.50
副产品产值	元	25.18	28.32	22.06	23.77	22.02	21.97	-0.23
总成本	元	785.78	787.41	781.14	805.42	827.33	934.77	12.99
生产成本	元	708.94	700.32	702.71	712.63	726.87	829.77	14.16
物质与服务费用	元	417.38	391.44	347.32	374.80	361.29	424.15	17.40
人工成本	元	291.56	308.88	355.39	337.83	365.58	405.62	10.95
家庭用工折价	元	239.20	271.70	301.91	234.54	231.34	238.29	3.00
雇工费用	元	52.36	37.18	53.48	103.29	134.24	167.33	24.65
土地成本	元	76.84	87.09	78.43	92.79	100.46	105.00	4.52
流转地租金	元	24.31	45.86	24.94	6.72	7.74	8.08	4.39
自营地折租	元	52.53	41.23	53.49	86.07	92.72	96.92	4.53
净利润	元	185.84	-2.26	-17.73	88.68	393.11	399.48	1.62
现金成本	元	494.05	474.48	425.74	484.81	503.27	599.56	19.13
现金收益	元	477.57	310.67	337.67	409.29	717.17	734.69	2.44
成本利润率	%	23.65	-0.28	-2.27	11.01	47.52	42.74	
每 50 公斤主产品								
平均出售价格	元	9.48	8.35	7.77	9.35	12.99	13.06	0.54
总成本	元	7.67	8.37	7.95	8.42	8.81	9.15	3.86
生产成本	元	6.92	7.45	7.16	7.45	7.74	8.12	4.91
净利润	元	1.81	-0.02	-0.18	0.93	4.18	3.91	-6.46
现金成本	元	4.82	5.05	4.33	5.07	5.36	5.87	9.51
现金收益	元	4.66	3.30	3.44	4.28	7.63	7.19	-5.77
附：								
每亩用工数量	日	25.80	26.90	25.50	22.62	21.44	20.04	-6.53
每亩主产品出售数量	公斤	4876.20	4122.30	4672.80	4411.20	4550.90	4881.40	7.26
每亩主产品出售产值	元	918.94	678.36	730.15	840.61	1177.46	1283.00	8.96
商品率	%	97.70	90.90	98.00	97.70	98.90	98.80	
每亩补贴收入	元	0.29	0.09		0.73	3.78	9.67	155.82
每亩成本外支出	元	53.41	7.75	6.45	4.00	2.25	1.33	-40.89

1－15－2　甘蔗费用和用工情况

项　　目	单位	1978 年	1985 年	1988 年	1990 年	1991 年	1992 年	1993 年
一、每亩物质与服务费用	元	42.21	118.70	180.70	223.23	234.99	245.10	265.78
（一）直接费用	元	33.15	104.09	156.66	195.47	199.86	205.75	222.94
1. 种子费	元	13.92	28.36	42.09	55.50	50.58	55.43	56.28
2. 化肥费	元	6.33	43.31	80.38	83.38	87.38	88.53	101.14
3. 农家肥费	元	7.30	12.11	1.12	15.76	13.87	11.67	12.81
4. 农药费	元	0.81	3.60	6.59	9.63	10.16	10.25	9.07
5. 农膜费	元				3.41	7.32	5.69	6.06
6. 租赁作业费	元	3.07	10.77	11.76	14.72	18.05	19.11	21.40
机械作业费	元	0.41	1.37	0.83	1.74	2.09	1.96	2.89
排灌费	元	0.49	2.34	3.21	4.21	4.49	4.16	5.09
其中：水费	元							
畜力费	元	2.17	7.06	7.72	8.77	11.47	12.99	13.42
7. 燃料动力费	元				0.04	0.08	0.12	0.08
8. 技术服务费	元							
9. 工具材料费	元				0.16	0.24	0.29	0.01
10. 修理维护费	元	1.50	2.50	4.04	3.59	3.57	4.06	4.50
11. 其他直接费用	元	0.22	3.44	10.68	9.28	8.61	10.60	11.59
（二）间接费用	元	9.06	14.61	24.04	27.76	35.13	39.35	42.84
1. 固定资产折旧	元	2.21	2.55	3.15	4.01	4.06	5.39	6.08
2. 税金	元	4.56	7.05	8.67	9.79	9.97	10.67	13.68
3. 保险费	元							
4. 管理费	元	2.29	2.67	5.72	5.41	11.40	11.79	12.80
5. 财务费	元							
6. 销售费	元		2.34	6.50	8.55	9.70	11.50	10.28
二、每亩人工成本	元	52.16	75.15	102.30	129.92	146.52	151.32	163.18
1. 家庭用工折价	元	52.16	75.15	102.30	129.92	146.52	151.32	163.18
家庭用工天数	日	65.20	50.10	46.50	44.80	40.70	38.80	39.80
劳动日工价	元	0.80	1.50	2.20	2.90	3.60	3.90	4.10
2. 雇工费用	元							
雇工天数	日							
雇工工价	元							
三、附记								
1. 每亩种子用量	公斤							
2. 每亩化肥用量	公斤	9.70	67.40	68.30	69.70	79.40	61.90	69.40
3. 每亩农膜用量	公斤					1.10	3.80	0.70

1－15－2 续表 1

项 目	单位	1994 年	1995 年	1996 年	1997 年	1998 年	1999 年	2000 年
一、每亩物质与服务费用	元	352.99	459.81	495.35	519.35	433.84	398.40	408.05
(一)直接费用	元	285.06	381.47	411.37	427.93	389.36	350.80	348.32
1. 种子费	元	76.03	92.83	98.44	108.45	90.98	81.81	85.68
2. 化肥费	元	126.81	175.22	193.45	190.67	185.63	157.44	150.18
3. 农家肥费	元	17.35	21.32	18.04	18.76	19.27	12.89	14.08
4. 农药费	元	13.99	16.34	18.57	24.86	21.38	22.18	16.18
5. 农膜费	元	6.06	13.07	10.08	9.09	2.52	7.09	7.73
6. 租赁作业费	元	30.49	40.01	43.36	47.13	35.64	35.90	42.82
机械作业费	元	6.07	9.83	10.07	12.31	5.91	11.04	13.09
排灌费	元	6.43	8.41	8.74	9.22	3.42	3.57	5.15
其中:水费	元							
畜力费	元	17.99	21.77	24.55	25.60	26.31	21.29	24.58
7. 燃料动力费	元	1.72		0.04	0.47	0.02	0.08	0.01
8. 技术服务费	元							
9. 工具材料费	元	0.31	0.54	0.51	1.40	2.08	0.68	0.82
10. 修理维护费	元	6.56	5.77	6.60	6.91	5.86	5.36	6.01
11. 其他直接费用	元	5.74	16.37	22.28	20.19	25.98	27.37	24.81
(二)间接费用	元	67.93	78.34	83.98	91.42	44.48	47.60	59.73
1. 固定资产折旧	元	7.48	6.74	8.78	11.51	7.08	6.61	7.42
2. 税金	元	19.54	23.10	28.98	30.52	19.84	21.83	20.18
3. 保险费	元							
4. 管理费	元	22.44	30.01	24.83	28.73	3.86	5.35	7.71
5. 财务费	元					0.12	0.36	0.12
6. 销售费	元	18.47	18.49	21.39	20.66	13.58	13.45	24.30
二、每亩人工成本	元	200.94	271.56	362.78	369.00	329.01	305.60	285.12
1. 家庭用工折价	元	200.94	271.56	362.78	369.00	280.32	224.20	270.00
家庭用工天数	日	39.40	37.20	37.40	36.90	29.20	23.60	27.00
劳动日工价	元	5.10	7.30	9.70	10.00	9.60	9.50	10.00
2. 雇工费用	元					48.69	81.40	15.12
雇工天数	日					2.80	5.10	0.90
雇工工价	元					17.39	15.96	16.80
三、附记								
1. 每亩种子用量	公斤							
2. 每亩化肥用量	公斤	44.43	47.15	50.05	48.54	54.06	50.53	54.90
3. 每亩农膜用量	公斤	0.58	0.70	0.80	0.67	0.29	0.75	1.00

1－15－2　续表 2

项　　目	单位	2001 年	2002 年	2003 年	2004 年	2005 年	2006 年	2006 年比 2005 年 ±%
一、每亩物质与服务费用	元	417.38	391.44	347.32	374.80	361.29	424.15	17.40
（一）直接费用	元	364.00	340.90	308.21	335.20	343.39	410.50	19.54
1. 种子费	元	104.01	98.30	77.80	64.83	63.27	85.70	35.45
2. 化肥费	元	164.58	129.41	148.55	167.93	184.68	217.09	17.55
3. 农家肥费	元	12.52	12.48	9.36	14.00	8.64	10.15	17.48
4. 农药费	元	15.62	16.45	13.50	18.19	19.48	23.26	19.40
5. 农膜费	元	10.19	7.59	6.91	3.90	4.22	4.16	－1.42
6. 租赁作业费	元	41.01	42.75	33.62	50.89	51.10	54.09	5.85
机械作业费	元	17.73	20.68	20.18	20.81	21.14	24.61	16.41
排灌费	元	8.69	8.69	2.90	5.26	5.19	4.11	－20.81
其中：水费	元				3.61	3.99	2.01	－49.62
畜力费	元	14.59	13.38	10.54	24.82	24.77	25.37	2.42
7. 燃料动力费	元		0.01		0.96	0.79	0.82	3.80
8. 技术服务费	元				0.22	0.14	0.06	－57.14
9. 工具材料费	元	0.13	0.51		4.16	3.98	5.85	46.98
10. 修理维护费	元	5.44	3.87	4.39	1.64	1.71	1.96	14.62
11. 其他直接费用	元	10.50	29.53	14.08	8.48	5.38	7.36	36.80
（二）间接费用	元	53.38	50.54	39.11	39.60	17.90	13.65	－23.74
1. 固定资产折旧	元	6.33	4.81	4.24	8.27	4.96	3.60	－27.42
2. 税金	元	23.43	21.11	17.62	15.86	0.05		－100.00
3. 保险费	元				0.71	0.68	0.55	－19.12
4. 管理费	元	7.88	2.45	1.88	0.32	0.01	0.11	1000.00
5. 财务费	元	0.29	0.32	0.42	0.19	0.43	0.04	－90.70
6. 销售费	元	15.45	21.85	14.95	14.25	11.77	9.35	－20.56
二、每亩人工成本	元	291.56	308.88	307.72	337.83	365.58	405.62	10.95
1. 家庭用工折价	元	239.20	271.70	254.24	234.54	231.34	238.29	3.00
家庭用工天数	日	23.00	24.70	22.70	17.12	15.12	14.10	－6.75
劳动日工价	元	10.40	11.00	11.20	13.70	15.30	16.90	10.46
2. 雇工费用	元	52.36	37.18	53.48	103.29	134.24	167.33	24.65
雇工天数	日	2.80	2.20	2.80	5.50	6.32	5.94	－6.01
雇工工价	元	18.70	16.90	19.10	18.78	21.24	28.17	32.63
三、附记								
1. 每亩种子用量	公斤							
2. 每亩化肥用量	公斤	57.70	44.40	49.50	43.06	43.65	52.70	20.73
3. 每亩农膜用量	公斤	1.10	0.90	1.80	0.41	0.37	0.41	10.81

1－15－3 甘蔗化肥投入情况

项目	单位	1998年	1999年	2000年	2001年	2002年	2003年	2004年	2005年	2006年	2006年比2005年±%
一、每亩化肥金额	元	185.63	157.44	150.18	164.58	129.41	148.55	167.93	184.68	217.09	17.55
(一)氮肥	元	101.83	81.53	86.51	73.73	78.71	65.72	74.40	84.58	93.09	10.06
1.尿素	元	83.97	65.20	72.61	53.26	60.33	57.58	64.96	76.61	86.30	12.65
2.碳铵	元	17.34	15.11	13.05	19.42	17.57	7.73	8.90	7.76	6.63	-14.56
3.其他氮肥	元	0.52	1.22	0.85	1.05	0.81	0.41	0.54	0.21	0.16	-23.81
(二)磷肥	元	20.54	14.74	12.69	20.66	17.02	16.55	20.71	19.42	17.45	-10.14
其中:过磷酸钙	元	20.54	14.74	12.69	20.66	17.02	16.55	15.86	16.95	16.04	-5.37
(三)钾肥	元	13.70	15.37	14.76	21.88	11.24	11.76	27.85	29.19	37.93	29.94
其中:氯化钾	元	13.70	15.37	14.76	21.88	11.24	11.76	17.16	24.22	33.28	37.41
(四)复混肥	元	49.56	45.80	36.22	48.31	22.44	54.52	37.33	50.71	67.68	33.46
1.复合肥	元	46.17	41.75	34.12	47.14	21.61	53.03	33.39	36.61	56.29	53.76
其中:二铵	元		0.02			0.01	0.01	0.09	0.08	0.05	-37.50
2.混配肥	元	3.39	4.05	2.10	1.17	0.83	1.49	3.94	14.10	11.39	-19.22
(五)其他肥料	元							7.64	0.78	0.94	20.51
二、每亩化肥折纯用量	公斤	54.06	50.55	54.90	57.70	44.40	49.50	43.06	43.65	52.70	20.73
(一)氮肥	公斤	29.26	26.18	32.90	26.10	25.10	21.50	19.99	19.88	22.35	12.42
1.尿素	公斤	23.51	20.47	27.60	18.20	18.40	18.10	16.90	17.51	20.25	15.65
2.碳铵	公斤	5.59	5.35	5.00	7.60	6.50	2.90	2.99	2.35	2.07	-11.91
3.其他氮肥	公斤	0.16	0.36	0.30	0.30	0.20	0.50	0.10	0.02	0.03	50.00
(二)磷肥	公斤	6.40	4.75	4.50	7.60	6.40	5.20	7.61	6.20	5.48	-11.61
其中:过磷酸钙	公斤	6.40	4.75	4.50	7.60	6.40	5.20	5.79	5.32	5.01	-5.83
(三)钾肥	公斤	4.90	5.63	6.10	8.60	4.70	4.90	6.72	7.05	9.50	34.75
其中:氯化钾	公斤	4.90	5.63	6.10	8.60	4.70	4.90	5.48	6.55	9.06	38.32
(四)复混肥	公斤	13.50	13.99	11.40	15.40	8.20	17.90	8.74	10.52	15.37	46.10
1.复合肥	公斤	12.39	12.79	10.70	14.90	7.10	17.40	6.97	7.86	12.39	57.63
其中:二铵	公斤	0.06	0.01					0.02	0.02	0.01	-50.00
2.混配肥	公斤	1.11	1.20	0.70	0.50	1.10	0.50	1.77	2.66	2.98	12.03

1－16－1 甜菜成本收益情况

项　　目	单位	1978 年	1985 年	1988 年	1990 年	1991 年	1992 年	1993 年
每亩								
主产品产量	公斤	731.00	1411.60	1768.70	1976.80	1921.20	2144.20	1952.30
产值合计	元	44.40	127.99	221.63	322.62	314.07	338.03	323.13
主产品产值	元	44.40	121.85	210.79	309.10	301.33	326.22	303.15
副产品产值	元		6.14	10.84	13.52	12.74	11.81	19.98
总成本	元	37.16	82.13	125.03	175.91	198.06	225.45	222.68
生产成本	元	35.89	76.11	119.02	167.05	188.67	216.49	213.50
物质与服务费用	元	26.69	50.76	81.18	110.79	118.83	143.56	140.11
人工成本	元	9.20	25.35	37.84	56.26	69.84	72.93	73.39
家庭用工折价	元	9.20	25.35	37.84	56.26	69.84	72.93	73.39
雇工费用	元							
土地成本	元	1.27	6.02	6.01	8.86	9.39	8.96	9.18
流转地租金	元							
自营地折租	元	1.27	6.02	6.01	8.86	9.39	8.96	9.18
净利润	元	7.24	45.86	96.60	146.71	116.01	112.58	100.45
现金成本	元	26.69	50.76	81.18	110.79	118.83	143.56	140.11
现金收益	元	17.71	77.23	140.45	211.83	195.24	194.47	183.02
成本利润率	%	19.48	55.84	77.26	83.40	58.57	49.94	45.11
每 50 公斤主产品								
平均出售价格	元	3.04	4.32	5.96	7.82	7.84	7.61	7.76
总成本	元	2.54	2.77	3.36	4.26	4.94	5.08	5.35
生产成本	元	2.46	2.57	3.20	4.05	4.71	4.87	5.13
净利润	元	0.50	1.55	2.60	3.56	2.90	2.53	2.41
现金成本	元	1.83	1.71	2.18	2.69	2.97	3.23	3.36
现金收益	元	1.21	2.61	3.78	5.13	4.87	4.38	4.40
附：								
每亩用工数量	日	11.50	16.90	17.20	19.40	19.40	18.70	17.90
每亩主产品出售数量	公斤					1850.00	2072.60	1896.80
每亩主产品出售产值	元					290.35	317.64	294.29
商品率	%					96.30	96.70	97.20
每亩补贴收入	元							
每亩成本外支出	元		2.92	2.18	4.44	4.98	3.85	4.18

1－16－1 续表 1

项 目	单位	1994 年	1995 年	1996 年	1997 年	1998 年	1999 年	2000 年
每亩								
主产品产量	公斤	1762.10	2086.50	2042.20	1914.40	2262.00	2182.70	2305.00
产值合计	元	367.98	709.95	671.76	617.94	613.05	498.10	529.70
主产品产值	元	351.25	658.39	643.91	584.67	586.87	480.32	505.62
副产品产值	元	16.73	51.56	27.85	33.27	26.18	17.78	24.08
总成本	元	273.02	365.42	436.00	460.20	491.47	445.82	449.81
生产成本	元	258.72	350.14	416.63	441.12	448.68	398.53	406.40
物质与服务费用	元	163.35	215.82	249.79	272.12	278.08	252.64	254.50
人工成本	元	95.37	134.32	166.84	169.00	170.60	145.89	151.90
家庭用工折价	元	95.37	134.32	166.84	169.00	147.84	136.80	123.00
雇工费用	元					22.76	9.09	28.90
土地成本	元	14.30	15.28	19.37	19.08	42.79	47.29	43.41
流转地租金	元					14.47	13.13	6.56
自营地折租	元	14.30	15.28	19.37	19.08	28.32	34.16	36.85
净利润	元	94.96	344.53	235.76	157.74	121.59	52.28	79.89
现金成本	元	163.35	215.82	249.79	272.12	315.31	274.86	289.96
现金收益	元	204.63	494.13	421.97	345.82	297.75	223.24	239.74
成本利润率	%	34.78	94.28	54.07	34.28	24.74	11.73	17.76
每 50 公斤主产品								
平均出售价格	元	9.97	15.78	15.77	15.27	12.97	11.00	10.97
总成本	元	7.40	8.12	10.24	11.37	10.40	9.85	9.32
生产成本	元	7.01	7.78	9.78	10.90	9.49	8.80	8.42
净利润	元	2.57	7.66	5.53	3.90	2.57	1.15	1.65
现金成本	元	4.43	4.80	5.86	6.72	6.67	6.07	6.01
现金收益	元	5.54	10.98	9.91	8.55	6.30	4.93	4.96
附：								
每亩用工数量	日	18.70	18.40	17.20	16.90	16.90	15.90	14.00
每亩主产品出售数量	公斤	1553.30	2003.40	1571.90	1841.10	2229.00	2162.60	2300.50
每亩主产品出售产值	元	315.70	618.31	610.04	554.43	585.23	475.15	504.62
商品率	%	88.20	96.00	77.00	96.20	98.50	99.10	99.80
每亩补贴收入	元					0.98	0.22	0.53
每亩成本外支出	元	6.29	5.32	6.97	6.67	30.35	34.61	28.42

1－16－1　续表 2

项　　目	单位	2001 年	2002 年	2003 年	2004 年	2005 年	2006 年	2006 年比 2005 年 ±%
每亩								
主产品产量	公斤	2208.30	2532.10	2652.90	2492.60	2665.80	2947.30	10.56
产值合计	元	510.83	532.71	535.07	637.02	721.81	803.03	11.25
主产品产值	元	484.37	510.75	514.88	624.66	707.82	788.03	11.33
副产品产值	元	26.46	21.96	20.19	12.36	13.99	15.00	7.22
总成本	元	438.27	477.81	471.74	435.24	485.65	597.16	22.96
生产成本	元	395.34	422.47	415.85	353.82	393.86	482.75	22.57
物质与服务费用	元	239.38	258.98	263.47	211.47	228.08	293.44	28.66
人工成本	元	155.96	163.49	152.38	142.35	165.78	189.31	14.19
家庭用工折价	元	128.96	151.80	127.68	115.35	119.03	123.71	3.93
雇工费用	元	27.00	11.69	24.70	27.00	46.75	65.60	40.32
土地成本	元	42.93	55.34	55.89	81.42	91.79	114.41	24.64
流转地租金	元	9.40	7.06	6.17	11.19	15.83	12.76	－19.39
自营地折租	元	33.53	48.28	49.72	70.23	75.96	101.65	33.82
净利润	元	72.56	54.90	63.33	201.78	236.16	205.87	－12.83
现金成本	元	275.78	277.73	294.34	249.66	290.66	371.80	27.92
现金收益	元	235.05	254.98	240.73	387.36	431.15	431.23	0.02
成本利润率	%	16.56	11.49	13.42	46.36	48.63	34.47	
每 50 公斤主产品								
平均出售价格	元	10.97	10.09	9.70	12.53	13.28	13.37	0.68
总成本	元	9.41	9.05	8.56	8.56	8.94	9.94	11.19
生产成本	元	8.49	8.00	7.54	6.96	7.25	8.04	10.90
净利润	元	1.56	1.04	1.15	3.97	4.34	3.43	－20.97
现金成本	元	5.92	5.26	5.34	4.91	5.35	6.19	15.70
现金收益	元	5.05	4.83	4.37	7.62	7.93	7.18	－9.46
附:								
每亩用工数量	日	14.20	14.50	14.60	9.57	9.57	9.32	－2.61
每亩主产品出售数量	公斤	2184.20	2529.30	2575.20	2462.30	2643.30	2942.70	11.33
每亩主产品出售产值	元	470.85	510.25	512.21	617.39	700.75	787.60	12.39
商品率	%	98.90	99.90	97.10	96.70	100.00	100.00	
每亩补贴收入	元	0.28		0.81	8.65	7.40	13.64	84.32
每亩成本外支出	元	26.76	13.10	8.03	3.74	1.41	0.15	－89.36

1-16-2 甜菜费用和用工情况

项 目	单位	1978 年	1985 年	1988 年	1990 年	1991 年	1992 年	1993 年
一、每亩物质与服务费用	元	26.69	50.76	81.18	110.79	118.83	143.56	140.11
(一)直接费用	元	18.68	41.67	60.61	82.43	90.14	108.72	108.80
1.种子费	元	5.23	4.12	4.85	7.10	7.26	8.23	9.19
2.化肥费	元	2.67	14.72	27.73	36.81	38.59	50.08	45.34
3.农家肥费	元		6.24	1.97	5.84	7.69	5.65	5.81
4.农药费	元	0.17	0.88	1.06	2.22	2.62	2.28	3.27
5.农膜费	元				0.11	1.67	1.29	1.67
6.租赁作业费	元	5.97	10.41	19.24	25.22	25.13	31.50	33.12
机械作业费	元	3.94	2.26	7.25	8.57	9.14	12.23	12.55
排灌费	元		1.45	4.83	7.05	7.30	8.47	8.36
其中:水费	元							
畜力费	元	2.03	6.70	7.16	9.60	8.69	10.80	12.21
7.燃料动力费	元					0.15		0.20
8.技术服务费	元							
9.工具材料费	元					1.92	2.14	2.60
10.修理维护费	元	0.32	0.81	1.33	1.32	1.08	1.35	1.80
11.其他直接费用	元	4.32	4.49	4.43	3.81	4.03	6.20	5.80
(二)间接费用	元	8.01	9.09	20.57	28.36	28.69	34.84	31.31
1.固定资产折旧	元	2.42	1.96	2.45	3.93	4.04	4.69	3.97
2.税金	元	1.27	3.10	3.83	4.42	4.41	5.11	5.00
3.保险费	元							
4.管理费	元	4.32	1.69	5.12	9.21	9.50	9.26	9.80
5.财务费	元							
6.销售费	元		2.34	9.17	10.80	10.74	15.78	12.54
二、每亩人工成本	元	9.20	25.35	37.84	56.26	69.84	72.93	73.39
1.家庭用工折价	元	9.20	25.35	37.84	56.26	69.84	72.93	73.39
家庭用工天数	日	11.50	16.90	17.20	19.40	19.40	18.70	17.90
劳动日工价	元	0.80	1.50	2.20	2.90	3.60	3.90	4.10
2.雇工费用	元							
雇工天数	日							
雇工工价	元							
三、附记								
1.每亩种子用量	公斤							
2.每亩化肥用量	公斤	3.60	14.60	25.20	45.20	35.70	27.70	28.30
3.每亩农膜用量	公斤					0.30	0.30	0.20

1－16－2 续表 1

项　　目	单位	1994 年	1995 年	1996 年	1997 年	1998 年	1999 年	2000 年
一、每亩物质与服务费用	元	163.35	215.82	249.79	272.12	278.08	252.64	254.50
（一）直接费用	元	128.62	174.37	199.01	224.52	226.98	202.92	199.70
1. 种子费	元	11.05	11.94	16.12	23.50	25.13	26.68	24.97
2. 化肥费	元	56.09	80.05	94.62	93.00	99.42	79.85	77.99
3. 农家肥费	元	8.51	9.32	11.74	14.93	14.67	11.97	13.50
4. 农药费	元	5.18	3.90	5.08	6.06	6.49	4.84	5.87
5. 农膜费	元	1.65	7.99	5.75	8.70	8.99	6.80	7.08
6. 租赁作业费	元	38.41	51.26	54.35	62.26	59.04	59.87	63.84
机械作业费	元	13.31	19.97	21.73	21.40	19.45	25.62	25.65
排灌费	元	11.82	16.82	18.70	27.05	24.15	28.36	24.80
其中：水费	元							
畜力费	元	13.28	14.47	13.92	13.81	15.44	5.89	13.39
7. 燃料动力费	元	0.09	0.89	3.80	1.78	0.62	0.33	
8. 技术服务费	元							
9. 工具材料费	元	0.45	0.79	0.07	0.07		0.16	
10. 修理维护费	元	2.18	3.52	2.83	3.91	3.80	3.98	2.68
11. 其他直接费用	元	5.01	4.71	4.65	10.31	8.82	8.44	3.77
（二）间接费用	元	34.73	41.45	50.78	47.60	51.10	49.72	54.80
1. 固定资产折旧	元	3.17	6.10	7.13	6.25	6.16	7.64	5.96
2. 税金	元	8.01	9.96	12.40	12.41	12.44	12.68	14.99
3. 保险费	元							
4. 管理费	元	11.55	10.82	12.82	12.98	6.99	5.26	4.28
5. 财务费	元					1.31	1.23	0.93
6. 销售费	元	12.00	14.57	18.43	15.96	24.20	22.91	28.64
二、每亩人工成本	元	95.37	134.32	166.84	169.00	170.60	145.89	151.90
1. 家庭用工折价	元	95.37	134.32	166.84	169.00	147.84	136.80	123.00
家庭用工天数	日	18.70	18.40	17.20	16.90	15.40	14.40	12.30
劳动日工价	元	5.10	7.30	9.70	10.00	9.60	9.50	10.00
2. 雇工费用	元					22.76	9.09	28.90
雇工天数	日					1.50	1.50	1.70
雇工工价	元					15.17	6.06	17.00
三、附记								
1. 每亩种子用量	公斤							
2. 每亩化肥用量	公斤	23.32	20.42	23.10	18.86	30.08	24.04	25.10
3. 每亩农膜用量	公斤	0.20	0.41	0.50	0.88	0.99	0.78	0.70

1－16－2 续表 2

项 目	单位	2001 年	2002 年	2003 年	2004 年	2005 年	2006 年	2006 年比 2005 年 ±%
一、每亩物质与服务费用	元	239.38	258.98	263.47	211.47	228.08	293.44	28.66
（一）直接费用	元	184.69	194.36	205.87	175.11	202.03	252.32	24.89
1. 种子费	元	22.20	22.80	24.07	28.38	33.70	34.92	3.62
2. 化肥费	元	76.58	73.70	76.94	67.47	84.23	105.56	25.32
3. 农家肥费	元	10.00	12.55	19.42	5.87	6.17	7.94	28.69
4. 农药费	元	5.73	6.17	6.09	5.51	6.41	5.98	－6.71
5. 农膜费	元	6.22	5.76	3.28	5.51	7.68	10.48	36.46
6. 租赁作业费	元	58.28	65.43	64.23	53.39	58.30	70.78	21.41
机械作业费	元	24.63	27.04	25.70	33.07	37.73	43.86	16.25
排灌费	元	26.12	30.44	30.87	17.98	18.01	25.18	39.81
其中：水费	元				9.14	8.21	13.99	70.40
畜力费	元	7.53	7.95	7.66	2.34	2.56	1.74	－32.03
7. 燃料动力费	元		0.02		0.26	0.14	0.29	107.14
8. 技术服务费	元				0.44	0.46	0.21	－54.35
9. 工具材料费	元				3.77	3.27	10.99	236.09
10. 修理维护费	元	2.92	3.21	2.88	2.15	1.21	1.14	－5.79
11. 其他直接费用	元	2.76	4.72	8.96	2.36	0.46	4.03	776.09
（二）间接费用	元	54.69	64.62	57.60	36.36	26.05	41.12	57.85
1. 固定资产折旧	元	8.59	7.52	7.04	4.89	2.61	2.47	－5.36
2. 税金	元	16.17	25.64	21.80	5.63	0.01		－100.00
3. 保险费	元				0.18	0.16	0.10	－37.50
4. 管理费	元	3.65	2.04	1.25	2.89	0.80	0.69	－13.75
5. 财务费	元	0.47	0.41	0.67	0.35	0.30	0.14	－53.33
6. 销售费	元	25.81	29.01	26.84	22.42	22.17	37.72	70.14
二、每亩人工成本	元	155.96	163.49	173.66	142.35	165.78	189.31	14.19
1. 家庭用工折价	元	128.96	151.80	148.96	115.35	119.03	123.71	3.93
家庭用工天数	日	12.40	13.80	13.30	8.42	7.78	7.32	－5.91
劳动日工价	元	10.40	11.00	11.20	13.70	15.30	16.90	10.46
2. 雇工费用	元	27.00	11.69	24.70	27.00	46.75	65.60	40.32
雇工天数	日	1.80	0.70	1.30	1.15	1.79	2.00	11.73
雇工工价	元	15.00	16.70	19.00	23.48	26.12	32.80	25.57
三、附记								
1. 每亩种子用量	公斤							
2. 每亩化肥用量	公斤	23.30	24.70	23.60	16.27	18.55	22.66	22.16
3. 每亩农膜用量	公斤	0.70	0.70	0.40	0.55	0.77	1.24	61.04

1-16-3　甜菜化肥投入情况

项　　目	单位	1998 年	1999 年	2000 年	2001 年	2002 年	2003 年	2004 年	2005 年	2006 年	2006 年比 2005 年 ±%
一、每亩化肥金额	元	99.42	79.85	77.99	76.58	73.70	76.94	67.47	84.23	105.56	25.32
（一）氮肥	元	42.18	37.85	34.72	33.30	33.23	43.03	22.34	32.14	32.23	0.28
1. 尿素	元	29.56	24.60	26.19	24.77	25.36	34.94	18.62	29.18	29.43	0.86
2. 碳铵	元	8.30	8.28	4.60	5.75	5.36	4.37	3.12	2.96	1.68	-43.24
3. 其他氮肥	元	4.32	4.97	3.93	2.78	2.51	3.72	0.60		1.12	
（二）磷肥	元	6.45	5.89	3.08	2.15	2.76	2.25	0.65	1.05	0.44	-58.10
其中：过磷酸钙	元	6.45	5.89	3.08	2.15	2.76	2.25	0.51	1.05	0.17	-83.81
（三）钾肥	元	0.05	0.88	1.71	0.51	1.70	0.23	1.25	0.28	1.67	496.43
其中：氯化钾	元	0.05	0.88	1.71	0.51	1.70	0.23	0.15	0.08	1.28	1500.00
（四）复混肥	元	50.74	35.23	38.48	40.62	36.01	31.43	40.43	50.20	69.71	38.86
1. 复合肥	元	44.10	32.88	35.67	39.70	32.17	28.46	36.42	47.90	64.33	34.30
其中：二铵	元	38.33	26.79	34.23	28.03	23.50	21.87	31.87	41.18	49.51	20.23
2. 混配肥	元	6.64	2.35	2.81	0.92	3.84	2.97	4.01	2.30	5.38	133.91
（五）其他肥料	元							2.80	0.56	1.51	169.64
二、每亩化肥折纯用量	公斤	30.08	24.04	25.10	23.30	24.70	23.60	16.27	18.55	22.66	22.16
（一）氮肥	公斤	12.72	12.26	11.80	11.60	11.70	12.90	6.53	7.97	7.79	-2.26
1. 尿素	公斤	8.53	8.05	8.90	8.40	9.00	10.20	5.41	7.11	7.05	-0.84
2. 碳铵	公斤	2.96	3.00	1.80	2.40	2.00	1.70	1.02	0.86	0.53	-38.37
3. 其他氮肥	公斤	1.23	1.21	1.10	0.80	0.70	1.00	0.10		0.21	
（二）磷肥	公斤	2.87	1.77	1.00	0.80	0.70	0.70	0.22	0.19	0.11	-42.11
其中：过磷酸钙	公斤	2.87	1.77	1.00	0.80	0.70	0.70	0.16	0.19	0.04	-78.95
（三）钾肥	公斤	0.02	0.29	0.60	0.20	0.50	0.10	0.21	0.06	0.42	600.00
其中：氯化钾	公斤	0.02	0.29	0.60	0.20	0.50	0.10	0.05	0.02	0.35	1650.00
（四）复混肥	公斤	14.47	9.72	11.70	10.70	11.80	9.90	9.31	10.33	14.34	38.82
1. 复合肥	公斤	12.91	9.03	10.60	10.40	10.30	9.10	8.65	9.99	12.99	30.03
其中：二铵	公斤	11.17	7.33	10.10	7.80	7.10	6.90	7.75	8.82	10.59	20.07
2. 混配肥	公斤	1.56	0.69	1.10	0.30	1.50	0.80	0.66	0.34	1.35	297.06

1－17－1 桑蚕茧成本收益情况

项目	单位	1991年	1992年	1993年	1994年	1995年	1996年
每亩							
主产品产量	公斤	87.10	97.20	99.90	98.60	100.40	92.80
产值合计	元	929.22	931.91	1067.23	1682.93	1306.65	1149.04
主产品产值	元	893.64	894.00	1016.36	1611.71	1250.79	1087.94
副产品产值	元	35.58	37.91	50.87	71.22	55.86	61.10
总成本	元	620.37	730.88	784.99	927.19	1139.51	1209.69
生产成本	元	595.36	700.73	724.84	868.74	1084.00	1149.28
物质与服务费用	元	276.40	315.80	331.24	400.56	456.20	406.26
人工成本	元	318.96	384.93	393.60	468.18	627.80	743.02
家庭用工折价	元	318.96	384.93	393.60	468.18	627.80	743.02
雇工费用	元						
土地成本	元	25.01	30.15	60.15	58.45	55.51	60.41
流转地租金	元						
自营地折租	元	25.01	30.15	60.15	58.45	55.51	60.41
净利润	元	308.85	201.03	282.24	755.74	167.14	-60.65
现金成本	元	276.40	315.80	331.24	400.56	456.20	406.26
现金收益	元	652.82	616.11	735.99	1282.37	850.45	742.78
成本利润率	%	49.78	27.51	35.95	81.51	14.67	-5.00
每50公斤主产品							
平均出售价格	元	513.00	459.88	508.69	817.30	622.90	586.17
总成本	元	342.49	360.68	374.16	450.28	543.22	617.11
生产成本	元	328.68	345.80	345.49	421.90	516.76	586.29
净利润	元	170.51	99.20	134.53	367.02	79.68	-30.94
现金成本	元	152.59	155.84	157.88	194.53	217.48	207.25
现金收益	元	360.40	304.04	350.81	622.77	405.42	378.92
附:							
每亩用工数量	日	88.60	98.70	96.00	91.80	86.00	76.60
每亩主产品出售数量	公斤	44.20	96.80	98.70	97.50	100.10	91.30
每亩主产品出售产值	元	852.15	887.90	989.82	1599.90	1249.73	1064.12
商品率	%	50.70	99.60	98.80	98.90	99.70	98.40
每亩补贴收入	元						
每亩成本外支出	元	12.56	16.07	39.87	22.97	16.47	28.00

1－17－1 续表 1

项　　目	单位	1997 年	1998 年	1999 年	2000 年	2001 年	2002 年
每亩							
主产品产量	公斤	88.10	90.90	79.60	93.80	111.50	106.30
产值合计	元	1418.19	1290.48	1036.12	1594.28	1705.04	1268.11
主产品产值	元	1370.99	1236.77	996.36	1552.06	1651.26	1168.00
副产品产值	元	47.20	53.71	39.76	42.22	53.78	100.11
总成本	元	1120.51	1056.17	870.41	1100.90	1193.24	1235.30
生产成本	元	1056.37	967.85	802.48	1005.33	1109.24	1146.50
物质与服务费用	元	364.37	353.65	318.18	401.43	423.84	409.72
人工成本	元	692.00	614.20	484.30	603.90	685.40	736.78
家庭用工折价	元	692.00	609.60	462.65	587.00	665.60	731.50
雇工费用	元		4.60	21.65	16.90	19.80	5.28
土地成本	元	64.14	88.32	67.93	95.57	84.00	88.80
流转地租金	元		22.90	15.00	12.69	17.93	11.37
自营地折租	元	64.14	65.42	52.93	82.88	66.07	77.43
净利润	元	297.68	234.31	165.71	493.38	511.80	32.81
现金成本	元	364.37	381.15	354.83	431.02	461.57	426.37
现金收益	元	1053.82	909.33	681.29	1163.26	1243.47	841.74
成本利润率	%	26.57	22.18	19.04	44.82	42.89	2.66
每 50 公斤主产品							
平均出售价格	元	778.09	680.29	625.85	827.32	740.48	549.39
总成本	元	614.77	556.77	525.76	571.29	518.21	535.18
生产成本	元	579.58	510.21	484.73	521.70	481.73	496.70
净利润	元	163.32	123.52	100.09	256.03	222.27	14.21
现金成本	元	199.91	200.93	214.33	223.67	200.45	184.72
现金收益	元	578.18	479.36	411.52	603.65	540.03	364.67
附:							
每亩用工数量	日	69.20	63.80	50.50	59.70	65.10	66.80
每亩主产品出售数量	公斤	83.10	90.70	78.80	93.70	110.10	105.90
每亩主产品出售产值	元	1287.42	1229.54	987.55	1549.93	1629.32	1148.79
商品率	%	94.30	99.80	99.10	99.90	98.70	99.60
每亩补贴收入	元		4.39	1.70	6.57	0.03	0.69
每亩成本外支出	元	27.32	52.91	42.51	57.10	44.70	17.51

1－17－1 续表 2

项　　目	单位	2003 年	2004 年	2005 年	2006 年	2006 年比 2005 年 ±%
每亩						
主产品产量	公斤	99.20	114.70	106.80	114.40	7.12
产值合计	元	1284.67	1851.75	2098.27	2821.08	34.45
主产品产值	元	1240.09	1806.70	2055.08	2782.48	35.40
副产品产值	元	44.58	45.05	43.19	38.60	－10.63
总成本	元	1082.06	1284.96	1372.40	1515.98	10.46
生产成本	元	991.96	1196.00	1277.82	1424.19	11.45
物质与服务费用	元	350.29	432.74	447.65	496.96	11.02
人工成本	元	641.67	763.26	830.17	927.23	11.69
家庭用工折价	元	636.48	746.38	801.26	877.62	9.53
雇工费用	元	5.19	16.88	28.91	49.61	71.60
土地成本	元	90.10	88.96	94.58	91.79	－2.95
流转地租金	元	11.63	8.65	11.89	11.89	
自营地折租	元	78.47	80.31	82.69	79.90	－3.37
净利润	元	202.61	566.79	725.87	1305.10	79.80
现金成本	元	367.11	458.27	488.45	558.46	14.33
现金收益	元	917.56	1393.48	1609.82	2262.62	40.55
成本利润率	%	18.72	44.11	52.89	86.09	
每 50 公斤主产品						
平均出售价格	元	625.05	787.58	962.12	1216.12	26.40
总成本	元	526.47	546.51	629.29	653.51	3.85
生产成本	元	482.63	508.68	585.92	613.94	4.78
净利润	元	98.58	241.07	332.83	562.61	69.04
现金成本	元	178.61	194.91	223.97	240.74	7.49
现金收益	元	446.43	592.67	738.15	975.38	32.14
附:						
每亩用工数量	日	54.70	55.50	53.87	53.73	－0.26
每亩主产品出售数量	公斤	98.60	114.30	105.30	114.20	8.45
每亩主产品出售产值	元	1230.30	1801.52	2031.60	2778.04	36.74
商品率	%	99.40	99.80	100.00	99.80	
每亩补贴收入	元	0.05	0.43	3.36	2.19	－34.82
每亩成本外支出	元	12.84	7.25	5.21	4.48	－14.01

1－17－2　桑蚕茧费用和用工情况

项　　目	单位	1991 年	1992 年	1993 年	1994 年	1995 年	1996 年
一、每亩物质与服务费用	元	276.40	315.80	331.24	400.56	456.20	406.26
(一)直接费用	元	201.95	253.37	257.42	299.82	357.37	310.76
1. 种子费	元	54.42	86.47	67.16	76.32	107.40	87.44
2. 化肥费	元	67.45	71.06	79.30	100.77	126.46	103.58
3. 农家肥费	元	16.83	26.45	32.89	25.24	29.77	28.40
4. 农药费	元	20.81	21.97	24.47	30.68	26.69	31.12
5. 农膜费	元	1.56	2.15	1.94	3.19	3.92	2.89
6. 租赁作业费	元	2.32	3.90	3.71	6.58	6.85	8.83
机械作业费	元	0.05	0.26	0.13	0.86	0.38	0.28
排灌费	元	1.46	2.38	2.67	3.93	4.12	3.83
其中:水费	元						
畜力费	元	0.81	1.26	0.91	1.79	2.35	4.72
7. 燃料动力费	元	6.81	6.50	8.26	6.10	12.57	8.34
8. 技术服务费	元						
9. 工具材料费	元	4.11	5.31	8.49	9.67	4.60	5.52
10. 修理维护费	元	12.52	13.48	13.47	16.00	11.58	12.79
11. 其他直接费用	元	15.12	16.08	17.73	25.27	27.53	21.85
(二)间接费用	元	74.45	62.43	73.82	100.74	98.83	95.50
1. 固定资产折旧	元	47.46	35.61	36.68	45.93	43.75	46.64
2. 税金	元	12.45	14.08	20.28	35.48	39.04	32.41
3. 保险费	元						
4. 管理费	元	13.28	10.82	15.45	15.97	13.13	13.89
5. 财务费	元						
6. 销售费	元	1.26	1.92	1.41	3.36	2.91	2.56
二、每亩人工成本	元	318.96	384.93	393.60	468.18	627.80	743.02
1. 家庭用工折价	元	318.96	384.93	393.60	468.18	627.80	743.02
家庭用工天数	日	88.60	98.70	96.00	91.80	86.00	76.60
劳动日工价	元	3.60	3.90	4.10	5.10	7.30	9.70
2. 雇工费用	元						
雇工天数	日						
雇工工价	元						
三、附记							
1. 每亩种子用量	公斤						
2. 每亩化肥用量	公斤	23.00	40.00	65.90	39.21	36.73	25.00
3. 每亩农膜用量	公斤	0.10	0.50	0.30	0.18	0.21	0.15

1－17－2 续表 1

项 目	单位	1997 年	1998 年	1999 年	2000 年	2001 年	2002 年
一、每亩物质与服务费用	元	364.37	353.65	318.18	401.43	423.84	409.72
（一）直接费用	元	270.80	274.46	246.82	302.90	323.65	313.69
1. 种子费	元	79.45	83.63	70.89	86.20	96.17	86.94
2. 化肥费	元	89.39	88.38	76.46	98.40	107.20	116.23
3. 农家肥费	元	22.61	23.41	20.30	20.61	20.65	18.45
4. 农药费	元	26.92	26.61	25.02	29.18	37.48	34.53
5. 农膜费	元	2.38	1.85	1.47	1.56	1.68	1.43
6. 租赁作业费	元	6.83	4.52	9.54	11.87	10.65	10.43
机械作业费	元	0.14	0.31	0.79	2.56	0.98	0.62
排灌费	元	6.28	2.75	7.05	7.49	7.12	6.36
其中：水费	元						
畜力费	元	0.41	1.46	1.70	1.82	2.55	3.45
7. 燃料动力费	元	9.37	8.31	6.94	6.80	4.16	10.56
8. 技术服务费	元						
9. 工具材料费	元	4.26	5.17	4.24	6.01	7.55	6.90
10. 修理维护费	元	13.28	11.58	12.39	13.38	13.62	9.76
11. 其他直接费用	元	16.31	21.00	19.57	28.89	24.49	18.46
（二）间接费用	元	93.57	79.19	71.36	98.53	100.19	96.03
1. 固定资产折旧	元	38.89	30.14	32.07	39.08	45.14	42.22
2. 税金	元	36.82	35.41	25.42	38.47	39.30	44.65
3. 保险费	元						
4. 管理费	元	16.01	6.72	7.89	11.81	7.69	1.32
5. 财务费	元		0.56	0.08	0.52	0.30	0.16
6. 销售费	元	1.85	6.36	5.90	8.65	7.76	7.68
二、每亩人工成本	元	692.00	614.20	484.30	603.90	685.40	736.78
1. 家庭用工折价	元	692.00	609.60	462.65	587.00	665.60	731.50
家庭用工天数	日	69.20	63.50	48.70	58.70	64.00	66.50
劳动日工价	元	10.00	9.60	9.50	10.00	10.40	11.00
2. 雇工费用	元		4.60	21.65	16.90	19.80	5.28
雇工天数	日		0.30	1.80	1.00	1.10	0.30
雇工工价	元		15.33	12.03	16.90	18.00	17.60
三、附记							
1. 每亩种子用量	公斤						
2. 每亩化肥用量	公斤	23.59	27.42	25.43	36.20	40.60	42.50
3. 每亩农膜用量	公斤	0.14	0.20	0.17	0.20	0.20	0.30

1－17－2　续表 2

项　　目	单位	2003 年	2004 年	2005 年	2006 年	2006 年比 2005 年 ±%
一、每亩物质与服务费用	元	350.29	432.74	447.65	496.96	11.02
（一）直接费用	元	275.52	364.49	398.35	450.69	13.14
1. 种子费	元	82.49	94.78	97.16	114.50	17.85
2. 化肥费	元	95.31	147.72	161.14	176.18	9.33
3. 农家肥费	元	16.19	19.08	20.56	24.00	16.73
4. 农药费	元	31.50	38.78	44.42	51.72	16.43
5. 农膜费	元	1.08	2.03	2.26	2.44	7.96
6. 租赁作业费	元	8.38	13.40	16.23	16.94	4.37
机械作业费	元	1.23	1.99	3.39	2.79	－17.70
排灌费	元	4.32	7.29	7.38	7.77	5.28
其中：水费	元		4.23	5.04	4.37	－13.29
畜力费	元	2.83	4.12	5.46	6.38	16.85
7. 燃料动力费	元	6.78	13.15	15.62	16.72	7.04
8. 技术服务费	元		1.43	0.73	0.90	23.29
9. 工具材料费	元	5.73	12.69	18.37	17.36	－5.50
10. 修理维护费	元	9.34	4.51	5.05	5.31	5.15
11. 其他直接费用	元	18.72	16.92	16.81	24.62	46.46
（二）间接费用	元	74.77	68.25	49.30	46.27	－6.15
1. 固定资产折旧	元	33.37	38.64	41.73	40.20	－3.67
2. 税金	元	34.24	22.91	1.58		－100.00
3. 保险费	元					
4. 管理费	元	0.32	0.39	0.09	0.14	55.56
5. 财务费	元	0.09	0.15	0.26	0.08	－69.23
6. 销售费	元	6.75	6.16	5.64	5.85	3.72
二、每亩人工成本	元	614.47	763.26	830.17	927.23	11.69
1. 家庭用工折价	元	609.28	746.38	801.26	877.62	9.53
家庭用工天数	日	54.40	54.48	52.37	51.93	－0.84
劳动日工价	元	11.20	13.70	15.30	16.90	10.46
2. 雇工费用	元	5.19	16.88	28.91	49.61	71.60
雇工天数	日	0.30	1.02	1.50	1.80	20.00
雇工工价	元	17.30	16.55	19.27	27.56	43.02
三、附记						
1. 每亩种子用量	公斤					
2. 每亩化肥用量	公斤	33.60	39.17	37.58	42.22	12.35
3. 每亩农膜用量	公斤	0.20	0.20	0.20	0.20	

1－17－3　桑蚕茧化肥投入情况

项　　目	单位	1998 年	1999 年	2000 年	2001 年	2002 年	2003 年	2004 年	2005 年	2006 年	2006 年比2005 年±%
一、每亩化肥金额	元	88.38	76.46	98.40	107.20	116.23	95.31	147.72	161.14	176.18	9.33
(一)氮肥	元	66.86	57.03	73.10	76.57	86.14	62.64	96.30	104.12	106.80	2.57
1.尿素	元	43.80	32.18	45.91	53.66	65.34	44.99	72.37	78.24	84.53	8.04
2.碳铵	元	22.86	24.60	27.07	22.78	20.60	17.53	23.40	24.83	20.83	－16.11
3.其他氮肥	元	0.20	0.25	0.12	0.13	0.20	0.12	0.53	1.05	1.44	37.14
(二)磷肥	元	3.89	5.55	6.25	5.39	7.07	7.18	6.35	5.99	6.79	13.36
其中:过磷酸钙	元	3.89	5.55	6.25	5.39	7.07	7.18	5.89	5.33	6.27	17.64
(三)钾肥	元	2.40	2.30	2.52	3.30	3.50	3.39	5.42	4.11	8.41	104.62
其中:氯化钾	元	2.40	2.30	2.52	3.30	3.50	3.39	5.22	3.14	8.23	162.10
(四)复混肥	元	15.23	11.58	16.53	21.94	19.52	22.10	37.21	43.61	53.06	21.67
1.复合肥	元	12.92	10.77	14.90	20.98	17.31	19.42	35.65	39.82	49.81	25.09
其中:二铵	元	0.83	0.34	0.52	1.81	2.18	0.96	1.19	2.09	2.60	24.40
2.混配肥	元	2.31	0.81	1.63	0.96	2.21	2.68	1.56	3.79	3.25	－14.25
(五)其他肥料	元							2.44	3.31	1.12	－66.16
二、每亩化肥折纯用量	公斤	27.42	25.43	36.20	40.60	42.50	33.60	39.17	37.58	42.22	12.35
(一)氮肥	公斤	21.10	19.44	27.40	28.90	31.50	22.00	26.62	26.22	26.81	2.25
1.尿素	公斤	13.19	10.28	16.90	19.50	22.40	14.40	19.02	18.48	20.35	10.12
2.碳铵	公斤	7.84	9.06	10.50	9.30	9.00	7.60	7.51	7.57	6.29	－16.91
3.其他氮肥	公斤	0.07	0.10		0.10	0.10		0.09	0.17	0.17	
(二)磷肥	公斤	1.13	1.65	2.30	2.60	3.20	2.80	2.63	2.16	2.35	8.80
其中:过磷酸钙	公斤	1.13	1.65	2.30	2.60	3.20	2.80	2.40	1.93	2.17	12.44
(三)钾肥	公斤	0.90	0.87	1.00	1.40	1.30	1.30	1.60	0.90	2.12	135.56
其中:氯化钾	公斤	0.90	0.87	1.00	1.40	1.30	1.30	1.58	0.81	2.10	159.26
(四)复混肥	公斤	4.29	3.47	5.50	7.70	6.50	7.50	8.32	8.30	10.94	31.81
1.复合肥	公斤	3.53	3.22	4.80	7.30	5.70	6.50	7.76	7.48	10.14	35.56
其中:二铵	公斤	0.25	0.11	0.20	0.70	0.40	0.30	0.28	0.49	0.63	28.57
2.混配肥	公斤	0.76	0.25	0.70	0.40	0.80	1.00	0.56	0.82	0.80	－2.44

1－18－1　苹果成本收益情况

项　　目	单位	1991 年	1992 年	1993 年	1994 年	1995 年	1996 年
每亩							
主产品产量	公斤	1082.60	1354.50	1344.80	1289.60	1347.60	1401.40
产值合计	元	1458.17	1554.98	1489.39	1973.24	2544.76	1941.36
主产品产值	元	1454.37	1545.86	1460.73	1950.75	2501.75	1921.17
副产品产值	元	3.80	9.12	28.66	22.49	43.01	20.19
总成本	元	766.66	676.19	741.80	1021.06	1229.25	1550.99
生产成本	元	659.56	587.18	641.76	868.60	1084.80	1355.58
物质与服务费用	元	442.12	340.31	375.67	500.38	608.84	658.15
人工成本	元	217.44	246.87	266.09	368.22	475.96	697.43
家庭用工折价	元	217.44	246.87	266.09	368.22	475.96	697.43
雇工费用	元						
土地成本	元	107.10	89.01	100.04	152.46	144.45	195.41
流转地租金	元						
自营地折租	元	107.10	89.01	100.04	152.46	144.45	195.41
净利润	元	691.51	878.79	747.59	952.18	1315.51	390.37
现金成本	元	442.12	340.31	375.67	500.38	608.84	658.15
现金收益	元	1016.05	1214.67	1113.72	1472.86	1935.92	1283.21
成本利润率	%	90.20	129.96	100.78	93.25	107.02	25.17
每 50 公斤主产品							
平均出售价格	元	67.17	57.06	54.31	75.63	92.82	68.54
总成本	元	35.32	24.81	27.05	39.14	44.84	54.76
生产成本	元	30.38	21.55	23.40	33.29	39.57	47.86
净利润	元	31.85	32.25	27.26	36.50	47.98	13.78
现金成本	元	20.37	12.49	13.70	19.18	22.21	23.24
现金收益	元	46.80	44.58	40.61	56.45	70.61	45.31
附：							
每亩用工数量	日	60.40	63.30	64.90	72.20	65.20	71.90
每亩主产品出售数量	公斤	637.90	1322.70	1316.80	1277.20	1347.60	1312.00
每亩主产品出售产值	元	1878.14	1417.84	1430.26	1924.84	2501.75	1632.45
商品率	%	58.90	97.70	97.90	99.00	100.00	93.60
每亩补贴收入	元						
每亩成本外支出	元	7.88	9.85	4.55	25.01	43.10	44.01

1－18－1 续表 1

项 目	单位	1997 年	1998 年	1999 年	2000 年	2001 年	2002 年
每亩							
主产品产量	公斤	1558.20	1594.60	1791.60	1650.70	1421.90	1328.50
产值合计	元	1751.22	1637.82	1569.03	1436.97	1416.12	1292.05
主产品产值	元	1684.10	1600.44	1556.43	1431.60	1409.05	1280.59
副产品产值	元	67.12	37.38	12.60	5.37	7.07	11.46
总成本	元	1430.93	1192.46	1198.99	1135.80	1079.36	910.77
生产成本	元	1300.47	1042.45	1060.57	1009.47	958.82	811.11
物质与服务费用	元	587.47	568.36	584.40	563.06	550.99	423.29
人工成本	元	713.00	474.09	476.17	446.41	407.83	387.82
家庭用工折价	元	713.00	454.08	430.35	426.00	376.48	371.80
雇工费用	元		20.01	45.82	20.41	31.35	16.02
土地成本	元	130.46	150.01	138.42	126.33	120.54	99.66
流转地租金	元		55.40	58.54	63.69	50.40	10.63
自营地折租	元	130.46	94.61	79.88	62.64	70.14	89.03
净利润	元	320.29	445.36	370.04	301.17	336.76	381.28
现金成本	元	587.47	643.77	688.76	647.16	632.74	449.94
现金收益	元	1163.75	994.05	880.27	789.81	783.38	842.11
成本利润率	%	22.38	37.35	30.86	26.52	31.20	41.86
每 50 公斤主产品							
平均出售价格	元	54.04	50.18	43.44	43.36	49.55	48.20
总成本	元	44.16	36.53	33.20	34.27	37.77	33.98
生产成本	元	40.13	31.94	29.36	30.46	33.55	30.26
净利润	元	9.88	13.65	10.24	9.09	11.78	14.22
现金成本	元	18.13	19.72	19.07	19.53	22.14	16.79
现金收益	元	35.91	30.46	24.37	23.83	27.41	31.41
附:							
每亩用工数量	日	71.30	48.80	48.20	43.90	38.10	34.70
每亩主产品出售数量	公斤	1382.60	1411.80	1737.00	1552.30	1296.20	1215.70
每亩主产品出售产值	元	1484.95	1482.71	1454.74	1327.68	1275.48	1135.62
商品率	%	88.70	88.50	97.00	94.00	91.20	91.50
每亩补贴收入	元		4.51	0.09			
每亩成本外支出	元	31.35	35.61	43.16	38.23	37.21	11.50

1－18－1　续表 2

项　　目	单位	2003 年	2004 年	2005 年	2006 年	2006 年比 2005 年 ±%
每亩						
主产品产量	公斤	1603.90	1952.30	1826.50	1941.90	6.32
产值合计	元	1676.64	2283.03	2817.55	3243.56	15.12
主产品产值	元	1659.68	2274.76	2815.18	3234.29	14.89
副产品产值	元	16.96	8.27	2.37	9.27	291.14
总成本	元	1091.34	1340.29	1283.69	1606.77	25.17
生产成本	元	985.22	1248.73	1163.82	1487.55	27.82
物质与服务费用	元	544.82	636.55	559.15	735.41	31.52
人工成本	元	440.40	612.18	604.67	752.14	24.39
家庭用工折价	元	405.44	492.79	501.53	581.02	15.85
雇工费用	元	34.96	119.39	103.14	171.12	65.91
土地成本	元	106.12	91.56	119.87	119.22	-0.54
流转地租金	元	20.76	5.82	2.84	10.27	261.62
自营地折租	元	85.36	85.74	117.03	108.95	-6.90
净利润	元	585.30	942.74	1533.86	1636.79	6.71
现金成本	元	600.54	761.76	665.13	916.80	37.84
现金收益	元	1076.10	1521.27	2152.42	2326.76	8.10
成本利润率	%	53.63	70.34	119.49	101.87	
每 50 公斤主产品						
平均出售价格	元	51.74	58.26	77.06	83.28	8.07
总成本	元	33.68	34.20	35.11	41.25	17.49
生产成本	元	30.40	31.87	31.83	38.19	19.98
净利润	元	18.06	24.06	41.95	42.03	0.19
现金成本	元	18.53	19.44	18.19	23.54	29.41
现金收益	元	33.21	38.82	58.87	59.74	1.48
附：						
每亩用工数量	日	38.10	42.70	39.82	41.64	4.57
每亩主产品出售数量	公斤	1422.80	1794.20	1652.30	1794.90	8.63
每亩主产品出售产值	元	1491.15	2118.11	2554.15	3012.77	17.96
商品率	%	88.70	93.60	91.80	94.80	
每亩补贴收入	元	0.13	1.15	0.14	0.84	500.00
每亩成本外支出	元	6.73	2.09	0.52	3.42	557.69

1－18－2　苹果费用和用工情况

项　　目	单位	1991 年	1992 年	1993 年	1994 年	1995 年	1996 年
一、每亩物质与服务费用	元	442.12	340.31	375.67	500.38	608.84	658.15
(一)直接费用	元	263.24	244.06	259.30	344.52	426.73	460.58
1. 种子费	元		2.12	2.98	1.00	1.93	3.11
2. 化肥费	元	65.44	67.70	66.92	101.89	123.64	167.17
3. 农家肥费	元	40.67	31.04	37.78	50.83	83.11	75.46
4. 农药费	元	113.56	83.78	81.77	92.39	137.23	113.44
5. 农膜费	元	0.02	2.40	3.38	1.51	1.45	2.85
6. 租赁作业费	元	22.93	26.57	24.05	37.30	35.80	44.82
机械作业费	元	6.14	6.57	8.60	13.53	9.38	11.46
排灌费	元	15.21	18.07	13.46	20.21	24.29	30.12
其中:水费	元						
畜力费	元	1.58	1.93	1.99	3.56	2.13	3.24
7. 燃料动力费	元	3.56	2.75	6.96	8.02	2.55	6.77
8. 技术服务费	元						
9. 工具材料费	元	0.09	0.27	0.59	0.25	0.58	2.71
10. 修理维护费	元	8.34	7.82	8.36	9.14	9.02	14.64
11. 其他直接费用	元	8.63	19.61	26.51	42.19	31.42	29.61
(二)间接费用	元	178.88	96.25	116.37	155.86	182.11	197.57
1. 固定资产折旧	元	29.05	17.09	20.88	28.41	36.82	46.17
2. 税金	元	99.22	79.16	95.49	127.45	101.35	151.40
3. 保险费	元						
4. 管理费	元	46.08				26.52	
5. 财务费	元						
6. 销售费	元	4.53				17.42	
二、每亩人工成本	元	217.44	246.87	266.09	368.22	475.96	697.43
1. 家庭用工折价	元	217.44	246.87	266.09	368.22	475.96	697.43
家庭用工天数	日	60.40	63.30	64.90	72.20	65.20	71.90
劳动日工价	元	3.60	3.90	4.10	5.10	7.30	9.70
2. 雇工费用	元						
雇工天数	日						
雇工工价	元						
三、附记							
1. 每亩种子用量	公斤						
2. 每亩化肥用量	公斤	56.08	36.61	40.92	31.31	31.17	40.05
3. 每亩农膜用量	公斤					0.09	

1-18-2 续表 1

项　　目	单位	1997 年	1998 年	1999 年	2000 年	2001 年	2002 年
一、每亩物质与服务费用	元	587.47	568.36	584.40	563.06	550.99	423.29
(一)直接费用	元	441.70	380.20	435.50	433.32	430.61	329.85
1. 种子费	元	3.72	1.42	0.90	0.04		4.01
2. 化肥费	元	152.25	141.90	121.52	130.07	126.98	100.15
3. 农家肥费	元	75.39	41.51	83.12	56.92	53.10	44.03
4. 农药费	元	125.88	112.01	120.74	127.66	118.58	85.98
5. 农膜费	元	1.14	0.03	0.42	0.07		
6. 租赁作业费	元	42.41	44.00	73.46	82.33	72.18	51.99
机械作业费	元	2.86	12.19	10.06	22.61	10.60	18.73
排灌费	元	37.55	29.83	60.45	58.06	58.02	28.66
其中:水费	元						
畜力费	元	2.00	1.98	2.95	1.66	3.56	4.60
7. 燃料动力费	元	4.85	3.30	3.08	2.86	1.64	
8. 技术服务费	元						
9. 工具材料费	元	1.12	0.16	0.69	0.10	0.42	0.18
10. 修理维护费	元	16.73	8.08	8.00	5.85	6.41	6.84
11. 其他直接费用	元	18.21	27.79	23.57	27.42	51.30	36.67
(二)间接费用	元	145.77	188.16	148.90	129.74	120.38	93.44
1. 固定资产折旧	元	46.66	33.17	25.18	18.90	16.68	15.42
2. 税金	元	99.11	114.40	95.26	88.10	83.33	58.26
3. 保险费	元						
4. 管理费	元		11.82	6.62	6.74	6.03	1.57
5. 财务费	元		2.04	3.23	0.60	0.11	0.12
6. 销售费	元		26.73	18.61	15.40	14.23	18.07
二、每亩人工成本	元	713.00	474.09	476.17	446.41	407.83	387.82
1. 家庭用工折价	元	713.00	454.08	430.35	426.00	376.48	371.80
家庭用工天数	日	71.30	47.30	45.30	42.60	36.20	33.80
劳动日工价	元	10.00	9.60	9.50	10.00	10.40	11.00
2. 雇工费用	元		20.01	45.82	20.41	31.35	16.02
雇工天数	日		1.40	2.90	1.30	1.90	0.90
雇工工价	元		14.29	15.80	15.70	16.50	17.80
三、附记							
1. 每亩种子用量	公斤						
2. 每亩化肥用量	公斤	35.16	41.54	40.85	45.50	42.40	33.20
3. 每亩农膜用量	公斤		0.01	0.05			

1-18-2 续表 2

项　　目	单位	2003 年	2004 年	2005 年	2006 年	2006 年比 2005 年 ±%
一、每亩物质与服务费用	元	544.82	636.55	559.15	735.41	31.52
（一）直接费用	元	458.86	586.96	532.72	698.27	31.08
1. 种子费	元	1.42	0.45	0.32	0.22	-31.25
2. 化肥费	元	128.55	185.60	237.05	248.82	4.97
3. 农家肥费	元	69.16	80.72	67.36	66.55	-1.20
4. 农药费	元	123.73	126.08	106.53	158.01	48.32
5. 农膜费	元	0.16	9.10	19.87	4.55	-77.10
6. 租赁作业费	元	51.92	66.04	52.96	81.67	54.21
机械作业费	元	13.69	11.67	5.84	17.13	193.32
排灌费	元	37.33	53.32	46.69	64.11	37.31
其中：水费	元		25.71	9.81	20.90	113.05
畜力费	元	0.90	1.05	0.43	0.43	
7. 燃料动力费	元	2.16	4.61	1.38	3.67	165.94
8. 技术服务费	元		1.55	1.80	5.01	178.33
9. 工具材料费	元	2.04	11.56	5.11	8.65	69.28
10. 修理维护费	元	6.37	3.33	1.37	4.73	245.26
11. 其他直接费用	元	73.35	97.92	38.97	116.39	198.67
（二）间接费用	元	85.96	49.59	26.43	37.14	40.52
1. 固定资产折旧	元	11.74	15.98	16.15	19.27	19.32
2. 税金	元	56.94	15.73	4.30		-100.00
3. 保险费	元				0.01	
4. 管理费	元	1.61	1.22	0.28	0.71	153.57
5. 财务费	元	0.10	0.05			
6. 销售费	元	15.57	16.61	5.70	17.15	200.88
二、每亩人工成本	元	440.40	612.18	604.67	752.14	24.39
1. 家庭用工折价	元	405.44	492.79	501.53	581.02	15.85
家庭用工天数	日	36.20	35.97	32.78	34.38	4.88
劳动日工价	元	11.20	13.70	15.30	16.90	10.46
2. 雇工费用	元	34.96	119.39	103.14	171.12	65.91
雇工天数	日	1.90	6.73	7.04	7.26	3.13
雇工工价	元	18.40	17.74	14.65	23.57	60.89
三、附记						
1. 每亩种子用量	公斤					
2. 每亩化肥用量	公斤	41.30	41.14	49.98	51.11	2.26
3. 每亩农膜用量	公斤		0.05	1.68	0.30	-82.14

1－18－3　苹果化肥投入情况

项　　目	单位	1998 年	1999 年	2000 年	2001 年	2002 年	2003 年	2004 年	2005 年	2006 年	2006 年比 2005 年 ±%
一、每亩化肥金额	元	141.90	121.52	130.07	126.98	100.15	128.55	185.60	237.05	248.82	4.97
（一）氮肥	元	49.05	43.32	47.83	42.69	32.10	48.23	44.91	42.99	46.38	7.89
1. 尿素	元	26.06	27.31	33.42	34.94	23.91	37.51	37.70	39.84	41.18	3.36
2. 碳铵	元	22.85	15.82	14.38	7.75	8.19	10.72	7.13	3.04	5.20	71.05
3. 其他氮肥	元	0.14	0.19	0.03				0.08	0.11		－100.00
（二）磷肥	元	5.45	7.04	5.96	4.47	4.53	4.40	7.03	2.20	5.77	162.27
其中：过磷酸钙	元	5.45	7.04	5.96	4.47	4.53	4.40	3.55	1.20	1.41	17.50
（三）钾肥	元	5.02	3.54	2.51	2.38	1.21	3.43	2.93	4.13	14.52	251.57
其中：氯化钾	元	5.02	3.54	2.51	2.38	1.21	3.43	0.38	1.19	1.99	67.23
（四）复混肥	元	82.38	67.62	73.77	77.44	62.31	72.49	114.31	184.06	174.85	－5.00
1. 复合肥	元	46.23	61.61	56.48	56.46	46.38	53.95	100.47	179.03	157.98	－11.76
其中：二铵	元	22.14	22.38	16.63	20.30	24.47	17.70	31.59	97.65	33.52	－65.67
2. 混配肥	元	36.15	6.01	17.29	20.98	15.93	18.54	13.84	5.03	16.87	235.39
（五）其他肥料	元							16.42	3.67	7.30	98.91
二、每亩化肥折纯用量	公斤	41.54	40.84	45.50	42.40	33.20	41.30	41.14	49.98	51.11	2.26
（一）氮肥	公斤	16.20	15.57	17.80	16.10	12.70	16.80	13.48	11.27	11.99	6.39
1. 尿素	公斤	7.97	9.38	12.40	12.70	9.10	13.00	10.95	10.25	10.25	
2. 碳铵	公斤	8.18	6.15	5.40	3.40	3.60	3.80	2.52	0.99	1.74	75.76
3. 其他氮肥	公斤	0.05	0.04					0.01	0.03		－100.00
（二）磷肥	公斤	1.67	2.27	2.20	1.60	2.10	1.70	2.71	0.61	1.52	149.18
其中：过磷酸钙	公斤	1.67	2.27	2.20	1.60	2.10	1.70	1.30	0.37	0.41	10.81
（三）钾肥	公斤	1.35	1.26	0.90	0.70	0.50	1.20	0.44	0.80	2.34	192.50
其中：氯化钾	公斤	1.35	1.26	0.90	0.70	0.50	1.20	0.14	0.35	0.48	37.14
（四）复混肥	公斤	22.32	21.74	24.60	24.00	17.90	21.60	24.51	37.30	35.26	－5.47
1. 复合肥	公斤	12.65	20.04	17.70	17.70	13.90	16.60	20.72	36.46	32.38	－11.19
其中：二铵	公斤	6.21	7.38	5.10	7.10	8.20	5.60	8.05	22.44	7.96	－64.53
2. 混配肥	公斤	9.67	1.70	6.90	6.30	4.00	5.00	3.79	0.84	2.88	242.86

1－19－1 散养生猪成本收益情况

项 目	单位	1988 年	1990 年	1991 年	1992 年	1993 年	1994 年	1995 年
每头								
主产品产量	公斤	121.10	114.10	114.90	116.10	109.30	106.60	107.00
产值合计	元	475.16	416.00	413.27	446.68	502.39	840.26	886.71
主产品产值	元	452.48	393.31	392.69	422.62	479.05	816.01	853.24
副产品产值	元	22.68	22.69	20.58	24.06	23.34	24.25	33.47
总成本	元	373.37	368.31	354.33	384.33	424.29	637.38	814.04
生产成本	元	373.37	368.31	354.33	384.33	424.29	637.38	814.04
物质与服务费用	元	324.09	305.38	299.23	318.03	354.18	532.83	685.56
人工成本	元	49.28	62.93	55.10	66.30	70.11	104.55	128.48
家庭用工折价	元	49.28	62.93	55.10	66.30	70.11	104.55	128.48
雇工费用	元							
土地成本	元							
净利润	元	101.79	47.69	58.94	62.35	78.10	202.88	72.67
成本利润率	%	27.26	12.95	16.63	16.22	18.41	31.83	8.93
耗粮数量	公斤	147.10	219.20	211.30	210.50	182.50	208.30	200.20
每 50 公斤主产品								
平均出售价格	元	186.82	172.35	170.88	182.01	219.14	382.74	398.71
总成本	元	146.80	152.59	146.51	156.60	185.07	290.33	366.03
生产成本	元	146.80	152.59	146.51	156.60	185.07	290.33	366.03
净利润	元	40.02	19.76	24.37	25.41	34.07	92.41	32.68
耗粮数量	公斤	60.73	96.06	91.95	90.65	83.49	97.70	93.55
附:								
每核算单位用工数量	日	22.40	21.70	19.00	19.50	17.10	20.50	17.60
平均饲养天数	日	263.00	258.00	242.00	267.00	205.00	211.00	219.00

1-19-1 续表 1

项　　目	单位	1996 年	1997 年	1998 年	1999 年	2000 年	2001 年
每头							
主产品产量	公斤	105.30	109.20	109.20	105.10	105.90	107.60
产值合计	元	882.79	963.22	769.03	609.28	646.58	662.19
主产品产值	元	859.06	930.80	741.33	585.68	621.32	639.64
副产品产值	元	23.73	32.42	27.70	23.60	25.26	22.55
总成本	元	797.47	861.14	765.74	604.78	601.46	627.25
生产成本	元	797.47	861.14	765.47	604.21	601.19	627.02
物质与服务费用	元	672.34	670.14	617.63	475.01	473.19	491.82
人工成本	元	125.13	191.00	147.84	129.20	128.00	135.20
家庭用工折价	元	125.13	191.00	147.84	129.20	128.00	135.20
雇工费用	元						
土地成本	元			0.27	0.57	0.27	0.23
净利润	元	85.32	102.08	3.29	4.50	45.12	34.94
成本利润率	%	10.70	11.85	0.43	0.74	7.50	5.57
耗粮数量	公斤	224.80	210.60	195.20	179.20	165.70	173.50
每 50 公斤主产品							
平均出售价格	元	407.91	426.19	339.44	278.63	293.35	297.23
总成本	元	368.49	381.02	337.99	276.57	272.88	281.55
生产成本	元	368.49	381.02	337.87	276.31	272.76	281.44
净利润	元	39.42	45.17	1.45	2.06	20.47	15.68
耗粮数量	公斤	106.74	96.43	89.38	85.25	78.23	80.62
附:							
每核算单位用工数量	日	12.90	19.10	15.40	13.60	12.80	13.00
平均饲养天数	日	188.00	204.00	191.00	181.00	181.00	184.00

1－19－1 续表 2

项　　目	单位	2002 年	2003 年	2004 年	2005 年	2006 年	2006 年比 2005 年 ±%
每头							
主产品产量	公斤	105.50	106.70	107.40	108.40	109.50	1.01
产值合计	元	629.41	732.09	957.66	814.24	878.36	7.87
主产品产值	元	606.82	711.86	939.38	794.49	856.78	7.84
副产品产值	元	22.59	20.23	18.28	19.75	21.58	9.27
总成本	元	595.07	642.80	803.76	803.79	782.06	－2.70
生产成本	元	594.88	642.75	803.66	803.78	782.05	－2.70
物质与服务费用	元	467.28	507.23	652.14	636.67	606.97	－4.66
人工成本	元	127.60	135.52	151.52	167.11	175.08	4.77
家庭用工折价	元	127.60	135.52	151.52	166.92	175.08	4.89
雇工费用	元				0.19		－100.00
土地成本	元	0.19	0.05	0.10	0.01	0.01	
净利润	元	34.34	89.29	153.90	10.45	96.30	821.53
成本利润率	%	5.77	13.89	19.15	1.30	12.31	
耗粮数量	公斤	171.90	180.50	177.70	183.00	181.30	－0.93
每 50 公斤主产品							
平均出售价格	元	287.59	333.58	437.33	366.46	391.22	6.76
总成本	元	271.90	292.89	367.05	361.76	348.33	－3.71
生产成本	元	271.81	292.87	367.00	361.75	348.32	－3.71
净利润	元	15.69	40.69	70.28	4.70	42.89	812.55
耗粮数量	公斤	81.47	84.58	82.72	84.40	82.79	－1.91
附：							
每核算单位用工数量	日	11.60	12.10	11.06	10.92	10.36	－5.13
平均饲养天数	日	184.00	185.00	186.00	174.00	179.00	2.87

1－19－2　散养生猪费用和用工情况

项　　目	单位	1988年	1990年	1991年	1992年	1993年	1994年	1995年
一、每头物质与服务费用	元	324.09	305.38	299.23	318.03	354.18	532.83	685.56
（一）直接费用	元	317.89	298.69	292.69	309.38	345.80	522.89	673.47
1. 仔畜进价	元	78.21	73.84	80.19	87.07	90.44	143.83	172.56
2. 精饲料费	元	147.41	154.89	149.51	155.98	188.09	282.87	394.73
3. 青粗饲料费	元	63.75	45.52	40.00	40.79	39.78	58.11	65.39
4. 饲料加工费	元	15.06	4.44	4.53	5.36	5.34	7.75	7.75
5. 水费	元							
6. 燃料动力费	元		8.66	7.98	8.39	8.46	11.52	11.38
电费	元		8.66	7.98	8.39	8.46	11.52	11.38
煤费	元							
其他燃料动力费	元							
7. 医疗防疫费	元	4.15	3.99	3.70	4.57	4.47	7.16	7.56
8. 死亡损失费	元	2.47	1.97	1.39	2.13	1.29	3.83	4.16
9. 技术服务费	元							
10. 工具材料费	元	1.36	1.96	1.92	1.65	2.31	3.25	3.70
11. 修理维护费	元	0.09	0.59	0.75	0.64	0.77	1.40	1.32
12. 其他直接费用	元	5.39	2.83	2.72	2.80	4.85	3.17	4.92
（二）间接费用	元	6.20	6.69	6.54	8.65	8.38	9.94	12.09
1. 固定资产折旧	元	3.29	4.14	4.41	4.11	5.08	6.61	6.95
2. 税金	元	2.78	1.12	0.82	2.28	1.33	1.25	2.33
3. 保险费	元							
4. 管理费	元	0.04	0.56	0.36	0.69	0.67	0.67	1.42
5. 财务费	元							
6. 销售费	元	0.09	0.87	0.95	1.57	1.30	1.41	1.39
二、每头人工成本	元	49.28	62.93	55.10	66.30	70.11	104.55	128.48
1. 家庭用工折价	元	49.28	62.93	55.10	66.30	70.11	104.55	128.48
家庭用工天数	日	22.40	21.70	19.00	19.50	17.10	20.50	17.60
劳动日工价	元	2.20	2.90	2.90	3.40	4.10	5.10	7.30
2. 雇工费用	元							
雇工天数	日							
雇工工价	元							
三、附记								
1. 仔畜重量	公斤	16.84	16.20	17.60	19.50	19.10	18.63	18.19
2. 精饲料数量	公斤			306.40	287.00	266.20	286.70	280.80
3. 耗粮数量	公斤	147.10	219.20	211.30	210.50	182.50	208.30	200.20

1－19－2　续表 1

项　　目	单位	1996 年	1997 年	1998 年	1999 年	2000 年	2001 年
一、每头物质与服务费用	元	672.34	670.14	617.63	475.01	473.19	491.82
（一）直接费用	元	654.92	655.27	601.77	459.28	459.21	475.20
1. 仔畜进价	元	183.68	220.21	180.68	108.99	127.57	136.32
2. 精饲料费	元	371.56	313.58	310.06	256.67	242.88	253.40
3. 青粗饲料费	元	57.59	72.87	67.35	56.46	52.85	50.52
4. 饲料加工费	元	7.20	11.95	9.81	6.91	7.45	6.77
5. 水费	元			1.64	1.62	1.65	1.69
6. 燃料动力费	元	9.64	14.81	10.56	9.66	8.37	8.99
电费	元	9.64	14.81	2.23	1.90	1.64	1.77
煤费	元			8.33	7.76	6.73	7.22
其他燃料动力费	元						
7. 医疗防疫费	元	7.08	8.41	9.32	7.78	7.63	7.21
8. 死亡损失费	元	2.72	2.58	2.99	3.75	3.08	2.99
9. 技术服务费	元						
10. 工具材料费	元	3.17	4.51	3.05	2.64	2.69	2.82
11. 修理维护费	元	0.98	1.32	1.99	1.72	1.85	1.67
12. 其他直接费用	元	11.30	5.03	4.32	3.08	3.19	2.82
（二）间接费用	元	17.42	14.87	15.86	15.73	13.98	16.62
1. 固定资产折旧	元	7.30	7.42	7.38	7.61	6.83	8.70
2. 税金	元	6.06	4.14	4.71	3.94	3.08	4.00
3. 保险费	元						
4. 管理费	元	1.86	1.06	1.16	1.20	1.41	1.36
5. 财务费	元			0.23	0.65	0.36	0.20
6. 销售费	元	2.20	2.25	2.38	2.33	2.30	2.36
二、每头人工成本	元	125.13	191.00	147.84	129.20	128.00	135.20
1. 家庭用工折价	元	125.13	191.00	147.84	129.20	128.00	135.20
家庭用工天数	日	12.90	19.10	15.40	13.60	12.80	13.00
劳动日工价	元	9.70	10.00	9.60	9.50	10.00	10.40
2. 雇工费用	元						
雇工天数	日						
雇工工价	元						
三、附记							
1. 仔畜重量	公斤	21.83	18.29	19.03	18.07	17.40	17.10
2. 精饲料数量	公斤	266.20	273.10	255.00	238.10	246.30	239.30
3. 耗粮数量	公斤	224.80	210.60	195.20	179.20	165.70	173.50

1－19－2 续表 2

项　　目	单位	2002 年	2003 年	2004 年	2005 年	2006 年	2006 年比 2005 年 ±%
一、每头物质与服务费用	元	467.28	507.23	652.14	636.67	606.97	-4.66
（一）直接费用	元	455.32	497.39	641.35	627.58	596.33	-4.98
1. 仔畜进价	元	125.11	133.71	202.92	194.34	139.97	-27.98
2. 精饲料费	元	252.99	283.22	345.80	357.54	377.17	5.49
3. 青粗饲料费	元	43.98	46.66	53.23	40.88	43.66	6.80
4. 饲料加工费	元	6.48	7.59	7.70	7.55	6.85	-9.27
5. 水费	元	1.69	1.54	1.91	1.85	1.45	-21.62
6. 燃料动力费	元	7.67	7.94	10.45	7.56	8.78	16.14
电费	元	1.53	1.66	2.07	1.86	1.79	-3.76
煤费	元	6.14	6.28	6.39	4.35	5.44	25.06
其他燃料动力费	元			1.99	1.35	1.55	14.81
7. 医疗防疫费	元	7.83	6.32	8.43	8.36	9.28	11.00
8. 死亡损失费	元	2.86	4.47	4.49	3.46	3.25	-6.07
9. 技术服务费	元			0.37	0.38	0.34	-10.53
10. 工具材料费	元	2.35	2.10	2.75	2.31	3.00	29.87
11. 修理维护费	元	1.64	1.67	2.14	2.12	1.75	-17.45
12. 其他直接费用	元	2.72	2.17	1.16	1.23	0.83	-32.52
（二）间接费用	元	11.96	9.84	10.79	9.09	10.64	17.05
1. 固定资产折旧	元	8.04	6.48	7.42	6.97	8.20	17.65
2. 税金	元	0.74	0.56				
3. 保险费	元					0.01	
4. 管理费	元	0.72	0.59	0.60	0.25	0.23	-8.00
5. 财务费	元	0.14	0.10	0.29	0.04	0.07	75.00
6. 销售费	元	2.32	2.11	2.48	1.83	2.13	16.39
二、每头人工成本	元	127.60	135.52	151.52	167.11	175.08	4.77
1. 家庭用工折价	元	127.60	135.52	151.52	166.92	175.08	4.89
家庭用工天数	日	11.60	12.10	11.06	10.91	10.36	-5.04
劳动日工价	元	11.00	11.20	13.70	15.30	16.90	10.46
2. 雇工费用	元				0.19		-100.00
雇工天数	日				0.01		-100.00
雇工工价	元			20.63	19.00	24.91	31.11
三、附记							
1. 仔畜重量	公斤	17.10	17.70	17.50	17.20	17.10	-0.58
2. 精饲料数量	公斤	242.10	253.10	255.60	262.00	258.90	-1.18
3. 耗粮数量	公斤	171.90	180.50	177.70	183.00	181.30	-0.93

1－20－1 规模生猪成本收益情况

项　　目	单位	1991 年	1992 年	1993 年	1994 年	1995 年	1996 年
每头							
主产品产量	公斤	99.40	105.70	103.20	94.80	101.60	100.50
产值合计	元	375.34	418.45	483.22	717.72	812.55	844.74
主产品产值	元	367.08	405.38	464.09	703.93	793.70	830.14
副产品产值	元	8.26	13.07	19.13	13.79	18.85	14.60
总成本	元	335.56	374.05	383.54	580.10	759.31	801.71
生产成本	元	335.56	374.05	383.54	580.10	759.31	801.71
物质与服务费用	元	320.53	344.98	355.45	542.87	708.57	727.50
人工成本	元	15.03	29.07	28.09	37.23	50.74	74.21
家庭用工折价	元	9.18	18.53	17.43	21.93	28.84	46.08
雇工费用	元	5.85	10.54	10.66	15.30	21.90	28.13
土地成本	元						
净利润	元	39.78	44.40	99.68	137.62	53.24	43.03
成本利润率	%	11.85	11.87	25.99	23.72	7.01	5.37
耗粮数量	公斤	183.70	190.00	195.20	206.20	197.10	216.20
每 50 公斤主产品							
平均出售价格	元	184.65	191.76	224.85	371.27	390.60	413.00
总成本	元	165.08	171.41	178.47	300.08	365.01	391.96
生产成本	元	165.08	171.41	178.47	300.08	365.01	391.96
净利润	元	19.57	20.35	46.38	71.19	25.59	21.04
耗粮数量	公斤	92.38	89.85	94.55	108.76	97.00	107.54
附:							
每核算单位用工数量	日	4.05	7.85	6.85	7.30	6.95	7.65
平均饲养天数	日						

1－20－1 续表 1

项 目	单位	1997 年	1998 年	1999 年	2000 年	2001 年	2002 年
每头							
主产品产量	公斤	100.50	97.10	95.10	99.00	98.60	96.00
产值合计	元	942.10	724.41	573.44	617.08	632.36	589.24
主产品产值	元	924.32	709.22	559.71	601.84	617.85	575.58
副产品产值	元	17.78	15.19	13.73	15.24	14.51	13.66
总成本	元	865.94	713.16	571.22	553.32	580.37	539.82
生产成本	元	865.94	710.02	568.35	551.08	578.28	538.04
物质与服务费用	元	768.94	668.74	538.42	507.11	539.80	502.88
人工成本	元	97.00	41.28	29.93	43.97	38.48	35.16
家庭用工折价	元	70.50	22.08	20.43	34.30	31.20	28.93
雇工费用	元	26.50	19.20	9.50	9.67	7.28	6.23
土地成本	元		3.14	2.87	2.24	2.09	1.78
净利润	元	76.16	11.25	2.22	63.76	51.99	49.42
成本利润率	%	8.80	1.58	0.39	11.52	8.96	9.15
耗粮数量	公斤	198.70	205.00	184.30	189.50	186.80	182.50
每 50 公斤主产品							
平均出售价格	元	459.86	365.20	294.27	303.96	313.31	299.78
总成本	元	422.68	359.53	293.13	272.55	287.55	274.64
生产成本	元	422.68	357.95	291.66	271.45	286.52	273.73
净利润	元	37.18	5.67	1.14	31.41	25.76	25.14
耗粮数量	公斤	98.83	105.56	96.87	95.72	94.73	95.04
附：							
每核算单位用工数量	日	9.70	4.30	3.15	4.40	3.70	3.20
平均饲养天数	日		156.00	143.00	151.00	145.00	142.00

1-20-1 续表 2

项　　目	单位	2003 年	2004 年	2005 年	2006 年	2006 年比 2005 年 ±%
每头						
主产品产量	公斤	98.40	101.00	103.40	102.70	-0.68
产值合计	元	676.87	922.07	814.52	819.01	0.55
主产品产值	元	664.06	909.09	801.87	804.43	0.32
副产品产值	元	12.81	12.98	12.65	14.58	15.26
总成本	元	597.72	768.50	743.77	728.74	-2.02
生产成本	元	595.61	763.81	741.20	727.05	-1.91
物质与服务费用	元	555.70	707.74	685.51	667.88	-2.57
人工成本	元	39.91	56.07	55.69	59.17	6.25
家庭用工折价	元	32.82	31.37	33.97	38.19	12.42
雇工费用	元	7.09	24.70	21.72	20.98	-3.41
土地成本	元	2.11	4.69	2.57	1.69	-34.24
净利润	元	79.15	153.57	70.75	90.27	27.59
成本利润率	%	13.24	19.98	9.51	12.39	
耗粮数量	公斤	180.00	184.80	182.90	186.70	2.08
每 50 公斤主产品						
平均出售价格	元	337.43	450.04	387.75	391.64	1.00
总成本	元	297.97	375.09	354.07	348.47	-1.58
生产成本	元	296.92	372.80	352.85	347.67	-1.47
净利润	元	39.46	74.95	33.68	43.17	28.18
耗粮数量	公斤	91.45	91.50	88.43	90.90	2.79
附:						
每核算单位用工数量	日	3.56	3.55	3.29	3.12	-5.17
平均饲养天数	日	142.00	143.00	142.00	141.00	-0.70

1－20－2 规模生猪费用和用工情况

项　　目	单位	1991 年	1992 年	1993 年	1994 年	1995 年	1996 年
一、每头物质与服务费用	元	320.53	344.98	355.45	542.87	708.57	727.50
(一)直接费用	元	311.39	331.00	337.84	525.12	688.91	702.83
1. 仔畜进价	元	112.48	97.63	81.23	140.36	180.24	188.52
2. 精饲料费	元	161.71	196.02	220.57	327.36	432.85	446.60
3. 青粗饲料费	元	13.73	14.42	12.78	18.44	33.45	22.92
4. 饲料加工费	元	2.04	2.12	2.53	3.38	3.67	3.33
5. 水费	元						
6. 燃料动力费	元	1.96	3.34	3.42	6.88	5.43	6.97
电费	元	1.96	3.34	3.42	6.88	5.43	6.97
煤费	元						
其他燃料动力费	元						
7. 医疗防疫费	元	3.81	4.41	5.58	6.41	7.29	7.90
8. 死亡损失费	元	2.76	4.23	2.42	6.36	8.51	5.39
9. 技术服务费	元						
10. 工具材料费	元	1.65	1.59	1.40	1.93	2.74	2.41
11. 修理维护费	元	1.94	1.02	2.40	2.03	1.93	2.28
12. 其他直接费用	元	9.31	6.22	5.51	11.97	12.80	16.51
(二)间接费用	元	9.14	13.98	17.61	17.75	19.66	24.67
1. 固定资产折旧	元	5.08	7.85	8.74	8.80	11.39	13.31
2. 税金	元	0.52	0.81	2.37	0.47	1.88	0.50
3. 保险费	元						
4. 管理费	元	2.61	3.53	5.16	5.30	3.68	6.68
5. 财务费	元						
6. 销售费	元	0.93	1.79	1.34	3.18	2.71	4.18
二、每头人工成本	元	15.03	29.07	28.09	37.23	50.74	74.21
1. 家庭用工折价	元	9.18	18.53	17.43	21.93	28.84	46.08
家庭用工天数	日	2.55	4.75	4.25	4.30	3.95	4.75
劳动日工价	元	3.60	3.90	4.10	5.10	7.30	9.70
2. 雇工费用	元	5.85	10.54	10.66	15.30	21.90	28.13
雇工天数	日	1.50	3.10	2.60	3.00	3.00	2.90
雇工工价	元	3.90	3.40	4.10	5.10	7.30	9.70
三、附记							
1. 仔畜重量	公斤	24.30	18.80	20.60	19.00	20.20	19.60
2. 精饲料数量	公斤	307.20	272.70	289.60	301.50	271.80	265.90
3. 耗粮数量	公斤	183.70	190.00	195.20	206.20	197.10	216.20

1－20－2 续表 1

项 目	单位	1997 年	1998 年	1999 年	2000 年	2001 年	2002 年
一、每头物质与服务费用	元	768.94	668.74	538.42	507.11	539.80	502.88
(一)直接费用	元	739.59	634.04	506.41	480.67	517.04	482.40
1. 仔畜进价	元	262.93	190.42	140.62	135.34	148.57	136.91
2. 精饲料费	元	411.87	391.05	320.47	293.72	322.10	304.07
3. 青粗饲料费	元	22.00	17.39	13.75	20.88	14.52	11.79
4. 饲料加工费	元	4.77	5.06	3.63	4.15	4.49	4.05
5. 水费	元		2.09	1.70	1.94	2.10	1.79
6. 燃料动力费	元	5.98	5.02	5.64	5.01	4.92	4.46
电费	元	5.98	4.11	3.95	3.05	2.94	2.77
煤费	元		0.91	1.69	1.96	1.98	1.69
其他燃料动力费	元						
7. 医疗防疫费	元	6.99	6.93	6.16	7.18	7.32	7.46
8. 死亡损失费	元	4.47	4.24	4.30	3.98	5.06	4.71
9. 技术服务费	元						
10. 工具材料费	元	2.99	3.55	1.91	1.98	1.98	1.76
11. 修理维护费	元	1.77	2.58	3.02	2.42	2.07	1.75
12. 其他直接费用	元	15.82	5.71	5.21	4.07	3.91	3.65
(二)间接费用	元	29.35	34.70	32.01	26.44	22.76	20.48
1. 固定资产折旧	元	14.26	14.78	12.85	11.09	10.11	10.07
2. 税金	元	2.16	1.50	2.75	1.44	1.29	0.70
3. 保险费	元						
4. 管理费	元	8.55	7.16	6.13	5.70	4.96	4.69
5. 财务费	元		8.23	7.49	5.31	3.59	2.95
6. 销售费	元	4.38	3.03	2.79	2.90	2.81	2.07
二、每头人工成本	元	97.00	41.28	29.93	43.97	38.48	35.16
1. 家庭用工折价	元	70.50	22.08	20.43	34.30	31.20	28.93
家庭用工天数	日	7.05	2.30	2.15	3.43	3.00	2.63
劳动日工价	元	10.00	9.60	9.50	10.00	10.40	11.00
2. 雇工费用	元	26.50	19.20	9.50	9.67	7.28	6.23
雇工天数	日	2.65	2.00	1.00	0.97	0.70	0.57
雇工工价	元	10.00	9.60	9.50	9.97	10.40	10.93
三、附记							
1. 仔畜重量	公斤	21.20	19.90	19.60	17.30	17.00	17.10
2. 精饲料数量	公斤	273.10	277.80	261.40	268.00	267.20	252.30
3. 耗粮数量	公斤	198.70	205.00	184.30	189.50	186.80	182.50

1-20-2 续表 2

项 目	单位	2003 年	2004 年	2005 年	2006 年	2006 年比 2005 年 ±%
一、每头物质与服务费用	元	555.70	707.74	685.51	667.88	-2.57
(一)直接费用	元	535.44	689.33	669.09	651.57	-2.62
1. 仔畜进价	元	151.46	223.85	211.33	169.15	-19.96
2. 精饲料费	元	341.58	414.72	408.00	428.27	4.97
3. 青粗饲料费	元	12.26	14.86	14.63	16.78	14.70
4. 饲料加工费	元	4.45	4.94	4.55	4.17	-8.35
5. 水费	元	1.63	2.06	1.89	1.85	-2.12
6. 燃料动力费	元	4.33	5.49	5.44	5.48	0.74
电费	元	2.85	3.09	3.21	3.33	3.74
煤费	元	1.48	2.01	1.96	1.87	-4.59
其他燃料动力费	元		0.39	0.27	0.28	3.70
7. 医疗防疫费	元	7.64	9.07	9.85	10.68	8.43
8. 死亡损失费	元	5.53	7.16	7.78	10.06	29.31
9. 技术服务费	元		0.70	0.60	0.51	-15.00
10. 工具材料费	元	1.73	2.27	1.73	1.87	8.09
11. 修理维护费	元	1.73	2.35	2.14	1.96	-8.41
12. 其他直接费用	元	3.10	1.86	1.15	0.79	-31.30
(二)间接费用	元	20.26	18.41	16.42	16.31	-0.67
1. 固定资产折旧	元	9.60	10.98	9.73	10.11	3.91
2. 税金	元	0.19				
3. 保险费	元		0.14	0.05	0.06	20.00
4. 管理费	元	4.84	3.05	2.68	2.58	-3.73
5. 财务费	元	3.12	2.01	1.90	1.42	-25.26
6. 销售费	元	2.51	2.23	2.06	2.14	3.88
二、每头人工成本	元	39.91	56.07	55.69	59.17	6.25
1. 家庭用工折价	元	32.82	31.37	33.97	38.19	12.42
家庭用工天数	日	2.93	2.29	2.22	2.26	1.80
劳动日工价	元	11.20	13.70	15.30	16.90	10.46
2. 雇工费用	元	7.09	24.70	21.72	20.98	-3.41
雇工天数	日	0.63	1.26	1.07	0.86	-19.63
雇工工价	元	11.25	19.60	20.30	24.40	20.20
三、附记						
1. 仔畜重量	公斤	17.70	17.40	17.30	17.20	-0.58
2. 精饲料数量	公斤	262.40	262.10	260.90	261.80	0.34
3. 耗粮数量	公斤	180.00	184.80	182.90	186.70	2.08

1－21－1 大中城市蔬菜平均成本收益情况

项 目	单位	1998 年	1999 年	2000 年	2001 年	2002 年
每亩						
主产品产量	公斤	3000.80	3149.40	3127.70	3287.80	3253.40
产值合计	元	2394.78	2644.97	2386.67	2667.80	2465.01
主产品产值	元	2387.67	2639.24	2385.21	2664.85	2463.36
副产品产值	元	7.11	5.73	1.46	2.95	1.65
总成本	元	1257.09	1361.97	1274.58	1288.21	1283.82
生产成本	元	1207.10	1313.43	1228.91	1240.30	1222.30
物质与服务费用	元	713.05	745.24	748.69	767.07	734.95
人工成本	元	494.05	568.19	480.22	473.23	487.35
家庭用工折价	元	464.26	375.44	457.00	467.06	475.86
雇工费用	元	29.79	192.75	23.22	6.17	11.49
土地成本	元	49.99	48.54	45.67	47.91	61.52
流转地租金	元	19.43	15.91	20.13	10.16	14.95
自营地折租	元	30.56	32.63	25.54	37.75	46.57
净利润	元	1137.69	1283.00	1112.09	1379.59	1181.19
现金成本	元	762.27	953.90	792.04	783.40	761.39
现金收益	元	1632.51	1691.07	1594.63	1884.40	1703.62
成本利润率	%	90.50	94.20	87.25	107.09	92.01
每 50 公斤主产品						
平均出售价格	元	39.78	41.90	38.13	40.53	37.86
总成本	元	20.88	21.58	20.36	19.57	19.72
生产成本	元	20.05	20.81	19.63	18.84	18.77
净利润	元	18.90	20.32	17.77	20.96	18.14
现金成本	元	12.66	15.11	12.65	11.90	11.69
现金收益	元	27.12	26.79	25.48	28.63	26.17
附：						
每亩用工数量	日	50.44	51.23	47.06	45.24	43.86
每亩主产品出售数量	公斤	2846.30	3059.50	2985.20	3158.90	3130.60
每亩主产品出售产值	元	2276.21	2583.28	2297.40	2592.03	2395.51
商品率	%	93.70	96.30	94.00	95.20	95.20
每亩补贴收入	元	6.63	3.45	0.75	0.20	0.22
每亩成本外支出	元	29.07	28.69	26.79	27.83	9.73

1－21－1 续表

项　　目	单位	2003 年	2004 年	2005 年	2006 年	2006 年比 2005 年 ±%
每亩						
主产品产量	公斤	3314.40	3573.40	3412.20	3501.90	2.63
产值合计	元	2652.05	3325.93	3350.56	3483.84	3.98
主产品产值	元	2646.24	3325.37	3349.89	3483.10	3.98
副产品产值	元	5.81	0.56	0.67	0.74	10.45
总成本	元	1311.16	1763.02	1743.86	1973.90	13.19
生产成本	元	1257.76	1651.34	1629.88	1794.93	10.13
物质与服务费用	元	762.65	919.93	877.39	998.66	13.82
人工成本	元	495.11	731.41	752.49	796.27	5.82
家庭用工折价	元	480.48	670.75	653.31	691.04	5.78
雇工费用	元	14.63	60.66	99.18	105.23	6.10
土地成本	元	53.40	111.68	113.98	178.97	57.02
流转地租金	元	22.81	10.66	14.13	32.73	131.63
自营地折租	元	30.59	101.02	99.85	146.24	46.46
净利润	元	1340.89	1562.91	1606.70	1509.94	-6.02
现金成本	元	800.09	991.25	990.70	1136.62	14.73
现金收益	元	1851.96	2334.68	2359.86	2347.22	-0.54
成本利润率	%	102.27	88.65	92.13	76.50	
每 50 公斤主产品						
平均出售价格	元	39.92	46.53	49.09	49.73	1.30
总成本	元	19.74	24.66	25.55	28.18	10.29
生产成本	元	18.93	23.10	23.88	25.62	7.29
净利润	元	20.18	21.87	23.54	21.55	-8.45
现金成本	元	12.04	13.87	14.52	16.22	11.71
现金收益	元	27.88	32.66	34.57	33.51	-3.07
附:						
每亩用工数量	日	43.60	51.25	46.14	44.30	-3.99
每亩主产品出售数量	公斤	3196.70	3465.00	3199.90	3382.50	5.71
每亩主产品出售产值	元	2565.86	3239.10	3160.26	3374.55	6.78
商品率	%	96.40	98.50	96.50	95.60	
每亩补贴收入	元	2.25	0.34	0.56	1.11	98.21
每亩成本外支出	元	4.70	2.03	1.45	1.27	-12.41

1－21－2 大中城市蔬菜平均费用和用工情况

项　　目	单位	1998 年	1999 年	2000 年	2001 年	2002 年
一、每亩物质与服务费用	元	713.05	745.24	748.69	767.07	734.95
(一)直接费用	元	578.32	603.38	606.35	611.42	582.36
1. 种子费	元	65.15	70.85	68.81	68.88	69.56
2. 化肥费	元	114.54	122.35	119.80	126.85	123.14
3. 农家肥费	元	102.95	108.23	97.92	106.81	101.05
4. 农药费	元	45.62	52.51	59.97	62.53	58.93
5. 农膜费	元	118.93	108.71	114.79	106.08	95.68
6. 租赁作业费	元	36.14	42.83	48.60	54.56	49.83
机械作业费	元	8.10	10.91	13.70	16.22	13.10
排灌费	元	19.35	25.20	27.78	29.38	29.06
其中:水费	元					
畜力费	元	8.69	6.72	7.12	8.96	7.67
7. 燃料动力费	元	10.52	15.30	16.11	8.81	8.13
8. 技术服务费	元					
9. 工具材料费	元	61.07	56.92	52.86	58.43	55.30
10. 修理维护费	元	11.32	12.94	10.50	9.44	10.27
11. 其他直接费用	元	12.08	12.74	16.99	9.03	10.47
(二)间接费用	元	134.73	141.86	142.34	155.65	152.59
1. 固定资产折旧	元	29.62	43.76	38.21	41.51	40.00
2. 税金	元	20.92	19.85	18.87	20.08	33.34
3. 保险费	元					
4. 管理费	元	13.77	7.32	7.80	7.56	1.37
5. 财务费	元	1.15	0.54	0.65	0.10	0.07
6. 销售费	元	69.27	70.39	76.81	86.40	77.81
二、每亩人工成本	元	494.05	568.19	480.22	473.23	487.35
1. 家庭用工折价	元	464.26	375.44	457.00	467.06	475.86
家庭用工天数	日	48.36	39.52	45.70	44.91	43.26
劳动日工价	元	9.60	9.50	10.00	10.40	11.00
2. 雇工费用	元	29.79	192.75	23.22	6.17	11.49
雇工天数	日	2.08	11.71	1.36	0.33	0.60
雇工工价	元	14.32	16.46	17.07	18.70	19.15
三、附记						
1. 每亩种子用量	公斤					
2. 每亩化肥用量	公斤	32.80	37.21	38.71	38.22	39.24
3. 每亩农膜用量	公斤	13.16	12.36	13.24	11.50	11.21

1-21-2 续表

项　　目	单位	2003 年	2004 年	2005 年	2006 年	2006 年比 2005 年 ±%
一、每亩物质与服务费用	元	762.65	919.93	877.39	998.66	13.82
（一）直接费用	元	613.31	740.36	710.75	790.53	11.22
1. 种子费	元	70.51	73.42	73.48	83.82	14.07
2. 化肥费	元	137.73	165.99	165.51	198.92	20.19
3. 农家肥费	元	105.22	122.98	123.29	118.35	-4.01
4. 农药费	元	65.64	72.29	76.51	76.05	-0.60
5. 农膜费	元	98.88	188.85	136.29	167.40	22.83
6. 租赁作业费	元	51.96	50.27	59.17	66.60	12.56
机械作业费	元	16.48	15.35	19.19	22.88	19.23
排灌费	元	27.99	28.62	30.7	32.46	5.73
其中：水费	元		16.77	14.75	13.97	-5.29
畜力费	元	7.49	6.30	9.28	11.26	21.34
7. 燃料动力费	元	9.27	12.30	12.8	13.56	5.94
8. 技术服务费	元		0.59	0.57	0.59	3.51
9. 工具材料费	元	56.45	37.08	47.05	53.13	12.92
10. 修理维护费	元	9.28	9.58	11.31	11.23	-0.71
11. 其他直接费用	元	8.37	7.01	4.77	0.88	-81.55
（二）间接费用	元	149.34	179.57	166.64	208.13	24.90
1. 固定资产折旧	元	43.79	105.69	94.53	125.27	32.52
2. 税金	元	27.34	6.05			
3. 保险费	元		0.03	3.18	2.69	-15.41
4. 管理费	元	1.77	5.75	3.04	2.91	-4.28
5. 财务费	元	0.18	1.00	1.25	1.17	-6.40
6. 销售费	元	76.26	61.05	64.64	76.09	17.71
二、每亩人工成本	元	495.11	731.41	752.49	796.27	5.82
1. 家庭用工折价	元	480.48	670.75	653.31	691.04	5.78
家庭用工天数	日	42.90	48.96	42.7	40.89	-4.24
劳动日工价	元	11.20	13.70	15.3	16.90	10.46
2. 雇工费用	元	14.63	60.66	99.18	105.23	6.10
雇工天数	日	0.70	2.29	3.44	3.41	-0.87
雇工工价	元	20.90	26.49	28.83	30.86	7.04
三、附记						
1. 每亩种子用量	公斤					
2. 每亩化肥用量	公斤	43.50	39.05	36.38	41.87	15.09
3. 每亩农膜用量	公斤	11.30	18.79	11.67	12.32	5.57

1－21－3 大中城市蔬菜平均化肥投入情况

项 目	单位	1998 年	1999 年	2000 年	2001 年	2002 年
一、每亩化肥金额	元	114.54	122.35	119.80	126.85	123.14
(一)氮肥	元	47.03	59.04	47.32	47.11	48.24
1. 尿素	元	34.00	43.87	35.12	34.33	34.12
2. 碳铵	元	10.15	13.41	11.31	11.22	12.81
3. 其他氮肥	元	2.88	1.76	0.89	1.56	1.31
(二)磷肥	元	4.32	2.34	5.78	6.45	5.02
其中:过磷酸钙	元	4.32	2.34	5.78	6.45	5.02
(三)钾肥	元	2.43	1.37	1.82	1.55	2.60
其中:氯化钾	元	2.43	1.37	1.82	1.55	2.60
(四)复混肥	元	60.76	59.60	64.88	71.74	67.28
1. 复合肥	元	55.45	54.67	61.05	64.65	63.76
其中:二铵	元	25.64	27.18	25.53	23.39	27.14
2. 混配肥	元	5.31	4.93	3.83	7.09	3.52
(五)其他肥料	元					
二、每亩化肥折纯用量	公斤	32.80	37.21	38.71	38.22	39.24
(一)氮肥	公斤	14.62	20.03	17.07	17.60	17.79
1. 尿素	公斤	10.36	14.23	12.39	12.34	12.31
2. 碳铵	公斤	3.35	5.27	4.39	4.67	5.21
3. 其他氮肥	公斤	0.91	0.53	0.29	0.59	0.27
(二)磷肥	公斤	1.24	0.77	2.01	2.16	1.91
其中:过磷酸钙	公斤	1.24	0.77	2.01	2.16	1.91
(三)钾肥	公斤	0.84	0.46	0.73	0.60	1.07
其中:氯化钾	公斤	0.84	0.46	0.73	0.60	1.07
(四)复混肥	公斤	16.10	15.95	18.90	17.86	18.47
1. 复合肥	公斤	14.75	14.63	18.46	16.07	17.44
其中:二铵	公斤	7.38	7.53	7.56	6.89	8.17
2. 混配肥	公斤	1.35	1.32	0.44	1.79	1.03

1-21-3 续表

项目	单位	2003 年	2004 年	2005 年	2006 年	2006 年比 2005 年 ±%
一、每亩化肥金额	元	137.73	165.99	165.51	198.92	20.19
(一)氮肥	元	48.04	46.90	57.68	69.44	20.39
1. 尿素	元	35.16	36.92	46.47	57.32	23.35
2. 碳铵	元	12.29	9.25	11.1	11.26	1.44
3. 其他氮肥	元	0.59	0.73	0.11	0.86	681.82
(二)磷肥	元	5.83	6.62	7.11	11.31	59.07
其中:过磷酸钙	元	5.83	6.23	6.22	8.67	39.39
(三)钾肥	元	2.11	4.21	10.18	13.35	31.14
其中:氯化钾	元	2.11	1.68	6.84	9.65	41.08
(四)复混肥	元	81.75	96.82	86.19	97.65	13.30
1. 复合肥	元	76.35	92.51	82.77	90.19	8.96
其中:二铵	元	28.21	42.39	28.8	31.87	10.66
2. 混配肥	元	5.40	4.31	3.42	7.46	118.13
(五)其他肥料	元		11.44	4.35	7.17	64.83
二、每亩化肥折纯用量	公斤	43.50	39.05	36.38	41.87	15.09
(一)氮肥	公斤	17.30	13.59	14.51	16.28	12.20
1. 尿素	公斤	11.60	10.43	11.16	12.77	14.43
2. 碳铵	公斤	5.50	3.02	3.33	3.41	2.40
3. 其他氮肥	公斤	0.20	0.14	0.02	0.10	400.00
(二)磷肥	公斤	2.10	2.70	2.24	3.30	47.32
其中:过磷酸钙	公斤	2.10	2.53	1.99	2.51	26.13
(三)钾肥	公斤	0.70	0.80	1.88	2.72	44.68
其中:氯化钾	公斤	0.70	0.52	1.53	2.34	52.94
(四)复混肥	公斤	23.40	21.96	17.75	19.57	10.25
1. 复合肥	公斤	21.80	19.24	16.9	18.09	7.04
其中:二铵	公斤	8.50	10.42	6.43	7.18	11.66
2. 混配肥	公斤	1.60	2.72	0.85	1.48	74.12

1-22-1 2006年全国种植业产品成本收益情况

项 目	单位	三种粮食平均	稻谷	早籼稻	中籼稻	晚籼稻	粳稻
每亩							
主产品产量	公斤	403.90	436.30	387.00	444.10	399.60	514.50
产值合计	元	599.86	720.60	597.00	670.56	669.08	945.75
主产品产值	元	581.46	703.63	581.93	656.57	652.34	923.67
副产品产值	元	18.40	16.97	15.07	13.99	16.74	22.08
总成本	元	444.90	518.23	488.61	469.39	489.03	625.84
生产成本	元	376.65	441.54	424.38	426.84	424.90	489.97
物质与服务费用	元	224.75	255.21	243.24	214.81	251.94	310.76
人工成本	元	151.90	186.33	181.14	212.03	172.96	179.21
家庭用工折价	元	140.10	163.93	167.48	193.51	159.54	135.20
雇工费用	元	11.80	22.40	13.66	18.52	13.42	44.01
土地成本	元	68.25	76.69	64.23	42.55	64.13	135.87
流转地租金	元	6.64	12.00	7.10	2.99	7.10	30.82
自营地折租	元	61.61	64.69	57.13	39.56	57.03	105.05
净利润	元	154.96	202.37	108.39	201.17	180.05	319.91
现金成本	元	243.19	289.61	264.00	236.32	272.46	385.59
现金收益	元	356.67	430.99	333.00	434.24	396.62	560.16
成本利润率	%	34.83	39.05	22.18	42.86	36.82	51.12
每50公斤主产品							
平均出售价格	元	71.98	80.64	75.18	73.92	81.62	89.76
总成本	元	53.39	57.99	61.53	51.74	59.66	59.40
生产成本	元	45.20	49.41	53.44	47.05	51.83	46.50
净利润	元	18.59	22.65	13.65	22.18	21.96	30.36
现金成本	元	29.18	32.41	33.25	26.05	33.24	36.60
现金收益	元	42.80	48.23	41.93	47.87	48.38	53.16
附:							
每亩用工数量	日	8.68	10.37	10.33	11.99	9.84	9.30
每亩主产品出售数量	公斤	213.20	199.50	162.70	188.80	135.00	311.50
每亩主产品出售产值	元	299.60	322.50	239.40	278.38	214.42	557.78
商品率	%	64.50	57.10	50.50	61.40	44.60	72.00
每亩补贴收入	元	16.58	20.31	14.32	19.20	14.27	33.45
每亩成本外支出	元	1.87	2.97	2.36	2.93	2.88	3.69

1－22－1　续表 1

项　　目	单位	小　麦	玉　米	高　粱	谷　子	大　豆	两种油料平　均
每亩							
主产品产量	公斤	351.80	423.50	402.20	184.50	128.40	174.40
产值合计	元	522.46	556.53	478.38	409.83	335.37	595.47
主产品产值	元	503.88	536.88	461.05	382.39	322.95	583.03
副产品产值	元	18.58	19.65	17.33	27.44	12.42	12.44
总成本	元	404.77	411.77	370.78	285.36	267.53	407.76
生产成本	元	350.17	338.32	272.16	231.03	191.58	354.87
物质与服务费用	元	230.56	188.38	161.75	89.58	109.71	177.80
人工成本	元	119.61	149.94	110.41	141.45	81.87	177.07
家庭用工折价	元	115.93	140.61	100.89	141.45	74.19	173.39
雇工费用	元	3.68	9.33	9.52		7.68	3.68
土地成本	元	54.60	73.45	98.62	54.33	75.95	52.89
流转地租金	元	2.35	5.57	10.99	1.65	10.58	3.36
自营地折租	元	52.25	67.88	87.63	52.68	65.37	49.53
净利润	元	117.69	144.76	107.60	124.47	67.84	187.71
现金成本	元	236.59	203.28	182.26	91.23	127.97	184.84
现金收益	元	285.87	353.25	296.12	318.60	207.40	410.63
成本利润率	%	29.08	35.16	29.02	43.62	25.36	46.03
每50公斤主产品							
平均出售价格	元	71.61	63.39	57.32	103.63	125.76	167.15
总成本	元	55.48	46.90	44.43	72.16	100.32	114.46
生产成本	元	48.00	38.54	32.61	58.42	71.84	99.61
净利润	元	16.13	16.49	12.89	31.47	25.44	52.69
现金成本	元	32.43	23.15	21.84	23.07	47.99	51.89
现金收益	元	39.18	40.24	35.48	80.56	77.77	115.26
附：							
每亩用工数量	日	7.01	8.67	6.31	8.37	4.65	10.40
每亩主产品出售数量	公斤	174.90	265.10	287.20	91.10	106.20	111.20
每亩主产品出售产值	元	248.37	327.93	325.50	190.03	263.58	368.15
商品率	%	54.70	81.80	88.20	68.40	88.60	71.60
每亩补贴收入	元	15.64	13.78	16.12	8.79	15.68	5.33
每亩成本外支出	元	1.89	0.75	0.09	0.02	0.57	2.87

1－22－1 续表 2

项 目	单位	花 生	油菜籽	棉 花	长绒棉	烤 烟	晾晒烟
每亩							
主产品产量	公斤	217.60	131.10	85.10	77.60	137.40	116.40
产值合计	元	876.82	314.11	1206.07	1872.53	1381.26	1384.50
主产品产值	元	859.76	306.30	1032.33	1697.06	1374.66	1383.54
副产品产值	元	17.06	7.81	173.74	175.47	6.60	0.96
总成本	元	503.92	311.35	870.35	1248.61	1320.96	944.06
生产成本	元	441.73	267.76	765.64	925.83	1224.69	872.62
物质与服务费用	元	241.11	114.40	323.03	594.32	567.62	314.26
人工成本	元	200.62	153.36	442.61	331.51	657.07	558.36
家庭用工折价	元	195.20	151.42	398.67	18.76	612.29	263.81
雇工费用	元	5.42	1.94	43.94	312.75	44.78	294.55
土地成本	元	62.19	43.59	104.71	322.78	96.27	71.44
流转地租金	元	2.92	3.80	6.70	72.63	11.85	5.89
自营地折租	元	59.27	39.79	98.01	250.15	84.42	65.55
净利润	元	372.90	2.76	335.72	623.92	60.30	440.44
现金成本	元	249.45	120.14	373.67	979.70	624.25	614.70
现金收益	元	627.37	193.97	832.40	892.83	757.01	769.80
成本利润率	%	74.00	0.89	38.57	49.97	4.56	46.65
每50公斤主产品							
平均出售价格	元	197.56	116.82	606.54	1093.47	500.24	594.30
总成本	元	113.54	115.79	437.70	729.13	478.40	405.24
生产成本	元	99.53	99.58	385.05	540.64	443.54	374.57
净利润	元	84.02	1.03	168.84	364.34	21.84	189.06
现金成本	元	56.20	44.68	187.92	572.10	226.08	263.86
现金收益	元	141.36	72.14	418.62	521.37	274.16	330.44
附：							
每亩用工数量	日	11.75	9.04	25.04	13.61	38.03	25.36
每亩主产品出售数量	公斤	136.50	85.80	77.90	77.60	136.30	116.00
每亩主产品出售产值	元	536.84	199.46	940.16	1697.06	1364.42	1381.31
商品率	%	71.50	71.60	96.80	100.00	99.60	99.80
每亩补贴收入	元	6.36	4.29	4.01		178.37	66.00
每亩成本外支出	元	1.08	4.65	5.10	9.76	1.70	0.23

1－22－1　续表 3

项　　目	单位	熟红麻	苎　麻	甘　蔗	甜　菜	桑蚕茧	红毛茶
每亩							
主产品产量	公斤	217.20	163.10	5022.40	2947.30	114.40	56.40
产值合计	元	559.27	1196.12	1334.25	803.03	2821.08	855.95
主产品产值	元	542.27	1173.68	1312.28	788.03	2782.48	855.95
副产品产值	元	17.00	22.44	21.97	15.00	38.60	
总成本	元	386.19	860.74	934.77	597.16	1515.98	879.75
生产成本	元	352.57	829.38	829.77	482.75	1424.19	803.87
物质与服务费用	元	148.25	172.37	424.15	293.44	496.96	205.46
人工成本	元	204.32	657.01	405.62	189.31	927.23	598.41
家庭用工折价	元	204.32	645.41	238.29	123.71	877.62	546.38
雇工费用	元		11.60	167.33	65.60	49.61	52.03
土地成本	元	33.62	31.36	105.00	114.41	91.79	75.88
流转地租金	元		1.46	8.08	12.76	11.89	5.75
自营地折租	元	33.62	29.90	96.92	101.65	79.90	70.13
净利润	元	173.08	335.38	399.48	205.87	1305.10	－23.80
现金成本	元	148.25	185.43	599.56	371.80	558.46	263.24
现金收益	元	411.02	1010.69	734.69	431.23	2262.62	592.71
成本利润率	%	44.82	38.96	42.74	34.47	86.09	－2.70
每 50 公斤主产品							
平均出售价格	元	124.83	359.80	13.06	13.37	1216.12	758.82
总成本	元	86.20	258.92	9.15	9.94	653.51	779.92
生产成本	元	78.69	249.48	8.12	8.04	613.94	712.65
净利润	元	38.63	100.88	3.91	3.43	562.61	－21.10
现金成本	元	33.09	55.78	5.87	6.19	240.74	233.37
现金收益	元	91.74	304.02	7.19	7.18	975.38	525.45
附：							
每亩用工数量	日	12.09	38.55	20.04	9.32	53.73	33.84
每亩主产品出售数量	公斤	217.20	158.60	4881.40	2942.70	114.20	56.20
每亩主产品出售产值	元	542.27	1139.73	1283.00	787.60	2778.04	855.33
商品率	%	100.00	96.20	98.80	100.00	99.80	99.90
每亩补贴收入	元	3.60	5.68	9.67	13.64	2.19	
每亩成本外支出	元		19.22	1.33	0.15	4.48	5.23

1－22－1 续表 4

项　　目	单位	绿毛茶	乌龙茶	紧压茶	苹　果	柑	桔
每亩							
主产品产量	公斤	50.30	84.60	157.20	1941.90	1964.50	1585.50
产值合计	元	1719.63	1439.46	241.70	3243.56	2762.85	3932.60
主产品产值	元	1708.48	1439.46	240.76	3234.29	2762.85	3932.50
副产品产值	元	11.15		0.94	9.27		0.10
总成本	元	1227.65	1092.76	369.23	1606.77	1575.15	2164.72
生产成本	元	1128.42	1004.86	331.45	1487.55	1459.50	2050.92
物质与服务费用	元	560.04	465.63	133.11	735.41	649.45	859.50
人工成本	元	568.38	539.23	198.34	752.14	810.05	1191.42
家庭用工折价	元	118.81	70.64	145.34	581.02	554.32	398.33
雇工费用	元	449.57	468.59	53.00	171.12	255.73	793.09
土地成本	元	99.23	87.90	37.78	119.22	115.65	113.80
流转地租金	元	10.50	13.51	30.03	10.27	19.98	45.15
自营地折租	元	88.73	74.39	7.75	108.95	95.67	68.65
净利润	元	491.98	346.70	－127.53	1636.79	1187.70	1767.88
现金成本	元	1020.11	947.73	216.14	916.80	925.16	1697.74
现金收益	元	699.52	491.73	25.56	2326.76	1837.69	2234.86
成本利润率	%	40.07	31.73	－34.53	101.87	75.40	81.67
每 50 公斤主产品							
平均出售价格	元	1698.29	850.74	76.58	83.28	70.32	124.01
总成本	元	1212.42	645.84	116.99	41.25	40.09	68.26
生产成本	元	1114.42	593.89	105.02	38.19	37.15	64.67
净利润	元	485.87	204.90	－40.41	42.03	30.23	55.75
现金成本	元	1007.45	560.12	68.48	23.54	23.55	53.54
现金收益	元	690.84	290.62	8.10	59.74	46.77	70.47
附：							
每亩用工数量	日	22.28	19.07	10.72	41.64	40.88	52.76
每亩主产品出售数量	公斤	48.00	83.70	157.20	1794.90	1899.00	1490.60
每亩主产品出售产值	元	1586.73	1420.65	240.76	3012.77	2662.42	3692.67
商品率	%	96.50	98.70	100.00	94.80	96.80	97.20
每亩补贴收入	元	0.09		1.07	0.84		0.12
每亩成本外支出	元	2.96			3.42	0.30	0.93

1－22－2　2006 年全国种植业产品费用和用工情况

项　　目	单位	三种粮食平均	稻谷	早籼稻	中籼稻	晚籼稻	粳稻
一、每亩物质与服务费用	元	224.75	255.21	243.24	214.81	251.94	310.76
（一）直接费用	元	218.54	246.10	234.20	208.18	244.05	297.94
1. 种子费	元	26.29	21.81	20.78	24.94	21.34	20.18
2. 化肥费	元	86.81	84.15	86.21	67.08	86.32	96.97
3. 农家肥费	元	8.89	7.56	8.19	8.72	6.26	7.08
4. 农药费	元	16.15	33.60	26.15	23.99	40.23	44.02
5. 农膜费	元	2.10	3.69	5.46	3.02	0.65	5.64
6. 租赁作业费	元	73.28	87.81	77.33	75.12	81.23	117.54
机械作业费	元	46.73	51.43	44.99	36.85	52.47	71.42
排灌费	元	16.79	19.78	9.15	18.47	11.84	39.64
其中：水费	元	6.86	11.35	6.03	12.64	6.91	19.83
畜力费	元	9.76	16.60	23.19	19.80	16.92	6.48
7. 燃料动力费	元	0.33	0.64	1.27	0.37	0.71	0.21
8. 技术服务费	元	0.07	0.06	0.05	0.06	0.04	0.10
9. 工具材料费	元	2.71	3.83	4.61	2.84	3.84	4.03
10. 修理维护费	元	1.49	2.18	3.00	1.64	2.50	1.59
11. 其他直接费用	元	0.42	0.77	1.15	0.40	0.93	0.58
（二）间接费用	元	6.21	9.11	9.04	6.63	7.89	12.82
1. 固定资产折旧	元	4.11	6.33	7.36	5.19	6.75	6.02
2. 税金	元						
3. 保险费	元	0.14	0.25				0.98
4. 管理费	元	0.34	0.49	0.15	0.04	0.08	1.67
5. 财务费	元	0.24	0.40		0.02	0.02	1.54
6. 销售费	元	1.38	1.64	1.53	1.38	1.04	2.61
二、每亩人工成本	元	151.90	186.33	181.14	212.03	172.96	179.21
1. 家庭用工折价	元	140.10	163.93	167.48	193.51	159.54	135.20
家庭用工天数	日	8.29	9.70	9.91	11.45	9.44	8.00
劳动日工价	元	16.90	16.90	16.90	16.90	16.90	16.90
2. 雇工费用	元	11.80	22.40	13.66	18.52	13.42	44.01
雇工天数	日	0.39	0.67	0.42	0.54	0.40	1.30
雇工工价	元	30.26	33.43	32.52	34.30	33.55	33.85
三、附记							
1. 每亩种子用量	公斤	6.46	2.62	3.07	1.12	1.53	4.74
2. 每亩化肥用量	公斤	20.96	20.62	20.84	17.65	20.73	23.24
3. 每亩农膜用量	公斤	0.18	0.32	0.48	0.26	0.07	0.48

1－22－2 续表 1

项　目	单位	小 麦	玉 米	高 粱	谷 子	大 豆	两种油料平均
一、每亩物质与服务费用	元	230.56	188.38	161.75	89.58	109.71	177.80
（一）直接费用	元	225.98	183.41	156.29	87.89	104.73	173.33
1. 种子费	元	31.16	25.89	17.73	5.37	20.84	46.69
2. 化肥费	元	91.00	85.20	72.34	33.53	35.49	66.36
3. 农家肥费	元	9.30	9.80	6.62	9.49	1.47	8.92
4. 农药费	元	8.25	6.60	4.66	1.42	7.43	10.55
5. 农膜费	元	0.03	2.57			0.04	4.74
6. 租赁作业费	元	82.63	49.41	50.86	36.02	36.59	32.38
机械作业费	元	59.80	28.96	33.66	19.03	31.07	16.20
排灌费	元	19.24	11.36	5.33	5.02	1.80	4.74
其中：水费	元	4.80	4.43	0.12	0.70	0.51	1.82
畜力费	元	3.59	9.09	11.87	11.97	3.72	11.44
7. 燃料动力费	元	0.04	0.32				0.22
8. 技术服务费	元	0.06	0.08	0.01		0.07	0.04
9. 工具材料费	元	2.23	2.06	2.28	1.53	1.50	2.29
10. 修理维护费	元	1.00	1.28	1.71	0.51	1.21	0.97
11. 其他直接费用	元	0.28	0.20	0.08	0.02	0.09	0.17
（二）间接费用	元	4.58	4.97	5.46	1.69	4.98	4.47
1. 固定资产折旧	元	2.95	3.04	3.10	1.38	3.33	3.14
2. 税金	元						
3. 保险费	元	0.12	0.06			0.01	
4. 管理费	元	0.22	0.32	0.24	0.03	0.26	0.07
5. 财务费	元	0.12	0.21	0.08	0.03	0.23	0.01
6. 销售费	元	1.17	1.34	2.04	0.25	1.15	1.25
二、每亩人工成本	元	119.61	149.94	110.41	141.45	81.87	177.07
1. 家庭用工折价	元	115.93	140.61	100.89	141.45	74.19	173.39
家庭用工天数	日	6.86	8.32	5.97	8.37	4.39	10.26
劳动日工价	元	16.90	16.90	16.90	16.90	16.90	16.90
2. 雇工费用	元	3.68	9.33	9.52		7.68	3.68
雇工天数	日	0.15	0.35	0.34		0.26	0.14
雇工工价	元	24.53	26.66	28.00	26.32	29.54	26.29
三、附记							
1. 每亩种子用量	公斤	14.02	2.73	1.93	1.15	5.46	7.91
2. 每亩化肥用量	公斤	22.21	20.05	16.87	9.38	7.49	15.69
3. 每亩农膜用量	公斤		0.21				0.40

1－22－2 续表 2

项　　目	单位	花　生	油菜籽	棉　花	长绒棉	烤　烟	晾晒烟
一、每亩物质与服务费用	元	241.11	114.40	323.03	594.32	567.62	314.26
（一）直接费用	元	236.75	109.83	313.97	560.76	529.69	280.16
1. 种子费	元	84.62	8.75	35.80	48.34	13.35	1.77
2. 化肥费	元	77.37	55.29	125.90	198.80	182.96	95.57
3. 农家肥费	元	8.98	8.86	13.68	83.89	26.47	26.55
4. 农药费	元	14.14	6.96	42.48	31.00	27.86	14.12
5. 农膜费	元	9.48		24.63	55.19	30.93	17.94
6. 租赁作业费	元	37.98	26.78	65.31	136.14	46.95	89.19
机械作业费	元	22.44	9.96	32.05	68.44	18.51	28.83
排灌费	元	6.51	2.97	28.56	67.70	6.83	54.18
其中：水费	元	1.48	2.16	8.18	20.31	3.36	23.54
畜力费	元	9.03	13.85	4.70		21.61	6.18
7. 燃料动力费	元	0.23	0.21	0.55		184.18	6.88
8. 技术服务费	元	0.05	0.03	0.10		2.52	9.18
9. 工具材料费	元	2.69	1.89	3.34	3.66	9.25	16.59
10. 修理维护费	元	0.97	0.96	1.51		3.89	2.37
11. 其他直接费用	元	0.24	0.10	0.67	3.74	1.33	
（二）间接费用	元	4.36	4.57	9.06	33.56	37.93	34.10
1. 固定资产折旧	元	2.84	3.43	4.81		25.62	25.42
2. 税金	元						
3. 保险费	元			0.51	10.00	2.23	
4. 管理费	元	0.09	0.05	0.51		0.61	
5. 财务费	元	0.01	0.01	0.78	10.50	0.33	
6. 销售费	元	1.42	1.08	2.45	13.06	9.14	8.68
二、每亩人工成本	元	200.62	153.36	442.61	331.51	657.07	558.36
1. 家庭用工折价	元	195.20	151.42	398.67	18.76	612.29	263.81
家庭用工天数	日	11.55	8.96	23.59	1.11	36.23	15.61
劳动日工价	元	16.90	16.90	16.90	16.90	16.90	16.90
2. 雇工费用	元	5.42	1.94	43.94	312.75	44.78	294.55
雇工天数	日	0.20	0.08	1.45	12.50	1.80	9.75
雇工工价	元	27.10	24.25	30.30	25.02	24.88	30.21
三、附记							
1. 每亩种子用量	公斤	15.45	0.36	2.64	5.07		
2. 每亩化肥用量	公斤	16.71	14.66	27.86	43.32	34.77	17.31
3. 每亩农膜用量	公斤	0.79		2.00	4.23	2.60	1.34

1-22-2 续表 3

项 目	单位	熟红麻	苎 麻	甘 蔗	甜 菜	桑蚕茧	红毛茶
一、每亩物质与服务费用	元	148.25	172.37	424.15	293.44	496.96	205.46
(一)直接费用	元	144.89	167.14	410.50	252.32	450.69	174.76
1.种子费	元	18.61	1.16	85.70	34.92	114.50	10.75
2.化肥费	元	76.89	130.64	217.09	105.56	176.18	68.02
3.农家肥费	元	2.89	15.92	10.15	7.94	24.00	16.34
4.农药费	元	8.53	9.19	23.26	5.98	51.72	8.63
5.农膜费	元			4.16	10.48	2.44	
6.租赁作业费	元	33.02	5.95	54.09	70.78	16.94	17.59
机械作业费	元	33.02		24.61	43.86	2.79	17.59
排灌费	元		3.84	4.11	25.18	7.77	
其中:水费	元			2.01	13.99	4.37	
畜力费	元		2.11	25.37	1.74	6.38	
7.燃料动力费	元			0.82	0.29	16.72	33.82
8.技术服务费	元			0.06	0.21	0.90	
9.工具材料费	元	3.32	2.59	5.85	10.99	17.36	14.25
10.修理维护费	元	1.63	1.62	1.96	1.14	5.31	5.36
11.其他直接费用	元		0.07	7.36	4.03	24.62	
(二)间接费用	元	3.36	5.23	13.65	41.12	46.27	30.70
1.固定资产折旧	元	0.33	2.02	3.60	2.47	40.20	13.02
2.税金	元						
3.保险费	元			0.55	0.10		
4.管理费	元		0.51	0.11	0.69	0.14	
5.财务费	元			0.04	0.14	0.08	
6.销售费	元	3.03	2.70	9.35	37.72	5.85	17.68
二、每亩人工成本	元	204.32	657.01	405.62	189.31	927.23	598.41
1.家庭用工折价	元	204.32	645.41	238.29	123.71	877.62	546.38
家庭用工天数	日	12.09	38.19	14.10	7.32	51.93	32.33
劳动日工价	元	16.90	16.90	16.90	16.90	16.90	16.90
2.雇工费用	元		11.60	167.33	65.60	49.61	52.03
雇工天数	日		0.36	5.94	2.00	1.80	1.51
雇工工价	元	20.00	32.22	28.17	32.80	27.56	34.46
三、附记							
1.每亩种子用量	公斤						
2.每亩化肥用量	公斤	25.25	37.44	52.70	22.66	42.22	16.67
3.每亩农膜用量	公斤			0.41	1.24	0.20	

1－22－2　续表 4

项　　目	单位	绿毛茶	乌龙茶	紧压茶	苹　果	柑	桔
一、每亩物质与服务费用	元	560.04	465.63	133.11	735.41	649.45	859.50
(一)直接费用	元	413.91	389.11	131.55	698.27	554.64	786.51
1.种子费	元	35.67	7.86		0.22	3.54	3.50
2.化肥费	元	83.28	123.55	96.21	248.82	226.80	194.71
3.农家肥费	元	164.98	21.02	0.10	66.55	90.45	233.00
4.农药费	元	17.28	29.42	13.35	158.01	137.97	278.46
5.农膜费	元	0.45			4.55	0.33	
6.租赁作业费	元	12.45	44.46	8.86	81.67	25.43	32.98
机械作业费	元	10.62	44.30	2.28	17.13	0.69	16.27
排灌费	元	1.34	0.16	1.09	64.11	24.74	16.20
其中:水费	元	0.30	0.10	0.22	20.90	6.62	0.04
畜力费	元	0.49		5.49	0.43		0.51
7.燃料动力费	元	74.82	73.11	7.63	3.67	15.75	3.82
8.技术服务费	元	3.12	20.56		5.01	1.49	0.01
9.工具材料费	元	9.77	9.39	4.23	8.65	26.83	15.99
10.修理维护费	元	6.13	3.62	1.08	4.73	16.47	14.09
11.其他直接费用	元	5.96	56.12	0.09	116.39	9.58	9.95
(二)间接费用	元	146.13	76.52	1.56	37.14	94.81	72.99
1.固定资产折旧	元	53.95	53.17	1.42	19.27	28.09	53.76
2.税金	元						
3.保险费	元	0.04			0.01		
4.管理费	元	29.38	8.86		0.71	0.92	0.93
5.财务费	元	7.49	4.78			0.47	
6.销售费	元	55.27	9.71	0.14	17.15	65.33	18.30
二、每亩人工成本	元	568.38	539.23	198.34	752.14	810.05	1191.42
1.家庭用工折价	元	118.81	70.64	145.34	581.02	554.32	398.33
家庭用工天数	日	7.03	4.18	8.60	34.38	32.80	23.57
劳动日工价	元	16.90	16.90	16.90	16.90	16.90	16.90
2.雇工费用	元	449.57	468.59	53.00	171.12	255.73	793.09
雇工天数	日	15.25	14.89	2.12	7.26	8.08	29.19
雇工工价	元	29.48	31.47	25.00	23.57	31.65	27.17
三、附记							
1.每亩种子用量	公斤						
2.每亩化肥用量	公斤	20.14	21.39	25.33	51.11	40.27	38.24
3.每亩农膜用量	公斤	0.03			0.30	0.03	

1－22－3 2006年全国种植业产品化肥投入情况

项 目	单位	三种粮食平均	稻谷	早籼稻	中籼稻	晚籼稻	粳稻
一、每亩化肥金额	元	86.81	84.15	86.21	67.08	86.32	96.97
（一）氮肥	元	39.24	40.16	36.92	35.06	36.53	52.12
1. 尿素	元	30.31	29.78	28.39	21.15	28.23	41.36
2. 碳铵	元	8.59	10.07	8.52	13.77	8.29	9.68
3. 其他氮肥	元	0.34	0.31	0.01	0.14	0.01	1.08
（二）磷肥	元	5.09	5.03	6.88	6.12	5.17	1.96
其中：过磷酸钙	元	4.13	4.25	5.63	5.33	4.32	1.73
（三）钾肥	元	3.18	7.21	10.86	3.05	10.75	4.18
其中：氯化钾	元	2.52	6.23	9.38	2.43	10.12	2.97
（四）复混肥	元	38.76	31.12	30.95	22.11	33.43	37.96
1. 复合肥	元	36.50	28.44	27.56	19.96	30.83	35.40
其中：二铵	元	10.00	2.40	0.40	0.21	0.27	8.72
2. 混配肥	元	2.26	2.68	3.39	2.15	2.60	2.56
（五）其他肥料	元	0.54	0.63	0.60	0.74	0.44	0.75
二、每亩化肥折纯用量	公斤	20.96	20.62	20.84	17.65	20.73	23.24
（一）氮肥	公斤	10.24	10.40	9.41	9.50	9.32	13.32
1. 尿素	公斤	7.41	7.15	6.66	5.11	6.70	10.11
2. 碳铵	公斤	2.73	3.17	2.74	4.35	2.62	2.95
3. 其他氮肥	公斤	0.10	0.08	0.01	0.04		0.26
（二）磷肥	公斤	1.75	1.77	2.35	2.32	1.73	0.69
其中：过磷酸钙	公斤	1.40	1.49	1.92	2.00	1.43	0.59
（三）钾肥	公斤	0.76	1.77	2.70	0.70	2.72	0.97
其中：氯化钾	公斤	0.65	1.62	2.43	0.63	2.64	0.78
（四）复混肥	公斤	8.21	6.68	6.38	5.13	6.96	8.26
1. 复合肥	公斤	7.75	6.10	5.66	4.63	6.39	7.73
其中：二铵	公斤	2.30	0.54	0.10	0.06	0.07	1.94
2. 混配肥	公斤	0.46	0.58	0.72	0.50	0.57	0.53

1－22－3　续表 1

项　　目	单位			高　粱	谷　子	大　豆	两种油料平　均
		小　麦	玉　米				
一、每亩化肥金额	元	91.00	85.20	72.34	33.53	35.49	66.36
（一）氮肥	元	35.40	42.13	34.10	23.00	6.98	22.10
1. 尿素	元	26.93	34.21	31.59	14.53	5.92	15.69
2. 碳铵	元	8.29	7.40	2.51	8.00	1.06	6.30
3. 其他氮肥	元	0.18	0.52		0.47		0.11
（二）磷肥	元	6.96	3.27	2.32	4.24	1.28	5.26
其中：过磷酸钙	元	5.35	2.78	1.58	3.54	0.99	4.65
（三）钾肥	元	1.12	1.20			0.71	1.65
其中：氯化钾	元	0.59	0.73			0.26	1.32
（四）复混肥	元	46.95	38.19	35.86	6.20	25.53	36.54
1. 复合肥	元	45.32	35.73	34.42	6.20	24.38	34.86
其中：二铵	元	17.10	10.49	14.63	0.66	9.09	4.95
2. 混配肥	元	1.63	2.46	1.44		1.15	1.68
（五）其他肥料	元	0.57	0.41	0.06	0.09	0.99	0.81
二、每亩化肥折纯用量	公斤	22.21	20.05	16.87	9.38	7.49	15.69
（一）氮肥	公斤	9.50	10.80	8.45	6.55	1.78	5.82
1. 尿素	公斤	6.74	8.34	7.64	3.64	1.45	3.80
2. 碳铵	公斤	2.70	2.31	0.81	2.72	0.33	1.98
3. 其他氮肥	公斤	0.06	0.15		0.19		0.04
（二）磷肥	公斤	2.39	1.10	0.66	1.37	0.42	1.90
其中：过磷酸钙	公斤	1.79	0.93	0.49	1.12	0.32	1.66
（三）钾肥	公斤	0.22	0.28			0.14	0.37
其中：氯化钾	公斤	0.15	0.18			0.07	0.33
（四）复混肥	公斤	10.10	7.87	7.76	1.46	5.15	7.60
1. 复合肥	公斤	9.77	7.39	7.43	1.46	4.92	7.23
其中：二铵	公斤	4.02	2.35	3.25	0.15	2.00	1.18
2. 混配肥	公斤	0.33	0.48	0.33		0.23	0.37

1－22－3　续表 2

项　　目	单位			棉　花	长绒棉	烤　烟	晾晒烟
		花　生	油菜籽				
一、每亩化肥金额	元	77.37	55.29	125.90	198.80	182.96	95.57
（一）氮肥	元	15.37	28.81	45.40	62.87	4.85	18.11
1. 尿素	元	12.90	18.47	39.87	62.87	2.48	16.40
2. 碳铵	元	2.26	10.33	5.20		1.03	1.48
3. 其他氮肥	元	0.21	0.01	0.33		1.34	0.23
（二）磷肥	元	4.02	6.49	4.51		9.34	5.60
其中:过磷酸钙	元	3.27	6.02	3.26		7.06	3.22
（三）钾肥	元	2.29	1.00	7.14		31.06	25.19
其中:氯化钾	元	1.86	0.78	5.54		2.69	3.91
（四）复混肥	元	54.85	18.21	65.17	135.93	130.09	39.78
1. 复合肥	元	53.57	16.14	61.18	135.93	104.43	39.78
其中:二铵	元	8.35	1.55	29.20	135.93	1.14	8.61
2. 混配肥	元	1.28	2.07	3.99		25.66	
（五）其他肥料	元	0.84	0.78	3.68		7.62	6.89
二、每亩化肥折纯用量	公斤	16.71	14.66	27.86	43.32	34.77	17.31
（一）氮肥	公斤	3.90	7.74	11.85	15.23	1.25	4.43
1. 尿素	公斤	3.12	4.48	9.99	15.23	0.58	3.95
2. 碳铵	公斤	0.70	3.26	1.76		0.30	0.44
3. 其他氮肥	公斤	0.08		0.10		0.37	0.04
（二）磷肥	公斤	1.36	2.44	1.48		3.32	1.89
其中:过磷酸钙	公斤	1.07	2.25	1.14		2.52	1.04
（三）钾肥	公斤	0.51	0.23	1.60		5.22	3.70
其中:氯化钾	公斤	0.45	0.20	1.42		0.52	0.78
（四）复混肥	公斤	10.94	4.25	12.93	28.09	24.98	7.29
1. 复合肥	公斤	10.71	3.75	12.18	28.09	20.12	7.29
其中:二铵	公斤	1.98	0.38	6.40	28.09	0.28	1.82
2. 混配肥	公斤	0.23	0.50	0.75		4.86	

1-22-3 续表 3

项 目	单位	熟红麻	苎 麻	甘 蔗	甜 菜	桑蚕茧	红毛茶
一、每亩化肥金额	元	76.89	130.64	217.09	105.56	176.18	68.02
(一)氮肥	元	36.50	72.69	93.09	32.23	106.80	52.64
1.尿素	元		55.40	86.30	29.43	84.53	42.45
2.碳铵	元	36.50	17.29	6.63	1.68	20.83	8.80
3.其他氮肥	元			0.16	1.12	1.44	1.39
(二)磷肥	元	12.22	10.14	17.45	0.44	6.79	5.49
其中:过磷酸钙	元	2.00	10.14	16.04	0.17	6.27	5.49
(三)钾肥	元		8.86	37.93	1.67	8.41	
其中:氯化钾	元		8.86	33.28	1.28	8.23	
(四)复混肥	元	28.17	38.95	67.68	69.71	53.06	9.89
1.复合肥	元	28.17	36.76	56.29	64.33	49.81	9.89
其中:二铵	元		32.05	0.05	49.51	2.60	
2.混配肥	元		2.19	11.39	5.38	3.25	
(五)其他肥料	元			0.94	1.51	1.12	
二、每亩化肥折纯用量	公斤	25.25	37.44	52.70	22.66	42.22	16.67
(一)氮肥	公斤	13.69	19.73	22.35	7.79	26.81	13.01
1.尿素	公斤		13.94	20.25	7.05	20.35	10.21
2.碳铵	公斤	13.69	5.79	2.07	0.53	6.29	2.22
3.其他氮肥	公斤			0.03	0.21	0.17	0.58
(二)磷肥	公斤	6.06	4.01	5.48	0.11	2.35	1.63
其中:过磷酸钙	公斤	0.94	4.01	5.01	0.04	2.17	1.63
(三)钾肥	公斤		2.32	9.50	0.42	2.12	
其中:氯化钾	公斤		2.32	9.06	0.35	2.10	
(四)复混肥	公斤	5.50	11.38	15.37	14.34	10.94	2.03
1.复合肥	公斤	5.50	10.67	12.39	12.99	10.14	2.03
其中:二铵	公斤		9.73	0.01	10.59	0.63	
2.混配肥	公斤		0.71	2.98	1.35	0.80	

1－22－3 续表 4

项 目	单位	绿毛茶	乌龙茶	紧压茶	苹 果	柑	桔
一、每亩化肥金额	元	83.28	123.55	96.21	248.82	226.80	194.71
(一)氮肥	元	67.49	15.89	95.98	46.38	42.89	48.05
1. 尿素	元	55.74	12.24	73.65	41.18	39.02	37.53
2. 碳铵	元	10.84	3.65	22.33	5.20	3.87	10.52
3. 其他氮肥	元	0.91					
(二)磷肥	元	3.92	3.18	0.15	5.77	7.12	4.90
其中:过磷酸钙	元	3.91	3.18		1.41	7.05	2.47
(三)钾肥	元				14.52	5.87	6.45
其中:氯化钾	元				1.99	0.36	6.45
(四)复混肥	元	11.80	104.48		174.85	170.10	119.35
1. 复合肥	元	11.23	98.10		157.98	164.52	116.76
其中:三铵	元	0.52			33.52	0.50	2.48
2. 混配肥	元	0.57	6.38		16.87	5.58	2.59
(五)其他肥料	元	0.07		0.08	7.30	0.82	15.96
二、每亩化肥折纯用量	公斤	20.14	21.39	25.33	51.11	40.27	38.24
(一)氮肥	公斤	16.56	4.04	25.25	11.99	10.47	12.25
1. 尿素	公斤	13.02	2.91	17.75	10.25	9.29	8.96
2. 碳铵	公斤	3.40	1.13	7.50	1.74	1.18	3.29
3. 其他氮肥	公斤	0.14					
(二)磷肥	公斤	1.49	0.91	0.08	1.52	2.80	1.72
其中:过磷酸钙	公斤	1.49	0.91		0.41	2.77	0.79
(三)钾肥	公斤				2.34	0.59	1.70
其中:氯化钾	公斤				0.48	0.09	1.70
(四)复混肥	公斤	2.09	16.44		35.26	26.41	22.57
1. 复合肥	公斤	2.02	15.32		32.38	25.33	21.73
其中:二铵	公斤	0.14			7.96	0.15	0.72
2. 混配肥	公斤	0.07	1.12		2.88	1.08	0.84

1－23－1　2006 年全国饲养业产品成本收益情况

项　　目	单位	生　猪	散养生猪	规模生猪	小规模生猪	中规模生猪	大规模生猪
每头(只、百只、亩)							
主产品产量	公斤	106.10	109.50	102.70	104.10	105.00	99.10
产值合计	元	848.69	878.36	819.01	825.68	826.13	805.22
主产品产值	元	830.61	856.78	804.43	808.97	810.96	793.35
副产品产值	元	18.08	21.58	14.58	16.71	15.17	11.87
总成本	元	755.46	782.06	728.74	721.28	725.48	739.63
生产成本	元	754.61	782.05	727.05	720.16	723.81	737.35
物质与服务费用	元	637.48	606.97	667.88	637.48	665.15	701.01
人工成本	元	117.13	175.08	59.17	82.68	58.66	36.34
家庭用工折价	元	106.64	175.08	38.19	72.33	36.67	5.75
雇工费用	元	10.49		20.98	10.35	21.99	30.59
土地成本	元	0.85	0.01	1.69	1.12	1.67	2.28
净利润	元	93.23	96.30	90.27	104.40	100.65	65.59
成本利润率	%	12.34	12.31	12.39	14.47	13.87	8.87
耗粮数量	公斤	184.00	181.30	186.70	180.30	192.40	187.40
每 50 公斤主产品							
平均出售价格	元	391.43	391.22	391.64	388.55	386.17	400.28
总成本	元	348.43	348.33	348.47	339.42	339.12	367.67
生产成本	元	348.04	348.32	347.67	338.89	338.34	366.54
净利润	元	43.00	42.89	43.17	49.13	47.05	32.61
耗粮数量	公斤	86.71	82.79	90.90	86.62	91.61	94.57
附：							
每核算单位用工数量	日	6.74	10.36	3.12	4.78	3.11	1.49
平均饲养天数	日	160.00	179.00	141.00	145.00	143.00	134.00

1－23－1 续表 1

项 目	单位	散养肉牛	散养肉羊	规模肉鸡	小规模肉鸡	中规模肉鸡	大规模肉鸡
每头(只、百只、亩)							
主产品产量	公斤	345.00	43.30	208.70	229.10	211.60	185.40
产值合计	元	2915.69	373.26	1772.07	1972.77	1705.78	1637.68
主产品产值	元	2831.49	344.30	1748.23	1956.13	1667.64	1620.93
副产品产值	元	84.20	28.96	23.84	16.64	38.14	16.75
总成本	元	2301.07	282.88	1519.18	1644.49	1487.78	1425.28
生产成本	元	2299.41	282.88	1514.48	1642.55	1483.26	1417.63
物质与服务费用	元	1847.80	170.12	1427.32	1517.04	1402.85	1362.08
人工成本	元	451.61	112.76	87.16	125.51	80.41	55.55
家庭用工折价	元	441.09	103.60	64.90	120.50	62.36	11.83
雇工费用	元	10.52	9.16	22.26	5.01	18.05	43.72
土地成本	元	1.66		4.70	1.94	4.52	7.65
净利润	元	614.62	90.38	252.89	328.28	218.00	212.40
成本利润率	%	26.71	31.95	16.65	19.96	14.65	14.90
耗粮数量	公斤	225.70	26.20	359.90	397.30	351.30	331.00
每50公斤主产品							
平均出售价格	元	410.36	397.58	418.84	426.92	394.05	437.14
总成本	元	323.86	301.31	359.07	355.88	343.69	380.44
生产成本	元	323.62	301.31	357.96	355.46	342.65	378.40
净利润	元	86.50	96.27	59.77	71.04	50.36	56.70
耗粮数量	公斤	32.70	30.28	86.22	86.70	83.02	89.26
附：							
每核算单位用工数量	日	26.56	6.47	4.73	7.38	4.38	2.42
平均饲养天数	日	257.00	225.00	68.00	74.00	61.00	68.00

1－23－1　续表 2

项　　目	单位	蛋　鸡	散养蛋鸡	规模蛋鸡	小规模蛋鸡	中规模蛋鸡	大规模蛋鸡
每头(只、百只、亩)							
主产品产量	公斤	1561.20	1484.70	1637.60	1660.20	1609.70	1642.90
产值合计	元	9000.25	8475.10	9525.39	9318.54	9429.41	9828.20
主产品产值	元	7770.32	7280.79	8259.85	8084.25	8203.16	8492.13
副产品产值	元	1229.93	1194.31	1265.54	1234.29	1226.25	1336.07
总成本	元	7935.85	7258.18	8613.42	8289.99	8534.30	9015.92
生产成本	元	7925.97	7258.18	8593.66	8287.00	8508.38	8985.55
物质与服务费用	元	7453.45	6685.61	8221.20	7866.45	8139.64	8657.52
人工成本	元	472.52	572.57	372.46	420.55	368.74	328.03
家庭用工折价	元	404.25	572.57	235.92	400.19	242.85	64.73
雇工费用	元	68.27		136.54	20.36	125.89	263.30
土地成本	元	9.88		19.76	2.99	25.92	30.37
净利润	元	1064.40	1216.92	911.97	1028.55	895.11	812.28
成本利润率	%	13.41	16.77	10.59	12.41	10.49	9.01
耗粮数量	公斤	2534.20	2301.60	2766.70	2925.80	2648.60	2725.70
每50公斤主产品							
平均出售价格	元	248.86	245.19	252.19	243.47	254.80	258.45
总成本	元	219.43	209.98	228.05	216.60	230.61	237.09
生产成本	元	219.16	209.98	227.52	216.52	229.91	236.29
净利润	元	29.43	35.21	24.14	26.87	24.19	21.36
耗粮数量	公斤	81.16	77.51	84.47	88.12	82.27	82.95
附：							
每核算单位用工数量	日	26.56	33.88	19.24	24.62	19.28	13.83
平均饲养天数	日	350.00	344.00	355.00	356.00	356.00	354.00

1-23-1 续表 3

项 目	单位	奶 牛	散养奶牛	规模奶牛	小规模奶牛	中规模奶牛	大规模奶牛
每头(只、百只、亩)							
主产品产量	公斤	5250.20	4875.90	5624.40	5149.40	5571.20	6152.70
产值合计	元	11160.91	10006.51	12315.30	10215.53	12473.51	14256.87
主产品产值	元	10179.37	9031.57	11327.16	9297.43	11487.21	13196.84
副产品产值	元	981.54	974.94	988.14	918.10	986.30	1060.03
总成本	元	9029.91	7962.21	10097.37	7912.87	10429.86	11949.77
生产成本	元	9003.58	7937.15	10069.77	7884.05	10393.75	11931.91
物质与服务费用	元	7954.85	6907.03	9002.59	7023.40	9227.63	10756.75
人工成本	元	1048.73	1030.12	1067.18	860.65	1166.12	1175.16
家庭用工折价	元	618.03	1026.34	209.56	520.18	90.42	18.25
雇工费用	元	430.70	3.78	857.62	340.47	1075.70	1156.91
土地成本	元	26.33	25.06	27.60	28.82	36.11	17.86
净利润	元	2131.00	2044.30	2217.93	2302.66	2043.65	2307.10
成本利润率	%	23.60	25.68	21.97	29.10	19.59	19.31
耗粮数量	公斤	1988.40	1897.90	2078.80	1993.50	2042.50	2200.50
每50公斤主产品							
平均出售价格	元	96.94	92.61	100.70	90.28	103.09	107.24
总成本	元	78.43	73.69	82.56	69.93	86.20	89.89
生产成本	元	78.20	73.46	82.34	69.68	85.90	89.75
净利润	元	18.51	18.92	18.14	20.35	16.89	17.35
耗粮数量	公斤	18.94	19.46	18.48	19.36	18.33	17.88
附:							
每核算单位用工数量	日	50.23	60.84	39.60	43.88	39.51	35.42
平均饲养天数	日	365.00	365.00	365.00	364.00	365.00	365.00

1－23－1 续表 4

项　　目	单位	淡水鱼精养	淡水鱼规模户	淡水鱼一般户
每头(只、百只、亩)				
主产品产量	公斤	831.10	777.30	884.80
产值合计	元	6883.50	6130.68	7636.32
主产品产值	元	6349.89	5601.88	7097.90
副产品产值	元	533.61	528.80	538.42
总成本	元	5364.35	4964.63	5763.96
生产成本	元	5095.95	4713.32	5478.47
物质与服务费用	元	4330.64	4258.92	4402.23
人工成本	元	765.31	454.40	1076.24
家庭用工折价	元	597.00	200.50	993.50
雇工费用	元	168.31	253.90	82.74
土地成本	元	268.40	251.31	285.49
净利润	元	1519.15	1166.05	1872.36
成本利润率	%	28.32	23.49	32.48
耗粮数量	公斤	850.20	871.50	828.90
每50公斤主产品				
平均出售价格	元	382.02	360.34	401.10
总成本	元	297.71	291.80	302.75
生产成本	元	282.81	277.03	287.76
净利润	元	84.31	68.54	98.35
耗粮数量	公斤	51.15	56.06	46.84
附:				
每核算单位用工数量	日	30.63	16.27	44.98
平均饲养天数	日	285.00	277.00	292.00

1－23－2　2006年全国饲养业产品费用和用工情况

项　　目	单位	生　猪	散养生猪	规模生猪	小规模生猪	中规模生猪	大规模生猪
一、每头（只、百只、亩）物质与服务费	元	637.48	606.97	667.88	637.48	665.15	701.01
（一）直接费用	元	623.98	596.33	651.57	625.77	651.54	677.40
1. 仔畜进价	元	154.56	139.97	169.15	151.74	162.33	193.38
2. 精饲料费	元	402.72	377.17	428.27	410.64	436.69	437.48
3. 青粗饲料费	元	30.22	43.66	16.78	26.84	16.00	7.50
4. 饲料加工费	元	5.51	6.85	4.17	5.12	4.34	3.04
5. 水费	元	1.65	1.45	1.85	1.94	1.74	1.86
6. 燃料动力费	元	7.14	8.78	5.48	4.57	4.76	7.11
电费	元	2.56	1.79	3.33	2.94	2.93	4.12
煤费	元	3.66	5.44	1.87	1.34	1.64	2.64
其他燃料动力费	元	0.92	1.55	0.28	0.29	0.19	0.35
7. 医疗防疫费	元	9.98	9.28	10.68	9.45	10.29	12.29
8. 死亡损失费	元	6.66	3.25	10.06	10.47	11.28	8.42
9. 技术服务费	元	0.43	0.34	0.51	0.45	0.36	0.73
10. 工具材料费	元	2.44	3.00	1.87	2.28	1.57	1.77
11. 修理维护费	元	1.86	1.75	1.96	1.86	1.75	2.28
12. 其他直接费用	元	0.81	0.83	0.79	0.41	0.43	1.54
（二）间接费用	元	13.50	10.64	16.31	11.71	13.61	23.61
1. 固定资产折旧	元	9.16	8.20	10.11	8.69	8.98	12.65
2. 税金	元						
3. 保险费	元	0.04	0.01	0.06	0.02	0.09	0.08
4. 管理费	元	1.41	0.23	2.58	0.70	1.64	5.39
5. 财务费	元	0.75	0.07	1.42	0.46	0.97	2.83
6. 销售费	元	2.14	2.13	2.14	1.84	1.93	2.66
二、每头（只、百只、亩）人工成本	元	117.13	175.08	59.17	82.68	58.66	36.34
1. 家庭用工折价	元	106.64	175.08	38.19	72.33	36.67	5.75
家庭用工天数	日	6.31	10.36	2.26	4.28	2.17	0.34
劳动日工价	元	16.90	16.90	16.90	16.90	16.90	16.90
2. 雇工费用	元	10.49		20.98	10.35	21.99	30.59
雇工天数	日	0.43		0.86	0.50	0.94	1.15
雇工工价	元	24.40	24.91	24.40	20.70	23.39	26.60
三、附记							
1. 仔畜重量	公斤	17.20	17.10	17.20	16.70	17.10	17.80
2. 精饲料数量	公斤	260.40	258.90	261.80	254.80	270.70	260.00
3. 耗粮数量	公斤	184.00	181.30	186.70	180.30	192.40	187.40

1－23－2　续表 1

项　　目	单位	散养肉牛	散养肉羊	规模肉鸡	小规模肉　鸡	中规模肉　鸡	大规模肉　鸡
一、每头(只、百只、亩)物质与服务费	元	1847.80	170.12	1427.32	1517.04	1402.85	1362.08
(一)直接费用	元	1818.09	165.41	1392.51	1488.46	1369.13	1319.93
1. 仔畜进价	元	1207.54	82.05	204.52	199.14	203.48	210.93
2. 精饲料费	元	389.93	43.84	1058.53	1148.77	1041.50	985.31
3. 青粗饲料费	元	157.54	28.09	0.25	0.50	0.24	
4. 饲料加工费	元	15.27	1.49	1.26	2.40	1.11	0.27
5. 水费	元	3.88	1.15	4.28	5.22	3.90	3.73
6. 燃料动力费	元	18.64	2.05	25.15	30.49	23.11	21.85
电费	元	6.46	1.05	10.34	11.29	8.99	10.74
煤费	元	10.62	0.99	13.92	19.20	13.15	9.41
其他燃料动力费	元	1.56	0.01	0.89		0.97	1.70
7. 医疗防疫费	元	10.74	2.98	58.44	58.41	56.27	60.63
8. 死亡损失费	元	3.44	1.08	21.46	21.18	24.92	18.29
9. 技术服务费	元	0.59	0.28	3.29	4.00	0.83	5.04
10. 工具材料费	元	4.46	1.31	9.32	11.10	8.19	8.68
11. 修理维护费	元	3.08	0.75	4.40	5.74	3.92	3.55
12. 其他直接费用	元	2.98	0.34	1.61	1.51	1.66	1.65
(二)间接费用	元	29.71	4.71	34.81	28.58	33.72	42.15
1. 固定资产折旧	元	21.78	2.74	22.69	21.30	26.59	20.19
2. 税金	元						
3. 保险费	元	0.07		0.01			0.04
4. 管理费	元	0.96	0.42	2.81	1.73	2.56	4.14
5. 财务费	元	0.52		2.48		0.79	6.65
6. 销售费	元	6.38	1.55	6.82	5.55	3.78	11.13
二、每头(只、百只、亩)人工成本	元	451.61	112.76	87.16	125.51	80.41	55.55
1. 家庭用工折价	元	441.09	103.60	64.90	120.50	62.36	11.83
家庭用工天数	日	26.10	6.13	3.84	7.13	3.69	0.70
劳动日工价	元	16.90	16.90	16.90	16.90	16.90	16.90
2. 雇工费用	元	10.52	9.16	22.26	5.01	18.05	43.72
雇工天数	日	0.46	0.34	0.89	0.25	0.69	1.72
雇工工价	元	22.87	26.94	25.01	20.04	26.16	25.42
三、附记							
1. 仔畜重量	公斤	155.60	10.40				
2. 精饲料数量	公斤	331.20	38.70	508.50	566.40	499.10	459.90
3. 耗粮数量	公斤	225.70	26.20	359.90	397.30	351.30	331.00

1-23-2 续表 2

项目	单位	蛋鸡	散养蛋鸡	规模蛋鸡	小规模蛋鸡	中规模蛋鸡	大规模蛋鸡
一、每头(只、百只、亩)物质与服务费	元	7453.45	6685.61	8221.20	7866.45	8139.64	8657.52
(一)直接费用	元	7354.19	6630.34	8077.97	7801.47	8032.93	8399.51
1. 仔畜进价	元	1555.40	1500.80	1610.00	1504.34	1647.87	1677.78
2. 精饲料费	元	5509.85	4852.50	6167.20	6082.89	6056.48	6362.23
3. 青粗饲料费	元	21.23	21.70	20.76	2.93	54.28	5.08
4. 饲料加工费	元	21.48	30.06	12.90	11.58	13.29	13.83
5. 水费	元	10.88	5.61	16.15	13.14	13.11	22.21
6. 燃料动力费	元	62.43	61.95	62.89	43.22	67.22	78.23
电费	元	47.81	46.74	48.87	34.27	49.22	63.13
煤费	元	13.68	14.71	12.64	8.69	17.12	12.11
其他燃料动力费	元	0.94	0.50	1.38	0.26	0.88	2.99
7. 医疗防疫费	元	99.23	99.95	98.50	72.48	97.00	126.03
8. 死亡损失费	元	54.43	44.14	64.72	56.88	60.70	76.58
9. 技术服务费	元	1.63	1.99	1.26	1.05	0.65	2.07
10. 工具材料费	元	5.77	3.07	8.46	5.87	9.81	9.70
11. 修理维护费	元	9.81	7.73	11.88	6.02	11.06	18.55
12. 其他直接费用	元	2.05	0.84	3.25	1.07	1.46	7.22
(二)间接费用	元	99.26	55.27	143.23	64.98	106.71	258.01
1. 固定资产折旧	元	68.68	50.59	86.76	59.67	78.63	121.99
2. 税金	元						
3. 保险费	元	0.28		0.55			1.64
4. 管理费	元	11.99	2.75	21.23	1.23	11.56	50.91
5. 财务费	元	3.70		7.40	0.21	4.22	17.77
6. 销售费	元	14.61	1.93	27.29	3.87	12.30	65.70
二、每头(只、百只、亩)人工成本	元	472.52	572.57	372.46	420.55	368.74	328.03
1. 家庭用工折价	元	404.25	572.57	235.92	400.19	242.85	64.73
家庭用工天数	日	23.92	33.88	13.96	23.68	14.37	3.83
劳动日工价	元	16.90	16.90	16.90	16.90	16.90	16.90
2. 雇工费用	元	68.27		136.54	20.36	125.89	263.30
雇工天数	日	2.64		5.28	0.94	4.91	10.00
雇工工价	元	25.86	21.76	25.86	21.66	25.64	26.33
三、附记							
1. 仔畜重量	公斤						
2. 精饲料数量	公斤	3618.30	3273.20	3963.30	4151.90	3799.50	3938.40
3. 耗粮数量	公斤	2534.20	2301.60	2766.70	2925.80	2648.60	2725.70

1－23－2　续表 3

项　　目	单位	奶　牛	散养奶牛	规模奶牛	小规模奶　牛	中规模奶　牛	大规模奶　牛
一、每头(只、百只、亩)物质与服务费	元	7954.85	6907.03	9002.59	7023.40	9227.63	10756.75
(一)直接费用	元	6472.87	5646.33	7299.37	5815.40	7512.43	8570.30
1. 仔畜进价	元						
2. 精饲料费	元	4361.61	4127.39	4595.83	4215.45	4695.18	4876.87
3. 青粗饲料费	元	1532.64	1092.80	1972.48	1136.69	2114.15	2666.59
4. 饲料加工费	元	30.75	29.61	31.89	23.30	26.22	46.15
5. 水费	元	40.08	29.99	50.17	31.33	54.64	64.53
6. 燃料动力费	元	127.75	90.34	165.14	97.17	154.90	243.36
电费	元	78.64	40.58	116.69	56.77	111.38	181.93
煤费	元	40.50	42.85	38.15	37.09	36.77	40.59
其他燃料动力费	元	8.61	6.91	10.30	3.31	6.75	20.84
7. 医疗防疫费	元	149.34	142.58	156.10	115.78	157.88	194.63
8. 死亡损失费	元	70.99	34.39	107.59	93.96	107.40	121.42
9. 技术服务费	元	20.33	17.43	23.23	30.95	18.34	20.41
10. 工具材料费	元	37.98	23.46	52.49	18.64	44.53	94.29
11. 修理维护费	元	38.35	20.83	55.86	24.06	64.38	79.15
12. 其他直接费用	元	63.05	37.51	88.59	28.07	74.81	162.90
(二)间接费用	元	1481.98	1260.70	1703.22	1208.00	1715.20	2186.45
1. 固定资产折旧	元	1225.55	1194.19	1256.90	1121.27	1206.02	1443.40
2. 税金	元						
3. 保险费	元	5.82	0.16	11.47	0.13	12.69	21.60
4. 管理费	元	131.47	7.44	255.49	13.15	267.62	485.69
5. 财务费	元	34.90	1.58	68.21	9.86	72.57	122.19
6. 销售费	元	84.24	57.33	111.15	63.59	156.30	113.57
二、每头(只、百只、亩)人工成本	元	1048.73	1030.12	1067.18	860.65	1166.12	1175.16
1. 家庭用工折价	元	618.03	1026.34	209.56	520.18	90.42	18.25
家庭用工天数	日	36.57	60.73	12.40	30.78	5.35	1.08
劳动日工价	元	16.90	16.90	16.90	16.90	16.90	16.90
2. 雇工费用	元	430.70	3.78	857.62	340.47	1075.70	1156.91
雇工天数	日	13.66	0.11	27.20	13.10	34.16	34.34
雇工工价	元	31.53	34.36	31.53	25.99	31.49	33.69
三、附记							
1. 仔畜重量	公斤						
2. 精饲料数量	公斤	2814.70	2679.50	2949.80	2807.30	2912.40	3129.80
3. 耗粮数量	公斤	1988.40	1897.90	2078.80	1993.50	2042.50	2200.50

1－23－2 续表 4

项 目	单位	淡水鱼精养	淡水鱼规模户	淡水鱼一般户
一、每头(只、百只、亩)物质与服务费	元	4330.64	4258.92	4402.23
(一)直接费用	元	4234.81	4186.44	4283.10
1. 仔畜进价	元	1142.77	972.05	1313.48
2. 精饲料费	元	2541.65	2735.44	2347.85
3. 青粗饲料费	元	118.80	71.39	166.20
4. 饲料加工费	元	16.55	5.03	28.07
5. 水费	元	8.46	9.28	7.63
6. 燃料动力费	元	178.62	219.15	138.07
电费	元	172.33	213.15	131.51
煤费	元	2.55	3.76	1.33
其他燃料动力费	元	3.74	2.24	5.23
7. 医疗防疫费	元	80.38	77.64	83.12
8. 死亡损失费	元	71.28	46.41	96.14
9. 技术服务费	元	5.51	2.14	8.87
10. 工具材料费	元	26.89	18.00	35.78
11. 修理维护费	元	24.21	15.18	33.24
12. 其他直接费用	元	19.69	14.73	24.65
(二)间接费用	元	95.83	72.48	119.13
1. 固定资产折旧	元	67.06	41.94	92.17
2. 税金	元			
3. 保险费	元	0.16	0.31	
4. 管理费	元	6.85	5.50	8.19
5. 财务费	元	8.61	9.30	7.91
6. 销售费	元	13.15	15.43	10.86
二、每头(只、百只、亩)人工成本	元	765.31	454.40	1076.24
1. 家庭用工折价	元	597.00	200.50	993.50
家庭用工天数	日	25.19	8.46	41.92
劳动日工价	元	23.70	23.70	23.70
2. 雇工费用	元	168.31	253.90	82.74
雇工天数	日	5.44	7.81	3.06
雇工工价	元	30.94	32.51	27.04
三、附记				
1. 仔畜重量	公斤	168.40	151.10	185.70
2. 精饲料数量	公斤	1248.40	1261.00	1235.70
3. 耗粮数量	公斤	850.20	871.50	828.90

1－24－1　2006年大中城市主要蔬菜品种成本收益情况

项　目	单位	西红柿	露地西红柿	大棚西红柿	黄　瓜	露地黄瓜	大棚黄瓜
每亩							
主产品产量	公斤	4795.60	4589.80	5001.40	4399.40	3895.20	4903.50
产值合计	元	5787.16	4474.22	7100.09	5021.66	3594.84	6448.48
主产品产值	元	5787.08	4474.07	7100.09	5021.58	3594.68	6448.48
副产品产值	元	0.08	0.15		0.08	0.16	
总成本	元	3207.95	2137.55	4278.30	2834.48	1869.31	3799.52
生产成本	元	2976.93	1977.17	3976.64	2624.06	1726.31	3521.67
物质与服务费用	元	1709.68	1052.06	2367.22	1510.14	930.91	2089.25
人工成本	元	1267.25	925.11	1609.42	1113.92	795.40	1432.42
家庭用工折价	元	1067.74	858.01	1277.47	990.51	717.07	1263.95
雇工费用	元	199.51	67.10	331.95	123.41	78.33	168.47
土地成本	元	231.02	160.38	301.66	210.42	143.00	277.85
流转地租金	元	25.73	14.98	36.48	23.44	12.07	34.81
自营地折租	元	205.29	145.40	265.18	186.98	130.92	243.03
净利润	元	2579.21	2336.68	2821.79	2187.18	1725.53	2648.96
现金成本	元	1934.92	1134.14	2735.65	1656.99	1021.31	2292.53
现金收益	元	3852.24	3340.08	4364.44	3364.67	2573.52	4155.95
成本利润率	%	80.40	109.32	65.96	77.16	92.31	69.72
每50公斤主产品							
平均出售价格	元	60.34	48.74	70.98	57.07	46.14	65.75
总成本	元	33.45	23.29	42.77	32.21	23.99	38.74
生产成本	元	31.04	21.54	39.75	29.82	22.16	35.91
净利润	元	26.89	25.45	28.21	24.86	22.15	27.01
现金成本	元	20.17	12.35	27.35	18.83	13.11	23.38
现金收益	元	40.17	36.39	43.63	38.24	33.03	42.37
附：							
每亩用工数量	日	69.95	53.42	86.47	62.71	45.27	80.14
每亩主产品出售数量	公斤	4678.50	4491.90	4865.10	4279.10	3772.20	4785.90
每亩主产品出售产值	元	5634.77	4379.08	6890.46	4882.48	3481.68	6283.28
商品率	%	98.00	98.40	97.60	97.70	97.50	97.80
每亩补贴收入	元	1.00	0.97	1.03	1.13	1.34	0.91
每亩成本外支出	元	1.39	0.75	2.02	1.53	1.15	1.91

1－24－1 续表 1

项 目	单位	茄 子	露地茄子	大棚茄子	菜 椒	露地菜椒	大棚菜椒
每亩							
主产品产量	公斤	3550.60	3377.70	3723.50	2709.60	2518.10	2901.00
产值合计	元	4104.73	2867.39	5342.06	3821.03	2955.44	4686.60
主产品产值	元	4104.45	2866.83	5342.06	3820.95	2955.30	4686.60
副产品产值	元	0.28	0.56		0.08	0.15	
总成本	元	2377.10	1777.52	2976.38	2281.65	1643.85	2919.32
生产成本	元	2213.26	1611.81	2814.42	2097.01	1448.65	2745.27
物质与服务费用	元	1204.16	809.08	1599.13	1107.89	777.83	1437.84
人工成本	元	1009.10	802.73	1215.29	989.12	670.82	1307.43
家庭用工折价	元	876.27	754.75	997.61	817.12	621.24	1012.99
雇工费用	元	132.83	47.98	217.68	172.00	49.58	294.44
土地成本	元	163.84	165.71	161.97	184.64	195.20	174.05
流转地租金	元	39.42	31.06	47.77	46.41	41.14	51.67
自营地折租	元	124.42	134.65	114.19	138.23	154.07	122.38
净利润	元	1727.63	1089.87	2365.68	1539.38	1311.59	1767.28
现金成本	元	1376.41	888.12	1864.58	1326.30	868.54	1783.95
现金收益	元	2728.32	1979.28	3477.48	2494.73	2086.90	2902.65
成本利润率	%	72.68	61.31	79.48	67.47	79.79	60.54
每50公斤主产品							
平均出售价格	元	57.80	42.44	71.73	70.51	58.68	80.78
总成本	元	33.47	26.31	39.97	42.10	32.64	50.32
生产成本	元	31.17	23.86	37.79	38.70	28.76	47.32
净利润	元	24.33	16.13	31.76	28.41	26.04	30.46
现金成本	元	19.38	13.14	25.04	24.47	17.24	30.75
现金收益	元	38.42	29.30	46.69	46.04	41.44	50.03
附：							
每亩用工数量	日	55.78	46.35	65.20	53.21	38.55	67.87
每亩主产品出售数量	公斤	3474.10	3268.50	3679.60	2666.50	2469.60	2863.30
每亩主产品出售产值	元	4036.90	2781.64	5292.15	3765.72	2901.88	4629.56
商品率	%	98.20	97.40	98.90	98.70	98.60	98.80
每亩补贴收入	元	0.73	0.75	0.70	0.80	1.38	0.22
每亩成本外支出	元	1.43	0.85	2.01	1.95	1.35	2.55

1－24－1　续表 2

项　　目	单位	露地元白菜	露地大白菜	露地马铃薯	露地菜花	露地萝卜	露地豆角
每亩							
主产品产量	公斤	3291.00	4205.30	1561.80	1689.40	3050.00	1917.50
产值合计	元	2087.41	2221.50	1343.40	3041.44	2222.59	2333.76
主产品产值	元	2086.18	2219.44	1342.05	3041.44	2221.84	2333.76
副产品产值	元	1.23	2.06	1.36		0.75	
总成本	元	1209.68	1134.99	771.30	1435.01	987.59	1408.34
生产成本	元	1011.49	956.64	684.97	1301.53	858.81	1289.63
物质与服务费用	元	530.54	496.29	431.99	744.81	435.97	673.50
人工成本	元	480.95	460.35	252.98	556.72	422.84	616.13
家庭用工折价	元	443.29	420.30	221.90	530.32	422.84	600.46
雇工费用	元	37.66	40.05	31.08	26.40		15.67
土地成本	元	198.19	178.35	86.33	133.48	128.78	118.71
流转地租金	元	49.60	41.44	3.08	11.05	19.08	4.21
自营地折租	元	148.59	136.91	83.26	122.43	109.70	114.51
净利润	元	877.73	1086.51	572.10	1606.43	1235.00	925.42
现金成本	元	617.80	577.78	466.14	782.26	455.05	693.37
现金收益	元	1469.61	1643.72	877.26	2259.18	1767.54	1640.39
成本利润率	%	72.56	95.73	74.17	111.95	125.05	65.71
每50公斤主产品							
平均出售价格	元	31.70	26.39	42.96	90.02	36.42	60.85
总成本	元	18.37	13.48	24.66	42.47	16.18	36.72
生产成本	元	15.36	11.36	21.90	38.52	14.07	33.63
净利润	元	13.33	12.91	18.30	47.55	20.24	24.13
现金成本	元	9.38	6.86	14.91	23.15	7.46	18.08
现金收益	元	22.32	19.53	28.05	66.87	28.96	42.77
附：							
每亩用工数量	日	27.65	26.21	14.59	32.27	25.02	36.04
每亩主产品出售数量	公斤	3186.90	4021.40	1371.20	1668.90	2976.30	1885.70
每亩主产品出售产值	元	2004.67	2097.59	1199.71	3003.41	2187.28	2274.94
商品率	%	98.10	97.00	81.40	99.20	98.70	99.10
每亩补贴收入	元	1.18	1.23	1.70		0.19	
每亩成本外支出	元	1.53	0.91	0.17	1.29	1.40	4.13

1－24－2 2006大中城市主要蔬菜品种费用和用工情况

项目	单位	西红柿	露地西红柿	大棚西红柿	黄瓜	露地黄瓜	大棚黄瓜
每亩							
一、每亩物质与服务费用	元	1709.68	1052.06	2367.22	1510.14	930.91	2089.25
（一）直接费用	元	1281.83	897.15	1666.44	1181.94	837.15	1526.62
1.种子费	元	112.06	95.79	128.33	115.94	97.39	134.48
2.化肥费	元	278.04	257.38	298.67	251.72	239.86	263.53
3.农家肥费	元	176.15	133.75	218.54	160.58	138.86	182.29
4.农药费	元	129.48	141.69	117.26	120.62	118.87	122.36
5.农膜费	元	326.56	74.06	579.06	280.80	51.72	509.87
6.租赁作业费	元	86.29	76.26	96.29	78.82	73.11	84.53
机械作业费	元	28.50	27.33	29.66	22.96	19.89	26.02
排灌费	元	51.12	39.15	63.09	49.08	42.20	55.96
其中：水费	元	19.96	15.91	24.01	18.32	17.89	18.75
畜力费	元	6.67	9.78	3.55	6.78	11.02	2.54
7.燃料动力费	元	30.17	10.19	50.15	27.93	3.28	52.57
8.技术服务费	元	0.56	0.34	0.78	1.30	0.04	2.56
9.工具材料费	元	121.05	97.84	144.26	125.50	108.39	142.61
10.修理维护费	元	19.80	7.10	32.50	18.29	5.61	30.96
11.其他直接费用	元	1.67	2.74	0.60	0.44	0.03	0.85
（二）间接费用	元	427.85	154.91	700.78	328.20	93.76	562.63
1.固定资产折旧	元	290.74	22.81	558.67	233.43	17.41	449.44
2.税金	元						
3.保险费	元	2.04		4.08	1.94		3.88
4.管理费	元	2.27	0.93	3.61	2.28	1.15	3.40
5.财务费	元	0.75		1.50	0.85	0.27	1.43
6.销售费	元	132.05	131.17	132.93	89.70	74.92	104.48
二、每亩人工成本	元	1267.25	925.11	1609.42	1113.92	795.40	1432.42
1.家庭用工折价	元	1067.74	858.01	1277.47	990.51	717.07	1263.95
家庭用工天数	日	63.18	50.77	75.59	58.61	42.43	74.79
劳动日工价	元	16.90	16.90	16.90	16.90	16.90	16.90
2.雇工费用	元	199.51	67.10	331.95	123.41	78.33	168.47
雇工天数	日	6.77	2.65	10.88	4.10	2.84	5.35
雇工天数	元	29.47	25.32	30.51	30.10	27.58	31.49
三、附记							
1.每亩种子用量	公斤						
2.每亩化肥用量	公斤	55.44	55.15	55.69	50.52	50.89	50.10
3.每亩农膜用量	公斤	23.63	6.55	40.70	20.04	4.34	35.74

1-24-2 续表 1

项　　目	单位	茄　子	露地茄子	大棚茄子	菜　椒	露地菜椒	大棚菜椒
每亩							
一、每亩物质与服务费用	元	1204.16	809.08	1599.13	1107.89	777.83	1437.84
（一）直接费用	元	945.91	686.01	1205.72	886.24	678.06	1094.34
1. 种子费	元	63.08	74.24	51.92	76.60	95.28	57.92
2. 化肥费	元	255.80	231.16	280.39	205.89	206.78	204.95
3. 农家肥费	元	141.72	118.93	164.50	126.44	116.47	136.41
4. 农药费	元	82.49	81.72	83.26	87.04	78.72	95.36
5. 农膜费	元	257.26	59.18	455.34	248.73	61.43	436.03
6. 租赁作业费	元	62.28	74.77	49.79	66.90	79.48	54.31
机械作业费	元	21.19	19.98	22.40	25.76	24.43	27.08
排灌费	元	30.08	41.10	19.06	32.75	43.30	22.20
其中：水费	元	15.39	21.72	9.06	15.39	18.62	12.15
畜力费	元	11.01	13.69	8.33	8.39	11.75	5.03
7. 燃料动力费	元	15.86	5.71	26.01	14.89	10.11	19.66
8. 技术服务费	元	0.04	0.08		0.22	0.43	
9. 工具材料费	元	50.41	32.35	68.47	46.23	24.14	68.32
10. 修理维护费	元	14.23	6.51	21.95	12.84	4.86	20.82
11. 其他直接费用	元	2.74	1.37	4.10	0.46	0.35	0.56
（二）间接费用	元	258.25	123.06	393.41	221.65	99.76	343.50
1. 固定资产折旧	元	170.26	18.14	322.38	138.65	12.86	264.44
2. 税金	元						
3. 保险费	元	4.53		9.06	4.08		8.15
4. 管理费	元	3.77	1.02	6.51	3.70	1.06	6.33
5. 财务费	元	1.68		3.36	1.50		3.00
6. 销售费	元	78.01	103.90	52.11	73.72	85.85	61.58
二、每亩人工成本	元	1009.10	802.73	1215.29	989.12	670.82	1307.43
1. 家庭用工折价	元	876.27	754.75	997.61	817.12	621.24	1012.99
家庭用工天数	日	51.85	44.66	59.03	48.35	36.76	59.94
劳动日工价	元	16.90	16.90	16.90	16.90	16.90	16.90
2. 雇工费用	元	132.83	47.98	217.68	172.00	49.58	294.44
雇工天数	日	3.93	1.69	6.17	4.86	1.79	7.93
雇工工价	元	33.80	28.39	35.28	35.39	27.70	37.13
三、附记							
1. 每亩种子用量	公斤						
2. 每亩化肥用量	公斤	45.08	50.59	39.52	44.57	47.93	41.19
3. 每亩农膜用量	公斤	19.06	5.22	32.89	18.46	4.99	31.93

1-24-2 续表 2

项　　目	单位	露地元白菜	露地大白菜	露地马铃薯	露地菜花	露地萝卜	露地豆角
每亩							
一、每亩物质与服务费用	元	530.54	496.29	431.99	744.81	435.97	673.50
(一)直接费用	元	451.42	395.66	390.69	575.03	363.48	550.45
1.种子费	元	52.00	31.42	135.65	87.06	64.85	82.67
2.化肥费	元	149.15	144.40	107.49	242.83	134.76	129.33
3.农家肥费	元	90.54	77.85	55.17	77.77	42.53	78.64
4.农药费	元	47.54	55.30	9.87	62.04	35.05	49.66
5.农膜费	元	35.41	15.87	7.14	19.18	16.11	31.12
6.租赁作业费	元	54.55	55.26	62.09	63.20	54.72	61.75
机械作业费	元	21.95	20.73	19.10	16.07	26.42	27.88
排灌费	元	25.05	24.31	14.82	25.44	14.03	21.57
其中:水费	元	13.04	10.06	5.64	17.92	4.85	5.69
畜力费	元	7.55	10.22	28.17	21.69	14.28	12.30
7.燃料动力费	元	4.18	1.29	0.61	10.11		
8.技术服务费	元			1.98			
9.工具材料费	元	13.95	8.02	6.78	10.50	11.15	112.77
10.修理维护费	元	4.08	6.23	3.14	2.35	4.32	4.52
11.其他直接费用	元	0.03	0.02	0.78			
(二)间接费用	元	79.11	100.63	41.30	169.78	72.49	123.05
1.固定资产折旧	元	13.98	22.27	7.59	9.16	9.77	10.08
2.税金	元						
3.保险费	元	3.40	2.81				
4.管理费	元	2.83	2.45	3.09		0.78	1.02
5.财务费	元	1.20	1.03	1.20			
6.销售费	元	57.71	72.05	29.42	160.62	61.94	111.95
二、每亩人工成本	元	480.95	460.35	252.98	556.72	422.84	616.13
1.家庭用工折价	元	443.29	420.30	221.90	530.32	422.84	600.46
家庭用工天数	日	26.23	24.87	13.13	31.38	25.02	35.53
劳动日工价	元	16.90	16.90	16.90	16.90	16.90	16.90
2.雇工费用	元	37.66	40.05	31.08	26.40		15.67
雇工天数	日	1.42	1.34	1.46	0.89		0.51
雇工工价	元	26.52	29.89	21.29	29.66	32.98	30.73
三、附记							
1.每亩种子用量	公斤						
2.每亩化肥用量	公斤	37.24	36.00	24.25	55.34	27.95	31.70
3.每亩农膜用量	公斤	3.04	1.42	0.61	1.35	1.22	2.38

1－24－3　2006年大中城市主要蔬菜品种化肥投入情况

项　　目	单位	西红柿	露地西红柿	大棚西红柿	黄　瓜	露地黄瓜	大棚黄瓜
每亩							
一、每亩化肥金额	元	278.04	257.38	298.67	251.72	239.86	263.53
（一）氮肥	元	65.44	70.98	59.90	76.99	86.55	67.41
1. 尿素	元	57.02	59.88	54.16	65.34	70.63	60.05
2. 碳铵	元	5.29	7.31	3.27	9.99	13.55	6.42
3. 其他氮肥	元	3.13	3.79	2.47	1.66	2.37	0.94
（二）磷肥	元	11.92	13.42	10.42	7.66	8.94	6.37
其中：过磷酸钙	元	7.87	9.18	6.56	4.59	5.58	3.60
（三）钾肥	元	25.16	27.51	22.81	18.54	21.12	15.96
其中：氯化钾	元	16.78	24.24	9.31	11.04	17.23	4.85
（四）复混肥	元	155.59	137.88	173.29	128.64	116.80	140.47
1. 复合肥	元	140.03	132.25	147.81	116.45	112.82	120.08
其中：二铵	元	60.49	45.47	75.50	51.09	42.83	59.34
2. 混配肥	元	15.56	5.63	25.48	12.19	3.98	20.39
（五）其他肥料	元	19.93	7.59	32.26	19.89	6.45	33.32
二、每亩化肥折纯用量	公斤	55.44	55.15	55.69	50.52	50.89	50.10
（一）氮肥	公斤	16.07	17.58	14.54	18.87	20.60	17.12
1. 尿素	公斤	13.79	14.37	13.21	16.01	16.88	15.13
2. 碳铵	公斤	1.88	2.69	1.06	2.70	3.53	1.86
3. 其他氮肥	公斤	0.40	0.52	0.27	0.16	0.19	0.13
（二）磷肥	公斤	3.63	4.78	2.47	1.84	2.42	1.25
其中：过磷酸钙	公斤	1.98	2.77	1.19	1.32	1.85	0.78
（三）钾肥	公斤	4.80	6.20	3.40	3.31	4.49	2.13
其中：氯化钾	公斤	4.09	5.87	2.31	2.70	4.16	1.23
（四）复混肥	公斤	30.94	26.59	35.28	26.50	23.38	29.59
1. 复合肥	公斤	27.39	25.61	29.16	23.66	22.69	24.62
其中：二铵	公斤	13.24	9.96	16.52	11.86	9.43	14.28
2. 混配肥	公斤	3.55	0.98	6.12	2.84	0.69	4.98

1－24－3 续表 1

项 目	单位	茄子	露地茄子	大棚茄子	菜椒	露地菜椒	大棚菜椒
每亩							
一、每亩化肥金额	元	255.80	231.16	280.39	205.89	206.78	204.95
(一)氮肥	元	115.49	69.65	161.31	59.20	70.60	47.79
1. 尿素	元	104.94	55.82	154.05	49.97	56.25	43.68
2. 碳铵	元	10.03	12.80	7.26	9.23	14.35	4.11
3. 其他氮肥	元	0.52	1.03				
(二)磷肥	元	15.98	21.22	10.73	13.57	19.44	7.69
其中:过磷酸钙	元	13.73	16.72	10.73	10.76	13.83	7.69
(三)钾肥	元	15.72	21.82	9.61	12.06	17.97	6.14
其中:氯化钾	元	9.24	17.63	0.85	10.39	16.17	4.60
(四)复混肥	元	104.70	111.76	97.62	119.56	96.86	142.25
1. 复合肥	元	98.94	103.38	94.49	117.02	94.59	139.44
其中:二铵	元	25.63	32.62	18.63	31.77	27.64	35.89
2. 混配肥	元	5.76	8.39	3.13	2.54	2.27	2.81
(五)其他肥料	元	3.91	6.71	1.11	1.50	1.91	1.09
二、每亩化肥折纯用量	公斤	45.08	50.59	39.52	44.57	47.93	41.19
(一)氮肥	公斤	17.26	17.45	17.04	15.45	19.05	11.84
1. 尿素	公斤	14.26	13.71	14.80	12.74	14.90	10.58
2. 碳铵	公斤	2.95	3.65	2.24	2.71	4.15	1.26
3. 其他氮肥	公斤	0.05	0.09				
(二)磷肥	公斤	4.00	4.95	3.04	3.95	5.58	2.32
其中:过磷酸钙	公斤	3.44	3.83	3.04	3.34	4.36	2.32
(三)钾肥	公斤	3.23	4.68	1.77	2.72	4.14	1.30
其中:氯化钾	公斤	2.24	4.27	0.20	2.56	3.96	1.15
(四)复混肥	公斤	20.59	23.51	17.67	22.45	19.16	25.73
1. 复合肥	公斤	19.51	21.85	17.17	22.07	18.86	25.28
其中:二铵	公斤	6.16	8.20	4.12	6.95	6.11	7.78
2. 混配肥	公斤	1.08	1.66	0.50	0.38	0.30	0.45

1-24-3 续表 2

项　　目	单位	露地元白菜	露地大白菜	露地马铃薯	露地菜花	露地萝卜	露地豆角
每亩							
一、每亩化肥金额	元	149.15	144.40	107.49	242.83	134.76	129.33
(一)氮肥	元	69.74	57.30	41.94	68.95	31.09	41.38
1.尿素	元	54.02	49.05	20.88	67.17	30.59	32.55
2.碳铵	元	15.10	8.15	21.06	1.78	0.49	8.83
3.其他氮肥	元	0.62	0.10				
(二)磷肥	元	10.48	10.07	9.50	10.61	1.56	6.35
其中:过磷酸钙	元	8.53	9.60	5.61	6.03	1.30	3.36
(三)钾肥	元	8.82	9.82	3.32	39.33		4.14
其中:氯化钾	元	8.53	9.35	2.22	36.83		
(四)复混肥	元	58.08	66.71	50.28	123.93	101.58	77.46
1.复合肥	元	51.96	62.83	44.08	108.13	92.24	75.79
其中:二铵	元	21.11	18.27	14.76	16.95	14.17	20.56
2.混配肥	元	6.12	3.87	6.20	15.80	9.33	1.67
(五)其他肥料	元	2.03	0.50	2.46		0.55	
二、每亩化肥折纯用量	公斤	37.24	36.00	24.25	55.34	27.95	31.70
(一)氮肥	公斤	19.27	15.65	11.40	15.97	7.42	14.72
1.尿素	公斤	14.46	12.97	5.13	15.50	7.26	12.42
2.碳铵	公斤	4.74	2.64	6.27	0.47	0.16	2.31
3.其他氮肥	公斤	0.07	0.04				
(二)磷肥	公斤	3.30	3.51	2.88	1.84	0.39	1.05
其中:过磷酸钙	公斤	2.78	3.33	1.39	1.43	0.26	0.78
(三)钾肥	公斤	2.03	2.28	0.67	8.78		0.35
其中:氯化钾	公斤	2.01	2.23	0.56	8.57		
(四)复混肥	公斤	12.65	14.56	9.31	28.74	20.14	15.59
1.复合肥	公斤	11.62	13.74	8.66	26.57	19.12	15.21
其中:二铵	公斤	4.67	4.12	3.27	3.73	3.23	4.53
2.混配肥	公斤	1.03	0.82	0.65	2.17	1.02	0.38

二、各地区粮食、油料

2-1-1 2006年各地区早籼稻成本收益情况

项目	单位	平均	浙江	安徽	福建	江西
每亩						
主产品产量	公斤	387.00	381.80	368.90	390.60	381.30
产值合计	元	597.00	622.79	519.18	618.94	570.85
主产品产值	元	581.93	616.61	511.48	599.90	542.43
副产品产值	元	15.07	6.18	7.70	19.04	28.42
总成本	元	488.61	443.94	407.82	509.08	458.11
生产成本	元	424.38	359.55	365.13	460.09	403.85
物质与服务费用	元	243.24	247.20	225.12	224.29	232.16
人工成本	元	181.14	112.35	140.01	235.80	171.69
家庭用工折价	元	167.48	86.53	133.34	214.46	168.16
雇工费用	元	13.66	25.82	6.67	21.34	3.53
土地成本	元	64.23	84.39	42.69	48.99	54.26
流转地租金	元	7.10	18.38	2.53	8.98	6.21
自营地折租	元	57.13	66.01	40.16	40.01	48.05
净利润	元	108.39	178.85	111.36	109.86	112.74
现金成本	元	264.00	291.40	234.32	254.61	241.90
现金收益	元	333.00	331.39	284.86	364.33	328.95
成本利润率	%	22.18	40.29	27.31	21.58	24.61
每50公斤主产品						
平均出售价格	元	75.18	80.75	69.33	76.79	71.13
总成本	元	61.53	57.56	54.46	63.16	57.08
生产成本	元	53.44	46.62	48.76	57.08	50.32
净利润	元	13.65	23.19	14.87	13.63	14.05
现金成本	元	33.25	37.78	31.29	31.59	30.14
现金收益	元	41.93	42.97	38.04	45.20	40.99
附:						
每亩用工数量	日	10.33	5.77	8.07	13.35	10.06
每亩主产品出售数量	公斤	162.70	345.50	118.50	116.30	211.20
每亩主产品出售产值	元	239.40	557.82	163.59	171.66	299.06
商品率	%	50.50	93.10	58.10	38.30	64.00
每亩补贴收入	元	14.32	14.98	16.89	1.49	30.19
每亩成本外支出	元	2.36	0.05	3.03	0.75	1.25

2－1－1 续表

项　　目	单位	湖 北	湖 南	广 东	广 西	海 南
每亩						
主产品产量	公斤	419.70	393.60	369.00	399.00	367.80
产值合计	元	595.07	562.99	614.27	663.86	559.49
主产品产值	元	585.68	558.54	602.01	643.89	551.69
副产品产值	元	9.39	4.45	12.26	19.97	7.80
总成本	元	400.08	460.32	504.81	600.17	382.68
生产成本	元	360.74	425.59	401.10	509.27	354.37
物质与服务费用	元	194.56	243.71	231.83	294.91	195.97
人工成本	元	166.18	181.88	169.27	214.36	158.40
家庭用工折价	元	154.47	158.52	158.18	198.07	156.16
雇工费用	元	11.71	23.36	11.09	16.29	2.24
土地成本	元	39.34	34.73	103.71	90.90	28.31
流转地租金	元	2.66	1.70	14.97	8.44	
自营地折租	元	36.68	33.03	88.74	82.46	28.31
净利润	元	194.99	102.67	109.46	63.69	176.81
现金成本	元	208.93	268.77	257.89	319.64	198.21
现金收益	元	386.14	294.22	356.38	344.22	361.28
成本利润率	%	48.74	22.30	21.68	10.61	46.20
每50公斤主产品						
平均出售价格	元	69.77	70.95	81.57	80.69	75.00
总成本	元	46.91	58.01	67.03	72.95	51.30
生产成本	元	42.30	53.63	53.26	61.90	47.50
净利润	元	22.86	12.94	14.54	7.74	23.70
现金成本	元	24.50	33.87	34.25	38.85	26.57
现金收益	元	45.27	37.08	47.32	41.84	48.43
附：						
每亩用工数量	日	9.41	9.98	9.71	12.39	9.34
每亩主产品出售数量	公斤	301.60	213.90	91.10	87.50	73.50
每亩主产品出售产值	元	421.64	305.61	143.62	145.68	110.60
商品率	%	76.30	59.50	36.20	30.00	24.60
每亩补贴收入	元	24.45	18.60	0.63	4.77	12.23
每亩成本外支出	元	5.34	4.65	0.16	2.86	0.41

2－1－2　2006年各地区早籼稻费用和用工情况

项　　目	单位	平　均	浙　江	安　徽	福　建	江　西
一、每亩物质与服务费用	元	243.24	247.20	225.12	224.29	232.16
（一）直接费用	元	234.20	241.97	216.34	212.68	221.32
1. 种子费	元	20.78	14.85	15.22	16.00	20.06
2. 化肥费	元	86.21	71.88	74.44	81.07	84.80
3. 农家肥费	元	8.19	4.94	3.13	8.79	10.34
4. 农药费	元	26.15	31.85	8.77	29.65	23.54
5. 农膜费	元	5.46	3.24	1.94	7.20	7.57
6. 租赁作业费	元	77.33	110.57	95.47	58.38	65.42
机械作业费	元	44.99	89.13	56.08	22.16	28.49
排灌费	元	9.15	7.92	12.96	6.87	7.36
其中：水费	元	6.03	3.16	10.55	1.92	5.79
畜力费	元	23.19	13.52	26.43	29.35	29.57
7. 燃料动力费	元	1.27	0.86	0.48	0.86	1.53
8. 技术服务费	元	0.05	0.03			0.10
9. 工具材料费	元	4.61	2.50	7.04	5.03	4.36
10. 修理维护费	元	3.00	1.07	4.12	4.09	2.70
11. 其他直接费用	元	1.15	0.18	5.73	1.61	0.90
（二）间接费用	元	9.04	5.23	8.78	11.61	10.84
1. 固定资产折旧	元	7.36	4.25	8.57	9.37	8.90
2. 税金	元					
3. 保险费	元		0.09			
4. 管理费	元	0.15	0.08		0.21	0.26
5. 财务费	元		0.09		0.03	
6. 销售费	元	1.53	0.72	0.21	2.00	1.68
二、每亩人工成本	元	181.14	112.35	140.01	235.80	171.69
1. 家庭用工折价	元	167.48	86.53	133.34	214.46	168.16
家庭用工天数	日	9.91	5.12	7.89	12.69	9.95
劳动日工价	元	16.90	16.90	16.90	16.90	16.90
2. 雇工费用	元	13.66	25.82	6.67	21.34	3.53
雇工天数	日	0.42	0.65	0.18	0.66	0.11
雇工工价	元	32.52	39.72	37.06	32.33	32.09
三、附记						
1. 每亩种子用量	公斤	3.07	4.88	6.44	2.36	2.91
2. 每亩化肥用量	公斤	20.84	17.99	21.10	21.24	20.60
3. 每亩农膜用量	公斤	0.48	0.25	0.17	0.66	0.60

2-1-2 续表

项　　目	单位	湖　北	湖　南	广　东	广　西	海　南
一、每亩物质与服务费用	元	194.56	243.71	231.83	294.91	195.97
（一）直接费用	元	190.90	232.09	231.27	280.73	191.28
1. 种子费	元	25.29	17.35	21.48	26.27	24.88
2. 化肥费	元	69.88	72.57	99.00	102.52	85.34
3. 农家肥费	元	3.14	6.63	6.09	12.69	7.71
4. 农药费	元	11.93	31.64	22.19	35.47	10.49
5. 农膜费	元	6.82	5.48	3.06	6.42	
6. 租赁作业费	元	70.40	88.29	71.59	83.69	57.51
机械作业费	元	30.68	50.47	53.78	52.03	30.59
排灌费	元	11.18	9.03	7.41	11.87	9.91
其中：水费	元	5.22	6.66	2.76	8.78	8.42
畜力费	元	28.54	28.79	10.40	19.79	17.01
7. 燃料动力费	元		2.60		1.58	
8. 技术服务费	元		0.10		0.01	
9. 工具材料费	元	1.99	3.99	4.55	6.08	3.86
10. 修理维护费	元	1.45	3.16	3.31	3.23	1.37
11. 其他直接费用	元		0.28		2.77	0.12
（二）间接费用	元	3.66	11.62	0.56	14.18	4.69
1. 固定资产折旧	元	2.84	9.53	0.46	10.95	4.42
2. 税金	元					
3. 保险费	元					
4. 管理费	元		0.07	0.10	0.29	
5. 财务费	元	0.02				
6. 销售费	元	0.80	2.02		2.94	0.27
二、每亩人工成本	元	166.18	181.88	169.27	214.36	158.40
1. 家庭用工折价	元	154.47	158.52	158.18	198.07	156.16
家庭用工天数	日	9.14	9.38	9.36	11.72	9.24
劳动日工价	元	16.90	16.90	16.90	16.90	16.90
2. 雇工费用	元	11.71	23.36	11.09	16.29	2.24
雇工天数	日	0.27	0.60	0.35	0.67	0.10
雇工工价	元	43.37	38.93	31.69	24.31	22.40
三、附记						
1. 每亩种子用量	公斤	6.50	3.80	1.68	1.91	1.73
2. 每亩化肥用量	公斤	19.04	18.67	22.10	23.31	19.27
3. 每亩农膜用量	公斤	0.58	0.48	0.30	0.63	

2-1-3 2006年各地区早籼稻化肥投入情况

项　　目	单位	平　均	浙　江	安　徽	福　建	江　西
一、每亩化肥金额	元	86.21	71.88	74.44	81.07	84.80
(一)氮肥	元	36.92	45.66	29.68	35.48	33.14
1.尿素	元	28.39	33.08	25.42	13.97	29.63
2.碳铵	元	8.52	12.45	4.26	21.51	3.46
3.其他氮肥	元	0.01	0.13			0.05
(二)磷肥	元	6.88	6.35	1.81	14.60	3.55
其中:过磷酸钙	元	5.63	6.01	1.77	14.06	2.09
(三)钾肥	元	10.86	6.33	2.89	8.45	10.70
其中:氯化钾	元	9.38	6.17	2.07	8.11	10.70
(四)复混肥	元	30.95	13.06	40.06	22.35	36.86
1.复合肥	元	27.56	12.66	38.20	20.73	32.15
其中:二铵	元	0.40		3.10	1.04	
2.混配肥	元	3.39	0.40	1.86	1.62	4.71
(五)其他肥料	元	0.60	0.48		0.19	0.55
二、每亩化肥折纯用量	公斤	20.84	17.99	21.10	21.24	20.60
(一)氮肥	公斤	9.41	11.74	7.55	10.26	8.39
1.尿素	公斤	6.66	7.98	6.19	3.29	7.29
2.碳铵	公斤	2.74	3.69	1.36	6.97	1.07
3.其他氮肥	公斤	0.01	0.07			0.03
(二)磷肥	公斤	2.35	1.98	0.61	4.95	1.18
其中:过磷酸钙	公斤	1.92	1.85	0.59	4.74	0.71
(三)钾肥	公斤	2.70	1.71	0.65	2.12	2.89
其中:氯化钾	公斤	2.43	1.67	0.56	2.04	2.89
(四)复混肥	公斤	6.38	2.56	12.29	3.91	8.14
1.复合肥	公斤	5.66	2.47	11.90	3.54	7.11
其中:二铵	公斤	0.10		0.84	0.26	
2.混配肥	公斤	0.72	0.09	0.39	0.37	1.03

2-1-3 续表

项　　目	单位	湖　北	湖　南	广　东	广　西	海　南
一、每亩化肥金额	元	69.88	72.57	99.00	102.52	85.34
(一)氮肥	元	34.73	31.85	44.54	41.29	38.27
1.尿素	元	15.87	19.77	37.81	34.48	38.27
2.碳铵	元	18.86	12.08	6.73	6.81	
3.其他氮肥	元					
(二)磷肥	元	10.91	7.37	8.36	6.11	11.43
其中:过磷酸钙	元	10.91	6.25	7.09	3.85	11.43
(三)钾肥	元	5.18	9.28	9.92	18.81	9.30
其中:氯化钾	元	5.18	8.29	9.45	12.99	9.30
(四)复混肥	元	18.75	24.07	36.18	34.04	26.14
1.复合肥	元	12.38	20.22	33.83	30.90	26.14
其中:二铵	元	0.26		0.60	0.40	
2.混配肥	元	6.37	3.85	2.35	3.14	
(五)其他肥料	元	0.31			2.27	0.20
二、每亩化肥折纯用量	公斤	19.04	18.67	22.10	23.31	19.27
(一)氮肥	公斤	10.06	8.75	10.50	10.04	8.83
1.尿素	公斤	3.81	4.66	8.60	7.83	8.83
2.碳铵	公斤	6.25	4.09	1.90	2.21	
3.其他氮肥	公斤					
(二)磷肥	公斤	3.78	2.85	2.61	2.10	2.92
其中:过磷酸钙	公斤	3.78	2.46	2.17	1.34	2.92
(三)钾肥	公斤	1.22	2.14	2.54	4.53	2.57
其中:氯化钾	公斤	1.22	2.05	2.43	3.40	2.57
(四)复混肥	公斤	3.98	4.93	6.45	6.64	4.95
1.复合肥	公斤	2.49	4.13	5.99	5.97	4.95
其中:二铵	公斤	0.07		0.15	0.10	
2.混配肥	公斤	1.49	0.80	0.46	0.67	

2－2－1　2006年各地区中籼稻成本收益情况

项　　目	单位	平　均	江　苏	安　徽	福　建	河　南	湖　北
每亩							
主产品产量	公斤	444.10	475.70	472.40	431.50	484.80	498.90
产值合计	元	670.56	734.47	689.82	674.06	690.20	738.07
主产品产值	元	656.57	717.34	678.78	665.78	675.41	733.37
副产品产值	元	13.99	17.13	11.04	8.28	14.79	4.70
总成本	元	469.39	506.92	440.19	460.22	398.70	455.08
生产成本	元	426.84	427.97	393.10	408.07	344.71	412.67
物质与服务费用	元	214.81	301.65	236.81	200.80	188.22	252.86
人工成本	元	212.03	126.32	156.29	207.27	156.49	159.81
家庭用工折价	元	193.51	108.84	139.09	188.27	123.88	140.95
雇工费用	元	18.52	17.48	17.20	19.00	32.61	18.86
土地成本	元	42.55	78.95	47.09	52.15	53.99	42.41
流转地租金	元	2.99	2.92	3.70	15.50		1.48
自营地折租	元	39.56	76.03	43.39	36.65	53.99	40.93
净利润	元	201.17	227.55	249.63	213.84	291.50	282.99
现金成本	元	236.32	322.05	257.71	235.30	220.83	273.20
现金收益	元	434.24	412.42	432.11	438.76	469.37	464.87
成本利润率	%	42.86	44.89	56.71	46.46	73.11	62.18
每50公斤主产品							
平均出售价格	元	73.92	75.40	71.84	77.15	69.66	73.50
总成本	元	51.74	52.04	45.84	52.67	40.24	45.32
生产成本	元	47.05	43.93	40.94	46.71	34.79	41.10
净利润	元	22.18	23.36	26.00	24.48	29.42	28.18
现金成本	元	26.05	33.06	26.84	26.93	22.29	27.21
现金收益	元	47.87	42.34	45.00	50.22	47.37	46.29
附:							
每亩用工数量	日	11.99	6.98	8.70	11.65	8.33	8.83
每亩主产品出售数量	公斤	188.80	305.00	240.30	178.20	264.70	367.40
每亩主产品出售产值	元	278.38	457.22	344.81	281.08	369.04	541.74
商品率	%	61.40	73.40	65.10	49.20	56.50	80.30
每亩补贴收入	元	19.20	35.39	25.70	2.96	13.62	33.06
每亩成本外支出	元	2.93	11.23	2.28			5.04

2-2-1 续表

项目	单位	湖南	重庆	四川	贵州	陕西
每亩						
主产品产量	公斤	436.30	377.50	399.80	460.80	508.10
产值合计	元	659.46	579.93	598.78	761.32	784.72
主产品产值	元	658.00	559.26	581.07	729.73	763.40
副产品产值	元	1.46	20.67	17.71	31.59	21.32
总成本	元	479.52	551.13	401.40	652.80	537.51
生产成本	元	436.03	517.64	368.44	613.48	487.24
物质与服务费用	元	253.36	177.94	166.16	234.19	168.60
人工成本	元	182.67	339.70	202.28	379.29	318.64
家庭用工折价	元	153.62	288.82	201.28	361.15	301.67
雇工费用	元	29.05	50.88	1.00	18.14	16.97
土地成本	元	43.49	33.49	32.96	39.32	50.27
流转地租金	元	0.81	3.08	3.61	0.56	1.62
自营地折租	元	42.68	30.41	29.35	38.76	48.65
净利润	元	179.94	28.80	197.38	108.52	247.21
现金成本	元	283.22	231.90	170.77	252.89	187.19
现金收益	元	376.24	348.03	428.01	508.43	597.53
成本利润率	%	37.53	5.23	49.17	16.62	45.99
每50公斤主产品						
平均出售价格	元	75.41	74.07	72.67	79.18	75.12
总成本	元	54.83	70.39	48.72	67.89	51.45
生产成本	元	49.86	66.11	44.72	63.80	46.64
净利润	元	20.58	3.68	23.95	11.29	23.67
现金成本	元	32.39	29.62	20.73	26.30	17.92
现金收益	元	43.02	44.45	51.94	52.88	57.20
附:						
每亩用工数量	日	9.78	18.46	11.94	22.22	18.74
每亩主产品出售数量	公斤	173.80	55.10	73.10	204.70	155.20
每亩主产品出售产值	元	253.61	81.47	105.74	326.59	224.39
商品率	%	48.90	36.10	66.10	56.60	59.60
每亩补贴收入	元	31.34	11.71	12.42	5.92	5.28
每亩成本外支出	元	10.81	0.52	0.35	0.59	0.30

2-2-2　2006年各地区中籼稻费用和用工情况

项　　目	单位	平　均	江　苏	安　徽	福　建	河　南	湖　北
一、每亩物质与服务费用	元	214.81	301.65	236.81	200.80	188.22	252.86
(一)直接费用	元	208.18	292.84	230.02	191.01	188.02	249.36
1.种子费	元	24.94	29.38	24.74	21.89	21.34	29.03
2.化肥费	元	67.08	91.72	75.61	71.90	52.34	77.51
3.农家肥费	元	8.72	5.15	4.60	0.53	2.69	1.40
4.农药费	元	23.99	40.95	28.03	33.93	10.94	44.38
5.农膜费	元	3.02	3.10	2.70		2.98	1.87
6.租赁作业费	元	75.12	117.87	86.95	51.50	95.20	90.80
机械作业费	元	36.85	79.67	63.51	30.23	50.51	56.63
排灌费	元	18.47	38.20	11.93	0.70	24.34	22.21
其中:水费	元	12.64	16.84	8.31	0.70	15.68	15.05
畜力费	元	19.80		11.51	20.57	20.35	11.96
7.燃料动力费	元	0.37	0.12	2.00	0.84		0.13
8.技术服务费	元	0.06		0.31			0.01
9.工具材料费	元	2.84	3.33	3.21	4.65	2.51	2.31
10.修理维护费	元	1.64	1.22	1.75	5.38	0.02	1.63
11.其他直接费用	元	0.40		0.12	0.39		0.29
(二)间接费用	元	6.63	8.81	6.79	9.79	0.20	3.50
1.固定资产折旧	元	5.19	6.80	4.87	7.44		2.10
2.税金	元						
3.保险费	元						
4.管理费	元	0.04	0.01	0.07			
5.财务费	元	0.02			0.30		
6.销售费	元	1.38	2.00	1.85	2.05	0.20	1.40
二、每亩人工成本	元	212.03	126.32	156.29	207.27	156.49	159.81
1.家庭用工折价	元	193.51	108.84	139.09	188.27	123.88	140.95
家庭用工天数	日	11.45	6.44	8.23	11.14	7.33	8.34
劳动日工价	元	16.90	16.90	16.90	16.90	16.90	16.90
2.雇工费用	元	18.52	17.48	17.20	19.00	32.61	18.86
雇工天数	日	0.54	0.54	0.47	0.51	1.00	0.49
雇工工价	元	34.30	32.37	36.60	37.25	32.61	38.49
三、附记							
1.每亩种子用量	公斤	1.12	1.18	1.28	1.03	1.06	1.14
2.每亩化肥用量	公斤	17.65	23.77	19.22	18.42	14.90	19.83
3.每亩农膜用量	公斤	0.26	0.27	0.18		0.26	0.15

2-2-2 续表

项　　目	单位	湖　南	重　庆	四　川	贵　州	陕　西
一、每亩物质与服务费用	元	253.36	177.94	166.16	234.19	168.60
(一)直接费用	元	244.88	168.91	160.26	224.26	162.15
1.种子费	元	26.52	22.04	24.66	24.34	15.29
2.化肥费	元	76.59	55.76	52.91	72.89	51.95
3.农家肥费	元	4.74	7.44	8.89	41.40	6.55
4.农药费	元	44.33	9.44	10.80	9.27	7.23
5.农膜费	元		8.05	3.56	4.73	2.58
6.租赁作业费	元	88.98	58.99	56.97	61.62	73.24
机械作业费	元	56.20	7.60	16.58	3.37	12.68
排灌费	元	14.30	6.52	23.81	20.01	28.94
其中:水费	元	3.64	0.03	22.25	13.80	18.11
畜力费	元	18.48	44.87	16.58	38.24	31.62
7.燃料动力费	元	0.06	0.01			
8.技术服务费	元				0.10	0.08
9.工具材料费	元	1.73	4.49	1.39	5.77	3.02
10.修理维护费	元	1.09	2.02	0.91	2.81	2.12
11.其他直接费用	元	0.84	0.67	0.17	1.33	0.09
(二)间接费用	元	8.48	9.03	5.90	9.93	6.45
1.固定资产折旧	元	7.25	6.90	5.89	5.64	5.09
2.税金	元					
3.保险费	元					
4.管理费	元		0.07		0.26	0.05
5.财务费	元		0.06			
6.销售费	元	1.23	2.00	0.01	4.03	1.31
二、每亩人工成本	元	182.67	339.70	202.28	379.29	318.64
1.家庭用工折价	元	153.62	288.82	201.28	361.15	301.67
家庭用工天数	日	9.09	17.09	11.91	21.37	17.85
劳动日工价	元	16.90	16.90	16.90	16.90	16.90
2.雇工费用	元	29.05	50.88	1.00	18.14	16.97
雇工天数	日	0.69	1.37	0.03	0.85	0.89
雇工工价	元	42.10	37.14	33.33	21.34	19.07
三、附记						
1.每亩种子用量	公斤	1.10	0.86	1.10	1.26	0.95
2.每亩化肥用量	公斤	20.27	14.74	14.76	17.89	15.63
3.每亩农膜用量	公斤		0.69	0.34	0.43	0.24

2－2－3　2006年各地区中籼稻化肥投入情况

项　　目	单位	平　均	江　苏	安　徽	福　建	河　南	湖　北
一、每亩化肥金额	元	67.08	91.72	75.61	71.90	52.34	77.51
(一)氮肥	元	35.06	48.12	35.84	25.82	38.82	33.80
1. 尿素	元	21.15	27.81	29.12	11.45	14.30	15.62
2. 碳铵	元	13.77	20.31	6.72	14.37	24.52	18.14
3. 其他氮肥	元	0.14					0.04
(二)磷肥	元	6.12	3.00	1.65	8.92	5.59	6.31
其中:过磷酸钙	元	5.33	2.41	1.65	6.44	4.87	5.77
(三)钾肥	元	3.05	0.97	0.92	8.35	0.77	3.83
其中:氯化钾	元	2.43	0.58	0.92	7.47	0.77	3.30
(四)复混肥	元	22.11	38.94	37.02	26.94	7.16	32.66
1. 复合肥	元	19.96	35.07	35.53	11.27	6.68	28.35
其中:二铵	元	0.21	1.01	0.09			
2. 混配肥	元	2.15	3.87	1.49	15.67	0.48	4.31
(五)其他肥料	元	0.74	0.69	0.18	1.87		0.91
二、每亩化肥折纯用量	公斤	17.65	23.77	19.22	18.42	14.90	19.83
(一)氮肥	公斤	9.50	13.88	9.25	7.53	11.44	9.73
1. 尿素	公斤	5.11	7.10	7.11	2.86	3.35	3.71
2. 碳铵	公斤	4.35	6.78	2.14	4.67	8.09	6.00
3. 其他氮肥	公斤	0.04					0.02
(二)磷肥	公斤	2.32	0.89	0.63	2.68	2.09	2.67
其中:过磷酸钙	公斤	2.00	0.69	0.63	2.00	1.81	2.43
(三)钾肥	公斤	0.70	0.24	0.25	2.11	0.16	0.88
其中:氯化钾	公斤	0.63	0.15	0.25	1.96	0.16	0.83
(四)复混肥	公斤	5.13	8.76	9.09	6.10	1.21	6.55
1. 复合肥	公斤	4.63	7.80	8.75	2.14	1.13	5.67
其中:二铵	公斤	0.06	0.23	0.02			
2. 混配肥	公斤	0.50	0.96	0.34	3.96	0.08	0.88

2-2-3 续表

项　　目	单位	湖　南	重　庆	四　川	贵　州	陕　西
一、每亩化肥金额	元	76.59	55.76	52.91	72.89	51.95
（一）氮肥	元	31.54	32.06	35.14	39.40	35.22
1. 尿素	元	19.78	17.34	18.64	37.09	8.26
2. 碳铵	元	11.37	14.65	16.46	1.49	26.96
3. 其他氮肥	元	0.39	0.07	0.04	0.82	
（二）磷肥	元	8.42	7.97	4.54	11.83	12.02
其中：过磷酸钙	元	7.99	7.25	3.40	10.44	12.02
（三）钾肥	元	11.70	0.30	1.72	0.83	
其中：氯化钾	元	10.65	0.14	0.50	0.35	
（四）复混肥	元	24.68	14.24	10.88	18.99	4.48
1. 复合肥	元	24.57	13.01	10.64	17.02	4.48
其中：二铵	元		0.25	0.21		4.48
2. 混配肥	元	0.11	1.23	0.24	1.97	
（五）其他肥料	元	0.25	1.19	0.63	1.84	0.23
二、每亩化肥折纯用量	公斤	20.27	14.74	14.76	17.89	15.63
（一）氮肥	公斤	8.92	8.73	9.29	9.21	10.72
1. 尿素	公斤	4.81	4.17	4.54	8.65	2.04
2. 碳铵	公斤	3.95	4.55	4.73	0.44	8.68
3. 其他氮肥	公斤	0.16	0.01	0.02	0.12	
（二）磷肥	公斤	3.33	2.77	1.95	4.10	3.83
其中：过磷酸钙	公斤	3.11	2.50	1.46	3.51	3.83
（三）钾肥	公斤	2.90	0.05	0.26	0.13	
其中：氯化钾	公斤	2.76	0.03	0.14	0.09	
（四）复混肥	公斤	5.12	3.19	3.26	4.45	1.08
1. 复合肥	公斤	5.09	2.87	3.22	3.96	1.08
其中：二铵	公斤		0.08	0.07		1.08
2. 混配肥	公斤	0.03	0.32	0.04	0.49	

2-3-1　2006年各地区晚籼稻成本收益情况

项　　目	单位	平　均	浙　江	安　徽	福　建	江　西
每亩						
主产品产量	公斤	399.60	437.70	440.20	420.20	390.60
产值合计	元	669.08	743.04	657.54	725.17	622.68
主产品产值	元	652.34	726.88	647.76	686.04	597.02
副产品产值	元	16.74	16.16	9.78	39.13	25.66
总成本	元	489.03	478.26	452.19	539.95	452.16
生产成本	元	424.90	399.65	411.06	482.64	398.60
物质与服务费用	元	251.94	269.66	262.23	233.43	241.85
人工成本	元	172.96	129.99	148.83	249.21	156.75
家庭用工折价	元	159.54	101.06	137.57	229.33	153.11
雇工费用	元	13.42	28.93	11.26	19.88	3.64
土地成本	元	64.13	78.61	41.13	57.31	53.56
流转地租金	元	7.10	13.58	3.35	11.58	6.55
自营地折租	元	57.03	65.03	37.78	45.73	47.01
净利润	元	180.05	264.78	205.35	185.22	170.52
现金成本	元	272.46	312.17	276.84	264.89	252.04
现金收益	元	396.62	430.87	380.70	460.28	370.64
成本利润率	%	36.82	55.36	45.41	34.30	37.71
每50公斤主产品						
平均出售价格	元	81.62	83.03	73.58	81.63	76.42
总成本	元	59.66	53.44	50.60	60.78	55.49
生产成本	元	51.83	44.66	46.00	54.33	48.92
净利润	元	21.96	29.59	22.98	20.85	20.93
现金成本	元	33.24	34.88	30.98	29.82	30.93
现金收益	元	48.38	48.15	42.60	51.81	45.49
附：						
每亩用工数量	日	9.84	6.74	8.46	14.16	9.17
每亩主产品出售数量	公斤	135.00	201.80	237.70	81.40	201.30
每亩主产品出售产值	元	214.42	332.53	353.78	132.04	306.24
商品率	%	44.60	54.80	63.40	50.40	62.40
每亩补贴收入	元	14.27	6.58	20.39	1.16	28.06
每亩成本外支出	元	2.88		2.77	0.08	0.99

2－3－1 续表

项　　目	单位	湖 北	湖 南	广 东	广 西	海 南
每亩						
主产品产量	公斤	429.10	427.10	391.20	368.00	296.80
产值合计	元	676.44	662.11	738.38	667.43	473.28
主产品产值	元	671.03	656.12	725.21	643.08	464.36
副产品产值	元	5.41	5.99	13.17	24.35	8.92
总成本	元	450.08	453.86	509.68	585.31	374.46
生产成本	元	410.15	418.53	405.97	492.21	346.55
物质与服务费用	元	244.48	251.33	239.24	288.78	194.69
人工成本	元	165.67	167.20	166.73	203.43	151.86
家庭用工折价	元	152.10	142.30	155.48	192.49	151.59
雇工费用	元	13.57	24.90	11.25	10.94	0.27
土地成本	元	39.93	35.33	103.71	93.10	27.91
流转地租金	元	2.36	1.58	14.43	8.85	
自营地折租	元	37.57	33.75	89.28	84.25	27.91
净利润	元	226.36	208.25	228.70	82.12	98.82
现金成本	元	260.41	277.81	264.92	308.57	194.96
现金收益	元	416.03	384.30	473.46	358.86	278.32
成本利润率	%	50.29	45.88	44.87	14.03	26.39
每50公斤主产品						
平均出售价格	元	78.19	76.81	92.69	87.38	78.23
总成本	元	52.02	52.65	63.98	76.63	61.90
生产成本	元	47.41	48.55	50.96	64.44	57.28
净利润	元	26.17	24.16	28.71	10.75	16.33
现金成本	元	30.10	32.23	33.26	40.40	32.23
现金收益	元	48.09	44.58	59.43	46.98	46.00
附：						
每亩用工数量	日	9.29	9.08	9.56	11.84	8.98
每亩主产品出售数量	公斤	270.70	129.50	93.30	47.30	50.10
每亩主产品出售产值	元	427.56	196.03	173.68	82.98	73.50
商品率	%	76.00	38.80	33.70	25.00	29.30
每亩补贴收入	元	22.79	20.15	1.01	4.49	12.50
每亩成本外支出	元	8.23	6.53	0.14	3.00	0.37

2-3-2 2006年各地区晚籼稻费用和用工情况

项　　目	单位	平　均	浙　江	安　徽	福　建	江　西
一、每亩物质与服务费用	元	251.94	269.66	262.23	233.43	241.85
（一）直接费用	元	244.05	263.88	254.61	222.26	232.28
1.种子费	元	21.34	15.66	24.79	17.96	16.91
2.化肥费	元	86.32	78.96	72.62	95.01	84.51
3.农家肥费	元	6.26	5.48	2.76	5.86	4.30
4.农药费	元	40.23	56.93	35.84	37.07	48.28
5.农膜费	元	0.65				
6.租赁作业费	元	81.23	102.81	109.69	56.14	70.89
机械作业费	元	52.47	85.42	78.95	27.05	37.60
排灌费	元	11.84	7.54	22.52	6.14	12.72
其中：水费	元	6.91	3.39	13.90	0.79	8.00
畜力费	元	16.92	9.85	8.22	22.95	20.57
7.燃料动力费	元	0.71	0.36	0.45	0.35	0.76
8.技术服务费	元	0.04		0.10	0.03	0.03
9.工具材料费	元	3.84	2.02	5.51	4.38	3.08
10.修理维护费	元	2.50	1.66	2.41	4.19	2.35
11.其他直接费用	元	0.93		0.44	1.27	1.17
（二）间接费用	元	7.89	5.78	7.62	11.17	9.57
1.固定资产折旧	元	6.75	5.12	6.62	9.07	8.10
2.税金	元					
3.保险费	元					
4.管理费	元	0.08		0.30	0.11	0.15
5.财务费	元	0.02			0.02	0.10
6.销售费	元	1.04	0.66	0.70	1.97	1.22
二、每亩人工成本	元	172.96	129.99	148.83	249.21	156.75
1.家庭用工折价	元	159.54	101.06	137.57	229.33	153.11
家庭用工天数	日	9.44	5.98	8.14	13.57	9.06
劳动日工价	元	16.90	16.90	16.90	16.90	16.90
2.雇工费用	元	13.42	28.93	11.26	19.88	3.64
雇工天数	日	0.40	0.76	0.32	0.59	0.11
雇工工价	元	33.55	38.07	35.19	33.69	33.09
三、附记						
1.每亩种子用量	公斤	1.53	0.73	1.17	1.24	1.41
2.每亩化肥用量	公斤	20.73	19.45	18.33	25.94	20.28
3.每亩农膜用量	公斤	0.07				

2-3-2 续表

项　　目	单位	湖　北	湖　南	广　东	广　西	海　南
一、每亩物质与服务费用	元	244.48	251.33	239.24	288.78	194.69
(一)直接费用	元	241.12	240.95	239.24	276.38	190.05
1.种子费	元	27.55	20.59	21.66	25.20	25.57
2.化肥费	元	76.31	72.77	98.07	101.07	77.41
3.农家肥费	元	2.36	5.56	6.01	12.18	6.41
4.农药费	元	51.98	46.53	27.04	35.15	14.33
5.农膜费	元		0.27	1.78	1.56	
6.租赁作业费	元	79.19	88.26	77.90	88.06	61.21
机械作业费	元	37.12	60.24	56.05	59.31	38.83
排灌费	元	17.30	11.60	7.74	13.53	7.40
其中:水费	元	5.94	8.76	2.00	9.07	6.92
畜力费	元	24.77	16.42	14.11	15.22	14.98
7.燃料动力费	元		1.52		0.92	0.24
8.技术服务费	元		0.11			
9.工具材料费	元	1.93	2.86	4.50	5.68	4.01
10.修理维护费	元	1.72	1.84	2.28	4.00	0.78
11.其他直接费用	元	0.08	0.64		2.56	0.09
(二)间接费用	元	3.36	10.38		12.40	4.64
1.固定资产折旧	元	2.62	8.69		11.04	4.45
2.税金	元					
3.保险费	元					
4.管理费	元		0.01		0.14	
5.财务费	元					
6.销售费	元	0.74	1.68		1.22	0.19
二、每亩人工成本	元	165.67	167.20	166.73	203.43	151.86
1.家庭用工折价	元	152.10	142.30	155.48	192.49	151.59
家庭用工天数	日	9.00	8.42	9.20	11.39	8.97
劳动日工价	元	16.90	16.90	16.90	16.90	16.90
2.雇工费用	元	13.57	24.90	11.25	10.94	0.27
雇工天数	日	0.29	0.66	0.36	0.45	0.01
雇工工价	元	46.79	37.73	31.25	24.31	27.00
三、附记						
1.每亩种子用量	公斤	1.48	1.56	1.78	1.66	1.68
2.每亩化肥用量	公斤	19.65	18.09	21.84	23.86	16.86
3.每亩农膜用量	公斤		0.03	0.18	0.16	

2-3-3 2006年各地区晚籼稻化肥投入情况

项　　目	单位	平 均	浙 江	安 徽	福 建	江 西
一、每亩化肥金额	元	86.32	78.96	72.62	95.01	84.51
(一)氮肥	元	36.53	42.17	36.23	40.03	31.01
1. 尿素	元	28.23	31.79	28.93	15.61	28.68
2. 碳铵	元	8.29	10.17	7.30	24.42	2.33
3. 其他氮肥	元	0.01	0.21			
(二)磷肥	元	5.17	3.89	2.41	16.64	1.84
其中:过磷酸钙	元	4.32	3.81	2.26	16.00	1.30
(三)钾肥	元	10.75	9.28	1.46	11.18	9.42
其中:氯化钾	元	10.12	9.28	1.46	11.15	9.42
(四)复混肥	元	33.43	22.37	31.90	26.50	41.94
1. 复合肥	元	30.83	21.18	29.35	25.57	39.36
其中:二铵	元	0.27			2.25	0.07
2. 混配肥	元	2.60	1.19	2.55	0.93	2.58
(五)其他肥料	元	0.44	1.25	0.62	0.66	0.30
二、每亩化肥折纯用量	公斤	20.73	19.45	18.33	25.94	20.28
(一)氮肥	公斤	9.32	10.85	10.10	11.52	7.65
1. 尿素	公斤	6.70	7.75	7.64	3.70	6.92
2. 碳铵	公斤	2.62	3.03	2.46	7.82	0.73
3. 其他氮肥	公斤		0.07			
(二)磷肥	公斤	1.73	1.25	0.85	5.30	0.60
其中:过磷酸钙	公斤	1.43	1.22	0.83	5.06	0.45
(三)钾肥	公斤	2.72	2.45	0.40	2.88	2.52
其中:氯化钾	公斤	2.64	2.45	0.40	2.88	2.52
(四)复混肥	公斤	6.96	4.90	6.98	6.24	9.51
1. 复合肥	公斤	6.39	4.62	6.48	6.01	8.94
其中:二铵	公斤	0.07			0.65	0.02
2. 混配肥	公斤	0.57	0.28	0.50	0.23	0.57

2－3－3　续表

项　　目	单位	湖　北	湖　南	广　东	广　西	海　南
一、每亩化肥金额	元	76.31	72.77	98.07	101.07	77.41
（一）氮肥	元	32.55	33.73	41.97	41.33	32.51
1. 尿素	元	17.08	21.07	35.48	35.51	32.51
2. 碳铵	元	15.47	12.63	6.49	5.82	
3. 其他氮肥	元		0.03			
（二）磷肥	元	4.28	2.87	8.15	6.41	9.12
其中：过磷酸钙	元	4.26	2.68	6.99	3.87	9.12
（三）钾肥	元	8.30	11.21	9.18	17.24	7.30
其中：氯化钾	元	8.30	10.96	9.04	14.17	7.13
（四）复混肥	元	31.14	24.85	38.71	34.72	28.48
1. 复合肥	元	26.02	23.25	36.46	30.61	26.65
其中：二铵	元			0.57	0.23	
2. 混配肥	元	5.12	1.60	2.25	4.11	1.83
（五）其他肥料	元	0.04	0.11	0.06	1.37	
二、每亩化肥折纯用量	公斤	19.65	18.09	21.84	23.86	16.86
（一）氮肥	公斤	9.18	9.09	9.98	10.15	7.63
1. 尿素	公斤	4.08	4.92	8.23	8.34	7.63
2. 碳铵	公斤	5.10	4.16	1.75	1.81	
3. 其他氮肥	公斤		0.01			
（二）磷肥	公斤	1.59	1.11	2.56	2.29	2.30
其中：过磷酸钙	公斤	1.58	1.02	2.11	1.39	2.30
（三）钾肥	公斤	2.04	2.87	2.35	4.10	1.90
其中：氯化钾	公斤	2.04	2.85	2.32	3.72	1.87
（四）复混肥	公斤	6.84	5.02	6.95	7.32	5.03
1. 复合肥	公斤	5.63	4.67	6.54	6.33	4.71
其中：二铵	公斤			0.16	0.06	
2. 混配肥	公斤	1.21	0.35	0.41	0.99	0.32

2-4-1 2006年各地区粳稻成本收益情况

项　　目	单位	平　均	天　津	河　北	内蒙古	辽　宁
每亩						
主产品产量	公斤	514.50	496.50	573.80	497.00	536.90
产值合计	元	945.75	1096.59	1190.32	1065.19	1109.53
主产品产值	元	923.67	1033.87	1117.75	1027.71	1077.34
副产品产值	元	22.08	62.72	72.57	37.48	32.19
总成本	元	625.84	600.58	697.45	814.32	754.56
生产成本	元	489.97	528.42	627.70	570.67	540.71
物质与服务费用	元	310.76	293.35	340.73	334.03	345.45
人工成本	元	179.21	235.07	286.97	236.64	195.26
家庭用工折价	元	135.20	180.15	223.42	129.29	125.57
雇工费用	元	44.01	54.92	63.55	107.35	69.69
土地成本	元	135.87	72.16	69.75	243.65	213.85
流转地租金	元	30.82	14.09	0.92	27.49	18.09
自营地折租	元	105.05	58.07	68.83	216.16	195.76
净利润	元	319.91	496.01	492.87	250.87	354.97
现金成本	元	385.59	362.36	405.20	468.87	433.23
现金收益	元	560.16	734.23	785.12	596.32	676.30
成本利润率	%	51.12	82.59	70.67	30.81	47.04
每50公斤主产品						
平均出售价格	元	89.76	104.12	97.40	103.39	100.33
总成本	元	59.40	57.02	57.07	79.04	68.23
生产成本	元	46.50	50.17	51.36	55.39	48.89
净利润	元	30.36	47.10	40.33	24.35	32.10
现金成本	元	36.60	34.41	33.16	45.51	39.18
现金收益	元	53.16	69.71	64.24	57.88	61.15
附：						
每亩用工数量	日	9.30	12.41	14.62	9.44	9.45
每亩主产品出售数量	公斤	311.50	391.30	210.20	405.70	289.30
每亩主产品出售产值	元	557.78	813.39	408.75	841.62	579.29
商品率	%	72.00	81.50	76.60	82.90	82.30
每亩补贴收入	元	33.45	42.03	23.91	31.42	33.51
每亩成本外支出	元	3.69				0.83

2-4-1 续表 1

项　　目	单位	吉　林	黑龙江	上　海	江　苏	浙　江
每亩						
主产品产量	公斤	498.80	490.40	497.20	554.90	496.00
产值合计	元	969.55	900.32	895.28	966.30	895.19
主产品产值	元	953.38	889.01	895.28	942.66	885.47
副产品产值	元	16.17	11.31		23.64	9.72
总成本	元	588.70	583.63	723.20	626.26	557.18
生产成本	元	403.39	387.02	466.34	541.92	460.11
物质与服务费用	元	262.30	248.81	351.59	391.49	336.53
人工成本	元	141.09	138.21	114.75	150.43	123.58
家庭用工折价	元	97.85	72.50	114.75	131.31	95.49
雇工费用	元	43.24	65.71		19.12	28.09
土地成本	元	185.31	196.61	256.86	84.34	97.07
流转地租金	元	18.81	86.74	107.80	8.58	22.38
自营地折租	元	166.50	109.87	149.06	75.76	74.69
净利润	元	380.85	316.69	172.08	340.04	338.01
现金成本	元	324.35	401.26	459.39	419.19	387.00
现金收益	元	645.20	499.06	435.89	547.11	508.19
成本利润率	%	64.69	54.26	23.79	54.30	60.66
每50公斤主产品						
平均出售价格	元	95.57	90.64	90.03	84.94	89.26
总成本	元	58.03	58.76	72.73	55.05	55.56
生产成本	元	39.76	38.96	46.90	47.64	45.88
净利润	元	37.54	31.88	17.30	29.89	33.70
现金成本	元	31.97	40.40	46.20	36.85	38.59
现金收益	元	63.60	50.24	43.83	48.09	50.67
附：						
每亩用工数量	日	7.21	5.92	6.79	8.26	6.35
每亩主产品出售数量	公斤	378.90	445.10	62.50	232.00	240.60
每亩主产品出售产值	元	725.87	803.78	112.89	390.31	427.57
商品率	%	84.50	93.60	11.80	56.10	57.90
每亩补贴收入	元	50.45	36.50	128.47	37.23	16.72
每亩成本外支出	元				10.27	0.65

2－4－1 续表 2

项 目	单位	安 徽	山 东	河 南	湖 北	云 南	宁 夏
每亩							
主产品产量	公斤	451.30	559.40	410.20	363.50	568.30	617.00
产值合计	元	698.39	1032.89	847.79	610.68	1090.87	1190.86
主产品产值	元	693.39	992.37	836.19	580.04	1040.71	1121.87
副产品产值	元	5.00	40.52	11.60	30.64	50.16	68.99
总成本	元	548.32	611.23	506.94	428.81	811.78	666.30
生产成本	元	494.56	570.10	454.33	379.33	690.05	635.36
物质与服务费用	元	300.67	373.49	243.05	206.66	260.64	364.88
人工成本	元	193.89	196.61	211.28	172.67	429.41	270.48
家庭用工折价	元	189.45	166.13	181.51	172.21	332.76	243.70
雇工费用	元	4.44	30.48	29.77	0.46	96.65	26.78
土地成本	元	53.76	41.13	52.61	49.48	121.73	30.94
流转地租金	元	0.81	1.18	0.30	6.19	5.61	
自营地折租	元	52.95	39.95	52.31	43.29	116.12	30.94
净利润	元	150.07	421.66	340.85	181.87	279.09	524.56
现金成本	元	305.92	405.15	273.12	213.31	362.90	391.66
现金收益	元	392.47	627.74	574.67	397.37	727.97	799.20
成本利润率	%	27.37	68.99	67.24	42.41	34.38	78.73
每50公斤主产品							
平均出售价格	元	76.82	88.70	101.92	79.79	91.56	90.91
总成本	元	60.31	52.49	60.94	56.03	68.14	50.87
生产成本	元	54.40	48.96	54.62	49.56	57.92	48.50
净利润	元	16.51	36.21	40.98	23.76	23.42	40.04
现金成本	元	33.65	34.79	32.83	27.87	30.46	29.90
现金收益	元	43.17	53.91	69.09	51.92	61.10	61.01
附:							
每亩用工数量	日	11.32	10.74	11.63	10.20	23.98	15.20
每亩主产品出售数量	公斤	404.30	290.20	303.30	286.60	175.20	210.00
每亩主产品出售产值	元	623.75	519.72	620.34	462.73	308.29	376.56
商品率	%	89.70	86.90	79.70	79.40	33.40	61.90
每亩补贴收入	元	26.06	2.22	15.15	18.76	8.62	26.78
每亩成本外支出	元	8.23	1.59		2.08	1.94	21.13

2-4-2 2006年各地区粳稻费用和用工情况

项目	单位	平均	天津	河北	内蒙古	辽宁
一、每亩物质与服务费用	元	310.76	293.35	340.73	334.03	345.45
(一)直接费用	元	297.94	285.63	327.92	322.52	333.16
1.种子费	元	20.18	19.81	18.35	20.61	16.45
2.化肥费	元	96.97	100.49	109.63	107.01	116.53
3.农家肥费	元	7.08		2.05	30.62	6.26
4.农药费	元	44.02	15.63	41.37	13.22	20.25
5.农膜费	元	5.64	13.01	9.02	12.99	8.27
6.租赁作业费	元	117.54	127.64	136.16	123.63	158.05
机械作业费	元	71.42	52.42	51.48	60.67	64.61
排灌费	元	39.64	75.22	84.68	56.35	83.09
其中:水费	元	19.83	43.43	21.04	47.98	71.13
畜力费	元	6.48			6.61	10.35
7.燃料动力费	元	0.21			10.08	
8.技术服务费	元	0.10				0.03
9.工具材料费	元	4.03	3.11	5.91	2.27	4.01
10.修理维护费	元	1.59	4.34	4.57	2.09	2.30
11.其他直接费用	元	0.58	1.60	0.86		1.01
(二)间接费用	元	12.82	7.72	12.81	11.51	12.29
1.固定资产折旧	元	6.02	7.72	10.72	7.74	4.17
2.税金	元					
3.保险费	元	0.98		0.04		0.05
4.管理费	元	1.67				0.48
5.财务费	元	1.54			0.84	
6.销售费	元	2.61		2.05	2.93	7.59
二、每亩人工成本	元	179.21	235.07	286.97	236.64	195.26
1.家庭用工折价	元	135.20	180.15	223.42	129.29	125.57
家庭用工天数	日	8.00	10.66	13.22	7.65	7.43
劳动日工价	元	16.90	16.90	16.90	16.90	16.90
2.雇工费用	元	44.01	54.92	63.55	107.35	69.69
雇工天数	日	1.30	1.75	1.40	1.79	2.02
雇工工价	元	33.85	31.38	45.39	59.97	34.50
三、附记						
1.每亩种子用量	公斤	4.74	5.06	4.77	4.54	3.89
2.每亩化肥用量	公斤	23.24	24.35	28.20	23.14	25.73
3.每亩农膜用量	公斤	0.48	1.00	0.72	0.71	0.68

2-4-2 续表 1

项 目	单位	吉 林	黑龙江	上 海	江 苏	浙 江
一、每亩物质与服务费用	元	262.30	248.81	351.59	391.49	336.53
(一)直接费用	元	252.10	221.31	350.26	381.88	331.11
1.种子费	元	19.00	15.96	23.35	23.20	15.90
2.化肥费	元	78.18	63.41	98.75	131.20	92.81
3.农家肥费	元	5.32	0.44	0.42	6.24	5.64
4.农药费	元	15.41	17.49	77.66	81.87	89.69
5.农膜费	元	12.41	9.93		1.22	
6.租赁作业费	元	114.79	108.76	149.59	132.65	121.14
机械作业费	元	55.40	70.86	114.69	92.21	104.40
排灌费	元	50.91	37.76	34.90	39.83	15.20
其中:水费	元	18.99	26.94	8.42	7.33	1.74
畜力费	元	8.48	0.14		0.61	1.54
7.燃料动力费	元				0.04	0.85
8.技术服务费	元	0.17	0.20		0.06	
9.工具材料费	元	4.33	2.81	0.49	3.62	2.96
10.修理维护费	元	1.71	1.16		1.48	1.67
11.其他直接费用	元	0.78	1.15		0.30	0.45
(二)间接费用	元	10.20	27.50	1.33	9.61	5.42
1.固定资产折旧	元	5.30	8.09		7.43	4.95
2.税金	元					
3.保险费	元		3.85		0.05	
4.管理费	元	0.40	6.50		0.09	
5.财务费	元	1.90	5.61			
6.销售费	元	2.60	3.45	1.33	2.04	0.47
二、每亩人工成本	元	141.09	138.21	114.75	150.43	123.58
1.家庭用工折价	元	97.85	72.50	114.75	131.31	95.49
家庭用工天数	日	5.79	4.29	6.79	7.77	5.65
劳动日工价	元	16.90	16.90	16.90	16.90	16.90
2.雇工费用	元	43.24	65.71		19.12	28.09
雇工天数	日	1.42	1.63		0.49	0.70
雇工工价	元	30.45	40.31	30.80	39.02	40.13
三、附记						
1.每亩种子用量	公斤	3.44	4.75	5.86	4.20	3.75
2.每亩化肥用量	公斤	17.20	14.15	24.17	32.36	22.49
3.每亩农膜用量	公斤	1.05	0.90		0.10	

2－4－2 续表 2

项 目	单位	安 徽	山 东	河 南	湖 北	云 南	宁 夏
一、每亩物质与服务费用	元	300.67	373.49	243.05	206.66	260.64	364.88
（一）直接费用	元	292.63	367.46	241.86	202.94	258.68	351.50
1. 种子费	元	20.33	23.87	11.98	31.32	23.84	50.59
2. 化肥费	元	94.26	157.46	110.18	56.02	88.16	117.74
3. 农家肥费	元	5.34	8.95	5.11	0.78	33.61	35.60
4. 农药费	元	52.47	49.91	27.62	49.12	20.34	16.41
5. 农膜费	元		0.88			8.34	6.82
6. 租赁作业费	元	104.75	123.39	85.35	62.15	76.77	116.73
机械作业费	元	66.43	68.97	45.61	14.04	34.67	66.71
排灌费	元	14.48	54.42	39.74	17.40	16.67	49.44
其中：水费	元	7.07	7.24	7.55	0.92	15.06	47.27
畜力费	元	23.84			30.71	25.43	0.58
7. 燃料动力费	元	0.01				0.31	
8. 技术服务费	元			0.13		0.15	0.04
9. 工具材料费	元	11.71	2.52	1.30	2.05	6.37	3.01
10. 修理维护费	元	3.71	0.48		1.50	0.79	2.69
11. 其他直接费用	元	0.05		0.19			1.87
（二）间接费用	元	8.04	6.03	1.19	3.72	1.96	13.38
1. 固定资产折旧	元	7.35	5.57		3.34		8.33
2. 税金	元						
3. 保险费	元						4.06
4. 管理费	元	0.01	0.06				
5. 财务费	元						
6. 销售费	元	0.68	0.40	1.19	0.38	1.96	0.99
二、每亩人工成本	元	193.89	196.61	211.28	172.67	429.41	270.48
1. 家庭用工折价	元	189.45	166.13	181.51	172.21	332.76	243.70
家庭用工天数	日	11.21	9.83	10.74	10.19	19.69	14.42
劳动日工价	元	16.90	16.90	16.90	16.90	16.90	16.90
2. 雇工费用	元	4.44	30.48	29.77	0.46	96.65	26.78
雇工天数	日	0.11	0.91	0.89	0.01	4.29	0.78
雇工工价	元	40.36	33.49	33.45	46.00	22.53	34.33
三、附记							
1. 每亩种子用量	公斤	7.28	4.78	3.23	5.95	5.98	15.80
2. 每亩化肥用量	公斤	23.77	37.49	27.24	15.66	23.23	30.82
3. 每亩农膜用量	公斤		0.08			0.63	0.64

2-4-3 2006年各地区粳稻化肥投入情况

项目	单位	平均	天津	河北	内蒙古	辽宁
一、每亩化肥金额	元	96.97	100.49	109.63	107.01	116.53
(一)氮肥	元	52.12	55.84	71.01	57.65	51.92
1.尿素	元	41.36	55.84	24.02	57.65	41.56
2.碳铵	元	9.68		46.99		3.53
3.其他氮肥	元	1.08				6.83
(二)磷肥	元	1.96	0.48		0.14	0.37
其中:过磷酸钙	元	1.73	0.48			0.08
(三)钾肥	元	4.18		1.39	1.01	5.94
其中:氯化钾	元	2.97		0.92	0.91	3.94
(四)复混肥	元	37.96	43.63	33.26	44.03	54.27
1.复合肥	元	35.40	43.63	33.26	44.03	51.47
其中:二铵	元	8.72	43.63	25.36	32.78	26.10
2.混配肥	元	2.56				2.80
(五)其他肥料	元	0.75	0.54	3.97	4.18	4.03
二、每亩化肥折纯用量	公斤	23.24	24.35	28.20	23.14	25.73
(一)氮肥	公斤	13.32	14.25	20.83	13.66	12.79
1.尿素	公斤	10.11	14.25	5.68	13.66	10.12
2.碳铵	公斤	2.95		15.15		1.03
3.其他氮肥	公斤	0.26				1.64
(二)磷肥	公斤	0.69	0.15		0.03	0.11
其中:过磷酸钙	公斤	0.59	0.15			0.02
(三)钾肥	公斤	0.97		0.39	0.24	1.27
其中:氯化钾	公斤	0.78		0.25	0.23	1.02
(四)复混肥	公斤	8.26	9.95	6.98	9.21	11.56
1.复合肥	公斤	7.73	9.95	6.98	9.21	10.99
其中:二铵	公斤	1.94	9.95	5.59	7.11	5.77
2.混配肥	公斤	0.53				0.57

2-4-3 续表 1

项　　目	单位	吉　林	黑龙江	上　海	江　苏	浙　江
一、每亩化肥金额	元	78.18	63.41	98.75	131.20	92.81
（一）氮肥	元	31.01	23.89	82.55	80.16	65.60
1.尿素	元	26.58	23.80	54.10	61.89	58.61
2.碳铵	元	1.36		28.45	17.60	6.82
3.其他氮肥	元	3.07	0.09		0.67	0.17
（二）磷肥	元			0.27	2.36	2.43
其中:过磷酸钙	元			0.27	2.30	2.25
（三）钾肥	元	8.46	5.45		1.10	6.19
其中:氯化钾	元	4.98	3.55		0.82	6.19
（四）复混肥	元	38.26	33.82	15.93	46.98	18.59
1.复合肥	元	31.13	33.60	15.93	43.27	17.34
其中:二铵	元	10.64	12.60		2.32	
2.混配肥	元	7.13	0.22		3.71	1.25
（五）其他肥料	元	0.45	0.25		0.60	
二、每亩化肥折纯用量	公斤	17.20	14.15	24.17	32.36	22.49
（一）氮肥	公斤	7.74	5.89	20.77	20.78	16.26
1.尿素	公斤	6.75	5.87	12.44	15.17	14.21
2.碳铵	公斤	0.42		8.33	5.38	1.96
3.其他氮肥	公斤	0.57	0.02		0.23	0.09
（二）磷肥	公斤			0.09	0.80	0.74
其中:过磷酸钙	公斤			0.09	0.78	0.68
（三）钾肥	公斤	1.56	1.34		0.28	1.61
其中:氯化钾	公斤	1.28	0.96		0.23	1.61
（四）复混肥	公斤	7.90	6.92	3.31	10.50	3.88
1.复合肥	公斤	6.90	6.89	3.31	9.66	3.60
其中:二铵	公斤	2.35	2.80		0.53	
2.混配肥	公斤	1.00	0.03		0.84	0.28

2-4-3 续表 2

项　　目	单位	安　徽	山　东	河　南	湖　北	云　南	宁　夏
一、每亩化肥金额	元	94.26	157.46	110.18	56.02	88.16	117.74
（一）氮肥	元	40.24	70.64	58.94	40.00	57.71	67.25
1.尿素	元	39.89	55.76	38.51	10.03	39.52	46.67
2.碳铵	元	0.35	14.88	20.43	29.97	18.19	20.58
3.其他氮肥	元						
（二）磷肥	元	1.21	0.37	4.39	3.05	10.74	8.47
其中：过磷酸钙	元	0.35		4.39	2.15	9.80	7.11
（三）钾肥	元	6.19	6.12		4.47	2.78	
其中：氯化钾	元	6.19	5.81		4.47	0.69	
（四）复混肥	元	46.58	79.66	46.74	8.50	16.64	41.82
1.复合肥	元	46.08	73.69	39.74	8.50	13.25	37.35
其中：二铵	元		27.58	12.53	0.30		31.00
2.混配肥	元	0.50	5.97	7.00		3.39	4.47
（五）其他肥料	元	0.04	0.67	0.11		0.29	0.20
二、每亩化肥折纯用量	公斤	23.77	37.49	27.24	15.66	23.23	30.82
（一）氮肥	公斤	10.04	19.15	16.16	11.58	14.45	19.23
1.尿素	公斤	9.93	14.18	9.23	2.31	9.24	12.19
2.碳铵	公斤	0.11	4.97	6.93	9.27	5.21	7.04
3.其他氮肥	公斤						
（二）磷肥	公斤	0.52	0.14	1.45	1.24	3.92	2.41
其中：过磷酸钙	公斤	0.13		1.45	0.71	3.50	2.14
（三）钾肥	公斤	1.67	1.64		1.06	0.58	
其中：氯化钾	公斤	1.66	1.57		1.06	0.17	
（四）复混肥	公斤	11.54	16.56	9.63	1.78	4.28	9.18
1.复合肥	公斤	11.41	15.35	8.66	1.78	3.19	8.11
其中：二铵	公斤		6.12	3.03	0.08		6.80
2.混配肥	公斤	0.13	1.21	0.97		1.09	1.07

2-5-1 2006年各地区小麦成本收益情况

项目	单位	平均	北京	天津	河北	山西	内蒙古
每亩							
主产品产量	公斤	351.80	332.00	357.30	378.80	291.60	367.60
产值合计	元	522.46	509.48	501.68	572.01	437.42	688.13
主产品产值	元	503.88	508.14	501.68	563.14	426.80	653.01
副产品产值	元	18.58	1.34		8.87	10.62	35.12
总成本	元	404.77	457.41	412.85	489.46	407.24	573.91
生产成本	元	350.17	386.61	319.17	408.30	332.90	511.15
物质与服务费用	元	230.56	290.51	261.54	298.28	232.34	361.71
人工成本	元	119.61	96.10	57.63	110.02	100.56	149.44
家庭用工折价	元	115.93	56.62	57.63	110.02	100.56	118.13
雇工费用	元	3.68	39.48				31.31
土地成本	元	54.60	70.80	93.68	81.16	74.34	62.76
流转地租金	元	2.35	4.97	18.46	2.60	7.86	1.22
自营地折租	元	52.25	65.83	75.22	78.56	66.48	61.54
净利润	元	117.69	52.07	88.83	82.55	30.18	114.22
现金成本	元	236.59	334.96	280.00	300.88	240.20	394.24
现金收益	元	285.87	174.52	221.68	271.13	197.22	293.89
成本利润率	%	29.08	11.38	21.52	16.87	7.41	19.90
每50公斤主产品							
平均出售价格	元	71.61	76.53	70.20	74.33	73.18	88.82
总成本	元	55.48	68.71	57.77	63.60	68.13	74.08
生产成本	元	48.00	58.07	44.66	53.06	55.69	65.98
净利润	元	16.13	7.82	12.43	10.73	5.05	14.74
现金成本	元	32.43	50.32	39.18	39.10	40.19	50.89
现金收益	元	39.18	26.21	31.02	35.23	32.99	37.93
附:							
每亩用工数量	日	7.01	4.77	3.41	6.51	5.95	8.14
每亩主产品出售数量	公斤	174.90	250.60	123.90	194.80	94.70	240.00
每亩主产品出售产值	元	248.37	378.33	174.74	287.22	138.59	413.08
商品率	%	54.70	79.40	46.10	48.40	47.60	65.50
每亩补贴收入	元	15.64	65.86	30.00	13.23	14.58	16.10
每亩成本外支出	元	1.89	1.08				

2-5-1 续表 1

项　　目	单位	黑龙江	上　海	江　苏	安　徽	山　东	河　南
每亩							
主产品产量	公斤	241.10	293.40	395.70	368.40	399.80	394.20
产值合计	元	297.95	360.96	565.96	534.23	593.17	585.24
主产品产值	元	291.54	360.96	548.40	518.72	580.98	568.72
副产品产值	元	6.41		17.56	15.51	12.19	16.52
总成本	元	280.99	313.45	400.17	336.39	437.35	369.56
生产成本	元	191.69	207.75	323.89	301.96	400.88	309.90
物质与服务费用	元	145.27	152.15	242.30	215.24	277.31	216.29
人工成本	元	46.42	55.60	81.59	86.72	123.57	93.61
家庭用工折价	元	22.65	55.60	76.22	81.46	123.37	91.26
雇工费用	元	23.77		5.37	5.26	0.20	2.35
土地成本	元	89.30	105.70	76.28	34.43	36.47	59.66
流转地租金	元	37.68	37.53	5.89	1.13	0.53	0.47
自营地折租	元	51.62	68.17	70.39	33.30	35.94	59.19
净利润	元	16.96	47.51	165.79	197.84	155.82	215.68
现金成本	元	206.72	189.68	253.56	221.63	278.04	219.11
现金收益	元	91.23	171.28	312.40	312.60	315.13	366.13
成本利润率	%	6.04	15.16	41.43	58.81	35.63	58.36
每50公斤主产品							
平均出售价格	元	60.46	61.51	69.29	70.40	72.66	72.14
总成本	元	57.02	53.41	48.99	44.33	53.57	45.55
生产成本	元	38.90	35.40	39.65	39.79	49.11	38.20
净利润	元	3.44	8.10	20.30	26.07	19.09	26.59
现金成本	元	41.95	32.32	31.04	29.21	34.06	27.01
现金收益	元	18.51	29.19	38.25	41.19	38.60	45.13
附:							
每亩用工数量	日	2.13	3.29	4.70	4.99	7.31	5.52
每亩主产品出售数量	公斤	214.50	272.50	280.20	217.10	171.80	211.80
每亩主产品出售产值	元	259.23	334.73	384.24	304.38	244.89	305.91
商品率	%	94.00	92.80	77.40	69.50	58.10	56.40
每亩补贴收入	元	21.74		10.41	10.57	28.96	13.59
每亩成本外支出	元			10.96	2.87	2.53	0.04

2-5-1 续表 2

项　　目	单位	湖 北	重 庆	四 川	贵 州	云 南
每亩						
主产品产量	公斤	301.80	182.60	258.20	122.10	193.40
产值合计	元	408.26	270.00	374.47	190.84	265.24
主产品产值	元	402.73	254.34	358.72	176.14	247.56
副产品产值	元	5.53	15.66	15.75	14.70	17.68
总成本	元	299.89	383.11	341.80	316.22	354.80
生产成本	元	258.17	362.43	310.08	284.63	302.81
物质与服务费用	元	166.99	77.95	127.49	107.99	121.23
人工成本	元	91.18	284.48	182.59	176.64	181.58
家庭用工折价	元	90.58	281.72	182.18	172.21	173.56
雇工费用	元	0.60	2.76	0.41	4.43	8.02
土地成本	元	41.72	20.68	31.72	31.59	51.99
流转地租金	元	0.40	1.70	3.49	0.09	2.79
自营地折租	元	41.32	18.98	28.23	31.50	49.20
净利润	元	108.37	-113.11	32.67	-125.38	-89.56
现金成本	元	167.99	82.41	131.39	112.51	132.04
现金收益	元	240.27	187.59	243.08	78.33	133.20
成本利润率	%	36.14	-29.51	9.56	-39.64	-25.23
每50公斤主产品						
平均出售价格	元	66.72	69.64	69.47	72.13	64.00
总成本	元	49.01	98.81	63.41	119.52	85.61
生产成本	元	42.19	93.48	57.52	107.58	73.07
净利润	元	17.71	-29.17	6.06	-47.39	-21.61
现金成本	元	27.45	21.26	24.37	42.52	31.86
现金收益	元	39.27	48.38	45.10	29.61	32.14
附：						
每亩用工数量	日	5.38	16.76	10.80	10.41	10.73
每亩主产品出售数量	公斤	240.70	15.10	41.40	31.70	90.70
每亩主产品出售产值	元	320.74	21.58	57.01	45.92	110.87
商品率	%	82.40	19.30	30.10	39.00	51.00
每亩补贴收入	元	19.35	4.55	15.47		0.05
每亩成本外支出	元	2.07	0.23	1.51		1.58

2-5-1 续表 3

项　　目	单位	陕西	甘肃	青海	宁夏	新疆
每亩						
主产品产量	公斤	353.20	284.00	222.40	291.70	386.90
产值合计	元	503.89	461.81	332.10	528.69	584.26
主产品产值	元	483.63	417.53	301.93	467.99	509.21
副产品产值	元	20.26	44.28	30.17	60.70	75.05
总成本	元	442.72	501.93	481.06	484.17	461.00
生产成本	元	389.38	440.21	467.85	460.82	385.60
物质与服务费用	元	244.01	245.58	172.67	301.46	279.16
人工成本	元	145.37	194.63	295.18	159.36	106.44
家庭用工折价	元	141.79	192.32	291.36	156.16	87.71
雇工费用	元	3.58	2.31	3.82	3.20	18.73
土地成本	元	53.34	61.72	13.21	23.35	75.40
流转地租金	元	1.70	0.31			3.76
自营地折租	元	51.64	61.41	13.21	23.35	71.64
净利润	元	61.17	-40.12	-148.96	44.52	123.26
现金成本	元	249.29	248.20	176.49	304.66	301.65
现金收益	元	254.60	213.61	155.61	224.03	282.61
成本利润率	%	13.82	-7.98	-30.95	9.20	26.74
每50公斤主产品						
平均出售价格	元	68.46	73.51	67.88	80.22	65.81
总成本	元	60.15	79.90	98.33	73.46	51.93
生产成本	元	52.90	70.07	95.63	69.92	43.43
净利润	元	8.31	-6.39	-30.45	6.76	13.88
现金成本	元	33.87	39.51	36.07	46.23	33.98
现金收益	元	34.59	34.00	31.81	33.99	31.83
附:						
每亩用工数量	日	8.60	11.48	17.43	9.33	5.91
每亩主产品出售数量	公斤	141.60	59.60	11.80	62.80	217.70
每亩主产品出售产值	元	197.59	87.72	16.01	102.70	282.45
商品率	%	44.30	23.00	3.90	38.70	59.10
每亩补贴收入	元	13.43	7.83	10.07	12.86	40.18
每亩成本外支出	元	1.01	0.10	0.32	9.37	1.64

2-5-2 2006年各地区小麦费用和用工情况

项 目	单位	平 均	北 京	天 津	河 北	山 西	内蒙古
一、每亩物质与服务费用	元	230.56	290.51	261.54	298.28	232.34	361.71
(一)直接费用	元	225.98	281.70	261.54	292.28	231.51	357.41
1. 种子费	元	31.16	42.04	29.26	35.75	36.88	67.12
2. 化肥费	元	91.00	100.15	102.37	107.85	73.74	136.31
3. 农家肥费	元	9.30	8.69	4.42	4.41	4.82	26.91
4. 农药费	元	8.25	9.19	7.65	7.42	5.85	5.20
5. 农膜费	元	0.03					
6. 租赁作业费	元	82.63	117.48	114.22	133.87	107.15	118.97
机械作业费	元	59.80	84.84	75.79	78.25	68.19	74.30
排灌费	元	19.24	32.63	38.43	55.28	38.28	43.86
其中:水费	元	4.80		24.67	1.78	9.39	43.52
畜力费	元	3.59	0.01		0.34	0.68	0.81
7. 燃料动力费	元	0.04	2.21				
8. 技术服务费	元	0.06			0.01		
9. 工具材料费	元	2.23	0.04	2.57	1.44	2.77	1.47
10. 修理维护费	元	1.00	1.22	1.05	1.46	0.30	0.54
11. 其他直接费用	元	0.28	0.68		0.07		0.89
(二)间接费用	元	4.58	8.81		6.00	0.83	4.30
1. 固定资产折旧	元	2.95	4.81		5.29	0.64	
2. 税金	元						
3. 保险费	元	0.12	0.50		0.08		
4. 管理费	元	0.22	2.62		0.06		1.89
5. 财务费	元	0.12	0.04				1.11
6. 销售费	元	1.17	0.84		0.57	0.19	1.30
二、每亩人工成本	元	119.61	96.10	57.63	110.02	100.56	149.44
1. 家庭用工折价	元	115.93	56.62	57.63	110.02	100.56	118.13
家庭用工天数	日	6.86	3.35	3.41	6.51	5.95	6.99
劳动日工价	元	16.90	16.90	16.90	16.90	16.90	16.90
2. 雇工费用	元	3.68	39.48				31.31
雇工天数	日	0.15	1.42				1.15
雇工工价	元	24.53	27.80	29.50	21.74	26.03	27.23
三、附记							
1. 每亩种子用量	公斤	14.02	19.73	19.21	17.21	14.56	24.49
2. 每亩化肥用量	公斤	22.21	23.84	24.79	27.14	20.43	30.94
3. 每亩农膜用量	公斤						

2-5-2 续表 1

项目	单位	黑龙江	上海	江苏	安徽	山东	河南
一、每亩物质与服务费用	元	145.27	152.15	242.30	215.24	277.31	216.29
(一)直接费用	元	135.19	151.50	234.28	210.46	271.74	215.26
1.种子费	元	40.78	20.80	33.49	30.75	26.45	29.27
2.化肥费	元	45.96	66.17	97.68	100.94	115.74	93.14
3.农家肥费	元			6.39	6.76	13.57	4.69
4.农药费	元	2.14	11.28	17.20	7.74	7.01	8.61
5.农膜费	元			0.09			
6.租赁作业费	元	43.30	53.25	74.88	59.41	104.21	77.74
机械作业费	元	43.30	53.25	68.86	57.70	74.66	69.69
排灌费	元			6.01	0.79	28.30	7.72
其中:水费	元			3.40	0.11	1.96	
畜力费	元			0.01	0.92	1.25	0.33
7.燃料动力费	元				0.32	0.06	
8.技术服务费	元			0.01	0.51	0.01	0.01
9.工具材料费	元	1.56		3.05	1.82	2.83	1.70
10.修理维护费	元	1.45		1.18	1.69	1.85	
11.其他直接费用	元			0.31	0.52	0.01	0.10
(二)间接费用	元	10.08	0.65	8.02	4.78	5.57	1.03
1.固定资产折旧	元	1.86		6.17	2.65	4.24	
2.税金	元						
3.保险费	元	1.04			0.47		
4.管理费	元	3.71		0.04	0.55	0.10	
5.财务费	元	1.70					
6.销售费	元	1.77	0.65	1.81	1.11	1.23	1.03
二、每亩人工成本	元	46.42	55.60	81.59	86.72	123.57	93.61
1.家庭用工折价	元	22.65	55.60	76.22	81.46	123.37	91.26
家庭用工天数	日	1.34	3.29	4.51	4.82	7.30	5.40
劳动日工价	元	16.90	16.90	16.90	16.90	16.90	16.90
2.雇工费用	元	23.77		5.37	5.26	0.20	2.35
雇工天数	日	0.79		0.19	0.17	0.01	0.12
雇工工价	元	30.09	30.07	28.26	30.94	20.00	19.58
三、附记							
1.每亩种子用量	公斤	22.81	12.48	14.47	14.72	12.25	11.35
2.每亩化肥用量	公斤	10.09	18.64	23.41	25.07	26.38	22.11
3.每亩农膜用量	公斤			0.01			

2-5-2 续表 2

项　目	单位	湖 北	重 庆	四 川	贵 州	云 南
一、每亩物质与服务费用	元	166.99	77.95	127.49	107.99	121.23
（一）直接费用	元	164.31	72.44	122.63	102.94	119.65
1. 种子费	元	30.65	16.12	20.69	14.63	22.13
2. 化肥费	元	63.11	32.92	47.93	31.57	44.57
3. 农家肥费	元	1.50	11.48	13.16	25.88	10.58
4. 农药费	元	7.11	3.54	13.11	0.76	5.73
5. 农膜费	元					
6. 租赁作业费	元	57.56	3.53	25.78	25.45	34.01
机械作业费	元	48.13	1.46	12.35	0.08	10.26
排灌费	元	1.66		2.47		2.91
其中：水费	元	0.99		2.35		2.04
畜力费	元	7.77	2.07	10.96	25.37	20.84
7. 燃料动力费	元	0.03				0.01
8. 技术服务费	元					
9. 工具材料费	元	2.43	3.15	0.93	2.67	2.24
10. 修理维护费	元	1.64	1.23	0.78	1.98	0.35
11. 其他直接费用	元	0.28	0.47	0.25		0.03
（二）间接费用	元	2.68	5.51	4.86	5.05	1.58
1. 固定资产折旧	元	1.25	4.62	4.82	3.07	
2. 税金	元					
3. 保险费	元					
4. 管理费	元	0.08				0.31
5. 财务费	元					
6. 销售费	元	1.35	0.89	0.04	1.98	1.27
二、每亩人工成本	元	91.18	284.48	182.59	176.64	181.58
1. 家庭用工折价	元	90.58	281.72	182.18	172.21	173.56
家庭用工天数	日	5.36	16.67	10.78	10.19	10.27
劳动日工价	元	16.90	16.90	16.90	16.90	16.90
2. 雇工费用	元	0.60	2.76	0.41	4.43	8.02
雇工天数	日	0.02	0.09	0.02	0.22	0.46
雇工工价	元	30.00	30.67	20.50	20.14	17.43
三、附记						
1. 每亩种子用量	公斤	12.59	8.47	11.72	7.99	11.42
2. 每亩化肥用量	公斤	16.97	9.63	14.12	8.20	10.95
3. 每亩农膜用量	公斤					

2－5－2 续表 3

项　　目	单位	陕　西	甘　肃	青　海	宁　夏	新　疆
一、每亩物质与服务费用	元	244.01	245.58	172.67	301.46	279.16
（一）直接费用	元	238.44	236.71	167.90	292.86	271.10
1. 种子费	元	24.52	39.21	45.96	64.73	44.18
2. 化肥费	元	93.28	72.21	48.95	110.13	95.07
3. 农家肥费	元	7.76	17.03	10.87	25.43	23.84
4. 农药费	元	7.43	7.83	4.47	9.06	3.53
5. 农膜费	元				1.96	
6. 租赁作业费	元	100.24	94.75	54.38	75.25	100.79
机械作业费	元	66.15	42.49	32.54	40.71	59.54
排灌费	元	33.00	31.73	7.20	27.91	37.10
其中：水费	元	10.12	31.19	5.15	26.33	11.29
畜力费	元	1.09	20.53	14.64	6.63	4.15
7. 燃料动力费	元					
8. 技术服务费	元	0.03				0.24
9. 工具材料费	元	3.14	4.07	2.26	2.66	2.58
10. 修理维护费	元	0.65	1.20	0.53	2.74	0.31
11. 其他直接费用	元	1.39	0.41	0.48	0.90	0.56
（二）间接费用	元	5.57	8.87	4.77	8.60	8.06
1. 固定资产折旧	元	2.71	7.64	3.83	5.50	0.86
2. 税金	元	0.01				
3. 保险费	元		0.01		2.71	0.63
4. 管理费	元	0.62	0.26	0.83		0.25
5. 财务费	元		0.37	0.11		2.03
6. 销售费	元	2.23	0.59		0.39	4.29
二、每亩人工成本	元	145.37	194.63	295.18	159.36	106.44
1. 家庭用工折价	元	141.79	192.32	291.36	156.16	87.71
家庭用工天数	日	8.39	11.38	17.24	9.24	5.19
劳动日工价	元	16.90	16.90	16.90	16.90	16.90
2. 雇工费用	元	3.58	2.31	3.82	3.20	18.73
雇工天数	日	0.21	0.10	0.19	0.09	0.72
雇工工价	元	17.05	23.10	20.11	35.56	26.01
三、附记						
1. 每亩种子用量	公斤	10.81	20.49	22.27	23.17	21.88
2. 每亩化肥用量	公斤	24.68	18.25	10.93	28.68	20.62
3. 每亩农膜用量	公斤				0.16	

2－5－3 2006年各地区小麦化肥投入情况

项　目	单位	平　均	北　京	天　津	河　北	山　西	内蒙古
一、每亩化肥金额	元	91.00	100.15	102.37	107.85	73.74	136.31
（一）氮肥	元	35.40	49.16	48.86	46.96	31.77	54.98
1.尿素	元	26.93	44.20	48.02	36.21	20.12	54.10
2.碳铵	元	8.29	4.96	0.84	10.75	11.65	0.88
3.其他氮肥	元	0.18					
（二）磷肥	元	6.96			6.68	16.81	0.08
其中：过磷酸钙	元	5.35			5.11	12.97	
（三）钾肥	元	1.12			0.74	0.22	0.34
其中：氯化钾	元	0.59			0.71	0.22	
（四）复混肥	元	46.95	50.99	53.51	53.44	24.47	80.91
1.复合肥	元	45.32	50.99	53.51	49.71	22.55	80.91
其中：二铵	元	17.10	35.65	53.51	37.35	3.38	80.14
2.混配肥	元	1.63			3.73	1.92	
（五）其他肥料	元	0.57			0.03	0.47	
二、每亩化肥折纯用量	公斤	22.21	23.84	24.79	27.14	20.43	30.94
（一）氮肥	公斤	9.50	12.35	12.64	12.93	8.78	13.28
1.尿素	公斤	6.74	10.78	12.37	9.27	5.07	13.07
2.碳铵	公斤	2.70	1.57	0.27	3.66	3.71	0.21
3.其他氮肥	公斤	0.06					
（二）磷肥	公斤	2.39			2.25	5.66	0.01
其中：过磷酸钙	公斤	1.79			1.60	4.03	
（三）钾肥	公斤	0.22			0.22	0.08	0.04
其中：氯化钾	公斤	0.15			0.20	0.08	
（四）复混肥	公斤	10.10	11.49	12.15	11.74	5.91	17.61
1.复合肥	公斤	9.77	11.49	12.15	10.99	5.43	17.61
其中：二铵	公斤	4.02	8.00	12.15	8.79	0.79	17.45
2.混配肥	公斤	0.33			0.75	0.48	

2-5-3 续表 1

项　　目	单位	黑龙江	上海	江苏	安徽	山东	河南
一、每亩化肥金额	元	45.96	66.17	97.68	100.94	115.74	93.14
(一)氮肥	元	12.47	51.57	48.83	33.80	35.12	29.89
1. 尿素	元	12.47	29.79	44.08	28.77	27.38	21.15
2. 碳铵	元		21.78	4.75	4.85	7.69	8.72
3. 其他氮肥	元				0.18	0.05	0.02
(二)磷肥	元		13.41	3.14	12.63	1.96	8.18
其中:过磷酸钙	元		13.41	2.86	8.73	0.74	5.99
(三)钾肥	元	0.47		0.68	1.08	1.70	1.86
其中:氯化钾	元			0.40	0.91	1.00	1.07
(四)复混肥	元	32.34	1.19	44.25	52.67	76.54	52.17
1. 复合肥	元	32.34	1.19	39.61	49.97	75.87	51.70
其中:二铵	元	27.14		3.07	10.04	26.26	4.44
2. 混配肥	元			4.64	2.70	0.67	0.47
(五)其他肥料	元	0.68		0.78	0.76	0.42	1.04
二、每亩化肥折纯用量	公斤	10.09	18.64	23.41	25.07	26.38	22.11
(一)氮肥	公斤	2.97	13.55	12.52	9.06	9.66	8.06
1. 尿素	公斤	2.97	7.10	11.02	7.37	7.04	5.09
2. 碳铵	公斤		6.45	1.50	1.67	2.61	2.97
3. 其他氮肥	公斤				0.02	0.01	
(二)磷肥	公斤		4.77	1.00	4.35	0.71	2.90
其中:过磷酸钙	公斤		4.77	0.91	2.99	0.22	2.00
(三)钾肥	公斤	0.10		0.19	0.31	0.35	0.33
其中:氯化钾	公斤			0.11	0.30	0.27	0.23
(四)复混肥	公斤	7.02	0.32	9.70	11.35	15.66	10.82
1. 复合肥	公斤	7.02	0.32	8.73	10.85	15.55	10.75
其中:二铵	公斤	6.02		0.68	2.58	6.10	1.15
2. 混配肥	公斤			0.97	0.50	0.11	0.07

2-5-3 续表 2

项 目	单位	湖 北	重 庆	四 川	贵 州	云 南
一、每亩化肥金额	元	63.11	32.92	47.93	31.57	44.57
(一)氮肥	元	27.44	24.35	27.10	17.32	31.38
1. 尿素	元	7.38	10.26	6.66	17.32	27.17
2. 碳铵	元	20.06	13.97	20.43		4.16
3. 其他氮肥	元		0.12	0.01		0.05
(二)磷肥	元	5.14	7.32	7.87	7.57	5.51
其中:过磷酸钙	元	4.74	7.06	7.31	7.15	5.26
(三)钾肥	元	0.25	0.20	1.95		1.29
其中:氯化钾	元	0.25	0.20	0.09		
(四)复混肥	元	29.65	0.68	10.19	6.20	6.39
1. 复合肥	元	26.94	0.32	9.15	5.81	5.98
其中:二铵	元			1.61		
2. 混配肥	元	2.71	0.36	1.04	0.39	0.41
(五)其他肥料	元	0.63	0.37	0.82	0.48	
二、每亩化肥折纯用量	公斤	16.97	9.63	14.12	8.20	10.95
(一)氮肥	公斤	8.53	6.86	7.42	4.03	7.60
1. 尿素	公斤	1.73	2.49	1.64	4.03	6.42
2. 碳铵	公斤	6.80	4.36	5.78		1.17
3. 其他氮肥	公斤		0.01			0.01
(二)磷肥	公斤	2.07	2.55	3.37	2.70	1.78
其中:过磷酸钙	公斤	1.93	2.41	3.08	2.53	1.70
(三)钾肥	公斤	0.06	0.06	0.18		0.11
其中:氯化钾	公斤	0.06	0.06	0.02		
(四)复混肥	公斤	6.31	0.16	3.15	1.47	1.46
1. 复合肥	公斤	5.57	0.06	2.97	1.38	1.36
其中:二铵	公斤			0.68		
2. 混配肥	公斤	0.74	0.10	0.18	0.09	0.10

2－5－3 续表 3

项　　目	单位	陕 西	甘 肃	青 海	宁 夏	新 疆
一、每亩化肥金额	元	93.28	72.21	48.95	110.13	95.07
（一）氮肥	元	40.35	30.83	16.53	54.03	43.08
1. 尿素	元	29.25	26.99	16.53	38.50	43.08
2. 碳铵	元	8.62	3.56		15.53	
3. 其他氮肥	元	2.48	0.28			
（二）磷肥	元	6.95	14.05	0.56	5.00	3.89
其中：过磷酸钙	元	6.55	12.90		4.01	0.09
（三）钾肥	元	0.86	0.18			0.03
其中：氯化钾	元					0.03
（四）复混肥	元	44.78	26.88	30.20	51.10	48.06
1. 复合肥	元	43.54	24.88	30.20	47.58	47.41
其中：二铵	元	37.77	21.18	30.20	43.71	43.76
2. 混配肥	元	1.24	2.00		3.52	0.65
（五）其他肥料	元	0.34	0.27	1.66		0.01
二、每亩化肥折纯用量	公斤	24.68	18.25	10.93	28.68	20.62
（一）氮肥	公斤	10.98	8.00	4.14	15.70	10.55
1. 尿素	公斤	7.40	6.85	4.14	10.27	10.55
2. 碳铵	公斤	2.62	1.11		5.43	
3. 其他氮肥	公斤	0.96	0.04			
（二）磷肥	公斤	2.36	4.21	0.21	1.43	0.38
其中：过磷酸钙	公斤	2.20	3.83		1.24	0.01
（三）钾肥	公斤	0.17	0.03			0.01
其中：氯化钾	公斤					0.01
（四）复混肥	公斤	11.17	6.01	6.58	11.55	9.68
1. 复合肥	公斤	10.98	5.46	6.58	10.64	9.54
其中：二铵	公斤	9.75	4.70	6.58	9.86	9.00
2. 混配肥	公斤	0.19	0.55		0.91	0.14

2－6－1 2006年各地区玉米成本收益情况

项 目	单位	平 均	北 京	天 津	河 北	山 西	内蒙古
每亩							
主产品产量	公斤	423.50	432.80	478.70	425.70	478.60	457.30
产值合计	元	556.53	574.92	595.21	583.88	633.39	583.81
主产品产值	元	536.88	572.10	588.90	567.76	623.52	555.73
副产品产值	元	19.65	2.82	6.31	16.12	9.87	28.08
总成本	元	411.77	346.98	357.18	378.05	401.99	466.42
生产成本	元	338.32	264.79	272.71	297.98	348.87	362.84
物质与服务费用	元	188.38	172.17	178.24	175.22	188.57	243.10
人工成本	元	149.94	92.62	94.47	122.76	160.30	119.74
家庭用工折价	元	140.61	63.04	94.47	120.16	156.49	107.65
雇工费用	元	9.33	29.58		2.60	3.81	12.09
土地成本	元	73.45	82.19	84.47	80.07	53.12	103.58
流转地租金	元	5.57	5.17	17.17	2.65	4.69	4.45
自营地折租	元	67.88	77.02	67.30	77.42	48.43	99.13
净利润	元	144.76	227.94	238.03	205.83	231.40	117.39
现金成本	元	203.28	206.92	195.41	180.47	197.07	259.64
现金收益	元	353.25	368.00	399.80	403.41	436.32	324.17
成本利润率	%	35.16	65.69	66.64	54.45	57.56	25.17
每50公斤主产品							
平均出售价格	元	63.39	66.09	61.51	66.69	65.14	60.76
总成本	元	46.90	39.89	36.91	43.18	41.34	48.54
生产成本	元	38.54	30.44	28.18	34.03	35.88	37.76
净利润	元	16.49	26.20	24.60	23.51	23.80	12.22
现金成本	元	23.15	23.79	20.19	20.61	20.27	27.02
现金收益	元	40.24	42.30	41.32	46.08	44.87	33.74
附:							
每亩用工数量	日	8.67	4.81	5.59	7.23	9.40	6.78
每亩主产品出售数量	公斤	265.10	370.40	361.40	227.10	362.60	310.90
每亩主产品出售产值	元	327.93	484.95	434.69	301.87	473.41	382.51
商品率	%	81.80	98.90	83.90	82.50	91.70	83.20
每亩补贴收入	元	13.78	29.95	31.52	12.58	7.25	14.97
每亩成本外支出	元	0.75	0.19				

2-6-1 续表 1

项目	单位	辽宁	吉林	黑龙江	江苏	安徽	山东
每亩							
主产品产量	公斤	426.30	481.30	433.80	370.60	383.50	441.70
产值合计	元	565.61	548.34	508.64	506.71	564.25	613.33
主产品产值	元	541.12	527.80	493.28	487.53	524.10	603.88
副产品产值	元	24.49	20.54	15.36	19.18	40.15	9.45
总成本	元	444.53	471.65	322.84	366.98	309.46	374.41
生产成本	元	328.47	348.39	223.15	300.81	269.32	339.07
物质与服务费用	元	204.13	220.66	147.11	175.75	130.64	200.79
人工成本	元	124.34	127.73	76.04	125.06	138.68	138.28
家庭用工折价	元	97.85	102.92	65.74	125.06	136.89	135.88
雇工费用	元	26.49	24.81	10.30		1.79	2.40
土地成本	元	116.06	123.26	99.69	66.17	40.14	35.34
流转地租金	元	11.47	13.59	17.91	3.04	1.41	0.36
自营地折租	元	104.59	109.67	81.78	63.13	38.73	34.98
净利润	元	121.08	76.69	185.80	139.73	254.79	238.92
现金成本	元	242.09	259.06	175.32	178.79	133.84	203.55
现金收益	元	323.52	289.28	333.32	327.92	430.41	409.78
成本利润率	%	27.24	16.26	57.55	38.08	82.33	63.81
每50公斤主产品							
平均出售价格	元	63.47	54.83	56.86	65.78	68.33	68.36
总成本	元	49.88	47.16	36.09	47.64	37.48	41.73
生产成本	元	36.86	34.84	24.95	39.05	32.61	37.79
净利润	元	13.59	7.67	20.77	18.14	30.85	26.63
现金成本	元	27.17	25.90	19.60	23.21	16.21	22.69
现金收益	元	36.30	28.93	37.26	42.57	52.12	45.67
附:							
每亩用工数量	日	6.76	6.93	4.27	7.40	8.14	8.10
每亩主产品出售数量	公斤	260.40	412.90	364.60	253.90	256.60	265.10
每亩主产品出售产值	元	325.40	454.74	403.09	324.45	336.24	354.99
商品率	%	89.20	93.00	89.30	80.80	71.10	91.50
每亩补贴收入	元	22.28	38.95	21.53		0.34	
每亩成本外支出	元	0.25			11.25	1.54	1.98

2－6－1 续表 2

项目	单位	河南	湖北	广西	重庆	四川	贵州
每亩							
主产品产量	公斤	400.60	390.30	322.40	375.80	321.40	310.00
产值合计	元	551.36	535.19	461.27	552.23	470.60	440.15
主产品产值	元	528.77	529.47	446.30	528.76	459.51	417.31
副产品产值	元	22.59	5.72	14.97	23.47	11.09	22.84
总成本	元	313.85	433.01	479.62	494.17	390.90	457.11
生产成本	元	254.96	385.62	412.72	471.76	359.56	416.81
物质与服务费用	元	134.06	180.63	213.72	143.74	170.77	183.96
人工成本	元	120.90	204.99	199.00	328.02	188.79	232.85
家庭用工折价	元	120.67	193.00	196.89	315.52	188.60	227.31
雇工费用	元	0.23	11.99	2.11	12.50	0.19	5.54
土地成本	元	58.89	47.39	66.90	22.41	31.34	40.30
流转地租金	元	0.32	1.81	5.10	2.09	3.46	0.87
自营地折租	元	58.57	45.58	61.80	20.32	27.88	39.43
净利润	元	237.51	102.18	-18.35	58.06	79.70	-16.96
现金成本	元	134.61	194.43	220.93	158.33	174.42	190.37
现金收益	元	416.75	340.76	240.34	393.90	296.18	249.78
成本利润率	%	75.68	23.60	-3.82	11.75	20.39	-3.70
每50公斤主产品							
平均出售价格	元	66.00	67.83	69.22	70.35	71.49	67.31
总成本	元	37.57	54.88	71.97	62.95	59.38	69.90
生产成本	元	30.52	48.87	61.93	60.10	54.62	63.74
净利润	元	28.43	12.95	-2.75	7.40	12.11	-2.59
现金成本	元	16.11	24.64	33.15	20.17	26.50	29.11
现金收益	元	49.89	43.19	36.07	50.18	44.99	38.20
附:							
每亩用工数量	日	7.15	11.79	11.76	19.05	11.17	13.70
每亩主产品出售数量	公斤	293.80	143.50	148.40	106.30	12.80	139.90
每亩主产品出售产值	元	387.04	189.65	207.58	147.47	18.10	188.53
商品率	%	79.90	79.30	55.70	86.90	58.40	55.90
每亩补贴收入	元	13.65	12.12	1.83	5.97	15.35	1.50
每亩成本外支出	元		2.34		0.30	0.16	0.43

2-6-1　续表 3

项　　目	单位	云　南	陕　西	甘　肃	宁　夏	新　疆
每亩						
主产品产量	公斤	361.80	358.40	528.80	467.10	637.30
产值合计	元	499.76	470.06	743.67	658.61	710.72
主产品产值	元	476.82	451.20	697.94	631.83	671.16
副产品产值	元	22.94	18.86	45.73	26.78	39.56
总成本	元	567.48	410.28	660.89	368.32	478.32
生产成本	元	501.69	369.50	596.12	354.67	381.34
物质与服务费用	元	208.03	177.05	299.12	185.48	249.53
人工成本	元	293.66	192.45	297.00	169.19	131.81
家庭用工折价	元	279.19	179.31	296.60	161.90	114.24
雇工费用	元	14.47	13.14	0.40	7.29	17.57
土地成本	元	65.79	40.78	64.77	13.65	96.98
流转地租金	元	2.76	0.97	0.34		7.30
自营地折租	元	63.03	39.81	64.43	13.65	89.68
净利润	元	-67.72	59.78	82.78	290.29	232.40
现金成本	元	225.26	191.16	299.86	192.77	274.40
现金收益	元	274.50	278.90	443.81	465.84	436.32
成本利润率	%	-11.92	14.57	12.53	78.81	48.59
每50公斤主产品						
平均出售价格	元	65.90	62.95	65.99	67.63	52.66
总成本	元	74.83	54.94	58.64	37.82	35.44
生产成本	元	66.15	49.48	52.90	36.42	28.25
净利润	元	-8.93	8.01	7.35	29.81	17.22
现金成本	元	29.70	25.60	26.61	19.79	20.33
现金收益	元	36.20	37.35	39.38	47.84	32.33
附：						
每亩用工数量	日	17.29	11.33	17.57	9.84	7.47
每亩主产品出售数量	公斤	86.70	191.60	340.00	81.00	379.90
每亩主产品出售产值	元	113.73	241.38	449.14	105.78	403.72
商品率	%	90.60	68.00	66.20	45.20	61.80
每亩补贴收入	元	2.62	9.26	6.99	7.10	
每亩成本外支出	元	2.97	1.07	0.11	5.71	1.20

2－6－2　2006年各地区玉米费用和用工情况

项　　目	单位	平　均	北　京	天　津	河　北	山　西	内蒙古
一、每亩物质与服务费用	元	188.38	172.17	178.24	175.22	188.57	243.10
（一）直接费用	元	183.41	170.01	176.85	169.76	185.49	236.22
1. 种子费	元	25.89	25.60	26.25	26.50	24.77	19.69
2. 化肥费	元	85.20	75.96	84.69	71.00	75.48	93.64
3. 农家肥费	元	9.80	4.46	6.35	3.87	12.12	17.32
4. 农药费	元	6.60	7.38	5.40	8.62	1.68	2.18
5. 农膜费	元	2.57			0.04	2.99	8.14
6. 租赁作业费	元	49.41	56.42	49.47	56.52	63.65	88.16
机械作业费	元	28.96	48.83	40.40	34.18	35.65	53.40
排灌费	元	11.36	7.59	9.07	20.08	22.93	24.51
其中：水费	元	4.43	6.95	2.42	0.64	5.41	16.17
畜力费	元	9.09			2.26	5.07	10.25
7. 燃料动力费	元	0.32				0.98	3.30
8. 技术服务费	元	0.08			0.07		
9. 工具材料费	元	2.06	0.03	2.40	1.79	2.86	1.33
10. 修理维护费	元	1.28	0.01	2.29	1.34	0.77	2.46
11. 其他直接费用	元	0.20	0.15		0.01	0.19	
（二）间接费用	元	4.97	2.16	1.39	5.46	3.08	6.88
1. 固定资产折旧	元	3.04	1.24	1.39	4.99	2.41	4.98
2. 税金	元						
3. 保险费	元	0.06					
4. 管理费	元	0.32	0.73		0.01		0.36
5. 财务费	元	0.21	0.02				0.18
6. 销售费	元	1.34	0.17		0.46	0.67	1.36
二、每亩人工成本	元	149.94	92.62	94.47	122.76	160.30	119.74
1. 家庭用工折价	元	140.61	63.04	94.47	120.16	156.49	107.65
家庭用工天数	日	8.32	3.73	5.59	7.11	9.26	6.37
劳动日工价	元	16.90	16.90	16.90	16.90	16.90	16.90
2. 雇工费用	元	9.33	29.58		2.60	3.81	12.09
雇工天数	日	0.35	1.08		0.12	0.14	0.41
雇工工价	元	26.66	27.39	29.33	21.67	27.21	29.49
三、附记							
1. 每亩种子用量	公斤	2.73	2.76	2.46	2.78	2.57	2.70
2. 每亩化肥用量	公斤	20.05	17.89	20.56	17.08	20.29	21.61
3. 每亩农膜用量	公斤	0.21				0.23	0.70

2-6-2 续表 1

项　　目	单位	辽　宁	吉　林	黑龙江	江　苏	安　徽	山　东
一、每亩物质与服务费用	元	204.13	220.66	147.11	175.75	130.64	200.79
（一）直接费用	元	197.60	215.84	138.45	169.83	124.52	195.90
1.种子费	元	31.45	29.84	17.05	25.79	24.87	27.89
2.化肥费	元	89.14	113.78	65.18	95.67	62.81	106.39
3.农家肥费	元	11.13	6.66	0.42	6.29	6.77	4.11
4.农药费	元	7.92	8.43	6.17	9.34	7.70	10.54
5.农膜费	元			1.44	0.07		
6.租赁作业费	元	53.72	53.96	45.49	28.25	16.81	43.22
机械作业费	元	29.24	37.37	44.58	23.58	15.37	25.93
排灌费	元	3.49	3.18	0.60	4.67	1.30	16.24
其中:水费	元		0.83	0.59	3.30	0.24	2.19
畜力费	元	20.99	13.41	0.31		0.14	1.05
7.燃料动力费	元		0.31		0.08		0.04
8.技术服务费	元	0.04	0.08	0.10		0.90	
9.工具材料费	元	2.42	1.42	1.27	3.06	2.25	2.18
10.修理维护费	元	1.43	1.20	1.33	1.28	1.63	1.52
11.其他直接费用	元	0.35	0.16			0.78	0.01
（二）间接费用	元	6.53	4.82	8.66	5.92	6.12	4.89
1.固定资产折旧	元	2.30	2.73	2.32	4.77	4.49	3.55
2.税金	元						
3.保险费	元			0.65			
4.管理费	元	0.32	0.20	1.98	0.06	0.38	0.08
5.财务费	元	0.03	0.53	1.47			
6.销售费	元	3.88	1.36	2.24	1.09	1.25	1.26
二、每亩人工成本	元	124.34	127.73	76.04	125.06	138.68	138.28
1.家庭用工折价	元	97.85	102.92	65.74	125.06	136.89	135.88
家庭用工天数	日	5.79	6.09	3.89	7.40	8.10	8.04
劳动日工价	元	16.90	16.90	16.90	16.90	16.90	16.90
2.雇工费用	元	26.49	24.81	10.30		1.79	2.40
雇工天数	日	0.97	0.84	0.38		0.04	0.06
雇工工价	元	27.31	29.54	27.11	26.66	44.75	40.00
三、附记							
1.每亩种子用量	公斤	3.27	3.23	2.40	2.43	2.44	2.93
2.每亩化肥用量	公斤	19.45	23.47	14.62	23.59	16.34	23.39
3.每亩农膜用量	公斤			0.11	0.01		

2-6-2 续表 2

项 目	单位	河 南	湖 北	广 西	重 庆	四 川	贵 州
一、每亩物质与服务费用	元	134.06	180.63	213.72	143.74	170.77	183.96
(一)直接费用	元	133.42	178.09	209.41	136.89	165.88	178.37
1.种子费	元	23.92	24.69	39.20	30.13	36.05	27.61
2.化肥费	元	65.43	86.87	93.77	70.51	62.59	75.68
3.农家肥费	元	0.65	15.35	22.51	15.41	11.01	31.50
4.农药费	元	7.27	5.99	4.29	3.33	6.50	2.93
5.农膜费	元		7.55	0.14	3.04	1.21	2.92
6.租赁作业费	元	34.80	30.28	44.49	9.04	46.84	28.30
机械作业费	元	25.44	9.73	11.01	3.04	11.88	0.13
排灌费	元	8.80				17.60	
其中:水费	元	0.47				17.45	
畜力费	元	0.56	20.55	33.48	6.00	17.36	28.17
7.燃料动力费	元		0.05		0.07		0.26
8.技术服务费	元	0.16		0.15			0.07
9.工具材料费	元	1.05	4.58	2.97	3.35	0.70	4.79
10.修理维护费	元		2.10	1.89	1.36	0.77	3.50
11.其他直接费用	元	0.14	0.63		0.65	0.21	0.81
(二)间接费用	元	0.64	2.54	4.31	6.85	4.89	5.59
1.固定资产折旧	元		1.12	4.11	4.92	4.88	2.90
2.税金	元						
3.保险费	元						
4.管理费	元			0.19		0.01	0.12
5.财务费	元						
6.销售费	元	0.64	1.42	0.01	1.93		2.57
二、每亩人工成本	元	120.90	204.99	199.00	328.02	188.79	232.85
1.家庭用工折价	元	120.67	193.00	196.89	315.52	188.60	227.31
家庭用工天数	日	7.14	11.42	11.65	18.67	11.16	13.45
劳动日工价	元	16.90	16.90	16.90	16.90	16.90	16.90
2.雇工费用	元	0.23	11.99	2.11	12.50	0.19	5.54
雇工天数	日	0.01	0.37	0.11	0.38	0.01	0.25
雇工工价	元	23.00	32.41	19.18	32.89	19.00	22.16
三、附记							
1.每亩种子用量	公斤	2.76	1.86	1.83	1.74	2.24	2.10
2.每亩化肥用量	公斤	15.40	23.77	23.02	19.84	17.64	18.32
3.每亩农膜用量	公斤		0.63	0.02	0.28	0.12	0.25

2-6-2 续表 3

项 目	单位	云 南	陕 西	甘 肃	宁 夏	新 疆
一、每亩物质与服务费用	元	208.03	177.05	299.12	185.48	249.53
(一)直接费用	元	206.98	171.91	288.23	182.17	245.62
1. 种子费	元	24.22	20.57	23.75	21.03	19.48
2. 化肥费	元	103.44	76.71	111.03	91.18	96.32
3. 农家肥费	元	25.94	13.82	25.19	13.52	27.95
4. 农药费	元	4.93	3.49	7.27	7.53	3.15
5. 农膜费	元	10.00	0.30	34.03	3.61	13.63
6. 租赁作业费	元	34.15	52.53	80.11	42.58	81.76
机械作业费	元	4.73	22.41	32.30	23.52	43.10
排灌费	元	2.22	20.09	31.91	17.44	34.02
其中:水费	元	1.82	16.07	30.38	16.50	10.28
畜力费	元	27.20	10.03	15.90	1.62	4.64
7. 燃料动力费	元	0.01		0.02		0.06
8. 技术服务费	元		0.09			0.02
9. 工具材料费	元	3.93	2.16	4.45	1.29	2.19
10. 修理维护费	元	0.36	1.37	1.91	1.20	0.28
11. 其他直接费用	元		0.87	0.47	0.23	0.78
(二)间接费用	元	1.05	5.14	10.89	3.31	3.91
1. 固定资产折旧	元		3.06	8.07	2.87	0.90
2. 税金	元					
3. 保险费	元					0.28
4. 管理费	元	0.09	0.83	0.11		0.35
5. 财务费	元		0.03	0.14		0.14
6. 销售费	元	0.96	1.22	2.57	0.44	2.24
二、每亩人工成本	元	293.66	192.45	297.00	169.19	131.81
1. 家庭用工折价	元	279.19	179.31	296.60	161.90	114.24
家庭用工天数	日	16.52	10.61	17.55	9.58	6.76
劳动日工价	元	16.90	16.90	16.90	16.90	16.90
2. 雇工费用	元	14.47	13.14	0.40	7.29	17.57
雇工天数	日	0.77	0.72	0.02	0.26	0.71
雇工工价	元	18.79	18.25	20.00	28.04	24.75
三、附记						
1. 每亩种子用量	公斤	2.54	2.97	3.17	2.18	3.77
2. 每亩化肥用量	公斤	25.53	21.50	28.81	23.64	21.22
3. 每亩农膜用量	公斤	0.81	0.02	2.63	0.29	1.05

2-6-3 2006年各地区玉米化肥投入情况

项 目	单位	平 均	北 京	天 津	河 北	山 西	内蒙古
一、每亩化肥金额	元	85.20	75.96	84.69	71.00	75.48	93.64
(一)氮肥	元	42.13	45.96	43.99	34.78	36.05	47.22
1.尿素	元	34.21	44.70	42.78	30.91	19.47	42.47
2.碳铵	元	7.40	1.26	1.21	3.80	15.94	4.75
3.其他氮肥	元	0.52			0.07	0.64	
(二)磷肥	元	3.27			0.69	14.11	0.58
其中:过磷酸钙	元	2.78			0.27	12.88	
(三)钾肥	元	1.20			0.02	2.86	
其中:氯化钾	元	0.73			0.02	0.08	
(四)复混肥	元	38.19	30.00	40.70	35.44	22.25	45.56
1.复合肥	元	35.73	30.00	40.70	33.11	17.97	45.56
其中:二铵	元	10.49	13.64	40.70	14.00	1.05	29.46
2.混配肥	元	2.46			2.33	4.28	
(五)其他肥料	元	0.41			0.07	0.21	0.28
二、每亩化肥折纯用量	公斤	20.05	17.89	20.56	17.08	20.29	21.61
(一)氮肥	公斤	10.80	11.32	11.28	9.05	10.01	12.03
1.尿素	公斤	8.34	10.91	10.91	7.80	4.74	10.46
2.碳铵	公斤	2.31	0.41	0.37	1.23	5.14	1.57
3.其他氮肥	公斤	0.15			0.02	0.13	
(二)磷肥	公斤	1.10			0.26	4.27	0.05
其中:过磷酸钙	公斤	0.93			0.09	3.84	
(三)钾肥	公斤	0.28				0.70	
其中:氯化钾	公斤	0.18				0.03	
(四)复混肥	公斤	7.87	6.57	9.28	7.77	5.31	9.53
1.复合肥	公斤	7.39	6.57	9.28	7.27	4.28	9.53
其中:二铵	公斤	2.35	3.23	9.28	3.25	0.24	6.53
2.混配肥	公斤	0.48			0.50	1.03	

2－6－3　续表 1

项　　目	单位	辽　宁	吉　林	黑龙江	江　苏	安　徽	山　东
一、每亩化肥金额	元	89.14	113.78	65.18	95.67	62.81	106.39
（一）氮肥	元	35.30	38.10	27.50	54.50	47.92	37.67
1. 尿素	元	34.49	37.24	26.18	47.07	41.76	29.48
2. 碳铵	元	0.76	0.03	0.07	7.43	6.16	7.66
3. 其他氮肥	元	0.05	0.83	1.25			0.53
（二）磷肥	元	0.01			2.87	4.20	
其中：过磷酸钙	元	0.01			2.87	4.20	
（三）钾肥	元	0.52	0.78	3.13	1.46	0.05	1.88
其中：氯化钾	元		0.36	1.78	1.46	0.05	1.73
（四）复混肥	元	52.95	74.90	34.55	36.84	10.64	66.29
1. 复合肥	元	50.04	66.84	34.30	35.84	9.47	61.52
其中：二铵	元	14.92	11.86	18.55	5.87	1.75	6.87
2. 混配肥	元	2.91	8.06	0.25	1.00	1.17	4.77
（五）其他肥料	元	0.36					0.55
二、每亩化肥折纯用量	公斤	19.45	23.47	14.62	23.59	16.34	23.39
（一）氮肥	公斤	8.49	9.09	6.65	14.15	12.68	10.26
1. 尿素	公斤	8.25	8.92	6.39	11.83	10.65	7.50
2. 碳铵	公斤	0.22	0.01	0.02	2.32	2.03	2.51
3. 其他氮肥	公斤	0.02	0.16	0.24			0.25
（二）磷肥	公斤				0.95	1.17	
其中：过磷酸钙	公斤				0.95	1.17	
（三）钾肥	公斤	0.08	0.14	0.81	0.40	0.01	0.46
其中：氯化钾	公斤		0.07	0.44	0.40	0.01	0.43
（四）复混肥	公斤	10.88	14.24	7.16	8.09	2.48	12.67
1. 复合肥	公斤	10.32	13.00	7.11	7.88	2.22	11.74
其中：二铵	公斤	3.27	2.62	4.09	1.37	0.47	1.59
2. 混配肥	公斤	0.56	1.24	0.05	0.21	0.26	0.93

2－6－3 续表 2

项　目	单位	河 南	湖 北	广 西	重 庆	四 川	贵 州
一、每亩化肥金额	元	65.43	86.87	93.77	70.51	62.59	75.68
（一）氮肥	元	35.06	48.42	56.32	46.16	44.32	42.80
1.尿素	元	25.16	17.47	43.92	22.30	16.91	41.93
2.碳铵	元	9.78	30.95	12.40	23.86	27.29	0.36
3.其他氮肥	元	0.12				0.12	0.51
（二）磷肥	元	2.11	11.61	7.21	12.78	7.71	7.03
其中：过磷酸钙	元	1.55	11.20	4.49	12.40	6.34	6.19
（三）钾肥	元	0.03	0.21	13.01	0.29	1.62	0.17
其中：氯化钾	元	0.03	0.21	13.01	0.19	0.09	0.17
（四）复混肥	元	26.10	26.63	17.23	11.22	8.76	25.52
1.复合肥	元	25.99	24.72	17.23	8.13	6.08	24.96
其中：二铵	元	0.34				0.60	
2.混配肥	元	0.11	1.91		3.09	2.68	0.56
（五）其他肥料	元	2.13			0.06	0.18	0.16
二、每亩化肥折纯用量	公斤	15.40	23.77	23.02	19.84	17.64	18.32
（一）氮肥	公斤	9.40	14.29	13.51	12.81	11.72	9.98
1.尿素	公斤	6.01	4.23	9.97	5.39	4.20	9.81
2.碳铵	公斤	3.34	10.06	3.54	7.42	7.46	0.11
3.其他氮肥	公斤	0.05				0.06	0.06
（二）磷肥	公斤	0.75	4.07	2.54	4.39	3.16	2.41
其中：过磷酸钙	公斤	0.54	3.87	1.45	4.23	2.61	2.09
（三）钾肥	公斤	0.01	0.05	3.25	0.07	0.19	0.04
其中：氯化钾	公斤	0.01	0.05	3.25	0.05	0.03	0.04
（四）复混肥	公斤	5.24	5.36	3.72	2.57	2.57	5.89
1.复合肥	公斤	5.22	4.99	3.72	1.86	1.80	5.76
其中：二铵	公斤	0.08				0.18	
2.混配肥	公斤	0.02	0.37		0.71	0.77	0.13

2-6-3 续表 3

项目	单位	云南	陕西	甘肃	宁夏	新疆
一、每亩化肥金额	元	103.44	76.71	111.03	91.18	96.32
(一)氮肥	元	75.76	60.17	64.40	53.56	52.64
1.尿素	元	70.06	33.49	58.05	41.18	52.56
2.碳铵	元	5.02	23.00	6.13	11.99	0.08
3.其他氮肥	元	0.68	3.68	0.22	0.39	
(二)磷肥	元	9.79	5.11	16.17	5.43	1.03
其中:过磷酸钙	元	8.93	4.39	14.13	5.03	0.28
(三)钾肥	元	1.52				0.13
其中:氯化钾	元	0.28				0.05
(四)复混肥	元	15.44	11.43	29.86	30.63	42.22
1.复合肥	元	14.49	11.43	26.26	29.63	41.31
其中:二铵	元	0.87	10.94	20.14	26.19	38.67
2.混配肥	元	0.95		3.60	1.00	0.91
(五)其他肥料	元	0.93		0.60	1.56	0.30
二、每亩化肥折纯用量	公斤	25.53	21.50	28.81	23.64	21.22
(一)氮肥	公斤	18.01	16.91	16.52	15.09	12.34
1.尿素	公斤	16.42	8.28	14.61	10.84	12.33
2.碳铵	公斤	1.45	7.16	1.88	4.20	0.01
3.其他氮肥	公斤	0.14	1.47	0.03	0.05	
(二)磷肥	公斤	3.39	1.76	5.11	1.63	0.07
其中:过磷酸钙	公斤	3.10	1.49	4.56	1.55	0.03
(三)钾肥	公斤	0.32				0.02
其中:氯化钾	公斤	0.08				0.02
(四)复混肥	公斤	3.81	2.83	7.18	6.92	8.79
1.复合肥	公斤	3.52	2.83	6.17	6.64	8.67
其中:二铵	公斤	0.22	2.71	4.45	5.85	8.05
2.混配肥	公斤	0.29		1.01	0.28	0.12

2-7-1 2006年各地区高粱成本收益情况

项　　目	单位	平　均	山　西	辽　宁	黑龙江
每亩					
主产品产量	公斤	402.20	494.80	367.50	400.80
产值合计	元	478.38	663.00	443.62	424.09
主产品产值	元	461.05	648.90	423.58	408.94
副产品产值	元	17.33	14.10	20.04	15.15
总成本	元	370.78	373.21	422.77	291.95
生产成本	元	272.16	317.35	304.66	197.82
物质与服务费用	元	161.75	177.03	182.81	121.59
人工成本	元	110.41	140.32	121.85	76.23
家庭用工折价	元	100.89	139.93	108.33	67.43
雇工费用	元	9.52	0.39	13.52	8.80
土地成本	元	98.62	55.86	118.11	94.13
流转地租金	元	10.99	5.48	9.54	16.33
自营地折租	元	87.63	50.38	108.57	77.80
净利润	元	107.60	289.79	20.85	132.14
现金成本	元	182.26	182.90	205.87	146.72
现金收益	元	296.12	480.10	237.75	277.37
成本利润率	%	29.02	77.65	4.93	45.26
每50公斤主产品					
平均出售价格	元	57.32	65.57	57.63	51.02
总成本	元	44.43	36.91	54.92	35.12
生产成本	元	32.61	31.39	39.58	23.80
净利润	元	12.89	28.66	2.71	15.90
现金成本	元	21.84	18.09	26.74	17.65
现金收益	元	35.48	47.48	30.89	33.37
附:					
每亩用工数量	日	6.31	8.29	6.86	4.35
每亩主产品出售数量	公斤	287.20	374.00	190.60	381.30
每亩主产品出售产值	元	325.50	491.53	218.80	389.18
商品率	%	88.20	85.50	83.10	97.40
每亩补贴收入	元	16.12		19.25	20.71
每亩成本外支出	元	0.09		0.18	

2-7-2 2006年各地区高粱费用和用工情况

项 目	单位	平 均	山 西	辽 宁	黑龙江
一、每亩物质与服务费用	元	161.75	177.03	182.81	121.59
(一)直接费用	元	156.29	172.89	177.08	115.77
1.种子费	元	17.73	18.56	22.54	10.08
2.化肥费	元	72.34	66.66	87.27	53.35
3.农家肥费	元	6.62	11.42	8.11	1.65
4.农药费	元	4.66	2.36	5.30	5.03
5.农膜费	元				
6.租赁作业费	元	50.86	69.84	49.35	42.20
机械作业费	元	33.66	45.95	23.19	42.20
排灌费	元	5.33	22.95	2.12	
其中:水费	元	0.12	0.64		
畜力费	元	11.87	0.94	24.04	
7.燃料动力费	元				
8.技术服务费	元	0.01			0.03
9.工具材料费	元	2.28	3.25	2.45	1.46
10.修理维护费	元	1.71	0.80	1.89	1.97
11.其他直接费用	元	0.08		0.17	
(二)间接费用	元	5.46	4.14	5.73	5.82
1.固定资产折旧	元	3.10	2.66	3.10	3.34
2.税金	元				
3.保险费	元				
4.管理费	元	0.24		0.14	0.53
5.财务费	元	0.08		0.10	0.10
6.销售费	元	2.04	1.48	2.39	1.85
二、每亩人工成本	元	110.41	140.32	121.85	76.23
1.家庭用工折价	元	100.89	139.93	108.33	67.43
家庭用工天数	日	5.97	8.28	6.41	3.99
劳动日工价	元	16.90	16.90	16.90	16.90
2.雇工费用	元	9.52	0.39	13.52	8.80
雇工天数	日	0.34	0.01	0.45	0.36
雇工工价	元	28.00	39.00	30.04	24.44
三、附记					
1.每亩种子用量	公斤	1.93	1.98	2.34	1.29
2.每亩化肥用量	公斤	16.87	17.71	19.78	12.04
3.每亩农膜用量	公斤				

2－7－3 2006年各地区高粱化肥投入情况

项　　目	单位	平 均	山 西	辽 宁	黑龙江
一、每亩化肥金额	元	72.34	66.66	87.27	53.35
(一)氮肥	元	34.10	35.62	41.96	21.50
1. 尿素	元	31.59	22.57	41.84	21.50
2. 碳铵	元	2.51	13.05	0.12	
3. 其他氮肥	元				
(二)磷肥	元	2.32	12.39		
其中:过磷酸钙	元	1.58	8.43		
(三)钾肥	元				
其中:氯化钾	元				
(四)复混肥	元	35.86	18.34	45.31	31.85
1. 复合肥	元	34.42	13.47	45.31	30.22
其中:二铵	元	14.63	2.41	14.01	22.57
2. 混配肥	元	1.44	4.87		1.63
(五)其他肥料	元	0.06	0.31		
二、每亩化肥折纯用量	公斤	16.87	17.71	19.78	12.04
(一)氮肥	公斤	8.45	9.79	10.06	5.28
1. 尿素	公斤	7.64	5.56	10.02	5.28
2. 碳铵	公斤	0.81	4.23	0.04	
3. 其他氮肥	公斤				
(二)磷肥	公斤	0.66	3.52		
其中:过磷酸钙	公斤	0.49	2.59		
(三)钾肥	公斤				
其中:氯化钾	公斤				
(四)复混肥	公斤	7.76	4.40	9.72	6.76
1. 复合肥	公斤	7.43	3.21	9.72	6.44
其中:二铵	公斤	3.25	0.56	3.13	4.97
2. 混配肥	公斤	0.33	1.19		0.32

2-8-1 2006年各地区谷子成本收益情况

项目	单位	平均	河北	山西	河南	陕西	甘肃
每亩							
主产品产量	公斤	184.50	196.70	204.40	130.40	146.20	114.10
产值合计	元	409.83	423.48	476.39	357.18	248.06	233.92
主产品产值	元	382.39	388.46	452.39	350.51	219.56	205.36
副产品产值	元	27.44	35.02	24.00	6.67	28.50	28.56
总成本	元	285.36	265.40	319.13	210.82	265.20	328.90
生产成本	元	231.03	201.31	277.63	137.06	191.09	312.90
物质与服务费用	元	89.58	82.33	107.33	45.63	88.00	80.02
人工成本	元	141.45	118.98	170.30	91.43	103.09	232.88
家庭用工折价	元	141.45	118.98	169.85	91.43	103.09	232.88
雇工费用	元			0.45			
土地成本	元	54.33	64.09	41.50	73.76	74.11	16.00
流转地租金	元	1.65		4.04		0.27	0.96
自营地折租	元	52.68	64.09	37.46	73.76	73.84	15.04
净利润	元	124.47	158.08	157.26	146.36	-17.14	-94.98
现金成本	元	91.23	82.33	111.82	45.63	88.27	80.98
现金收益	元	318.60	341.15	364.57	311.55	159.79	152.94
成本利润率	%	43.62	59.56	49.28	69.42	-6.45	-28.87
每50公斤主产品							
平均出售价格	元	103.63	98.74	110.66	134.40	75.09	89.99
总成本	元	72.16	61.88	74.13	79.33	80.28	126.53
生产成本	元	58.42	46.94	64.49	51.57	57.84	120.37
净利润	元	31.47	36.86	36.53	55.07	-5.19	-36.54
现金成本	元	23.07	19.20	25.97	17.17	26.72	31.15
现金收益	元	80.56	79.54	84.69	117.23	48.37	58.84
附:							
每亩用工数量	日	8.37	7.04	10.06	5.41	6.10	13.78
每亩主产品出售数量	公斤	91.10	88.90	89.20	115.00	112.00	47.30
每亩主产品出售产值	元	190.03	174.71	197.26	314.37	180.56	85.20
商品率	%	68.40	68.20	63.30	94.50	83.40	41.20
每亩补贴收入	元	8.79	9.74	9.42	10.71	6.44	
每亩成本外支出	元	0.02				0.20	

2－8－2 2006年各地区谷子费用和用工情况

项　目	单位	平　均	河　北	山　西	河　南	陕　西	甘　肃
一、每亩物质与服务费用	元	89.58	82.33	107.33	45.63	88.00	80.02
（一）直接费用	元	87.89	80.39	105.96	45.63	86.44	75.24
1. 种子费	元	5.37	6.04	5.36	6.34	2.63	4.71
2. 化肥费	元	33.53	24.97	44.14	21.58	42.44	17.75
3. 农家肥费	元	9.49	12.14	5.82		15.58	19.33
4. 农药费	元	1.42	2.61	0.56	1.04	1.48	
5. 农膜费	元						
6. 租赁作业费	元	36.02	32.07	47.45	16.67	23.84	32.89
机械作业费	元	19.03	7.82	37.58	15.96	2.44	
排灌费	元	5.02	11.62		0.71		11.22
其中：水费	元	0.70	0.13				11.22
畜力费	元	11.97	12.63	9.87		21.40	21.67
7. 燃料动力费	元						
8. 技术服务费	元						
9. 工具材料费	元	1.53	1.43	2.38		0.36	0.56
10. 修理维护费	元	0.51	1.13	0.21		0.04	
11. 其他直接费用	元	0.02		0.04		0.07	
（二）间接费用	元	1.69	1.94	1.37		1.56	4.78
1. 固定资产折旧	元	1.38	1.94	1.37		0.64	1.00
2. 税金	元						
3. 保险费	元						
4. 管理费	元	0.03				0.28	
5. 财务费	元	0.03				0.28	
6. 销售费	元	0.25				0.36	3.78
二、每亩人工成本	元	141.45	118.98	170.30	91.43	103.09	232.88
1. 家庭用工折价	元	141.45	118.98	169.85	91.43	103.09	232.88
家庭用工天数	日	8.37	7.04	10.05	5.41	6.10	13.78
劳动日工价	元	16.90	16.90	16.90	16.90	16.90	16.90
2. 雇工费用	元			0.45			
雇工天数	日			0.01			
雇工工价	元	26.32	24.78	45.00	20.00	29.81	12.00
三、附记							
1. 每亩种子用量	公斤	1.15	1.08	1.10	1.02	1.01	2.36
2. 每亩化肥用量	公斤	9.38	6.27	12.66	4.90	12.69	7.45
3. 每亩农膜用量	公斤						

2-8-3 2006年各地区谷子化肥投入情况

项　　目	单位	平　均	河　北	山　西	河　南	陕　西	甘　肃
一、每亩化肥金额	元	33.53	24.97	44.14	21.58	42.44	17.75
（一）氮肥	元	23.00	18.37	24.02	21.58	39.90	17.75
1. 尿素	元	14.53	17.93	9.45	21.58	23.11	1.83
2. 碳铵	元	8.00	0.44	14.57		16.79	7.78
3. 其他氮肥	元	0.47					8.14
（二）磷肥	元	4.24	0.50	9.76		2.54	
其中：过磷酸钙	元	3.54	0.20	8.25		2.54	
（三）钾肥	元						
其中：氯化钾	元						
（四）复混肥	元	6.20	6.10	10.12			
1. 复合肥	元	6.20	6.10	10.12			
其中：二铵	元	0.66	1.77				
2. 混配肥	元						
（五）其他肥料	元	0.09		0.24			
二、每亩化肥折纯用量	公斤	9.38	6.27	12.66	4.90	12.69	7.45
（一）氮肥	公斤	6.55	4.66	7.20	4.90	11.88	7.07
1. 尿素	公斤	3.64	4.52	2.33	4.90	5.60	1.53
2. 碳铵	公斤	2.72	0.14	4.87		6.28	2.27
3. 其他氮肥	公斤	0.19					3.27
（二）磷肥	公斤	1.37	0.17	3.08		0.81	0.38
其中：过磷酸钙	公斤	1.12	0.06	2.55		0.81	0.38
（三）钾肥	公斤						
其中：氯化钾	公斤						
（四）复混肥	公斤	1.46	1.44	2.38			
1. 复合肥	公斤	1.46	1.44	2.38			
其中：二铵	公斤	0.15	0.41				
2. 混配肥	公斤						

2-9-1 2006年各地区大豆成本收益情况

项 目	单位	平 均	河 北	山 西	内蒙古	辽 宁	吉 林	黑龙江
每亩								
主产品产量	公斤	128.40	157.60	158.90	70.90	149.50	165.60	129.50
产值合计	元	335.37	480.31	426.04	179.99	449.11	411.03	312.36
主产品产值	元	322.95	478.71	424.65	165.80	429.23	400.45	302.56
副产品产值	元	12.42	1.60	1.39	14.19	19.88	10.58	9.80
总成本	元	267.53	265.95	288.32	279.91	354.54	337.49	264.68
生产成本	元	191.58	189.40	235.21	213.69	235.95	216.69	169.80
物质与服务费用	元	109.71	105.24	116.23	131.60	125.19	127.54	116.20
人工成本	元	81.87	84.16	118.98	82.09	110.76	89.15	53.60
家庭用工折价	元	74.19	84.16	118.98	79.60	86.70	68.78	42.59
雇工费用	元	7.68			2.49	24.06	20.37	11.01
土地成本	元	75.95	76.55	53.11	66.22	118.59	120.80	94.88
流转地租金	元	10.58	1.52	3.54	3.07	11.83	14.91	19.37
自营地折租	元	65.37	75.03	49.57	63.15	106.76	105.89	75.51
净利润	元	67.84	214.36	137.72	-99.92	94.57	73.54	47.68
现金成本	元	127.97	106.76	119.77	137.16	161.08	162.82	146.58
现金收益	元	207.40	373.55	306.27	42.83	288.03	248.21	165.78
成本利润率	%	25.36	80.60	47.77	-35.69	26.67	21.79	18.01
每50公斤主产品								
平均出售价格	元	125.76	151.88	133.62	116.93	143.56	120.91	116.82
总成本	元	100.32	84.10	90.43	181.84	113.33	99.28	98.99
生产成本	元	71.84	59.89	73.77	138.82	75.42	63.74	63.50
净利润	元	25.44	67.78	43.19	-64.91	30.23	21.63	17.83
现金成本	元	47.99	33.76	37.56	89.11	51.49	47.90	54.82
现金收益	元	77.77	118.12	96.06	27.82	92.07	73.01	62.00
附：								
每亩用工数量	日	4.65	4.98	7.04	4.77	6.02	4.80	2.88
每亩主产品出售数量	公斤	106.20	117.90	114.90	61.90	116.70	139.90	123.10
每亩主产品出售产值	元	263.58	358.74	305.16	141.42	333.46	338.02	288.42
商品率	%	88.60	83.80	76.50	90.50	85.80	91.60	96.20
每亩补贴收入	元	15.68	10.94	0.82	11.63	13.85	43.35	21.90
每亩成本外支出	元	0.57						

2－9－1 续表

项　　目	单位	安　徽	山　东	河　南	湖　北	重　庆	云　南	陕　西
每亩								
主产品产量	公斤	131.20	157.40	127.50	165.00	98.60	121.30	91.30
产值合计	元	341.96	452.81	342.82	532.39	397.04	432.75	254.01
主产品产值	元	316.80	444.59	329.10	504.41	385.32	428.00	244.38
副产品产值	元	25.16	8.22	13.72	27.98	11.72	4.75	9.63
总成本	元	226.49	224.52	230.54	222.09	317.74	368.89	251.09
生产成本	元	200.84	188.41	169.42	192.09	294.93	317.59	204.32
物质与服务费用	元	83.29	93.43	75.29	117.39	69.66	119.35	90.67
人工成本	元	117.55	94.98	94.13	74.70	225.27	198.24	113.65
家庭用工折价	元	116.61	94.98	94.13	74.70	221.05	198.24	106.64
雇工费用	元	0.94				4.22		7.01
土地成本	元	25.65	36.11	61.12	30.00	22.81	51.30	46.77
流转地租金	元	0.59	1.59	0.38		2.22	1.46	0.08
自营地折租	元	25.06	34.52	60.74	30.00	20.59	49.84	46.69
净利润	元	115.47	228.29	112.28	310.30	79.30	63.86	2.92
现金成本	元	84.82	95.02	75.67	117.39	76.10	120.81	97.76
现金收益	元	257.14	357.79	267.15	415.00	320.94	311.94	156.25
成本利润率	%	50.98	101.68	48.70	139.72	24.96	17.31	1.16
每50公斤主产品								
平均出售价格	元	120.73	141.23	129.06	152.85	195.40	176.42	133.83
总成本	元	79.96	70.03	86.79	63.76	156.37	150.39	132.29
生产成本	元	70.91	58.76	63.78	55.15	145.15	129.47	107.65
净利润	元	40.77	71.20	42.27	89.09	39.03	26.03	1.54
现金成本	元	29.95	29.64	28.49	33.70	37.45	49.25	51.51
现金收益	元	90.78	111.59	100.57	119.15	157.95	127.17	82.32
附：								
每亩用工数量	日	6.93	5.62	5.57	4.42	13.22	11.73	6.74
每亩主产品出售数量	公斤	82.00	92.80	99.80	138.00	17.90	60.60	62.30
每亩主产品出售产值	元	198.70	263.51	255.10	421.47	69.27	222.67	166.49
商品率	%	81.20	80.30	83.90	94.20	27.60	49.70	75.60
每亩补贴收入	元	0.48		13.39		2.05		7.96
每亩成本外支出	元	0.81	2.01		16.48	0.31		0.46

2－9－2　2006年各地区大豆费用和用工情况

项　　目	单位	平　均	河　北	山　西	内蒙古	辽　宁	吉　林	黑龙江
一、每亩物质与服务费用	元	109.71	105.24	116.23	131.60	125.19	127.54	116.20
（一）直接费用	元	104.73	100.90	114.47	119.68	120.42	122.41	111.12
1.种子费	元	20.84	24.67	19.40	20.65	22.32	22.18	16.88
2.化肥费	元	35.49	33.55	34.56	35.00	39.48	48.13	41.31
3.农家肥费	元	1.47	1.39	3.49	3.85	6.36	1.63	0.27
4.农药费	元	7.43	2.62	1.95	5.03	7.12	10.27	8.79
5.农膜费	元	0.04						
6.租赁作业费	元	36.59	36.67	51.91	50.34	40.81	38.07	41.31
机械作业费	元	31.07	19.44	40.25	44.63	21.20	30.96	41.30
排灌费	元	1.80	17.13	3.78	3.21	0.53		
其中：水费	元	0.51		2.39	2.82			
畜力费	元	3.72	0.10	7.88	2.50	19.08	7.11	0.01
7.燃料动力费	元							
8.技术服务费	元	0.07				0.27	0.07	0.09
9.工具材料费	元	1.50	1.29	2.92	1.81	2.07	1.07	1.13
10.修理维护费	元	1.21	0.70	0.24	2.96	1.48	0.99	1.34
11.其他直接费用	元	0.09	0.01		0.04	0.51		
（二）间接费用	元	4.98	4.34	1.76	11.92	4.77	5.13	5.08
1.固定资产折旧	元	3.33	4.24	1.66	11.69	1.65	3.39	2.43
2.税金	元							
3.保险费	元	0.01						0.02
4.管理费	元	0.26			0.08	0.61	0.45	0.42
5.财务费	元	0.23				0.01	0.28	0.47
6.销售费	元	1.15	0.10	0.10	0.15	2.50	1.01	1.74
二、每亩人工成本	元	81.87	84.16	118.98	82.09	110.76	89.15	53.60
1.家庭用工折价	元	74.19	84.16	118.98	79.60	86.70	68.78	42.59
家庭用工天数	日	4.39	4.98	7.04	4.71	5.13	4.07	2.52
劳动日工价	元	16.90	16.90	16.90	16.90	16.90	16.90	16.90
2.雇工费用	元	7.68			2.49	24.06	20.37	11.01
雇工天数	日	0.26			0.06	0.89	0.73	0.36
雇工工价	元	29.54	22.33	28.78	41.50	27.03	27.90	30.58
三、附记								
1.每亩种子用量	公斤	5.46	5.52	4.47	5.61	4.52	3.66	4.83
2.每亩化肥用量	公斤	7.49	9.00	10.25	6.19	8.53	9.88	8.54
3.每亩农膜用量	公斤							

2-9-2 续表

项目	单位	安徽	山东	河南	湖北	重庆	云南	陕西
一、每亩物质与服务费用	元	83.29	93.43	75.29	117.39	69.66	119.35	90.67
(一)直接费用	元	79.49	89.85	74.40	114.83	63.36	117.39	87.30
1.种子费	元	30.27	22.77	22.51	32.32	29.15	27.41	16.80
2.化肥费	元	18.51	32.26	21.54	32.45	17.50	32.05	32.84
3.农家肥费	元	0.55	3.29	0.24		7.80	13.73	0.28
4.农药费	元	7.85	8.38	7.08	6.62	2.23	1.84	4.54
5.农膜费	元						2.36	
6.租赁作业费	元	18.53	20.15	22.09	40.87	1.77	37.37	30.58
机械作业费	元	17.29	14.59	17.85	10.08	0.77	2.33	5.01
排灌费	元	0.92	4.89	4.04	5.53			3.24
其中:水费	元	0.22	0.49		1.90			2.45
畜力费	元	0.32	0.67	0.20	25.26	1.00	35.04	22.33
7.燃料动力费	元		0.04					
8.技术服务费	元	0.17						
9.工具材料费	元	2.37	1.72	0.89	2.40	2.77	2.60	1.25
10.修理维护费	元	0.89	1.22		0.17	1.13	0.03	0.82
11.其他直接费用	元	0.35	0.02	0.05		1.01		0.19
(二)间接费用	元	3.80	3.58	0.89	2.56	6.30	1.96	3.37
1.固定资产折旧	元	3.25	3.04		2.56	4.43		2.59
2.税金	元							
3.保险费	元							
4.管理费	元	0.14	0.09					0.01
5.财务费	元							0.01
6.销售费	元	0.41	0.45	0.89		1.87	1.96	0.76
二、每亩人工成本	元	117.55	94.98	94.13	74.70	225.27	198.24	113.65
1.家庭用工折价	元	116.61	94.98	94.13	74.70	221.05	198.24	106.64
家庭用工天数	日	6.90	5.62	5.57	4.42	13.08	11.73	6.31
劳动日工价	元	16.90	16.90	16.90	16.90	16.90	16.90	16.90
2.雇工费用	元	0.94				4.22		7.01
雇工天数	日	0.03				0.14		0.43
雇工工价	元	31.33	23.92	18.70	30.00	30.14	18.16	16.30
三、附记								
1.每亩种子用量	公斤	7.74	5.63	5.80	9.77	7.36	7.17	5.37
2.每亩化肥用量	公斤	4.39	6.81	2.17	8.08	5.20	8.57	9.20
3.每亩农膜用量	公斤						0.18	

2-9-3 2006年各地区大豆化肥投入情况

项目	单位	平均	河北	山西	内蒙古	辽宁	吉林	黑龙江
一、每亩化肥金额	元	35.49	33.55	34.56	35.00	39.48	48.13	41.31
(一)氮肥	元	6.98	18.79	14.27	4.81	4.10	2.62	5.07
1.尿素	元	5.92	17.97	1.56	4.81	3.98	2.56	5.07
2.碳铵	元	1.06	0.82	12.71		0.12	0.06	
3.其他氮肥	元							
(二)磷肥	元	1.28	4.11	16.21		0.16		
其中:过磷酸钙	元	0.99	0.31	11.84				
(三)钾肥	元	0.71					1.04	1.25
其中:氯化钾	元	0.26					0.26	0.42
(四)复混肥	元	25.53	10.65	4.08	29.76	34.76	44.47	34.80
1.复合肥	元	24.38	10.38	2.32	29.76	32.94	34.93	34.58
其中:二铵	元	9.09	6.14		11.06	15.01	4.28	15.39
2.混配肥	元	1.15	0.27	1.76		1.82	9.54	0.22
(五)其他肥料	元	0.99			0.43	0.46		0.19
二、每亩化肥折纯用量	公斤	7.49	9.00	10.25	6.19	8.53	9.88	8.54
(一)氮肥	公斤	1.78	5.13	4.44	1.14	1.00	0.68	1.20
1.尿素	公斤	1.45	4.86	0.41	1.14	0.96	0.66	1.20
2.碳铵	公斤	0.33	0.27	4.03		0.04	0.02	
3.其他氮肥	公斤							
(二)磷肥	公斤	0.42	1.61	4.71		0.03		
其中:过磷酸钙	公斤	0.32	0.11	3.30				
(三)钾肥	公斤	0.14					0.24	0.24
其中:氯化钾	公斤	0.07					0.07	0.11
(四)复混肥	公斤	5.15	2.26	1.10	5.05	7.50	8.96	7.10
1.复合肥	公斤	4.92	2.21	0.57	5.05	7.10	7.22	7.06
其中:二铵	公斤	2.00	1.43		2.49	3.27	0.94	3.36
2.混配肥	公斤	0.23	0.05	0.53		0.40	1.74	0.04

2-9-3 续表

项目	单位	安徽	山东	河南	湖北	重庆	云南	陕西
一、每亩化肥金额	元	18.51	32.26	21.54	32.45	17.50	32.05	32.84
(一)氮肥	元	8.66	9.82	4.41	4.17	3.42	3.61	29.08
1.尿素	元	8.50	8.96	4.21		3.02	3.61	15.97
2.碳铵	元	0.16	0.86	0.20	4.17	0.39		13.11
3.其他氮肥	元					0.01		
(二)磷肥	元	1.09	0.11	0.27	5.48	11.46	13.69	1.72
其中:过磷酸钙	元	1.09		0.03	5.48	10.65	13.26	1.72
(三)钾肥	元	0.55	0.28			0.20	1.07	
其中:氯化钾	元	0.55						
(四)复混肥	元	7.74	21.94	5.04	22.80	1.44	13.68	2.04
1.复合肥	元	7.15	21.78	5.04	11.55	1.44	13.66	2.04
其中:二铵	元	0.45	3.16					1.08
2.混配肥	元	0.59	0.16		11.25		0.02	
(五)其他肥料	元	0.47	0.11	11.82		0.98		
二、每亩化肥折纯用量	公斤	4.39	6.81	2.17	8.08	5.20	8.57	9.20
(一)氮肥	公斤	2.13	2.53	1.06	1.39	0.87	0.73	8.13
1.尿素	公斤	2.08	2.23	0.99		0.74	0.73	4.10
2.碳铵	公斤	0.05	0.30	0.07	1.39	0.13		4.03
3.其他氮肥	公斤							
(二)磷肥	公斤	0.35	0.03	0.10	2.39	3.94	4.29	0.54
其中:过磷酸钙	公斤	0.35		0.01	2.39	3.66	4.15	0.54
(三)钾肥	公斤	0.13	0.05			0.01	0.21	
其中:氯化钾	公斤	0.13						
(四)复混肥	公斤	1.78	4.20	1.01	4.30	0.38	3.34	0.53
1.复合肥	公斤	1.65	4.17	1.01	2.01	0.38	3.34	0.53
其中:二铵	公斤	0.12	0.71					0.27
2.混配肥	公斤	0.13	0.03		2.29			

2－10－1 2006年各地区花生成本收益情况

项目	单位	平均	河北	辽宁	江苏	安徽	福建	山东
每亩								
主产品产量	公斤	217.60	222.80	177.50	270.40	214.10	157.50	286.70
产值合计	元	876.82	868.41	777.42	957.48	812.89	1013.01	1108.81
主产品产值	元	859.76	850.11	762.18	935.69	794.53	991.25	1095.39
副产品产值	元	17.06	18.30	15.24	21.79	18.36	21.76	13.42
总成本	元	503.92	549.00	525.72	614.72	464.93	629.15	556.02
生产成本	元	441.73	460.66	401.34	520.68	435.39	577.23	500.82
物质与服务费用	元	241.11	266.46	264.62	295.57	205.97	309.83	295.23
人工成本	元	200.62	194.20	136.72	225.11	229.42	267.40	205.59
家庭用工折价	元	195.20	189.45	112.72	210.74	219.70	232.71	205.17
雇工费用	元	5.42	4.75	24.00	14.37	9.72	34.69	0.42
土地成本	元	62.19	88.34	124.38	94.04	29.54	51.92	55.20
流转地租金	元	2.92	2.91	11.73	3.91	0.62	1.92	0.72
自营地折租	元	59.27	85.43	112.65	90.13	28.92	50.00	54.48
净利润	元	372.90	319.41	251.70	342.76	347.96	383.86	552.79
现金成本	元	249.45	274.12	300.35	313.85	216.31	346.44	296.37
现金收益	元	627.37	594.29	477.07	643.63	596.58	666.57	812.44
成本利润率	%	74.00	58.18	47.88	55.76	74.84	61.01	99.42
每50公斤主产品								
平均出售价格	元	197.56	190.78	214.70	173.02	185.55	314.68	191.03
总成本	元	113.54	120.61	145.19	111.08	106.12	195.44	95.79
生产成本	元	99.53	101.20	110.84	94.09	99.38	179.31	86.28
净利润	元	84.02	70.17	69.51	61.94	79.43	119.24	95.24
现金成本	元	56.20	60.22	82.95	56.71	49.37	107.62	51.06
现金收益	元	141.36	130.56	131.75	116.31	136.18	207.06	139.97
附：								
每亩用工数量	日	11.75	11.45	7.46	12.98	13.38	14.71	12.15
每亩主产品出售数量	公斤	136.50	116.50	144.50	175.10	166.70	79.00	157.80
每亩主产品出售产值	元	536.84	446.29	621.47	604.30	616.17	619.16	588.20
商品率	%	71.50	64.70	93.70	71.10	79.90	62.70	69.60
每亩补贴收入	元	6.36	11.91	16.41			0.30	
每亩成本外支出	元	1.08		1.02	8.66	1.80	3.09	1.64

2-10-1 续表

项目	单位	河南	广东	广西	海南	重庆	四川	陕西
每亩								
主产品产量	公斤	224.20	162.40	148.50	151.00	117.90	117.80	234.20
产值合计	元	897.51	715.20	619.44	658.02	574.96	546.21	838.96
主产品产值	元	876.58	698.67	599.51	652.90	560.33	537.22	823.42
副产品产值	元	20.93	16.53	19.93	5.12	14.63	8.99	15.54
总成本	元	447.38	523.79	469.93	395.73	429.71	371.78	486.74
生产成本	元	392.59	453.19	407.30	366.29	408.98	338.82	436.96
物质与服务费用	元	202.97	233.79	203.44	137.97	134.35	164.07	300.04
人工成本	元	189.62	219.40	203.86	228.32	274.63	174.75	136.92
家庭用工折价	元	189.62	211.08	196.38	228.32	274.46	174.75	110.36
雇工费用	元		8.32	7.48		0.17		26.56
土地成本	元	54.79	70.60	62.63	29.44	20.73	32.96	49.78
流转地租金	元		11.82	6.10		1.68	3.47	0.24
自营地折租	元	54.79	58.78	56.53	29.44	19.05	29.49	49.54
净利润	元	450.13	191.41	149.51	262.29	145.25	174.43	352.22
现金成本	元	202.97	253.93	217.02	137.97	136.20	167.54	326.84
现金收益	元	694.54	461.27	402.42	520.05	438.76	378.67	512.12
成本利润率	%	100.61	36.54	31.82	66.28	33.80	46.92	72.36
每50公斤主产品								
平均出售价格	元	195.49	215.11	201.86	216.19	237.63	228.02	175.79
总成本	元	97.45	157.54	153.14	130.02	177.60	155.20	101.99
生产成本	元	85.51	136.31	132.73	120.34	169.03	141.44	91.56
净利润	元	98.04	57.57	48.72	86.17	60.03	72.82	73.80
现金成本	元	44.21	76.37	70.72	45.33	56.29	69.94	68.48
现金收益	元	151.28	138.74	131.14	170.86	181.34	158.08	107.31
附:								
每亩用工数量	日	11.22	12.82	11.99	13.51	16.25	10.34	7.64
每亩主产品出售数量	公斤	172.70	97.00	36.30	112.10	28.30	77.00	200.70
每亩主产品出售产值	元	674.82	406.38	149.56	484.71	133.91	348.37	704.69
商品率	%	81.10	73.10	31.90	77.50	36.90	69.80	90.20
每亩补贴收入	元	13.70				3.36	13.08	0.15
每亩成本外支出	元			0.35		0.11		

2－10－2　2006年各地区花生费用和用工情况

项　　目	单位	平　均	河　北	辽　宁	江　苏	安　徽	福　建	山　东
一、每亩物质与服务费用	元	241.11	266.46	264.62	295.57	205.97	309.83	295.23
（一）直接费用	元	236.75	260.07	260.57	284.10	199.45	303.07	288.70
1. 种子费	元	84.62	98.22	92.97	100.63	82.94	122.79	83.34
2. 化肥费	元	77.37	73.53	94.94	89.52	58.91	68.91	107.05
3. 农家肥费	元	8.98	15.71	5.08	13.29	8.80	11.93	4.94
4. 农药费	元	14.14	10.53	16.57	19.24	10.24	17.96	16.96
5. 农膜费	元	9.48	13.59	3.72	21.52	6.66		27.02
6. 租赁作业费	元	37.98	45.36	45.29	32.89	28.48	67.06	43.51
机械作业费	元	22.44	22.89	22.29	29.03	26.79	1.94	38.61
排灌费	元	6.51	17.58	0.87	3.86	1.47	6.19	2.69
其中：水费	元	1.48			3.22	1.09	2.97	0.54
畜力费	元	9.03	4.89	22.13		0.22	58.93	2.21
7. 燃料动力费	元	0.23			2.21		4.52	
8. 技术服务费	元	0.05		0.01		0.80		
9. 工具材料费	元	2.69	1.61	1.24	3.41	1.13	3.04	3.69
10. 修理维护费	元	0.97	1.43	0.75	1.39	0.85	0.16	2.18
11. 其他直接费用	元	0.24	0.09			0.64	6.70	0.01
（二）间接费用	元	4.36	6.39	4.05	11.47	6.52	6.76	6.53
1. 固定资产折旧	元	2.84	5.50	1.30	9.84	3.86	2.52	4.13
2. 税金	元							
3. 保险费	元							
4. 管理费	元	0.09	0.04	0.26	0.03	0.67	0.95	
5. 财务费	元	0.01		0.10	0.01			
6. 销售费	元	1.42	0.85	2.39	1.59	1.99	3.29	2.40
二、每亩人工成本	元	200.62	194.20	136.72	225.11	229.42	267.40	205.59
1. 家庭用工折价	元	195.20	189.45	112.72	210.74	219.70	232.71	205.17
家庭用工天数	日	11.55	11.21	6.67	12.47	13.00	13.77	12.14
劳动日工价	元	16.90	16.90	16.90	16.90	16.90	16.90	16.90
2. 雇工费用	元	5.42	4.75	24.00	14.37	9.72	34.69	0.42
雇工天数	日	0.20	0.24	0.79	0.51	0.38	0.94	0.01
雇工工价	元	27.10	19.79	30.38	28.18	25.58	36.90	42.00
三、附记								
1. 每亩种子用量	公斤	15.45	17.90	14.34	19.85	17.52	15.45	15.18
2. 每亩化肥用量	公斤	16.71	16.47	20.53	19.20	14.13	13.61	21.78
3. 每亩农膜用量	公斤	0.79	1.16	0.30	1.83	0.58		2.25

2－10－2　续表

项　　目	单位	河　南	广　东	广　西	海　南	重　庆	四　川	陕　西
一、每亩物质与服务费用	元	202.97	233.79	203.44	137.97	134.35	164.07	300.04
（一）直接费用	元	201.94	233.62	199.09	133.82	126.84	162.20	299.12
1. 种子费	元	85.21	65.01	71.88	57.86	70.37	71.48	89.75
2. 化肥费	元	69.12	72.00	55.65	36.49	30.85	46.67	95.16
3. 农家肥费	元	0.36	23.02	26.60	13.77	7.48	9.93	0.72
4. 农药费	元	15.67	16.38	11.10	3.84	3.49	5.22	12.02
5. 农膜费	元					6.86		0.57
6. 租赁作业费	元	29.21	50.71	29.93	17.96	2.59	28.74	96.57
机械作业费	元	21.33	16.20		6.88	0.16		44.21
排灌费	元	7.88	10.60		1.27	0.05	5.92	49.56
其中：水费	元		5.46		0.45		5.68	36.71
畜力费	元		23.91	29.93	9.81	2.38	22.82	2.80
7. 燃料动力费	元							
8. 技术服务费	元			0.07				
9. 工具材料费	元	2.37	5.72	2.97	3.72	3.00	0.16	2.38
10. 修理维护费	元		0.78	0.87	0.18	1.52		1.54
11. 其他直接费用	元			0.02		0.68		0.41
（二）间接费用	元	1.03	0.17	4.35	4.15	7.51	1.87	0.92
1. 固定资产折旧	元			3.47	2.88	4.51	1.87	0.76
2. 税金	元							
3. 保险费	元							
4. 管理费	元			0.03				
5. 财务费	元							
6. 销售费	元	1.03	0.17	0.85	1.27	3.00		0.16
二、每亩人工成本	元	189.62	219.40	203.86	228.32	274.63	174.75	136.92
1. 家庭用工折价	元	189.62	211.08	196.38	228.32	274.46	174.75	110.36
家庭用工天数	日	11.22	12.49	11.62	13.51	16.24	10.34	6.53
劳动日工价	元	16.90	16.90	16.90	16.90	16.90	16.90	16.90
2. 雇工费用	元		8.32	7.48		0.17		26.56
雇工天数	日		0.33	0.37		0.01		1.11
雇工工价	元	18.86	25.21	20.22	19.67	17.00	25.00	23.93
三、附记								
1. 每亩种子用量	公斤	15.22	11.64	13.82	11.20	13.99	15.63	14.97
2. 每亩化肥用量	公斤	14.56	16.80	13.72	6.50	8.94	10.71	24.47
3. 每亩农膜用量	公斤					0.53		0.04

2-10-3 2006年各地区花生化肥投入情况

项　　目	单位	平　均	河　北	辽　宁	江　苏	安　徽	福　建	山　东
一、每亩化肥金额	元	77.37	73.53	94.94	89.52	58.91	68.91	107.05
（一）氮肥	元	15.37	12.63	35.46	10.17	18.86	11.60	6.01
1. 尿素	元	12.90	10.98	35.33	9.24	18.86	5.63	2.66
2. 碳铵	元	2.26	1.43	0.13	0.93		5.97	3.35
3. 其他氮肥	元	0.21	0.22					
（二）磷肥	元	4.02	0.95		1.91	14.94	2.01	0.21
其中：过磷酸钙	元	3.27	0.50		1.91	13.98	0.37	0.21
（三）钾肥	元	2.29	0.37	6.05	1.99		1.18	2.55
其中：氯化钾	元	1.86	0.22	6.05	1.99		0.06	1.64
（四）复混肥	元	54.85	59.58	53.43	75.06	22.29	53.70	98.11
1. 复合肥	元	53.57	58.83	49.42	74.06	22.29	51.99	95.07
其中：二铵	元	8.35	33.97	10.07		1.45		14.18
2. 混配肥	元	1.28	0.75	4.01	1.00		1.71	3.04
（五）其他肥料	元	0.84			0.39	2.82	0.42	0.17
二、每亩化肥折纯用量	公斤	16.71	16.47	20.53	19.20	14.13	13.61	21.78
（一）氮肥	公斤	3.90	3.37	8.19	2.68	4.77	3.30	1.81
1. 尿素	公斤	3.12	2.80	8.16	2.40	4.77	1.35	0.68
2. 碳铵	公斤	0.70	0.50	0.03	0.28		1.95	1.13
3. 其他氮肥	公斤	0.08	0.07					
（二）磷肥	公斤	1.36	0.36		0.59	4.49	0.77	0.06
其中：过磷酸钙	公斤	1.07	0.18		0.59	4.21	0.12	0.06
（三）钾肥	公斤	0.51	0.10	1.37	0.50		0.14	0.52
其中：氯化钾	公斤	0.45	0.06	1.37	0.50		0.02	0.41
（四）复混肥	公斤	10.94	12.64	10.97	15.43	4.87	9.40	19.39
1. 复合肥	公斤	10.71	12.49	10.31	15.22	4.87	9.05	18.89
其中：二铵	公斤	1.98	7.92	2.24		0.37		3.39
2. 混配肥	公斤	0.23	0.15	0.66	0.21		0.35	0.50

2－10－3　续表

项　　目	单位	河　南	广　东	广西	海　南	重　庆	四　川	陕　西
一、每亩化肥金额	元	69.12	72.00	55.65	36.49	30.85	46.67	95.16
（一）氮肥	元	17.01	23.54	14.95	4.08	11.17	23.69	36.71
1.尿素	元	14.92	22.55	14.95	4.08	8.95	12.94	35.35
2.碳铵	元	1.32	0.99			2.22	10.75	1.36
3.其他氮肥	元	0.77						
（二）磷肥	元	0.17	13.04	14.65	6.30	13.71	9.86	0.84
其中：过磷酸钙	元	0.17	8.04	11.49	6.30	12.57	9.61	0.84
（三）钾肥	元		6.68	11.11		0.07	0.74	
其中：氯化钾	元		5.26	10.87		0.07		
（四）复混肥	元	51.94	28.74	14.94	25.77	4.21	3.58	57.61
1.复合肥	元	51.94	28.74	13.29	25.77	4.18	2.04	57.61
其中：二铵	元	0.89	0.64					56.86
2.混配肥	元			1.65		0.03	1.54	
（五）其他肥料	元				0.34	1.69	8.80	
二、每亩化肥折纯用量	公斤	14.56	16.80	13.72	6.50	8.94	10.71	24.47
（一）氮肥	公斤	4.26	5.61	3.58	0.92	2.88	5.97	9.90
1.尿素	公斤	3.52	5.34	3.58	0.92	2.18	3.12	9.42
2.碳铵	公斤	0.44	0.27			0.70	2.85	0.48
3.其他氮肥	公斤	0.30						
（二）磷肥	公斤	0.05	4.48	4.96	1.73	5.09	3.75	0.34
其中：过磷酸钙	公斤	0.05	2.57	3.70	1.73	4.52	3.63	0.34
（三）钾肥	公斤		1.36	2.84		0.02	0.08	
其中：氯化钾	公斤		1.18	2.82		0.02		
（四）复混肥	公斤	10.25	5.35	2.34	3.85	0.95	0.91	14.23
1.复合肥	公斤	10.25	5.35	1.96	3.85	0.94	0.52	14.23
其中：二铵	公斤	0.25	0.19					14.07
2.混配肥	公斤			0.38		0.01	0.39	

2-11-1 2006年各地区油菜籽成本收益情况

项目	单位	平均	上海	江苏	浙江	安徽	江西
每亩							
主产品产量	公斤	131.10	152.30	161.50	137.90	127.50	86.20
产值合计	元	314.11	313.65	390.18	307.26	291.42	244.81
主产品产值	元	306.30	313.65	376.37	301.06	288.21	228.57
副产品产值	元	7.81		13.81	6.20	3.21	16.24
总成本	元	311.35	361.77	373.06	295.05	308.53	237.41
生产成本	元	267.76	238.67	300.25	238.30	267.57	178.06
物质与服务费用	元	114.40	90.63	135.32	121.93	131.93	83.08
人工成本	元	153.36	148.04	164.93	116.37	135.64	94.98
家庭用工折价	元	151.42	148.04	162.07	113.23	133.85	94.98
雇工费用	元	1.94		2.86	3.14	1.79	
土地成本	元	43.59	123.10	72.81	56.75	40.96	59.35
流转地租金	元	3.80	60.87	9.42	8.31	3.56	8.52
自营地折租	元	39.79	62.23	63.39	48.44	37.40	50.83
净利润	元	2.76	-48.12	17.12	12.21	-17.11	7.40
现金成本	元	120.14	151.50	147.60	133.38	137.28	91.60
现金收益	元	193.97	162.15	242.58	173.88	154.14	153.21
成本利润率	%	0.89	-13.29	4.59	4.14	-5.54	3.12
每50公斤主产品							
平均出售价格	元	116.82	102.97	116.52	109.16	113.02	132.58
总成本	元	115.79	118.77	111.41	104.82	119.66	128.57
生产成本	元	99.58	78.35	89.66	84.66	103.77	96.43
净利润	元	1.03	-15.80	5.11	4.34	-6.64	4.01
现金成本	元	44.68	49.74	44.08	47.39	53.24	49.61
现金收益	元	72.14	53.23	72.44	61.77	59.78	82.97
附:							
每亩用工数量	日	9.04	8.76	9.70	6.78	7.97	5.62
每亩主产品出售数量	公斤	85.80	142.50	118.10	113.50	86.20	61.50
每亩主产品出售产值	元	199.46	293.35	276.44	239.78	196.28	150.61
商品率	%	71.60	93.80	76.10	78.00	72.10	68.40
每亩补贴收入	元	4.29					6.13
每亩成本外支出	元	4.65		11.46	0.76	4.14	2.28

2-11-1 续表 1

项目	单位	河南	湖北	湖南	重庆	四川
每亩						
主产品产量	公斤	119.90	125.40	117.50	109.80	156.30
产值合计	元	285.88	287.06	271.60	285.93	378.06
主产品产值	元	269.90	284.12	269.56	275.32	365.95
副产品产值	元	15.98	2.94	2.04	10.61	12.11
总成本	元	249.10	276.58	247.30	359.14	331.25
生产成本	元	201.93	236.70	222.88	341.62	299.96
物质与服务费用	元	101.04	120.00	76.15	65.59	106.71
人工成本	元	100.89	116.70	146.73	276.03	193.25
家庭用工折价	元	100.89	115.26	146.35	275.30	192.49
雇工费用	元		1.44	0.38	0.73	0.76
土地成本	元	47.17	39.88	24.42	17.52	31.29
流转地租金	元		1.65	1.94	1.54	3.17
自营地折租	元	47.17	38.23	22.48	15.98	28.12
净利润	元	36.78	10.48	24.30	-73.21	46.81
现金成本	元	101.04	123.09	78.47	67.86	110.64
现金收益	元	184.84	163.97	193.13	218.07	267.42
成本利润率	%	14.77	3.79	9.83	-20.37	14.13
每50公斤主产品						
平均出售价格	元	112.55	113.29	114.71	125.37	117.07
总成本	元	98.07	109.15	104.45	157.47	102.57
生产成本	元	79.50	93.42	94.13	149.79	92.89
净利润	元	14.48	4.14	10.26	-32.10	14.50
现金成本	元	39.78	48.58	33.14	29.75	34.26
现金收益	元	72.77	64.71	81.57	95.62	82.81
附:						
每亩用工数量	日	5.97	6.87	8.67	16.31	11.43
每亩主产品出售数量	公斤	60.90	107.10	75.10	40.40	34.70
每亩主产品出售产值	元	138.33	241.98	172.41	132.55	81.24
商品率	%	51.60	88.50	73.00	55.30	39.70
每亩补贴收入	元	13.57	1.40	3.61	2.63	15.69
每亩成本外支出	元	0.14	4.82	16.97	0.02	

2－11－1 续表 2

项 目	单位	贵 州	云 南	陕 西	甘 肃	青 海
每亩						
主产品产量	公斤	115.10	175.50	152.90	135.60	133.20
产值合计	元	268.07	417.34	382.35	368.31	405.89
主产品产值	元	264.70	411.75	375.18	354.16	385.28
副产品产值	元	3.37	5.59	7.17	14.15	20.61
总成本	元	349.41	416.96	412.32	381.62	428.88
生产成本	元	315.60	337.37	354.92	311.44	416.57
物质与服务费用	元	120.27	143.25	137.10	162.58	136.03
人工成本	元	195.33	194.12	217.82	148.86	280.54
家庭用工折价	元	194.35	178.46	206.18	144.66	277.50
雇工费用	元	0.98	15.66	11.64	4.20	3.04
土地成本	元	33.81	79.59	57.40	70.18	12.31
流转地租金	元	1.13	5.81	2.21	2.16	
自营地折租	元	32.68	73.78	55.19	68.02	12.31
净利润	元	－81.34	0.38	－29.97	－13.31	－22.99
现金成本	元	122.38	164.72	150.95	168.94	139.07
现金收益	元	145.69	252.62	231.40	199.37	266.82
成本利润率	%	－23.27	0.09	－7.26	－3.48	－5.35
每50公斤主产品						
平均出售价格	元	114.99	117.31	122.69	130.59	144.62
总成本	元	149.88	117.20	132.31	135.31	152.81
生产成本	元	135.38	94.83	113.89	110.43	148.43
净利润	元	－34.89	0.11	－9.62	－4.72	－8.19
现金成本	元	52.50	46.30	48.44	59.90	49.55
现金收益	元	62.49	71.01	74.25	70.69	95.07
附：						
每亩用工数量	日	11.55	11.35	12.63	8.77	16.57
每亩主产品出售数量	公斤	105.80	144.80	115.30	84.00	75.50
每亩主产品出售产值	元	242.60	332.27	286.35	213.32	216.55
商品率	%	100.00	83.90	80.30	51.20	57.70
每亩补贴收入	元			8.94	2.75	10.58
每亩成本外支出	元		0.01	1.17	0.18	

2－11－2 2006年各地区油菜籽费用和用工情况

项目	单位	平均	上海	江苏	浙江	安徽	江西
一、每亩物质与服务费用	元	114.40	90.63	135.32	121.93	131.93	83.08
（一）直接费用	元	109.83	90.06	128.00	116.94	128.46	76.34
1. 种子费	元	8.75	3.00	11.01	2.56	8.47	4.34
2. 化肥费	元	55.29	78.62	75.96	87.19	66.40	44.37
3. 农家肥费	元	8.86		5.54	2.26	8.03	6.86
4. 农药费	元	6.96	8.31	12.01	10.94	7.88	4.78
5. 农膜费	元						
6. 租赁作业费	元	26.78	0.13	19.94	8.91	33.13	14.17
机械作业费	元	9.96	0.13	15.25	6.15	18.19	
排灌费	元	2.97		3.64	1.60	2.02	0.16
其中：水费	元	2.16		2.62		1.45	
畜力费	元	13.85		1.05	1.16	12.92	14.01
7. 燃料动力费	元	0.21				1.30	
8. 技术服务费	元	0.03		0.09		0.13	
9. 工具材料费	元	1.89		2.50	2.49	1.81	0.17
10. 修理维护费	元	0.96		0.88	2.59	1.01	1.65
11. 其他直接费用	元	0.10		0.07		0.30	
（二）间接费用	元	4.57	0.57	7.32	4.99	3.47	6.74
1. 固定资产折旧	元	3.43		5.85	4.81	2.59	3.31
2. 税金	元						
3. 保险费	元						
4. 管理费	元	0.05		0.10		0.17	
5. 财务费	元	0.01					
6. 销售费	元	1.08	0.57	1.37	0.18	0.71	3.43
二、每亩人工成本	元	153.36	148.04	164.93	116.37	135.64	94.98
1. 家庭用工折价	元	151.42	148.04	162.07	113.23	133.85	94.98
家庭用工天数	日	8.96	8.76	9.59	6.70	7.92	5.62
劳动日工价	元	16.90	16.90	16.90	16.90	16.90	16.90
2. 雇工费用	元	1.94		2.86	3.14	1.79	
雇工天数	日	0.08		0.11	0.08	0.05	
雇工工价	元	24.25	33.28	26.00	39.25	35.80	31.89
三、附记							
1. 每亩种子用量	公斤	0.36	0.31	0.26	0.31	0.26	0.70
2. 每亩化肥用量	公斤	14.66	21.71	18.39	21.47	17.24	11.25
3. 每亩农膜用量	公斤						

2－11－2　续表 1

项　　目	单位	河　南	湖　北	湖　南	重　庆	四　川
一、每亩物质与服务费用	元	101.04	120.00	76.15	65.59	106.71
（一）直接费用	元	100.77	116.91	70.87	61.28	101.89
1. 种子费	元	13.62	10.92	6.91	3.12	7.65
2. 化肥费	元	42.87	55.29	39.36	36.16	46.20
3. 农家肥费	元	4.65	2.85	8.95	10.76	14.05
4. 农药费	元	3.99	6.24	7.25	2.32	7.34
5. 农膜费	元					
6. 租赁作业费	元	35.35	38.14	5.52	5.01	25.74
机械作业费	元	8.16	11.69			10.45
排灌费	元	0.22	5.38	1.61		1.38
其中：水费	元		3.59	0.24		1.37
畜力费	元	26.97	21.07	3.91	5.01	13.91
7. 燃料动力费	元			0.17		
8. 技术服务费	元					
9. 工具材料费	元	0.27	2.07	2.55	2.59	0.52
10. 修理维护费	元		1.36	0.15	0.90	0.37
11. 其他直接费用	元	0.02	0.04	0.01	0.42	0.02
（二）间接费用	元	0.27	3.09	5.28	4.31	4.82
1. 固定资产折旧	元		2.26	4.45	3.16	4.80
2. 税金	元					
3. 保险费	元					
4. 管理费	元					0.02
5. 财务费	元					
6. 销售费	元	0.27	0.83	0.83	1.15	
二、每亩人工成本	元	100.89	116.70	146.73	276.03	193.25
1. 家庭用工折价	元	100.89	115.26	146.35	275.30	192.49
家庭用工天数	日	5.97	6.82	8.66	16.29	11.39
劳动日工价	元	16.90	16.90	16.90	16.90	16.90
2. 雇工费用	元		1.44	0.38	0.73	0.76
雇工天数	日		0.05	0.01	0.02	0.04
雇工工价	元	20.71	28.80	38.00	36.50	19.00
三、附记						
1. 每亩种子用量	公斤	0.66	0.41	0.19	0.42	0.23
2. 每亩化肥用量	公斤	11.84	15.22	10.96	10.34	13.88
3. 每亩农膜用量	公斤					

2－11－2　续表 2

项　　目	单位	贵　州	云　南	陕　西	甘　肃	青　海
一、每亩物质与服务费用	元	120.27	143.25	137.10	162.58	136.03
（一）直接费用	元	113.13	142.75	133.79	153.29	131.81
1. 种子费	元	9.31	6.33	11.12	9.31	12.26
2. 化肥费	元	46.25	72.89	63.77	54.96	50.25
3. 农家肥费	元	23.90	20.45	7.02	12.73	12.05
4. 农药费	元	2.42	10.34	3.96	7.01	7.63
5. 农膜费	元					
6. 租赁作业费	元	26.17	31.12	43.11	62.57	47.01
机械作业费	元	0.56	13.39	8.50	24.04	28.49
排灌费	元		2.90	8.46	26.19	2.35
其中：水费	元		2.37	5.91	26.19	2.06
畜力费	元	25.61	14.83	26.15	12.34	16.17
7. 燃料动力费	元					
8. 技术服务费	元			0.08	0.05	
9. 工具材料费	元	3.20	1.45	4.05	3.47	2.27
10. 修理维护费	元	1.88	0.17	0.47	2.44	0.15
11. 其他直接费用	元			0.21	0.75	0.19
（二）间接费用	元	7.14	0.50	3.31	9.29	4.22
1. 固定资产折旧	元	3.35		1.67	8.22	3.70
2. 税金	元					
3. 保险费	元					
4. 管理费	元		0.08		0.15	0.34
5. 财务费	元				0.11	0.18
6. 销售费	元	3.79	0.42	1.64	0.81	
二、每亩人工成本	元	195.33	194.12	217.82	148.86	280.54
1. 家庭用工折价	元	194.35	178.46	206.18	144.66	277.50
家庭用工天数	日	11.50	10.56	12.20	8.56	16.42
劳动日工价	元	16.90	16.90	16.90	16.90	16.90
2. 雇工费用	元	0.98	15.66	11.64	4.20	3.04
雇工天数	日	0.05	0.79	0.43	0.21	0.15
雇工工价	元	19.60	19.82	27.07	20.00	20.27
三、附记						
1. 每亩种子用量	公斤	0.18	0.86	0.23	0.85	0.72
2. 每亩化肥用量	公斤	12.02	18.47	16.98	14.26	11.73
3. 每亩农膜用量	公斤					

2－11－3　2006年各地区油菜籽化肥投入情况

项　　目	单位	平　均	上　海	江　苏	浙　江	安　徽	江　西
一、每亩化肥金额	元	55.29	78.62	75.96	87.19	66.40	44.37
（一）氮肥	元	28.81	55.47	36.34	52.95	32.40	20.63
1.尿素	元	18.47	39.00	32.41	43.93	28.79	19.42
2.碳铵	元	10.33	16.47	3.93	9.02	3.61	1.21
3.其他氮肥	元	0.01					
（二）磷肥	元	6.49	17.20	3.67	12.65	4.80	4.85
其中：过磷酸钙	元	6.02	17.20	3.31	11.54	4.75	2.24
（三）钾肥	元	1.00			0.53	0.39	4.37
其中：氯化钾	元	0.78			0.53	0.36	4.37
（四）复混肥	元	18.21	5.95	35.73	20.27	28.11	13.71
1.复合肥	元	16.14	5.95	30.87	16.01	22.54	13.59
其中：二铵	元	1.55		1.17		1.81	
2.混配肥	元	2.07		4.86	4.26	5.57	0.12
（五）其他肥料	元	0.78		0.22	0.79	0.70	0.81
二、每亩化肥折纯用量	公斤	14.66	21.71	18.39	21.47	17.24	11.25
（一）氮肥	公斤	7.74	13.89	9.19	13.33	8.30	5.17
1.尿素	公斤	4.48	9.04	7.96	10.73	7.09	4.82
2.碳铵	公斤	3.26	4.85	1.23	2.60	1.21	0.35
3.其他氮肥	公斤						
（二）磷肥	公斤	2.44	6.18	1.12	4.03	1.79	1.86
其中：过磷酸钙	公斤	2.25	6.18	1.05	3.75	1.77	0.83
（三）钾肥	公斤	0.23			0.14	0.10	1.23
其中：氯化钾	公斤	0.20			0.14	0.10	1.23
（四）复混肥	公斤	4.25	1.64	8.08	3.97	7.05	2.99
1.复合肥	公斤	3.75	1.64	7.02	3.05	5.56	2.97
其中：二铵	公斤	0.38		0.27		0.49	
2.混配肥	公斤	0.50		1.06	0.92	1.49	0.02

2-11-3 续表 1

项 目	单位	河 南	湖 北	湖 南	重 庆	四 川
一、每亩化肥金额	元	42.87	55.29	39.36	36.16	46.20
(一)氮肥	元	25.19	25.65	18.56	28.74	32.83
1. 尿素	元	5.98	9.15	10.09	15.13	8.50
2. 碳铵	元	19.21	16.50	8.47	13.28	24.33
3. 其他氮肥	元				0.33	
(二)磷肥	元	0.11	7.52	6.75	6.58	6.31
其中:过磷酸钙	元		7.32	6.75	5.86	6.04
(三)钾肥	元		2.00	0.52		0.91
其中:氯化钾	元		1.63	0.52		0.25
(四)复混肥	元	17.57	18.33	12.95	0.51	5.82
1. 复合肥	元	17.57	15.87	12.95	0.19	5.75
其中:二铵	元	0.56	0.11			
2. 混配肥	元		2.46		0.32	0.07
(五)其他肥料	元		1.79	0.58	0.33	0.33
二、每亩化肥折纯用量	公斤	11.84	15.22	10.96	10.34	13.88
(一)氮肥	公斤	7.88	7.68	5.32	7.81	9.07
1. 尿素	公斤	1.36	2.21	2.41	3.64	2.08
2. 碳铵	公斤	6.52	5.47	2.91	4.05	6.99
3. 其他氮肥	公斤				0.12	
(二)磷肥	公斤	0.04	3.04	2.76	2.40	2.74
其中:过磷酸钙	公斤		2.94	2.76	2.02	2.62
(三)钾肥	公斤		0.43	0.14		0.12
其中:氯化钾	公斤		0.39	0.14		0.06
(四)复混肥	公斤	3.92	4.07	2.74	0.13	1.95
1. 复合肥	公斤	3.92	3.51	2.74	0.04	1.93
其中:二铵	公斤	0.16	0.02			0.11
2. 混配肥	公斤		0.56		0.09	0.02

2－11－3 续表 2

项 目	单位	贵 州	云 南	陕 西	甘 肃	青 海
一、每亩化肥金额	元	46.25	72.89	63.77	54.96	50.25
（一）氮肥	元	23.39	41.48	31.37	26.70	18.46
1. 尿素	元	23.33	36.97	10.61	21.60	18.46
2. 碳铵	元	0.06	4.36	20.76	5.10	
3. 其他氮肥	元		0.15			
（二）磷肥	元	12.54	9.78	8.39	10.79	2.33
其中：过磷酸钙	元	12.23	8.23	5.79	9.97	2.33
（三）钾肥	元		4.75	1.53		
其中：氯化钾	元		3.13			
（四）复混肥	元	9.82	14.46	21.16	16.55	29.02
1. 复合肥	元	9.37	10.32	19.37	16.55	29.02
其中：二铵	元			3.99	14.74	29.02
2. 混配肥	元	0.45	4.14	1.79		
（五）其他肥料	元	0.50	2.42	1.32	0.92	0.44
二、每亩化肥折纯用量	公斤	12.02	18.47	16.98	14.26	11.73
（一）氮肥	公斤	5.44	10.16	8.84	7.03	4.63
1. 尿素	公斤	5.42	8.79	2.32	5.47	4.63
2. 碳铵	公斤	0.02	1.30	6.52	1.56	
3. 其他氮肥	公斤		0.07			
（二）磷肥	公斤	4.30	3.65	2.79	3.46	0.71
其中：过磷酸钙	公斤	4.16	2.95	1.83	3.14	0.71
（三）钾肥	公斤		1.19	0.19		
其中：氯化钾	公斤		0.86			
（四）复混肥	公斤	2.28	3.47	5.16	3.77	6.39
1. 复合肥	公斤	2.18	2.58	4.62	3.77	6.39
其中：二铵	公斤			1.05	3.42	6.39
2. 混配肥	公斤	0.10	0.89	0.54		

三、各地区棉、麻、烟、糖料

3-1-1 2006年各地区棉花、长绒棉成本收益情况

项 目	单位	棉花平均	天 津	河 北	山 西	辽 宁	江 苏
每亩							
主产品产量	公斤	85.10	78.00	74.20	69.70	64.20	73.60
产值合计	元	1206.07	1185.39	1129.69	944.21	965.69	1051.14
主产品产值	元	1032.33	1015.30	933.11	795.75	830.23	892.25
副产品产值	元	173.74	170.09	196.58	148.46	135.46	158.89
总成本	元	870.35	663.48	829.07	895.21	928.41	845.75
生产成本	元	765.64	614.07	686.44	747.72	823.90	775.31
物质与服务费用	元	323.03	282.53	316.10	345.56	356.92	260.03
人工成本	元	442.61	331.54	370.34	402.16	466.98	515.28
家庭用工折价	元	398.67	316.54	366.73	396.14	398.00	504.80
雇工费用	元	43.94	15.00	3.61	6.02	68.98	10.48
土地成本	元	104.71	49.41	142.63	147.49	104.51	70.44
流转地租金	元	6.70	10.10	0.54	14.79	16.04	4.18
自营地折租	元	98.01	39.31	142.09	132.70	88.47	66.26
净利润	元	335.72	521.91	300.62	49.00	37.28	205.39
现金成本	元	373.67	307.63	320.25	366.37	441.94	274.69
现金收益	元	832.40	877.76	809.44	577.84	523.75	776.45
成本利润率	%	38.57	78.66	36.26	5.47	4.02	24.28
每50公斤主产品							
平均出售价格	元	606.54	650.83	628.78	570.84	646.60	606.15
总成本	元	437.70	364.28	461.46	541.22	621.64	487.71
生产成本	元	385.05	337.15	382.07	452.05	551.66	447.09
净利润	元	168.84	286.55	167.32	29.62	24.96	118.44
现金成本	元	187.92	168.90	178.25	221.50	295.91	158.40
现金收益	元	418.62	481.93	450.53	349.34	350.69	447.75
附：							
每亩用工数量	日	25.04	19.22	21.88	23.68	26.65	30.28
每亩主产品出售数量	公斤	77.90	78.00	52.20	67.80	32.80	73.00
每亩主产品出售产值	元	940.16	1015.30	653.95	773.69	410.26	885.33
商品率	%	96.80	100.00	96.10	98.30	93.30	99.50
每亩补贴收入	元	4.01		3.09		2.51	
每亩成本外支出	元	5.10	1.87			0.35	12.28

3－1－1　续表 1

项　　目	单位	浙　江	安　徽	江　西	山　东	河　南	湖　北
每亩							
主产品产量	公斤	88.10	86.50	108.80	78.30	67.70	93.60
产值合计	元	1168.71	1273.31	1481.58	1168.02	1024.36	1272.57
主产品产值	元	1023.83	1105.45	1273.62	964.71	882.83	1092.58
副产品产值	元	144.88	167.86	207.96	203.31	141.53	179.99
总成本	元	687.11	950.61	1004.41	803.59	757.81	823.28
生产成本	元	608.84	887.30	936.57	741.75	701.43	779.47
物质与服务费用	元	252.85	329.54	352.34	313.65	228.98	302.19
人工成本	元	355.99	557.76	584.23	428.10	472.45	477.28
家庭用工折价	元	327.52	532.69	584.23	419.12	471.51	454.27
雇工费用	元	28.47	25.07		8.98	0.94	23.01
土地成本	元	78.27	63.31	67.84	61.84	56.38	43.81
流转地租金	元	14.82	4.53	7.11	0.60		1.38
自营地折租	元	63.45	58.78	60.73	61.24	56.38	42.43
净利润	元	481.60	322.70	477.17	364.43	266.55	449.29
现金成本	元	296.14	359.14	359.45	323.23	229.92	326.58
现金收益	元	872.57	914.17	1122.13	844.79	794.44	945.99
成本利润率	%	70.09	33.95	47.51	45.35	35.17	54.57
每50公斤主产品							
平均出售价格	元	581.06	638.99	585.30	616.03	652.02	583.64
总成本	元	341.62	477.05	396.79	423.82	482.36	377.58
生产成本	元	302.70	445.28	369.99	391.21	446.47	357.49
净利润	元	239.44	161.94	188.51	192.21	169.66	206.06
现金成本	元	147.24	180.23	142.00	170.48	146.35	149.78
现金收益	元	433.82	458.76	443.30	445.55	505.67	433.86
附:							
每亩用工数量	日	20.21	32.46	34.57	25.10	27.95	27.60
每亩主产品出售数量	公斤	87.10	80.10	99.40	65.70	60.90	88.60
每亩主产品出售产值	元	1012.25	1007.76	1159.70	806.22	784.41	1039.00
商品率	%	99.10	93.10	97.40	95.80	94.30	96.00
每亩补贴收入	元	1.46	4.06	12.77		13.58	2.70
每亩成本外支出	元		1.07	1.39	8.94		6.23

3－1－1 续表2

项目	单位	湖南	陕西	甘肃	新疆	长绒棉平均	新疆
每亩							
主产品产量	公斤	109.60	73.00	102.60	107.80	77.60	77.60
产值合计	元	1441.13	953.22	1559.68	1405.74	1872.53	1872.53
主产品产值	元	1231.84	851.05	1330.36	1240.62	1697.06	1697.06
副产品产值	元	209.29	102.17	229.32	165.12	175.47	175.47
总成本	元	948.84	894.07	1023.82	1020.19	1248.61	1248.61
生产成本	元	897.51	821.49	876.02	805.76	925.83	925.83
物质与服务费用	元	349.99	292.31	455.52	426.62	594.32	594.32
人工成本	元	547.52	529.18	420.50	379.14	331.51	331.51
家庭用工折价	元	546.04	510.21	304.71	213.45	18.76	18.76
雇工费用	元	1.48	18.97	115.79	165.69	312.75	312.75
土地成本	元	51.33	72.58	147.80	214.43	322.78	322.78
流转地租金	元	4.17	3.52	6.32	23.33	72.63	72.63
自营地折租	元	47.16	69.06	141.48	191.10	250.15	250.15
净利润	元	492.29	59.15	535.86	385.55	623.92	623.92
现金成本	元	355.64	314.80	577.63	615.64	979.70	979.70
现金收益	元	1085.49	638.42	982.05	790.10	892.83	892.83
成本利润率	%	51.88	6.62	52.34	37.79	49.97	49.97
每50公斤主产品							
平均出售价格	元	561.97	582.91	648.32	575.43	1093.47	1093.47
总成本	元	370.00	546.74	425.58	417.61	729.13	729.13
生产成本	元	349.98	502.35	364.14	329.83	540.64	540.64
净利润	元	191.97	36.17	222.74	157.82	364.34	364.34
现金成本	元	138.68	192.51	240.11	252.01	572.10	572.10
现金收益	元	423.29	390.40	408.21	323.42	521.37	521.37
附：							
每亩用工数量	日	32.36	30.94	22.18	17.98	13.61	13.61
每亩主产品出售数量	公斤	107.00	73.00	101.70	107.60	77.60	77.60
每亩主产品出售产值	元	1203.01	851.03	1319.60	1239.50	1697.06	1697.06
商品率	%	99.00	100.00	99.30	99.40	100.00	100.00
每亩补贴收入	元	3.07		0.20	2.80		
每亩成本外支出	元	36.09		5.75	4.31	9.76	9.76

3－1－2　2006年各地区棉花、长绒棉费用和用工情况

项　　目	单位	棉花平均	天　津	河　北	山　西	辽　宁	江　苏
一、每亩物质与服务费用	元	323.03	282.53	316.10	345.56	356.92	260.03
（一）直接费用	元	313.97	273.14	310.89	342.43	346.08	253.33
1.种子费	元	35.80	47.72	37.44	32.35	37.77	38.21
2.化肥费	元	125.90	83.87	105.24	103.69	108.72	122.31
3.农家肥费	元	13.68	3.96	4.98	9.05	19.34	9.47
4.农药费	元	42.48	49.32	54.82	33.65	50.60	47.05
5.农膜费	元	24.63	33.17	28.18	32.82	55.99	10.98
6.租赁作业费	元	65.31	48.67	76.89	125.62	68.51	20.25
机械作业费	元	32.05	31.84	38.19	59.89	10.63	12.85
排灌费	元	28.56	16.83	37.93	64.76	40.74	7.40
其中:水费	元	8.18	10.02	1.03	0.33	0.31	4.96
畜力费	元	4.70		0.77	0.97	17.14	
7.燃料动力费	元	0.55			2.07		0.03
8.技术服务费	元	0.10					
9.工具材料费	元	3.34	4.15	1.87	2.48	3.01	3.18
10.修理维护费	元	1.51	2.28	1.47	0.70	2.10	1.85
11.其他直接费用	元	0.67				0.04	
（二）间接费用	元	9.06	9.39	5.21	3.13	10.84	6.70
1.固定资产折旧	元	4.81	8.91	5.16	3.07	2.50	4.48
2.税金	元						
3.保险费	元	0.51					
4.管理费	元	0.51				0.12	0.09
5.财务费	元	0.78					0.01
6.销售费	元	2.45	0.48	0.05	0.06	8.22	2.12
二、每亩人工成本	元	442.61	331.54	370.34	402.16	466.98	515.28
1.家庭用工折价	元	398.67	316.54	366.73	396.14	398.00	504.80
家庭用工天数	日	23.59	18.73	21.70	23.44	23.55	29.87
劳动日工价	元	16.90	16.90	16.90	16.90	16.90	16.90
2.雇工费用	元	43.94	15.00	3.61	6.02	68.98	10.48
雇工天数	日	1.45	0.49	0.18	0.24	3.10	0.41
雇工工价	元	30.30	30.61	20.06	25.08	22.25	25.56
三、附记							
1.每亩种子用量	公斤						
2.每亩化肥用量	公斤	27.86	20.67	23.01	25.43	24.49	30.54
3.每亩农膜用量	公斤	2.00	2.54	2.40	2.73	4.75	0.94

3－1－2　续表 1

项　目	单位	浙　江	安　徽	江　西	山　东	河　南	湖　北
一、每亩物质与服务费用	元	252.85	329.54	352.34	313.65	228.98	302.19
（一）直接费用	元	243.25	321.96	346.96	307.96	224.81	298.77
1. 种子费	元	30.32	43.41	48.76	37.35	30.58	41.92
2. 化肥费	元	118.18	150.74	167.95	120.49	110.04	147.13
3. 农家肥费	元	5.81	20.92	11.59	13.35	6.70	5.43
4. 农药费	元	53.35	49.25	63.82	46.64	36.77	50.33
5. 农膜费	元	12.48	10.05	6.16	26.85	10.40	5.97
6. 租赁作业费	元	9.80	38.49	42.05	56.82	29.29	43.73
机械作业费	元	2.87	14.79	19.87	30.98	18.88	14.69
排灌费	元	3.40	13.84	10.77	23.25	10.10	6.48
其中：水费	元	1.62	2.36	2.78	8.34		4.01
畜力费	元	3.53	9.86	11.41	2.59	0.31	22.56
7. 燃料动力费	元	6.70	2.64		0.54		
8. 技术服务费	元		0.79	0.11	0.06		
9. 工具材料费	元	3.12	2.01	3.34	3.19	1.03	2.56
10. 修理维护费	元	3.49	2.85	2.81	2.62		1.36
11. 其他直接费用	元		0.81	0.37	0.05		0.34
（二）间接费用	元	9.60	7.58	5.38	5.69	4.17	3.42
1. 固定资产折旧	元	9.09	4.70	4.33	4.45	2.65	2.06
2. 税金	元						
3. 保险费	元						
4. 管理费	元		0.46	0.12	0.14		0.01
5. 财务费	元				0.01		0.03
6. 销售费	元	0.51	2.42	0.93	1.09	1.52	1.32
二、每亩人工成本	元	355.99	557.76	584.23	428.10	472.45	477.28
1. 家庭用工折价	元	327.52	532.69	584.23	419.12	471.51	454.27
家庭用工天数	日	19.38	31.52	34.57	24.80	27.90	26.88
劳动日工价	元	16.90	16.90	16.90	16.90	16.90	16.90
2. 雇工费用	元	28.47	25.07		8.98	0.94	23.01
雇工天数	日	0.83	0.94		0.30	0.05	0.72
雇工工价	元	34.30	26.67	32.60	29.93	18.80	31.96
三、附记							
1. 每亩种子用量	公斤						
2. 每亩化肥用量	公斤	27.52	35.41	39.26	26.05	20.99	35.20
3. 每亩农膜用量	公斤	0.98	0.79	0.51	2.20	0.92	0.50

3－1－2　续表 2

项　　目	单位	湖　南	陕　西	甘　肃	新　疆	长绒棉平均	新　疆
一、每亩物质与服务费用	元	349.99	292.31	455.52	426.62	594.32	594.32
(一)直接费用	元	337.27	291.49	441.48	405.03	560.76	560.76
1. 种子费	元	50.48	34.79	35.05	29.18	48.34	48.34
2. 化肥费	元	154.00	88.56	157.64	138.83	198.80	198.80
3. 农家肥费	元	14.00	6.23	7.83	28.05	83.89	83.89
4. 农药费	元	90.87	23.83	18.79	25.03	31.00	31.00
5. 农膜费	元	5.34	30.46	56.92	48.64	55.19	55.19
6. 租赁作业费	元	9.44	104.85	159.23	124.58	136.14	136.14
机械作业费	元	0.03	38.91	82.13	58.51	68.44	68.44
排灌费	元	6.12	64.37	77.10	59.45	67.70	67.70
其中:水费	元	2.83	53.42	76.94	18.05	20.31	20.31
畜力费	元	3.29	1.57		6.62		
7. 燃料动力费	元	1.49	0.11		0.69		
8. 技术服务费	元	0.80	0.35				
9. 工具材料费	元	5.04	0.35	3.37	6.85	3.66	3.66
10. 修理维护费	元	3.37	0.31	1.41	1.00		
11. 其他直接费用	元	2.44	1.65	1.24	2.18	3.74	3.74
(二)间接费用	元	12.72	0.82	14.04	21.59	33.56	33.56
1. 固定资产折旧	元	12.39	0.31	5.91	6.80		
2. 税金	元						
3. 保险费	元				2.37	10.00	10.00
4. 管理费	元	0.08	0.51		2.04		
5. 财务费	元				3.63	10.50	10.50
6. 销售费	元	0.25		8.13	6.75	13.06	13.06
二、每亩人工成本	元	547.52	529.18	420.50	379.14	331.51	331.51
1. 家庭用工折价	元	546.04	510.21	304.71	213.45	18.76	18.76
家庭用工天数	日	32.31	30.19	18.03	12.63	1.11	1.11
劳动日工价	元	16.90	16.90	16.90	16.90	16.90	16.90
2. 雇工费用	元	1.48	18.97	115.79	165.69	312.75	312.75
雇工天数	日	0.05	0.75	4.15	5.35	12.50	12.50
雇工工价	元	29.60	25.29	27.90	30.97	25.02	25.02
三、附记							
1. 每亩种子用量	公斤						
2. 每亩化肥用量	公斤	42.76	21.98	35.39	29.44	43.32	43.32
3. 每亩农膜用量	公斤	0.43	2.71	4.43	3.80	4.23	4.23

3-1-3 2006年各地区棉花、长绒棉化肥投入情况

项　　目	单位	棉花平均	天　津	河　北	山　西	辽　宁	江　苏
一、每亩化肥金额	元	125.90	83.87	105.24	103.69	108.72	122.31
(一)氮肥	元	45.40	34.16	26.93	34.99	48.02	72.97
1. 尿素	元	39.87	34.16	25.95	33.08	48.02	66.14
2. 碳铵	元	5.20		0.98	0.51		6.83
3. 其他氮肥	元	0.33			1.40		
(二)磷肥	元	4.51		2.65	11.59		11.46
其中:过磷酸钙	元	3.26		1.27	1.32		10.82
(三)钾肥	元	7.14		7.21	3.78		2.97
其中:氯化钾	元	5.54		3.50	0.14		2.70
(四)复混肥	元	65.17	49.71	68.45	53.33	60.70	34.06
1. 复合肥	元	61.18	43.54	65.54	53.29	60.70	33.16
其中:二铵	元	29.20	43.54	35.75	6.32	55.95	9.60
2. 混配肥	元	3.99	6.17	2.91	0.04		0.90
(五)其他肥料	元	3.68					0.85
二、每亩化肥折纯用量	公斤	27.86	20.67	23.01	25.43	24.49	30.54
(一)氮肥	公斤	11.85	8.87	7.03	8.38	11.38	18.72
1. 尿素	公斤	9.99	8.87	6.69	7.88	11.38	16.56
2. 碳铵	公斤	1.76		0.34	0.17		2.16
3. 其他氮肥	公斤	0.10			0.33		
(二)磷肥	公斤	1.48		1.07	2.99		3.66
其中:过磷酸钙	公斤	1.14		0.53	0.44		3.42
(三)钾肥	公斤	1.60		1.13	0.99		0.81
其中:氯化钾	公斤	1.42		0.85	0.03		0.74
(四)复混肥	公斤	12.93	11.80	13.78	13.07	13.11	7.35
1. 复合肥	公斤	12.18	9.95	13.17	13.06	13.11	7.17
其中:二铵	公斤	6.40	9.95	8.29	1.44	12.15	2.38
2. 混配肥	公斤	0.75	1.85	0.61	0.01		0.18

3－1－3　续表 1

项　　目	单位	浙　江	安　徽	江　西	山　东	河　南	湖　北
一、每亩化肥金额	元	118.18	150.74	167.95	120.49	110.04	147.13
（一）氮肥	元	56.43	68.68	56.24	29.34	42.98	46.10
1. 尿素	元	54.59	64.28	54.39	26.70	31.89	29.52
2. 碳铵	元	1.84	4.40	1.85	2.64	9.96	16.58
3. 其他氮肥	元					1.13	
（二）磷肥	元	7.87	10.17	6.88	0.53	2.11	6.39
其中:过磷酸钙	元	6.24	10.17	4.73	0.33	0.29	6.11
（三）钾肥	元	4.93	25.93	33.18	0.51	5.64	19.33
其中:氯化钾	元	4.93	25.92	33.18	0.11	1.96	19.24
（四）复混肥	元	48.86	44.11	68.08	90.01	45.38	73.43
1. 复合肥	元	48.86	44.02	53.25	74.23	45.25	68.06
其中:二铵	元		4.56	5.85	30.36		1.99
2. 混配肥	元		0.09	14.83	15.78	0.13	5.37
（五）其他肥料	元	0.09	1.85	3.57	0.10	13.93	1.88
二、每亩化肥折纯用量	公斤	27.52	35.41	39.26	26.05	20.99	35.20
（一）氮肥	公斤	14.43	17.18	14.21	7.84	11.88	12.80
1. 尿素	公斤	13.89	16.02	13.65	6.92	7.92	7.23
2. 碳铵	公斤	0.54	1.16	0.56	0.92	3.51	5.57
3. 其他氮肥	公斤					0.45	
（二）磷肥	公斤	2.43	3.37	2.03	0.17	0.86	2.77
其中:过磷酸钙	公斤	1.99	3.37	1.40	0.12	0.10	2.62
（三）钾肥	公斤	1.37	6.75	8.75	0.07	0.79	4.87
其中:氯化钾	公斤	1.37	6.75	8.75	0.03	0.42	4.86
（四）复混肥	公斤	9.29	8.11	14.27	17.97	7.46	14.76
1. 复合肥	公斤	9.29	8.10	11.75	15.24	7.44	13.31
其中:二铵	公斤		1.16	1.53	7.18		0.49
2. 混配肥	公斤		0.01	2.52	2.73	0.02	1.45

3-1-3 续表 2

项 目	单位	湖 南	陕 西	甘 肃	新 疆	长绒棉平均	新 疆
一、每亩化肥金额	元	154.00	88.56	157.64	138.83	198.80	198.80
(一)氮肥	元	71.65	39.96	67.77	49.33	62.87	62.87
1.尿素	元	42.59	39.96	58.08	49.33	62.87	62.87
2.碳铵	元	29.06		0.55			
3.其他氮肥	元			9.14			
(二)磷肥	元	20.62		9.21	3.05		
其中:过磷酸钙	元	20.40		6.62	1.10		
(三)钾肥	元	28.40		1.60	1.70		
其中:氯化钾	元	28.37					
(四)复混肥	元	33.33	48.32	79.06	80.42	135.93	135.93
1.复合肥	元	33.33	48.32	70.47	80.42	135.93	135.93
其中:二铵	元	1.83	47.07	57.88	76.33	135.93	135.93
2.混配肥	元			8.59			
(五)其他肥料	元		0.28		4.33		
二、每亩化肥折纯用量	公斤	42.76	21.98	35.39	29.44	43.32	43.32
(一)氮肥	公斤	20.67	10.47	17.03	12.21	15.23	15.23
1.尿素	公斤	10.43	10.47	15.18	12.21	15.23	15.23
2.碳铵	公斤	10.24		0.15			
3.其他氮肥	公斤			1.70			
(二)磷肥	公斤	8.02		2.35	0.52		
其中:过磷酸钙	公斤	7.93		1.72	0.29		
(三)钾肥	公斤	7.49		0.20	0.28		
其中:氯化钾	公斤	7.48					
(四)复混肥	公斤	6.58	11.51	15.81	16.43	28.09	28.09
1.复合肥	公斤	6.58	11.51	14.17	16.43	28.09	28.09
其中:二铵	公斤	0.49	11.25	12.58	15.76	28.09	28.09
2.混配肥	公斤			1.64			

3－2－1 2006年各地区熟红麻、苎麻成本收益情况

项　　目	单位	熟红麻平均	湖　北	苎麻平均	湖　北	湖　南	四　川
每亩							
主产品产量	公斤	217.20	217.20	163.10	172.50	173.30	116.60
产值合计	元	559.27	559.27	1196.12	1287.67	1215.45	921.22
主产品产值	元	542.27	542.27	1173.68	1287.67	1166.78	899.80
副产品产值	元	17.00	17.00	22.44		48.67	21.42
总成本	元	386.19	386.19	860.74	884.52	853.57	816.85
生产成本	元	352.57	352.57	829.38	852.54	822.99	785.35
物质与服务费用	元	148.25	148.25	172.37	138.15	233.22	124.90
人工成本	元	204.32	204.32	657.01	714.39	589.77	660.45
家庭用工折价	元	204.32	204.32	645.41	701.18	574.77	660.45
雇工费用	元			11.60	13.21	15.00	
土地成本	元	33.62	33.62	31.36	31.98	30.58	31.50
流转地租金	元			1.46	0.59	1.69	3.15
自营地折租	元	33.62	33.62	29.90	31.39	28.89	28.35
净利润	元	173.08	173.08	335.38	403.15	361.88	104.37
现金成本	元	148.25	148.25	185.43	151.95	249.91	128.05
现金收益	元	411.02	411.02	1010.69	1135.72	965.54	793.17
成本利润率	%	44.82	44.82	38.96	45.58	42.40	12.78
每50公斤主产品							
平均出售价格	元	124.83	124.83	359.80	373.24	336.64	385.85
总成本	元	86.20	86.20	258.92	256.38	236.41	342.13
生产成本	元	78.69	78.69	249.48	247.11	227.94	328.94
净利润	元	38.63	38.63	100.88	116.86	100.23	43.72
现金成本	元	33.09	33.09	55.78	44.04	69.22	53.63
现金收益	元	91.74	91.74	304.02	329.20	267.42	332.22
附：							
每亩用工数量	日	12.09	12.09	38.55	41.87	34.51	39.08
每亩主产品出售数量	公斤	217.20	217.20	158.60	172.50	173.30	91.10
每亩主产品出售产值	元	542.27	542.27	1139.73	1287.67	1166.78	704.80
商品率	%	100.00	100.00	96.20	100.00	100.00	78.20
每亩补贴收入	元	3.60	3.60	5.68		7.05	17.04
每亩成本外支出	元			19.22		50.00	

3-2-2 2006年各地区熟红麻、苎麻费用和用工情况

项目	单位	熟红麻平均	湖北	苎麻平均	湖北	湖南	四川
一、每亩物质与服务费用	元	148.25	148.25	172.37	138.15	233.22	124.90
(一)直接费用	元	144.89	144.89	167.14	133.17	226.94	121.34
1.种子费	元	18.61	18.61	1.16	2.63		
2.化肥费	元	76.89	76.89	130.64	85.62	195.06	102.57
3.农家肥费	元	2.89	2.89	15.92	24.20	7.33	13.88
4.农药费	元	8.53	8.53	9.19	8.82	11.91	4.15
5.农膜费	元						
6.租赁作业费	元	33.02	33.02	5.95	4.79	10.00	
机械作业费	元	33.02	33.02				
排灌费	元			3.84		10.00	
其中:水费	元						
畜力费	元			2.11	4.79		
7.燃料动力费	元						
8.技术服务费	元						
9.工具材料费	元	3.32	3.32	2.59	4.36	1.47	0.59
10.修理维护费	元	1.63	1.63	1.62	2.60	1.17	0.15
11.其他直接费用	元			0.07	0.15		
(二)间接费用	元	3.36	3.36	5.23	4.98	6.28	3.56
1.固定资产折旧	元	0.33	0.33	2.02	0.90	2.89	2.93
2.税金	元						
3.保险费	元						
4.管理费	元			0.51		1.33	
5.财务费	元						
6.销售费	元	3.03	3.03	2.70	4.08	2.06	0.63
二、每亩人工成本	元	204.32	204.32	657.01	714.39	589.77	660.45
1.家庭用工折价	元	204.32	204.32	645.41	701.18	574.77	660.45
家庭用工天数	日	12.09	12.09	38.19	41.49	34.01	39.08
劳动日工价	元	16.90	16.90	16.90	16.90	16.90	16.90
2.雇工费用	元			11.60	13.21	15.00	
雇工天数	日			0.36	0.38	0.50	
雇工工价	元	20.00	20.00	32.22	34.76	30.00	20.77
三、附记							
1.每亩种子用量	公斤						
2.每亩化肥用量	公斤	25.25	25.25	37.44	22.89	58.77	27.26
3.每亩农膜用量	公斤						

3－2－3 2006年各地区熟红麻、苎麻化肥投入情况

项　　目	单位	熟红麻平均	湖　北	苎麻平均	湖　北	湖　南	四　川
一、每亩化肥金额	元	76.89	76.89	130.64	85.62	195.06	102.57
(一)氮肥	元	36.50	36.50	72.69	69.98	62.26	102.57
1.尿素	元			55.40	54.90	48.20	72.56
2.碳铵	元	36.50	36.50	17.29	15.08	14.06	30.01
3.其他氮肥	元						
(二)磷肥	元	12.22	12.22	10.14		26.39	
其中:过磷酸钙	元	2.00	2.00	10.14		26.39	
(三)钾肥	元			8.86		23.05	
其中:氯化钾	元			8.86		23.05	
(四)复混肥	元	28.17	28.17	38.95	15.64	83.36	
1.复合肥	元	28.17	28.17	36.76	10.68	83.36	
其中:二铵	元			32.05		83.36	
2.混配肥	元			2.19	4.96		
(五)其他肥料	元						
二、每亩化肥折纯用量	公斤	25.25	25.25	37.44	22.89	58.77	27.26
(一)氮肥	公斤	13.69	13.69	19.73	19.15	16.99	27.26
1.尿素	公斤			13.94	13.74	11.80	19.19
2.碳铵	公斤	13.69	13.69	5.79	5.41	5.19	8.07
3.其他氮肥	公斤						
(二)磷肥	公斤	6.06	6.06	4.01		10.43	
其中:过磷酸钙	公斤	0.94	0.94	4.01		10.43	
(三)钾肥	公斤			2.32		6.04	
其中:氯化钾	公斤			2.32		6.04	
(四)复混肥	公斤	5.50	5.50	11.38	3.74	25.31	
1.复合肥	公斤	5.50	5.50	10.67	2.14	25.31	
其中:二铵	公斤			9.73		25.31	
2.混配肥	公斤			0.71	1.60		

3-3-1　2006年各地区烤烟成本收益情况

项　　目	单位	平　均	内蒙古	辽　宁	吉　林	黑龙江	安　徽	福　建
每亩								
主产品产量	公斤	137.40	223.90	167.80	146.00	146.00	166.20	129.70
产值合计	元	1381.26	1797.46	1370.46	994.81	1136.93	1857.92	1433.59
主产品产值	元	1374.66	1780.65	1360.40	993.40	1127.38	1847.49	1433.59
副产品产值	元	6.60	16.81	10.06	1.41	9.55	10.43	
总成本	元	1320.96	1529.24	1212.18	980.78	908.16	1488.54	1416.03
生产成本	元	1224.69	1242.52	1098.44	835.22	748.63	1355.67	1297.07
物质与服务费用	元	567.62	649.37	518.80	453.84	401.10	801.51	660.74
人工成本	元	657.07	593.15	579.64	381.38	347.53	554.16	636.33
家庭用工折价	元	612.29	405.09	432.64	289.84	217.17	451.74	524.75
雇工费用	元	44.78	188.06	147.00	91.54	130.36	102.42	111.58
土地成本	元	96.27	286.72	113.74	145.56	159.53	132.87	118.96
流转地租金	元	11.85	6.76	9.48	30.52	22.37	7.55	27.14
自营地折租	元	84.42	279.96	104.26	115.04	137.16	125.32	91.82
净利润	元	60.30	268.22	158.28	14.03	228.77	369.38	17.56
现金成本	元	624.25	844.19	675.28	575.90	553.83	911.48	799.46
现金收益	元	757.01	953.27	695.18	418.91	583.10	946.44	634.13
成本利润率	%	4.56	17.54	13.06	1.43	25.19	24.81	1.24
每50公斤主产品								
平均出售价格	元	500.24	397.64	405.36	340.21	386.09	555.80	552.66
总成本	元	478.40	338.30	358.54	335.41	308.40	445.30	545.89
生产成本	元	443.54	274.87	324.90	285.63	254.23	405.55	500.03
净利润	元	21.84	59.34	46.82	4.80	77.69	110.50	6.77
现金成本	元	226.08	186.75	199.74	196.95	188.08	272.67	308.20
现金收益	元	274.16	210.89	205.62	143.26	198.01	283.13	244.46
附：								
每亩用工数量	日	38.03	30.30	31.34	20.64	17.45	29.68	35.10
每亩主产品出售数量	公斤	136.30	177.10	167.80	146.00	146.00	166.20	129.70
每亩主产品出售产值	元	1364.42	1421.03	1360.40	993.40	1127.38	1847.49	1433.59
商品率	%	99.60	100.00	100.00	100.00	100.00	100.00	100.00
每亩补贴收入	元	178.37	45.95	119.63	28.45	118.03	346.07	181.12
每亩成本外支出	元	1.70					1.17	

3－3－1 续表 1

项　　目	单位	江 西	山 东	河 南	湖 北	湖 南	广 东	广 西
每亩								
主产品产量	公斤	137.20	193.90	143.50	126.70	153.90	131.60	127.90
产值合计	元	1486.66	1969.03	1392.08	1108.81	1617.78	1497.37	1489.59
主产品产值	元	1480.03	1961.45	1381.71	1108.42	1617.78	1493.45	1488.79
副产品产值	元	6.63	7.58	10.37	0.39		3.92	0.80
总成本	元	1330.76	1674.04	1132.59	1307.23	1630.76	1638.99	1231.84
生产成本	元	1237.80	1557.97	1070.49	1231.99	1520.86	1403.19	1074.86
物质与服务费用	元	627.72	814.22	404.40	535.37	804.82	665.98	538.69
人工成本	元	610.08	743.75	666.09	696.62	716.04	737.21	536.17
家庭用工折价	元	605.36	687.15	665.86	622.09	643.38	703.89	427.40
雇工费用	元	4.72	56.60	0.23	74.53	72.66	33.32	108.77
土地成本	元	92.96	116.07	62.10	75.24	109.90	235.80	156.98
流转地租金	元	12.33	73.29		4.51	20.03	52.91	14.55
自营地折租	元	80.63	42.78	62.10	70.73	89.87	182.89	142.43
净利润	元	155.90	294.99	259.49	－198.42	－12.98	－141.62	257.75
现金成本	元	644.77	944.11	404.63	614.41	897.51	752.21	662.01
现金收益	元	841.89	1024.92	987.45	494.40	720.27	745.16	827.58
成本利润率	%	11.72	17.62	22.91	－15.17	－0.79	－8.63	20.92
每50公斤主产品								
平均出售价格	元	539.37	505.79	481.43	437.42	525.59	567.42	582.01
总成本	元	482.81	430.02	391.69	515.70	529.81	621.09	481.30
生产成本	元	449.08	400.20	370.21	486.01	494.10	531.73	419.97
净利润	元	56.56	75.77	89.74	－78.28	－4.22	－53.67	100.71
现金成本	元	233.93	242.52	139.94	242.38	291.59	285.05	258.66
现金收益	元	305.44	263.27	341.49	195.04	234.00	282.37	323.35
附：								
每亩用工数量	日	35.98	43.15	39.41	39.44	40.29	43.14	30.25
每亩主产品出售数量	公斤	117.20	193.90	143.50	126.30	152.90	130.80	127.90
每亩主产品出售产值	元	1266.14	1961.45	1381.71	1105.36	1612.56	1484.68	1482.00
商品率	%	100.00	100.00	100.00	100.00	99.90	99.60	100.00
每亩补贴收入	元	269.07	563.03	203.62	212.00	299.46	314.09	236.37
每亩成本外支出	元	1.13				0.08		

3－3－1　续表 2

项　　目	单位	重　庆	四　川	贵　州	云　南	陕　西	甘　肃
每亩							
主产品产量	公斤	123.50	144.50	114.40	138.90	106.30	160.80
产值合计	元	968.77	1335.50	1104.91	1532.07	907.76	1216.49
主产品产值	元	961.90	1335.50	1102.81	1520.56	903.62	1195.18
副产品产值	元	6.87		2.10	11.51	4.14	21.31
总成本	元	1139.70	958.85	1127.49	1489.78	1083.34	1155.97
生产成本	元	1109.47	914.97	1083.84	1363.47	1032.76	1077.83
物质与服务费用	元	501.11	427.24	474.93	630.84	409.71	441.10
人工成本	元	608.36	487.73	608.91	732.63	623.05	636.73
家庭用工折价	元	547.39	478.78	580.68	703.72	532.35	617.02
雇工费用	元	60.97	8.95	28.23	28.91	90.70	19.71
土地成本	元	30.23	43.88	43.65	126.31	50.58	78.14
流转地租金	元	2.45	4.43	2.03	9.96	2.46	
自营地折租	元	27.78	39.45	41.62	116.35	48.12	78.14
净利润	元	－170.93	376.65	－22.58	42.29	－175.58	60.52
现金成本	元	564.53	440.62	505.19	669.71	502.87	460.81
现金收益	元	404.24	894.88	599.72	862.36	404.89	755.68
成本利润率	%	－14.99	39.28	－1.99	2.84	－16.20	5.24
每 50 公斤主产品							
平均出售价格	元	389.43	462.11	482.00	547.36	425.03	371.64
总成本	元	458.14	331.78	491.85	532.25	507.24	353.15
生产成本	元	445.99	316.60	472.81	487.12	483.56	329.28
净利润	元	－68.71	130.33	－9.85	15.11	－82.21	18.49
现金成本	元	226.93	152.46	220.38	239.27	235.45	140.78
现金收益	元	162.50	309.65	261.62	308.09	189.58	230.86
附：							
每亩用工数量	日	34.33	28.67	35.81	43.05	35.24	37.49
每亩主产品出售数量	公斤	123.50	144.50	114.40	136.90	106.30	153.40
每亩主产品出售产值	元	961.90	1335.50	1102.60	1502.45	903.62	1141.33
商品率	%	100.00	100.20	100.00	98.70	100.00	97.80
每亩补贴收入	元	217.22	211.35	101.98	128.90	142.93	25.33
每亩成本外支出	元		1.49	2.37	4.01		0.23

3－3－2 2006年各地区烤烟费用和用工情况

项　　目	单位	平　均	内蒙古	辽　宁	吉　林	黑龙江	安　徽	福　建
一、每亩物质与服务费用	元	567.62	649.37	518.80	453.84	401.10	801.51	660.74
（一）直接费用	元	529.69	633.03	487.23	435.67	371.48	747.69	628.11
1. 种子费	元	13.35	6.23	12.73	2.56	13.29	27.33	3.02
2. 化肥费	元	182.96	183.60	154.64	123.74	108.17	216.00	231.71
3. 农家肥费	元	26.47	3.22	25.32	2.30		29.96	41.56
4. 农药费	元	27.86	15.29	19.20	25.96	20.13	24.11	30.90
5. 农膜费	元	30.93	57.01	40.11	41.10	36.77	34.28	37.85
6. 租赁作业费	元	46.95	134.89	63.56	91.01	53.48	72.88	48.95
机械作业费	元	18.51	70.73	24.30	50.98	51.61	66.46	40.24
排灌费	元	6.83	53.89	14.74	31.41	1.73	5.82	2.62
其中：水费	元	3.36	53.89	0.84	29.24	1.62	0.77	1.25
畜力费	元	21.61	10.27	24.52	8.62	0.14	0.60	6.09
7. 燃料动力费	元	184.18	221.34	153.80	143.30	131.64	322.26	213.02
8. 技术服务费	元	2.52		2.57		2.76	0.05	
9. 工具材料费	元	9.25	10.32	8.64	2.72	2.88	18.51	8.57
10. 修理维护费	元	3.89	1.13	6.66	2.98	2.36	1.64	9.04
11. 其他直接费用	元	1.33					0.67	3.49
（二）间接费用	元	37.93	16.34	31.57	18.17	29.62	53.82	32.63
1. 固定资产折旧	元	25.62		21.51	8.78	19.17	41.23	26.04
2. 税金	元							
3. 保险费	元	2.23			1.23	1.33	1.19	
4. 管理费	元	0.61		0.36	0.93	0.41		
5. 财务费	元	0.33		1.30	2.37	0.11	0.01	2.11
6. 销售费	元	9.14	16.34	8.40	4.86	8.60	11.39	4.48
二、每亩人工成本	元	657.07	593.15	579.64	381.38	347.53	554.16	636.33
1. 家庭用工折价	元	612.29	405.09	432.64	289.84	217.17	451.74	524.75
家庭用工天数	日	36.23	23.97	25.60	17.15	12.85	26.73	31.05
劳动日工价	元	16.90	16.90	16.90	16.90	16.90	16.90	16.90
2. 雇工费用	元	44.78	188.06	147.00	91.54	130.36	102.42	111.58
雇工天数	日	1.80	6.33	5.74	3.49	4.60	2.95	4.05
雇工工价	元	24.88	29.71	25.61	26.23	28.34	34.72	27.55
三、附记								
1. 每亩种子用量	公斤							
2. 每亩化肥用量	公斤	34.77	31.46	28.83	24.45	21.59	40.24	39.99
3. 每亩农膜用量	公斤	2.60	4.19	3.22	4.05	3.15	3.29	3.34

3－3－2　续表 1

项　目	单位	江　西	山　东	河　南	湖　北	湖　南	广　东	广　西
一、每亩物质与服务费用	元	627.72	814.22	404.40	535.37	804.82	665.98	538.69
（一）直接费用	元	596.72	770.79	386.75	496.27	743.56	639.37	506.55
1. 种子费	元	4.56	35.07	6.60	3.21	13.00	6.38	3.02
2. 化肥费	元	219.35	171.70	100.30	187.31	347.02	173.45	204.15
3. 农家肥费	元	35.32	35.45	3.47	20.62	25.63	131.66	24.93
4. 农药费	元	28.40	56.61	25.91	43.91	52.21	37.81	23.78
5. 农膜费	元	48.78	39.00	23.17	32.07	28.23	23.44	24.59
6. 租赁作业费	元	46.30	66.35	49.91	37.28	38.79	36.06	48.00
机械作业费	元	20.85	42.07	30.27	8.39	24.18	6.10	27.54
排灌费	元	0.74	23.21	15.44	1.15	2.55		4.53
其中：水费	元	0.74				1.72		1.58
畜力费	元	24.71	1.07	4.20	27.74	12.06	29.96	15.93
7. 燃料动力费	元	205.32	353.65	171.80	152.81	198.22	219.26	170.30
8. 技术服务费	元			1.98	0.34	23.01		
9. 工具材料费	元	6.77	5.72	3.24	6.03	9.06	8.40	3.61
10. 修理维护费	元	1.77	7.17		5.55	4.55	2.91	2.66
11. 其他直接费用	元	0.15	0.07	0.37	7.14	3.84		1.51
（二）间接费用	元	31.00	43.43	17.65	39.10	61.26	26.61	32.14
1. 固定资产折旧	元	24.42	21.23	11.09	31.28	49.81	23.92	24.77
2. 税金	元							
3. 保险费	元		2.52		0.44			
4. 管理费	元	1.50			0.05	0.01		2.75
5. 财务费	元				0.08	1.10		
6. 销售费	元	5.08	19.68	6.56	7.25	10.34	2.69	4.62
二、每亩人工成本	元	610.08	743.75	666.09	696.62	716.04	737.21	536.17
1. 家庭用工折价	元	605.36	687.15	665.86	622.09	643.38	703.89	427.40
家庭用工天数	日	35.82	40.66	39.40	36.81	38.07	41.65	25.29
劳动日工价	元	16.90	16.90	16.90	16.90	16.90	16.90	16.90
2. 雇工费用	元	4.72	56.60	0.23	74.53	72.66	33.32	108.77
雇工天数	日	0.16	2.49	0.01	2.63	2.22	1.49	4.96
雇工工价	元	29.50	22.73	23.00	28.34	32.73	22.36	21.93
三、附记								
1. 每亩种子用量	公斤							
2. 每亩化肥用量	公斤	40.20	28.07	15.89	36.54	66.01	36.42	35.17
3. 每亩农膜用量	公斤	3.84	3.37	2.02	2.45	2.22	1.99	2.22

3-3-2 续表 2

项　　目	单位	重　庆	四　川	贵　州	云　南	陕　西	甘　肃
一、每亩物质与服务费用	元	501.11	427.24	474.93	630.84	409.71	441.10
(一)直接费用	元	464.35	399.11	438.42	585.83	376.29	399.14
1.种子费	元	3.01	3.55	2.70	27.06	6.73	2.12
2.化肥费	元	211.31	167.88	156.34	193.35	136.99	95.90
3.农家肥费	元	8.19	10.77	23.11	35.75	9.56	21.31
4.农药费	元	12.89	8.26	8.43	35.19	9.80	11.67
5.农膜费	元	12.88	14.55	17.98	42.27	28.27	39.31
6.租赁作业费	元	38.55	39.38	31.06	55.23	30.02	33.45
机械作业费	元	1.00	8.29	0.33	15.29	14.08	21.82
排灌费	元		0.42	0.22	9.45	1.54	9.78
其中:水费	元		0.27	0.22	7.94	0.92	6.41
畜力费	元	37.55	30.67	30.51	30.49	14.40	1.85
7.燃料动力费	元	163.01	140.16	171.83	183.88	148.38	180.95
8.技术服务费	元			0.05	1.38	0.01	1.68
9.工具材料费	元	10.45	8.66	15.89	10.46	1.48	1.76
10.修理维护费	元	3.45	3.33	8.61	1.26	4.70	10.99
11.其他直接费用	元	0.61	2.57	2.42		0.35	
(二)间接费用	元	36.76	28.13	36.51	45.01	33.42	41.96
1.固定资产折旧	元	24.80	19.30	21.25	29.65	22.07	29.80
2.税金	元						
3.保险费	元		0.65		6.73		
4.管理费	元			2.64	0.32		0.45
5.财务费	元	1.75		0.04	0.06		0.28
6.销售费	元	10.21	8.18	12.58	8.25	11.35	11.43
二、每亩人工成本	元	608.36	487.73	608.91	732.63	623.05	636.73
1.家庭用工折价	元	547.39	478.78	580.68	703.72	532.35	617.02
家庭用工天数	日	32.39	28.33	34.36	41.64	31.50	36.51
劳动日工价	元	16.90	16.90	16.90	16.90	16.90	16.90
2.雇工费用	元	60.97	8.95	28.23	28.91	90.70	19.71
雇工天数	日	1.94	0.34	1.45	1.41	3.74	0.98
雇工工价	元	31.43	26.32	19.47	20.50	24.25	20.11
三、附记							
1.每亩种子用量	公斤						
2.每亩化肥用量	公斤	34.30	32.74	34.18	36.42	28.88	27.03
3.每亩农膜用量	公斤	1.06	1.54	1.67	3.37	2.98	2.86

3－3－3　2006年各地区烤烟化肥投入情况

项　　目	单位	平　均	内蒙古	辽　宁	吉　林	黑龙江	安　徽	福　建
一、每亩化肥金额	元	182.96	183.60	154.64	123.74	108.17	216.00	231.71
（一）氮肥	元	4.85		0.69	7.13	4.68		9.33
1. 尿素	元	2.48		0.13	4.05	4.48		
2. 碳铵	元	1.03		0.56	0.57			0.92
3. 其他氮肥	元	1.34			2.51	0.20		8.41
（二）磷肥	元	9.34		1.29			21.78	4.09
其中：过磷酸钙	元	7.06		0.88				0.63
（三）钾肥	元	31.06	31.06	48.85	26.92	20.37	75.93	50.32
其中：氯化钾	元	2.69			8.83	1.61		
（四）复混肥	元	130.09	147.15	88.11	89.06	83.12	117.91	146.61
1. 复合肥	元	104.43	23.65	88.11	61.42	83.12	116.19	22.25
其中：二铵	元	1.14	8.01	5.49	14.39	6.78	4.43	
2. 混配肥	元	25.66	123.50		27.64		1.72	124.36
（五）其他肥料	元	7.62	5.39	15.70	0.63		0.38	21.36
二、每亩化肥折纯用量	公斤	34.77	31.46	28.83	24.45	21.59	40.24	39.99
（一）氮肥	公斤	1.25		0.19	1.79	1.16		3.79
1. 尿素	公斤	0.58		0.03	1.06	1.10		
2. 碳铵	公斤	0.30		0.16	0.15			0.29
3. 其他氮肥	公斤	0.37			0.58	0.06		3.50
（二）磷肥	公斤	3.32		0.35			8.61	1.45
其中：过磷酸钙	公斤	2.52		0.21				0.20
（三）钾肥	公斤	5.22	4.38	10.89	4.34	4.21	5.92	9.50
其中：氯化钾	公斤	0.52			1.60	0.40		
（四）复混肥	公斤	24.98	27.08	17.40	18.32	16.22	25.71	25.25
1. 复合肥	公斤	20.12	4.89	17.40	12.87	16.22	25.38	4.04
其中：二铵	公斤	0.28	1.73	1.21	3.16	1.49	1.18	
2. 混配肥	公斤	4.86	22.19		5.45		0.33	21.21

3－3－3　续表 1

项　　目	单位	江　西	山　东	河　南	湖　北	湖　南	广　东	广　西
一、每亩化肥金额	元	219.35	171.70	100.30	187.31	347.02	173.45	204.15
（一）氮肥	元	2.19		1.47	3.97	8.16	2.93	
1. 尿素	元	1.74		0.36	0.73	7.69	0.60	
2. 碳铵	元	0.45				0.18	2.33	
3. 其他氮肥	元			1.11	3.24	0.29		
（二）磷肥	元	9.74	3.32		18.81	13.57	3.30	11.16
其中：过磷酸钙	元	1.13	3.32		13.97	8.67	3.30	5.86
（三）钾肥	元	28.65	31.36	23.82	43.78	45.39	65.91	57.17
其中：氯化钾	元	0.41		0.48	1.26	1.91	12.45	
（四）复混肥	元	173.41	136.46	54.21	111.62	277.72	101.31	122.96
1. 复合肥	元	131.58	130.15	48.08	83.54	132.71	101.31	116.10
其中：二铵	元		9.69	0.12			8.45	
2. 混配肥	元	41.83	6.31	6.13	28.08	145.01		6.86
（五）其他肥料	元	5.36	0.56	20.80	9.13	2.18		12.86
二、每亩化肥折纯用量	公斤	40.20	28.07	15.89	36.54	66.01	36.42	35.17
（一）氮肥	公斤	0.56		0.53	0.71	1.89	0.73	
1. 尿素	公斤	0.42		0.08	0.18	1.81	0.15	
2. 碳铵	公斤	0.14				0.06	0.58	
3. 其他氮肥	公斤			0.45	0.53	0.02		
（二）磷肥	公斤	2.86	0.94		5.80	4.30	1.03	3.29
其中：过磷酸钙	公斤	0.34	0.94		4.89	3.16	1.03	1.79
（三）钾肥	公斤	6.06	3.02	3.85	9.57	6.96	16.37	10.74
其中：氯化钾	公斤	0.09		0.12	0.32	0.51	2.83	
（四）复混肥	公斤	30.72	24.11	11.51	20.46	52.86	18.29	21.14
1. 复合肥	公斤	23.59	23.05	10.28	15.28	25.65	18.29	19.90
其中：二铵	公斤		2.16	0.03			2.73	
2. 混配肥	公斤	7.13	1.06	1.23	5.18	27.21		1.24

3-3-3 续表 2

项 目	单位	重 庆	四 川	贵 州	云 南	陕 西	甘 肃
一、每亩化肥金额	元	211.31	167.88	156.34	193.35	136.99	95.90
(一)氮肥	元	5.08	1.27	8.93	3.99	2.51	12.20
1.尿素	元	1.06	1.27	5.82	1.37	1.71	10.75
2.碳铵	元	0.93		2.85	1.28		
3.其他氮肥	元	3.09		0.26	1.34	0.80	1.45
(二)磷肥	元	3.81	6.25	17.32	10.63	1.59	27.64
其中:过磷酸钙	元	3.81	4.44	12.80	9.45	0.14	26.84
(三)钾肥	元	56.66	31.50	13.77	30.46	6.04	4.91
其中:氯化钾	元	18.21	5.51	3.16	1.82		4.35
(四)复混肥	元	141.99	89.71	113.17	145.78	119.54	50.97
1.复合肥	元	140.48	87.29	103.94	144.92	10.12	39.66
其中:二铵	元					0.06	11.67
2.混配肥	元	1.51	2.42	9.23	0.86	109.42	11.31
(五)其他肥料	元	3.77	39.15	3.15	2.49	7.31	0.18
二、每亩化肥折纯用量	公斤	34.30	32.74	34.18	36.42	28.88	27.03
(一)氮肥	公斤	1.25	0.31	2.21	0.90	0.52	3.04
1.尿素	公斤	0.26	0.31	1.35	0.32	0.39	2.68
2.碳铵	公斤	0.31		0.83	0.36		
3.其他氮肥	公斤	0.68		0.03	0.22	0.13	0.36
(二)磷肥	公斤	1.17	2.77	6.12	4.07	0.46	8.56
其中:过磷酸钙	公斤	1.17	1.86	4.36	3.57	0.05	8.23
(三)钾肥	公斤	7.66	4.93	1.48	5.46	1.15	1.34
其中:氯化钾	公斤	2.68	1.41	0.47	0.37		1.20
(四)复混肥	公斤	24.22	24.73	24.37	25.99	26.75	14.09
1.复合肥	公斤	23.91	24.34	22.45	25.81	2.15	10.60
其中:二铵	公斤					0.02	2.85
2.混配肥	公斤	0.31	0.39	1.92	0.18	24.60	3.49

3-4-1 2006年各地区晾晒烟成本收益情况

项　　目	单位	平 均	浙 江	重 庆	四 川	云 南	新 疆
每亩							
主产品产量	公斤	116.40	145.70	197.00	245.70	173.30	102.20
产值合计	元	1384.50	1969.35	1315.03	1388.29	1679.68	1283.26
主产品产值	元	1383.54	1969.35	1306.80	1388.29	1671.92	1283.26
副产品产值	元	0.96		8.23		7.76	
总成本	元	944.06	1334.04	1085.50	985.74	1448.76	829.63
生产成本	元	872.62	1219.43	1047.96	920.24	1298.26	773.10
物质与服务费用	元	314.26	473.46	450.78	319.61	581.17	257.83
人工成本	元	558.36	745.97	597.18	600.63	717.09	515.27
家庭用工折价	元	263.81	745.97	526.10	600.63	633.58	152.61
雇工费用	元	294.55		71.08		83.51	362.66
土地成本	元	71.44	114.61	37.54	65.50	150.50	56.53
流转地租金	元	5.89	16.30	6.76	16.38	27.88	1.57
自营地折租	元	65.55	98.31	30.78	49.12	122.62	54.96
净利润	元	440.44	635.31	229.53	402.55	230.92	453.63
现金成本	元	614.70	489.76	528.62	335.99	692.56	622.06
现金收益	元	769.80	1479.59	786.41	1052.30	987.12	661.20
成本利润率	%	46.65	47.62	21.15	40.84	15.94	54.68
每50公斤主产品							
平均出售价格	元	594.30	675.82	331.68	282.52	482.38	627.82
总成本	元	405.24	457.80	273.79	200.60	416.06	405.89
生产成本	元	374.57	418.47	264.32	187.27	372.84	378.23
净利润	元	189.06	218.02	57.89	81.92	66.32	221.93
现金成本	元	263.86	168.07	133.33	68.37	198.89	304.34
现金收益	元	330.44	507.75	198.35	214.15	283.49	323.48
附：							
每亩用工数量	日	25.36	44.14	32.91	35.54	42.85	20.68
每亩主产品出售数量	公斤	116.00	145.70	197.00	206.60	173.30	102.20
每亩主产品出售产值	元	1381.31	1969.35	1306.80	1177.35	1671.92	1283.26
商品率	%	99.80	100.00	100.00	81.90	100.00	100.00
每亩补贴收入	元	66.00	159.68	217.83	15.24	368.10	11.97
每亩成本外支出	元	0.23				2.06	

3-4-2　2006年各地区晾晒烟费用和用工情况

项　　目	单位	平　均	浙　江	重　庆	四　川	云　南	新　疆
一、每亩物质与服务费用	元	314.26	473.46	450.78	319.61	581.17	257.83
(一)直接费用	元	280.16	385.49	386.97	297.11	521.84	233.24
1.种子费	元	1.77	4.27	8.80		9.81	0.28
2.化肥费	元	95.57	206.99	263.32	116.43	271.27	56.13
3.农家肥费	元	26.55	73.48	11.29	75.81	39.15	19.49
4.农药费	元	14.12	32.39	14.83		27.15	10.56
5.农膜费	元	17.94	23.99	24.00	42.10	47.73	12.71
6.租赁作业费	元	89.19	26.74	31.37	61.69	101.26	95.40
机械作业费	元	28.83	6.48		25.19	25.68	32.15
排灌费	元	54.18	13.13		14.00	30.64	63.25
其中:水费	元	23.54			14.00	30.64	25.54
畜力费	元	6.18	7.13	31.37	22.50	44.94	
7.燃料动力费	元	6.88					8.78
8.技术服务费	元	9.18					11.71
9.工具材料费	元	16.59	16.90	25.66	1.08	23.79	15.60
10.修理维护费	元	2.37	0.73	7.70		1.68	2.58
11.其他直接费用	元						
(二)间接费用	元	34.10	87.97	63.81	22.50	59.33	24.59
1.固定资产折旧	元	25.42	68.19	47.73	22.50	52.14	16.87
2.税金	元						
3.保险费	元						
4.管理费	元						
5.财务费	元						
6.销售费	元	8.68	19.78	16.08		7.19	7.72
二、每亩人工成本	元	558.36	745.97	597.18	600.63	717.09	515.27
1.家庭用工折价	元	263.81	745.97	526.10	600.63	633.58	152.61
家庭用工天数	日	15.61	44.14	31.13	35.54	37.49	9.03
劳动日工价	元	16.90	16.90	16.90	16.90	16.90	16.90
2.雇工费用	元	294.55		71.08		83.51	362.66
雇工天数	日	9.75		1.78		5.36	11.65
雇工工价	元	30.21	31.25	39.93	20.00	15.58	31.13
三、附记							
1.每亩种子用量	公斤						
2.每亩化肥用量	公斤	17.31	43.06	48.14	31.17	53.40	8.85
3.每亩农膜用量	公斤	1.34	1.78	2.40	3.47	3.36	0.96

3－4－3　2006年各地区晾晒烟化肥投入情况

项　　目	单位	平　均	浙　江	重　庆	四　川	云　南	新　疆
一、每亩化肥金额	元	95.57	206.99	263.32	116.43	271.27	56.13
（一）氮肥	元	18.11	49.31	20.91	66.82	25.49	13.11
1. 尿素	元	16.40	37.08	4.08	21.90	25.49	13.11
2. 碳铵	元	1.48	12.23		44.92		
3. 其他氮肥	元	0.23		16.83			
（二）磷肥	元	5.60	10.25	8.33	2.94	26.36	2.19
其中：过磷酸钙	元	3.22	2.17	8.33	2.94	26.36	
（三）钾肥	元	25.19	14.89	67.50	4.09	116.75	13.00
其中：氯化钾	元	3.91				35.64	
（四）复混肥	元	39.78	128.27	166.58	42.58	102.67	19.49
1. 复合肥	元	39.78	128.27	166.58	42.58	102.67	19.49
其中：二铵	元	8.61					10.98
2. 混配肥	元						
（五）其他肥料	元	6.89	4.27				8.34
二、每亩化肥折纯用量	公斤	17.31	43.06	48.14	31.17	53.40	8.85
（一）氮肥	公斤	4.43	12.44	4.05	21.28	6.26	3.12
1. 尿素	公斤	3.95	9.14	0.96	5.58	6.26	3.12
2. 碳铵	公斤	0.44	3.30		15.70		
3. 其他氮肥	公斤	0.04		3.09			
（二）磷肥	公斤	1.89	4.07	2.83	1.52	8.45	0.73
其中：过磷酸钙	公斤	1.04	0.70	2.83	1.52	8.45	
（三）钾肥	公斤	3.70	2.70	13.50	1.82	20.21	1.35
其中：氯化钾	公斤	0.78				7.13	
（四）复混肥	公斤	7.29	23.85	27.76	6.55	18.48	3.65
1. 复合肥	公斤	7.29	23.85	27.76	6.55	18.48	3.65
其中：二铵	公斤	1.82					2.32
2. 混配肥	公斤						

3－5－1　2006年各地区甘蔗成本收益情况

项　　目	单位	平　均	湖　南	广　东	广　西	海　南	四　川	云　南
每亩								
主产品产量	公斤	5022.40	6214.90	5715.00	4607.40	4398.50	5900.70	5691.70
产值合计	元	1334.25	1591.07	1791.35	1285.40	1203.78	1842.52	1168.02
主产品产值	元	1312.28	1588.55	1754.79	1266.07	1155.18	1775.34	1156.71
副产品产值	元	21.97	2.52	36.56	19.33	48.60	67.18	11.31
总成本	元	934.77	1198.42	997.76	981.29	735.74	1022.14	794.46
生产成本	元	829.77	1046.12	869.59	876.36	711.78	987.82	678.93
物质与服务费用	元	424.15	619.55	559.69	444.01	324.50	456.94	301.68
人工成本	元	405.62	426.57	309.90	432.35	387.28	530.88	377.25
家庭用工折价	元	238.29	403.91	242.85	214.12	319.92	364.87	252.32
雇工费用	元	167.33	22.66	67.05	218.23	67.36	166.01	124.93
土地成本	元	105.00	152.30	128.17	104.93	23.96	34.32	115.53
流转地租金	元	8.08	40.40	10.33	4.66		3.51	15.54
自营地折租	元	96.92	111.90	117.84	100.27	23.96	30.81	99.99
净利润	元	399.48	392.65	793.59	304.11	468.04	820.38	373.56
现金成本	元	599.56	682.61	637.07	666.90	391.86	626.46	442.15
现金收益	元	734.69	908.46	1154.28	618.50	811.92	1216.06	725.87
成本利润率	%	42.74	32.76	79.54	30.99	63.61	80.26	47.02
每50公斤主产品								
平均出售价格	元	13.06	12.78	15.35	13.74	13.13	15.04	10.16
总成本	元	9.15	9.63	8.55	10.49	8.02	8.34	6.91
生产成本	元	8.12	8.40	7.45	9.37	7.76	8.06	5.91
净利润	元	3.91	3.15	6.80	3.25	5.11	6.70	3.25
现金成本	元	5.87	5.48	5.46	7.13	4.27	5.11	3.85
现金收益	元	7.19	7.30	9.89	6.61	8.86	9.93	6.31
附：								
每亩用工数量	日	20.04	24.40	16.46	19.46	21.81	26.94	22.00
每亩主产品出售数量	公斤	4881.40	5666.20	5482.10	4744.70	4397.40	5839.70	4860.80
每亩主产品出售产值	元	1283.00	1449.87	1683.24	1298.49	1154.88	1755.51	989.39
商品率	%	98.80	100.00	96.30	98.70	100.00	99.30	100.00
每亩补贴收入	元	9.67			3.44		17.75	33.66
每亩成本外支出	元	1.33	3.78		1.26			2.49

3－5－2 2006年各地区甘蔗费用和用工情况

项　　目	单位	平 均	湖 南	广 东	广 西	海 南	四 川	云 南
一、每亩物质与服务费用	元	424.15	619.55	559.69	444.01	324.50	456.94	301.68
（一）直接费用	元	410.50	605.97	541.66	429.73	319.07	452.13	289.18
1.种子费	元	85.70	232.03	143.73	74.34	73.89	165.15	65.81
2.化肥费	元	217.09	203.85	297.48	234.97	179.16	173.24	140.90
3.农家肥费	元	10.15	3.73	6.27	10.58	15.15	66.37	4.51
4.农药费	元	23.26	29.86	26.02	25.14	7.40	13.90	21.08
5.农膜费	元	4.16	54.03		1.36		9.66	10.02
6.租赁作业费	元	54.09	70.21	54.90	63.89	25.94	16.43	37.32
机械作业费	元	24.61	41.22	25.27	25.94	8.93	0.29	25.71
排灌费	元	4.11	26.22	4.09	3.39	1.92	8.71	4.21
其中：水费	元	2.01	22.45	1.45	0.86	0.16	7.87	3.43
畜力费	元	25.37	2.77	25.54	34.56	15.09	7.43	7.40
7.燃料动力费	元	0.82		0.31	1.37			
8.技术服务费	元	0.06			0.11			
9.工具材料费	元	5.85	10.30	11.16	3.79	12.53	4.37	6.54
10.修理维护费	元	1.96	1.96	1.79	1.66	1.14	2.39	3.00
11.其他直接费用	元	7.36			12.52	3.86	0.62	
（二）间接费用	元	13.65	13.58	18.03	14.28	5.43	4.81	12.50
1.固定资产折旧	元	3.60	4.01	0.34	5.80	2.69	1.42	
2.税金	元							
3.保险费	元	0.55			0.01			2.51
4.管理费	元	0.11			0.15		1.08	
5.财务费	元	0.04			0.07			
6.销售费	元	9.35	9.57	17.69	8.25	2.74	2.31	9.99
二、每亩人工成本	元	405.62	426.57	309.90	432.35	387.28	530.88	377.25
1.家庭用工折价	元	238.29	403.91	242.85	214.12	319.92	364.87	252.32
家庭用工天数	日	14.10	23.90	14.37	12.67	18.93	21.59	14.93
劳动日工价	元	16.90	16.90	16.90	16.90	16.90	16.90	16.90
2.雇工费用	元	167.33	22.66	67.05	218.23	67.36	166.01	124.93
雇工天数	日	5.94	0.50	2.09	6.79	2.88	5.35	7.07
雇工工价	元	28.17	45.32	32.08	32.14	23.39	31.03	17.67
三、附记								
1.每亩种子用量	公斤							
2.每亩化肥用量	公斤	52.70	52.83	72.83	57.27	40.19	39.84	34.05
3.每亩农膜用量	公斤	0.41	4.60		0.24		1.26	0.75

3－5－3 2006年各地区甘蔗化肥投入情况

项目	单位	平均	湖南	广东	广西	海南	四川	云南
一、每亩化肥金额	元	217.09	203.85	297.48	234.97	179.16	173.24	140.90
（一）氮肥	元	93.09	134.56	97.87	93.20	108.42	110.54	81.16
1.尿素	元	86.30	85.30	97.04	84.59	108.42	106.77	77.50
2.碳铵	元	6.63	49.26	0.83	8.61		3.77	2.92
3.其他氮肥	元	0.16						0.74
（二）磷肥	元	17.45	10.98	46.60	15.66	14.37	12.34	8.02
其中:过磷酸钙	元	16.04	10.98	45.17	13.64	14.37	12.34	7.59
（三）钾肥	元	37.93	26.76	100.56	44.05	5.23		0.35
其中:氯化钾	元	33.28	26.76	100.56	36.04	5.23		
（四）复混肥	元	67.68	31.55	52.45	81.64	51.14	35.55	49.73
1.复合肥	元	56.29	31.55	52.45	67.14	34.69	35.55	39.35
其中:二铵	元	0.05			0.09			
2.混配肥	元	11.39			14.50	16.45		10.38
（五）其他肥料	元	0.94			0.42		14.81	1.64
二、每亩化肥折纯用量	公斤	52.70	52.83	72.83	57.27	40.19	39.84	34.05
（一）氮肥	公斤	22.35	34.31	23.30	22.73	24.72	27.26	18.75
1.尿素	公斤	20.25	19.47	23.09	19.97	24.72	26.26	17.80
2.碳铵	公斤	2.07	14.84	0.21	2.76		1.00	0.81
3.其他氮肥	公斤	0.03						0.14
（二）磷肥	公斤	5.48	4.24	13.94	4.96	3.47	2.75	3.08
其中:过磷酸钙	公斤	5.01	4.24	13.43	4.31	3.47	2.75	2.90
（三）钾肥	公斤	9.50	6.81	26.35	10.78	1.46		0.06
其中:氯化钾	公斤	9.06	6.81	26.35	10.03	1.46		
（四）复混肥	公斤	15.37	7.47	9.24	18.80	10.54	9.83	12.16
1.复合肥	公斤	12.39	7.47	9.24	14.87	7.25	9.83	9.54
其中:二铵	公斤	0.01			0.02			
2.混配肥	公斤	2.98			3.93	3.29		2.62

3－6－1 2006年各地区甜菜成本收益情况

项　　目	单位	平　均	内蒙古	黑龙江	甘　肃	新　疆
每亩						
主产品产量	公斤	2947.30	3340.70	1936.10	3328.30	4097.30
产值合计	元	803.03	1052.06	580.55	899.37	963.20
主产品产值	元	788.03	1015.12	568.39	865.35	958.04
副产品产值	元	15.00	36.94	12.16	34.02	5.16
总成本	元	597.16	688.77	454.79	952.87	716.95
生产成本	元	482.75	578.98	346.44	762.87	596.86
物质与服务费用	元	293.44	347.25	198.80	374.00	388.27
人工成本	元	189.31	231.73	147.64	388.87	208.59
家庭用工折价	元	123.71	198.07	78.25	388.87	125.57
雇工费用	元	65.60	33.66	69.39		83.02
土地成本	元	114.41	109.79	108.35	190.00	120.09
流转地租金	元	12.76	5.95	21.49	33.59	3.07
自营地折租	元	101.65	103.84	86.86	156.41	117.02
净利润	元	205.87	363.29	125.76	－53.50	246.25
现金成本	元	371.80	386.86	289.68	407.59	474.36
现金收益	元	431.23	665.20	290.87	491.78	488.84
成本利润率	%	34.47	52.74	27.65	－5.60	34.35
每50公斤主产品						
平均出售价格	元	13.37	15.19	14.68	13.00	11.69
总成本	元	9.94	9.94	11.50	13.77	8.70
生产成本	元	8.04	8.36	8.76	11.03	7.24
净利润	元	3.43	5.25	3.18	－0.77	2.99
现金成本	元	6.19	5.59	7.32	5.89	5.76
现金收益	元	7.18	9.60	7.36	7.11	5.93
附：						
每亩用工数量	日	9.32	12.65	6.81	23.01	9.92
每亩主产品出售数量	公斤	2942.70	3331.20	1936.10	3328.30	4088.70
每亩主产品出售产值	元	787.60	1012.83	568.39	865.35	958.04
商品率	%	100.00	100.00	100.00	100.00	100.00
每亩补贴收入	元	13.64	10.99	21.72	67.08	0.19
每亩成本外支出	元	0.15				0.45

3-6-2 2006年各地区甜菜费用和用工情况

项　　目	单位	平　均	内蒙古	黑龙江	甘　肃	新　疆
一、每亩物质与服务费用	元	293.44	347.25	198.80	374.00	388.27
（一）直接费用	元	252.32	324.18	180.09	362.87	303.81
1、种子费	元	34.92	33.27	27.36	25.36	46.99
2. 化肥费	元	105.56	133.58	76.80	168.69	125.03
3. 农家肥费	元	7.94	17.81		9.21	13.26
4. 农药费	元	5.98	7.49	6.02	2.80	5.31
5. 农膜费	元	10.48	9.76	4.83		19.45
6. 租赁作业费	元	70.78	97.99	42.31	137.40	90.09
机械作业费	元	43.86	45.19	41.30	32.88	47.44
排灌费	元	25.18	44.52	1.01	96.30	42.65
其中：水费	元	13.99	37.11	1.01	96.30	13.06
畜力费	元	1.74	8.28		8.22	
7. 燃料动力费	元	0.29			11.81	0.03
8. 技术服务费	元	0.21		0.03		0.58
9. 工具材料费	元	10.99	1.34	21.59	4.93	2.20
10. 修理维护费	元	1.14	2.20	1.15	2.67	0.42
11. 其他直接费用	元	4.03	20.74			0.45
（二）间接费用	元	41.12	23.07	18.71	11.13	84.46
1. 固定资产折旧	元	2.47	3.78	2.44	11.13	1.17
2. 税金	元					
3. 保险费	元	0.10				0.31
4. 管理费	元	0.69	0.66	1.05		0.25
5. 财务费	元	0.14	0.24	0.19		0.02
6. 销售费	元	37.72	18.39	15.03		82.71
二、每亩人工成本	元	189.31	231.73	147.64	388.87	208.59
1. 家庭用工折价	元	123.71	198.07	78.25	388.87	125.57
家庭用工天数	日	7.32	11.72	4.63	23.01	7.43
劳动日工价	元	16.90	16.90	16.90	16.90	16.90
2. 雇工费用	元	65.60	33.66	69.39		83.02
雇工天数	日	2.00	0.93	2.18		2.49
雇工工价	元	32.80	36.19	31.83	30.00	33.34
三、附记						
1. 每亩种子用量	公斤					
2. 每亩化肥用量	公斤	22.66	29.76	16.05	38.31	26.70
3. 每亩农膜用量	公斤	1.24	0.88	0.48		2.57

3-6-3　2006年各地区甜菜化肥投入情况

项　　目	单位	平　均	内蒙古	黑龙江	甘　肃	新　疆
一、每亩化肥金额	元	105.56	133.58	76.80	168.69	125.03
（一）氮肥	元	32.23	23.85	19.50	103.76	49.52
1. 尿素	元	29.43	14.86	19.50	56.04	49.52
2. 碳铵	元	1.68	8.99			
3. 其他氮肥	元	1.12			47.72	
（二）磷肥	元	0.44			15.05	0.25
其中：过磷酸钙	元	0.17			5.00	0.15
（三）钾肥	元	1.67		3.48		0.22
其中：氯化钾	元	1.28		2.80		
（四）复混肥	元	69.71	109.73	51.11	49.88	74.24
1. 复合肥	元	64.33	81.12	51.11	49.88	74.16
其中：二铵	元	49.51	39.09	38.80	49.88	70.19
2. 混配肥	元	5.38	28.61			0.08
（五）其他肥料	元	1.51		2.71		0.80
二、每亩化肥折纯用量	公斤	22.66	29.76	16.05	38.31	26.70
（一）氮肥	公斤	7.79	6.49	4.66	23.23	11.78
1. 尿素	公斤	7.05	3.66	4.66	14.19	11.78
2. 碳铵	公斤	0.53	2.83			
3. 其他氮肥	公斤	0.21			9.04	
（二）磷肥	公斤	0.11			4.29	0.03
其中：过磷酸钙	公斤	0.04			1.42	0.01
（三）钾肥	公斤	0.42		0.90		0.02
其中：氯化钾	公斤	0.35		0.77		
（四）复混肥	公斤	14.34	23.27	10.49	10.79	14.87
1. 复合肥	公斤	12.99	16.06	10.49	10.79	14.86
其中：二铵	公斤	10.59	8.93	8.57	10.79	14.31
2. 混配肥	公斤	1.35	7.21			0.01

四、各地区蚕茧、茶叶、水果

4-1-1　2006年各地区桑蚕茧成本收益情况

项　　目	单位	平　均	山　西	江　苏	浙　江	安　徽	山　东
每亩							
主产品产量	公斤	114.40	87.00	109.00	118.50	85.90	105.80
产值合计	元	2821.08	2223.33	3281.25	3260.56	2169.98	2999.43
主产品产值	元	2782.48	2184.05	3227.22	3226.64	2154.57	2972.94
副产品产值	元	38.60	39.28	54.03	33.92	15.41	26.49
总成本	元	1515.98	1139.89	1576.57	1566.05	1194.68	1445.03
生产成本	元	1424.19	1084.97	1440.41	1419.55	1154.23	1343.23
物质与服务费用	元	496.96	205.16	568.17	529.30	341.01	510.68
人工成本	元	927.23	879.81	872.24	890.25	813.22	832.55
家庭用工折价	元	877.62	879.81	760.84	881.00	778.08	793.29
雇工费用	元	49.61		111.40	9.25	35.14	39.26
土地成本	元	91.79	54.92	136.16	146.50	40.45	101.80
流转地租金	元	11.89	12.84	11.14	26.44	4.55	34.13
自营地折租	元	79.90	42.08	125.02	120.06	35.90	67.67
净利润	元	1305.10	1083.44	1704.68	1694.51	975.30	1554.40
现金成本	元	558.46	218.00	690.71	564.99	380.70	584.07
现金收益	元	2262.62	2005.33	2590.54	2695.57	1789.28	2415.36
成本利润率	%	86.09	95.05	108.13	108.20	81.64	107.57
每50公斤主产品							
平均出售价格	元	1216.12	1255.20	1480.38	1361.45	1254.12	1404.98
总成本	元	653.51	643.53	711.29	653.91	690.45	676.87
生产成本	元	613.94	612.53	649.86	592.73	667.08	629.19
净利润	元	562.61	611.67	769.09	707.54	563.67	728.11
现金成本	元	240.74	123.07	311.62	235.91	220.02	273.59
现金收益	元	975.38	1132.13	1168.76	1125.54	1034.10	1131.39
附：							
每亩用工数量	日	53.73	52.06	48.63	52.42	47.13	48.42
每亩主产品出售数量	公斤	114.20	87.00	109.00	118.00	85.90	105.70
每亩主产品出售产值	元	2778.04	2184.05	3227.22	3214.01	2154.57	2969.50
商品率	%	99.80	100.00	100.00	99.60	100.00	99.90
每亩补贴收入	元	2.19	5.67	4.39			
每亩成本外支出	元	4.48		16.36		0.33	

4－1－1　续表 1

项　　目	单位	河　南	湖　北	广　东	广　西	重　庆	四　川
每亩							
主产品产量	公斤	90.50	115.40	213.90	170.20	104.20	95.70
产值合计	元	2032.33	2209.45	4602.47	4140.25	2019.29	1798.87
主产品产值	元	2032.33	2204.23	4508.47	4087.85	1961.99	1785.23
副产品产值	元		5.22	94.00	52.40	57.30	13.64
总成本	元	1462.66	1344.06	2317.58	2344.65	1405.37	1034.30
生产成本	元	1413.28	1302.64	2198.50	2220.79	1368.52	1002.86
物质与服务费用	元	321.54	278.04	727.51	940.90	157.89	288.96
人工成本	元	1091.74	1024.60	1470.99	1279.89	1210.63	713.90
家庭用工折价	元	1091.74	1020.25	1444.11	1177.93	1162.72	693.41
雇工费用	元		4.35	26.88	101.96	47.91	20.49
土地成本	元	49.38	41.42	119.08	123.86	36.85	31.44
流转地租金	元		1.84	8.42	6.08	3.94	3.23
自营地折租	元	49.38	39.58	110.66	117.78	32.91	28.21
净利润	元	569.67	865.39	2284.89	1795.60	613.92	764.57
现金成本	元	321.54	284.23	762.81	1048.94	209.74	312.68
现金收益	元	1710.79	1925.22	3839.66	3091.31	1809.55	1486.19
成本利润率	%	38.95	64.39	98.59	76.58	43.68	73.92
每50公斤主产品							
平均出售价格	元	1122.83	955.04	1053.87	1200.90	941.45	932.72
总成本	元	808.10	580.97	530.68	680.08	655.22	536.29
生产成本	元	780.81	563.07	503.41	644.15	638.04	519.99
净利润	元	314.73	374.07	523.19	520.82	286.23	396.43
现金成本	元	177.65	122.86	174.67	304.25	97.79	162.13
现金收益	元	945.18	832.18	879.20	896.65	843.66	770.59
附：							
每亩用工数量	日	64.60	60.56	86.41	73.62	70.46	41.86
每亩主产品出售数量	公斤	90.50	115.00	213.90	170.20	104.20	94.50
每亩主产品出售产值	元	2032.33	2204.23	4508.47	4087.85	1961.99	1744.11
商品率	%	100.00	100.00	100.00	100.00	100.00	97.90
每亩补贴收入	元				0.29		16.66
每亩成本外支出	元				0.10	0.71	2.41

4-1-1 续表 2

项　　目	单位	贵　州	云　南	陕　西	甘　肃	宁　夏
每亩						
主产品产量	公斤	100.00	92.10	62.40	220.70	60.40
产值合计	元	1763.34	2131.48	1427.97	4340.33	1277.80
主产品产值	元	1734.14	2066.73	1415.53	4340.33	1273.10
副产品产值	元	29.20	64.75	12.44		4.70
总成本	元	871.33	1541.45	905.11	3057.91	1242.56
生产成本	元	839.77	1432.71	854.76	3017.91	1182.00
物质与服务费用	元	250.64	486.26	142.66	1299.69	312.11
人工成本	元	589.13	946.45	712.10	1718.22	869.89
家庭用工折价	元	589.13	910.07	706.76	1718.22	820.16
雇工费用	元		36.38	5.34		49.73
土地成本	元	31.56	108.74	50.35	40.00	60.56
流转地租金	元	0.33	7.63	0.92		
自营地折租	元	31.23	101.11	49.43	40.00	60.56
净利润	元	892.01	590.03	522.86	1282.42	35.24
现金成本	元	250.97	530.27	148.92	1299.69	361.84
现金收益	元	1512.37	1601.21	1279.05	3040.64	915.96
成本利润率	%	102.37	38.28	57.77	41.94	2.84
每50公斤主产品						
平均出售价格	元	867.07	1122.00	1134.24	983.31	1053.89
总成本	元	428.45	811.41	718.93	692.78	1024.83
生产成本	元	412.93	754.17	678.94	683.71	974.88
净利润	元	438.62	310.59	415.31	290.53	29.06
现金成本	元	123.41	279.13	118.29	294.45	298.43
现金收益	元	743.66	842.87	1015.95	688.86	755.46
附:						
每亩用工数量	日	34.86	55.65	42.06	101.67	50.76
每亩主产品出售数量	公斤	100.00	92.10	62.40	220.70	60.40
每亩主产品出售产值	元	1734.14	2066.73	1415.53	4340.33	1268.40
商品率	%	100.00	100.00	100.00	100.00	100.00
每亩补贴收入	元					
每亩成本外支出	元		8.64	1.10		17.92

4－1－2　2006年各地区桑蚕茧费用和用工情况

项　目	单位	平　均	山　西	江　苏	浙　江	安　徽	山　东
一、每亩物质与服务费用	元	496.96	205.16	568.17	529.30	341.01	510.68
（一）直接费用	元	450.69	195.61	499.72	457.64	311.64	458.39
1.种子费	元	114.50	52.63	104.95	103.73	80.28	109.03
2.化肥费	元	176.18	48.90	193.53	192.53	125.73	168.58
3.农家肥费	元	24.00	10.28	34.59	24.68	25.86	34.31
4.农药费	元	51.72	17.01	76.01	55.25	40.80	59.97
5.农膜费	元	2.44		7.01	6.92	0.34	2.63
6.租赁作业费	元	16.94	33.42	9.76	2.81		25.80
机械作业费	元	2.79	31.07	2.55			6.83
排灌费	元	7.77		7.21	2.81		15.83
其中：水费	元	4.37		5.39	1.46		
畜力费	元	6.38	2.35				3.14
7.燃料动力费	元	16.72	19.11	17.18	24.11	1.88	24.38
8.技术服务费	元	0.90		0.43		0.17	2.63
9.工具材料费	元	17.36	4.45	28.30	23.07	8.20	15.93
10.修理维护费	元	5.31	1.44	9.35	8.67	5.33	5.84
11.其他直接费用	元	24.62	8.37	18.61	15.87	23.05	9.29
（二）间接费用	元	46.27	9.55	68.45	71.66	29.37	52.29
1.固定资产折旧	元	40.20	6.49	61.48	71.66	25.77	44.22
2.税金	元						
3.保险费	元						
4.管理费	元	0.14		0.27		0.83	
5.财务费	元	0.08					0.45
6.销售费	元	5.85	3.06	6.70		2.77	7.62
二、每亩人工成本	元	927.23	879.81	872.24	890.25	813.22	832.55
1.家庭用工折价	元	877.62	879.81	760.84	881.00	778.08	793.29
家庭用工天数	日	51.93	52.06	45.02	52.13	46.04	46.94
劳动日工价	元	16.90	16.90	16.90	16.90	16.90	16.90
2.雇工费用	元	49.61		111.40	9.25	35.14	39.26
雇工天数	日	1.80		3.61	0.29	1.09	1.48
雇工工价	元	27.56	25.67	30.86	31.90	32.24	26.53
三、附记							
1.每亩种子用量	公斤						
2.每亩化肥用量	公斤	42.22	15.43	47.99	47.67	31.57	37.42
3.每亩农膜用量	公斤	0.20		0.56	0.54	0.09	0.21

4－1－2 续表 1

项　　目	单位	河　南	湖　北	广　东	广　西	重　庆	四　川
一、每亩物质与服务费用	元	321.54	278.04	727.51	940.90	157.89	288.96
(一)直接费用	元	301.54	246.59	688.59	889.94	136.73	253.27
1. 种子费	元	114.57	87.44	231.17	194.38	78.60	96.86
2. 化肥费	元	94.82	56.05	339.05	375.60	22.01	76.89
3. 农家肥费	元		19.17	17.99	9.42	9.71	17.05
4. 农药费	元	59.83	53.14	61.46	77.28	10.36	26.10
5. 农膜费	元	1.77					
6. 租赁作业费	元	6.11	6.81	2.74	34.15		6.42
机械作业费	元						0.71
排灌费	元	6.11		2.74	1.41		5.71
其中:水费	元	6.11		1.09	1.41		4.74
畜力费	元		6.81		32.74		
7. 燃料动力费	元	17.94	5.28	6.51	25.75		5.96
8. 技术服务费	元				2.30		0.89
9. 工具材料费	元	2.26	15.45	13.59	30.58	11.10	8.00
10. 修理维护费	元		3.25	7.82	0.60	2.08	3.01
11. 其他直接费用	元	4.24		8.26	139.88	2.87	12.09
(二)间接费用	元	20.00	31.45	38.92	50.96	21.16	35.69
1. 固定资产折旧	元	14.78	19.54	38.92	38.86	11.81	30.29
2. 税金	元						
3. 保险费	元						
4. 管理费	元						0.32
5. 财务费	元						
6. 销售费	元	5.22	11.91		12.10	9.35	5.08
二、每亩人工成本	元	1091.74	1024.60	1470.99	1279.89	1210.63	713.90
1. 家庭用工折价	元	1091.74	1020.25	1444.11	1177.93	1162.72	693.41
家庭用工天数	日	64.60	60.37	85.45	69.70	68.80	41.03
劳动日工价	元	16.90	16.90	16.90	16.90	16.90	16.90
2. 雇工费用	元		4.35	26.88	101.96	47.91	20.49
雇工天数	日		0.19	0.96	3.92	1.66	0.83
雇工工价	元	20.00	22.89	28.00	26.01	28.86	24.69
三、附记							
1. 每亩种子用量	公斤						
2. 每亩化肥用量	公斤	20.36	16.53	76.89	86.70	5.82	21.06
3. 每亩农膜用量	公斤	0.18					

4－1－2　续表 2

项　目	单位	贵　州	云　南	陕　西	甘　肃	宁　夏
一、每亩物质与服务费用	元	250.64	486.26	142.66	1299.69	312.11
（一）直接费用	元	242.38	433.20	129.76	757.67	282.25
1.种子费	元	73.81	111.15	50.04	336.67	63.18
2.化肥费	元	94.65	151.76	33.50	345.00	102.26
3.农家肥费	元	21.79	32.96	1.81		11.62
4.农药费	元	9.36	46.17	21.09	18.33	25.46
5.农膜费	元	4.20	0.29	1.81		
6.租赁作业费	元	8.66	35.96	0.32		55.70
机械作业费	元					11.07
排灌费	元		15.66			44.63
其中:水费	元		14.22			44.63
畜力费	元	8.66	20.30	0.32		
7.燃料动力费	元	20.59	31.11		50.00	
8.技术服务费	元			2.21		
9.工具材料费	元	5.84	18.71	14.41	7.67	7.47
10.修理维护费	元	3.48	1.45	1.59		12.69
11.其他直接费用	元		3.64	2.98		3.87
（二）间接费用	元	8.26	53.06	12.90	542.02	29.86
1.固定资产折旧	元	7.60	44.69	9.71	542.02	27.42
2.税金	元					
3.保险费	元					
4.管理费	元	0.01				
5.财务费	元					
6.销售费	元	0.65	8.37	3.19		2.44
二、每亩人工成本	元	589.13	946.45	712.10	1718.22	869.89
1.家庭用工折价	元	589.13	910.07	706.76	1718.22	820.16
家庭用工天数	日	34.86	53.85	41.82	101.67	48.53
劳动日工价	元	16.90	16.90	16.90	16.90	16.90
2.雇工费用	元		36.38	5.34		49.73
雇工天数	日		1.80	0.24		2.23
雇工工价	元	25.00	20.21	22.25	20.00	22.30
三、附记						
1.每亩种子用量	公斤					
2.每亩化肥用量	公斤	20.85	39.92	9.99	99.00	27.40
3.每亩农膜用量	公斤	0.35	0.02	0.15		

4－1－3　2006年各地区桑蚕茧化肥投入情况

项　　目	单位	平　均	山　西	江　苏	浙　江	安　徽	山　东
一、每亩化肥金额	元	176.18	48.90	193.53	192.53	125.73	168.58
（一）氮肥	元	106.80	42.70	126.93	151.46	93.76	72.16
1.尿素	元	84.53	5.30	102.08	140.99	75.70	31.62
2.碳铵	元	20.83	37.40	24.85	10.47	17.18	33.12
3.其他氮肥	元	1.44				0.88	7.42
（二）磷肥	元	6.79	6.20	7.38	3.69	0.25	0.68
其中:过磷酸钙	元	6.27	6.20	7.38	3.26		0.68
（三）钾肥	元	8.41			5.75		1.09
其中:氯化钾	元	8.23			5.75		0.44
（四）复混肥	元	53.06		59.10	31.63	31.72	94.65
1.复合肥	元	49.81		52.48	16.45	27.91	94.65
其中:二铵	元	2.60		2.42			11.46
2.混配肥	元	3.25		6.62	15.18	3.81	
（五）其他肥料	元	1.12		0.12			
二、每亩化肥折纯用量	公斤	42.22	15.43	47.99	47.67	31.57	37.42
（一）氮肥	公斤	26.81	13.37	32.42	37.62	22.69	19.79
1.尿素	公斤	20.35	1.22	25.03	34.56	17.33	8.22
2.碳铵	公斤	6.29	12.15	7.39	3.06	5.04	10.83
3.其他氮肥	公斤	0.17				0.32	0.74
（二）磷肥	公斤	2.35	2.06	2.30	1.32	0.11	0.19
其中:过磷酸钙	公斤	2.17	2.06	2.30	1.13		0.19
（三）钾肥	公斤	2.12			1.55		0.20
其中:氯化钾	公斤	2.10			1.55		0.09
（四）复混肥	公斤	10.94		13.27	7.18	8.77	17.24
1.复合肥	公斤	10.14		11.72	3.04	7.96	17.24
其中:二铵	公斤	0.63		0.61			2.78
2.混配肥	公斤	0.80		1.55	4.14	0.81	

4－1－3　续表 1

项　　目	单位	河　南	湖　北	广　东	广　西	重　庆	四　川
一、每亩化肥金额	元	94.82	56.05	339.05	375.60	22.01	76.89
（一）氮肥	元	31.87	54.72	209.17	181.92	20.14	66.98
1. 尿素	元	27.08	5.83	197.08	180.09	14.81	29.97
2. 碳铵	元	4.79	48.89	12.09	1.83	5.33	37.01
3. 其他氮肥	元						
（二）磷肥	元			11.83	10.84	0.26	1.01
其中：过磷酸钙	元			6.62	10.84	0.26	1.01
（三）钾肥	元			29.90	56.88		
其中：氯化钾	元			29.90	56.24		
（四）复混肥	元	62.95		88.15	125.96	1.61	8.90
1. 复合肥	元	62.95		81.43	124.46	1.19	2.59
其中：二铵	元						
2. 混配肥	元			6.72	1.50	0.42	6.31
（五）其他肥料	元		1.33				
二、每亩化肥折纯用量	公斤	20.36	16.53	76.89	86.70	5.82	21.06
（一）氮肥	公斤	8.58	16.53	49.55	42.63	5.39	17.73
1. 尿素	公斤	6.95	1.57	46.48	42.03	3.63	7.58
2. 碳铵	公斤	1.63	14.96	3.07	0.60	1.76	10.15
3. 其他氮肥	公斤						
（二）磷肥	公斤			3.64	3.86	0.09	0.42
其中：过磷酸钙	公斤			2.04	3.86	0.09	0.42
（三）钾肥	公斤			7.69	14.37		
其中：氯化钾	公斤			7.69	14.30		
（四）复混肥	公斤	11.78		16.01	25.84	0.34	2.91
1. 复合肥	公斤	11.78		14.81	25.43	0.27	1.02
其中：二铵	公斤						
2. 混配肥	公斤			1.20	0.41	0.07	1.89

4-1-3 续表 2

项　　目	单位	贵 州	云 南	陕 西	甘 肃	宁 夏
一、每亩化肥金额	元	94.65	151.76	33.50	345.00	102.26
(一)氮肥	元	52.81	122.13	29.67	278.33	80.86
1.尿素	元	52.81	96.80		278.33	68.00
2.碳铵	元		25.33	29.67		10.44
3.其他氮肥	元					2.42
(二)磷肥	元	15.29	19.13	3.83	66.67	9.57
其中:过磷酸钙	元	15.29	19.13	3.83		9.57
(三)钾肥	元					
其中:氯化钾	元					
(四)复混肥	元	12.02	10.50			11.83
1.复合肥	元	12.02	10.50			11.83
其中:二铵	元					4.88
2.混配肥	元					
(五)其他肥料	元	14.53				
二、每亩化肥折纯用量	公斤	20.85	39.92	9.99	99.00	27.40
(一)氮肥	公斤	12.43	30.08	8.73	70.67	21.62
1.尿素	公斤	12.43	22.97		70.67	17.61
2.碳铵	公斤		7.11	8.73		3.59
3.其他氮肥	公斤					0.42
(二)磷肥	公斤	5.73	6.91	1.26	28.33	3.32
其中:过磷酸钙	公斤	5.73	6.91	1.26		3.32
(三)钾肥	公斤					
其中:氯化钾	公斤					
(四)复混肥	公斤	2.69	2.93			2.46
1.复合肥	公斤	2.69	2.93			2.46
其中:二铵	公斤					1.07
2.混配肥	公斤					

4－2－1　2006年各地区红毛茶、绿毛茶成本收益情况

项　　目	单位	红毛茶平均	安　徽	湖　北	绿毛茶平均	江　苏	浙　江	安　徽
每亩								
主产品产量	公斤	56.40	43.70	92.10	50.30	31.90	27.20	80.20
产值合计	元	855.95	803.93	1002.89	1719.63	3678.34	1870.06	974.61
主产品产值	元	855.95	803.93	1002.89	1708.48	3677.02	1787.92	974.61
副产品产值	元				11.15	1.32	82.14	
总成本	元	879.75	819.81	1049.34	1227.65	1953.54	1295.58	842.62
生产成本	元	803.87	770.17	899.34	1128.42	1668.62	1200.59	802.52
物质与服务费用	元	205.46	152.32	355.56	560.04	698.18	436.90	171.31
人工成本	元	598.41	617.85	543.78	568.38	970.44	763.69	631.21
家庭用工折价	元	546.38	551.79	531.34	118.81	75.88	37.35	622.60
雇工费用	元	52.03	66.06	12.44	449.57	894.56	726.34	8.61
土地成本	元	75.88	49.64	150.00	99.23	284.92	94.99	40.10
流转地租金	元	5.75	4.83	8.33	10.50	37.82	8.50	
自营地折租	元	70.13	44.81	141.67	88.73	247.10	86.49	40.10
净利润	元	－23.80	－15.88	－46.45	491.98	1724.80	574.48	131.99
现金成本	元	263.24	223.21	376.33	1020.11	1630.56	1171.74	179.92
现金收益	元	592.71	580.72	626.56	699.52	2047.78	698.32	794.69
成本利润率	%	－2.70	－1.93	－4.42	40.07	88.29	44.34	15.66
每50公斤主产品								
平均出售价格	元	758.82	919.83	544.46	1698.29	5763.35	3286.62	607.61
总成本	元	779.92	938.00	569.68	1212.42	3060.87	2276.97	525.32
生产成本	元	712.65	881.20	488.24	1114.42	2614.45	2110.03	500.32
净利润	元	－21.10	－18.17	－25.22	485.87	2702.48	1009.65	82.29
现金成本	元	233.37	255.39	204.31	1007.45	2554.82	2059.33	112.17
现金收益	元	525.45	664.44	340.15	690.84	3208.53	1227.29	495.44
附：								
每亩用工数量	日	33.84	34.58	31.77	22.28	36.10	23.84	37.08
每亩主产品出售数量	公斤	56.20	43.50	92.10	48.00	24.20	25.70	77.90
每亩主产品出售产值	元	855.33	803.09	1002.89	1586.73	2624.34	1693.36	948.69
商品率	%	99.90	99.80	100.00	96.50	97.00	94.60	99.10
每亩补贴收入	元				0.09			
每亩成本外支出	元	5.23		20.00	2.96	4.37	2.35	

4－2－1 续表

项　　目	单位	福　建	湖　北	湖　南	广　东	四　川	陕　西
每亩							
主产品产量	公斤	116.00	78.10	49.60	25.30	36.00	40.10
产值合计	元	1844.30	2052.15	1430.55	2019.90	1087.87	1146.13
主产品产值	元	1844.30	2052.15	1430.55	2019.90	1087.87	1146.13
副产品产值	元						
总成本	元	1149.16	1429.61	1250.78	929.29	555.32	1084.28
生产成本	元	1069.65	1345.64	1143.75	876.00	530.04	1037.57
物质与服务费用	元	431.39	558.32	725.31	307.43	151.59	340.55
人工成本	元	638.26	787.32	418.44	568.57	378.45	697.02
家庭用工折价	元	274.63	492.13	12.00	37.18	77.40	606.20
雇工费用	元	363.63	295.19	406.44	531.39	301.05	90.82
土地成本	元	79.51	83.97	107.03	53.29	25.28	46.71
流转地租金	元	7.95	19.12	7.50	5.50	2.65	
自营地折租	元	71.56	64.85	99.53	47.79	22.63	46.71
净利润	元	695.14	622.54	179.77	1090.61	532.55	61.85
现金成本	元	802.97	872.63	1139.25	844.32	455.29	431.37
现金收益	元	1041.33	1179.52	291.30	1175.58	632.58	714.76
成本利润率	%	60.49	43.55	14.37	117.36	95.90	5.70
每50公斤主产品							
平均出售价格	元	794.96	1313.80	1442.09	3991.90	1510.93	1429.09
总成本	元	495.33	915.25	1260.87	1836.54	771.28	1351.97
生产成本	元	461.06	861.49	1152.98	1731.23	736.17	1293.73
净利润	元	299.63	398.55	181.22	2155.36	739.65	77.12
现金成本	元	346.11	558.66	1148.44	1668.62	632.35	537.87
现金收益	元	448.85	755.14	293.65	2323.28	878.58	891.22
附：							
每亩用工数量	日	26.27	39.14	14.24	20.78	19.58	39.05
每亩主产品出售数量	公斤	116.00	76.50	46.70	25.30	35.30	37.50
每亩主产品出售产值	元	1844.30	2001.39	1349.69	2019.90	1067.67	1069.51
商品率	%	100.00	99.00	95.00	99.70	98.10	94.70
每亩补贴收入	元					0.65	2.83
每亩成本外支出	元		13.70			2.89	0.48

4-2-2 2006年各地区红毛茶、绿毛茶费用和用工情况

项　　目	单位	红毛茶平均	安　徽	湖　北	绿毛茶平均	江　苏	浙　江	安　徽
一、每亩物质与服务费用	元	205.46	152.32	355.56	560.04	698.18	436.90	171.31
（一）直接费用	元	174.76	122.32	322.89	413.91	347.67	253.46	160.55
1.种子费	元	10.75		41.11	35.67		2.38	0.36
2.化肥费	元	68.02	42.54	140.00	83.28	34.28	87.08	79.42
3.农家肥费	元	16.34	3.80	51.78	164.98	157.65	42.48	11.96
4.农药费	元	8.63	6.41	14.89	17.28	48.87	12.20	15.60
5.农膜费	元				0.45		3.17	
6.租赁作业费	元	17.59	15.28	24.11	12.45	20.75	6.90	14.06
机械作业费	元	17.59	15.28	24.11	10.62		6.82	14.06
排灌费	元				1.34	20.75	0.08	
其中：水费	元				0.30	4.82	0.08	
畜力费	元				0.49			
7.燃料动力费	元	33.82	37.18	24.33	74.82	49.80	85.15	35.74
8.技术服务费	元				3.12	0.36	0.27	
9.工具材料费	元	14.25	15.71	10.11	9.77	16.72	4.59	3.41
10.修理维护费	元	5.36	1.40	16.56	6.13	4.26	9.24	
11.其他直接费用	元				5.96	14.98		
（二）间接费用	元	30.70	30.00	32.67	146.13	350.51	183.44	10.76
1.固定资产折旧	元	13.02	12.99	13.11	53.95	65.16	54.90	5.84
2.税金	元							
3.保险费	元				0.04	0.29		
4.管理费	元				29.38	53.55	45.02	
5.财务费	元				7.49		16.32	
6.销售费	元	17.68	17.01	19.56	55.27	231.51	67.20	4.92
二、每亩人工成本	元	598.41	617.85	543.78	568.38	970.44	763.69	631.21
1.家庭用工折价	元	546.38	551.79	531.34	118.81	75.88	37.35	622.60
家庭用工天数	日	32.33	32.65	31.44	7.03	4.49	2.21	36.84
劳动日工价	元	16.90	16.90	16.90	16.90	16.90	16.90	16.90
2.雇工费用	元	52.03	66.06	12.44	449.57	894.56	726.34	8.61
雇工天数	日	1.51	1.93	0.33	15.25	31.61	21.63	0.24
雇工工价	元	34.46	34.23	37.70	29.48	28.30	33.58	35.88
三、附记								
1.每亩种子用量	公斤							
2.每亩化肥用量	公斤	16.67	10.06	35.34	20.14	8.26	19.28	19.87
3.每亩农膜用量	公斤				0.03		0.22	

4－2－2 续表

项目	单位	福建	湖北	湖南	广东	四川	陕西
一、每亩物质与服务费用	元	431.39	558.32	725.31	307.43	151.59	340.55
（一）直接费用	元	369.46	391.98	584.36	248.82	87.72	283.11
1. 种子费	元		19.37	71.43	8.28	1.94	
2. 化肥费	元	185.48	139.85	70.61	72.31	44.28	49.00
3. 农家肥费	元	25.94	11.80	322.81	51.99	5.08	20.02
4. 农药费	元	32.71	25.45	14.26	18.70	1.31	4.36
5. 农膜费	元		0.12				
6. 租赁作业费	元	8.01	55.01	1.12	23.08	0.03	1.09
机械作业费	元	8.01	51.69	1.12	21.34		
排灌费	元		0.12		1.74	0.03	
其中：水费	元					0.03	
畜力费	元		3.20				1.09
7. 燃料动力费	元	79.51	58.65	95.95	38.10	22.36	162.35
8. 技术服务费	元	32.19	5.71	0.02	17.60		0.93
9. 工具材料费	元	1.38	25.37	8.14	11.59	0.09	16.56
10. 修理维护费	元	0.66	19.04	0.01	7.17	12.63	5.30
11. 其他直接费用	元	3.58	31.61	0.01			23.50
（二）间接费用	元	61.93	166.34	140.95	58.61	63.87	57.44
1. 固定资产折旧	元	27.69	41.01	72.15	16.40	20.34	24.72
2. 税金	元						
3. 保险费	元					0.24	
4. 管理费	元	0.62	14.01	36.38	27.70	4.93	
5. 财务费	元	3.89	16.98			23.56	
6. 销售费	元	29.73	94.34	32.42	14.51	14.80	32.72
二、每亩人工成本	元	638.26	787.32	418.44	568.57	378.45	697.02
1. 家庭用工折价	元	274.63	492.13	12.00	37.18	77.40	606.20
家庭用工天数	日	16.25	29.12	0.71	2.20	4.58	35.87
劳动日工价	元	16.90	16.90	16.90	16.90	16.90	16.90
2. 雇工费用	元	363.63	295.19	406.44	531.39	301.05	90.82
雇工天数	日	10.02	10.02	13.53	18.58	15.00	3.18
雇工工价	元	36.29	29.46	30.04	28.60	20.07	28.56
三、附记							
1. 每亩种子用量	公斤						
2. 每亩化肥用量	公斤	34.44	39.27	16.23	17.09	12.84	16.44
3. 每亩农膜用量	公斤		0.01				

4－2－3　2006年各地区红毛茶、绿毛茶化肥投入情况

项　　目	单位	红毛茶平均	安　徽	湖　北	绿毛茶平均	江　苏	浙　江	安　徽
一、每亩化肥金额	元	68.02	42.54	140.00	83.28	34.28	87.08	79.42
（一）氮肥	元	52.64	29.15	119.00	67.49	22.68	44.58	67.87
1. 尿素	元	42.45	29.15	80.00	55.74	19.99	38.15	64.01
2. 碳铵	元	8.80		33.67	10.84	2.69	6.43	3.86
3. 其他氮肥	元	1.39		5.33	0.91			
（二）磷肥	元	5.49		21.00	3.92			
其中：过磷酸钙	元	5.49		21.00	3.91			
（三）钾肥	元							
其中：氯化钾	元							
（四）复混肥	元	9.89	13.39		11.80	11.60	42.50	11.55
1. 复合肥	元	9.89	13.39		11.23	11.60	39.42	11.55
其中：二铵	元				0.52			
2. 混配肥	元				0.57		3.08	
（五）其他肥料	元				0.07			
二、每亩化肥折纯用量	公斤	16.67	10.06	35.34	20.14	8.26	19.28	19.87
（一）氮肥	公斤	13.01	7.31	29.12	16.56	5.45	11.23	16.74
1. 尿素	公斤	10.21	7.31	18.40	13.02	4.65	9.41	15.57
2. 碳铵	公斤	2.22		8.50	3.40	0.80	1.82	1.17
3. 其他氮肥	公斤	0.58		2.22	0.14			
（二）磷肥	公斤	1.63		6.22	1.49			
其中：过磷酸钙	公斤	1.63		6.22	1.49			
（三）钾肥	公斤							
其中：氯化钾	公斤							
（四）复混肥	公斤	2.03	2.75		2.09	2.81	8.05	3.13
1. 复合肥	公斤	2.03	2.75		2.02	2.81	7.79	3.13
其中：二铵	公斤				0.14			
2. 混配肥	公斤				0.07		0.26	

4-2-3　续表

项　　　目	单位	福　建	湖　北	湖　南	广　东	四　川	陕　西
一、每亩化肥金额	元	185.48	139.85	70.61	72.31	44.28	49.00
(一)氮肥	元	85.33	116.68	69.92	49.75	43.52	40.63
1.尿素	元	59.91	75.45	69.92	40.63	18.43	
2.碳铵	元	4.67	41.17		9.12	25.09	40.63
3.其他氮肥	元	20.75	0.06				
(二)磷肥	元	2.59	19.04	0.03	19.63		8.37
其中:过磷酸钙	元	2.59	19.04	0.03	19.63		6.66
(三)钾肥	元						
其中:氯化钾	元						
(四)复混肥	元	97.56	3.64	0.66	2.93	0.76	
1.复合肥	元	97.56	3.24	0.46	2.93	0.68	
其中:二铵	元	11.96					
2.混配肥	元		0.40	0.20		0.08	
(五)其他肥料	元		0.49				
二、每亩化肥折纯用量	公斤	34.44	39.27	16.23	17.09	12.84	16.44
(一)氮肥	公斤	19.47	30.99	16.09	10.41	12.64	12.80
1.尿素	公斤	15.04	17.62	16.09	8.19	4.77	
2.碳铵	公斤	1.32	13.35		2.22	7.87	12.80
3.其他氮肥	公斤	3.11	0.02				
(二)磷肥	公斤	0.88	7.62	0.01	6.19		3.64
其中:过磷酸钙	公斤	0.88	7.62	0.01	6.19		2.79
(三)钾肥	公斤						
其中:氯化钾	公斤						
(四)复混肥	公斤	14.09	0.66	0.13	0.49	0.20	
1.复合肥	公斤	14.09	0.56	0.10	0.49	0.18	
其中:二铵	公斤	3.19					
2.混配肥	公斤		0.10	0.03		0.02	

4-3-1 2006年各地区乌龙茶、紧压茶成本收益情况

项　　目	单位	乌龙茶平均	福　建	广　东	紧压茶平均	湖　北	湖　南	四　川
每亩								
主产品产量	公斤	84.60	130.50	50.70	157.20	161.70	247.20	82.60
产值合计	元	1439.46	992.53	1769.67	241.70	255.12	355.97	41.70
主产品产值	元	1439.46	992.53	1769.67	240.76	255.12	355.97	27.70
副产品产值	元				0.94			14.00
总成本	元	1092.76	938.61	1206.84	369.23	384.89	334.30	157.38
生产成本	元	1004.86	879.01	1098.03	331.45	346.69	274.30	128.34
物质与服务费用	元	465.63	647.12	331.53	133.11	141.98	37.70	23.39
人工成本	元	539.23	231.89	766.50	198.34	204.71	236.60	104.95
家庭用工折价	元	70.64	13.35	113.06	145.34	147.37	236.60	104.95
雇工费用	元	468.59	218.54	653.44	53.00	57.34		
土地成本	元	87.90	59.60	108.81	37.78	38.20	60.00	29.04
流转地租金	元	13.51	5.96	19.09	30.03	32.25		3.34
自营地折租	元	74.39	53.64	89.72	7.75	5.95	60.00	25.70
净利润	元	346.70	53.92	562.83	-127.53	-129.77	21.67	-115.68
现金成本	元	947.73	871.62	1004.06	216.14	231.57	37.70	26.73
现金收益	元	491.73	120.91	765.61	25.56	23.55	318.27	14.97
成本利润率	%	31.73	5.74	46.64	-34.53	-33.71	6.48	-73.49
每50公斤主产品								
平均出售价格	元	850.74	380.28	1745.24	76.58	78.89	72.00	16.77
总成本	元	645.84	359.62	1190.18	116.99	119.02	67.62	63.29
生产成本	元	593.89	336.79	1082.87	105.02	107.21	55.48	51.61
净利润	元	204.90	20.66	555.06	-40.41	-40.13	4.38	-46.52
现金成本	元	560.12	333.95	990.20	68.48	71.61	7.63	10.75
现金收益	元	290.62	46.33	755.04	8.10	7.28	64.37	6.02
附：								
每亩用工数量	日	19.07	7.07	27.94	10.72	11.01	14.00	6.21
每亩主产品出售数量	公斤	83.70	129.90	49.60	157.20	161.70	247.20	82.60
每亩主产品出售产值	元	1420.65	982.46	1744.41	240.76	255.12	355.97	27.70
商品率	%	98.70	99.10	98.40	100.00	100.00	100.00	100.00
每亩补贴收入	元				1.07			16.00
每亩成本外支出	元							

4－3－2　2006年各地区乌龙茶、紧压茶费用和用工情况

项　　目	单位	乌龙茶平均	福　建	广　东	紧压茶平均	湖　北	湖　南	四　川
一、每亩物质与服务费用	元	465.63	647.12	331.53	133.11	141.98	37.70	23.39
(一)直接费用	元	389.11	627.02	213.32	131.55	140.62	28.70	20.05
1.种子费	元	7.86		13.66				
2.化肥费	元	123.55	203.94	64.14	96.21	103.06	7.00	13.61
3.农家肥费	元	21.02		36.55	0.10			1.48
4.农药费	元	29.42	39.44	22.02	13.35	14.34		1.52
5.农膜费	元							
6.租赁作业费	元	44.46	104.26	0.28	8.86	9.59		
机械作业费	元	44.30	104.26		2.28	2.47		
排灌费	元	0.16		0.28	1.09	1.18		
其中:水费	元	0.10		0.17	0.22	0.24		
畜力费	元				5.49	5.94		
7.燃料动力费	元	73.11	107.28	47.86	7.63	8.11	15.00	
8.技术服务费	元	20.56	32.63	11.65				
9.工具材料费	元	9.39	6.26	11.70	4.23	4.45	3.00	1.33
10.修理维护费	元	3.62	1.13	5.46	1.08	1.07	2.00	1.04
11.其他直接费用	元	56.12	132.08		0.09		1.70	1.07
(二)间接费用	元	76.52	20.10	118.21	1.56	1.36	9.00	3.34
1.固定资产折旧	元	53.17	20.10	77.61	1.42	1.35	4.00	2.02
2.税金	元							
3.保险费	元							
4.管理费	元	8.86		15.40				
5.财务费	元	4.78		8.32				
6.销售费	元	9.71		16.88	0.14	0.01	5.00	1.32
二、每亩人工成本	元	539.23	231.89	766.50	198.34	204.71	236.60	104.95
1.家庭用工折价	元	70.64	13.35	113.06	145.34	147.37	236.60	104.95
家庭用工天数	日	4.18	0.79	6.69	8.60	8.72	14.00	6.21
劳动日工价	元	16.90	16.90	16.90	16.90	16.90	16.90	16.90
2.雇工费用	元	468.59	218.54	653.44	53.00	57.34		
雇工天数	日	14.89	6.28	21.25	2.12	2.29		
雇工工价	元	31.47	34.80	30.75	25.00	25.04	45.00	20.00
三、附记								
1.每亩种子用量	公斤							
2.每亩化肥用量	公斤	21.39	34.09	11.99	25.33	27.11	1.61	3.80
3.每亩农膜用量	公斤							

4-3-3 2006年各地区乌龙茶、紧压茶化肥投入情况

项　目	单位	乌龙茶平均	福　建	广　东	紧压茶平均	湖　北	湖　南	四　川
一、每亩化肥金额	元	123.55	203.94	64.14	96.21	103.06	7.00	13.61
(一)氮肥	元	15.89	29.03	6.18	95.98	103.06	7.00	10.15
1. 尿素	元	12.24	20.44	6.18	73.65	79.08	7.00	7.59
2. 碳铵	元	3.65	8.59		22.33	23.98		2.56
3. 其他氮肥	元							
(二)磷肥	元	3.18	3.67	2.81	0.15			2.30
其中:过磷酸钙	元	3.18	3.67	2.81				
(三)钾肥	元							
其中:氯化钾	元							
(四)复混肥	元	104.48	171.24	55.15				
1. 复合肥	元	98.10	171.24	44.06				
其中:二铵	元							
2. 混配肥	元	6.38		11.09				
(五)其他肥料	元				0.08			1.16
二、每亩化肥折纯用量	公斤	21.39	34.09	11.99	25.33	27.11	1.61	3.80
(一)氮肥	公斤	4.04	7.61	1.40	25.25	27.11	1.61	2.66
1. 尿素	公斤	2.91	4.95	1.40	17.75	19.05	1.61	1.96
2. 碳铵	公斤	1.13	2.66		7.50	8.06		0.70
3. 其他氮肥	公斤							
(二)磷肥	公斤	0.91	0.94	0.88	0.08			1.14
其中:过磷酸钙	公斤	0.91	0.94	0.88				
(三)钾肥	公斤							
其中:氯化钾	公斤							
(四)复混肥	公斤	16.44	25.54	9.71				
1. 复合肥	公斤	15.32	25.54	7.77				
其中:二铵	公斤							
2. 混配肥	公斤	1.12		1.94				

4-4-1 2006年各地区苹果成本收益情况

项目	单位	平均	北京	天津	河北	山西	辽宁
每亩							
主产品产量	公斤	1941.90	1860.00	937.90	1687.90	2519.70	1253.70
产值合计	元	3243.56	6696.00	1767.22	3013.64	3203.34	3260.64
主产品产值	元	3234.29	6696.00	1767.22	2993.07	3203.34	3260.64
副产品产值	元	9.27			20.57		
总成本	元	1606.77	3036.90	1095.38	1280.93	1485.27	1344.95
生产成本	元	1487.55	2786.90	992.96	1161.09	1348.56	1077.93
物质与服务费用	元	735.41	940.30	509.25	565.37	667.01	622.62
人工成本	元	752.14	1846.60	483.71	595.72	681.55	455.31
家庭用工折价	元	581.02	338.00	461.71	559.90	517.31	375.69
雇工费用	元	171.12	1508.60	22.00	35.82	164.24	79.62
土地成本	元	119.22	250.00	102.42	119.84	136.71	267.02
流转地租金	元	10.27	12.50	30.73	5.06	11.87	41.62
自营地折租	元	108.95	237.50	71.69	114.78	124.84	225.40
净利润	元	1636.79	3659.10	671.84	1732.71	1718.07	1915.69
现金成本	元	916.80	2461.40	561.98	606.25	843.12	743.86
现金收益	元	2326.76	4234.60	1205.24	2407.39	2360.22	2516.78
成本利润率	%	101.87	120.49	61.33	135.27	115.67	142.44
每50公斤主产品							
平均出售价格	元	83.28	180.00	94.21	88.66	63.57	130.04
总成本	元	41.25	81.64	58.39	37.68	29.48	53.64
生产成本	元	38.19	74.92	52.93	34.16	26.76	42.99
净利润	元	42.03	98.36	35.82	50.98	34.09	76.40
现金成本	元	23.54	66.17	29.96	17.84	16.73	29.67
现金收益	元	59.74	113.83	64.25	70.82	46.84	100.37
附：							
每亩用工数量	日	41.64	99.40	27.92	34.71	37.62	24.93
每亩主产品出售数量	公斤	1794.90	1860.00	937.90	1562.40	2278.20	1181.50
每亩主产品出售产值	元	3012.77	6696.00	1767.22	2807.49	2896.13	3105.16
商品率	%	94.80	100.00	100.00	94.50	93.30	95.70
每亩补贴收入	元	0.84			1.97		
每亩成本外支出	元	3.42					

4-4-1 续表

项　　目	单位	山　东	河　南	陕　西	甘　肃	宁　夏
每亩						
主产品产量	公斤	2585.00	2348.40	1785.00	1820.30	1581.40
产值合计	元	4872.47	2865.44	2885.29	2915.75	2037.41
主产品产值	元	4866.61	2829.89	2861.15	2887.95	2037.41
副产品产值	元	5.86	35.55	24.14	27.80	
总成本	元	2729.88	1873.32	1609.67	1474.39	1026.40
生产成本	元	2634.14	1834.62	1530.35	1408.89	998.51
物质与服务费用	元	1461.40	861.51	815.41	341.59	363.43
人工成本	元	1172.74	973.11	714.94	1067.30	635.08
家庭用工折价	元	842.80	944.54	512.58	1043.41	455.29
雇工费用	元	329.94	28.57	202.36	23.89	179.79
土地成本	元	95.74	38.70	79.32	65.50	27.89
流转地租金	元	3.10	0.10	0.70	2.52	
自营地折租	元	92.64	38.60	78.62	62.98	27.89
净利润	元	2142.59	992.12	1275.62	1441.36	1011.01
现金成本	元	1794.44	890.18	1018.47	368.00	543.22
现金收益	元	3078.03	1975.26	1866.82	2547.75	1494.19
成本利润率	%	78.49	52.96	79.25	97.76	98.50
每50公斤主产品						
平均出售价格	元	94.13	60.25	80.14	79.33	64.42
总成本	元	52.74	39.39	44.71	40.11	32.45
生产成本	元	50.89	38.58	42.51	38.33	31.57
净利润	元	41.39	20.86	35.43	39.22	31.97
现金成本	元	34.67	18.72	28.29	10.01	17.18
现金收益	元	59.46	41.53	51.85	69.32	47.24
附:						
每亩用工数量	日	61.96	57.32	39.09	62.84	35.53
每亩主产品出售数量	公斤	2363.30	2234.20	1683.50	1740.70	1449.20
每亩主产品出售产值	元	4499.89	2698.87	2687.29	2766.04	1849.81
商品率	%	95.50	96.80	96.10	95.70	93.00
每亩补贴收入	元		7.65	2.36		
每亩成本外支出	元		0.07	0.48		23.36

4-4-2 2006年各地区苹果费用和用工情况

项目	单位	平均	北京	天津	河北	山西	辽宁
一、每亩物质与服务费用	元	735.41	940.30	509.25	565.37	667.01	622.62
(一)直接费用	元	698.27	940.30	506.83	537.35	617.88	598.43
1.种子费	元	0.22			0.69		
2.化肥费	元	248.82		156.77	213.79	215.54	210.82
3.农家肥费	元	66.55	240.00	118.95	87.71	54.13	92.09
4.农药费	元	158.01	115.00	129.20	146.40	128.76	190.31
5.农膜费	元	4.55					
6.租赁作业费	元	81.67	67.00	70.88	55.15	128.87	91.65
机械作业费	元	17.13		4.84	7.04	9.57	18.89
排灌费	元	64.11	67.00	66.04	48.11	119.25	72.76
其中:水费	元	20.90		63.63		4.92	47.85
畜力费	元	0.43				0.05	
7.燃料动力费	元	3.67				10.37	1.77
8.技术服务费	元	5.01			8.63	0.51	1.23
9.工具材料费	元	8.65		25.14	14.70	6.69	7.45
10.修理维护费	元	4.73	25.00	3.43	3.05	0.95	3.11
11.其他直接费用	元	116.39	493.30	2.46	7.23	72.06	
(二)间接费用	元	37.14		2.42	28.02	49.13	24.19
1.固定资产折旧	元	19.27			10.98	18.64	10.43
2.税金	元						
3.保险费	元	0.01					0.06
4.管理费	元	0.71				0.59	2.80
5.财务费	元						
6.销售费	元	17.15		2.42	17.04	29.90	10.90
二、每亩人工成本	元	752.14	1846.60	483.71	595.72	681.55	455.31
1.家庭用工折价	元	581.02	338.00	461.71	559.90	517.31	375.69
家庭用工天数	日	34.38	20.00	27.32	33.13	30.61	22.23
劳动日工价	元	16.90	16.90	16.90	16.90	16.90	16.90
2.雇工费用	元	171.12	1508.60	22.00	35.82	164.24	79.62
雇工天数	日	7.26	79.40	0.60	1.58	7.01	2.70
雇工工价	元	23.57	19.00	36.67	22.67	23.43	29.49
三、附记							
1.每亩种子用量	公斤						
2.每亩化肥用量	公斤	51.11		39.91	50.29	51.35	45.61
3.每亩农膜用量	公斤	0.30					

4－4－2 续表

项 目	单位	山 东	河 南	陕 西	甘 肃	宁 夏
一、每亩物质与服务费用	元	1461.40	861.51	815.41	341.59	363.43
（一）直接费用	元	1404.80	836.91	774.79	313.85	331.57
1. 种子费	元		3.22			
2. 化肥费	元	484.21	386.06	292.08	126.47	114.56
3. 农家肥费	元	69.20	60.94	40.37	35.72	47.50
4. 农药费	元	331.22	158.30	121.64	81.14	52.30
5. 农膜费	元		119.68			
6. 租赁作业费	元	92.11	39.39	43.69	58.10	75.50
机械作业费	元	30.00	26.51	15.29	2.28	27.64
排灌费	元	62.11	7.36	26.60	55.82	47.86
其中：水费	元	6.39		25.97	30.14	47.06
畜力费	元		5.52	1.80		
7. 燃料动力费	元		6.05	10.16		
8. 技术服务费	元	1.58	18.41	0.21	0.24	17.79
9. 工具材料费	元	10.25	4.15	8.67	8.03	6.27
10. 修理维护费	元	10.63	3.31	6.51	4.15	4.06
11. 其他直接费用	元	405.60	37.40	251.46		13.59
（二）间接费用	元	56.60	24.60	40.62	27.74	31.86
1. 固定资产折旧	元	28.37	6.36	28.38	15.42	27.65
2. 税金	元					
3. 保险费	元					
4. 管理费	元	0.03	4.48			
5. 财务费	元		0.06			
6. 销售费	元	28.20	13.70	12.24	12.32	4.21
二、每亩人工成本	元	1172.74	973.11	714.94	1067.30	635.08
1. 家庭用工折价	元	842.80	944.54	512.58	1043.41	455.29
家庭用工天数	日	49.87	55.89	30.33	61.74	26.94
劳动日工价	元	16.90	16.90	16.90	16.90	16.90
2. 雇工费用	元	329.94	28.57	202.36	23.89	179.79
雇工天数	日	12.09	1.43	8.76	1.10	8.59
雇工工价	元	27.29	19.98	23.10	21.72	20.93
三、附记						
1. 每亩种子用量	公斤					
2. 每亩化肥用量	公斤	81.66	92.88	50.03	31.12	26.98
3. 每亩农膜用量	公斤		7.98			

4－4－3　2006年各地区苹果化肥投入情况

项　　目	单位	平　均	北　京	天　津	河　北	山　西	辽　宁
一、每亩化肥金额	元	248.82		156.77	213.79	215.54	210.82
(一)氮肥	元	46.38		156.77	64.74	48.44	45.85
1.尿素	元	41.18		156.77	56.34	48.44	45.00
2.碳铵	元	5.20			8.40		0.85
3.其他氮肥	元						
(二)磷肥	元	5.77				20.70	2.64
其中:过磷酸钙	元	1.41				1.47	2.64
(三)钾肥	元	14.52			7.96	25.94	2.99
其中:氯化钾	元	1.99			2.79	7.40	1.10
(四)复混肥	元	174.85			140.79	119.66	158.66
1.复合肥	元	157.98			134.72	119.66	157.32
其中:二铵	元	33.52			64.72	5.94	43.43
2.混配肥	元	16.87			6.07		1.34
(五)其他肥料	元	7.30			0.30	0.80	0.68
二、每亩化肥折纯用量	公斤	51.11		39.91	50.29	51.35	45.61
(一)氮肥	公斤	11.99		39.91	17.17	11.84	11.20
1.尿素	公斤	10.25		39.91	14.29	11.84	10.91
2.碳铵	公斤	1.74			2.88		0.29
3.其他氮肥	公斤						
(二)磷肥	公斤	1.52				5.04	0.78
其中:过磷酸钙	公斤	0.41				0.48	0.78
(三)钾肥	公斤	2.34			1.35	6.01	0.42
其中:氯化钾	公斤	0.48			0.81	1.70	0.23
(四)复混肥	公斤	35.26			31.77	28.46	33.21
1.复合肥	公斤	32.38			30.77	28.46	33.04
其中:二铵	公斤	7.96			15.47	1.36	9.70
2.混配肥	公斤	2.88			1.00		0.17

4-4-3 续表

项 目	单位	山 东	河 南	陕 西	甘 肃	宁 夏
一、每亩化肥金额	元	484.21	386.06	292.08	126.47	114.56
(一)氮肥	元	26.65	24.78	59.71	67.41	33.32
1.尿素	元	14.18	24.78	48.77	63.07	29.78
2.碳铵	元	12.47		10.94	4.34	3.54
3.其他氮肥	元					
(二)磷肥	元	1.69		3.65	3.91	3.87
其中:过磷酸钙	元				3.91	3.77
(三)钾肥	元	18.19		44.02		0.48
其中:氯化钾	元					0.28
(四)复混肥	元	394.71	357.81	182.69	55.15	76.28
1.复合肥	元	320.93	357.81	174.20	55.15	51.42
其中:二铵	元	1.24	49.29	45.52	46.65	50.79
2.混配肥	元	73.78		8.49		24.86
(五)其他肥料	元	42.97	3.47	2.01		0.61
二、每亩化肥折纯用量	公斤	81.66	92.88	50.03	31.12	26.98
(一)氮肥	公斤	7.90	6.62	15.30	17.23	8.92
1.尿素	公斤	3.65	6.62	11.79	16.00	7.66
2.碳铵	公斤	4.25		3.51	1.23	1.26
3.其他氮肥	公斤					
(二)磷肥	公斤	0.51		1.31	1.24	1.04
其中:过磷酸钙	公斤				1.24	1.02
(三)钾肥	公斤	3.27		3.63		0.12
其中:氯化钾	公斤					0.07
(四)复混肥	公斤	69.98	86.26	29.79	12.65	16.90
1.复合肥	公斤	57.97	86.26	28.71	12.65	11.64
其中:二铵	公斤	0.27	13.71	11.74	10.62	11.53
2.混配肥	公斤	12.01		1.08		5.26

4－5－1 2006年各地区柑成本收益情况

项　　目	单位	平 均	福 建	湖 北	湖 南	广 东	四 川
每亩							
主产品产量	公斤	1964.50	1167.40	3026.90	1780.40	2299.20	3750.00
产值合计	元	2762.85	6055.60	4103.34	1898.50	5827.23	6650.00
主产品产值	元	2762.85	6055.60	4103.34	1898.50	5827.23	6650.00
副产品产值	元						
总成本	元	1575.15	1630.17	1672.58	1447.08	2884.03	2755.60
生产成本	元	1459.50	1554.19	1628.55	1325.99	2576.38	2589.60
物质与服务费用	元	649.45	1036.17	849.85	481.80	1617.90	2184.00
人工成本	元	810.05	518.02	778.70	844.19	958.48	405.60
家庭用工折价	元	554.32	128.10	538.10	581.36	912.26	405.60
雇工费用	元	255.73	389.92	240.60	262.83	46.22	
土地成本	元	115.65	75.98	44.03	121.09	307.65	166.00
流转地租金	元	19.98	6.83	0.89	23.63	41.90	27.31
自营地折租	元	95.67	69.15	43.14	97.46	265.75	138.69
净利润	元	1187.70	4425.43	2430.76	451.42	2943.20	3894.40
现金成本	元	925.16	1432.92	1091.34	768.26	1706.02	2211.31
现金收益	元	1837.69	4622.68	3012.00	1130.24	4121.21	4438.69
成本利润率	%	75.40	271.47	145.33	31.20	102.05	141.33
每50公斤主产品							
平均出售价格	元	70.32	259.36	67.78	53.32	126.72	88.67
总成本	元	40.09	69.82	27.63	40.64	62.72	36.74
生产成本	元	37.15	66.57	26.90	37.24	56.03	34.53
净利润	元	30.23	189.54	40.15	12.68	64.00	51.93
现金成本	元	23.55	61.37	18.03	21.58	37.10	29.49
现金收益	元	46.77	197.99	49.75	31.74	89.62	59.18
附：							
每亩用工数量	日	40.88	19.83	40.95	42.44	54.90	24.00
每亩主产品出售数量	公斤	1899.00	1129.40	2930.00	1726.20	2111.40	3675.00
每亩主产品出售产值	元	2662.42	5829.69	3970.80	1839.28	5382.39	6517.50
商品率	%	96.80	96.80	96.60	96.80	97.80	99.00
每亩补贴收入	元						
每亩成本外支出	元	0.30		2.09			

4－5－2　2006年各地区柑费用和用工情况

项　　目	单位	平　均	福　建	湖　北	湖　南	广　东	四　川
一、每亩物质与服务费用	元	649.45	1036.17	849.85	481.80	1617.90	2184.00
（一）直接费用	元	554.64	668.05	722.40	417.80	1570.17	2121.50
1.种子费	元	3.54	6.71	5.10	1.84	21.68	
2.化肥费	元	226.80	287.92	461.47	132.64	732.63	756.50
3.农家肥费	元	90.45	50.85	59.33	87.61	128.75	675.00
4.农药费	元	137.97	258.92	164.96	92.04	612.88	65.00
5.农膜费	元	0.33		2.31			
6.租赁作业费	元	25.43		4.81	23.99	27.87	462.50
机械作业费	元	0.69		4.81			
排灌费	元	24.74			23.99	27.87	462.50
其中:水费	元	6.62				11.09	462.50
畜力费	元						
7.燃料动力费	元	15.75	6.67		21.08		
8.技术服务费	元	1.49					112.50
9.工具材料费	元	26.83	24.95	14.34	29.04	27.55	50.00
10.修理维护费	元	16.47	19.47	10.08	17.60	18.81	
11.其他直接费用	元	9.58	12.56		11.96		
（二）间接费用	元	94.81	368.12	127.45	64.00	47.73	62.50
1.固定资产折旧	元	28.09	130.43	60.81	11.72	8.90	62.50
2.税金	元						
3.保险费	元						
4.管理费	元	0.92			1.27		
5.财务费	元	0.47			0.65		
6.销售费	元	65.33	237.69	66.64	50.36	38.83	
二、每亩人工成本	元	810.05	518.02	778.70	844.19	958.48	405.60
1.家庭用工折价	元	554.32	128.10	538.10	581.36	912.26	405.60
家庭用工天数	日	32.80	7.58	31.84	34.40	53.98	24.00
劳动日工价	元	16.90	16.90	16.90	16.90	16.90	16.90
2.雇工费用	元	255.73	389.92	240.60	262.83	46.22	
雇工天数	日	8.08	12.25	9.11	8.04	0.92	
雇工工价	元	31.65	31.83	26.41	32.69	50.24	25.00
三、附记							
1.每亩种子用量	公斤						
2.每亩化肥用量	公斤	40.27	64.61	88.87	20.59	124.39	164.95
3.每亩农膜用量	公斤	0.03		0.23			

4－5－3　2006年各地区柑化肥投入情况

项　　目	单位	平　均	福　建	湖　北	湖　南	广　东	四　川
一、每亩化肥金额	元	226.80	287.92	461.47	132.64	732.63	756.50
（一）氮肥	元	42.89	55.55	118.75	26.01	63.13	
1.尿素	元	39.02	4.86	118.30	26.01	61.55	
2.碳铵	元	3.87	50.69	0.45		1.58	
3.其他氮肥	元						
（二）磷肥	元	7.12	22.28	19.74		8.49	170.00
其中：过磷酸钙	元	7.05	21.30	19.74		8.49	170.00
（三）钾肥	元	5.87				8.09	416.50
其中：氯化钾	元	0.36				8.09	
（四）复混肥	元	170.10	209.17	317.74	106.63	652.92	170.00
1.复合肥	元	164.52	209.17	279.06	106.63	652.92	170.00
其中：二铵	元	0.50	6.78				
2.混配肥	元	5.58		38.68			
（五）其他肥料	元	0.82	0.92	5.24			
二、每亩化肥折纯用量	公斤	40.27	64.61	88.87	20.59	124.39	164.95
（一）氮肥	公斤	10.47	16.65	29.37	5.98	15.02	
1.尿素	公斤	9.29	1.21	29.20	5.98	14.68	
2.碳铵	公斤	1.18	15.44	0.17		0.34	
3.其他氮肥	公斤						
（二）磷肥	公斤	2.80	7.26	8.32		2.41	72.25
其中：过磷酸钙	公斤	2.77	6.82	8.32		2.41	72.25
（三）钾肥	公斤	0.59				2.05	37.86
其中：氯化钾	公斤	0.09				2.05	
（四）复混肥	公斤	26.41	40.70	51.18	14.61	104.91	54.84
1.复合肥	公斤	25.33	40.70	43.66	14.61	104.91	54.84
其中：二铵	公斤	0.15	1.97				
2.混配肥	公斤	1.08		7.52			

4－6－1 2006年各地区桔成本收益情况

项　　目	单位	平均	浙江	福建	湖北	湖南	广东
每亩							
主产品产量	公斤	1585.50	2727.60	1187.50	1805.40	4450.30	2150.80
产值合计	元	3932.60	4600.09	3517.28	1848.31	4402.19	7377.91
主产品产值	元	3932.50	4597.07	3517.28	1848.31	4402.19	7377.91
副产品产值	元	0.10	3.02				
总成本	元	2164.72	1630.47	2370.19	1223.88	1232.60	2688.45
生产成本	元	2050.92	1450.00	2299.27	1097.21	1182.60	2450.39
物质与服务费用	元	859.50	896.60	785.84	363.76	594.05	1659.60
人工成本	元	1191.42	553.40	1513.43	733.45	588.55	790.79
家庭用工折价	元	398.33	489.42	474.21	391.74	321.10	141.79
雇工费用	元	793.09	63.98	1039.22	341.71	267.45	649.00
土地成本	元	113.80	180.47	70.92	126.67	50.00	238.06
流转地租金	元	45.15	57.11	18.53	107.88		69.99
自营地折租	元	68.65	123.36	52.39	18.79	50.00	168.07
净利润	元	1767.88	2969.62	1147.09	624.43	3169.59	4689.46
现金成本	元	1697.74	1017.69	1843.59	813.35	861.50	2378.59
现金收益	元	2234.86	3582.40	1673.69	1034.96	3540.69	4999.32
成本利润率	%	81.67	182.13	48.40	51.02	257.15	174.43
每50公斤主产品							
平均出售价格	元	124.01	84.27	148.10	51.19	49.46	171.52
总成本	元	68.26	29.87	99.80	33.90	13.85	62.50
生产成本	元	64.67	26.56	96.81	30.39	13.29	56.97
净利润	元	55.75	54.40	48.30	17.29	35.61	109.02
现金成本	元	53.54	18.64	77.63	22.53	9.68	55.30
现金收益	元	70.47	65.63	70.47	28.66	39.78	116.22
附：							
每亩用工数量	日	52.76	30.56	62.62	39.80	25.63	40.84
每亩主产品出售数量	公斤	1490.60	1174.20	1128.80	1792.50	4273.30	2139.10
每亩主产品出售产值	元	3692.67	2098.37	3322.75	1813.93	4227.66	7197.84
商品率	%	97.20	97.70	95.80	99.10	100.00	99.20
每亩补贴收入	元	0.12			0.65		
每亩成本外支出	元	0.93			5.00		

4-6-2 2006年各地区桔费用和用工情况

项目	单位	平均	浙江	福建	湖北	湖南	广东
一、每亩物质与服务费用	元	859.50	896.60	785.84	363.76	594.05	1659.60
(一)直接费用	元	786.51	794.98	699.32	329.69	535.11	1594.41
1.种子费	元	3.50					20.04
2.化肥费	元	194.71	426.16	120.69	226.33	393.61	342.65
3.农家肥费	元	233.00		215.27	0.58	21.74	609.81
4.农药费	元	278.46	303.18	291.15	82.98	102.37	459.68
5.农膜费	元						
6.租赁作业费	元	32.98	52.47	26.48	4.81		84.83
机械作业费	元	16.27	22.37	26.48			
排灌费	元	16.20	30.10		2.06		84.83
其中:水费	元	0.04	1.13				
畜力费	元	0.51			2.75		
7.燃料动力费	元	3.82		2.73	6.37		5.93
8.技术服务费	元	0.01			0.08		
9.工具材料费	元	15.99	10.18	11.47	3.76	17.39	45.23
10.修理维护费	元	14.09	2.99	14.82	3.89		26.24
11.其他直接费用	元	9.95		16.71	0.89		
(二)间接费用	元	72.99	101.62	86.52	34.07	58.94	65.19
1.固定资产折旧	元	53.76	72.71	63.89	15.82	58.94	56.14
2.税金	元						
3.保险费	元						
4.管理费	元	0.93		1.58			
5.财务费	元						
6.销售费	元	18.30	28.91	21.05	18.25		9.05
二、每亩人工成本	元	1191.42	553.40	1513.43	733.45	588.55	790.79
1.家庭用工折价	元	398.33	489.42	474.21	391.74	321.10	141.79
家庭用工天数	日	23.57	28.96	28.06	23.18	19.00	8.39
劳动日工价	元	16.90	16.90	16.90	16.90	16.90	16.90
2.雇工费用	元	793.09	63.98	1039.22	341.71	267.45	649.00
雇工天数	日	29.19	1.60	34.56	16.62	6.63	32.45
雇工工价	元	27.17	39.99	30.07	20.56	40.34	20.00
三、附记							
1.每亩种子用量	公斤						
2.每亩化肥用量	公斤	38.24	98.45	19.97	56.39	53.67	66.71
3.每亩农膜用量	公斤						

4－6－3　2006年各地区桔化肥投入情况

项　　目	单位	平　均	浙　江	福　建	湖　北	湖　南	广　东
一、每亩化肥金额	元	194.71	426.16	120.69	226.33	393.61	342.65
(一)氮肥	元	48.05	63.99	28.51	126.00	19.13	30.25
1.尿素	元	37.53	63.99	21.89	90.42	19.13	30.25
2.碳铵	元	10.52		6.62	35.58		
3.其他氮肥	元						
(二)磷肥	元	4.90	13.04	7.61			
其中:过磷酸钙	元	2.47		4.22			
(三)钾肥	元	6.45		10.15			2.90
其中:氯化钾	元	6.45		10.15			2.90
(四)复混肥	元	119.35	349.13	47.59	100.33	361.44	309.50
1.复合肥	元	116.76	311.67	47.59	93.24	361.44	309.50
其中:二铵	元	2.48		4.23			
2.混配肥	元	2.59	37.46		7.09		
(五)其他肥料	元	15.96		26.83		13.04	
二、每亩化肥折纯用量	公斤	38.24	98.45	19.97	56.39	53.67	66.71
(一)氮肥	公斤	12.25	15.89	7.43	32.75	4.00	6.63
1.尿素	公斤	8.96	15.89	5.36	21.65	4.00	6.63
2.碳铵	公斤	3.29		2.07	11.10		
3.其他氮肥	公斤						
(二)磷肥	公斤	1.72	5.01	2.65			
其中:过磷酸钙	公斤	0.79		1.35			
(三)钾肥	公斤	1.70		2.71			0.63
其中:氯化钾	公斤	1.70		2.71			0.63
(四)复混肥	公斤	22.57	77.55	7.18	23.64	49.67	59.45
1.复合肥	公斤	21.73	62.98	7.18	21.81	49.67	59.45
其中:二铵	公斤	0.72		1.23			
2.混配肥	公斤	0.84	14.57		1.83		

五、各地区肉、禽、蛋、奶

（一）省、自治区、直辖市

5-1-1-1 2006年各地区散养生猪成本收益情况

项　　目	单位	平　均	河　北	山　西	辽　宁	吉　林	黑龙江	江　苏
每头								
主产品产量	公斤	109.50	110.30	114.90	115.90	119.90	117.00	99.60
产值合计	元	878.36	881.39	991.49	847.00	983.83	879.39	751.37
主产品产值	元	856.78	847.64	970.03	825.88	971.27	866.81	732.61
副产品产值	元	21.58	33.75	21.46	21.12	12.56	12.58	18.76
总成本	元	782.06	733.26	869.54	721.91	750.62	717.48	679.01
生产成本	元	782.05	733.26	869.54	721.91	750.62	717.48	679.01
物质与服务费用	元	606.97	609.04	641.05	626.42	667.98	618.28	549.22
人工成本	元	175.08	124.22	228.49	95.49	82.64	99.20	129.79
家庭用工折价	元	175.08	124.22	228.49	95.49	82.64	99.20	129.79
雇工费用	元							
土地成本	元	0.01						
净利润	元	96.30	148.13	121.95	125.09	233.21	161.91	72.36
成本利润率	%	12.31	20.20	14.02	17.33	31.07	22.57	10.66
耗粮数量	公斤	181.30	199.20	250.80	235.20	237.70	229.70	157.60
每50公斤主产品								
平均出售价格	元	391.22	384.24	422.12	356.29	405.03	370.43	367.78
总成本	元	348.33	319.66	370.20	303.67	309.02	302.23	332.36
生产成本	元	348.32	319.66	370.20	303.67	309.02	302.23	332.36
净利润	元	42.89	64.58	51.92	52.62	96.01	68.20	35.42
耗粮数量	公斤	82.79	90.30	109.14	101.47	99.12	98.16	79.12
附：								
每核算单位用工数量	日	10.36	7.35	13.52	5.65	4.89	5.87	7.68
平均饲养天数	日	179.00	149.00	206.00	154.00	142.00	149.00	127.00

5-1-1-1 续表 1

项　　目	单位	浙　江	安　徽	山　东	河　南	湖　北	湖　南
每头							
主产品产量	公斤	123.10	112.50	107.10	104.80	116.30	102.70
产值合计	元	1003.21	1018.58	821.90	830.26	974.75	760.15
主产品产值	元	989.20	998.81	793.32	817.41	957.04	729.33
副产品产值	元	14.01	19.77	28.58	12.85	17.71	30.82
总成本	元	798.58	865.09	705.27	698.67	859.69	920.08
生产成本	元	798.58	865.09	705.03	698.67	859.69	920.08
物质与服务费用	元	711.04	649.11	605.31	622.62	648.10	597.12
人工成本	元	87.54	215.98	99.72	76.05	211.59	322.96
家庭用工折价	元	87.54	215.98	99.54	76.05	211.59	322.96
雇工费用	元			0.18			
土地成本	元			0.24			
净利润	元	204.63	153.49	116.63	131.59	115.06	-159.93
成本利润率	%	25.62	17.74	16.54	18.83	13.38	-17.37
耗粮数量	公斤	184.20	170.90	199.00	189.30	168.60	167.50
每50公斤主产品							
平均出售价格	元	401.79	443.92	370.36	389.99	411.45	355.08
总成本	元	319.83	377.03	317.80	328.18	362.88	429.79
生产成本	元	319.83	377.03	317.70	328.18	362.88	429.79
净利润	元	81.96	66.89	52.56	61.81	48.57	-74.71
耗粮数量	公斤	74.82	75.96	92.90	90.31	72.48	81.55
附：							
每核算单位用工数量	日	5.18	12.78	5.90	4.50	12.52	19.11
平均饲养天数	日	123.00	193.00	115.00	146.00	200.00	160.00

5-1-1-1 续表 2

项 目	单位	广 东	广 西	海 南	重 庆	四 川	贵 州
每头							
主产品产量	公斤	99.70	98.40	104.00	117.40	101.80	115.80
产值合计	元	973.31	831.27	911.79	900.46	719.35	974.22
主产品产值	元	952.46	814.52	897.35	871.43	700.79	948.11
副产品产值	元	20.85	16.75	14.44	29.03	18.56	26.11
总成本	元	846.24	818.00	731.41	1070.75	737.44	680.16
生产成本	元	846.24	818.00	731.41	1070.75	737.44	680.16
物质与服务费用	元	683.66	654.41	577.62	637.77	564.89	512.17
人工成本	元	162.58	163.59	153.79	432.98	172.55	167.99
家庭用工折价	元	162.58	163.59	153.79	432.98	172.55	167.99
雇工费用	元						
土地成本	元						
净利润	元	127.07	13.27	180.38	-170.29	-18.09	294.06
成本利润率	%	15.02	1.62	24.66	-15.89	-2.44	43.23
耗粮数量	公斤	158.00	170.60	103.60	171.90	159.30	120.60
每50公斤主产品							
平均出售价格	元	477.66	413.88	431.42	371.14	344.20	409.37
总成本	元	415.30	407.27	346.07	441.33	352.86	285.81
生产成本	元	415.30	407.27	346.07	441.33	352.86	285.81
净利润	元	62.36	6.61	85.35	-70.19	-8.66	123.56
耗粮数量	公斤	79.24	86.69	49.81	73.21	78.24	52.07
附:							
每核算单位用工数量	日	9.62	9.68	9.10	25.62	10.21	9.94
平均饲养天数	日	162.00	160.00	242.00	189.00	181.00	202.00

5－1－1－1 续表 3

项 目	单位	云 南	陕 西	甘 肃	青 海	宁 夏	新 疆
每头							
主产品产量	公斤	114.50	110.10	116.80	100.10	105.80	100.40
产值合计	元	814.06	854.27	934.46	795.60	711.25	917.33
主产品产值	元	785.52	831.08	916.62	773.96	681.88	889.73
副产品产值	元	28.54	23.19	17.84	21.64	29.37	27.60
总成本	元	835.01	702.11	913.36	740.86	708.86	665.83
生产成本	元	835.01	702.11	913.36	740.86	708.86	665.83
物质与服务费用	元	627.98	453.68	683.86	508.82	563.35	554.12
人工成本	元	207.03	248.43	229.50	232.04	145.51	111.71
家庭用工折价	元	207.03	248.43	229.50	232.04	145.51	111.71
雇工费用	元						
土地成本	元						
净利润	元	－20.95	152.16	21.10	54.74	2.39	251.50
成本利润率	%	－2.50	21.67	2.31	7.39	0.34	37.77
耗粮数量	公斤	201.40	125.00	198.50	174.00	200.90	177.60
每 50 公斤主产品							
平均出售价格	元	343.02	377.42	392.39	386.59	322.25	443.09
总成本	元	351.85	310.20	383.53	359.99	321.17	321.61
生产成本	元	351.85	310.20	383.53	359.99	321.17	321.61
净利润	元	－8.83	67.22	8.86	26.60	1.08	121.48
耗粮数量	公斤	87.95	56.77	84.97	86.91	94.94	88.45
附:							
每核算单位用工数量	日	12.25	14.70	13.58	13.73	8.61	6.61
平均饲养天数	日	220.00	191.00	237.00	283.00	168.00	193.00

5－1－1－2　2006年各地区散养生猪费用和用工情况

项　　目	单位	平　均	河　北	山　西	辽　宁	吉　林	黑龙江	江　苏
一、每头物质与服务费用	元	606.97	609.04	641.05	626.42	667.98	618.28	549.22
（一）直接费用	元	596.33	603.22	633.22	618.52	656.59	608.12	540.02
1. 仔畜进价	元	139.97	130.86	121.22	98.71	146.89	112.68	140.31
2. 精饲料费	元	377.17	422.88	464.91	474.97	459.32	460.59	334.35
3. 青粗饲料费	元	43.66	19.72	16.25	13.94	10.35	2.63	27.73
4. 饲料加工费	元	6.85	7.73	5.72	6.71	5.85	7.20	7.14
5. 水费	元	1.45	0.96	1.01	1.08	1.63	2.02	1.97
6. 燃料动力费	元	8.78	3.17	5.61	2.98	4.62	3.74	2.08
电费	元	1.79	2.37	0.53	1.53	3.57	1.79	1.58
煤费	元	5.44	0.80	4.61		0.98	1.39	0.50
其他燃料动力费	元	1.55		0.47	1.45	0.07	0.56	
7. 医疗防疫费	元	9.28	8.81	13.20	7.88	14.42	7.07	11.26
8. 死亡损失费	元	3.25	4.10	0.85	8.12	6.44	7.32	11.35
9. 技术服务费	元	0.34	0.79	0.01		0.40	0.87	0.03
10. 工具材料费	元	3.00	2.23	4.20	2.25	1.93	1.69	2.40
11. 修理维护费	元	1.75	1.82	0.24	1.85	2.32	1.92	1.07
12. 其他直接费用	元	0.83	0.15		0.03	2.42	0.39	0.33
（二）间接费用	元	10.64	5.82	7.83	7.90	11.39	10.16	9.20
1. 固定资产折旧	元	8.20	5.21	7.32	5.94	8.51	6.67	5.98
2. 税金	元							
3. 保险费	元	0.01				0.17		
4. 管理费	元	0.23	0.21		0.32	0.39	0.83	0.03
5. 财务费	元	0.07			0.01	0.70	0.51	
6. 销售费	元	2.13	0.40	0.51	1.63	1.62	2.15	3.19
二、每头人工成本	元	175.08	124.22	228.49	95.49	82.64	99.20	129.79
1. 家庭用工折价	元	175.08	124.22	228.49	95.49	82.64	99.20	129.79
家庭用工天数	日	10.36	7.35	13.52	5.65	4.89	5.87	7.68
劳动日工价	元	16.90	16.90	16.90	16.90	16.90	16.90	16.90
2. 雇工费用	元							
雇工天数	日							
雇工工价	元	24.91	24.86	29.09	29.35	25.05	24.67	27.06
三、附记								
1. 仔畜重量	公斤	17.10	16.80	10.90	11.90	14.30	14.50	23.80
2. 精饲料数量	公斤	258.90	267.30	345.80	332.10	320.80	320.10	235.70
3. 耗粮数量	公斤	181.30	199.20	250.80	235.20	237.70	229.70	157.60

5-1-1-2 续表 1

项　　目	单位	浙　江	安　徽	山　东	河　南	湖　北	湖　南
一、每头物质与服务费用	元	711.04	649.11	605.31	622.62	648.10	597.12
（一）直接费用	元	699.35	636.36	595.23	611.73	635.25	587.38
1.仔畜进价	元	218.14	146.61	171.12	142.10	108.19	92.43
2.精饲料费	元	417.27	388.01	384.03	425.37	412.53	394.85
3.青粗饲料费	元	32.12	64.98	9.07	3.01	71.65	44.82
4.饲料加工费	元	7.71	8.07	6.54	6.61	7.38	4.36
5.水费	元	1.38	0.29	0.83	2.05	1.00	
6.燃料动力费	元	1.92	7.71	3.19	4.69	2.64	44.25
电费	元	1.92	1.49	1.37	2.93	0.62	1.34
煤费	元		1.57	1.30	1.61	1.08	42.02
其他燃料动力费	元		4.65	0.52	0.15	0.94	0.89
7.医疗防疫费	元	15.74	8.87	10.56	17.50	15.34	4.20
8.死亡损失费	元		4.54	5.72	5.52	1.87	
9.技术服务费	元	1.22	0.32	0.05	1.23	1.08	
10.工具材料费	元	3.33	3.30	2.19	1.64	3.26	2.03
11.修理维护费	元	0.47	2.14	1.61	1.23	2.22	0.44
12.其他直接费用	元	0.05	1.52	0.32	0.78	8.09	
（二）间接费用	元	11.69	12.75	10.08	10.89	12.85	9.74
1.固定资产折旧	元	8.16	9.99	7.31	7.81	10.34	9.74
2.税金	元						
3.保险费	元						
4.管理费	元		0.06	0.15	1.03	0.31	
5.财务费	元			0.01			
6.销售费	元	3.53	2.70	2.61	2.05	2.20	
二、每头人工成本	元	87.54	215.98	99.72	76.05	211.59	322.96
1.家庭用工折价	元	87.54	215.98	99.54	76.05	211.59	322.96
家庭用工天数	日	5.18	12.78	5.89	4.50	12.52	19.11
劳动日工价	元	16.90	16.90	16.90	16.90	16.90	16.90
2.雇工费用	元			0.18			
雇工天数	日			0.01			
雇工工价	元	37.33	25.08	18.00	18.77	30.99	28.33
三、附记							
1.仔畜重量	公斤	33.50	20.80	27.30	17.90	13.50	13.60
2.精饲料数量	公斤	254.90	243.00	256.20	256.10	272.60	239.30
3.耗粮数量	公斤	184.20	170.90	199.00	189.30	168.60	167.50

5－1－1－2 续表 2

项　　目	单位	广 东	广 西	海 南	重 庆	四 川	贵 州
一、每头物质与服务费用	元	683.66	654.41	577.62	637.77	564.89	512.17
(一)直接费用	元	678.59	644.73	573.94	624.79	558.89	494.71
1. 仔畜进价	元	190.14	170.27	154.65	162.50	159.77	152.09
2. 精饲料费	元	393.93	411.77	368.16	328.98	288.04	230.18
3. 青粗饲料费	元	59.28	38.70	26.70	74.10	64.54	78.27
4. 饲料加工费	元	4.24	4.53	4.76	7.16	10.10	6.25
5. 水费	元	2.12	1.37	2.31	0.95	1.57	2.49
6. 燃料动力费	元	12.29	6.66	2.59	36.86	19.31	10.66
电费	元	4.47	1.58	1.16	4.06	2.13	1.94
煤费	元	7.30	1.43		23.00	9.76	6.90
其他燃料动力费	元	0.52	3.65	1.43	9.80	7.42	1.82
7. 医疗防疫费	元	11.20	5.94	8.64	6.19	10.33	4.46
8. 死亡损失费	元		1.42	2.98	0.66	2.27	0.23
9. 技术服务费	元	0.53			0.04	0.13	0.06
10. 工具材料费	元	3.02	2.56	2.11	4.35	1.68	5.78
11. 修理维护费	元	1.37	1.25	1.04	1.55	0.86	3.96
12. 其他直接费用	元	0.47	0.26		1.45	0.29	0.28
(二)间接费用	元	5.07	9.68	3.68	12.98	6.00	17.46
1. 固定资产折旧	元	4.79	7.33	2.58	8.27	6.00	12.73
2. 税金	元						
3. 保险费	元						
4. 管理费	元		0.25				0.07
5. 财务费	元						
6. 销售费	元	0.28	2.10	1.10	4.71		4.66
二、每头人工成本	元	162.58	163.59	153.79	432.98	172.55	167.99
1. 家庭用工折价	元	162.58	163.59	153.79	432.98	172.55	167.99
家庭用工天数	日	9.62	9.68	9.10	25.62	10.21	9.94
劳动日工价	元	16.90	16.90	16.90	16.90	16.90	16.90
2. 雇工费用	元						
雇工天数	日						
雇工工价	元	27.06	19.21	19.75	33.23	23.31	23.61
三、附记							
1. 仔畜重量	公斤	16.70	19.20	16.40	23.60	26.20	15.70
2. 精饲料数量	公斤	223.40	246.80	242.80	245.10	224.80	165.00
3. 耗粮数量	公斤	158.00	170.60	103.60	171.90	159.30	120.60

5－1－1－2 续表 3

项　目	单位	云 南	陕 西	甘 肃	青 海	宁 夏	新 疆
一、每头物质与服务费用	元	627.98	453.68	683.86	508.82	563.35	554.12
（一）直接费用	元	615.64	447.52	654.39	501.25	557.23	535.65
1. 仔畜进价	元	128.14	129.93	157.92	113.44	83.26	127.95
2. 精饲料费	元	358.39	229.85	342.22	315.51	427.82	318.23
3. 青粗饲料费	元	85.21	54.16	124.80	53.12	22.82	49.97
4. 饲料加工费	元	10.45	9.14	6.66	6.94	4.75	8.51
5. 水费	元	2.57	1.08	2.23	0.47	0.51	2.99
6. 燃料动力费	元	17.39	7.14	1.25	2.58	1.44	6.11
电费	元	1.94	0.94		0.23	0.74	2.73
煤费	元	12.53	6.20	1.25	2.35	0.70	3.38
其他燃料动力费	元	2.92					
7. 医疗防疫费	元	6.85	9.79	4.31	5.78	5.90	8.49
8. 死亡损失费	元	1.61	2.14	1.22	1.86	7.42	0.29
9. 技术服务费	元	0.06	0.17				1.20
10. 工具材料费	元	3.12	2.14	12.50	1.18	1.22	1.80
11. 修理维护费	元	1.85	1.39	1.28	0.13	1.02	9.04
12. 其他直接费用	元		0.59		0.24	1.07	1.07
（二）间接费用	元	12.34	6.16	29.47	7.57	6.12	18.47
1. 固定资产折旧	元	11.63	4.94	27.33	6.32	5.12	6.77
2. 税金	元						
3. 保险费	元						
4. 管理费	元		0.34		0.74		0.72
5. 财务费	元	0.05			0.03		0.46
6. 销售费	元	0.66	0.88	2.14	0.48	1.00	10.52
二、每头人工成本	元	207.03	248.43	229.50	232.04	145.51	111.71
1. 家庭用工折价	元	207.03	248.43	229.50	232.04	145.51	111.71
家庭用工天数	日	12.25	14.70	13.58	13.73	8.61	6.61
劳动日工价	元	16.90	16.90	16.90	16.90	16.90	16.90
2. 雇工费用	元						
雇工天数	日						
雇工工价	元	18.39	21.83	19.25	19.67	23.95	30.00
三、附记							
1. 仔畜重量	公斤	17.80	12.50	11.80	8.50	10.40	12.00
2. 精饲料数量	公斤	260.70	176.50	283.50	274.50	280.70	246.60
3. 耗粮数量	公斤	201.40	125.00	198.50	174.00	200.90	177.60

5-1-2-1　2006年各地区小规模生猪成本收益情况

项　　目	单位	平　均	河　北	山　西	内蒙古	辽　宁	吉　林	黑龙江
每头								
主产品产量	公斤	104.10	105.60	100.90	111.60	108.10	114.90	101.60
产值合计	元	825.68	845.96	787.42	975.44	778.62	879.68	731.05
主产品产值	元	808.97	815.27	772.09	952.92	762.02	866.81	718.40
副产品产值	元	16.71	30.69	15.33	22.52	16.60	12.87	12.65
总成本	元	721.28	699.59	749.66	773.68	653.71	737.35	615.74
生产成本	元	720.16	698.32	748.24	773.22	653.71	736.01	615.74
物质与服务费用	元	637.48	622.75	630.78	698.47	594.39	656.56	533.94
人工成本	元	82.68	75.57	117.46	74.75	59.32	79.45	81.80
家庭用工折价	元	72.33	73.68	117.46	50.70	59.32	69.46	81.80
雇工费用	元	10.35	1.89		24.05		9.99	
土地成本	元	1.12	1.27	1.42	0.46		1.34	
净利润	元	104.40	146.37	37.76	201.76	124.91	142.33	115.31
成本利润率	%	14.47	20.92	5.04	26.08	19.11	19.30	18.73
耗粮数量	公斤	180.30	186.90	216.90	218.30	219.70	223.30	203.30
每50公斤主产品								
平均出售价格	元	388.55	386.02	382.60	426.94	352.46	377.20	353.54
总成本	元	339.42	319.23	364.25	338.63	295.92	316.17	297.78
生产成本	元	338.89	318.65	363.56	338.43	295.92	315.60	297.78
净利润	元	49.13	66.79	18.35	88.31	56.54	61.03	55.76
耗粮数量	公斤	86.62	88.49	107.48	97.80	101.62	97.17	100.05
附：								
每核算单位用工数量	日	4.78	4.42	6.95	4.05	3.51	4.54	4.84
平均饲养天数	日	145.00	138.00	161.00	163.00	143.00	133.00	133.00

5-1-2-1 续表1

项　　目	单位	江　苏	浙　江	安　徽	福　建	江　西	山　东	河　南
每头								
主产品产量	公斤	91.50	106.60	106.90	119.20	105.20	102.80	97.40
产值合计	元	631.47	844.02	971.56	877.84	918.53	790.53	784.93
主产品产值	元	617.35	831.02	955.14	864.76	906.64	775.79	770.04
副产品产值	元	14.12	13.00	16.42	13.08	11.89	14.74	14.89
总成本	元	560.76	751.61	792.96	847.75	867.68	663.17	684.13
生产成本	元	559.20	751.28	791.01	847.25	866.55	661.46	681.43
物质与服务费用	元	514.43	679.99	727.80	806.11	820.53	612.88	610.02
人工成本	元	44.77	71.29	63.21	41.14	46.02	48.58	71.41
家庭用工折价	元	41.91	37.69	63.21	19.44	33.46	44.45	63.88
雇工费用	元	2.86	33.60		21.70	12.56	4.13	7.53
土地成本	元	1.56	0.33	1.95	0.50	1.13	1.71	2.70
净利润	元	70.71	92.41	178.60	30.09	50.85	127.36	100.80
成本利润率	%	12.61	12.29	22.52	3.55	5.86	19.20	14.73
耗粮数量	公斤	152.70	188.40	197.50	217.10	186.30	178.00	186.70
每50公斤主产品								
平均出售价格	元	337.35	389.78	446.74	362.73	430.91	377.33	395.30
总成本	元	299.57	347.10	364.62	350.30	407.05	316.54	344.54
生产成本	元	298.74	346.95	363.72	350.09	406.52	315.72	343.18
净利润	元	37.78	42.68	82.12	12.43	23.86	60.79	50.76
耗粮数量	公斤	83.44	88.37	92.38	91.07	88.55	86.58	95.84
附：								
每核算单位用工数量	日	2.58	3.23	3.74	1.70	2.59	2.73	4.06
平均饲养天数	日	113.00	130.00	151.00	160.00	146.00	117.00	150.00

5－1－2－1 续表 2

项 目	单位	湖 北	湖 南	广 东	广 西	海 南	四 川
每头							
主产品产量	公斤	108.50	109.90	102.20	94.00	101.60	105.40
产值合计	元	872.42	886.17	988.92	825.59	914.62	816.28
主产品产值	元	862.57	873.71	970.49	811.24	902.16	800.01
副产品产值	元	9.85	12.46	18.43	14.35	12.46	16.27
总成本	元	774.58	713.33	767.85	772.32	793.18	634.93
生产成本	元	774.35	712.77	766.74	770.42	791.59	634.93
物质与服务费用	元	666.88	596.78	712.81	680.47	720.20	469.61
人工成本	元	107.47	115.99	53.93	89.95	71.39	165.32
家庭用工折价	元	104.10	111.37	50.70	75.88	54.76	109.68
雇工费用	元	3.37	4.62	3.23	14.07	16.63	55.64
土地成本	元	0.23	0.56	1.11	1.90	1.59	
净利润	元	97.84	172.84	221.07	53.27	121.44	181.35
成本利润率	%	12.63	24.23	28.79	6.90	15.31	28.56
耗粮数量	公斤	195.90	158.90	173.40	173.30	116.40	95.50
每50公斤主产品							
平均出售价格	元	397.50	397.50	474.80	431.51	443.98	379.51
总成本	元	352.92	319.97	368.66	403.67	385.03	295.20
生产成本	元	352.82	319.72	368.13	402.67	384.26	295.20
净利润	元	44.58	77.53	106.14	27.84	58.95	84.31
耗粮数量	公斤	90.28	72.29	84.83	92.18	57.28	45.30
附:							
每核算单位用工数量	日	6.31	6.74	3.07	5.47	4.07	10.81
平均饲养天数	日	161.00	145.00	150.00	133.00	142.00	116.00

5－1－2－1　续表 3

项　　目	单位	贵　州	云　南	陕　西	甘　肃	青　海	宁　夏
每头							
主产品产量	公斤	92.00	107.00	120.20	99.60	83.80	106.10
产值合计	元	846.14	697.03	797.45	725.10	689.81	765.43
主产品产值	元	819.55	681.23	769.34	713.32	672.01	740.47
副产品产值	元	26.59	15.80	28.11	11.78	17.80	24.96
总成本	元	612.43	681.23	797.71	736.27	642.77	706.32
生产成本	元	612.43	675.74	797.71	734.74	642.43	705.46
物质与服务费用	元	483.97	611.43	649.16	653.30	555.39	628.74
人工成本	元	128.46	64.31	148.55	81.44	87.04	76.72
家庭用工折价	元	105.96	56.78	148.55	79.77	87.04	65.57
雇工费用	元	22.50	7.53		1.67		11.15
土地成本	元		5.49		1.53	0.34	0.86
净利润	元	233.71	15.80	－0.26	－11.17	47.04	59.11
成本利润率	%	38.16	2.32	－0.02	－1.51	7.32	8.37
耗粮数量	公斤	86.80	178.30	158.20	221.20	163.40	212.20
每 50 公斤主产品							
平均出售价格	元	445.41	318.33	320.02	358.09	400.96	348.95
总成本	元	322.38	311.11	320.12	363.61	373.62	322.00
生产成本	元	322.38	308.61	320.12	362.85	373.42	321.61
净利润	元	123.03	7.22	－0.10	－5.52	27.34	26.95
耗粮数量	公斤	47.17	83.32	65.81	111.04	97.49	100.00
附：							
每核算单位用工数量	日	7.23	3.82	8.79	4.78	5.15	4.33
平均饲养天数	日	142.00	161.00	146.00	165.00	168.00	165.00

5－1－2－2 2006年各地区小规模生猪费用和用工情况

项 目	单位	平 均	河 北	山 西	内蒙古	辽 宁	吉 林	黑龙江
一、每头物质与服务费用	元	637.48	622.75	630.78	698.47	594.39	656.56	533.94
（一）直接费用	元	625.77	612.02	622.42	680.61	584.47	646.06	524.39
1. 仔畜进价	元	151.74	148.01	124.50	155.08	101.60	135.83	108.31
2. 精饲料费	元	410.64	419.95	463.75	475.84	445.92	473.40	385.83
3. 青粗饲料费	元	26.84	11.91			6.22	4.19	2.56
4. 饲料加工费	元	5.12	2.98	1.92	6.56	4.64	5.95	7.36
5. 水费	元	1.94	1.37	1.93	2.94	1.71	1.76	1.71
6. 燃料动力费	元	4.57	5.03	5.17	11.83	4.53	2.39	2.76
电费	元	2.94	4.08	3.00	3.59	3.47	1.82	1.69
煤费	元	1.34	0.93	2.17	7.44	0.88	0.54	0.31
其他燃料动力费	元	0.29	0.02		0.80	0.18	0.03	0.76
7. 医疗防疫费	元	9.45	12.27	9.88	8.82	7.84	10.49	6.04
8. 死亡损失费	元	10.47	6.88	10.89	12.77	8.11	6.69	5.57
9. 技术服务费	元	0.45	0.09	0.15	0.50		0.47	0.71
10. 工具材料费	元	2.28	1.88	2.81	2.87	1.77	1.68	1.24
11. 修理维护费	元	1.86	1.61	1.42	2.87	1.72	2.74	2.02
12. 其他直接费用	元	0.41	0.04		0.53	0.41	0.47	0.28
（二）间接费用	元	11.71	10.73	8.36	17.86	9.92	10.50	9.55
1. 固定资产折旧	元	8.69	9.61	8.36	11.64	7.04	8.38	6.76
2. 税金	元							
3. 保险费	元	0.02					0.08	0.17
4. 管理费	元	0.70	0.26		4.00	0.46	0.30	0.60
5. 财务费	元	0.46	0.08		0.33	0.14	0.56	0.09
6. 销售费	元	1.84	0.78		1.89	2.28	1.18	1.93
二、每头人工成本	元	82.68	75.57	117.46	74.75	59.32	79.45	81.80
1. 家庭用工折价	元	72.33	73.68	117.46	50.70	59.32	69.46	81.80
家庭用工天数	日	4.28	4.36	6.95	3.00	3.51	4.11	4.84
劳动日工价	元	16.90	16.90	16.90	16.90	16.90	16.90	16.90
2. 雇工费用	元	10.35	1.89		24.05		9.99	
雇工天数	日	0.50	0.06		1.05		0.43	
雇工工价	元	20.70	31.50	26.50	22.90	28.44	23.23	25.25
三、附记								
1. 仔畜重量	公斤	16.70	18.10	10.10	11.90	12.70	14.40	15.30
2. 精饲料数量	公斤	254.80	258.80	289.70	311.90	311.30	306.10	272.00
3. 耗粮数量	公斤	180.30	186.90	216.90	218.30	219.70	223.30	203.30

5－1－2－2 续表 1

项　　目	单位	江　苏	浙　江	安　徽	福　建	江　西	山　东	河　南
一、每头物质与服务费用	元	514.43	679.99	727.80	806.11	820.53	612.88	610.02
（一）直接费用	元	506.13	664.90	712.73	796.23	798.39	603.31	596.44
1. 仔畜进价	元	145.37	159.84	165.27	119.57	164.68	197.21	127.16
2. 精饲料费	元	323.11	481.82	476.78	557.35	529.09	369.88	424.69
3. 青粗饲料费	元	8.80	3.92	37.51	100.75	3.07	3.94	2.94
4. 饲料加工费	元	4.34	1.18	2.32		1.05	2.42	5.62
5. 水费	元	1.45	1.29	0.86	0.86	0.69	0.59	2.13
6. 燃料动力费	元	2.58	1.24	3.72	2.71	6.06	2.50	4.88
电费	元	1.81	1.19	2.60	2.71	5.28	1.68	3.23
煤费	元	0.68	0.02	0.34		0.78	0.82	1.55
其他燃料动力费	元	0.09	0.03	0.78				0.10
7. 医疗防疫费	元	8.79	8.22	9.85	10.50	23.33	9.65	15.52
8. 死亡损失费	元	8.21	3.30	12.51	1.74	65.75	14.00	8.57
9. 技术服务费	元	0.59	0.68	0.47		0.20	0.46	1.17
10. 工具材料费	元	1.41	1.37	2.40	0.91	2.63	1.25	1.70
11. 修理维护费	元	1.08	1.37	0.79	1.84	1.68	1.21	1.46
12. 其他直接费用	元	0.40	0.67	0.25		0.16	0.20	0.60
（二）间接费用	元	8.30	15.09	15.07	9.88	22.14	9.57	13.58
1. 固定资产折旧	元	5.49	9.63	11.14	8.38	17.20	7.41	9.83
2. 税金	元							
3. 保险费	元			0.37				
4. 管理费	元	0.16	0.73	1.76		1.01	0.13	1.39
5. 财务费	元	0.23	2.01	0.38		0.93	0.46	0.22
6. 销售费	元	2.42	2.72	1.42	1.50	3.00	1.57	2.14
二、每头人工成本	元	44.77	71.29	63.21	41.14	46.02	48.58	71.41
1. 家庭用工折价	元	41.91	37.69	63.21	19.44	33.46	44.45	63.88
家庭用工天数	日	2.48	2.23	3.74	1.15	1.98	2.63	3.78
劳动日工价	元	16.90	16.90	16.90	16.90	16.90	16.90	16.90
2. 雇工费用	元	2.86	33.60		21.70	12.56	4.13	7.53
雇工天数	日	0.10	1.00		0.55	0.61	0.10	0.28
雇工工价	元	28.60	33.60	28.18	39.45	20.59	41.30	26.89
三、附记								
1. 仔畜重量	公斤	25.40	20.90	18.80	16.00	17.30	25.80	15.30
2. 精饲料数量	公斤	213.60	269.10	279.20	285.80	266.90	244.20	255.20
3. 耗粮数量	公斤	152.70	188.40	197.50	217.10	186.30	178.00	186.70

5-1-2-2 续表 2

项 目	单位	湖 北	湖 南	广 东	广 西	海 南	四 川
一、每头物质与服务费用	元	666.88	596.78	712.81	680.47	720.20	469.61
(一)直接费用	元	656.05	585.60	706.58	673.60	712.05	457.78
1. 仔畜进价	元	140.35	112.93	217.15	192.62	272.34	136.37
2. 精饲料费	元	465.78	405.04	431.60	439.49	416.20	162.28
3. 青粗饲料费	元	9.44	17.18	22.75	19.68	4.44	98.60
4. 饲料加工费	元	5.90	10.35	2.83	5.45	3.88	16.34
5. 水费	元	2.79	1.23	1.97	1.89	2.35	7.62
6. 燃料动力费	元	5.22	4.05	4.72	3.09	2.74	13.53
电费	元	3.56	2.40	2.34	2.05	2.06	9.64
煤费	元	0.77	1.65	1.36	0.74		2.83
其他燃料动力费	元	0.89		1.02	0.30	0.68	1.06
7. 医疗防疫费	元	10.59	11.82	9.91	5.44	4.34	10.62
8. 死亡损失费	元	8.13	15.33	8.68	2.70	2.47	6.62
9. 技术服务费	元	1.23	1.15	0.93			
10. 工具材料费	元	3.39	2.87	2.15	1.89	1.78	3.43
11. 修理维护费	元	2.76	2.33	3.20	1.22	1.51	0.70
12. 其他直接费用	元	0.47	1.32	0.69	0.13		1.67
(二)间接费用	元	10.83	11.18	6.23	6.87	8.15	11.83
1. 固定资产折旧	元	8.21	6.54	3.90	4.82	5.19	5.77
2. 税金	元						
3. 保险费	元						
4. 管理费	元	0.01	0.27	1.38	0.54		1.97
5. 财务费	元	0.34	2.89				
6. 销售费	元	2.27	1.48	0.95	1.51	2.96	4.09
二、每头人工成本	元	107.47	115.99	53.93	89.95	71.39	165.32
1. 家庭用工折价	元	104.10	111.37	50.70	75.88	54.76	109.68
家庭用工天数	日	6.16	6.59	3.00	4.49	3.24	6.49
劳动日工价	元	16.90	16.90	16.90	16.90	16.90	16.90
2. 雇工费用	元	3.37	4.62	3.23	14.07	16.63	55.64
雇工天数	日	0.15	0.15	0.07	0.98	0.83	4.32
雇工工价	元	22.47	30.80	46.14	14.36	20.04	12.88
三、附记							
1. 仔畜重量	公斤	13.80	12.20	18.20	19.90	25.00	25.90
2. 精饲料数量	公斤	304.70	224.80	235.50	243.30	266.40	136.40
3. 耗粮数量	公斤	195.90	158.90	173.40	173.30	116.40	95.50

5－1－2－2　续表 3

项　　目	单位	贵　州	云　南	陕　西	甘　肃	青　海	宁　夏
一、每头物质与服务费用	元	483.97	611.43	649.16	653.30	555.39	628.74
（一）直接费用	元	469.04	596.86	642.50	633.48	546.51	616.42
1. 仔畜进价	元	181.49	107.36	154.34	124.60	176.80	124.64
2. 精饲料费	元	173.44	370.19	349.84	438.01	334.42	452.29
3. 青粗饲料费	元	77.17	88.19	91.41	32.88	11.00	12.36
4. 饲料加工费	元	5.34	8.42	12.59	4.07	3.37	3.22
5. 水费	元	2.60	2.75	2.39	0.75	1.50	1.39
6. 燃料动力费	元	6.97	3.12	6.00	3.15	3.64	2.82
电费	元	3.32	2.96	3.55	1.76	1.56	2.14
煤费	元	3.65	0.16	2.45	0.79	2.08	0.68
其他燃料动力费	元				0.60		
7. 医疗防疫费	元	4.68	4.98	10.65	7.67	6.54	7.82
8. 死亡损失费	元	2.62	7.51	9.98	20.55	5.50	6.78
9. 技术服务费	元		0.71	0.60	0.14	0.98	
10. 工具材料费	元	10.58	0.64	2.19	0.84	1.74	1.69
11. 修理维护费	元	4.15	2.99	2.51	0.71	0.66	1.95
12. 其他直接费用	元				0.11	0.36	1.46
（二）间接费用	元	14.93	14.57	6.66	19.82	8.88	12.32
1. 固定资产折旧	元	12.44	11.56	4.91	16.19	6.77	10.15
2. 税金	元						
3. 保险费	元						
4. 管理费	元		0.55		0.21	1.77	
5. 财务费	元		1.99		0.50	0.34	
6. 销售费	元	2.49	0.47	1.75	2.92		2.17
二、每头人工成本	元	128.46	64.31	148.55	81.44	87.04	76.72
1. 家庭用工折价	元	105.96	56.78	148.55	79.77	87.04	65.57
家庭用工天数	日	6.27	3.36	8.79	4.72	5.15	3.88
劳动日工价	元	16.90	16.90	16.90	16.90	16.90	16.90
2. 雇工费用	元	22.50	7.53		1.67		11.15
雇工天数	日	0.96	0.46		0.06		0.45
雇工工价	元	23.44	16.37	24.00	27.83	18.75	24.78
三、附记							
1. 仔畜重量	公斤	17.50	18.10	10.60	11.40	12.30	11.20
2. 精饲料数量	公斤	118.20	227.90	225.90	270.20	256.20	297.50
3. 耗粮数量	公斤	86.80	178.30	158.20	221.20	163.40	212.20

5-1-3-1 2006年各地区中规模生猪成本收益情况

项目	单位	平均	北京	天津	河北	山西	内蒙古	辽宁
每头								
主产品产量	公斤	105.00	96.70	105.70	102.00	100.30	105.80	108.40
产值合计	元	826.13	756.35	774.20	780.74	765.90	855.89	775.74
主产品产值	元	810.96	755.86	766.91	742.33	753.67	831.39	758.60
副产品产值	元	15.17	0.49	7.29	38.41	12.23	24.50	17.14
总成本	元	725.48	769.93	700.10	671.63	704.56	737.26	642.67
生产成本	元	723.81	767.45	699.34	669.54	703.39	736.83	642.67
物质与服务费用	元	665.15	720.02	657.18	602.35	609.04	699.79	597.21
人工成本	元	58.66	47.43	42.16	67.19	94.35	37.04	45.46
家庭用工折价	元	36.67	9.46	15.89	57.63	73.68	27.04	45.46
雇工费用	元	21.99	37.97	26.27	9.56	20.67	10.00	
土地成本	元	1.67	2.48	0.76	2.09	1.17	0.43	
净利润	元	100.65	-13.58	74.10	109.11	61.34	118.63	133.07
成本利润率	%	13.87	-1.75	10.58	16.25	8.71	16.09	20.71
耗粮数量	公斤	192.40	162.30	195.50	180.90	203.60	204.40	218.80
每50公斤主产品								
平均出售价格	元	386.17	390.83	362.78	363.89	375.71	392.91	349.91
总成本	元	339.12	397.85	328.06	313.04	345.62	338.45	289.89
生产成本	元	338.34	396.57	327.70	312.06	345.05	338.25	289.89
净利润	元	47.05	-7.02	34.72	50.85	30.09	54.46	60.02
耗粮数量	公斤	91.61	83.92	92.48	88.68	101.50	96.60	100.92
附:								
每核算单位用工数量	日	3.11	2.05	1.76	3.72	5.12	2.10	2.69
平均饲养天数	日	143.00	138.00	141.00	129.00	156.00	170.00	141.00

5－1－3－1 续表 1

项 目	单位	吉 林	黑龙江	江 苏	浙 江	安 徽	江 西	山 东
每头								
主产品产量	公斤	113.00	99.50	92.00	114.70	106.90	110.90	103.90
产值合计	元	891.12	726.16	668.45	927.95	894.14	984.37	784.56
主产品产值	元	876.68	714.15	654.33	922.15	882.35	977.53	767.10
副产品产值	元	14.44	12.01	14.12	5.80	11.79	6.84	17.46
总成本	元	737.96	617.30	606.04	866.80	797.51	849.28	686.26
生产成本	元	736.12	617.24	605.69	866.02	793.88	847.89	684.79
物质与服务费用	元	673.06	546.88	574.16	812.24	737.76	823.45	648.63
人工成本	元	63.06	70.36	31.53	53.78	56.12	24.44	36.16
家庭用工折价	元	40.39	18.76	19.27	20.62	38.03	16.39	22.48
雇工费用	元	22.67	51.60	12.26	33.16	18.09	8.05	13.68
土地成本	元	1.84	0.06	0.35	0.78	3.63	1.39	1.47
净利润	元	153.16	108.86	62.41	61.15	96.63	135.09	98.30
成本利润率	%	20.75	17.63	10.30	7.05	12.12	15.91	14.32
耗粮数量	公斤	230.00	201.10	153.00	191.60	196.40	186.70	185.90
每50公斤主产品								
平均出售价格	元	387.91	358.87	355.61	401.98	412.70	440.73	369.15
总成本	元	321.24	305.07	322.41	375.49	368.10	380.25	322.90
生产成本	元	320.44	305.04	322.22	375.15	366.42	379.62	322.21
净利润	元	66.67	53.80	33.20	26.49	44.60	60.48	46.25
耗粮数量	公斤	101.77	101.06	83.15	83.52	91.86	84.17	89.46
附：								
每核算单位用工数量	日	3.32	3.45	1.61	2.17	2.84	1.27	2.04
平均饲养天数	日	133.00	132.00	112.00	146.00	145.00	142.00	117.00

5－1－3－1 续表 2

项　　目	单位	河　南	湖　北	湖　南	广　东	广　西	海　南	四　川
每头								
主产品产量	公斤	99.80	108.90	110.10	103.20	97.10	106.60	100.70
产值合计	元	816.20	880.02	867.20	951.58	825.50	938.16	797.74
主产品产值	元	800.44	871.60	858.37	935.92	810.03	922.99	785.90
副产品产值	元	15.76	8.42	8.83	15.66	15.47	15.17	11.84
总成本	元	708.85	795.79	779.66	834.37	747.92	789.06	805.59
生产成本	元	705.36	793.21	778.90	831.68	746.23	787.22	804.09
物质与服务费用	元	640.00	749.56	739.79	780.55	689.23	736.12	651.61
人工成本	元	65.36	43.65	39.11	51.13	57.00	51.10	152.48
家庭用工折价	元	29.58	23.83	30.25	16.06	35.49	19.77	131.82
雇工费用	元	35.78	19.82	8.86	35.07	21.51	31.33	20.66
土地成本	元	3.49	2.58	0.76	2.69	1.69	1.84	1.50
净利润	元	107.35	84.23	87.54	117.21	77.58	149.10	-7.85
成本利润率	%	15.14	10.58	11.23	14.05	10.37	18.90	-0.96
耗粮数量	公斤	190.70	204.70	198.10	187.00	175.10	153.50	275.20
每50公斤主产品								
平均出售价格	元	401.02	400.18	389.81	453.45	417.11	432.92	390.22
总成本	元	348.28	361.88	350.46	397.60	377.91	364.12	394.06
生产成本	元	346.56	360.70	350.12	396.31	377.06	363.27	393.33
净利润	元	52.74	38.30	39.35	55.85	39.20	68.80	-3.84
耗粮数量	公斤	95.54	93.99	89.96	90.60	90.16	72.00	136.64
附：								
每核算单位用工数量	日	3.39	2.09	2.03	1.89	3.48	2.62	9.20
平均饲养天数	日	145.00	146.00	157.00	142.00	139.00	155.00	131.00

5－1－3－1 续表 3

项 目	单位	贵 州	云 南	陕 西	甘 肃	青 海	宁 夏	新 疆
每头								
主产品产量	公斤	107.00	130.10	104.30	108.70	93.90	102.80	101.80
产值合计	元	655.63	961.93	752.65	894.67	810.63	744.17	823.99
主产品产值	元	642.63	947.21	731.47	868.46	790.63	717.35	810.00
副产品产值	元	13.00	14.72	21.18	26.21	20.00	26.82	13.99
总成本	元	605.07	746.11	568.88	818.43	654.55	684.28	661.23
生产成本	元	601.57	740.82	568.88	815.93	652.49	683.67	661.23
物质与服务费用	元	482.42	698.66	503.35	763.75	591.81	619.90	610.79
人工成本	元	119.15	42.16	65.53	52.18	60.68	63.77	50.44
家庭用工折价	元	59.15	26.70	38.53	46.98	44.79	58.14	22.98
雇工费用	元	60.00	15.46	27.00	5.20	15.89	5.63	27.46
土地成本	元	3.50	5.29		2.50	2.06	0.61	
净利润	元	50.56	215.82	183.77	76.24	156.08	59.89	162.76
成本利润率	%	8.36	28.93	32.30	9.32	23.85	8.75	24.61
耗粮数量	公斤	120.00	239.80	151.50	226.40	158.60	205.90	197.60
每50公斤主产品								
平均出售价格	元	300.29	364.03	350.66	399.48	421.00	348.91	397.84
总成本	元	277.13	282.36	265.04	365.44	339.94	320.83	319.26
生产成本	元	275.53	280.35	265.04	364.32	338.87	320.54	319.26
净利润	元	23.16	81.67	85.62	34.04	81.06	28.08	78.58
耗粮数量	公斤	56.07	92.16	72.63	104.14	84.45	100.15	97.05
附：								
每核算单位用工数量	日	6.50	2.44	3.41	3.02	3.65	3.69	2.39
平均饲养天数	日	147.00	160.00	140.00	169.00	154.00	154.00	128.00

5－1－3－2　2006 年各地区中规模生猪费用和用工情况

项　　目	单位	平　均	北　京	天　津	河　北	山　西	内蒙古	辽　宁
一、每头物质与服务费用	元	665.15	720.02	657.18	602.35	609.04	699.79	597.21
（一）直接费用	元	651.54	704.19	642.62	591.84	602.62	684.76	586.27
1. 仔畜进价	元	162.33	228.03	173.71	146.26	111.16	136.29	100.34
2. 精饲料费	元	436.69	396.91	437.27	419.04	453.18	505.06	452.07
3. 青粗饲料费	元	16.00	14.00	1.00		0.96		3.14
4. 饲料加工费	元	4.34	1.40	1.16	1.78	3.00	7.54	2.61
5. 水费	元	1.74	1.03	2.10	1.55	2.05	3.48	1.94
6. 燃料动力费	元	4.76	14.91	4.74	3.64	5.36	7.90	6.15
电费	元	2.93	7.20	3.66	3.56	2.56	2.50	4.08
煤费	元	1.64	7.71	0.97	0.08	2.47	5.40	2.06
其他燃料动力费	元	0.19		0.11		0.33		0.01
7. 医疗防疫费	元	10.29	17.29	11.91	12.11	11.97	4.92	7.67
8. 死亡损失费	元	11.28	25.80	6.92	5.10	10.87	13.85	8.24
9. 技术服务费	元	0.36		0.10	0.19	0.59		
10. 工具材料费	元	1.57	0.71	1.64	0.99	2.61	2.94	2.15
11. 修理维护费	元	1.75	3.51	1.82	1.11	0.87	2.28	1.82
12. 其他直接费用	元	0.43	0.60	0.25	0.07		0.50	0.14
（二）间接费用	元	13.61	15.83	14.56	10.51	6.42	15.03	10.94
1. 固定资产折旧	元	8.98	6.13	13.56	9.11	5.78	8.87	7.43
2. 税金	元							
3. 保险费	元	0.09						
4. 管理费	元	1.64	7.11		0.06	0.07	4.11	0.59
5. 财务费	元	0.97	2.29		0.19	0.46		0.38
6. 销售费	元	1.93	0.30	1.00	1.15	0.11	2.05	2.54
二、每头人工成本	元	58.66	47.43	42.16	67.19	94.35	37.04	45.46
1. 家庭用工折价	元	36.67	9.46	15.89	57.63	73.68	27.04	45.46
家庭用工天数	日	2.17	0.56	0.94	3.41	4.36	1.60	2.69
劳动日工价	元	16.90	16.90	16.90	16.90	16.90	16.90	16.90
2. 雇工费用	元	21.99	37.97	26.27	9.56	20.67	10.00	
雇工天数	日	0.94	1.49	0.82	0.31	0.76	0.50	
雇工工价	元	23.39	25.48	32.04	30.84	27.20	20.00	28.03
三、附记								
1. 仔畜重量	公斤	17.10	21.40	18.00	20.10	10.50	13.90	12.80
2. 精饲料数量	公斤	270.70	231.80	279.20	250.10	280.80	291.90	311.90
3. 耗粮数量	公斤	192.40	162.30	195.50	180.90	203.60	204.40	218.80

5－1－3－2 续表 1

项　　目	单位	吉　林	黑龙江	江　苏	浙　江	安　徽	江　西	山　东
一、每头物质与服务费用	元	673.06	546.88	574.16	812.24	737.76	823.45	648.63
（一）直接费用	元	660.07	533.83	564.20	797.62	726.01	806.90	637.07
1. 仔畜进价	元	152.69	112.21	193.41	245.27	193.21	215.56	177.82
2. 精饲料费	元	472.16	395.19	342.24	487.51	460.81	523.91	411.18
3. 青粗饲料费	元	3.33		6.63	35.57	32.28	3.66	7.12
4. 饲料加工费	元	5.03	5.10	2.53	3.08	2.66	1.60	3.83
5. 水费	元	1.49	2.19	1.37	1.69	0.73	0.28	1.31
6. 燃料动力费	元	3.15	3.91	2.26	2.52	5.74	4.04	3.93
电费	元	2.79	1.73	1.55	2.18	4.27	3.05	2.04
煤费	元	0.36	1.85	0.70		1.23	0.05	1.78
其他燃料动力费	元		0.33	0.01	0.34	0.24	0.94	0.11
7. 医疗防疫费	元	10.64	6.18	7.61	10.41	11.00	15.66	11.58
8. 死亡损失费	元	6.76	5.54	5.66	6.60	13.73	38.95	16.94
9. 技术服务费	元	0.59	0.86	0.57	0.59	0.33	0.25	0.59
10. 工具材料费	元	1.63	1.19	0.94	1.92	2.38	1.11	1.15
11. 修理维护费	元	2.42	1.43	0.91	1.99	3.14	1.16	1.28
12. 其他直接费用	元	0.18	0.03	0.07	0.47		0.72	0.34
（二）间接费用	元	12.99	13.05	9.96	14.62	11.75	16.55	11.56
1. 固定资产折旧	元	9.31	9.41	7.04	10.60	7.48	8.45	8.08
2. 税金	元							
3. 保险费	元	0.09						
4. 管理费	元	1.69	0.88	0.88	0.46	0.65	2.27	1.74
5. 财务费	元	0.87	0.47	0.73	1.32	2.74	3.01	0.44
6. 销售费	元	1.03	2.29	1.31	2.24	0.88	2.82	1.30
二、每头人工成本	元	63.06	70.36	31.53	53.78	56.12	24.44	36.16
1. 家庭用工折价	元	40.39	18.76	19.27	20.62	38.03	16.39	22.48
家庭用工天数	日	2.39	1.11	1.14	1.22	2.25	0.97	1.33
劳动日工价	元	16.90	16.90	16.90	16.90	16.90	16.90	16.90
2. 雇工费用	元	22.67	51.60	12.26	33.16	18.09	8.05	13.68
雇工天数	日	0.93	2.34	0.47	0.95	0.59	0.30	0.71
雇工工价	元	24.38	22.05	26.09	34.91	30.66	26.83	19.27
三、附记								
1. 仔畜重量	公斤	16.50	14.20	28.00	25.40	24.30	19.80	26.30
2. 精饲料数量	公斤	310.10	279.70	220.60	273.70	280.50	270.00	255.90
3. 耗粮数量	公斤	230.00	201.10	153.00	191.60	196.40	186.70	185.90

5-1-3-2 续表 2

项　　目	单位	河 南	湖 北	湖 南	广 东	广 西	海 南	四 川
一、每头物质与服务费用	元	640.00	749.56	739.79	780.55	689.23	736.12	651.61
(一)直接费用	元	624.40	730.29	732.86	769.37	679.12	724.11	642.43
1. 仔畜进价	元	128.67	159.88	130.61	222.45	182.37	166.57	127.93
2. 精饲料费	元	447.14	531.21	541.97	482.56	462.95	529.21	448.19
3. 青粗饲料费	元	1.31	1.68	2.07	19.50	6.60	3.25	43.17
4. 饲料加工费	元	5.01	3.01	5.18	2.96	5.71	3.10	5.25
5. 水费	元	2.21	0.85	0.72	2.06	2.21	2.09	1.61
6. 燃料动力费	元	6.33	3.46	1.98	4.57	3.77	2.74	3.35
电费	元	4.02	3.38	1.76	2.90	2.75	2.54	1.94
煤费	元	2.15		0.22	1.63	1.02		1.41
其他燃料动力费	元	0.16	0.08		0.04		0.20	
7. 医疗防疫费	元	18.55	15.90	14.68	9.58	7.59	6.86	5.90
8. 死亡损失费	元	9.98	10.33	32.69	18.59	2.51	5.49	5.45
9. 技术服务费	元	1.41	0.39	0.08	0.71	0.48		
10. 工具材料费	元	1.58	1.69	1.33	2.74	2.03	1.40	1.33
11. 修理维护费	元	1.78	1.44	1.28	2.67	1.59	2.43	0.25
12. 其他直接费用	元	0.43	0.45	0.27	0.98	1.31	0.97	
(二)间接费用	元	15.60	19.27	6.93	11.18	10.11	12.01	9.18
1. 固定资产折旧	元	11.10	10.60	5.18	6.23	5.94	8.99	8.18
2. 税金	元							
3. 保险费	元							
4. 管理费	元	1.58	2.10	0.08	1.03	1.29	2.36	
5. 财务费	元	0.53	3.75	0.08	0.66	0.92	0.11	
6. 销售费	元	2.39	2.82	1.59	3.26	1.96	0.55	1.00
二、每头人工成本	元	65.36	43.65	39.11	51.13	57.00	51.10	152.48
1. 家庭用工折价	元	29.58	23.83	30.25	16.06	35.49	19.77	131.82
家庭用工天数	日	1.75	1.41	1.79	0.95	2.10	1.17	7.80
劳动日工价	元	16.90	16.90	16.90	16.90	16.90	16.90	16.90
2. 雇工费用	元	35.78	19.82	8.86	35.07	21.51	31.33	20.66
雇工天数	日	1.64	0.68	0.24	0.94	1.38	1.45	1.40
雇工工价	元	21.82	29.15	36.92	37.31	15.59	21.61	14.76
三、附记								
1. 仔畜重量	公斤	15.10	15.90	10.60	17.20	16.70	16.80	16.10
2. 精饲料数量	公斤	261.80	296.10	283.00	242.60	252.90	282.40	393.20
3. 耗粮数量	公斤	190.70	204.70	198.10	187.00	175.10	153.50	275.20

5－1－3－2 续表 3

项 目	单位	贵 州	云 南	陕 西	甘 肃	青 海	宁 夏	新 疆
一、每头物质与服务费用	元	482.42	698.66	503.35	763.75	591.81	619.90	610.79
(一)直接费用	元	464.80	673.19	492.85	733.84	578.30	608.84	599.49
1. 仔畜进价	元	144.00	155.68	100.03	165.48	195.50	140.60	177.11
2. 精饲料费	元	240.00	398.61	325.36	475.05	321.58	434.32	396.00
3. 青粗饲料费	元	55.00	76.29	33.33	42.67	30.13	9.20	
4. 饲料加工费	元	5.00	12.77	6.17	10.18	2.93	2.56	6.08
5. 水费	元	2.50	1.74	2.68	3.01	1.09	0.70	2.33
6. 燃料动力费	元	2.50	5.09	3.26	8.02	6.58	2.71	6.07
电费	元	2.50	3.80	2.26	3.71	1.28	2.37	2.74
煤费	元		1.21	1.00	4.03	3.37	0.34	3.33
其他燃料动力费	元		0.08		0.28	1.93		
7. 医疗防疫费	元	8.50	13.99	11.84	6.30	7.77	8.12	3.27
8. 死亡损失费	元	4.50	5.57	6.84	17.95	8.31	7.02	4.48
9. 技术服务费	元		0.33	0.53		1.25		
10. 工具材料费	元	1.50	1.71	1.54	0.66	2.18	0.94	0.40
11. 修理维护费	元	1.30	1.41	1.27	2.57	0.98	0.92	3.75
12. 其他直接费用	元				1.95		1.75	
(二)间接费用	元	17.62	25.47	10.50	29.91	13.51	11.06	11.30
1. 固定资产折旧	元	10.50	19.48	4.03	13.40	7.96	8.29	11.30
2. 税金	元							
3. 保险费	元		2.40					
4. 管理费	元	4.12	2.27	0.11	5.24	2.84	0.68	
5. 财务费	元		0.99	0.01	4.72	1.54		
6. 销售费	元	3.00	0.33	6.35	6.55	1.17	2.09	
二、每头人工成本	元	119.15	42.16	65.53	52.18	60.68	63.77	50.44
1. 家庭用工折价	元	59.15	26.70	38.53	46.98	44.79	58.14	22.98
家庭用工天数	日	3.50	1.58	2.28	2.78	2.65	3.44	1.36
劳动日工价	元	16.90	16.90	16.90	16.90	16.90	16.90	16.90
2. 雇工费用	元	60.00	15.46	27.00	5.20	15.89	5.63	27.46
雇工天数	日	3.00	0.86	1.13	0.24	1.00	0.25	1.03
雇工工价	元	20.00	17.98	23.89	21.67	15.89	22.52	26.66
三、附记								
1. 仔畜重量	公斤	16.00	21.80	9.60	11.10	17.20	12.60	12.60
2. 精饲料数量	公斤	160.00	317.90	216.40	285.10	219.90	284.40	277.00
3. 耗粮数量	公斤	120.00	239.80	151.50	226.40	158.60	205.90	197.60

5-1-4-1 2006年各地区大规模生猪成本收益情况

项目	单位	平均	北京	天津	河北	山西	内蒙古	辽宁
每头								
主产品产量	公斤	99.10	92.00	101.50	95.90	97.40	90.00	101.60
产值合计	元	805.22	699.62	788.21	822.95	828.54	777.93	757.54
主产品产值	元	793.35	695.05	781.07	798.15	814.54	752.15	738.05
副产品产值	元	11.87	4.57	7.14	24.80	14.00	25.78	19.49
总成本	元	739.63	742.75	703.35	698.93	652.38	809.54	641.50
生产成本	元	737.35	738.48	700.50	696.99	651.06	809.54	641.50
物质与服务费用	元	701.01	696.11	669.99	641.98	562.26	782.84	601.60
人工成本	元	36.34	42.37	30.51	55.01	88.80	26.70	39.90
家庭用工折价	元	5.75	5.75	1.01	43.26	29.07		1.52
雇工费用	元	30.59	36.62	29.50	11.75	59.73	26.70	38.38
土地成本	元	2.28	4.27	2.85	1.94	1.32		
净利润	元	65.59	-43.13	84.86	124.02	176.16	-31.61	116.04
成本利润率	%	8.87	-5.80	12.07	17.74	27.00	-3.89	18.09
耗粮数量	公斤	187.40	149.60	180.40	178.80	190.40	203.90	205.40
每50公斤主产品								
平均出售价格	元	400.28	377.74	384.76	416.14	418.14	417.86	363.21
总成本	元	367.67	401.03	343.34	353.43	329.24	434.84	307.57
生产成本	元	366.54	398.72	341.94	352.45	328.57	434.84	307.57
净利润	元	32.61	-23.29	41.42	62.71	88.90	-16.98	55.64
耗粮数量	公斤	94.57	81.30	88.87	93.22	97.74	113.28	101.08
附：								
每核算单位用工数量	日	1.49	1.83	1.07	3.09	4.11	1.19	1.31
平均饲养天数	日	134.00	160.00	126.00	138.00	163.00	163.00	146.00

5-1-4-1 续表 1

项 目	单位	吉 林	黑龙江	上 海	江 苏	浙 江	安 徽	福 建
每头								
主产品产量	公斤	110.50	97.90	97.70	93.60	102.80	103.00	101.10
产值合计	元	873.67	683.21	811.09	672.98	847.49	854.97	831.19
主产品产值	元	857.89	671.61	809.71	663.75	842.67	842.87	830.53
副产品产值	元	15.78	11.60	1.38	9.23	4.82	12.10	0.66
总成本	元	745.25	571.25	796.17	603.38	802.59	755.17	806.97
生产成本	元	743.07	571.15	792.52	602.44	800.85	753.50	804.12
物质与服务费用	元	679.38	531.99	772.72	573.33	748.71	720.11	788.81
人工成本	元	63.69	39.16	19.80	29.11	52.14	33.39	15.31
家庭用工折价	元			1.01	19.94	1.69	4.73	0.34
雇工费用	元	63.69	39.16	18.79	9.17	50.45	28.66	14.97
土地成本	元	2.18	0.10	3.65	0.94	1.74	1.67	2.85
净利润	元	128.42	111.96	14.92	69.60	44.90	99.80	24.22
成本利润率	%	17.23	19.60	1.87	11.54	5.59	13.22	3.00
耗粮数量	公斤	229.40	202.10	159.10	185.00	175.00	185.00	186.00
每50公斤主产品								
平均出售价格	元	388.19	343.01	414.39	354.57	409.86	409.16	410.75
总成本	元	331.13	286.80	406.77	317.90	388.15	361.40	398.78
生产成本	元	330.16	286.75	404.90	317.40	387.30	360.60	397.37
净利润	元	57.06	56.21	7.62	36.67	21.71	47.76	11.97
耗粮数量	公斤	103.80	103.22	81.42	98.82	85.12	89.81	91.99
附:								
每核算单位用工数量	日	2.49	2.16	0.65	1.62	1.51	1.22	0.54
平均饲养天数	日	120.00	127.00	99.00	114.00	122.00	127.00	129.00

5－1－4－1 续表 2

项 目	单位	江 西	山 东	河 南	湖 北	湖 南	广 东	广 西
每头								
主产品产量	公斤	104.50	100.70	97.80	101.00	101.20	101.40	96.90
产值合计	元	929.24	766.28	824.12	846.75	826.33	956.89	809.82
主产品产值	元	924.26	759.77	807.13	834.22	822.83	944.96	796.89
副产品产值	元	4.98	6.51	16.99	12.53	3.50	11.93	12.93
总成本	元	847.73	726.23	724.53	840.05	750.56	922.05	759.01
生产成本	元	847.48	722.58	720.99	839.01	747.18	918.75	757.91
物质与服务费用	元	823.11	705.98	667.36	796.38	723.89	883.41	720.91
人工成本	元	24.37	16.60	53.63	42.63	23.29	35.34	37.00
家庭用工折价	元	3.38	7.10		8.45	8.96		6.59
雇工费用	元	20.99	9.50	53.63	34.18	14.33	35.34	30.41
土地成本	元	0.25	3.65	3.54	1.04	3.38	3.30	1.10
净利润	元	81.51	40.05	99.59	6.70	75.77	34.84	50.81
成本利润率	%	9.62	5.51	13.75	0.80	10.10	3.78	6.69
耗粮数量	公斤	178.10	184.90	201.80	204.00	201.10	197.30	168.40
每50公斤主产品								
平均出售价格	元	442.23	377.24	412.64	412.98	406.54	465.96	411.19
总成本	元	403.44	357.52	362.77	409.71	369.26	448.99	385.39
生产成本	元	403.32	355.73	361.00	409.21	367.60	447.39	384.83
净利润	元	38.79	19.72	49.87	3.27	37.28	16.97	25.80
耗粮数量	公斤	85.22	91.81	103.17	100.99	99.36	97.29	86.89
附:								
每核算单位用工数量	日	0.93	0.88	2.45	1.70	1.05	0.95	2.18
平均饲养天数	日	110.00	116.00	154.00	142.00	135.00	146.00	109.00

5－1－4－1 续表 3

项目	单位	海南	四川	云南	陕西	甘肃	青海	新疆
每头								
主产品产量	公斤	89.90	100.00	121.40	95.50	96.00	94.00	90.50
产值合计	元	755.98	763.75	905.50	863.75	745.00	735.20	762.89
主产品产值	元	749.14	755.75	898.94	837.50	720.00	720.00	751.01
副产品产值	元	6.84	8.00	6.56	26.25	25.00	15.20	11.88
总成本	元	767.03	725.16	878.16	498.65	757.47	677.43	765.77
生产成本	元	762.30	722.11	871.69	495.85	755.47	674.64	765.77
物质与服务费用	元	740.97	704.82	856.88	463.85	725.05	656.31	688.04
人工成本	元	21.33	17.29	14.81	32.00	30.42	18.33	77.73
家庭用工折价	元		2.54					9.46
雇工费用	元	21.33	14.75	14.81	32.00	30.42	18.33	68.27
土地成本	元	4.73	3.05	6.47	2.80	2.00	2.79	
净利润	元	－11.05	38.59	27.34	365.10	－12.47	57.77	－2.88
成本利润率	%	－1.43	5.32	3.11	73.22	－1.64	8.53	－0.37
耗粮数量	公斤	126.90	219.30	245.70	141.80	211.80	182.00	167.60
每50公斤主产品								
平均出售价格	元	416.65	377.88	370.24	438.48	375.00	382.98	414.92
总成本	元	422.74	358.79	359.06	253.14	381.28	352.89	416.49
生产成本	元	420.13	357.28	356.42	251.72	380.27	351.43	416.49
净利润	元	－6.09	19.09	11.18	185.34	－6.28	30.09	－1.57
耗粮数量	公斤	70.58	109.65	101.19	74.24	110.31	96.81	92.60
附：								
每核算单位用工数量	日	0.66	0.65	0.57	1.20	0.90	0.80	2.62
平均饲养天数	日	167.00	118.00	137.00	136.00	150.00	110.00	153.00

5-1-4-2 2006年各地区大规格生猪费用和用工情况

项　　目	单位	平　均	北　京	天　津	河　北	山　西	内蒙古	辽　宁
一、每头物质与服务费用	元	701.01	696.11	669.99	641.98	562.26	782.84	601.60
（一）直接费用	元	677.40	679.92	658.26	623.46	548.70	726.94	577.36
1. 仔畜进价	元	193.38	232.28	215.05	151.63	133.27	234.25	128.14
2. 精饲料费	元	437.48	347.67	422.66	428.00	386.11	416.75	416.26
3. 青粗饲料费	元	7.50	31.45			1.00		1.61
4. 饲料加工费	元	3.04	2.53	2.05	3.66	2.93	8.00	1.28
5. 水费	元	1.86	1.20	1.16	1.90	1.02	3.10	1.97
6. 燃料动力费	元	7.11	18.08	3.72	7.34	4.01	24.75	5.28
电费	元	4.12	11.58	2.70	4.44	1.47	3.00	3.59
煤费	元	2.64	6.16	1.02	2.30	2.20	21.75	1.69
其他燃料动力费	元	0.35	0.34		0.60	0.34		
7. 医疗防疫费	元	12.29	19.28	5.90	14.94	10.60	21.16	10.03
8. 死亡损失费	元	8.42	18.73	3.88	9.20	7.89	6.50	8.66
9. 技术服务费	元	0.73	0.19	0.32		0.39	0.13	
10. 工具材料费	元	1.77	1.32	1.62	2.11	0.87	3.80	1.85
11. 修理维护费	元	2.28	6.01	1.43	1.05	0.61	8.50	2.21
12. 其他直接费用	元	1.54	1.18	0.47	3.63			0.07
（二）间接费用	元	23.61	16.19	11.73	18.52	13.56	55.90	24.24
1. 固定资产折旧	元	12.65	9.86	6.62	14.58	11.21	30.70	14.47
2. 税金	元							
3. 保险费	元	0.08			0.15			
4. 管理费	元	5.39	4.89	2.58	3.23	1.13	14.30	1.39
5. 财务费	元	2.83	0.73	2.33		0.43	2.50	5.24
6. 销售费	元	2.66	0.71	0.20	0.56	0.79	8.40	3.14
二、每头人工成本	元	36.34	42.37	30.51	55.01	88.80	26.70	39.90
1. 家庭用工折价	元	5.75	5.75	1.01	43.26	29.07		1.52
家庭用工天数	日	0.34	0.34	0.06	2.56	1.72		0.09
劳动日工价	元	16.90	16.90	16.90	16.90	16.90	16.90	16.90
2. 雇工费用	元	30.59	36.62	29.50	11.75	59.73	26.70	38.38
雇工天数	日	1.15	1.49	1.01	0.53	2.39	1.19	1.22
雇工工价	元	26.60	24.58	29.21	22.17	24.99	22.44	31.46
三、附记								
1. 仔畜重量	公斤	17.80	19.90	20.90	18.30	11.70	10.00	15.70
2. 精饲料数量	公斤	260.00	213.70	257.80	255.50	272.00	291.30	291.70
3. 耗粮数量	公斤	187.40	149.60	180.40	178.80	190.40	203.90	205.40

5-1-4-2 续表 1

项　　目	单位	吉　林	黑龙江	上　海	江　苏	浙　江	安　徽	福　建
一、每头物质与服务费用	元	679.38	531.99	772.72	573.33	748.71	720.11	788.81
（一）直接费用	元	660.48	517.55	755.88	562.62	724.65	703.90	758.50
1. 仔畜进价	元	155.16	103.98	280.84	165.28	221.67	218.04	242.18
2. 精饲料费	元	468.78	385.58	446.92	359.50	447.33	445.77	482.41
3. 青粗饲料费	元	3.72	1.32		2.35	17.96		0.55
4. 饲料加工费	元	5.37	3.48		4.95	3.69		3.20
5. 水费	元	1.45	2.46	2.50	2.08	2.48	2.56	2.17
6. 燃料动力费	元	4.74	4.04	2.79	4.02	4.48	7.67	2.98
电费	元	3.20	1.78	2.78	2.37	3.37	6.27	2.98
煤费	元	1.54	2.26	0.01	1.65	1.11	1.00	
其他燃料动力费	元						0.40	
7. 医疗防疫费	元	10.08	7.78	11.45	10.59	12.24	13.18	13.39
8. 死亡损失费	元	6.04	5.52	7.34	6.02	7.42	9.95	6.68
9. 技术服务费	元	0.54	0.88	0.16	3.26	0.64	1.23	0.13
10. 工具材料费	元	2.08	1.00	2.01	2.42	2.52	1.48	1.91
11. 修理维护费	元	2.06	1.35	1.43	2.04	2.75	2.77	2.12
12. 其他直接费用	元	0.46	0.16	0.44	0.11	1.47	1.25	0.78
（二）间接费用	元	18.90	14.44	16.84	10.71	24.06	16.21	30.31
1. 固定资产折旧	元	10.96	9.96	7.53	5.93	13.10	8.22	10.43
2. 税金	元							
3. 保险费	元	0.11		0.96				0.09
4. 管理费	元	3.60	2.74	4.16	0.88	5.99	2.80	8.20
5. 财务费	元	2.44	0.78	2.96	1.85	2.47	1.87	10.26
6. 销售费	元	1.79	0.96	1.23	2.05	2.50	3.32	1.33
二、每头人工成本	元	63.69	39.16	19.80	29.11	52.14	33.39	15.31
1. 家庭用工折价	元			1.01	19.94	1.69	4.73	0.34
家庭用工天数	日			0.06	1.18	0.10	0.28	0.02
劳动日工价	元	16.90	16.90	16.90	16.90	16.90	16.90	16.90
2. 雇工费用	元	63.69	39.16	18.79	9.17	50.45	28.66	14.97
雇工天数	日	2.49	2.16	0.59	0.44	1.41	0.94	0.52
雇工工价	元	25.58	18.13	31.85	20.84	35.78	30.49	28.79
三、附记								
1. 仔畜重量	公斤	17.30	13.40	24.90	27.00	23.80	22.90	20.20
2. 精饲料数量	公斤	302.70	281.50	227.30	239.00	250.10	264.30	250.20
3. 耗粮数量	公斤	229.40	202.10	159.10	185.00	175.00	185.00	186.00

5-1-4-2 续表 2

项目	单位	江西	山东	河南	湖北	湖南	广东	广西
一、每头物质与服务费用	元	823.11	705.98	667.36	796.38	723.89	883.41	720.91
(一)直接费用	元	804.84	684.41	648.60	763.16	708.20	845.47	703.44
1. 仔畜进价	元	259.78	219.01	121.55	172.64	175.50	267.00	219.82
2. 精饲料费	元	520.76	427.71	473.00	545.89	490.89	520.59	451.89
3. 青粗饲料费	元	2.04			0.65			0.45
4. 饲料加工费	元	1.35	1.83	4.82	4.18	4.13	3.23	1.72
5. 水费	元	0.12	2.09	2.94	1.36	1.55	2.76	2.44
6. 燃料动力费	元	8.91	5.90	9.00	6.90	1.52	9.20	4.56
电费	元	8.83	3.16	5.80	5.62	1.37	9.19	4.05
煤费	元	0.08	2.74	3.11	0.43	0.15	0.01	0.47
其他燃料动力费	元			0.09	0.85			0.04
7. 医疗防疫费	元	4.74	13.29	20.59	16.11	18.13	16.35	7.24
8. 死亡损失费	元	4.88	12.49	10.24	8.87	8.50	17.62	6.00
9. 技术服务费	元		0.09	1.59	0.13	3.00	0.68	0.91
10. 工具材料费	元	1.29	0.79	2.27	2.35	1.85	2.71	2.27
11. 修理维护费	元	0.97	1.21	1.94	2.35	1.63	2.54	2.88
12. 其他直接费用	元			0.66	1.73	1.50	2.79	3.26
(二)间接费用	元	18.27	21.57	18.76	33.22	15.69	37.94	17.47
1. 固定资产折旧	元	6.94	13.90	14.37	15.35	3.38	18.49	7.82
2. 税金	元							
3. 保险费	元				0.43		0.25	
4. 管理费	元	6.05	3.63	2.00	5.42	2.13	9.23	4.50
5. 财务费	元		3.51	0.62	2.79	8.60	6.74	3.22
6. 销售费	元	5.28	0.53	1.77	9.23	1.58	3.23	1.93
二、每头人工成本	元	24.37	16.60	53.63	42.63	23.29	35.34	37.00
1. 家庭用工折价	元	3.38	7.10		8.45	8.96		6.59
家庭用工天数	日	0.20	0.42		0.50	0.53		0.39
劳动日工价	元	16.90	16.90	16.90	16.90	16.90	16.90	16.90
2. 雇工费用	元	20.99	9.50	53.63	34.18	14.33	35.34	30.41
雇工天数	日	0.73	0.46	2.45	1.20	0.52	0.95	1.79
雇工工价	元	28.75	20.65	21.89	28.48	27.56	37.20	16.99
三、附记								
1. 仔畜重量	公斤	26.70	26.40	14.00	13.30	11.80	17.80	15.90
2. 精饲料数量	公斤	254.40	248.40	261.50	288.90	287.20	253.10	240.60
3. 耗粮数量	公斤	178.10	184.90	201.80	204.00	201.10	197.30	168.40

5－1－4－2 续表 3

项　目	单位	海南	四川	云南	陕西	甘肃	青海	新疆
一、每头物质与服务费用	元	740.97	704.82	856.88	463.85	725.05	656.31	688.04
（一）直接费用	元	680.65	680.78	838.01	448.10	687.95	647.21	650.41
1. 仔畜进价	元	236.00	152.50	248.22	87.50	160.00	270.00	150.00
2. 精饲料费	元	380.48	504.50	562.66	276.50	489.50	343.00	370.74
3. 青粗饲料费	元			0.41	39.00			100.00
4. 饲料加工费	元		0.75	2.96	6.50	5.80		3.71
5. 水费	元	3.00		1.62	1.15	0.80	0.90	3.32
6. 燃料动力费	元	4.29	2.77	2.27	7.75	4.65	17.00	13.32
电费	元	4.29	2.77	2.27	3.00	0.13	7.00	4.19
煤费	元				4.75	4.52	10.00	2.35
其他燃料动力费	元							6.78
7. 医疗防疫费	元	23.85	12.00	9.85	10.50	3.95	11.20	3.42
8. 死亡损失费	元	1.35	4.50	6.26	14.50	21.20	4.50	2.48
9. 技术服务费	元		2.40	1.26	1.00			0.77
10. 工具材料费	元	4.11	0.33	0.78	2.80	0.15		1.07
11. 修理维护费	元	7.66	0.53	1.72	0.90	1.90		1.01
12. 其他直接费用	元	19.91	0.50				0.61	0.57
（二）间接费用	元	60.32	24.04	18.87	15.75	37.10	9.10	37.63
1. 固定资产折旧	元	34.15	20.24	15.42	6.75	15.45	0.90	14.87
2. 税金	元							
3. 保险费	元							0.10
4. 管理费	元	26.17	0.79	2.78	1.25	6.57	2.80	16.25
5. 财务费	元		2.50		0.50	11.83		2.31
6. 销售费	元		0.51	0.67	7.25	3.25	5.40	4.10
二、每头人工成本	元	21.33	17.29	14.81	32.00	30.42	18.33	77.73
1. 家庭用工折价	元		2.54					9.46
家庭用工天数	日		0.15					0.56
劳动日工价	元	16.90	16.90	16.90	16.90	16.90	16.90	16.90
2. 雇工费用	元	21.33	14.75	14.81	32.00	30.42	18.33	68.27
雇工天数	日	0.66	0.50	0.57	1.20	0.90	0.80	2.06
雇工工价	元	32.32	29.50	25.98	26.67	33.80	22.91	33.14
三、附记								
1. 仔畜重量	公斤	20.30	18.00	22.20	8.80	10.00	15.00	13.10
2. 精饲料数量	公斤	181.30	313.30	322.80	202.50	275.10	260.00	233.30
3. 耗粮数量	公斤	126.90	219.30	245.70	141.80	211.80	182.00	167.60

5-1-5-1 2006年各地区散养肉牛成本收益情况

项　　目	单位	平　均	黑龙江	山　东	河　南	云　南	陕　西	宁　夏	新　疆
每头									
主产品产量	公斤	345.00	432.80	324.90	342.70	293.00	421.50	283.30	316.70
产值合计	元	2915.69	3304.13	2750.92	2841.88	3025.95	3591.42	2346.05	2549.44
主产品产值	元	2831.49	3255.86	2556.76	2790.00	2952.03	3490.88	2273.67	2501.22
副产品产值	元	84.20	48.27	194.16	51.88	73.92	100.54	72.38	48.22
总成本	元	2301.07	2704.45	2476.12	1963.08	3068.36	2204.21	1591.84	2099.10
生产成本	元	2299.41	2704.45	2476.12	1963.08	3057.99	2204.21	1591.84	2097.85
物质与服务费用	元	1847.80	2424.59	1721.70	1488.53	2440.93	1556.77	1403.74	1898.50
人工成本	元	451.61	279.86	754.42	474.55	617.06	647.44	188.10	199.35
家庭用工折价	元	441.09	279.86	754.42	474.55	606.88	647.44	188.10	135.88
雇工费用	元	10.52				10.18			63.47
土地成本	元	1.66				10.37			1.25
净利润	元	614.62	599.68	274.80	878.80	-42.41	1387.21	754.21	450.34
成本利润率	%	26.71	22.17	11.10	44.77	-1.37	62.93	47.38	21.45
耗粮数量	公斤	225.70	347.80	204.40	233.60	236.70	266.40	221.70	69.00
每50公斤主产品									
平均出售价格	元	410.36	376.14	393.47	407.06	503.76	414.10	401.28	394.89
总成本	元	323.86	307.87	354.16	281.18	510.82	254.15	272.28	325.14
生产成本	元	323.62	307.87	354.16	281.18	509.09	254.15	272.28	324.94
净利润	元	86.50	68.27	39.31	125.88	-7.06	159.95	129.00	69.75
耗粮数量	公斤	32.70	40.18	31.46	34.08	40.39	31.60	39.13	10.89
附：									
每核算单位用工数量	日	26.56	16.56	44.64	28.08	36.40	38.31	11.13	10.75
平均饲养天数	日	257.00	246.00	260.00	296.00	259.00	339.00	288.00	111.00

5－1－5－2　2006年各地区散养肉牛费用和用工情况

项　　目	单位	平　均	黑龙江	山　东	河　南	云　南	陕　西	宁　夏	新　疆
一、每头物质与服务费用	元	1847.80	2424.59	1721.70	1488.53	2440.93	1556.77	1403.74	1898.50
（一）直接费用	元	1818.09	2402.53	1695.26	1457.88	2382.69	1543.12	1387.46	1857.77
1. 仔畜进价	元	1207.54	1627.88	1111.87	819.24	1725.66	834.16	894.59	1439.39
2. 精饲料费	元	389.93	516.68	385.13	412.25	339.00	537.18	343.08	196.16
3. 青粗饲料费	元	157.54	181.30	133.33	150.59	207.95	138.35	102.63	188.61
4. 饲料加工费	元	15.27	12.44	33.37	15.29	15.14	8.53	16.86	5.28
5. 水费	元	3.88	8.16	2.43	6.10	5.85		1.14	3.50
6. 燃料动力费	元	18.64	7.83	21.39	13.99	65.35	10.57	8.71	2.64
电费	元	6.46	7.83	5.14	7.99	4.13	10.57	8.54	1.03
煤费	元	10.62		16.25	6.00	50.31		0.17	1.61
其他燃料动力费	元	1.56				10.91			
7. 医疗防疫费	元	10.74	18.41	3.34	27.09	4.94	7.66	8.47	5.26
8. 死亡损失费	元	3.44	15.68		4.58	1.70		1.60	0.50
9. 技术服务费	元	0.59	3.23		0.65				0.28
10. 工具材料费	元	4.46	3.60	4.18	4.75	7.74	4.23	1.47	5.28
11. 修理维护费	元	3.08	3.57	0.22	3.35	7.93	2.44	2.15	1.92
12. 其他直接费用	元	2.98	3.75			1.43		6.76	8.95
（二）间接费用	元	29.71	22.06	26.44	30.65	58.24	13.65	16.28	40.73
1. 固定资产折旧	元	21.78	12.69	18.72	22.03	47.98	13.65	15.46	21.95
2. 税金	元								
3. 保险费	元	0.07							0.50
4. 管理费	元	0.96	2.49		3.92	0.13			0.20
5. 财务费	元	0.52				3.64			
6. 销售费	元	6.38	6.88	7.72	4.70	6.49		0.82	18.08
二、每头人工成本	元	451.61	279.86	754.42	474.55	617.06	647.44	188.10	199.35
1. 家庭用工折价	元	441.09	279.86	754.42	474.55	606.88	647.44	188.10	135.88
家庭用工天数	日	26.10	16.56	44.64	28.08	35.91	38.31	11.13	8.04
劳动日工价	元	16.90	16.90	16.90	16.90	16.90	16.90	16.90	16.90
2. 雇工费用	元	10.52				10.18			63.47
雇工天数	日	0.46				0.49			2.71
雇工工价	元	22.87	20.83	19.00	19.81	20.78	30.00	24.42	23.42
三、附记									
1. 仔畜重量	公斤	155.60	245.60	146.10	95.20	173.20	140.20	92.50	196.10
2. 精饲料数量	公斤	331.20	461.60	292.00	329.00	339.20	380.60	316.70	199.20
3. 耗粮数量	公斤	225.70	347.80	204.40	233.60	236.70	266.40	221.70	69.00

5-1-6-1 2006年各地区散养肉羊成本收益情况

项　　目	单位	平　均	山　西	黑龙江	山　东	河　南	陕　西	新　疆
每只								
主产品产量	公斤	43.30	40.40	42.20	31.60	36.30	67.60	41.50
产值合计	元	373.26	388.35	350.76	457.08	367.17	291.89	384.28
主产品产值	元	344.30	363.75	304.28	432.28	345.16	265.00	355.31
副产品产值	元	28.96	24.60	46.48	24.80	22.01	26.89	28.97
总成本	元	282.88	253.36	231.22	318.63	272.71	283.77	336.99
生产成本	元	282.88	253.36	231.22	318.63	272.71	283.77	336.99
物质与服务费用	元	170.12	143.74	159.73	152.84	127.03	168.17	269.10
人工成本	元	112.76	109.62	71.49	165.79	145.68	115.60	67.89
家庭用工折价	元	103.60	81.80	71.49	165.79	145.68	115.60	40.73
雇工费用	元	9.16	27.82					27.16
土地成本	元							
净利润	元	90.38	134.99	119.54	138.45	94.46	8.12	47.29
成本利润率	%	31.95	53.28	51.70	43.45	34.64	2.86	14.03
耗粮数量	公斤	26.20	23.30	30.60	18.30	16.80	46.20	22.10
每50公斤主产品								
平均出售价格	元	397.58	450.19	360.52	683.99	475.43	196.01	428.08
总成本	元	301.31	293.70	237.65	476.81	353.12	190.56	375.40
生产成本	元	301.31	293.70	237.65	476.81	353.12	190.56	375.40
净利润	元	96.27	156.49	122.87	207.18	122.31	5.45	52.68
耗粮数量	公斤	30.28	28.84	36.26	28.96	23.14	34.17	26.63
附：								
每核算单位用工数量	日	6.47	5.84	4.23	9.81	8.62	6.84	3.47
平均饲养天数	日	225.00	240.00	284.00	261.00	312.00	173.00	79.00

5－1－6－2 2006年各地区散养肉羊费用和用工情况

项 目	单位	平 均	山 西	黑龙江	山 东	河 南	陕 西	新 疆
一、每只物质与服务费用	元	170.12	143.74	159.73	152.84	127.03	168.17	269.10
(一)直接费用	元	165.41	140.78	154.68	148.63	121.85	165.87	260.57
1. 仔畜进价	元	82.05	66.61	49.82	95.26	60.94	47.27	172.38
2. 精饲料费	元	43.84	38.91	59.25	30.03	29.98	58.67	46.22
3. 青粗饲料费	元	28.09	23.45	30.04	13.97	18.30	54.44	28.32
4. 饲料加工费	元	1.49	2.30	1.66	1.96	2.41		0.63
5. 水费	元	1.15	1.46	1.33	0.13	1.32	1.89	0.76
6. 燃料动力费	元	2.05	1.07	2.70	1.37	2.49	1.16	3.46
电费	元	1.05	0.22	2.20	0.85	1.22	1.16	0.64
煤费	元	0.99	0.80	0.50	0.52	1.27		2.82
其他燃料动力费	元	0.01	0.05					
7. 医疗防疫费	元	2.98	3.30	3.87	2.33	2.77	2.44	3.18
8. 死亡损失费	元	1.08	1.50	3.41	0.85	0.49		0.23
9. 技术服务费	元	0.28		0.56	0.12	0.09		0.88
10. 工具材料费	元	1.31	2.00	0.71	1.53	1.99		1.64
11. 修理维护费	元	0.75	0.18	0.98	1.08	1.07		1.17
12. 其他直接费用	元	0.34		0.35				1.70
(二)间接费用	元	4.71	2.96	5.05	4.21	5.18	2.30	8.53
1. 固定资产折旧	元	2.74	2.74	3.23	3.37	2.59	1.41	3.08
2. 税金	元							
3. 保险费	元							
4. 管理费	元	0.42		0.65		0.95	0.89	
5. 财务费	元							
6. 销售费	元	1.55	0.22	1.17	0.84	1.64		5.45
二、每只人工成本	元	112.76	109.62	71.49	165.79	145.68	115.60	67.89
1. 家庭用工折价	元	103.60	81.80	71.49	165.79	145.68	115.60	40.73
家庭用工天数	日	6.13	4.84	4.23	9.81	8.62	6.84	2.41
劳动日工价	元	16.90	16.90	16.90	16.90	16.90	16.90	16.90
2. 雇工费用	元	9.16	27.82					27.16
雇工天数	日	0.34	1.00					1.06
雇工工价	元	26.94	27.82	18.00	21.00	16.65	15.00	25.62
三、附记								
1. 仔畜重量	公斤	10.40	7.40	9.40	7.40	8.30	7.90	21.90
2. 精饲料数量	公斤	38.70	33.20	43.60	25.00	24.00	66.00	40.20
3. 耗粮数量	公斤	26.20	23.30	30.60	18.30	16.80	46.20	22.10

5－1－7－1 2006年各地区小规模肉鸡成本收益情况

项　　目	单位	平　均	内蒙古	吉　林	黑龙江	河　南	广　西	海　南
每百只								
主产品产量	公斤	229.10	225.40	280.00	290.00	218.10	210.00	151.30
产值合计	元	1972.77	1593.17	1895.59	2018.00	1536.30	3069.30	1724.27
主产品产值	元	1956.13	1582.31	1876.25	2008.00	1524.95	3050.00	1695.27
副产品产值	元	16.64	10.86	19.34	10.00	11.35	19.30	29.00
总成本	元	1644.49	1464.42	1554.00	1727.13	1317.10	2253.57	1550.24
生产成本	元	1642.55	1464.42	1553.50	1727.13	1312.28	2247.77	1549.74
物质与服务费用	元	1517.04	1398.51	1428.10	1625.73	1231.50	1981.14	1437.19
人工成本	元	125.51	65.91	125.40	101.40	80.78	266.63	112.55
家庭用工折价	元	120.50	65.91	125.40	101.40	80.78	236.60	112.55
雇工费用	元	5.01					30.03	
土地成本	元	1.94		0.50		4.82	5.80	0.50
净利润	元	328.28	128.75	341.59	290.87	219.20	815.73	174.03
成本利润率	%	19.96	8.79	21.98	16.84	16.64	36.20	11.23
耗粮数量	公斤	397.30	287.60	414.20	446.60	343.80	576.40	315.10
每50公斤主产品								
平均出售价格	元	426.92	351.00	335.04	346.21	349.60	726.19	560.23
总成本	元	355.88	322.63	274.66	296.31	299.72	533.19	503.69
生产成本	元	355.46	322.63	274.58	296.31	298.62	531.82	503.52
净利润	元	71.04	28.37	60.38	49.90	49.88	193.00	56.54
耗粮数量	公斤	86.70	63.80	73.96	77.00	78.82	137.24	104.13
附:								
每核算单位用工数量	日	7.38	3.90	7.42	6.00	4.78	15.50	6.66
平均饲养天数	日	74.00	40.00	58.00	55.00	53.00	150.00	88.00

5-1-7-2　2006年各地区小规模肉鸡费用和用工情况

项　　目	单位	平　均	内蒙古	吉　林	黑龙江	河　南	广　西	海　南
一、每百只物质与服务费	元	1517.04	1398.51	1428.10	1625.73	1231.50	1981.14	1437.19
（一）直接费用	元	1488.46	1388.33	1388.43	1575.23	1206.53	1952.44	1419.73
1. 仔畜进价	元	199.14	218.00	230.00	240.00	217.60	123.00	166.25
2. 精饲料费	元	1148.77	1014.73	1022.67	1148.40	860.04	1704.44	1142.34
3. 青粗饲料费	元	0.50				3.00		
4. 饲料加工费	元	2.40		2.50	4.80	7.07		
5. 水费	元	5.22	6.80	4.50	15.20	3.54		1.30
6. 燃料动力费	元	30.49	48.00	33.17	59.00	17.66	22.60	2.48
电费	元	11.29	5.20	7.67	20.50	9.26	22.60	2.48
煤费	元	19.20	42.80	25.50	38.50	8.40		
其他燃料动力费	元							
7. 医疗防疫费	元	58.41	59.80	64.84	23.00	70.70	42.50	89.63
8. 死亡损失费	元	21.18	28.40	17.00	44.30	20.71	12.30	4.37
9. 技术服务费	元	4.00		2.00	12.03	0.65	6.30	3.00
10. 工具材料费	元	11.10	4.20	9.75	24.00	2.58	23.70	2.35
11. 修理维护费	元	5.74	8.40	2.00	4.50	1.73	9.80	8.01
12. 其他直接费用	元	1.51				1.25	7.80	
（二）间接费用	元	28.58	10.18	39.67	50.50	24.97	28.70	17.46
1. 固定资产折旧	元	21.30	10.18	32.17	42.50	19.46	8.50	15.00
2. 税金	元							
3. 保险费	元							
4. 管理费	元	1.73				2.20	8.20	
5. 财务费	元							
6. 销售费	元	5.55		7.50	8.00	3.31	12.00	2.46
二、每百只人工成本	元	125.51	65.91	125.40	101.40	80.78	266.63	112.55
1. 家庭用工折价	元	120.50	65.91	125.40	101.40	80.78	236.60	112.55
家庭用工天数	日	7.13	3.90	7.42	6.00	4.78	14.00	6.66
劳动日工价	元	16.90	16.90	16.90	16.90	16.90	16.90	16.90
2. 雇工费用	元	5.01					30.03	
雇工天数	日	0.25					1.50	
雇工工价	元	20.04	34.00	24.00	25.00	22.80	20.02	23.75
三、附记								
1. 仔畜重量	公斤							
2. 精饲料数量	公斤	566.40	410.90	591.70	638.00	484.10	823.40	450.20
3. 耗粮数量	公斤	397.30	287.60	414.20	446.60	343.80	576.40	315.10

5-1-8-1 2006年各地区中规模肉鸡成本收益情况

项　目	单位	平　均	北　京	天　津	河　北	山　西	内蒙古
每百只							
主产品产量	公斤	211.60	280.00	231.40	238.70	203.70	234.40
产值合计	元	1705.78	2070.90	1654.44	1947.00	1482.86	1840.92
主产品产值	元	1667.64	2058.00	1628.94	1909.33	1460.38	1826.32
副产品产值	元	38.14	12.90	25.50	37.67	22.48	14.60
总成本	元	1487.78	1803.40	1541.61	1504.08	1341.03	1492.32
生产成本	元	1483.26	1799.53	1540.38	1499.08	1336.58	1486.49
物质与服务费用	元	1402.85	1758.97	1490.31	1357.63	1228.30	1385.77
人工成本	元	80.41	40.56	50.07	141.45	108.28	100.72
家庭用工折价	元	62.36	40.56	22.31	141.45	52.39	100.72
雇工费用	元	18.05		27.76		55.89	
土地成本	元	4.52	3.87	1.23	5.00	4.45	5.83
净利润	元	218.00	267.50	112.83	442.92	141.83	348.60
成本利润率	%	14.65	14.83	7.32	29.45	10.58	23.36
耗粮数量	公斤	351.30	388.50	308.00	456.20	280.40	338.80
每50公斤主产品							
平均出售价格	元	394.05	367.50	351.97	399.94	358.46	389.57
总成本	元	343.69	320.03	327.97	308.96	324.17	315.80
生产成本	元	342.65	319.34	327.70	307.93	323.10	314.57
净利润	元	50.36	47.47	24.00	90.98	34.29	73.77
耗粮数量	公斤	83.02	69.38	66.55	95.56	68.83	72.27
附：							
每核算单位用工数量	日	4.38	2.40	2.14	8.37	5.13	5.96
平均饲养天数	日	61.00	50.00	44.00	61.00	39.00	44.00

5－1－8－1　续表 1

项　　目	单位	辽　宁	吉　林	黑龙江	上　海	浙　江	安　徽
每百只							
主产品产量	公斤	264.50	255.80	268.90	235.00	257.30	150.00
产值合计	元	1762.65	1667.13	1793.11	1455.44	1941.86	1218.00
主产品产值	元	1750.20	1643.10	1780.79	1402.11	1938.33	1200.00
副产品产值	元	12.45	24.03	12.32	53.33	3.53	18.00
总成本	元	1554.26	1410.35	1559.30	1397.30	1613.75	1181.46
生产成本	元	1554.26	1399.40	1559.30	1394.90	1610.25	1173.16
物质与服务费用	元	1449.00	1282.73	1488.49	1350.45	1554.90	1075.70
人工成本	元	105.26	116.67	70.81	44.45	55.35	97.46
家庭用工折价	元	91.26	100.56	64.56	44.45	49.52	57.46
雇工费用	元	14.00	16.11	6.25		5.83	40.00
土地成本	元		10.95		2.40	3.50	8.30
净利润	元	208.39	256.78	233.81	58.14	328.11	36.54
成本利润率	%	13.41	18.21	14.99	4.16	20.33	3.09
耗粮数量	公斤	422.30	375.00	440.30	374.60	415.30	315.00
每 50 公斤主产品							
平均出售价格	元	330.85	321.17	331.12	298.32	376.67	400.00
总成本	元	291.74	271.70	287.94	286.40	313.03	388.00
生产成本	元	291.74	269.59	287.94	285.91	312.35	385.27
净利润	元	39.11	49.47	43.18	11.92	63.64	12.00
耗粮数量	公斤	79.83	73.30	81.87	79.70	80.70	105.00
附：							
每核算单位用工数量	日	5.90	6.74	4.07	2.63	3.10	4.60
平均饲养天数	日	54.00	58.00	55.00	56.00	51.00	60.00

5－1－8－1　续表 2

项　　　目	单位	福　建	山　东	河　南	湖　北	湖　南	广　东
每百只							
主产品产量	公斤	129.60	215.10	212.20	137.50	138.30	156.60
产值合计	元	1589.07	1408.52	1569.23	1017.85	1100.66	1640.89
主产品产值	元	1206.80	1389.66	1554.20	995.00	1097.33	1618.76
副产品产值	元	382.27	18.86	15.03	22.85	3.33	22.13
总成本	元	928.64	1289.37	1346.02	867.94	897.02	1437.07
生产成本	元	928.64	1288.17	1338.04	867.94	897.02	1434.02
物质与服务费用	元	900.50	1208.40	1243.31	834.16	840.10	1374.73
人工成本	元	28.14	79.77	94.73	33.78	56.92	59.29
家庭用工折价	元	22.14	79.77	42.59	30.93	5.58	33.97
雇工费用	元	6.00		52.14	2.85	51.34	25.32
土地成本	元		1.20	7.98			3.05
净利润	元	660.43	119.15	223.21	149.91	203.64	203.82
成本利润率	%	71.12	9.24	16.58	17.27	22.70	14.18
耗粮数量	公斤	220.40	328.20	335.70	200.40	187.80	403.00
每 50 公斤主产品							
平均出售价格	元	465.59	323.03	366.21	361.82	396.72	516.85
总成本	元	272.09	295.70	314.12	308.53	323.32	452.65
生产成本	元	272.09	295.43	312.26	308.53	323.32	451.69
净利润	元	193.50	27.33	52.09	53.29	73.40	64.20
耗粮数量	公斤	85.03	76.29	79.10	72.87	67.90	128.67
附:							
每核算单位用工数量	日	1.61	4.72	4.75	1.91	2.00	2.90
平均饲养天数	日	76.00	52.00	52.00	49.00	47.00	91.00

5－1－8－1　续表 3

项　　目	单位	广　西	海　南	云　南	甘　肃	宁　夏
每百只						
主产品产量	公斤	174.80	153.10	258.00	222.50	236.70
产值合计	元	2289.75	2454.84	2163.00	1834.72	1624.16
主产品产值	元	2262.50	2404.34	2151.50	1813.75	1596.63
副产品产值	元	27.25	50.50	11.50	20.97	27.53
总成本	元	2027.25	2008.49	1952.56	1727.55	1848.62
生产成本	元	2025.50	2003.50	1952.56	1717.55	1823.62
物质与服务费用	元	1943.93	1855.49	1882.63	1616.47	1740.30
人工成本	元	81.57	148.01	69.93	101.08	83.32
家庭用工折价	元	65.57	98.70	54.93	87.88	83.32
雇工费用	元	16.00	49.31	15.00	13.20	
土地成本	元	1.75	4.99		10.00	25.00
净利润	元	262.50	446.35	210.44	107.17	－224.46
成本利润率	%	12.95	22.22	10.78	6.20	－12.13
耗粮数量	公斤	338.60	393.90	382.10	363.50	461.00
每 50 公斤主产品						
平均出售价格	元	647.17	785.22	416.96	407.58	337.27
总成本	元	572.98	642.45	376.39	383.77	383.88
生产成本	元	572.48	640.85	376.39	381.55	378.69
净利润	元	74.19	142.77	40.57	23.81	－46.61
耗粮数量	公斤	96.85	128.64	74.05	81.69	97.38
附：						
每核算单位用工数量	日	4.68	7.85	4.00	5.80	4.93
平均饲养天数	日	118.00	111.00	56.00	63.00	56.00

5－1－8－2 2006年各地区中规模肉鸡费用和用工情况

项 目	单位	平 均	北 京	天 津	河 北	山 西	内蒙古
一、每百只物质与服务费	元	1402.85	1758.97	1490.31	1357.63	1228.30	1385.77
(一)直接费用	元	1369.13	1695.26	1476.30	1331.63	1211.11	1376.15
1. 仔畜进价	元	203.48	364.00	307.80	213.33	300.00	188.67
2. 精饲料费	元	1041.50	1214.60	1035.13	1014.00	794.94	1034.38
3. 青粗饲料费	元	0.24					
4. 饲料加工费	元	1.11					
5. 水费	元	3.90		2.20	4.97	2.73	6.60
6. 燃料动力费	元	23.11	23.73	30.17	20.50	15.65	54.84
电费	元	8.99	13.23	8.98	20.50	4.32	12.06
煤费	元	13.15	10.50	15.82		11.33	42.78
其他燃料动力费	元	0.97		5.37			
7. 医疗防疫费	元	56.27	65.00	82.29	51.67	52.74	54.11
8. 死亡损失费	元	24.92	24.70	12.72	18.33	39.10	20.68
9. 技术服务费	元	0.83		0.20			
10. 工具材料费	元	8.19		1.67	1.33	2.97	8.99
11. 修理维护费	元	3.92	3.23	3.20	7.50	2.98	7.88
12. 其他直接费用	元	1.66		0.92			
(二)间接费用	元	33.72	63.71	14.01	26.00	17.19	9.62
1. 固定资产折旧	元	26.59	42.58	11.21	18.67	16.52	9.62
2. 税金	元						
3. 保险费	元						
4. 管理费	元	2.56	5.00				
5. 财务费	元	0.79	16.13				
6. 销售费	元	3.78		2.80	7.33	0.67	
二、每百只人工成本	元	80.41	40.56	50.07	141.45	108.28	100.72
1. 家庭用工折价	元	62.36	40.56	22.31	141.45	52.39	100.72
家庭用工天数	日	3.69	2.40	1.32	8.37	3.10	5.96
劳动日工价	元	16.90	16.90	16.90	16.90	16.90	16.90
2. 雇工费用	元	18.05		27.76		55.89	
雇工天数	日	0.69		0.82		2.03	
雇工工价	元	26.16	23.00	33.85	16.00	27.53	39.33
三、附记							
1. 仔畜重量	公斤						
2. 精饲料数量	公斤	499.10	555.00	440.00	651.70	350.40	483.90
3. 耗粮数量	公斤	351.30	388.50	308.00	456.20	280.40	338.80

5-1-8-2 续表 1

项　　目	单位	辽　宁	吉　林	黑龙江	上　海	浙　江	安　徽
一、每百只物质与服务费	元	1449.00	1282.73	1488.49	1350.45	1554.90	1075.70
(一)直接费用	元	1424.90	1243.45	1435.00	1330.05	1502.58	1030.70
1. 仔畜进价	元	198.75	206.96	185.91	165.67	242.00	100.00
2. 精饲料费	元	1069.38	930.29	1107.63	1061.87	1095.47	820.00
3. 青粗饲料费	元						
4. 饲料加工费	元		3.80	3.68		3.53	
5. 水费	元	3.95	6.62	3.31	1.50	2.63	
6. 燃料动力费	元	27.80	30.40	30.50	15.00	36.83	6.20
电费	元	8.75	9.83	10.85	5.07	8.50	6.20
煤费	元	19.05	20.57	19.65	9.93	28.33	
其他燃料动力费	元						
7. 医疗防疫费	元	88.58	37.36	37.10	44.17	70.00	60.00
8. 死亡损失费	元	26.38	18.86	41.73	23.05	40.67	10.00
9. 技术服务费	元		0.78	3.40			
10. 工具材料费	元	5.68	3.42	16.83	7.77	6.17	32.00
11. 修理维护费	元	2.30	3.38	2.33	4.67	5.28	2.50
12. 其他直接费用	元	2.08	1.58	2.58	6.35		
(二)间接费用	元	24.10	39.28	53.49	20.40	52.32	45.00
1. 固定资产折旧	元	17.65	31.44	48.00	20.40	46.00	45.00
2. 税金	元						
3. 保险费	元						
4. 管理费	元			0.64			
5. 财务费	元						
6. 销售费	元	6.45	7.84	4.85		6.32	
二、每百只人工成本	元	105.26	116.67	70.81	44.45	55.35	97.46
1. 家庭用工折价	元	91.26	100.56	64.56	44.45	49.52	57.46
家庭用工天数	日	5.40	5.95	3.82	2.63	2.93	3.40
劳动日工价	元	16.90	16.90	16.90	16.90	16.90	16.90
2. 雇工费用	元	14.00	16.11	6.25		5.83	40.00
雇工天数	日	0.50	0.79	0.25		0.17	1.20
雇工工价	元	28.00	20.39	25.00	26.40	34.29	33.33
三、附记							
1. 仔畜重量	公斤						
2. 精饲料数量	公斤	603.30	535.70	628.90	535.10	593.30	450.00
3. 耗粮数量	公斤	422.30	375.00	440.30	374.60	415.30	315.00

5-1-8-2 续表 2

项 目	单位	福 建	山 东	河 南	湖 北	湖 南	广 东
一、每百只物质与服务费	元	900.50	1208.40	1243.31	834.16	840.10	1374.73
(一)直接费用	元	882.25	1183.92	1215.32	817.16	812.44	1358.09
1. 仔畜进价	元	120.00	163.64	222.44	121.15	121.67	149.44
2. 精饲料费	元	659.92	898.34	862.85	645.50	616.00	1099.58
3. 青粗饲料费	元		2.78	0.50			
4. 饲料加工费	元		0.98	3.75			
5. 水费	元		1.95	5.71	3.35	3.43	1.91
6. 燃料动力费	元	4.48	27.30	21.40	19.00	19.34	5.27
电费	元	0.17	5.40	9.94	2.70	9.67	4.66
煤费	元	0.57	21.90	11.46	13.30	9.67	0.61
其他燃料动力费	元	3.74			3.00		
7. 医疗防疫费	元	61.32	63.85	69.31	19.00	26.67	50.83
8. 死亡损失费	元	27.63	20.02	20.19	5.35	23.33	22.64
9. 技术服务费	元			1.31			6.17
10. 工具材料费	元	5.45	2.15	3.82	3.08	1.00	10.84
11. 修理维护费	元	3.45	2.91	1.94	0.73	1.00	10.30
12. 其他直接费用	元			2.10			1.11
(二)间接费用	元	18.25	24.48	27.99	17.00	27.66	16.64
1. 固定资产折旧	元	9.04	19.30	21.77	14.50	23.67	15.84
2. 税金	元						
3. 保险费	元						
4. 管理费	元		0.54	2.81		3.33	0.37
5. 财务费	元			0.49		0.33	
6. 销售费	元	9.21	4.64	2.92	2.50	0.33	0.43
二、每百只人工成本	元	28.14	79.77	94.73	33.78	56.92	59.29
1. 家庭用工折价	元	22.14	79.77	42.59	30.93	5.58	33.97
家庭用工天数	日	1.31	4.72	2.52	1.83	0.33	2.01
劳动日工价	元	16.90	16.90	16.90	16.90	16.90	16.90
2. 雇工费用	元	6.00		52.14	2.85	51.34	25.32
雇工天数	日	0.30		2.23	0.08	1.67	0.89
雇工工价	元	20.00	24.50	23.38	35.63	30.74	28.45
三、附记							
1. 仔畜重量	公斤						
2. 精饲料数量	公斤	314.90	448.90	469.90	286.30	268.30	523.00
3. 耗粮数量	公斤	220.40	328.20	335.70	200.40	187.80	403.00

5－1－8－2 续表 3

项　　目	单位	广　西	海　南	云　南	甘　肃	宁　夏
一、每百只物质与服务费	元	1943.93	1855.49	1882.63	1616.47	1740.30
（一）直接费用	元	1901.26	1778.69	1853.63	1545.70	1715.00
1. 仔畜进价	元	136.63	236.67	273.50	231.43	226.93
2. 精饲料费	元	1661.37	1372.81	1419.27	1164.00	1335.77
3. 青粗饲料费	元		2.00			
4. 饲料加工费	元	1.75	1.56		1.00	4.47
5. 水费	元		6.84	13.50	10.72	3.90
6. 燃料动力费	元	22.63	10.56	10.50	36.12	39.93
电费	元	12.88	7.17	5.50	9.69	21.60
煤费	元	4.00		5.00	26.43	18.33
其他燃料动力费	元	5.75	3.39			
7. 医疗防疫费	元	45.58	89.30	79.51	33.22	56.37
8. 死亡损失费	元	14.73	29.10	18.35	54.42	36.17
9. 技术服务费	元	0.50	5.87			
10. 工具材料费	元	9.05	9.78	39.00	4.28	4.83
11. 修理维护费	元	2.60	14.20			3.83
12. 其他直接费用	元	6.42			10.51	2.80
（二）间接费用	元	42.67	76.80	29.00	70.77	25.30
1. 固定资产折旧	元	23.65	71.07	29.00	28.06	22.08
2. 税金	元					
3. 保险费	元					
4. 管理费	元	7.69			34.26	1.57
5. 财务费	元				0.40	
6. 销售费	元	11.33	5.73		8.05	1.65
二、每百只人工成本	元	81.57	148.01	69.93	101.08	83.32
1. 家庭用工折价	元	65.57	98.70	54.93	87.88	83.32
家庭用工天数	日	3.88	5.84	3.25	5.20	4.93
劳动日工价	元	16.90	16.90	16.90	16.90	16.90
2. 雇工费用	元	16.00	49.31	15.00	13.20	
雇工天数	日	0.80	2.01	0.75	0.60	
雇工工价	元	20.00	24.53	20.00	22.00	25.00
三、附记						
1. 仔畜重量	公斤					
2. 精饲料数量	公斤	483.70	603.00	545.90	550.00	658.60
3. 耗粮数量	公斤	338.60	393.90	382.10	363.50	461.00

5－1－9－1　2006 年各地区大规模肉鸡成本收益情况

项　目	单位	平　均	北　京	天　津	山　西	上　海	浙　江	安　徽
每百只								
主产品产量	公斤	185.40	275.00	275.40	230.00	185.20	170.40	125.00
产值合计	元	1637.68	2033.11	1937.59	1690.00	1490.69	1822.34	899.53
主产品产值	元	1620.93	2021.25	1911.59	1670.00	1487.32	1818.87	881.03
副产品产值	元	16.75	11.86	26.00	20.00	3.37	3.47	18.50
总成本	元	1425.28	1799.90	1754.61	1531.55	1224.04	1418.63	809.23
生产成本	元	1417.63	1794.82	1753.17	1522.55	1219.34	1403.63	797.09
物质与服务费用	元	1362.08	1741.98	1703.30	1458.30	1206.46	1328.48	752.09
人工成本	元	55.55	52.84	49.87	64.25	12.88	75.15	45.00
家庭用工折价	元	11.83	10.14	22.48	42.25	4.06		6.42
雇工费用	元	43.72	42.70	27.39	22.00	8.82	75.15	38.58
土地成本	元	7.65	5.08	1.44	9.00	4.70	15.00	12.14
净利润	元	212.40	233.21	182.98	158.45	266.65	403.71	90.30
成本利润率	%	14.90	12.96	10.43	10.35	21.78	28.46	11.16
耗粮数量	公斤	331.00	385.00	379.20	392.00	293.40	384.40	208.60
每 50 公斤主产品								
平均出售价格	元	437.14	367.50	347.06	363.04	401.54	533.71	352.41
总成本	元	380.44	325.35	314.28	329.00	329.71	415.48	317.03
生产成本	元	378.40	324.43	314.03	327.07	328.45	411.08	312.28
净利润	元	56.70	42.15	32.78	34.04	71.83	118.23	35.38
耗粮数量	公斤	89.26	70.00	68.85	85.22	79.21	112.79	83.44
附：								
每核算单位用工数量	日	2.42	2.40	2.33	3.60	0.52	1.67	1.66
平均饲养天数	日	68.00	50.00	48.00	50.00	74.00	85.00	53.00

5－1－9－1　续表

项　　目	单位	福　建	河　南	湖　南	广　东	广　西	云　南
每百只							
主产品产量	公斤	139.50	221.50	149.00	141.80	166.20	146.00
产值合计	元	1409.46	1489.80	1331.20	1390.33	2128.34	2029.83
主产品产值	元	1389.46	1471.80	1311.20	1365.28	2108.57	2014.80
副产品产值	元	20.00	18.00	20.00	25.05	19.77	15.03
总成本	元	1125.78	1359.36	1234.55	1319.53	1877.55	1648.06
生产成本	元	1125.78	1355.76	1229.65	1313.58	1864.16	1631.46
物质与服务费用	元	1084.04	1291.09	1202.01	1250.89	1822.77	1503.44
人工成本	元	41.74	64.67	27.64	62.69	41.39	128.02
家庭用工折价	元	41.74		10.14		4.23	
雇工费用	元		64.67	17.50	62.69	37.16	128.02
土地成本	元		3.60	4.90	5.95	13.39	16.60
净利润	元	283.68	130.44	96.65	70.80	250.79	381.77
成本利润率	%	25.20	9.60	7.83	5.37	13.36	23.16
耗粮数量	公斤	260.30	358.80	250.30	331.30	400.90	327.40
每50公斤主产品							
平均出售价格	元	498.01	332.23	440.00	481.41	634.35	690.00
总成本	元	397.78	303.14	408.05	456.90	559.60	560.22
生产成本	元	397.78	302.34	406.43	454.83	555.61	554.58
净利润	元	100.23	29.09	31.95	24.51	74.75	129.78
耗粮数量	公斤	93.30	80.99	83.99	116.82	120.61	112.12
附：							
每核算单位用工数量	日	2.47	2.90	1.10	2.25	1.77	6.30
平均饲养天数	日	85.00	50.00	50.00	82.00	106.00	85.00

5－1－9－2　2006年各地区大规模肉鸡费用和用工情况

项　　目	单位	平均	北京	天津	山西	上海	浙江	安徽
一、每百只物质与服务费	元	1362.08	1741.98	1703.30	1458.30	1206.46	1328.48	752.09
(一)直接费用	元	1319.93	1682.74	1670.03	1415.10	1197.90	1315.48	734.49
1. 仔畜进价	元	210.93	364.00	234.17	250.00	158.07	144.00	112.50
2. 精饲料费	元	985.31	1198.25	1213.17	1030.00	964.36	1098.55	573.18
3. 青粗饲料费	元							
4. 饲料加工费	元	0.27			1.50			
5. 水费	元	3.73		10.00	3.00	3.81	3.00	
6. 燃料动力费	元	21.85	26.61	54.60	35.00	18.86	13.82	7.75
电费	元	10.74	15.25	16.53	11.00	15.74	13.82	3.05
煤费	元	9.41	11.36	38.07	20.00	3.12		4.70
其他燃料动力费	元	1.70			4.00			
7. 医疗防疫费	元	60.63	63.00	118.77	60.00	27.28	30.26	24.00
8. 死亡损失费	元	18.29	27.49	5.48	30.00	21.11	14.40	7.93
9. 技术服务费	元	5.04				0.67	1.00	1.75
10. 工具材料费	元	8.68		16.67	3.00	1.44	4.85	4.88
11. 修理维护费	元	3.55	3.39	12.17	2.60	1.66	5.60	2.50
12. 其他直接费用	元	1.65		5.00		0.64		
(二)间接费用	元	42.15	59.24	33.27	43.20	8.56	13.00	17.60
1. 固定资产折旧	元	20.19	37.29	19.11	19.60	8.56	8.50	11.65
2. 税金	元							
3. 保险费	元	0.04						
4. 管理费	元	4.14	5.00	2.77				1.50
5. 财务费	元	6.65	16.95	9.72	17.60			1.95
6. 销售费	元	11.13		1.67	6.00		4.50	2.50
二、每百只人工成本	元	55.55	52.84	49.87	64.25	12.88	75.15	45.00
1. 家庭用工折价	元	11.83	10.14	22.48	42.25	4.06		6.42
家庭用工天数	日	0.70	0.60	1.33	2.50	0.24		0.38
劳动日工价	元	16.90	16.90	16.90	16.90	16.90	16.90	16.90
2. 雇工费用	元	43.72	42.70	27.39	22.00	8.82	75.15	38.58
雇工天数	日	1.72	1.80	1.00	1.10	0.28	1.67	1.28
雇工工价	元	25.42	23.72	27.39	20.00	31.50	45.00	30.14
三、附记								
1. 仔畜重量	公斤							
2. 精饲料数量	公斤	459.90	550.00	541.70	490.00	419.20	549.10	298.00
3. 耗粮数量	公斤	331.00	385.00	379.20	392.00	293.40	384.40	208.60

5－1－9－2 续表

项　　目	单位	福　建	河　南	湖　南	广　东	广　西	云　南
一、每百只物质与服务费	元	1084.04	1291.09	1202.01	1250.89	1822.77	1503.44
（一）直接费用	元	1062.98	1264.13	1083.84	1179.44	1789.86	1443.04
1. 仔畜进价	元	117.00	192.20	223.00	190.00	356.17	190.00
2. 精饲料费	元	803.97	938.70	786.72	912.28	1322.36	982.14
3. 青粗饲料费	元						
4. 饲料加工费	元		1.70				
5. 水费	元		2.10		4.03	5.24	13.60
6. 燃料动力费	元	18.98	13.80	19.60	11.77	31.51	9.80
电费	元	1.27	5.20	5.50	9.27	22.42	9.80
煤费	元	3.17	8.60	14.10	2.00	7.75	
其他燃料动力费	元	14.54			0.50	1.34	
7. 医疗防疫费	元	81.43	97.40	40.00	46.55	38.92	100.00
8. 死亡损失费	元	26.73	11.70	5.50	7.37	11.80	50.00
9. 技术服务费	元		1.30			5.80	50.00
10. 工具材料费	元	9.93	1.03	6.50	1.92	6.40	47.50
11. 修理维护费	元	4.94	2.20		2.99	4.54	
12. 其他直接费用	元		2.00	2.52	2.53	7.12	
（二）间接费用	元	21.06	26.96	118.17	71.45	32.91	60.40
1. 固定资产折旧	元	9.79	10.16	26.67	42.81	15.17	33.00
2. 税金	元						
3. 保险费	元				0.50		
4. 管理费	元		5.60		15.39	8.67	10.80
5. 财务费	元		8.20		4.25	4.50	16.60
6. 销售费	元	11.27	3.00	91.50	8.50	4.57	
二、每百只人工成本	元	41.74	64.67	27.64	62.69	41.39	128.02
1. 家庭用工折价	元	41.74		10.14		4.23	
家庭用工天数	日	2.47		0.60		0.25	
劳动日工价	元	16.90	16.90	16.90	16.90	16.90	16.90
2. 雇工费用	元		64.67	17.50	62.69	37.16	128.02
雇工天数	日		2.90	0.50	2.25	1.52	6.30
雇工工价	元	20.00	22.30	35.00	27.86	24.45	20.32
三、附记							
1. 仔畜重量	公斤						
2. 精饲料数量	公斤	371.80	478.40	357.60	422.20	572.70	467.70
3. 耗粮数量	公斤	260.30	358.80	250.30	331.30	400.90	327.40

5－1－10－1　2006 年各地区散养蛋鸡成本收益情况

项　　目	单位	平　均	黑龙江	河　南	陕　西
每百只					
主产品产量	公斤	1484.70	1846.30	1328.40	1279.30
产值合计	元	8475.10	8998.92	8671.48	7754.91
主产品产值	元	7280.79	7883.42	7588.24	6370.72
副产品产值	元	1194.31	1115.50	1083.24	1384.19
总成本	元	7258.18	8489.32	7242.65	6042.55
生产成本	元	7258.18	8489.32	7242.65	6042.55
物质与服务费用	元	6685.61	8001.75	6821.84	5233.21
人工成本	元	572.57	487.57	420.81	809.34
家庭用工折价	元	572.57	487.57	420.81	809.34
雇工费用	元				
土地成本	元				
净利润	元	1216.92	509.60	1428.83	1712.36
成本利润率	%	16.77	6.00	19.73	28.34
耗粮数量	公斤	2301.60	2785.90	2273.30	1845.70
每 50 公斤主产品					
平均出售价格	元	245.19	213.49	285.62	248.99
总成本	元	209.98	201.40	238.56	194.01
生产成本	元	209.98	201.40	238.56	194.01
净利润	元	35.21	12.09	47.06	54.98
耗粮数量	公斤	77.51	75.45	85.57	72.14
附：					
每核算单位用工数量	日	33.88	28.85	24.90	47.89
平均饲养天数	日	344.00	368.00	366.00	297.00

5－1－10－2　2006年各地区散养蛋鸡费用和用工情况

项　　目	单位	平　均	黑龙江	河　南	陕　西
一、每百只物质与服务费	元	6685.61	8001.75	6821.84	5233.21
（一）直接费用	元	6630.34	7955.11	6774.74	5161.13
1. 仔畜进价	元	1500.80	1691.67	1333.85	1476.89
2. 精饲料费	元	4852.50	6035.70	5159.60	3362.19
3. 青粗饲料费	元	21.70		65.10	
4. 饲料加工费	元	30.06	13.70	22.32	54.16
5. 水费	元	5.61	9.46	7.36	
6. 燃料动力费	元	61.95	53.87	58.44	73.55
电费	元	46.74	43.45	40.34	56.44
煤费	元	14.71	8.92	18.10	17.11
其他燃料动力费	元	0.50	1.50		
7. 医疗防疫费	元	99.95	88.18	78.99	132.67
8. 死亡损失费	元	44.14	49.83	34.60	48.00
9. 技术服务费	元	1.99	4.75	1.21	
10. 工具材料费	元	3.07	2.80	6.40	
11. 修理维护费	元	7.73	5.15	4.36	13.67
12. 其他直接费用	元	0.84		2.51	
（二）间接费用	元	55.27	46.64	47.10	72.08
1. 固定资产折旧	元	50.59	40.24	39.44	72.08
2. 税金	元				
3. 保险费	元				
4. 管理费	元	2.75	4.73	3.53	
5. 财务费	元				
6. 销售费	元	1.93	1.67	4.13	
二、每百只人工成本	元	572.57	487.57	420.81	809.34
1. 家庭用工折价	元	572.57	487.57	420.81	809.34
家庭用工天数	日	33.88	28.85	24.90	47.89
劳动日工价	元	16.90	16.90	16.90	16.90
2. 雇工费用	元				
雇工天数	日				
雇工工价	元	21.76	19.17	21.12	25.00
三、附记					
1. 仔畜重量	公斤				
2. 精饲料数量	公斤	3273.20	3979.90	3202.90	2636.70
3. 耗粮数量	公斤	2301.60	2785.90	2273.30	1845.70

5－1－11－1　2006年各地区小规模蛋鸡成本收益情况

项　　目	单位	平　均	天　津	河　北	山　西	辽　宁
每百只						
主产品产量	公斤	1660.20	1649.80	1572.20	1627.10	1649.90
产值合计	元	9318.54	9030.75	8959.70	9654.51	8606.17
主产品产值	元	8084.25	7715.75	7999.57	8361.87	7408.46
副产品产值	元	1234.29	1315.00	960.13	1292.64	1197.71
总成本	元	8289.99	8404.44	7542.81	8405.44	7814.01
生产成本	元	8287.00	8404.44	7539.43	8400.63	7814.01
物质与服务费用	元	7866.45	8125.59	7137.21	7993.85	7537.02
人工成本	元	420.55	278.85	402.22	406.78	276.99
家庭用工折价	元	400.19	278.85	402.22	406.78	276.99
雇工费用	元	20.36				
土地成本	元	2.99		3.38	4.81	
净利润	元	1028.55	626.31	1416.89	1249.07	792.16
成本利润率	%	12.41	7.45	18.78	14.86	10.14
耗粮数量	公斤	2925.80	2937.10	3014.10	3050.50	2677.40
每50公斤主产品						
平均出售价格	元	243.47	233.84	254.41	256.96	224.51
总成本	元	216.60	217.62	214.18	223.72	203.84
生产成本	元	216.52	217.62	214.08	223.59	203.84
净利润	元	26.87	16.22	40.23	33.24	20.67
耗粮数量	公斤	88.12	89.01	95.86	93.74	81.14
附：						
每核算单位用工数量	日	24.62	16.50	23.80	24.07	16.39
平均饲养天数	日	356.00	330.00	365.00	358.00	353.00

5－1－11－1　续表

项　　目	单位	吉　林	黑龙江	山　东	河　南
每百只					
主产品产量	公斤	1781.50	1819.20	1583.80	1598.00
产值合计	元	9973.85	9279.94	9421.16	9622.27
主产品产值	元	8773.10	8102.15	7942.76	8370.36
副产品产值	元	1200.75	1177.79	1478.40	1251.91
总成本	元	8575.26	8626.12	8318.33	8633.41
生产成本	元	8569.21	8626.12	8318.33	8623.76
物质与服务费用	元	7999.01	8072.64	7849.69	8216.47
人工成本	元	570.20	553.48	468.64	407.29
家庭用工折价	元	557.70	476.58	468.64	333.78
雇工费用	元	12.50	76.90		73.51
土地成本	元	6.05			9.65
净利润	元	1398.59	653.82	1102.83	988.86
成本利润率	%	16.31	7.58	13.26	11.45
耗粮数量	公斤	3405.20	2783.10	2819.20	2719.60
每50公斤主产品					
平均出售价格	元	246.23	222.68	250.75	261.90
总成本	元	211.70	206.99	221.40	234.99
生产成本	元	211.55	206.99	221.40	234.72
净利润	元	34.53	15.69	29.35	26.91
耗粮数量	公斤	95.57	76.49	89.00	85.09
附：					
每核算单位用工数量	日	33.50	32.26	27.73	22.72
平均饲养天数	日	370.00	368.00	341.00	364.00

5-1-11-2 2006年各地区小规模蛋鸡费用和用工情况

项　　目	单位	平　均	天　津	河　北	山　西	辽　宁
一、每百只物质与服务费	元	7866.45	8125.59	7137.21	7993.85	7537.02
(一)直接费用	元	7801.47	8025.59	7080.96	7962.92	7488.72
1. 仔畜进价	元	1504.34	1605.00	1293.63	1558.27	1709.37
2. 精饲料费	元	6082.89	6189.34	5588.09	6158.49	5597.82
3. 青粗饲料费	元	2.93		6.50		
4. 饲料加工费	元	11.58		11.00	3.83	
5. 水费	元	13.14	31.00	12.61	11.32	5.01
6. 燃料动力费	元	43.22	73.34	38.83	53.38	33.96
电费	元	34.27	73.34	29.54	28.08	32.07
煤费	元	8.69		7.23	25.30	1.89
其他燃料动力费	元	0.26		2.06		
7. 医疗防疫费	元	72.48	52.09	78.88	79.94	61.18
8. 死亡损失费	元	56.88	55.00	33.56	76.10	72.76
9. 技术服务费	元	1.05		3.75	0.22	
10. 工具材料费	元	5.87	11.67	4.38	11.38	3.50
11. 修理维护费	元	6.02	8.15	9.73	9.99	5.05
12. 其他直接费用	元	1.07				0.07
(二)间接费用	元	64.98	100.00	56.25	30.93	48.30
1. 固定资产折旧	元	59.67	100.00	56.25	30.22	46.40
2. 税金	元					
3. 保险费	元					
4. 管理费	元	1.23			0.71	0.18
5. 财务费	元	0.21				
6. 销售费	元	3.87				1.72
二、每百只人工成本	元	420.55	278.85	402.22	406.78	276.99
1. 家庭用工折价	元	400.19	278.85	402.22	406.78	276.99
家庭用工天数	日	23.68	16.50	23.80	24.07	16.39
劳动日工价	元	16.90	16.90	16.90	16.90	16.90
2. 雇工费用	元	20.36				
雇工天数	日	0.94				
雇工工价	元	21.66	29.00	24.75	30.60	27.14
三、附记						
1. 仔畜重量	公斤					
2. 精饲料数量	公斤	4151.90	4195.90	4305.90	4357.90	3888.30
3. 耗粮数量	公斤	2925.80	2937.10	3014.10	3050.50	2677.40

5－1－11－2　续表

项　　目	单位	吉　林	黑龙江	山　东	河　南
一、每百只物质与服务费	元	7999.01	8072.64	7849.69	8216.47
（一）直接费用	元	7933.20	8024.45	7773.02	8122.85
1. 仔畜进价	元	1338.00	1668.92	1425.31	1436.20
2. 精饲料费	元	6451.00	6067.59	6165.08	6445.73
3. 青粗饲料费	元			10.83	6.11
4. 饲料加工费	元		30.12	28.16	19.52
5. 水费	元	10.80	14.73	4.31	15.37
6. 燃料动力费	元	39.50	42.63	28.71	35.36
电费	元	31.80	27.88	24.40	27.04
煤费	元	7.70	14.75	4.31	8.32
其他燃料动力费	元				
7. 医疗防疫费	元	68.90	73.85	53.89	111.07
8. 死亡损失费	元	14.20	114.01	47.45	41.95
9. 技术服务费	元		3.27	0.11	1.07
10. 工具材料费	元	1.20	6.24	4.81	3.79
11. 修理维护费	元	5.10	3.09	3.03	4.00
12. 其他直接费用	元	4.50		1.33	2.68
（二）间接费用	元	65.81	48.19	76.67	93.62
1. 固定资产折旧	元	65.81	44.34	55.84	78.46
2. 税金	元				
3. 保险费	元				
4. 管理费	元		3.60	0.65	4.69
5. 财务费	元		0.25		1.43
6. 销售费	元			20.18	9.04
二、每百只人工成本	元	570.20	553.48	468.64	407.29
1. 家庭用工折价	元	557.70	476.58	468.64	333.78
家庭用工天数	日	33.00	28.20	27.73	19.75
劳动日工价	元	16.90	16.90	16.90	16.90
2. 雇工费用	元	12.50	76.90		73.51
雇工天数	日	0.50	4.06		2.97
雇工工价	元	25.00	18.94	23.22	24.75
三、附记					
1. 仔畜重量	公斤				
2. 精饲料数量	公斤	4864.50	3975.80	3687.20	3939.70
3. 耗粮数量	公斤	3405.20	2783.10	2819.20	2719.60

5－1－12－1　2006年各地区中规模蛋鸡成本收益情况

项　　目	单位	平　均	北　京	天　津	河　北	山　西	内蒙古
每百只							
主产品产量	公斤	1609.70	1692.50	1734.20	1664.20	1722.20	1675.20
产值合计	元	9429.41	9424.30	9657.61	9326.34	9966.41	10393.45
主产品产值	元	8203.16	8127.86	8395.22	8272.12	8844.15	9221.00
副产品产值	元	1226.25	1296.44	1262.39	1054.22	1122.26	1172.45
总成本	元	8534.30	8787.68	8827.67	8167.80	8701.25	8966.06
生产成本	元	8508.38	8773.98	8823.82	8157.29	8695.11	8933.43
物质与服务费用	元	8139.64	8452.90	8595.81	7751.41	8292.82	8499.33
人工成本	元	368.74	321.08	228.01	405.88	402.29	434.10
家庭用工折价	元	242.85	78.59	95.15	347.46	371.29	376.53
雇工费用	元	125.89	242.49	132.86	58.42	31.00	57.57
土地成本	元	25.92	13.70	3.85	10.51	6.14	32.63
净利润	元	895.11	636.62	829.94	1158.54	1265.16	1427.39
成本利润率	%	10.49	7.24	9.40	14.18	14.54	15.92
耗粮数量	公斤	2648.60	2945.30	2838.80	2687.00	3092.90	2905.40
每50公斤主产品							
平均出售价格	元	254.80	240.11	242.05	248.53	256.77	275.22
总成本	元	230.61	223.89	221.25	217.66	224.18	237.42
生产成本	元	229.91	223.54	221.15	217.38	224.02	236.56
净利润	元	24.19	16.22	20.80	30.87	32.59	37.80
耗粮数量	公斤	82.27	87.01	81.85	80.73	89.80	86.72
附:							
每核算单位用工数量	日	19.28	15.84	10.16	22.73	23.00	24.11
平均饲养天数	日	356.00	365.00	360.00	363.00	357.00	363.00

5－1－12－1 续表 1

项 目	单位	辽 宁	吉 林	黑龙江	上 海	江 苏	浙 江
每百只							
主产品产量	公斤	1710.70	1713.70	1931.70	1676.10	1570.10	1789.20
产值合计	元	8885.39	8923.76	9437.66	10450.01	10108.41	10203.53
主产品产值	元	7710.76	7630.95	8289.99	9329.97	8567.33	9312.67
副产品产值	元	1174.63	1292.81	1147.67	1120.04	1541.08	890.86
总成本	元	8069.59	8353.61	8829.30	10112.29	8528.83	10106.59
生产成本	元	8069.59	8340.67	8829.30	10051.62	8506.58	10103.15
物质与服务费用	元	7802.23	7936.62	8384.75	9800.38	8221.22	9878.09
人工成本	元	267.36	404.05	444.55	251.24	285.36	225.06
家庭用工折价	元	267.36	376.70	272.60		199.08	85.35
雇工费用	元		27.35	171.95	251.24	86.28	139.71
土地成本	元		12.94		60.67	22.25	3.44
净利润	元	815.80	570.15	608.36	337.72	1579.58	96.94
成本利润率	%	10.11	6.83	6.89	3.34	18.52	0.96
耗粮数量	公斤	2781.10	2756.10	3052.20	2843.80	2367.90	2657.10
每50公斤主产品							
平均出售价格	元	225.37	222.65	214.58	278.32	272.83	260.25
总成本	元	204.68	208.42	200.75	269.33	230.20	257.78
生产成本	元	204.68	208.10	200.75	267.71	229.60	257.69
净利润	元	20.69	14.23	13.83	8.99	42.63	2.47
耗粮数量	公斤	81.29	80.41	79.00	84.83	75.41	74.25
附：							
每核算单位用工数量	日	15.82	23.50	26.83	9.23	15.63	9.42
平均饲养天数	日	357.00	354.00	375.00	365.00	363.00	365.00

5－1－12－1 续表 2

项目	单位	安徽	山东	河南	湖北	重庆	四川
每百只							
主产品产量	公斤	1762.00	1696.40	1652.80	1068.00	1359.30	1470.00
产值合计	元	10868.00	10089.06	10076.35	7702.00	7917.50	8552.00
主产品产值	元	9610.00	8821.17	8763.17	6732.00	6965.80	7350.00
副产品产值	元	1258.00	1267.89	1313.18	970.00	951.70	1202.00
总成本	元	9265.71	9014.48	8924.75	6388.85	6942.94	6388.23
生产成本	元	9248.21	8981.19	8899.71	6188.85	6897.08	6384.00
物质与服务费用	元	8867.90	8592.66	8462.92	6046.10	6496.94	5997.33
人工成本	元	380.31	388.53	436.79	142.75	400.14	386.67
家庭用工折价	元	131.82	340.03	267.70	76.05	323.64	386.67
雇工费用	元	248.49	48.50	169.09	66.70	76.50	
土地成本	元	17.50	33.29	25.04	200.00	45.86	4.23
净利润	元	1602.29	1074.58	1151.60	1313.15	974.56	2163.77
成本利润率	%	17.29	11.92	12.90	20.55	14.04	33.87
耗粮数量	公斤	2704.10	2974.70	2733.30	1754.40	2191.00	2143.80
每50公斤主产品							
平均出售价格	元	272.70	260.00	265.10	315.17	256.23	250.00
总成本	元	232.50	232.31	234.80	261.44	224.69	186.75
生产成本	元	232.06	231.45	234.14	253.25	223.21	186.62
净利润	元	40.20	27.69	30.30	53.73	31.54	63.25
耗粮数量	公斤	76.73	87.68	82.69	82.13	80.59	72.92
附：							
每核算单位用工数量	日	14.78	22.17	24.32	6.50	21.70	22.88
平均饲养天数	日	363.00	358.00	382.00	365.00	365.00	305.00

5－1－12－1 续表 3

项　　目	单位	云 南	陕 西	甘 肃	宁 夏	新 疆
每百只						
主产品产量	公斤	1231.80	1368.10	1705.50	1768.60	1451.80
产值合计	元	8658.10	8188.91	10921.77	9292.10	8404.40
主产品产值	元	7291.60	6956.95	9289.13	7817.43	7170.20
副产品产值	元	1366.50	1231.96	1632.64	1474.67	1234.20
总成本	元	8227.49	7842.32	9623.43	10355.12	7330.80
生产成本	元	8227.49	7842.32	9598.43	10320.12	7312.59
物质与服务费用	元	8005.06	7223.27	9069.94	9638.56	7055.67
人工成本	元	222.43	619.05	528.49	681.56	256.92
家庭用工折价	元	199.93	619.05		375.69	152.27
雇工费用	元	22.50		528.49	305.87	104.65
土地成本	元			25.00	35.00	18.21
净利润	元	430.61	346.59	1298.34	－1063.02	1073.60
成本利润率	%	5.23	4.42	13.49	－10.26	14.65
耗粮数量	公斤	2005.70	2705.10	2910.60	2855.90	2363.80
每 50 公斤主产品						
平均出售价格	元	295.97	254.26	272.33	221.01	246.94
总成本	元	281.25	243.50	239.96	246.29	215.40
生产成本	元	281.25	243.50	239.33	245.46	214.86
净利润	元	14.72	10.76	32.37	－25.28	31.54
耗粮数量	公斤	81.41	98.86	85.33	80.74	81.41
附：						
每核算单位用工数量	日	13.33	36.63	18.23	34.46	12.95
平均饲养天数	日	345.00	292.00	365.00	365.00	330.00

5－1－12－2　2006年各地区中规模蛋鸡费用和用工情况

项　　目	单位	平　均	北　京	天　津	河　北	山　西	内蒙古
一、每百只物质与服务费	元	8139.64	8452.90	8595.81	7751.41	8292.82	8499.33
(一)直接费用	元	8032.93	8408.08	8524.01	7661.70	8258.85	8460.77
1.仔畜进价	元	1647.87	1600.00	1822.03	1347.70	1610.05	1544.85
2.精饲料费	元	6056.48	6345.24	6464.08	6069.24	6427.70	6683.93
3.青粗饲料费	元	54.28			1.04		
4.饲料加工费	元	13.29		15.06	11.26	2.65	6.25
5.水费	元	13.11		15.99	8.75	5.85	19.45
6.燃料动力费	元	67.22	226.22	51.34	49.45	57.16	81.30
电费	元	49.22	106.87	38.86	39.41	30.07	49.76
煤费	元	17.12	119.35	11.73	10.04	27.09	31.54
其他燃料动力费	元	0.88		0.75			
7.医疗防疫费	元	97.00	73.00	98.10	123.65	70.74	62.27
8.死亡损失费	元	60.70	100.50	46.25	39.39	65.82	36.17
9.技术服务费	元	0.65		0.63	0.66		
10.工具材料费	元	9.81	11.35	4.72	4.63	9.47	13.32
11.修理维护费	元	11.06	51.77	4.56	5.87	9.41	12.31
12.其他直接费用	元	1.46		1.25	0.06		0.92
(二)间接费用	元	106.71	44.82	71.80	89.71	33.97	38.56
1.固定资产折旧	元	78.63	26.49	65.61	71.31	25.34	26.31
2.税金	元						
3.保险费	元						
4.管理费	元	11.56	17.22		2.68	0.60	10.25
5.财务费	元	4.22	1.11		0.26	3.03	1.47
6.销售费	元	12.30		6.19	15.46	5.00	0.53
二、每百只人工成本	元	368.74	321.08	228.01	405.88	402.29	434.10
1.家庭用工折价	元	242.85	78.59	95.15	347.46	371.29	376.53
家庭用工天数	日	14.37	4.65	5.63	20.56	21.97	22.28
劳动日工价	元	16.90	16.90	16.90	16.90	16.90	16.90
2.雇工费用	元	125.89	242.49	132.86	58.42	31.00	57.57
雇工天数	日	4.91	11.19	4.53	2.17	1.03	1.83
雇工工价	元	25.64	21.67	29.33	26.92	30.10	31.46
三、附记							
1.仔畜重量	公斤						
2.精饲料数量	公斤	3799.50	4207.50	4055.40	4014.30	4418.40	4150.50
3.耗粮数量	公斤	2648.60	2945.30	2838.80	2687.00	3092.90	2905.40

5－1－12－2 续表 1

项 目	单位	辽 宁	吉 林	黑龙江	上 海	江 苏	浙 江
一、每百只物质与服务费	元	7802.23	7936.62	8384.75	9800.38	8221.22	9878.09
(一)直接费用	元	7729.73	7861.51	8308.22	9601.20	8130.29	9808.00
1. 仔畜进价	元	1724.03	1542.68	1647.67	1835.32	1622.50	1700.50
2. 精饲料费	元	5805.03	6092.10	6434.67	7380.21	6231.44	6634.94
3. 青粗饲料费	元					1.10	1185.00
4. 饲料加工费	元	2.13	20.82	17.79		17.39	13.38
5. 水费	元	8.37	7.91	18.07	37.08	13.84	21.79
6. 燃料动力费	元	36.44	49.47	49.33	108.30	73.77	83.84
电费	元	28.78	25.45	39.33	108.30	50.27	70.09
煤费	元	7.16	19.73	10.00		20.56	13.75
其他燃料动力费	元	0.50	4.29			2.94	
7. 医疗防疫费	元	70.09	90.18	78.33	99.92	98.86	73.79
8. 死亡损失费	元	69.66	34.27	53.27	93.30	53.42	72.60
9. 技术服务费	元		2.28	4.33			0.70
10. 工具材料费	元	7.50	7.01	2.53	6.01	9.88	10.14
11. 修理维护费	元	5.57	11.71	2.23	32.40	8.09	11.32
12. 其他直接费用	元	0.91	3.08		8.66		
(二)间接费用	元	72.50	75.11	76.53	199.18	90.93	70.09
1. 固定资产折旧	元	62.11	61.09	60.53	155.12	79.67	40.92
2. 税金	元						
3. 保险费	元						
4. 管理费	元	1.86		8.33		1.97	
5. 财务费	元	0.69		7.67	44.06		
6. 销售费	元	7.84	14.02			9.29	29.17
二、每百只人工成本	元	267.36	404.05	444.55	251.24	285.36	225.06
1. 家庭用工折价	元	267.36	376.70	272.60		199.08	85.35
家庭用工天数	日	15.82	22.29	16.13		11.78	5.05
劳动日工价	元	16.90	16.90	16.90	16.90	16.90	16.90
2. 雇工费用	元		27.35	171.95	251.24	86.28	139.71
雇工天数	日		1.21	10.70	9.23	3.85	4.37
雇工工价	元	27.26	22.60	16.07	27.22	22.41	31.97
三、附记							
1. 仔畜重量	公斤						
2. 精饲料数量	公斤	3980.40	4006.30	4360.30	4062.60	3692.50	3795.90
3. 耗粮数量	公斤	2781.10	2756.10	3052.20	2843.80	2367.90	2657.10

5－1－12－2　续表 2

项　　目	单位	安　徽	山　东	河　南	湖　北	重　庆	四　川
一、每百只物质与服务费	元	8867.90	8592.66	8462.92	6046.10	6496.94	5997.33
（一）直接费用	元	8741.65	8494.86	8357.05	6026.10	6377.84	5719.73
1. 仔畜进价	元	2100.00	1828.95	1601.69	1598.00	1389.70	200.00
2. 精饲料费	元	6210.80	6437.53	6509.64	4140.00	4618.31	5206.25
3. 青粗饲料费	元		1.70	5.21			
4. 饲料加工费	元	21.90	25.14	16.35	20.00	13.73	
5. 水费	元	15.00	9.88	11.63	13.00	19.54	
6. 燃料动力费	元	75.50	44.46	49.10	37.50	114.96	48.48
电费	元	71.50	32.52	38.72	37.50	114.96	12.48
煤费	元	4.00	9.09	10.15			36.00
其他燃料动力费	元		2.85	0.23			
7. 医疗防疫费	元	125.00	78.92	103.62	183.30	127.98	150.00
8. 死亡损失费	元	130.00	50.88	41.36	24.30	69.71	105.00
9. 技术服务费	元		2.79	1.68			
10. 工具材料费	元	36.88	5.77	7.31	8.00	13.03	10.00
11. 修理维护费	元	26.57	8.57	6.45	2.00	6.20	
12. 其他直接费用	元		0.27	3.01		4.68	
（二）间接费用	元	126.25	97.80	105.87	20.00	119.10	277.60
1. 固定资产折旧	元	96.00	81.89	84.39	20.00	57.79	273.60
2. 税金	元						
3. 保险费	元						
4. 管理费	元	10.25	5.72	7.94		25.32	
5. 财务费	元	20.00	0.33	1.03		6.90	
6. 销售费	元		9.86	12.51		29.09	4.00
二、每百只人工成本	元	380.31	388.53	436.79	142.75	400.14	386.67
1. 家庭用工折价	元	131.82	340.03	267.70	76.05	323.64	386.67
家庭用工天数	日	7.80	20.12	15.84	4.50	19.15	22.88
劳动日工价	元	16.90	16.90	16.90	16.90	16.90	16.90
2. 雇工费用	元	248.49	48.50	169.09	66.70	76.50	
雇工天数	日	6.98	2.05	8.48	2.00	2.55	
雇工工价	元	35.60	23.66	19.94	33.35	30.00	30.00
三、附记							
1. 仔畜重量	公斤						
2. 精饲料数量	公斤	3863.00	4030.70	3954.90	2580.00	3130.00	3062.60
3. 耗粮数量	公斤	2704.10	2974.70	2733.30	1754.40	2191.00	2143.80

5-1-12-2 续表 3

项　目	单位	云　南	陕　西	甘　肃	宁　夏	新　疆
一、每百只物质与服务费	元	8005.06	7223.27	9069.94	9638.56	7055.67
(一)直接费用	元	7945.96	7085.79	8786.30	9522.03	6914.85
1.仔畜进价	元	2673.00	1395.22	1807.50	1900.00	1761.72
2.精饲料费	元	5157.88	5430.50	6695.98	7343.53	4923.57
3.青粗饲料费	元					
4.饲料加工费	元		18.24	40.34	30.00	
5.水费	元	1.57	9.15	25.88	11.93	13.76
6.燃料动力费	元	7.82	79.17	45.15	54.80	55.34
电费	元	6.24	65.73	45.15	44.37	26.55
煤费	元		13.44		10.43	22.58
其他燃料动力费	元	1.58				6.21
7.医疗防疫费	元	69.26	116.21	80.20	83.90	76.57
8.死亡损失费	元	29.71	21.38	75.21	73.34	49.96
9.技术服务费	元	1.29				
10.工具材料费	元	5.29	11.87	11.04	8.60	11.54
11.修理维护费	元	0.14	4.05	5.00	10.30	18.76
12.其他直接费用	元				5.63	3.63
(二)间接费用	元	59.10	137.48	283.64	116.53	140.82
1.固定资产折旧	元	49.26	73.62	119.80	78.89	120.17
2.税金	元					
3.保险费	元					
4.管理费	元			141.00	12.97	8.15
5.财务费	元		1.83	2.59		1.76
6.销售费	元	9.84	62.03	20.25	24.67	10.74
二、每百只人工成本	元	222.43	619.05	528.49	681.56	256.92
1.家庭用工折价	元	199.93	619.05		375.69	152.27
家庭用工天数	日	11.83	36.63		22.23	9.01
劳动日工价	元	16.90	16.90	16.90	16.90	16.90
2.雇工费用	元	22.50		528.49	305.87	104.65
雇工天数	日	1.50		18.23	12.23	3.94
雇工工价	元	15.00	26.50	28.99	25.01	26.56
三、附记						
1.仔畜重量	公斤					
2.精饲料数量	公斤	2865.30	3716.50	4158.00	4079.90	3404.40
3.耗粮数量	公斤	2005.70	2705.10	2910.60	2855.90	2363.80

5－1－13－1　2006年各地区大规模蛋鸡成本收益情况

项　　目	单位	平　均	北　京	天　津	内蒙古	辽　宁	吉　林
每百只							
主产品产量	公斤	1642.90	1683.30	1788.10	1750.00	1644.70	1712.20
产值合计	元	9828.20	9412.94	9841.19	10995.00	8890.77	8785.34
主产品产值	元	8492.13	8327.23	8535.00	9975.00	7733.10	7599.78
副产品产值	元	1336.07	1085.71	1306.19	1020.00	1157.67	1185.56
总成本	元	9015.92	9376.60	9180.18	8374.00	8140.35	8152.89
生产成本	元	8985.55	9356.38	9128.72	8359.00	8140.35	8135.89
物质与服务费用	元	8657.52	8893.41	8940.36	7951.00	7795.08	7781.82
人工成本	元	328.03	462.97	188.36	408.00	345.27	354.07
家庭用工折价	元	64.73	4.23	3.55	338.00	31.60	
雇工费用	元	263.30	458.74	184.81	70.00	313.67	354.07
土地成本	元	30.37	20.22	51.46	15.00		17.00
净利润	元	812.28	36.34	661.01	2621.00	750.42	632.45
成本利润率	%	9.01	0.39	7.20	31.30	9.22	7.76
耗粮数量	公斤	2725.70	2942.90	3008.10	2701.00	2683.80	2682.80
每50公斤主产品							
平均出售价格	元	258.45	247.35	238.66	285.00	235.09	221.93
总成本	元	237.09	246.40	222.63	217.06	215.25	205.95
生产成本	元	236.29	245.86	221.38	216.67	215.25	205.52
净利润	元	21.36	0.95	16.03	67.94	19.84	15.98
耗粮数量	公斤	82.95	87.41	84.11	77.17	81.59	78.34
附：							
每核算单位用工数量	日	13.83	15.12	6.55	22.00	12.59	16.67
平均饲养天数	日	354.00	363.00	364.00	365.00	352.00	368.00

5－1－13－1 续表 1

项 目	单位	黑龙江	上 海	江 苏	安 徽	福 建	山 东
每百只							
主产品产量	公斤	1935.80	1590.10	1746.50	1828.10	1703.10	1826.00
产值合计	元	9520.88	9637.41	10561.59	10936.57	10604.61	10716.16
主产品产值	元	8304.68	8543.49	8735.35	9645.67	9090.61	9487.71
副产品产值	元	1216.20	1093.92	1826.24	1290.90	1514.00	1228.45
总成本	元	8830.88	9411.09	9606.30	9962.81	10612.89	9835.68
生产成本	元	8830.88	9355.64	9506.30	9936.64	10612.89	9825.98
物质与服务费用	元	8416.30	9026.44	9198.16	9656.55	10132.77	9550.74
人工成本	元	414.58	329.20	308.14	280.09	480.12	275.24
家庭用工折价	元	251.81		77.74	21.80	26.87	39.55
雇工费用	元	162.77	329.20	230.40	258.29	453.25	235.69
土地成本	元		55.45	100.00	26.17		9.70
净利润	元	690.00	226.32	955.29	973.76	－8.28	880.48
成本利润率	%	7.81	2.40	9.94	9.77	－0.07	8.95
耗粮数量	公斤	3065.20	2763.40	2922.70	3096.50	2934.20	3455.40
每50公斤主产品							
平均出售价格	元	214.50	268.65	250.08	263.82	266.88	259.79
总成本	元	198.95	262.34	227.46	240.33	267.09	238.44
生产成本	元	198.95	260.80	225.09	239.70	267.09	238.21
净利润	元	15.55	6.31	22.62	23.49	－0.21	21.35
耗粮数量	公斤	79.17	86.89	83.67	84.69	86.14	94.62
附：							
每核算单位用工数量	日	24.07	10.00	14.20	11.00	14.54	10.68
平均饲养天数	日	373.00	365.00	358.00	351.00	362.00	363.00

5-1-13-1 续表 2

项目	单位	河南	湖北	广东	海南	重庆
每百只						
主产品产量	公斤	1688.40	1255.00	1289.50	1479.10	1426.50
产值合计	元	10328.98	7916.00	9970.73	11673.40	8210.95
主产品产值	元	9103.52	6706.00	8580.28	9535.22	7224.55
副产品产值	元	1225.46	1210.00	1390.45	2138.18	986.40
总成本	元	9200.77	7362.90	9266.02	12075.65	7356.77
生产成本	元	9176.61	7354.90	9243.09	11935.78	7328.35
物质与服务费用	元	8669.43	7231.75	8814.55	11343.96	7033.27
人工成本	元	507.18	123.15	428.54	591.82	295.08
家庭用工折价	元	36.67	35.49			223.08
雇工费用	元	470.51	87.66	428.54	591.82	72.00
土地成本	元	24.16	8.00	22.93	139.87	28.42
净利润	元	1128.21	553.10	704.71	-402.25	854.18
成本利润率	%	12.26	7.51	7.61	-3.32	11.61
耗粮数量	公斤	2778.00	2486.40	2283.40	1665.40	2300.90
每50公斤主产品						
平均出售价格	元	269.59	267.17	332.70	322.33	253.23
总成本	元	240.14	248.50	309.19	333.44	226.89
生产成本	元	239.51	248.23	308.42	329.57	226.01
净利润	元	29.45	18.67	23.51	-11.11	26.34
耗粮数量	公斤	82.27	99.06	88.54	56.30	80.65
附:						
每核算单位用工数量	日	20.06	5.10	12.80	15.36	15.60
平均饲养天数	日	374.00	365.00	335.00	294.00	365.00

5-1-13-1 续表 3

项 目	单位	四 川	贵 州	云 南	甘 肃	新 疆
每百只						
主产品产量	公斤	1650.00	1548.50	1804.20	1766.90	1385.00
产值合计	元	8990.00	9655.90	12733.60	9786.68	7223.50
主产品产值	元	7610.00	8490.40	10527.50	8481.12	6098.50
副产品产值	元	1380.00	1165.50	2206.10	1305.56	1125.00
总成本	元	6627.41	8271.57	12276.09	9760.49	5652.23
生产成本	元	6593.61	8258.24	12268.58	9730.54	5617.53
物质与服务费用	元	6255.53	7990.41	12133.48	9549.18	5443.72
人工成本	元	338.08	267.83	135.10	181.36	173.81
家庭用工折价	元	152.10	33.80			82.81
雇工费用	元	185.98	234.03	135.10	181.36	91.00
土地成本	元	33.80	13.33	7.51	29.95	34.70
净利润	元	2362.59	1384.33	457.51	26.19	1571.27
成本利润率	%	35.65	16.74	3.73	0.27	27.80
耗粮数量	公斤	3193.40	2682.00	3112.70	2247.90	2232.70
每50公斤主产品						
平均出售价格	元	230.61	274.15	291.75	240.00	220.16
总成本	元	170.01	234.85	281.27	239.36	172.27
生产成本	元	169.14	234.47	281.10	238.62	171.21
净利润	元	60.60	39.30	10.48	0.64	47.89
耗粮数量	公斤	96.77	86.60	86.26	63.61	80.60
附:						
每核算单位用工数量	日	25.20	12.75	6.40	10.20	9.45
平均饲养天数	日	360.00	360.00	360.00	365.00	280.00

5－1－13－2 2006年各地区大规模蛋鸡费用和用工情况

项目	单位	平均	北京	天津	内蒙古	辽宁	吉林
一、每百只物质与服务费	元	8657.52	8893.41	8940.36	7951.00	7795.08	7781.82
(一)直接费用	元	8399.51	8679.68	8894.49	7847.50	7671.15	7664.14
1. 仔畜进价	元	1677.78	1701.33	1931.37	1320.00	1767.33	1555.67
2. 精饲料费	元	6362.23	6490.23	6768.04	6251.00	5661.33	5792.33
3. 青粗饲料费	元	5.08					
4. 饲料加工费	元	13.83	17.40	2.83			27.27
5. 水费	元	22.21	13.62	25.00	23.00	11.23	29.00
6. 燃料动力费	元	78.23	166.98	41.78	68.00	42.90	78.27
电费	元	63.13	99.95	32.72	50.00	26.40	51.64
煤费	元	12.11	67.03	9.06	18.00	16.50	22.40
其他燃料动力费	元	2.99					4.23
7. 医疗防疫费	元	126.03	124.77	90.75	150.00	86.33	75.36
8. 死亡损失费	元	76.58	116.77	20.39	23.00	86.00	73.11
9. 技术服务费	元	2.07	4.60				1.39
10. 工具材料费	元	9.70	3.00	7.14	10.00	8.75	5.90
11. 修理维护费	元	18.55	37.18	7.19	2.50	7.28	22.67
12. 其他直接费用	元	7.22	3.80				3.17
(二)间接费用	元	258.01	213.73	45.87	103.50	123.93	117.68
1. 固定资产折旧	元	121.99	88.19	40.48	75.00	78.63	112.98
2. 税金	元						
3. 保险费	元	1.64					
4. 管理费	元	50.91	86.46	2.94	23.00	5.73	
5. 财务费	元	17.77	11.48		2.50		
6. 销售费	元	65.70	27.60	2.45	3.00	39.57	4.70
二、每百只人工成本	元	328.03	462.97	188.36	408.00	345.27	354.07
1. 家庭用工折价	元	64.73	4.23	3.55	338.00	31.60	
家庭用工天数	日	3.83	0.25	0.21	20.00	1.87	
劳动日工价	元	16.90	16.90	16.90	16.90	16.90	16.90
2. 雇工费用	元	263.30	458.74	184.81	70.00	313.67	354.07
雇工天数	日	10.00	14.87	6.34	2.00	10.72	16.67
雇工工价	元	26.33	30.85	29.15	35.00	29.26	21.24
三、附记							
1. 仔畜重量	公斤						
2. 精饲料数量	公斤	3938.40	4204.20	4297.30	3858.60	3834.00	4018.30
3. 耗粮数量	公斤	2725.70	2942.90	3008.10	2701.00	2683.80	2682.80

5－1－13－2 续表 1

项　　目	单位	黑龙江	上　海	江　苏	安　徽	福　建	山　东
一、每百只物质与服务费	元	8416.30	9026.44	9198.16	9656.55	10132.77	9550.74
（一）直接费用	元	8349.51	8800.62	8863.26	9339.34	9880.21	9413.46
1. 仔畜进价	元	1685.80	1720.07	1514.00	1570.88	2105.00	1951.67
2. 精饲料费	元	6435.80	6748.10	6955.46	7366.75	7427.75	7162.44
3. 青粗饲料费	元						
4. 饲料加工费	元	19.53		43.00	36.01	10.00	45.41
5. 水费	元	17.72	50.96	26.90	16.15	37.61	8.53
6. 燃料动力费	元	49.33	76.41	59.50	62.70	117.37	66.44
电费	元	28.33	76.41	59.50	57.98	69.48	43.80
煤费	元	21.00			4.72	1.60	13.57
其他燃料动力费	元					46.29	9.07
7. 医疗防疫费	元	65.43	90.27	156.00	183.17	60.02	90.19
8. 死亡损失费	元	60.90	77.98	73.00	81.23	94.58	74.45
9. 技术服务费	元	3.83			9.33		5.43
10. 工具材料费	元	2.50	8.72	3.40	6.42	2.88	4.93
11. 修理维护费	元	8.67	23.91	32.00	4.26	25.00	3.97
12. 其他直接费用	元		4.20		2.44		
（二）间接费用	元	66.79	225.82	334.90	317.21	252.56	137.28
1. 固定资产折旧	元	48.46	115.50	89.00	129.61	128.23	86.56
2. 税金	元						
3. 保险费	元						1.67
4. 管理费	元	8.33	46.71	15.90	69.69	35.63	19.18
5. 财务费	元	10.00	30.55	124.00	45.89	57.61	0.30
6. 销售费	元		33.06	106.00	72.02	31.09	29.57
二、每百只人工成本	元	414.58	329.20	308.14	280.09	480.12	275.24
1. 家庭用工折价	元	251.81		77.74	21.80	26.87	39.55
家庭用工天数	日	14.90		4.60	1.29	1.59	2.34
劳动日工价	元	16.90	16.90	16.90	16.90	16.90	16.90
2. 雇工费用	元	162.77	329.20	230.40	258.29	453.25	235.69
雇工天数	日	9.17	10.00	9.60	9.71	12.95	8.34
雇工工价	元	17.75	32.92	24.00	26.60	35.00	28.26
三、附记							
1. 仔畜重量	公斤						
2. 精饲料数量	公斤	4378.80	3947.70	4175.30	4423.60	4191.70	4290.80
3. 耗粮数量	公斤	3065.20	2763.40	2922.70	3096.50	2934.20	3455.40

5－1－13－2　续表 2

项　　目	单位	河　南	湖　北	广　东	海　南	重　庆
一、每百只物质与服务费	元	8669.43	7231.75	8814.55	11343.96	7033.27
（一）直接费用	元	8522.97	7020.75	8324.32	9951.78	6854.24
1. 仔畜进价	元	1532.79	1620.00	1978.00	1850.00	1446.20
2. 精饲料费	元	6738.74	5037.00	5775.42	7446.32	4930.50
3. 青粗饲料费	元					
4. 饲料加工费	元	14.53		25.95		19.47
5. 水费	元	12.48	15.00	23.82	28.04	44.63
6. 燃料动力费	元	29.33	37.75	141.60	234.59	92.66
电费	元	20.07	35.25	138.40	234.59	69.50
煤费	元	9.26	2.50			23.16
其他燃料动力费	元			3.20		
7. 医疗防疫费	元	131.97	200.00	169.83	110.06	200.00
8. 死亡损失费	元	53.48	88.00	100.51	127.27	98.90
9. 技术服务费	元	0.27		12.00		
10. 工具材料费	元	4.07	12.00	47.25	13.38	7.90
11. 修理维护费	元	3.45	4.00	44.52	60.70	4.78
12. 其他直接费用	元	1.86	7.00	5.42	81.42	9.20
（二）间接费用	元	146.46	211.00	490.23	1392.18	179.03
1. 固定资产折旧	元	123.71	125.00	155.95	375.31	59.50
2. 税金	元					
3. 保险费	元		3.00	29.73		
4. 管理费	元	11.45	50.50	116.55	348.63	50.72
5. 财务费	元	5.76	30.00	50.37		4.21
6. 销售费	元	5.54	2.50	137.63	668.24	64.60
二、每百只人工成本	元	507.18	123.15	428.54	591.82	295.08
1. 家庭用工折价	元	36.67	35.49			223.08
家庭用工天数	日	2.17	2.10			13.20
劳动日工价	元	16.90	16.90	16.90	16.90	16.90
2. 雇工费用	元	470.51	87.66	428.54	591.82	72.00
雇工天数	日	17.89	3.00	12.80	15.36	2.40
雇工工价	元	26.30	29.22	33.48	38.53	30.00
三、附记						
1. 仔畜重量	公斤					
2. 精饲料数量	公斤	4279.60	3108.00	2935.50	3330.90	3287.00
3. 耗粮数量	公斤	2778.00	2486.40	2283.40	1665.40	2300.90

5-1-13-2 续表 3

项目	单位	四川	贵州	云南	甘肃	新疆
一、每百只物质与服务费	元	6255.53	7990.41	12133.48	9549.18	5443.72
(一)直接费用	元	5903.20	7762.35	12019.45	9312.74	5314.72
1. 仔畜进价	元	350.00	1767.00	2743.33	1908.00	1215.00
2. 精饲料费	元	4980.00	5738.60	9025.33	6992.22	3883.52
3. 青粗饲料费	元			106.67		
4. 饲料加工费	元		29.00			
5. 水费	元		13.55	29.17	25.18	14.90
6. 燃料动力费	元	46.40	55.80	16.62	93.76	64.75
电费	元	31.20	49.73	16.62	93.76	40.50
煤费	元	15.20	6.07			24.25
其他燃料动力费	元					
7. 医疗防疫费	元	350.00	52.75	86.17	94.52	79.00
8. 死亡损失费	元	138.00	80.00	4.27	94.43	42.00
9. 技术服务费	元			6.67		
10. 工具材料费	元		10.84	1.22	34.00	9.30
11. 修理维护费	元	10.00	10.49		70.63	6.25
12. 其他直接费用	元	28.80	4.32			
(二)间接费用	元	352.33	228.06	114.03	236.44	129.00
1. 固定资产折旧	元	320.40	57.43	111.67	111.11	129.00
2. 税金	元					
3. 保险费	元					
4. 管理费	元		59.77	0.53	117.33	
5. 财务费	元			0.50		
6. 销售费	元	31.93	110.86	1.33	8.00	
二、每百只人工成本	元	338.08	267.83	135.10	181.36	173.81
1. 家庭用工折价	元	152.10	33.80			82.81
家庭用工天数	日	9.00	2.00			4.90
劳动日工价	元	16.90	16.90	16.90	16.90	16.90
2. 雇工费用	元	185.98	234.03	135.10	181.36	91.00
雇工天数	日	16.20	10.75	6.40	10.20	4.55
雇工工价	元	11.48	21.77	21.11	17.78	20.00
三、附记						
1. 仔畜重量	公斤					
2. 精饲料数量	公斤	4562.00	3704.50	4446.70	4241.30	3189.50
3. 耗粮数量	公斤	3193.40	2682.00	3112.70	2247.90	2232.70

5－1－14－1　2006年各地区散养奶牛成本收益情况

项　　目	单位	平　均	山　西	内蒙古	吉　林	黑龙江	浙　江	山　东
每头								
主产品产量	公斤	4875.90	5709.90	4559.60	5216.70	4598.60	4728.90	5247.60
产值合计	元	10006.51	10491.82	9077.08	10183.34	8506.73	9306.17	10996.43
主产品产值	元	9031.57	9363.79	7888.43	9066.67	7553.70	8830.87	10127.13
副产品产值	元	974.94	1128.03	1188.65	1116.67	953.03	475.30	869.30
总成本	元	7962.21	8085.50	8897.16	5344.51	7111.61	6719.13	9107.99
生产成本	元	7937.15	8085.50	8897.16	5344.51	7109.21	6719.13	9071.51
物质与服务费用	元	6907.03	7083.34	8049.29	4690.99	5958.83	5629.08	7923.66
人工成本	元	1030.12	1002.16	847.87	653.52	1150.38	1090.05	1147.85
家庭用工折价	元	1026.34	1001.33	847.87	653.52	1150.38	1090.05	1147.85
雇工费用	元	3.78	0.83					
土地成本	元	25.06				2.40		36.48
净利润	元	2044.30	2406.32	179.92	4838.83	1395.12	2587.04	1888.44
成本利润率	%	25.68	29.76	2.02	90.54	19.62	38.50	20.73
耗粮数量	公斤	1897.90	2231.60	2229.50	1528.30	1657.70	1796.40	2116.40
每50公斤主产品								
平均出售价格	元	92.61	82.00	86.50	86.90	82.13	93.37	96.49
总成本	元	73.69	63.19	84.79	45.61	68.66	67.41	79.92
生产成本	元	73.46	63.19	84.79	45.61	68.64	67.41	79.60
净利润	元	18.92	18.81	1.71	41.29	13.47	25.96	16.57
耗粮数量	公斤	19.46	19.54	24.45	14.65	18.02	18.99	20.17
附：								
每核算单位用工数量	日	60.84	59.28	50.17	38.67	68.07	64.50	67.92
平均饲养天数	日	365.00	365.00	365.00	365.00	365.00	365.00	365.00

5－1－14－1 续表

项 目	单位	河 南	广 西	重 庆	贵 州	云 南	陕 西	新 疆
每头								
主产品产量	公斤	4610.00	5365.00	5439.80	5072.30	3120.30	4811.80	4905.70
产值合计	元	11104.10	14391.25	11151.56	12476.21	5493.08	8760.13	8146.76
主产品产值	元	10113.48	13658.50	10350.01	11666.21	4196.55	7217.69	7377.43
副产品产值	元	990.62	732.75	801.55	810.00	1296.53	1542.44	769.33
总成本	元	8513.91	12318.35	8541.76	10021.26	5037.98	7539.13	6270.27
生产成本	元	8497.82	12086.60	8541.76	9982.26	5037.98	7539.13	6270.27
物质与服务费用	元	7307.55	11174.00	7326.99	8990.74	4142.96	6359.85	5154.09
人工成本	元	1190.27	912.60	1214.77	991.52	895.02	1179.28	1116.18
家庭用工折价	元	1190.27	912.60	1214.77	991.52	895.02	1179.28	1067.91
雇工费用	元							48.27
土地成本	元	16.09	231.75		39.00			
净利润	元	2590.19	2072.90	2609.80	2454.95	455.10	1221.00	1876.49
成本利润率	%	30.42	16.83	30.55	24.50	9.03	16.20	29.93
耗粮数量	公斤	1988.80	2496.20	1662.10	2430.80	1237.00	1706.00	1591.30
每50公斤主产品								
平均出售价格	元	109.69	127.29	95.13	115.00	67.25	75.00	75.19
总成本	元	84.10	108.96	72.87	92.37	61.68	64.55	57.87
生产成本	元	83.94	106.91	72.87	92.01	61.68	64.55	57.87
净利润	元	25.59	18.33	22.26	22.63	5.57	10.45	17.32
耗粮数量	公斤	21.57	23.26	15.28	23.96	19.82	17.73	16.22
附：								
每核算单位用工数量	日	70.43	54.00	71.88	58.67	52.96	69.78	64.58
平均饲养天数	日	365.00	365.00	365.00	365.00	365.00	365.00	365.00

5－1－14－2　2006年各地区散养奶牛费用和用工情况

项　　目	单位	平　均	山　西	内蒙古	吉　林	黑龙江	浙　江	山　东
一、每头物质与服务费用	元	6907.03	7083.34	8049.29	4690.99	5958.83	5629.08	7923.66
（一）直接费用	元	5646.33	5740.19	6849.42	3654.66	4815.59	4588.83	6635.76
1. 仔畜进价	元							
2. 精饲料费	元	4127.39	4747.26	5196.09	3300.00	3173.20	3830.00	5110.03
3. 青粗饲料费	元	1092.80	688.33	1119.23	293.33	1258.98	454.10	668.69
4. 饲料加工费	元	29.61	27.79	24.24	10.00	40.77	8.98	56.68
5. 水费	元	29.99	22.01	37.17		21.28		90.39
6. 燃料动力费	元	90.34	66.79	94.14	9.33	45.90	73.00	256.67
电费	元	40.58	29.12	40.11	9.33	27.69	33.67	126.50
煤费	元	42.85	37.67			18.21	39.33	130.17
其他燃料动力费	元	6.91		54.03				
7. 医疗防疫费	元	142.58	90.43	157.85	14.67	80.23	176.67	211.54
8. 死亡损失费	元	34.39	25.95	48.10	9.67	58.49		26.50
9. 技术服务费	元	17.43	4.17	71.67		4.73		62.50
10. 工具材料费	元	23.46	29.72	59.22	11.33	14.34	6.08	32.54
11. 修理维护费	元	20.83	37.74	21.71	6.33	11.90		75.22
12. 其他直接费用	元	37.51		20.00		105.77	40.00	45.00
（二）间接费用	元	1260.70	1343.15	1199.87	1036.33	1143.24	1040.25	1287.90
1. 固定资产折旧	元	1194.19	1316.73	1199.87	1020.00	1118.52	1040.25	952.28
2. 税金	元							
3. 保险费	元	0.16				2.10		
4. 管理费	元	7.44				7.40		13.84
5. 财务费	元	1.58	8.00					
6. 销售费	元	57.33	18.42		16.33	15.22		321.78
二、每头人工成本	元	1030.12	1002.16	847.87	653.52	1150.38	1090.05	1147.85
1. 家庭用工折价	元	1026.34	1001.33	847.87	653.52	1150.38	1090.05	1147.85
家庭用工天数	日	60.73	59.25	50.17	38.67	68.07	64.50	67.92
劳动日工价	元	16.90	16.90	16.90	16.90	16.90	16.90	16.90
2. 雇工费用	元	3.78	0.83					
雇工天数	日	0.11	0.03					
雇工工价	元	34.36	27.67	29.85	20.00	25.50	35.00	30.00
三、附记								
1. 仔畜重量	公斤							
2. 精饲料数量	公斤	2679.50	3077.20	3185.10	2183.30	2368.10	2566.30	2955.70
3. 耗粮数量	公斤	1897.90	2231.60	2229.50	1528.30	1657.70	1796.40	2116.40

5－1－14－2 续表

项　　目	单位	河 南	广 西	重 庆	贵 州	云 南	陕 西	新 疆
一、每头物质与服务费用	元	7307.55	11174.00	7326.99	8990.74	4142.96	6359.85	5154.09
（一）直接费用	元	5850.74	9589.25	5607.19	7693.07	3446.36	4946.84	3984.33
1. 仔畜进价	元							
2. 精饲料费	元	3910.78	6632.75	3841.17	5556.00	2345.09	3332.36	2681.34
3. 青粗饲料费	元	1529.16	2071.25	1382.70	1750.00	815.95	1228.77	945.87
4. 饲料加工费	元	45.97		22.70	48.33	18.40	55.40	25.64
5. 水费	元	31.57	49.50	48.75	30.00	17.82	17.19	24.16
6. 燃料动力费	元	112.38	81.75	124.78	72.67	63.93	138.57	34.52
电费	元	51.62	49.00	63.26	27.67	18.54	33.50	17.54
煤费	元	60.76		61.52	45.00	45.39	105.07	13.97
其他燃料动力费	元		32.75					3.01
7. 医疗防疫费	元	165.70	345.00	119.11	119.73	86.18	169.11	117.31
8. 死亡损失费	元		156.25		52.67	69.45		
9. 技术服务费	元	1.22	35.00	11.25		7.34		28.65
10. 工具材料费	元	25.20	24.25	44.05	24.67	12.11		21.44
11. 修理维护费	元	28.76	11.25	12.68	39.00	10.09	5.44	10.73
12. 其他直接费用	元		182.25					94.67
（二）间接费用	元	1456.81	1584.75	1719.80	1297.67	696.60	1413.01	1169.76
1. 固定资产折旧	元	1377.83	1410.75	1596.10	1250.00	696.60	1413.01	1132.59
2. 税金	元							
3. 保险费	元							
4. 管理费	元	30.50	45.00					
5. 财务费	元							12.50
6. 销售费	元	48.48	129.00	123.70	47.67			24.67
二、每头人工成本	元	1190.27	912.60	1214.77	991.52	895.02	1179.28	1116.18
1. 家庭用工折价	元	1190.27	912.60	1214.77	991.52	895.02	1179.28	1067.91
家庭用工天数	日	70.43	54.00	71.88	58.67	52.96	69.78	63.19
劳动日工价	元	16.90	16.90	16.90	16.90	16.90	16.90	16.90
2. 雇工费用	元							48.27
雇工天数	日							1.39
雇工工价	元	19.93	20.00	32.50	20.00	20.00	20.00	34.73
三、附记								
1. 仔畜重量	公斤							
2. 精饲料数量	公斤	2634.70	3566.00	2374.40	3472.50	1767.20	2437.20	2245.40
3. 耗粮数量	公斤	1988.80	2496.20	1662.10	2430.80	1237.00	1706.00	1591.30

5－1－15－1 2006年各地区小规模奶牛成本收益情况

项目	单位	平均	天津	河北	山西	内蒙古	辽宁
每头							
主产品产量	公斤	5149.40	6010.50	5855.50	5475.00	4800.60	6125.00
产值合计	元	10215.53	11485.38	11637.96	10262.50	9553.03	10781.50
主产品产值	元	9297.43	10619.65	10359.00	9257.50	8356.25	9800.00
副产品产值	元	918.10	865.73	1278.96	1005.00	1196.78	981.50
总成本	元	7912.87	9800.29	7973.40	7458.53	8074.12	8640.80
生产成本	元	7884.05	9790.29	7951.23	7442.15	8074.12	8640.80
物质与服务费用	元	7023.40	8826.03	7186.37	6576.70	7019.51	7964.15
人工成本	元	860.65	964.26	764.86	865.45	1054.61	676.65
家庭用工折价	元	520.18	550.10	502.94	515.45	699.32	481.65
雇工费用	元	340.47	414.16	261.92	350.00	355.29	195.00
土地成本	元	28.82	10.00	22.17	16.38		
净利润	元	2302.66	1685.09	3664.56	2803.97	1478.91	2140.70
成本利润率	%	29.10	17.19	45.96	37.59	18.32	24.77
耗粮数量	公斤	1993.50	2694.50	2029.50	2071.20	2380.40	2147.80
每50公斤主产品							
平均出售价格	元	90.28	88.34	88.46	84.54	87.03	80.00
总成本	元	69.93	75.38	60.61	61.44	73.56	64.12
生产成本	元	69.68	75.30	60.44	61.31	73.56	64.12
净利润	元	20.35	12.96	27.85	23.10	13.47	15.88
耗粮数量	公斤	19.36	22.41	17.33	18.92	24.79	17.53
附：							
每核算单位用工数量	日	43.88	44.39	39.70	44.50	57.22	36.00
平均饲养天数	日	364.00	365.00	365.00	365.00	365.00	365.00

5－1－15－1 续表 1

项　　目	单位	吉　林	黑龙江	福　建	山　东	河　南	湖　南
每头							
主产品产量	公斤	4963.30	4854.30	5216.80	5097.60	5086.30	4375.00
产值合计	元	8361.87	9027.74	11051.10	9787.28	10180.08	10019.73
主产品产值	元	8039.20	8063.90	10433.60	9108.71	9045.27	9187.50
副产品产值	元	322.67	963.84	617.50	678.57	1134.81	832.23
总成本	元	6087.20	7330.40	10618.68	7288.12	8407.79	8331.40
生产成本	元	6087.20	7324.25	10618.68	7288.12	8379.63	8321.69
物质与服务费用	元	5625.32	6279.47	8834.11	6510.99	7453.90	7466.21
人工成本	元	461.88	1044.78	1784.57	777.13	925.73	855.48
家庭用工折价	元	461.88	847.03	89.57	434.33	506.66	600.29
雇工费用	元		197.75	1695.00	342.80	419.07	255.19
土地成本	元		6.15			28.16	9.71
净利润	元	2274.67	1697.34	432.42	2499.16	1772.29	1688.33
成本利润率	%	37.37	23.15	4.07	34.29	21.08	20.26
耗粮数量	公斤	1724.70	1695.70	1899.50	2331.60	1830.00	1849.80
每50公斤主产品							
平均出售价格	元	80.99	83.06	100.00	89.34	88.92	105.00
总成本	元	58.96	67.44	96.09	66.53	73.44	87.31
生产成本	元	58.96	67.39	96.09	66.53	73.19	87.21
净利润	元	22.03	15.62	3.91	22.81	15.48	17.69
耗粮数量	公斤	17.37	17.47	18.21	22.87	17.99	21.14
附：							
每核算单位用工数量	日	27.33	58.56	61.80	42.90	46.96	42.15
平均饲养天数	日	365.00	365.00	365.00	365.00	365.00	365.00

5－1－15－1 续表 2

项　　目	单位	广　西	四　川	云　南	宁　夏	新　疆
每头						
主产品产量	公斤	5150.00	5711.00	3444.20	5353.90	4871.70
产值合计	元	13473.00	13885.50	6617.38	9904.39	7420.07
主产品产值	元	12811.33	12778.50	5476.66	8863.71	6558.07
副产品产值	元	661.67	1107.00	1140.72	1040.68	862.00
总成本	元	11427.76	7633.08	5387.69	6345.38	5800.29
生产成本	元	11148.09	7633.08	5321.69	6342.64	5780.15
物质与服务费用	元	10240.67	6742.63	4775.31	5767.54	5104.95
人工成本	元	907.42	890.45	546.38	575.10	675.20
家庭用工折价	元	799.88	289.67	546.38	513.08	483.34
雇工费用	元	107.54	600.78		62.02	191.86
土地成本	元	279.67		66.00	2.74	20.14
净利润	元	2045.24	6252.42	1229.69	3559.01	1619.78
成本利润率	%	17.90	81.91	22.82	56.09	27.93
耗粮数量	公斤	2181.90	3025.30	1429.20	1369.20	1236.00
每 50 公斤主产品						
平均出售价格	元	124.38	111.88	79.51	82.78	67.31
总成本	元	105.50	61.50	64.73	53.03	52.62
生产成本	元	102.92	61.50	63.94	53.01	52.43
净利润	元	18.88	50.38	14.78	29.75	14.69
耗粮数量	公斤	21.18	26.49	20.75	12.79	12.69
附：						
每核算单位用工数量	日	52.36	48.71	32.33	32.84	34.20
平均饲养天数	日	365.00	352.00	365.00	365.00	365.00

5-1-15-2 2006年各地区小规模奶牛费用和用工情况

项　　目	单位	平　均	天　津	河　北	山　西	内蒙古	辽　宁
一、每头物质与服务费用	元	7023.40	8826.03	7186.37	6576.70	7019.51	7964.15
(一)直接费用	元	5815.40	7586.03	5771.16	5318.42	5987.44	6910.65
1.仔畜进价	元						
2.精饲料费	元	4215.45	6330.47	4532.07	4000.63	4696.54	4416.50
3.青粗饲料费	元	1136.69	849.59	951.15	904.09	937.87	1835.00
4.饲料加工费	元	23.30	27.21	35.55	13.50	25.93	59.00
5.水费	元	31.33	58.34	19.79	30.78	29.93	27.50
6.燃料动力费	元	97.17	90.63	90.66	57.41	65.53	252.50
电费	元	56.77	75.63	67.88	39.03	31.44	85.00
煤费	元	37.09		17.39	18.38	7.20	167.50
其他燃料动力费	元	3.31	15.00	5.39		26.89	
7.医疗防疫费	元	115.78	60.22	69.55	125.13	119.40	65.00
8.死亡损失费	元	93.96	157.24	29.41	111.38	36.31	240.50
9.技术服务费	元	30.95		11.50	5.00	10.78	
10.工具材料费	元	18.64	7.08	17.80	32.87	44.42	8.85
11.修理维护费	元	24.06	5.25	10.78	37.63	18.51	5.80
12.其他直接费用	元	28.07		2.90		2.22	
(二)间接费用	元	1208.00	1240.00	1415.21	1258.28	1032.07	1053.50
1.固定资产折旧	元	1121.27	1240.00	1281.73	1227.90	1028.44	1037.50
2.税金	元						
3.保险费	元	0.13					
4.管理费	元	13.15		45.25		2.20	
5.财务费	元	9.86		9.85		0.73	
6.销售费	元	63.59		78.38	30.38	0.70	16.00
二、每头人工成本	元	860.65	964.26	764.86	865.45	1054.61	676.65
1.家庭用工折价	元	520.18	550.10	502.94	515.45	699.32	481.65
家庭用工天数	日	30.78	32.55	29.76	30.50	41.38	28.50
劳动日工价	元	16.90	16.90	16.90	16.90	16.90	16.90
2.雇工费用	元	340.47	414.16	261.92	350.00	355.29	195.00
雇工天数	日	13.10	11.84	9.94	14.00	15.84	7.50
雇工工价	元	25.99	34.98	26.35	25.00	22.43	26.00
三、附记							
1.仔畜重量	公斤						
2.精饲料数量	公斤	2807.30	3849.20	2922.60	2958.80	3400.60	3025.00
3.耗粮数量	公斤	1993.50	2694.50	2029.50	2071.20	2380.40	2147.80

5－1－15－2 续表 1

项 目	单位	吉 林	黑龙江	福 建	山 东	河 南	湖 南
一、每头物质与服务费用	元	5625.32	6279.47	8834.11	6510.99	7453.90	7466.21
(一)直接费用	元	4562.99	5077.08	6823.20	5578.28	6145.25	6169.54
1. 仔畜进价	元						
2. 精饲料费	元	3803.33	3257.77	4654.60	4158.52	4097.21	5275.48
3. 青粗饲料费	元	575.00	1410.00	1582.60	615.24	1569.92	268.33
4. 饲料加工费	元	23.67	37.28		74.04	39.64	
5. 水费	元	5.67	17.93	112.50	5.05	38.47	
6. 燃料动力费	元	85.34	73.26	167.50	172.23	97.48	104.23
电费	元	33.67	22.78	167.50	85.71	55.58	71.37
煤费	元	51.67	44.75		86.52	41.90	32.86
其他燃料动力费	元		5.73				
7. 医疗防疫费	元	11.33	75.51	230.00	134.55	196.75	98.73
8. 死亡损失费	元	10.33	61.44	50.30	266.67	41.30	109.67
9. 技术服务费	元	5.33	6.97		114.29	1.29	178.00
10. 工具材料费	元	23.33	13.72	25.70	25.38	36.74	24.03
11. 修理维护费	元	5.33	17.85		12.31	25.47	111.07
12. 其他直接费用	元	14.33	105.35			0.98	
(二)间接费用	元	1062.33	1202.39	2010.91	932.71	1308.65	1296.67
1. 固定资产折旧	元	1033.33	1166.23	1753.11	750.00	1246.84	1002.36
2. 税金	元						
3. 保险费	元		2.10				
4. 管理费	元		10.35	30.00		35.64	24.00
5. 财务费	元		5.47				35.38
6. 销售费	元	29.00	18.24	227.80	182.71	26.17	234.93
二、每头人工成本	元	461.88	1044.78	1784.57	777.13	925.73	855.48
1. 家庭用工折价	元	461.88	847.03	89.57	434.33	506.66	600.29
家庭用工天数	日	27.33	50.12	5.30	25.70	29.98	35.52
劳动日工价	元	16.90	16.90	16.90	16.90	16.90	16.90
2. 雇工费用	元		197.75	1695.00	342.80	419.07	255.19
雇工天数	日		8.44	56.50	17.20	16.98	6.63
雇工工价	元	24.00	23.43	30.00	19.93	24.68	38.49
三、附记							
1. 仔畜重量	公斤						
2. 精饲料数量	公斤	2463.80	2422.50	2713.60	2743.10	2573.10	2642.50
3. 耗粮数量	公斤	1724.70	1695.70	1899.50	2331.60	1830.00	1849.80

5-1-15-2 续表 2

项　　目	单位	广　西	四　川	云　南	宁　夏	新　疆
一、每头物质与服务费用	元	10240.67	6742.63	4775.31	5767.54	5104.95
（一）直接费用	元	8660.67	5829.88	3963.15	4668.92	3993.22
1. 仔畜进价	元					
2. 精饲料费	元	5798.00	4483.75	2691.42	2830.22	2420.61
3. 青粗饲料费	元	2023.00	791.63	986.45	1563.51	1323.65
4. 饲料加工费	元			10.50	13.23	13.20
5. 水费	元	51.33	38.75	11.50	24.00	29.67
6. 燃料动力费	元	84.00	82.50	69.00	17.66	44.72
电费	元	70.67	48.00	8.50	17.15	28.33
煤费	元	13.33	34.50	60.50	0.51	16.39
其他燃料动力费	元					
7. 医疗防疫费	元	296.67	96.00	122.50	114.45	36.63
8. 死亡损失费	元	191.67	116.00	16.45	54.75	9.95
9. 技术服务费	元	28.00	75.00			59.02
10. 工具材料费	元	21.00			0.64	16.62
11. 修理维护费	元	15.00	35.75	55.33	0.46	28.38
12. 其他直接费用	元	152.00	110.50		50.00	10.77
（二）间接费用	元	1580.00	912.75	812.16	1098.62	1111.73
1. 固定资产折旧	元	1386.33	912.75	759.83	1075.38	1038.63
2. 税金	元					
3. 保险费	元					
4. 管理费	元	57.00			6.00	
5. 财务费	元			52.33		53.92
6. 销售费	元	136.67			17.24	19.18
二、每头人工成本	元	907.42	890.45	546.38	575.10	675.20
1. 家庭用工折价	元	799.88	289.67	546.38	513.08	483.34
家庭用工天数	日	47.33	17.14	32.33	30.36	28.60
劳动日工价	元	16.90	16.90	16.90	16.90	16.90
2. 雇工费用	元	107.54	600.78		62.02	191.86
雇工天数	日	5.03	31.57		2.48	5.60
雇工工价	元	21.38	19.03	25.00	25.01	34.26
三、附记						
1. 仔畜重量	公斤					
2. 精饲料数量	公斤	3117.00	4321.80	2041.80	1956.10	1765.60
3. 耗粮数量	公斤	2181.90	3025.30	1429.20	1369.20	1236.00

5－1－16－1　2006年各地区中规模奶牛成本收益情况

项　　目	单位	平　均	北　京	天　津	山　西	内蒙古	吉　林	黑龙江
每头								
主产品产量	公斤	5571.20	5572.50	5292.00	5559.50	5287.50	5587.20	5401.50
产值合计	元	12473.51	10117.84	11596.00	10674.83	9956.25	10566.20	10032.06
主产品产值	元	11487.21	8475.75	10574.67	9588.75	9078.75	9634.04	9047.66
副产品产值	元	986.30	1642.09	1021.33	1086.08	877.50	932.16	984.40
总成本	元	10429.86	8207.75	11205.03	8074.64	7691.27	8703.62	7765.79
生产成本	元	10393.75	8180.28	11191.13	8051.85	7691.27	8672.63	7759.16
物质与服务费用	元	9227.63	7369.22	10443.31	7193.94	6551.27	8123.33	6811.91
人工成本	元	1166.12	811.06	747.82	857.91	1140.00	549.30	947.25
家庭用工折价	元	90.42	25.35	19.77	356.76		14.20	370.62
雇工费用	元	1075.70	785.71	728.05	501.15	1140.00	535.10	576.63
土地成本	元	36.11	27.47	13.90	22.79		30.99	6.63
净利润	元	2043.65	1910.09	390.97	2600.19	2264.98	1862.58	2266.27
成本利润率	%	19.59	23.27	3.49	32.20	29.45	21.40	29.18
耗粮数量	公斤	2042.50	1891.20	2428.80	2090.00	1836.50	2042.90	1856.10
每50公斤主产品								
平均出售价格	元	103.09	76.05	99.91	86.24	85.85	86.22	83.75
总成本	元	86.20	61.69	96.54	65.23	66.32	71.02	64.83
生产成本	元	85.90	61.49	96.42	65.05	66.32	70.77	64.78
净利润	元	16.89	14.36	3.37	21.01	19.53	15.20	18.92
耗粮数量	公斤	18.33	16.97	22.95	18.80	17.37	18.28	17.18
附：								
每核算单位用工数量	日	39.51	22.88	24.00	42.22	45.60	23.38	47.49
平均饲养天数	日	365.00	365.00	365.00	365.00	365.00	365.00	365.00

5－1－16－1 续表 1

项目	单位	上海	浙江	安徽	福建	河南	湖南	广西
每头								
主产品产量	公斤	7371.40	6300.00	5201.70	5311.60	5232.50	6740.00	3952.00
产值合计	元	18884.58	17049.00	13045.54	11577.00	10490.12	16992.67	10792.00
主产品产值	元	17826.01	15939.00	12198.54	10892.40	9355.51	16176.00	10196.00
副产品产值	元	1058.57	1110.00	847.00	684.60	1134.61	816.67	596.00
总成本	元	17639.69	12245.40	11247.96	11063.79	9032.91	13686.70	9142.29
生产成本	元	17552.52	12243.00	11201.82	11063.79	8995.83	13686.70	8892.44
物质与服务费用	元	15458.76	10913.00	10023.81	9644.39	7842.55	12453.42	8111.24
人工成本	元	2093.76	1330.00	1178.01	1419.40	1153.28	1233.28	781.20
家庭用工折价	元			212.10	76.90	105.12		
雇工费用	元	2093.76	1330.00	965.91	1342.50	1048.16	1233.28	781.20
土地成本	元	87.17	2.40	46.14		37.08		249.85
净利润	元	1244.89	4803.60	1797.58	513.21	1457.21	3305.97	1649.71
成本利润率	%	7.06	39.23	15.98	4.64	16.13	24.15	18.04
耗粮数量	公斤	2481.70	2485.00	2153.60	1965.30	1888.40	2497.80	1407.90
每50公斤主产品								
平均出售价格	元	120.91	126.50	117.26	102.53	89.40	120.00	129.00
总成本	元	112.94	90.86	101.10	97.98	76.98	96.65	109.28
生产成本	元	112.38	90.84	100.69	97.98	76.67	96.65	106.29
净利润	元	7.97	35.64	16.16	4.55	12.42	23.35	19.72
耗粮数量	公斤	16.83	19.72	20.70	18.50	18.04	18.53	17.81
附：								
每核算单位用工数量	日	56.39	35.00	40.29	49.30	51.38	32.00	35.00
平均饲养天数	日	365.00	365.00	365.00	365.00	365.00	365.00	365.00

5-1-16-1 续表 2

项 目	单位	海 南	重 庆	陕 西	甘 肃	宁 夏	新 疆
每头							
主产品产量	公斤	3920.00	5234.00	7546.80	5114.80	5370.60	5857.80
产值合计	元	15496.21	12335.46	16799.87	9964.22	9992.90	10633.87
主产品产值	元	14893.96	11462.46	15330.00	8950.90	9133.67	9502.87
副产品产值	元	602.25	873.00	1469.87	1013.32	859.23	1131.00
总成本	元	15394.02	10114.55	12267.04	8710.38	8271.40	7702.02
生产成本	元	15349.02	10072.55	12227.37	8710.38	8236.40	7702.02
物质与服务费用	元	12744.38	8287.55	11297.37	7950.27	7228.01	6877.18
人工成本	元	2604.64	1785.00	930.00	760.11	1008.39	824.84
家庭用工折价	元					396.64	139.43
雇工费用	元	2604.64	1785.00	930.00	760.11	611.75	685.41
土地成本	元	45.00	42.00	39.67		35.00	
净利润	元	102.19	2220.91	4532.83	1253.84	1721.50	2931.85
成本利润率	%	0.66	21.96	36.95	14.39	20.81	38.07
耗粮数量	公斤	2082.20	1820.00	2564.30	1976.80	1781.70	1557.20
每50公斤主产品							
平均出售价格	元	189.97	109.50	101.57	87.50	85.03	81.11
总成本	元	188.72	89.79	74.17	76.49	70.38	58.75
生产成本	元	188.17	89.41	73.93	76.49	70.08	58.75
净利润	元	1.25	19.71	27.40	11.01	14.65	22.36
耗粮数量	公斤	26.56	17.39	16.99	19.32	16.59	13.29
附:							
每核算单位用工数量	日	58.40	51.00	31.00	28.10	47.94	29.32
平均饲养天数	日	365.00	365.00	365.00	365.00	365.00	365.00

5－1－16－2　2006年各地区中规模奶牛费用和用工情况

项　　目	单位	平　均	北　京	天　津	山　西	内蒙古	吉　林	黑龙江
一、每头物质与服务费用	元	9227.63	7369.22	10443.31	7193.94	6551.27	8123.33	6811.91
（一）直接费用	元	7512.43	5844.98	7853.47	5662.63	5592.64	6711.60	5533.73
1. 仔畜进价	元							
2. 精饲料费	元	4695.18	4652.28	5051.67	4449.32	4481.75	4770.71	3595.94
3. 青粗饲料费	元	2114.15	777.34	2050.00	745.56	876.00	1346.72	1500.70
4. 饲料加工费	元	26.22	16.96	34.33	16.64	50.00	23.64	37.43
5. 水费	元	54.64	28.25	38.33	28.29	13.38		19.23
6. 燃料动力费	元	154.90	138.20	286.91	106.36	41.75	118.84	76.39
电费	元	111.38	91.19	151.33	58.22	14.75	68.45	28.83
煤费	元	36.77	37.67	135.58	42.06	27.00	24.57	46.43
其他燃料动力费	元	6.75	9.34		6.08		25.82	1.13
7. 医疗防疫费	元	157.88	114.53	144.67	114.15	81.25	103.44	84.82
8. 死亡损失费	元	107.40	61.84	34.23	102.47	20.25	53.17	62.43
9. 技术服务费	元	18.34	3.84		16.41			10.08
10. 工具材料费	元	44.53	14.64	43.67	40.91	11.88	86.57	14.31
11. 修理维护费	元	64.38	24.60	104.33	42.52	16.38	108.61	26.34
12. 其他直接费用	元	74.81	12.50	65.33			99.90	106.06
（二）间接费用	元	1715.20	1524.24	2589.84	1531.31	958.63	1411.73	1278.18
1. 固定资产折旧	元	1206.02	1210.22	1296.17	1366.84	945.00	990.12	1235.76
2. 税金	元							
3. 保险费	元	12.69	35.00					2.63
4. 管理费	元	267.62	1.25	489.33	0.64	8.75	260.31	10.10
5. 财务费	元	72.57	7.15	604.67	54.68	2.63	161.30	4.41
6. 销售费	元	156.30	270.62	199.67	109.15	2.25		25.28
二、每头人工成本	元	1166.12	811.06	747.82	857.91	1140.00	549.30	947.25
1. 家庭用工折价	元	90.42	25.35	19.77	356.76		14.20	370.62
家庭用工天数	日	5.35	1.50	1.17	21.11		0.84	21.93
劳动日工价	元	16.90	16.90	16.90	16.90	16.90	16.90	16.90
2. 雇工费用	元	1075.70	785.71	728.05	501.15	1140.00	535.10	576.63
雇工天数	日	34.16	21.38	22.83	21.11	45.60	22.54	25.56
雇工工价	元	31.49	36.75	31.89	23.74	25.00	23.74	22.56
三、附记								
1. 仔畜重量	公斤							
2. 精饲料数量	公斤	2912.40	2701.70	3469.70	2969.20	2623.50	3034.80	2651.50
3. 耗粮数量	公斤	2042.50	1891.20	2428.80	2090.00	1836.50	2042.90	1856.10

5－1－16－2　续表 1

项　　目	单位	上　海	浙　江	安　徽	福　建	河　南	湖　南	广　西
一、每头物质与服务费用	元	15458.76	10913.00	10023.81	9644.39	7842.55	12453.42	8111.24
（一）直接费用	元	13504.58	9828.00	8030.07	7377.33	6474.62	10811.42	6371.26
1. 仔畜进价	元							
2. 精饲料费	元	6264.55	7100.00	4781.38	4831.53	4573.37	6983.33	3354.76
3. 青粗饲料费	元	4889.09	1789.00	2701.13	1937.15	1430.12	3166.67	2147.68
4. 饲料加工费	元		25.00			43.22	56.67	57.41
5. 水费	元	214.25	85.00	6.37	135.70	38.20	54.67	58.78
6. 燃料动力费	元	383.58	255.00	89.59	173.15	94.77	180.74	100.59
电费	元	355.68	160.00	76.79	173.15	56.23	93.60	68.25
煤费	元	27.90	95.00	12.80		38.54	45.47	
其他燃料动力费	元						41.67	32.34
7. 医疗防疫费	元	371.39	310.00	167.06	271.65	199.45	151.67	47.10
8. 死亡损失费	元	230.94	90.00	56.70		42.53	146.00	230.77
9. 技术服务费	元	47.95	45.00	74.90		1.61	11.67	25.00
10. 工具材料费	元	136.68	40.00	103.44	28.15	24.72	31.67	24.63
11. 修理维护费	元	461.13	37.00	49.50		26.63	28.33	17.30
12. 其他直接费用	元	505.02	52.00					307.24
（二）间接费用	元	1954.18	1085.00	1993.74	2267.06	1367.93	1642.00	1739.98
1. 固定资产折旧	元	1486.14	1030.00	1525.85	1688.56	1290.59	1023.33	1124.48
2. 税金	元							
3. 保险费	元	103.39						
4. 管理费	元	221.31		400.89	28.85	51.91	332.67	368.00
5. 财务费	元	119.66	3.00	67.00			286.00	
6. 销售费	元	23.68	52.00		549.65	25.43		247.50
二、每头人工成本	元	2093.76	1330.00	1178.01	1419.40	1153.28	1233.28	781.20
1. 家庭用工折价	元			212.10	76.90	105.12		
家庭用工天数	日			12.55	4.55	6.22		
劳动日工价	元	16.90	16.90	16.90	16.90	16.90	16.90	16.90
2. 雇工费用	元	2093.76	1330.00	965.91	1342.50	1048.16	1233.28	781.20
雇工天数	日	56.39	35.00	27.74	44.75	45.16	32.00	35.00
雇工工价	元	37.13	38.00	34.82	30.00	23.21	38.54	22.32
三、附记								
1. 仔畜重量	公斤							
2. 精饲料数量	公斤	3545.30	3550.00	3076.50	2807.60	2697.80	3568.30	2011.30
3. 耗粮数量	公斤	2481.70	2485.00	2153.60	1965.30	1888.40	2497.80	1407.90

5-1-16-2 续表 2

项 目	单位	海 南	重 庆	陕 西	甘 肃	宁 夏	新 疆
一、每头物质与服务费用	元	12744.38	8287.55	11297.37	7950.27	7228.01	6877.18
(一)直接费用	元	9184.35	7190.55	9855.31	5592.28	6154.64	5162.55
1. 仔畜进价	元						
2. 精饲料费	元	5296.58	3646.69	5260.03	3294.68	3832.97	2986.95
3. 青粗饲料费	元	2331.78	2737.50	4134.62	1994.19	1788.17	1825.40
4. 饲料加工费	元				90.79	16.93	29.10
5. 水费	元	130.24	52.30	22.33	49.47	23.38	40.00
6. 燃料动力费	元	258.51	102.20	280.61	23.60	77.53	154.65
电费	元	258.51	84.00	212.40	23.60	77.53	63.65
煤费	元		18.20	68.21			79.20
其他燃料动力费	元						11.80
7. 医疗防疫费	元	221.92	178.86	157.72	41.53	175.37	63.15
8. 死亡损失费	元	502.69	207.00		47.77	142.23	9.65
9. 技术服务费	元	111.97					
10. 工具材料费	元	49.36	73.00		20.67	68.61	33.17
11. 修理维护费	元	189.37	41.00		29.58	13.50	7.10
12. 其他直接费用	元	91.93	152.00			15.95	13.38
(二)间接费用	元	3560.03	1097.00	1442.06	2357.99	1073.37	1714.63
1. 固定资产折旧	元	883.28	782.00	1296.73	1259.77	1014.37	1465.25
2. 税金	元						
3. 保险费	元						100.10
4. 管理费	元	1582.87	286.00	145.33	837.07	42.97	16.48
5. 财务费	元		29.00		34.41		4.90
6. 销售费	元	1093.88			226.74	16.03	127.90
二、每头人工成本	元	2604.64	1785.00	930.00	760.11	1008.39	824.84
1. 家庭用工折价	元					396.64	139.43
家庭用工天数	日					23.47	8.25
劳动日工价	元	16.90	16.90	16.90	16.90	16.90	16.90
2. 雇工费用	元	2604.64	1785.00	930.00	760.11	611.75	685.41
雇工天数	日	58.40	51.00	31.00	28.10	24.47	21.07
雇工工价	元	44.60	35.00	30.00	27.05	25.00	32.53
三、附记							
1. 仔畜重量	公斤						
2. 精饲料数量	公斤	2974.60	2600.00	3419.00	2864.90	2545.20	2224.50
3. 耗粮数量	公斤	2082.20	1820.00	2564.30	1976.80	1781.70	1557.20

5－1－17－1　2006年各地区大规模奶牛成本收益情况

项　　目	单位	平　均	天　津	辽　宁	黑龙江	江　苏
每头						
主产品产量	公斤	6152.70	7621.60	5400.00	4979.70	6465.30
产值合计	元	14256.87	17521.89	11206.17	9404.38	17186.00
主产品产值	元	13196.84	15822.37	10267.75	8445.13	16173.67
副产品产值	元	1060.03	1699.52	938.42	959.25	1012.33
总成本	元	11949.77	15995.25	10054.31	7654.45	15341.01
生产成本	元	11931.91	15995.25	10054.31	7641.20	15322.18
物质与服务费用	元	10756.75	15049.31	8773.61	6888.05	13413.00
人工成本	元	1175.16	945.94	1280.70	753.15	1909.18
家庭用工折价	元	18.25			94.64	
雇工费用	元	1156.91	945.94	1280.70	658.51	1909.18
土地成本	元	17.86			13.25	18.83
净利润	元	2307.10	1526.64	1151.86	1749.93	1844.99
成本利润率	%	19.31	9.54	11.46	22.86	12.03
耗粮数量	公斤	2200.50	2675.60	1857.20	1709.80	2157.60
每50公斤主产品						
平均出售价格	元	107.24	103.80	95.07	84.80	125.08
总成本	元	89.89	94.76	85.30	69.02	111.65
生产成本	元	89.75	94.76	85.30	68.90	111.52
净利润	元	17.35	9.04	9.77	15.78	13.43
耗粮数量	公斤	17.88	17.55	17.20	17.17	16.69
附：						
每核算单位用工数量	日	35.42	27.83	42.69	36.75	45.50
平均饲养天数	日	365.00	365.00	365.00	365.00	365.00

5-1-17-1 续表 1

项　　目	单位	浙　江	安　徽	福　建	山　东	河　南
每头						
主产品产量	公斤	6587.10	5742.10	5155.00	6239.90	5846.30
产值合计	元	17785.59	13206.91	12682.00	13763.29	11891.70
主产品产值	元	16865.09	12297.31	11832.00	12412.84	10640.50
副产品产值	元	920.50	909.60	850.00	1350.45	1251.20
总成本	元	14355.71	10134.99	11317.55	13416.85	10270.28
生产成本	元	14338.21	10134.99	11317.55	13416.85	10225.78
物质与服务费用	元	12892.15	9070.10	10557.00	12831.27	9026.15
人工成本	元	1446.06	1064.89	760.55	585.58	1199.63
家庭用工折价	元			160.55		
雇工费用	元	1446.06	1064.89	600.00	585.58	1199.63
土地成本	元	17.50				44.50
净利润	元	3429.88	3071.92	1364.45	346.44	1621.42
成本利润率	%	23.89	30.31	12.06	2.58	15.79
耗粮数量	公斤	2356.90	1886.10	1980.30	1786.20	2046.40
每50公斤主产品						
平均出售价格	元	128.02	107.08	114.76	99.46	91.00
总成本	元	103.33	82.17	102.41	96.96	78.59
生产成本	元	103.21	82.17	102.41	96.96	78.25
净利润	元	24.69	24.91	12.35	2.50	12.41
耗粮数量	公斤	17.89	16.42	19.21	14.31	17.50
附:						
每核算单位用工数量	日	33.00	37.13	29.50	15.10	45.70
平均饲养天数	日	365.00	365.00	365.00	365.00	365.00

5-1-17-1 续表 2

项目	单位	湖北	广东	甘肃	青海	新疆
每头						
主产品产量	公斤	6300.00	6000.00	7776.40	4430.00	7593.90
产值合计	元	14760.00	19250.00	15353.66	8794.00	16790.62
主产品产值	元	13860.00	18000.00	14217.94	7974.00	15947.19
副产品产值	元	900.00	1250.00	1135.72	820.00	843.43
总成本	元	14141.08	12620.00	12069.56	8319.48	11605.79
生产成本	元	14024.08	12581.00	12069.56	8319.48	11605.79
物质与服务费用	元	11514.00	11216.00	11400.06	6915.18	11048.29
人工成本	元	2510.08	1365.00	669.50	1404.30	557.50
家庭用工折价	元					
雇工费用	元	2510.08	1365.00	669.50	1404.30	557.50
土地成本	元	117.00	39.00			
净利润	元	618.92	6630.00	3284.10	474.52	5184.83
成本利润率	%	4.38	52.54	27.21	5.70	44.67
耗粮数量	公斤	3175.20	2678.40	2529.50	1416.80	2550.70
每50公斤主产品						
平均出售价格	元	110.00	150.00	91.42	90.00	105.00
总成本	元	105.39	98.34	71.87	85.14	72.58
生产成本	元	104.52	98.03	71.87	85.14	72.58
净利润	元	4.61	51.66	19.55	4.86	32.42
耗粮数量	公斤	25.20	22.32	16.26	15.99	16.79
附：						
每核算单位用工数量	日	64.00	35.00	21.20	40.10	22.30
平均饲养天数	日	365.00	365.00	365.00	365.00	365.00

5－1－17－2　2006年各地区大规模奶牛费用和用工情况

项　　目	单位	平　均	天　津	辽　宁	黑龙江	江　苏
一、每头物质与服务费用	元	10756.75	15049.31	8773.61	6888.05	13413.00
(一)直接费用	元	8570.30	10518.69	6743.66	5523.02	10893.34
1. 仔畜进价	元					
2. 精饲料费	元	4876.87	5949.23	3870.97	3430.98	4977.67
3. 青粗饲料费	元	2666.59	3192.60	2112.91	1577.13	4035.33
4. 饲料加工费	元	46.15	43.44	60.00	49.43	30.67
5. 水费	元	64.53	108.26	70.00	31.25	151.67
6. 燃料动力费	元	243.36	358.70	327.10	51.23	481.17
电费	元	181.93	240.50	161.29	16.03	367.67
煤费	元	40.59	66.20	165.81	33.95	27.33
其他燃料动力费	元	20.84	52.00		1.25	86.17
7. 医疗防疫费	元	194.63	208.69	82.26	127.88	404.33
8. 死亡损失费	元	121.42	63.96	103.00	96.38	239.67
9. 技术服务费	元	20.41	15.67		6.03	
10. 工具材料费	元	94.29	126.20	67.42	30.38	270.83
11. 修理维护费	元	79.15	59.24	50.00	10.43	80.33
12. 其他直接费用	元	162.90	392.70		111.90	221.67
(二)间接费用	元	2186.45	4530.62	2029.95	1365.03	2519.66
1. 固定资产折旧	元	1443.40	1935.08	1272.81	1266.33	1792.00
2. 税金	元					
3. 保险费	元	21.60				302.33
4. 管理费	元	485.69	2055.05	394.70	72.30	425.33
5. 财务费	元	122.19	257.05		22.15	
6. 销售费	元	113.57	283.44	362.44	4.25	
二、每头人工成本	元	1175.16	945.94	1280.70	753.15	1909.18
1. 家庭用工折价	元	18.25			94.64	
家庭用工天数	日	1.08			5.60	
劳动日工价	元	16.90	16.90	16.90	16.90	16.90
2. 雇工费用	元	1156.91	945.94	1280.70	658.51	1909.18
雇工天数	日	34.34	27.83	42.69	31.15	45.50
雇工工价	元	33.69	33.99	30.00	21.14	41.96
三、附记						
1. 仔畜重量	公斤					
2. 精饲料数量	公斤	3129.80	3822.30	2653.10	2442.60	3082.30
3. 耗粮数量	公斤	2200.50	2675.60	1857.20	1709.80	2157.60

5-1-17-2 续表 1

项　　目	单位	浙　江	安　徽	福　建	山　东	河　南
一、每头物质与服务费用	元	12892.15	9070.10	10557.00	12831.27	9026.15
(一)直接费用	元	11297.50	7269.94	7867.00	10029.93	7736.30
1.仔畜进价	元					
2.精饲料费	元	6120.50	4470.45	3900.50	5233.71	5244.90
3.青粗饲料费	元	3551.50	2149.34	2670.00	3232.07	1887.55
4.饲料加工费	元	35.50				46.00
5.水费	元	109.00		150.00	23.40	49.05
6.燃料动力费	元	493.50	230.94	218.00	195.87	155.85
电费	元	417.00	201.19	218.00	172.02	96.40
煤费	元	9.00	29.75		23.85	59.45
其他燃料动力费	元	67.50				
7.医疗防疫费	元	495.50	146.59	185.50	235.98	237.95
8.死亡损失费	元	255.50	125.35	200.00	206.87	50.00
9.技术服务费	元	6.00	1.11	7.00		
10.工具材料费	元	26.00	76.62	141.00	341.89	35.30
11.修理维护费	元	107.50	69.54	57.50	329.76	29.70
12.其他直接费用	元	97.00		337.50	230.38	
(二)间接费用	元	1594.65	1800.16	2690.00	2801.34	1289.85
1.固定资产折旧	元	1197.50	1184.76	1205.00	2597.40	1201.25
2.税金	元					
3.保险费	元					
4.管理费	元	372.50	479.40	325.00	164.47	50.90
5.财务费	元	2.15	25.00	1020.00		
6.销售费	元	22.50	111.00	140.00	39.47	37.70
二、每头人工成本	元	1446.06	1064.89	760.55	585.58	1199.63
1.家庭用工折价	元			160.55		
家庭用工天数	日			9.50		
劳动日工价	元	16.90	16.90	16.90	16.90	16.90
2.雇工费用	元	1446.06	1064.89	600.00	585.58	1199.63
雇工天数	日	33.00	37.13	20.00	15.10	45.70
雇工工价	元	43.82	28.68	30.00	38.78	26.25
三、附记						
1.仔畜重量	公斤					
2.精饲料数量	公斤	3367.00	2694.40	2829.00	2666.00	2923.50
3.耗粮数量	公斤	2356.90	1886.10	1980.30	1786.20	2046.40

5－1－17－2　续表 2

项　　目	单位	湖　北	广　东	甘　肃	青　海	新　疆
一、每头物质与服务费用	元	11514.00	11216.00	11400.06	6915.18	11048.29
(一)直接费用	元	9921.00	9503.00	8588.76	4803.11	9288.75
1. 仔畜进价	元					
2. 精饲料费	元	5318.00	7000.00	5197.59	2715.47	4846.26
3. 青粗饲料费	元	3460.00	1650.00	2644.28	1600.59	3568.89
4. 饲料加工费	元	275.00	35.00	36.06		35.00
5. 水费	元	35.00	40.00	42.86	67.89	25.00
6. 燃料动力费	元	255.00	305.00	28.57	210.57	95.50
电费	元	243.00	265.00	28.57	104.88	15.50
煤费	元				72.92	80.00
其他燃料动力费	元	12.00	40.00		32.77	
7. 医疗防疫费	元	110.00	250.00	66.48	74.39	99.26
8. 死亡损失费	元	50.00	150.00	100.40	28.73	30.00
9. 技术服务费	元	60.00	3.00	186.92		
10. 工具材料费	元	126.00	30.00	5.48	14.99	28.00
11. 修理维护费	元	105.00	40.00	109.06		60.00
12. 其他直接费用	元	127.00		171.06	90.48	500.84
(二)间接费用	元	1593.00	1713.00	2811.30	2112.07	1759.54
1. 固定资产折旧	元	1242.00	1550.00	1353.26	1149.30	1260.94
2. 税金	元					
3. 保险费	元					
4. 管理费	元	162.00	150.00	938.52	809.47	400.00
5. 财务费	元	189.00	7.00	54.56	35.14	98.60
6. 销售费	元		6.00	464.96	118.16	
二、每头人工成本	元	2510.08	1365.00	669.50	1404.30	557.50
1. 家庭用工折价	元					
家庭用工天数	日					
劳动日工价	元	16.90	16.90	16.90	16.90	16.90
2. 雇工费用	元	2510.08	1365.00	669.50	1404.30	557.50
雇工天数	日	64.00	35.00	21.20	40.10	22.30
雇工工价	元	39.22	39.00	31.58	35.02	25.00
三、附记						
1. 仔畜重量	公斤					
2. 精饲料数量	公斤	3969.00	3348.00	4015.10	2361.30	3643.90
3. 耗粮数量	公斤	3175.20	2678.40	2529.50	1416.80	2550.70

（二）大中城市

5－2－1－1 2006年大中城市散养生猪成本收益情况

项目	单位	平均	石家庄	长春	哈尔滨	南京	杭州
每头							
主产品产量	公斤	107.20	116.50	119.30	111.60	104.30	129.20
产值合计	元	870.40	907.05	1045.23	830.20	1022.02	1039.43
主产品产值	元	847.92	857.50	1031.00	818.39	993.17	1022.09
副产品产值	元	22.48	49.55	14.23	11.81	28.85	17.34
总成本	元	763.77	804.00	796.81	708.17	730.24	834.26
生产成本	元	763.77	804.00	796.81	708.17	730.24	834.26
物质与服务费用	元	601.02	685.70	691.18	628.57	528.28	730.66
人工成本	元	162.75	118.30	105.63	79.60	201.96	103.60
家庭用工折价	元	162.75	118.30	105.63	79.60	201.96	103.60
雇工费用	元						
土地成本	元						
净利润	元	106.63	103.05	248.42	122.03	291.78	205.17
成本利润率	%	13.96	12.82	31.18	17.23	39.96	24.59
耗粮数量	公斤	174.50	196.00	210.90	222.00	153.50	182.30
每50公斤主产品							
平均出售价格	元	395.49	368.03	432.10	366.66	476.11	395.55
总成本	元	347.04	326.22	329.40	312.77	340.18	317.47
生产成本	元	347.04	326.22	329.40	312.77	340.18	317.47
净利润	元	48.45	41.81	102.70	53.89	135.93	78.08
耗粮数量	公斤	81.39	84.12	88.39	99.46	73.59	70.55
附：							
每核算单位用工数量	日	9.63	7.00	6.25	4.71	11.95	6.13
平均饲养天数	日	171.00	170.00	143.00	133.00	209.00	130.00

5－2－1－1　续表 1

项　　目	单位	济　南	郑　州	武　汉	广　州	南　宁	重　庆
每头							
主产品产量	公斤	108.10	91.90	114.70	101.30	93.20	117.40
产值合计	元	800.68	730.40	1126.23	800.16	749.60	900.46
主产品产值	元	782.81	708.55	1099.95	787.76	731.60	871.43
副产品产值	元	17.87	21.85	26.28	12.40	18.00	29.03
总成本	元	713.17	606.52	961.76	736.61	794.34	1070.75
生产成本	元	713.13	606.52	961.76	736.61	794.34	1070.75
物质与服务费用	元	613.76	551.93	617.00	677.80	629.06	637.77
人工成本	元	99.37	54.59	344.76	58.81	165.28	432.98
家庭用工折价	元	99.37	54.59	344.76	58.81	165.28	432.98
雇工费用	元						
土地成本	元	0.04					
净利润	元	87.51	123.88	164.47	63.55	-44.74	-170.29
成本利润率	%	12.27	20.42	17.10	8.63	-5.62	-15.89
耗粮数量	公斤	219.80	170.00	188.10	175.60	156.40	171.90
每50公斤主产品							
平均出售价格	元	362.08	385.50	479.49	388.83	392.49	371.14
总成本	元	322.51	320.12	409.47	357.95	415.92	441.33
生产成本	元	322.49	320.12	409.47	357.95	415.92	441.33
净利润	元	39.57	65.38	70.02	30.88	-23.43	-70.19
耗粮数量	公斤	101.67	92.49	82.00	86.67	83.91	73.21
附：							
每核算单位用工数量	日	5.88	3.23	20.40	3.48	9.78	25.62
平均饲养天数	日	118.00	143.00	262.00	142.00	148.00	189.00

5-2-1-1 续表2

项　　目	单位	成 都	贵 阳	昆 明	西 安	西 宁
每头						
主产品产量	公斤	92.60	115.00	107.80	98.10	93.60
产值合计	元	763.25	872.16	767.47	792.98	779.19
主产品产值	元	736.02	846.29	745.86	776.89	757.46
副产品产值	元	27.23	25.87	21.61	16.09	21.73
总成本	元	723.40	673.20	754.01	570.37	742.64
生产成本	元	723.40	673.20	754.01	570.37	742.64
物质与服务费用	元	606.11	504.54	599.88	378.72	534.94
人工成本	元	117.29	168.66	154.13	191.65	207.70
家庭用工折价	元	117.29	168.66	154.13	191.65	207.70
雇工费用	元					
土地成本	元					
净利润	元	39.85	198.96	13.46	222.61	36.55
成本利润率	%	5.51	29.55	1.79	39.03	4.92
耗粮数量	公斤	130.10	118.90	184.50	114.60	197.60
每50公斤主产品						
平均出售价格	元	397.42	367.95	345.95	395.97	404.63
总成本	元	376.67	284.01	339.88	284.81	385.65
生产成本	元	376.67	284.01	339.88	284.81	385.65
净利润	元	20.75	83.94	6.07	111.16	18.98
耗粮数量	公斤	70.25	51.70	85.58	58.41	105.56
附:						
每核算单位用工数量	日	6.94	9.98	9.12	11.34	12.29
平均饲养天数	日	153.00	177.00	173.00	186.00	260.00

5－2－1－2　2006年大中城市散养生猪费用和用工情况

项　　目	单位	平　均	石家庄	长　春	哈尔滨	南　京	杭　州
一、每头物质与服务费用	元	601.02	685.70	691.18	628.57	528.28	730.66
（一）直接费用	元	589.57	677.45	683.93	618.32	512.53	718.20
1. 仔畜进价	元	148.61	157.50	196.70	120.38	122.26	212.16
2. 精饲料费	元	376.63	495.50	422.50	472.40	310.42	422.49
3. 青粗饲料费	元	35.39	8.25	31.25		54.66	45.09
4. 饲料加工费	元	4.70		7.25	4.09		8.00
5. 水费	元	1.66	2.80		1.87	0.91	2.08
6. 燃料动力费	元	6.57	2.65	3.23	2.20	0.13	2.37
电费	元	1.78	2.65	2.33	1.69	0.13	2.37
煤费	元	3.56		0.90	0.51		
其他燃料动力费	元	1.23					
7. 医疗防疫费	元	9.81	8.75	14.50	5.25	9.59	18.67
8. 死亡损失费	元	2.17		5.50	9.81	11.00	
9. 技术服务费	元	0.21		0.25	0.50		1.84
10. 工具材料费	元	2.20		0.25	0.98	2.56	5.00
11. 修理维护费	元	1.32	2.00	2.50	0.59	1.00	0.50
12. 其他直接费用	元	0.30			0.25		
（二）间接费用	元	11.45	8.25	7.25	10.25	15.75	12.46
1. 固定资产折旧	元	8.57	5.00	7.25	6.94	12.76	7.84
2. 税金	元						
3. 保险费	元						
4. 管理费	元	0.30			0.67		
5. 财务费	元	0.03			0.50		
6. 销售费	元	2.55	3.25		2.14	2.99	4.62
二、每头人工成本	元	162.75	118.30	105.63	79.60	201.96	103.60
1. 家庭用工折价	元	162.75	118.30	105.63	79.60	201.96	103.60
家庭用工天数	日	9.63	7.00	6.25	4.71	11.95	6.13
劳动日工价	元	16.90	16.90	16.90	16.90	16.90	16.90
2. 雇工费用	元						
雇工天数	日						
雇工工价	元	25.89	19.20	25.00	26.50	27.67	38.50
三、附记							
1. 仔畜重量	公斤	19.50	22.50	14.00	15.30	23.40	33.10
2. 精饲料数量	公斤	253.90	280.00	301.30	317.20	219.30	260.40
3. 耗粮数量	公斤	174.50	196.00	210.90	222.00	153.50	182.30

5-2-1-2 续表 1

项目	单位	济南	郑州	武汉	广州	南宁	重庆
一、每头物质与服务费用	元	613.76	551.93	617.00	677.80	629.06	637.77
(一)直接费用	元	602.45	542.13	591.49	671.52	606.66	624.79
1.仔畜进价	元	166.35	107.25	142.50	142.55	162.20	162.50
2.精饲料费	元	412.59	412.75	393.00	492.11	368.20	328.98
3.青粗饲料费	元	0.43		24.75	23.58	43.60	74.10
4.饲料加工费	元	3.58	1.15			11.20	7.16
5.水费	元	1.51	2.05	2.36	1.87	2.00	0.95
6.燃料动力费	元	3.76	5.10		3.01	1.60	36.86
电费	元	1.47	5.10		3.01	0.60	4.06
煤费	元	2.29					23.00
其他燃料动力费	元					1.00	9.80
7.医疗防疫费	元	11.58	10.80	22.79	5.90	7.40	6.19
8.死亡损失费	元		0.70			2.86	0.66
9.技术服务费	元		0.55				0.04
10.工具材料费	元	1.53	0.86	3.45	2.50	5.20	4.35
11.修理维护费	元	1.12	0.92	2.64		1.80	1.55
12.其他直接费用	元					0.60	1.45
(二)间接费用	元	11.31	9.80	25.51	6.28	22.40	12.98
1.固定资产折旧	元	9.94	8.04	21.06	6.28	9.00	8.27
2.税金	元						
3.保险费	元						
4.管理费	元	0.26	0.87			2.00	
5.财务费	元						
6.销售费	元	1.11	0.89	4.45		11.40	4.71
二、每头人工成本	元	99.37	54.59	344.76	58.81	165.28	432.98
1.家庭用工折价	元	99.37	54.59	344.76	58.81	165.28	432.98
家庭用工天数	日	5.88	3.23	20.40	3.48	9.78	25.62
劳动日工价	元	16.90	16.90	16.90	16.90	16.90	16.90
2.雇工费用	元						
雇工天数	日						
雇工工价	元	24.25	25.00	37.50	32.00	20.00	33.23
三、附记							
1.仔畜重量	公斤	25.90	19.80	14.60	12.40	25.00	23.60
2.精饲料数量	公斤	280.50	235.70	431.80	234.50	223.40	245.10
3.耗粮数量	公斤	219.80	170.00	188.10	175.60	156.40	171.90

5-2-1-2 续表 2

项　目	单位	成 都	贵 阳	昆 明	西 安	西 宁
一、每头物质与服务费用	元	606.11	504.54	599.88	378.72	534.94
（一）直接费用	元	601.11	488.15	591.58	372.21	530.15
1. 仔畜进价	元	179.98	157.43	117.07	90.84	140.01
2. 精饲料费	元	305.41	221.11	406.57	225.43	336.58
3. 青粗饲料费	元	71.71	83.17	32.18	34.50	38.94
4. 饲料加工费	元	9.40	4.93	7.37	5.20	5.85
5. 水费	元		2.80	3.33	1.76	0.29
6. 燃料动力费	元	19.07	7.20	11.39	3.91	2.50
电费	元	0.42	1.53	1.53	1.18	0.41
煤费	元	10.47	5.67	9.23	2.73	2.09
其他燃料动力费	元	8.18		0.63		
7. 医疗防疫费	元	13.24	4.69	8.84	6.02	2.67
8. 死亡损失费	元		0.06	1.07		3.07
9. 技术服务费	元			0.15		
10. 工具材料费	元	0.50	4.09	2.10	1.59	0.24
11. 修理维护费	元	0.88	2.67	1.51	1.46	
12. 其他直接费用	元	0.92			1.50	
（二）间接费用	元	5.00	16.39	8.30	6.51	4.79
1. 固定资产折旧	元	5.00	12.26	8.30	4.33	4.79
2. 税金	元					
3. 保险费	元					
4. 管理费	元				1.01	
5. 财务费	元					
6. 销售费	元		4.13		1.17	
二、每头人工成本	元	117.29	168.66	154.13	191.65	207.70
1. 家庭用工折价	元	117.29	168.66	154.13	191.65	207.70
家庭用工天数	日	6.94	9.98	9.12	11.34	12.29
劳动日工价	元	16.90	16.90	16.90	16.90	16.90
2. 雇工费用	元					
雇工天数	日					
雇工工价	元	20.90	30.00	20.00	18.00	16.50
三、附记						
1. 仔畜重量	公斤	32.00	16.70	14.20	9.80	8.90
2. 精饲料数量	公斤	185.80	158.50	249.60	157.30	282.30
3. 耗粮数量	公斤	130.10	118.90	184.50	114.60	197.60

5－2－2－1　2006年大中城市小规模生猪成本收益情况

项　　目	单位	平　均	石家庄	太　原	呼和浩特	沈　阳	大　连	长　春
每头								
主产品产量	公斤	104.80	109.60	108.80	103.20	106.30	104.00	119.70
产值合计	元	801.76	844.72	707.00	764.52	716.35	740.15	882.94
主产品产值	元	785.77	801.32	702.00	753.09	697.85	725.15	869.65
副产品产值	元	15.99	43.40	5.00	11.43	18.50	15.00	13.29
总成本	元	717.78	738.08	734.72	823.93	617.74	643.05	725.68
生产成本	元	716.06	736.16	734.47	823.93	617.74	643.05	723.12
物质与服务费用	元	642.36	640.17	609.75	714.38	564.50	584.74	660.59
人工成本	元	73.70	95.99	124.72	109.55	53.24	58.31	62.53
家庭用工折价	元	61.35	95.99	124.72	73.35	53.24	58.31	62.53
雇工费用	元	12.35			36.20			
土地成本	元	1.72	1.92	0.25				2.56
净利润	元	83.98	106.64	－27.72	－59.41	98.61	97.10	157.26
成本利润率	%	11.70	14.45	－3.76	－7.20	15.96	15.10	21.67
耗粮数量	公斤	198.10	172.40	198.60	241.20	218.10	214.20	233.00
每50公斤主产品								
平均出售价格	元	374.89	365.57	322.61	364.87	328.25	348.63	363.26
总成本	元	335.62	319.42	335.26	393.22	283.06	302.89	298.56
生产成本	元	334.82	318.59	335.14	393.22	283.06	302.89	297.51
净利润	元	39.27	46.15	－12.65	－28.35	45.19	45.74	64.70
耗粮数量	公斤	94.52	78.65	91.27	116.86	102.59	102.98	97.33
附：								
每核算单位用工数量	日	4.06	5.68	7.38	5.55	3.15	3.45	3.70
平均饲养天数	日	148.00	161.00	175.00	152.00	157.00	139.00	134.00

5-2-2-1 续表 1

项 目	单位	哈尔滨	南 京	杭 州	厦 门	济 南	青 岛	郑 州
每头								
主产品产量	公斤	100.30	104.90	106.60	119.20	93.80	93.60	103.10
产值合计	元	685.64	1015.43	844.02	877.84	663.92	667.79	850.10
主产品产值	元	671.97	986.06	831.02	864.76	644.77	657.41	834.07
副产品产值	元	13.67	29.37	13.00	13.08	19.15	10.38	16.03
总成本	元	589.82	607.54	751.61	847.75	610.24	615.25	766.14
生产成本	元	589.82	599.56	751.28	847.25	607.59	612.63	762.74
物质与服务费用	元	517.83	518.44	679.99	806.11	571.25	577.14	636.08
人工成本	元	71.99	81.12	71.29	41.14	36.34	35.49	126.66
家庭用工折价	元	71.99	81.12	37.69	19.44	36.34	35.49	37.18
雇工费用	元			33.60	21.70			89.48
土地成本	元		7.98	0.33	0.50	2.65	2.62	3.40
净利润	元	95.82	407.89	92.41	30.09	53.68	52.54	83.96
成本利润率	%	16.25	67.14	12.29	3.55	8.80	8.54	10.96
耗粮数量	公斤	188.00	154.70	188.40	217.10	162.70	152.70	189.10
每50公斤主产品								
平均出售价格	元	334.98	470.00	389.78	362.73	343.69	351.18	404.50
总成本	元	288.17	281.20	347.10	350.30	315.90	323.55	364.55
生产成本	元	288.17	277.51	346.95	350.09	314.53	322.17	362.93
净利润	元	46.81	188.80	42.68	12.43	27.79	27.63	39.95
耗粮数量	公斤	93.72	73.74	88.37	91.07	86.73	81.57	91.71
附:								
每核算单位用工数量	日	4.26	4.80	3.23	1.70	2.15	2.10	5.13
平均饲养天数	日	129.00	158.00	130.00	160.00	123.00	95.00	172.00

5-2-2-1 续表 2

项　　目	单位	武　汉	长　沙	南　宁	昆　明	兰　州	西　宁	银　川
每头								
主产品产量	公斤	104.50	109.80	93.00	122.60	92.10	82.90	118.00
产值合计	元	926.50	874.21	724.00	831.06	775.46	688.58	954.88
主产品产值	元	919.00	869.89	710.33	813.43	750.46	674.71	938.38
副产品产值	元	7.50	4.32	13.67	17.63	25.00	13.87	16.50
总成本	元	816.22	708.97	703.35	793.65	815.29	660.19	787.55
生产成本	元	813.22	708.97	699.35	793.40	811.89	659.52	786.60
物质与服务费用	元	711.82	682.41	631.75	738.46	738.37	559.30	704.16
人工成本	元	101.40	26.56	67.60	54.94	73.52	100.22	82.44
家庭用工折价	元	101.40	21.97	67.60	41.57	73.52	100.22	34.31
雇工费用	元		4.59		13.37			48.13
土地成本	元	3.00		4.00	0.25	3.40	0.67	0.95
净利润	元	110.28	165.24	20.65	37.41	-39.83	28.39	167.33
成本利润率	%	13.51	23.31	2.94	4.71	-4.88	4.30	21.25
耗粮数量	公斤	182.00	187.90	158.20	248.90	209.90	195.90	249.40
每50公斤主产品								
平均出售价格	元	439.71	396.12	381.90	331.74	407.42	406.94	397.62
总成本	元	387.37	321.25	371.01	316.81	428.35	390.16	327.94
生产成本	元	385.95	321.25	368.90	316.71	426.56	389.77	327.55
净利润	元	52.34	74.87	10.89	14.93	-20.93	16.78	69.68
耗粮数量	公斤	87.08	85.56	85.05	101.51	113.95	118.15	105.68
附：								
每核算单位用工数量	日	6.00	1.44	4.00	3.20	4.35	5.93	3.96
平均饲养天数	日	135.00	169.00	106.00	162.00	153.00	174.00	180.00

5－2－2－2　2006年大中城市小规模生猪费用和用工情况

项　　目	单位	平　均	石家庄	太　原	呼和浩特	沈　阳	大　连	长　春
一、每头物质与服务费用	元	642.36	640.17	609.75	714.38	564.50	584.74	660.59
（一）直接费用	元	627.88	627.18	604.00	696.92	550.60	572.45	652.05
1. 仔畜进价	元	131.54	157.54	76.25	163.50	81.00	105.55	147.87
2. 精饲料费	元	449.39	443.47	507.50	462.52	442.11	444.74	473.82
3. 青粗饲料费	元	13.85	4.08					6.67
4. 饲料加工费	元	4.49		0.25	3.97	6.80		3.44
5. 水费	元	1.45	2.48	2.25	5.02	0.58	0.35	0.09
6. 燃料动力费	元	4.20	3.17	4.75	26.38	1.50	4.68	2.65
电费	元	2.60	3.17	2.00	8.61	1.50	3.58	2.25
煤费	元	1.37		2.75	14.58		1.10	0.40
其他燃料动力费	元	0.23			3.19			
7. 医疗防疫费	元	9.35	10.77	4.25	14.45	4.60	8.20	8.91
8. 死亡损失费	元	9.73	4.20	7.50	6.98	7.86	7.03	5.62
9. 技术服务费	元	0.44			1.98			
10. 工具材料费	元	1.36		1.00	4.33	2.53	1.45	1.33
11. 修理维护费	元	1.81	1.47	0.25	7.79	3.62	0.45	1.65
12. 其他直接费用	元	0.27						
（二）间接费用	元	14.48	12.99	5.75	17.46	13.90	12.29	8.54
1. 固定资产折旧	元	10.93	9.67	5.75	16.13	11.80	10.14	7.97
2. 税金	元							
3. 保险费	元							
4. 管理费	元	0.47					0.50	0.30
5. 财务费	元	0.49			1.33		0.15	
6. 销售费	元	2.59	3.32			2.10	1.50	0.27
二、每头人工成本	元	73.70	95.99	124.72	109.55	53.24	58.31	62.53
1. 家庭用工折价	元	61.35	95.99	124.72	73.35	53.24	58.31	62.53
家庭用工天数	日	3.63	5.68	7.38	4.34	3.15	3.45	3.70
劳动日工价	元	16.90	16.90	16.90	16.90	16.90	16.90	16.90
2. 雇工费用	元	12.35			36.20			
雇工天数	日	0.43			1.21			
雇工工价	元	28.72	17.48	26.00	29.92	26.50	28.50	24.44
三、附记								
1. 仔畜重量	公斤	16.00	21.70	13.40	8.40	12.20	12.00	17.00
2. 精饲料数量	公斤	275.90	246.20	283.80	344.60	311.50	303.80	325.70
3. 耗粮数量	公斤	198.10	172.40	198.60	241.20	218.10	214.20	233.00

5－2－2－2　续表 1

项　目	单位	哈尔滨	南　京	杭　州	厦　门	济　南	青　岛	郑　州
一、每头物质与服务费用	元	517.83	518.44	679.99	806.11	571.25	577.14	636.08
（一）直接费用	元	507.33	507.47	664.90	796.23	559.36	566.87	623.17
1. 仔畜进价	元	113.61	121.60	159.84	119.57	153.44	168.27	114.43
2. 精饲料费	元	369.77	315.73	481.82	557.35	372.48	376.76	454.47
3. 青粗饲料费	元		41.58	3.92	100.75		1.31	
4. 饲料加工费	元	5.49	5.69	1.18			2.39	6.93
5. 水费	元	1.84	0.15	1.29	0.86	0.56	0.18	3.17
6. 燃料动力费	元	1.18	0.35	1.24	2.71	3.14	2.18	8.53
电费	元	1.18	0.27	1.19	2.71	1.00	2.18	6.23
煤费	元		0.08	0.02		2.14		2.30
其他燃料动力费	元			0.03				
7. 医疗防疫费	元	4.38	9.95	8.22	10.50	7.52	5.00	19.47
8. 死亡损失费	元	7.60	11.56	3.30	1.74	18.90	7.62	10.67
9. 技术服务费	元	0.47		0.68		0.66	0.52	2.27
10. 工具材料费	元	0.89	0.08	1.37	0.91	0.93	1.41	1.80
11. 修理维护费	元	1.87	0.78	1.37	1.84	1.73	0.70	1.43
12. 其他直接费用	元	0.23		0.67			0.53	
（二）间接费用	元	10.50	10.97	15.09	9.88	11.89	10.27	12.91
1. 固定资产折旧	元	7.19	8.97	9.63	8.38	11.19	5.57	10.37
2. 税金	元							
3. 保险费	元	0.04						
4. 管理费	元	0.69		0.73		0.11	0.48	1.17
5. 财务费	元	0.23		2.01			1.94	
6. 销售费	元	2.35	2.00	2.72	1.50	0.59	2.28	1.37
二、每头人工成本	元	71.99	81.12	71.29	41.14	36.34	35.49	126.66
1. 家庭用工折价	元	71.99	81.12	37.69	19.44	36.34	35.49	37.18
家庭用工天数	日	4.26	4.80	2.23	1.15	2.15	2.10	2.20
劳动日工价	元	16.90	16.90	16.90	16.90	16.90	16.90	16.90
2. 雇工费用	元			33.60	21.70			89.48
雇工天数	日			1.00	0.55			2.93
雇工工价	元	28.33	28.00	33.60	39.45	24.50	32.50	30.54
三、附记								
1. 仔畜重量	公斤	16.80	23.50	20.90	16.00	23.30	28.70	16.80
2. 精饲料数量	公斤	256.10	221.00	269.10	285.80	232.50	218.20	263.80
3. 耗粮数量	公斤	188.00	154.70	188.40	217.10	162.70	152.70	189.10

5-2-2-2 续表 2

项 目	单位	武 汉	长 沙	南 宁	昆 明	兰 州	西 宁	银 川
一、每头物质与服务费用	元	711.82	682.41	631.75	738.46	738.37	559.30	704.16
(一)直接费用	元	688.82	668.62	619.42	728.92	704.47	551.24	667.78
1. 仔畜进价	元	198.00	78.34	139.00	71.28	200.00	179.09	82.69
2. 精饲料费	元	443.00	504.55	439.00	559.72	457.14	336.32	545.50
3. 青粗饲料费	元	6.00		18.33	65.40	6.00	11.97	11.00
4. 饲料加工费	元		26.83	5.33	12.61	5.08	1.12	2.70
5. 水费	元	2.82		2.00	1.18	0.50	1.92	1.80
6. 燃料动力费	元	2.90	2.86	1.33	1.17	2.46	5.14	5.78
电费	元	2.90	2.86	1.33	0.76	1.06	2.20	5.04
煤费	元				0.41		2.94	0.74
其他燃料动力费	元					1.40		
7. 医疗防疫费	元	19.60	15.07	6.33	6.59	10.00	5.89	7.25
8. 死亡损失费	元	14.00	34.75	2.77	7.23	22.40	7.33	5.53
9. 技术服务费	元				0.23		1.95	
10. 工具材料费	元	0.50	1.39	4.00	0.58	0.37	0.37	1.97
11. 修理维护费	元	2.00	2.66	1.33	2.93	0.38	0.14	1.81
12. 其他直接费用	元		2.17			0.14		1.75
(二)间接费用	元	23.00	13.79	12.33	9.54	33.90	8.06	36.38
1. 固定资产折旧	元	15.00	13.79	5.00	8.70	14.16	5.84	33.25
2. 税金	元							
3. 保险费	元							
4. 管理费	元			2.33		1.25	1.78	
5. 财务费	元				0.62	2.99	0.44	
6. 销售费	元	8.00		5.00	0.22	15.50		3.13
二、每头人工成本	元	101.40	26.56	67.60	54.94	73.52	100.22	82.44
1. 家庭用工折价	元	101.40	21.97	67.60	41.57	73.52	100.22	34.31
家庭用工天数	日	6.00	1.30	4.00	2.46	4.35	5.93	2.03
劳动日工价	元	16.90	16.90	16.90	16.90	16.90	16.90	16.90
2. 雇工费用	元		4.59		13.37			48.13
雇工天数	日		0.14		0.74			1.93
雇工工价	元	40.00	32.79	20.00	18.07	20.00	17.50	24.94
三、附记								
1. 仔畜重量	公斤	18.00	6.20	18.30	12.20	10.00	13.20	10.80
2. 精饲料数量	公斤	260.00	268.40	226.00	326.00	269.10	250.70	356.30
3. 耗粮数量	公斤	182.00	187.90	158.20	248.90	209.90	195.90	249.40

5-2-3-1 2006年大中城市中规模生猪成本收益情况

项　目	单位	平　均	北　京	天　津	石家庄	太　原	沈　阳
每头							
主产品产量	公斤	104.30	96.70	105.70	105.40	105.40	108.40
产值合计	元	807.37	756.35	774.20	815.19	691.44	758.64
主产品产值	元	793.55	755.86	766.91	772.44	688.04	737.63
副产品产值	元	13.82	0.49	7.29	42.75	3.40	21.01
总成本	元	736.88	769.93	700.10	696.03	675.74	642.65
生产成本	元	735.01	767.45	699.34	693.37	675.54	642.65
物质与服务费用	元	671.83	720.02	657.18	616.14	602.22	597.27
人工成本	元	63.18	47.43	42.16	77.23	73.32	45.38
家庭用工折价	元	36.34	9.46	15.89	77.23	47.32	45.12
雇工费用	元	26.84	37.97	26.27		26.00	0.26
土地成本	元	1.87	2.48	0.76	2.66	0.20	
净利润	元	70.49	-13.58	74.10	119.16	15.70	115.99
成本利润率	%	9.57	-1.75	10.58	17.12	2.32	18.05
耗粮数量	公斤	190.40	162.30	195.50	170.00	188.00	225.10
每50公斤主产品							
平均出售价格	元	380.42	390.83	362.78	366.43	326.39	340.24
总成本	元	347.21	397.85	328.06	312.87	318.98	288.22
生产成本	元	346.33	396.57	327.70	311.67	318.88	288.22
净利润	元	33.21	-7.02	34.72	53.56	7.41	52.02
耗粮数量	公斤	91.25	83.92	92.48	80.65	89.18	103.83
附:							
每核算单位用工数量	日	3.13	2.05	1.76	4.57	3.80	2.68
平均饲养天数	日	141.00	138.00	141.00	139.00	163.00	152.00

5－2－3－1 续表 1

项　　目	单位	大 连	长 春	哈尔滨	杭 州	宁 波	南 昌
每头							
主产品产量	公斤	103.60	120.30	98.40	108.80	111.50	119.00
产值合计	元	766.31	896.84	712.49	829.81	920.50	1054.17
主产品产值	元	748.77	882.00	700.64	818.54	920.50	1044.17
副产品产值	元	17.54	14.84	11.85	11.27		10.00
总成本	元	630.78	751.72	603.30	748.26	885.90	936.18
生产成本	元	630.78	749.64	603.30	747.07	885.35	936.18
物质与服务费用	元	587.18	686.35	529.86	689.20	842.50	897.31
人工成本	元	43.60	63.29	73.44	57.87	42.85	38.87
家庭用工折价	元	43.60	41.07	18.93	9.63	15.72	38.87
雇工费用	元		22.22	54.51	48.24	27.13	
土地成本	元		2.08		1.19	0.55	
净利润	元	135.53	145.12	109.19	81.55	34.60	117.99
成本利润率	%	21.49	19.31	18.10	10.90	3.91	12.60
耗粮数量	公斤	203.00	244.20	192.40	155.70	201.80	179.20
每 50 公斤主产品							
平均出售价格	元	361.38	366.58	356.02	376.17	412.78	438.73
总成本	元	297.47	307.26	301.46	339.20	397.26	389.62
生产成本	元	297.47	306.41	301.46	338.66	397.02	389.62
净利润	元	63.91	59.32	54.56	36.97	15.52	49.11
耗粮数量	公斤	97.97	101.50	97.76	71.55	90.49	75.29
附:							
每核算单位用工数量	日	2.58	3.32	3.04	1.95	1.71	2.30
平均饲养天数	日	138.00	146.00	124.00	128.00	137.00	125.00

5-2-3-1 续表 2

项目	单位	济南	郑州	武汉	广州	南宁
每头						
主产品产量	公斤	100.80	102.50	112.30	97.70	102.00
产值合计	元	698.00	825.04	892.00	916.63	803.66
主产品产值	元	682.70	806.10	886.50	906.20	787.33
副产品产值	元	15.30	18.94	5.50	10.43	16.33
总成本	元	607.69	765.76	825.67	924.89	779.25
生产成本	元	605.96	761.97	821.61	923.39	770.25
物质与服务费用	元	581.31	664.86	781.40	832.73	714.49
人工成本	元	24.65	97.11	40.21	90.66	55.76
家庭用工折价	元	10.65	30.25	12.00		43.43
雇工费用	元	14.00	66.86	28.21	90.66	12.33
土地成本	元	1.73	3.79	4.06	1.50	9.00
净利润	元	90.31	59.28	66.33	-8.26	24.41
成本利润率	%	14.86	7.74	8.03	-0.88	3.13
耗粮数量	公斤	167.80	199.90	209.20	182.60	161.90
每50公斤主产品						
平均出售价格	元	338.64	393.22	394.70	463.77	385.95
总成本	元	294.83	364.97	365.35	467.95	374.23
生产成本	元	293.99	363.16	363.55	467.19	369.91
净利润	元	43.81	28.25	29.35	-4.18	11.72
耗粮数量	公斤	83.23	97.51	93.14	93.45	79.36
附:						
每核算单位用工数量	日	1.28	4.27	1.56	2.27	3.12
平均饲养天数	日	123.00	158.00	152.00	159.00	115.00

5-2-3-1 续表 3

项 目	单位	成 都	贵 阳	兰 州	西 宁	乌鲁木齐
每头						
主产品产量	公斤	91.00	107.00	96.60	93.90	104.00
产值合计	元	774.00	655.63	785.95	810.63	817.42
主产品产值	元	764.00	642.63	760.45	790.63	802.59
副产品产值	元	10.00	13.00	25.50	20.00	14.83
总成本	元	796.15	605.07	841.88	654.55	634.36
生产成本	元	796.15	601.57	838.13	652.49	634.36
物质与服务费用	元	652.50	482.42	786.90	591.81	594.67
人工成本	元	143.65	119.15	51.23	60.68	39.69
家庭用工折价	元	143.65	59.15	38.03	44.79	19.77
雇工费用	元		60.00	13.20	15.89	19.92
土地成本	元		3.50	3.75	2.06	
净利润	元	-22.15	50.56	-55.93	156.08	183.06
成本利润率	%	-2.77	8.36	-6.63	23.85	28.86
耗粮数量	公斤	281.40	120.00	207.00	158.60	191.80
每50公斤主产品						
平均出售价格	元	419.78	300.29	393.61	421.00	385.86
总成本	元	431.79	277.13	421.62	339.94	299.45
生产成本	元	431.79	275.53	419.74	338.87	299.45
净利润	元	-12.01	23.16	-28.01	81.06	86.41
耗粮数量	公斤	154.62	56.07	107.14	84.45	92.21
附：						
每核算单位用工数量	日	8.50	6.50	2.85	3.65	1.97
平均饲养天数	日	120.00	147.00	174.00	154.00	122.00

5-2-3-2 2006年大中城市中规模生猪费用和用工情况

项 目	单位	平 均	北 京	天 津	石家庄	太 原	沈 阳
一、每头物质与服务费用	元	671.83	720.02	657.18	616.14	602.22	597.27
(一)直接费用	元	657.46	704.19	642.62	603.55	592.42	584.12
1. 仔畜进价	元	173.15	228.03	173.71	144.50	89.40	100.00
2. 精饲料费	元	433.64	396.91	437.27	436.01	484.72	458.35
3. 青粗饲料费	元	12.77	14.00	1.00			
4. 饲料加工费	元	2.99	1.40	1.16		2.00	2.53
5. 水费	元	1.67	1.03	2.10	2.90	0.80	1.63
6. 燃料动力费	元	4.35	14.91	4.74	3.22	3.20	3.63
电费	元	2.49	7.20	3.66	3.22	1.20	2.25
煤费	元	1.66	7.71	0.97		2.00	1.38
其他燃料动力费	元	0.20		0.11			
7. 医疗防疫费	元	10.86	17.29	11.91	11.66	3.60	5.01
8. 死亡损失费	元	13.48	25.80	6.92	4.06	6.30	6.74
9. 技术服务费	元	0.65		0.10		1.40	
10. 工具材料费	元	1.87	0.71	1.64		0.80	2.93
11. 修理维护费	元	1.65	3.51	1.82	1.20	0.20	3.07
12. 其他直接费用	元	0.38	0.60	0.25			0.23
(二)间接费用	元	14.37	15.83	14.56	12.59	9.80	13.15
1. 固定资产折旧	元	9.63	6.13	13.56	9.70	8.40	10.01
2. 税金	元						
3. 保险费	元						
4. 管理费	元	1.70	7.11			0.40	
5. 财务费	元	1.01	2.29			1.00	
6. 销售费	元	2.03	0.30	1.00	2.89		3.14
二、每头人工成本	元	63.18	47.43	42.16	77.23	73.32	45.38
1. 家庭用工折价	元	36.34	9.46	15.89	77.23	47.32	45.12
家庭用工天数	日	2.15	0.56	0.94	4.57	2.80	2.67
劳动日工价	元	16.90	16.90	16.90	16.90	16.90	16.90
2. 雇工费用	元	26.84	37.97	26.27		26.00	0.26
雇工天数	日	0.98	1.49	0.82		1.00	0.01
雇工工价	元	27.39	25.48	32.04	17.68	26.00	26.00
三、附记							
1. 仔畜重量	公斤	18.00	21.40	18.00	20.10	15.40	12.90
2. 精饲料数量	公斤	267.70	231.80	279.20	242.80	268.60	320.20
3. 耗粮数量	公斤	190.40	162.30	195.50	170.00	188.00	225.10

5-2-3-2 续表 1

项 目	单位	大 连	长 春	哈尔滨	杭 州	宁 波	南 昌
一、每头物质与服务费用	元	587.18	686.35	529.86	689.20	842.50	897.31
(一)直接费用	元	576.41	677.10	519.15	676.31	824.47	892.63
1. 仔畜进价	元	122.89	168.43	109.00	207.86	289.25	259.00
2. 精饲料费	元	422.15	480.92	384.59	393.18	474.57	507.50
3. 青粗饲料费	元		4.33		50.26	31.25	
4. 饲料加工费	元	1.88	3.93	5.03	1.99	6.25	
5. 水费	元	1.00	0.34	1.51	1.54	1.75	
6. 燃料动力费	元	8.26	2.05	5.14	2.64	1.11	
电费	元	3.38	1.94	1.92	1.96	1.11	
煤费	元	4.88	0.11	2.35			
其他燃料动力费	元			0.87	0.68		
7. 医疗防疫费	元	7.79	9.67	4.56	8.76	7.73	31.50
8. 死亡损失费	元	9.54	3.81	5.95	4.62	9.13	93.90
9. 技术服务费	元			0.71	1.18		
10. 工具材料费	元	2.50	1.70	1.68	1.55	1.78	0.53
11. 修理维护费	元	0.40	1.92	0.98	1.79	1.65	0.20
12. 其他直接费用	元				0.94		
(二)间接费用	元	10.77	9.25	10.71	12.89	18.03	4.68
1. 固定资产折旧	元	6.00	8.67	7.81	8.31	13.85	4.08
2. 税金	元						
3. 保险费	元						
4. 管理费	元	1.37	0.17	0.53	0.91		
5. 财务费	元	1.62		0.03	1.25	1.10	
6. 销售费	元	1.78	0.41	2.34	2.42	3.08	0.60
二、每头人工成本	元	43.60	63.29	73.44	57.87	42.85	38.87
1. 家庭用工折价	元	43.60	41.07	18.93	9.63	15.72	38.87
家庭用工天数	日	2.58	2.43	1.12	0.57	0.93	2.30
劳动日工价	元	16.90	16.90	16.90	16.90	16.90	16.90
2. 雇工费用	元		22.22	54.51	48.24	27.13	
雇工天数	日		0.89	1.92	1.38	0.78	
雇工工价	元	28.08	24.97	28.39	34.96	34.78	30.00
三、附记							
1. 仔畜重量	公斤	15.50	18.70	14.40	26.60	25.00	20.00
2. 精饲料数量	公斤	290.00	334.40	274.80	222.50	288.30	256.00
3. 耗粮数量	公斤	203.00	244.20	192.40	155.70	201.80	179.20

5-2-3-2 续表 2

项目	单位	济南	郑州	武汉	广州	南宁
一、每头物质与服务费用	元	581.31	664.86	781.40	832.73	714.49
(一)直接费用	元	563.58	649.67	763.10	820.40	700.16
1. 仔畜进价	元	117.25	100.23	176.63	248.10	220.00
2. 精饲料费	元	396.67	493.19	547.38	479.66	446.33
3. 青粗饲料费	元			2.03	37.21	
4. 饲料加工费	元		4.06	1.13		9.33
5. 水费	元	1.15	2.76	1.25	1.87	3.17
6. 燃料动力费	元	2.55	9.12	4.85	6.12	2.00
电费	元	1.40	5.87	4.60	1.57	2.00
煤费	元	1.15	3.25		4.55	
其他燃料动力费	元			0.25		
7. 医疗防疫费	元	8.70	26.02	16.60	18.67	7.33
8. 死亡损失费	元	34.75	10.54	11.18	8.57	3.00
9. 技术服务费	元	0.25	0.41		5.00	3.33
10. 工具材料费	元	0.61	1.94	1.19	10.83	4.00
11. 修理维护费	元	1.65	1.40	0.86	4.37	1.67
12. 其他直接费用	元					
(二)间接费用	元	17.73	15.19	18.30	12.33	14.33
1. 固定资产折旧	元	10.60	12.44	8.94	12.33	4.33
2. 税金	元					
3. 保险费	元					
4. 管理费	元	5.89	1.68	5.65		2.67
5. 财务费	元	0.54		2.63		
6. 销售费	元	0.70	1.07	1.08		7.33
二、每头人工成本	元	24.65	97.11	40.21	90.66	55.76
1. 家庭用工折价	元	10.65	30.25	12.00		43.43
家庭用工天数	日	0.63	1.79	0.71		2.57
劳动日工价	元	16.90	16.90	16.90	16.90	16.90
2. 雇工费用	元	14.00	66.86	28.21	90.66	12.33
雇工天数	日	0.65	2.48	0.85	2.27	0.55
雇工工价	元	21.54	26.96	33.19	39.94	22.42
三、附记						
1. 仔畜重量	公斤	23.00	13.50	16.40	22.80	18.30
2. 精饲料数量	公斤	233.00	284.10	298.80	230.70	231.30
3. 耗粮数量	公斤	167.80	199.90	209.20	182.60	161.90

5-2-3-2 续表 3

项目	单位	成都	贵阳	兰州	西宁	乌鲁木齐
一、每头物质与服务费用	元	652.50	482.42	786.90	591.81	594.67
(一)直接费用	元	642.50	464.80	745.37	578.30	585.58
1. 仔畜进价	元	142.20	144.00	210.00	195.50	190.21
2. 精饲料费	元	441.10	240.00	486.12	321.58	378.20
3. 青粗饲料费	元	40.00	55.00	3.00	30.13	
4. 饲料加工费	元	5.00	5.00	5.23	2.93	3.90
5. 水费	元	2.00	2.50	2.96	1.09	1.65
6. 燃料动力费	元	3.00	2.50	0.75	6.58	4.87
电费	元	2.00	2.50	0.47	1.28	2.72
煤费	元	1.00			3.37	2.15
其他燃料动力费	元			0.28	1.93	
7. 医疗防疫费	元	6.20	8.50	7.00	7.77	1.79
8. 死亡损失费	元	3.00	4.50	20.39	8.31	2.06
9. 技术服务费	元				1.25	
10. 工具材料费	元		1.50	0.36	2.18	0.80
11. 修理维护费	元		1.30	3.56	0.98	2.10
12. 其他直接费用	元			6.00		
(二)间接费用	元	10.00	17.62	41.53	13.51	9.09
1. 固定资产折旧	元	10.00	10.50	19.49	7.96	9.09
2. 税金	元					
3. 保险费	元					
4. 管理费	元		4.12	2.35	2.84	
5. 财务费	元			9.28	1.54	
6. 销售费	元		3.00	10.41	1.17	
二、每头人工成本	元	143.65	119.15	51.23	60.68	39.69
1. 家庭用工折价	元	143.65	59.15	38.03	44.79	19.77
家庭用工天数	日	8.50	3.50	2.25	2.65	1.17
劳动日工价	元	16.90	16.90	16.90	16.90	16.90
2. 雇工费用	元		60.00	13.20	15.89	19.92
雇工天数	日		3.00	0.60	1.00	0.80
雇工工价	元	18.00	20.00	22.00	15.89	24.90
三、附记						
1. 仔畜重量	公斤	18.00	16.00	9.50	17.20	15.30
2. 精饲料数量	公斤	402.00	160.00	278.80	219.90	274.00
3. 耗粮数量	公斤	281.40	120.00	207.00	158.60	191.80

5-2-4-1 2006年大中城市大规模生猪成本收益情况

项目	单位	平均	北京	天津	石家庄	呼和浩特	沈阳	大连
每头								
主产品产量	公斤	100.80	92.00	101.50	103.30	90.00	103.40	99.50
产值合计	元	818.98	699.62	788.21	809.57	767.86	775.66	751.70
主产品产值	元	807.76	695.05	781.07	765.97	766.30	752.16	728.00
副产品产值	元	11.22	4.57	7.14	43.60	1.56	23.50	23.70
总成本	元	761.86	742.75	703.35	671.63	905.67	653.81	644.94
生产成本	元	758.84	738.48	700.50	668.63	905.67	653.81	644.94
物质与服务费用	元	725.23	696.11	669.99	609.48	875.67	610.33	610.11
人工成本	元	33.61	42.37	30.51	59.15	30.00	43.48	34.83
家庭用工折价	元	4.23	5.75	1.01	59.15		2.03	2.03
雇工费用	元	29.38	36.62	29.50		30.00	41.45	32.80
土地成本	元	3.02	4.27	2.85	3.00			
净利润	元	57.12	-43.13	84.86	137.94	-137.81	121.85	106.76
成本利润率	%	7.50	-5.80	12.07	20.54	-15.21	18.64	16.55
耗粮数量	公斤	184.60	149.60	180.40	169.60	189.00	209.80	196.40
每50公斤主产品								
平均出售价格	元	400.67	377.74	384.76	370.75	425.72	363.71	365.83
总成本	元	372.73	401.03	343.34	307.58	502.13	306.57	313.87
生产成本	元	371.25	398.72	341.94	306.21	502.13	306.57	313.87
净利润	元	27.94	-23.29	41.42	63.17	-76.41	57.14	51.96
耗粮数量	公斤	91.58	81.30	88.87	82.09	105.00	101.45	98.69
附:								
每核算单位用工数量	日	1.27	1.83	1.07	3.50	1.20	1.40	1.27
平均饲养天数	日	135.00	160.00	126.00	152.00	156.00	158.00	130.00

5－2－4－1 续表 1

项　目	单位	长　春	上　海	杭　州	宁　波	合　肥	福　州
每头							
主产品产量	公斤	110.00	97.70	106.40	101.90	105.00	100.20
产值合计	元	811.00	811.09	869.41	835.76	895.16	843.04
主产品产值	元	797.50	809.71	857.97	835.76	886.12	842.64
副产品产值	元	13.50	1.38	11.44		9.04	0.40
总成本	元	673.17	796.17	795.76	811.24	817.59	826.08
生产成本	元	671.77	792.52	792.52	810.12	816.09	826.08
物质与服务费用	元	628.77	772.72	721.81	773.74	783.38	812.73
人工成本	元	43.00	19.80	70.71	36.38	32.71	13.35
家庭用工折价	元		1.01	1.69	2.54	7.94	0.17
雇工费用	元	43.00	18.79	69.02	33.84	24.77	13.18
土地成本	元	1.40	3.65	3.24	1.12	1.50	
净利润	元	137.83	14.92	73.65	24.52	77.57	16.96
成本利润率	%	20.47	1.87	9.26	3.02	9.49	2.05
耗粮数量	公斤	234.80	159.10	176.20	180.40	194.60	178.60
每 50 公斤主产品							
平均出售价格	元	362.50	414.39	403.18	410.09	421.96	420.48
总成本	元	300.89	406.77	369.03	398.06	385.40	412.02
生产成本	元	300.27	404.90	367.52	397.51	384.69	412.02
净利润	元	61.61	7.62	34.15	12.0	36.56	8.46
耗粮数量	公斤	106.73	81.42	82.80	88.52	92.67	89.12
附：							
每核算单位用工数量	日	2.03	0.65	1.79	1.12	1.30	0.46
平均饲养天数	日	123.00	99.00	125.00	117.00	117.00	115.00

5-2-4-1 续表 2

项 目	单位	厦 门	济 南	郑 州	武 汉	广 州	南 宁
每头							
主产品产量	公斤	104.80	101.30	107.90	103.30	102.90	94.00
产值合计	元	980.65	782.33	898.47	832.15	1020.64	748.00
主产品产值	元	979.40	777.47	880.20	820.25	1008.42	734.50
副产品产值	元	1.25	4.86	18.27	11.90	12.22	13.50
总成本	元	918.85	720.18	792.16	828.71	1106.07	710.27
生产成本	元	905.35	714.70	788.75	824.95	1101.97	708.62
物质与服务费用	元	887.37	700.35	705.93	800.50	1053.97	673.20
人工成本	元	17.98	14.35	82.82	24.45	48.00	35.42
家庭用工折价	元		9.13		1.69		6.42
雇工费用	元	17.98	5.22	82.82	22.76	48.00	29.00
土地成本	元	13.50	5.48	3.41	3.76	4.10	1.65
净利润	元	61.80	62.15	106.31	3.44	-85.43	37.73
成本利润率	%	6.73	8.63	13.42	0.42	-7.71	5.31
耗粮数量	公斤	222.90	197.40	214.20	178.20	189.60	151.90
每50公斤主产品							
平均出售价格	元	467.27	383.75	407.88	397.02	490.00	390.69
总成本	元	437.82	353.26	359.62	395.38	531.01	370.98
生产成本	元	431.39	350.58	358.07	393.58	529.05	370.12
净利润	元	29.45	30.49	48.26	1.64	-41.01	19.71
耗粮数量	公斤	106.35	97.43	99.26	86.25	92.13	80.80
附:							
每核算单位用工数量	日	0.78	0.80	2.63	0.88	1.20	1.90
平均饲养天数	日	139.00	115.00	165.00	147.00	150.00	118.00

5-2-4-1 续表 3

项　　目	单位	海　口	成都	昆　明	西　安	兰　州	西　宁
每头							
主产品产量	公斤	89.90	95.00	126.30	94.00	96.00	94.00
产值合计	元	755.98	712.50	927.99	858.50	745.00	735.20
主产品产值	元	749.14	712.50	920.00	846.00	720.00	720.00
副产品产值	元	6.84		7.99	12.50	25.00	15.20
总成本	元	767.03	730.11	901.20	332.60	757.47	677.43
生产成本	元	762.30	725.51	898.82	329.60	755.47	674.64
物质与服务费用	元	740.97	701.01	882.94	313.60	725.05	656.31
人工成本	元	21.33	24.50	15.88	16.00	30.42	18.33
家庭用工折价	元						
雇工费用	元	21.33	24.50	15.88	16.00	30.42	18.33
土地成本	元	4.73	4.60	2.38	3.00	2.00	2.79
净利润	元	-11.05	-17.61	26.79	525.90	-12.47	57.77
成本利润率	%	-1.43	-2.40	2.97	158.12	-1.64	8.53
耗粮数量	公斤	126.90	210.00	240.30	87.50	211.80	182.00
每50公斤主产品							
平均出售价格	元	416.65	375.00	364.21	450.00	375.00	382.98
总成本	元	422.74	384.27	353.70	174.34	381.28	352.89
生产成本	元	420.13	381.85	352.76	172.77	380.27	351.43
净利润	元	-6.09	-9.27	10.51	275.66	-6.28	30.09
耗粮数量	公斤	70.58	110.53	95.13	46.54	110.31	96.81
附:							
每核算单位用工数量	日	0.66	0.80	0.58	0.80	0.90	0.80
平均饲养天数	日	167.00	120.00	134.00	155.00	150.00	110.00

5-2-4-2　2006年大中城市大规模生猪费用和用工情况

项　　目	单位	平　均	北　京	天　津	石家庄	呼和浩特	沈　阳	大　连
一、每头物质与服务费用	元	725.23	696.11	669.99	609.48	875.67	610.33	610.11
(一)直接费用	元	701.76	679.92	658.26	597.95	803.87	587.99	582.88
1.仔畜进价	元	209.73	232.28	215.05	130.13	268.50	135.17	149.00
2.精饲料费	元	449.27	347.67	422.66	436.00	458.50	427.83	392.66
3.青粗饲料费	元	4.39	31.45					
4.饲料加工费	元	3.28	2.53	2.05	7.45	6.00	0.80	1.60
5.水费	元	1.96	1.20	1.16	3.30	1.20	1.41	2.75
6.燃料动力费	元	7.15	18.08	3.72	3.23	39.50	3.54	9.30
电费	元	4.13	11.58	2.70	3.23	6.00	3.54	3.55
煤费	元	2.97	6.16	1.02		33.50		5.75
其他燃料动力费	元	0.05	0.34					
7.医疗防疫费	元	12.45	19.28	5.90	11.67	12.32	5.75	15.75
8.死亡损失费	元	7.39	18.73	3.88	4.17	3.00	7.88	8.37
9.技术服务费	元	0.57	0.19	0.32		0.25		
10.工具材料费	元	1.54	1.32	1.62		2.60	2.00	2.05
11.修理维护费	元	2.50	6.01	1.43	2.00	12.00	3.44	1.40
12.其他直接费用	元	1.53	1.18	0.47			0.17	
(二)间接费用	元	23.47	16.19	11.73	11.53	71.80	22.34	27.23
1.固定资产折旧	元	12.13	9.86	6.62	9.00	31.40	18.01	13.55
2.税金	元							
3.保险费	元	0.05						
4.管理费	元	5.98	4.89	2.58		23.60		3.85
5.财务费	元	2.74	0.73	2.33				8.35
6.销售费	元	2.57	0.71	0.20	2.53	16.80	4.33	1.48
二、每头人工成本	元	33.61	42.37	30.51	59.15	30.00	43.48	34.83
1.家庭用工折价	元	4.23	5.75	1.01	59.15		2.03	2.03
家庭用工天数	日	0.25	0.34	0.06	3.50		0.12	0.12
劳动日工价	元	16.90	16.90	16.90	16.90	16.90	16.90	16.90
2.雇工费用	元	29.38	36.62	29.50		30.00	41.45	32.80
雇工天数	日	1.02	1.49	1.01		1.20	1.28	1.15
雇工工价	元	28.80	24.58	29.21	19.20	25.00	32.38	28.52
三、附记								
1.仔畜重量	公斤	18.30	19.90	20.90	17.00	10.00	14.30	19.40
2.精饲料数量	公斤	257.00	213.70	257.80	242.30	270.00	299.70	278.50
3.耗粮数量	公斤	184.60	149.60	180.40	169.60	189.00	209.80	196.40

5－2－4－2 续表 1

项　　目	单位	长 春	上 海	杭 州	宁 波	合 肥	福 州
一、每头物质与服务费用	元	628.77	772.72	721.81	773.74	783.38	812.73
（一）直接费用	元	617.27	755.88	699.49	743.15	769.34	783.74
1.仔畜进价	元	142.50	280.84	195.88	244.67	241.67	287.91
2.精饲料费	元	450.54	446.92	455.24	432.57	473.78	459.28
3.青粗饲料费	元			13.38	31.54		
4.饲料加工费	元	2.10		1.17	8.06		3.74
5.水费	元	0.68	2.50	2.82	1.56	4.27	3.32
6.燃料动力费	元	4.05	2.79	7.91	1.38	7.52	2.79
电费	元	4.05	2.78	5.13	1.38	6.18	2.78
煤费	元		0.01	2.78		0.67	0.01
其他燃料动力费	元					0.67	
7.医疗防疫费	元	7.20	11.45	9.04	9.69	18.00	13.90
8.死亡损失费	元	7.60	7.34	4.55	9.21	14.67	5.78
9.技术服务费	元		0.16	1.19		1.62	
10.工具材料费	元	1.10	2.01	2.09	2.00	1.73	2.57
11.修理维护费	元	1.50	1.43	2.64	2.38	3.99	3.65
12.其他直接费用	元		0.44	3.58	0.09	2.09	0.80
（二）间接费用	元	11.50	16.84	22.32	30.59	14.04	28.99
1.固定资产折旧	元	9.60	7.53	11.76	15.99	5.10	12.68
2.税金	元						
3.保险费	元		0.96				
4.管理费	元	1.00	4.16	4.69	10.29	3.83	2.45
5.财务费	元	0.90	2.96	2.24	1.70	2.08	12.87
6.销售费	元		1.23	3.63	2.61	3.03	0.99
二、每头人工成本	元	43.00	19.80	70.71	36.38	32.71	13.35
1.家庭用工折价	元		1.01	1.69	2.54	7.94	0.17
家庭用工天数	日		0.06	0.10	0.15	0.47	0.01
劳动日工价	元	16.90	16.90	16.90	16.90	16.90	16.90
2.雇工费用	元	43.00	18.79	69.02	33.84	24.77	13.18
雇工天数	日	2.03	0.59	1.69	0.97	0.83	0.45
雇工工价	元	21.18	31.85	40.84	34.89	29.84	29.29
三、附记							
1.仔畜重量	公斤	17.50	24.90	24.40	23.50	24.20	29.70
2.精饲料数量	公斤	314.00	227.30	251.70	257.70	278.00	255.20
3.耗粮数量	公斤	234.80	159.10	176.20	180.40	194.60	178.60

5-2-4-2 续表 2

项 目	单位	厦 门	济 南	郑 州	武 汉	广 州	南 宁
一、每头物质与服务费用	元	887.37	700.35	705.93	800.50	1053.97	673.20
(一)直接费用	元	849.12	675.46	687.76	777.85	1032.93	664.70
1. 仔畜进价	元	252.50	192.77	121.61	182.00	460.00	227.50
2. 精饲料费	元	562.78	450.86	510.06	541.00	535.62	411.50
3. 青粗饲料费	元				1.00		
4. 饲料加工费	元	11.01	2.75	4.21	1.56	5.00	4.50
5. 水费	元	2.08	1.78	3.17	0.75	2.42	2.25
6. 燃料动力费	元	0.50	3.60	8.72	6.30	9.00	3.50
电费	元	0.50	2.80	5.55	6.30	9.00	3.25
煤费	元		0.80	3.17			
其他燃料动力费	元						0.25
7. 医疗防疫费	元	11.10	9.88	25.96	28.23	14.09	5.00
8. 死亡损失费	元	8.15	11.93	10.37	9.40	3.00	2.95
9. 技术服务费	元			1.25			4.00
10. 工具材料费	元	1.00	1.01	1.16	1.70	1.50	1.50
11. 修理维护费	元		0.88	1.25	1.25	0.50	1.00
12. 其他直接费用	元				4.66	1.80	1.00
(二)间接费用	元	38.25	24.89	18.17	22.65	21.04	8.50
1. 固定资产折旧	元	8.30	13.79	16.23	8.90	8.60	4.50
2. 税金	元						
3. 保险费	元					0.24	
4. 管理费	元	18.65	5.36	1.12	8.73	7.00	1.50
5. 财务费	元	11.30	5.05		1.50	1.00	
6. 销售费	元		0.69	0.82	3.52	4.20	2.50
二、每头人工成本	元	17.98	14.35	82.82	24.45	48.00	35.42
1. 家庭用工折价	元		9.13		1.69		6.42
家庭用工天数	日		0.54		0.10		0.38
劳动日工价	元	16.90	16.90	16.90	16.90	16.90	16.90
2. 雇工费用	元	17.98	5.22	82.82	22.76	48.00	29.00
雇工天数	日	0.78	0.26	2.63	0.78	1.20	1.52
雇工工价	元	23.05	20.08	31.49	29.18	40.00	19.08
三、附记							
1. 仔畜重量	公斤	12.30	22.20	16.60	15.00	23.00	18.00
2. 精饲料数量	公斤	275.20	258.40	277.70	273.00	237.00	217.00
3. 耗粮数量	公斤	222.90	197.40	214.20	178.20	189.60	151.90

5-2-4-2 续表 3

项　　目	单位	海　口	成　都	昆　明	西　安	兰　州	西　宁
一、每头物质与服务费用	元	740.97	701.01	882.94	313.60	725.05	656.31
（一）直接费用	元	680.65	677.79	874.41	307.10	687.95	647.21
1. 仔畜进价	元	236.00	70.00	247.63	90.00	160.00	270.00
2. 精饲料费	元	380.48	585.00	601.13	168.00	489.50	343.00
3. 青粗饲料费	元				28.00		
4. 饲料加工费	元			3.45	5.00	5.80	
5. 水费	元	3.00		1.38	2.30	0.80	0.90
6. 燃料动力费	元	4.29	3.29	1.05	6.00	4.65	17.00
电费	元	4.29	3.29	1.05	3.00	0.13	7.00
煤费	元				3.00	4.52	10.00
其他燃料动力费	元						
7. 医疗防疫费	元	23.85	11.50	11.06	3.00	3.95	11.20
8. 死亡损失费	元	1.35	3.00	4.33	2.00	21.20	4.50
9. 技术服务费	元		3.29	1.45			
10. 工具材料费	元	4.11	0.66	0.63	2.50	0.15	
11. 修理维护费	元	7.66	1.05	2.30	0.30	1.90	
12. 其他直接费用	元	19.91					0.61
（二）间接费用	元	60.32	23.22	8.53	6.50	37.10	9.10
1. 固定资产折旧	元	34.15	21.38	7.28	0.50	15.45	0.90
2. 税金	元						
3. 保险费	元						
4. 管理费	元	26.17	1.58	0.25	2.50	6.57	2.80
5. 财务费	元				1.00	11.83	
6. 销售费	元		0.26	1.00	2.50	3.25	5.40
二、每头人工成本	元	21.33	24.50	15.88	16.00	30.42	18.33
1. 家庭用工折价	元						
家庭用工天数	日						
劳动日工价	元	16.90	16.90	16.90	16.90	16.90	16.90
2. 雇工费用	元	21.33	24.50	15.88	16.00	30.42	18.33
雇工天数	日	0.66	0.80	0.58	0.80	0.90	0.80
雇工工价	元	32.32	30.63	27.38	20.00	33.80	22.91
三、附记							
1. 仔畜重量	公斤	20.30	10.00	23.00	8.50	10.00	15.00
2. 精饲料数量	公斤	181.30	300.00	343.20	125.00	275.10	260.00
3. 耗粮数量	公斤	126.90	210.00	240.30	87.50	211.80	182.00

5－2－5－1　2006年大中城市小规模肉鸡成本收益情况

项　　目	单位	平　均	呼和浩特	哈尔滨	郑　州
每百只					
主产品产量	公斤	245.00	225.40	290.00	219.50
产值合计	元	1743.14	1593.17	2018.00	1618.23
主产品产值	元	1731.74	1582.31	2008.00	1604.90
副产品产值	元	11.40	10.86	10.00	13.33
总成本	元	1518.35	1464.42	1727.13	1363.69
生产成本	元	1516.17	1464.42	1727.13	1357.14
物质与服务费用	元	1433.53	1398.51	1625.73	1276.36
人工成本	元	82.64	65.91	101.40	80.78
家庭用工折价	元	82.64	65.91	101.40	80.78
雇工费用	元				
土地成本	元	2.18			6.55
净利润	元	224.79	128.75	290.87	254.54
成本利润率	%	14.80	8.79	16.84	18.67
耗粮数量	公斤	362.90	287.60	446.60	354.50
每50公斤主产品					
平均出售价格	元	353.42	351.00	346.21	365.58
总成本	元	307.84	322.63	296.31	308.08
生产成本	元	307.40	322.63	296.31	306.60
净利润	元	45.58	28.37	49.90	57.50
耗粮数量	公斤	74.06	63.80	77.00	80.75
附:					
每核算单位用工数量	日	4.89	3.90	6.00	4.78
平均饲养天数	日	50.00	40.00	55.00	55.00

5-2-5-2 2006年大中城市小规模肉鸡费用和用工情况

项　　目	单位	平　均	呼和浩特	哈尔滨	郑　州
一、每百只物质与服务费用	元	1433.53	1398.51	1625.73	1276.36
（一）直接费用	元	1403.26	1388.33	1575.23	1246.23
1. 仔畜进价	元	230.08	218.00	240.00	232.25
2. 精饲料费	元	1015.73	1014.73	1148.40	884.05
3. 青粗饲料费	元				
4. 饲料加工费	元	3.79		4.80	6.58
5. 水费	元	8.97	6.80	15.20	4.90
6. 燃料动力费	元	40.59	48.00	59.00	14.78
电费	元	11.85	5.20	20.50	9.85
煤费	元	28.74	42.80	38.50	4.93
其他燃料动力费	元				
7. 医疗防疫费	元	51.74	59.80	23.00	72.43
8. 死亡损失费	元	32.68	28.40	44.30	25.33
9. 技术服务费	元	4.01		12.03	
10. 工具材料费	元	10.30	4.20	24.00	2.70
11. 修理维护费	元	4.99	8.40	4.50	2.08
12. 其他直接费用	元	0.38			1.13
（二）间接费用	元	30.27	10.18	50.50	30.13
1. 固定资产折旧	元	26.36	10.18	42.50	26.40
2. 税金	元				
3. 保险费	元				
4. 管理费	元	0.63			1.88
5. 财务费	元				
6. 销售费	元	3.28		8.00	1.85
二、每百只人工成本	元	82.64	65.91	101.40	80.78
1. 家庭用工折价	元	82.64	65.91	101.40	80.78
家庭用工天数	日	4.89	3.90	6.00	4.78
劳动日工价	元	16.90	16.90	16.90	16.90
2. 雇工费用	元				
雇工天数	日				
雇工工价	元	28.00	34.00	25.00	25.00
三、附记					
1. 仔畜重量	公斤				
2. 精饲料数量	公斤	518.50	410.90	638.00	506.50
3. 耗粮数量	公斤	362.90	287.60	446.60	354.50

5-2-6-1　2006年大中城市中规模肉鸡成本收益情况

项　　目	单位	平　均	北　京	天　津	石家庄	太　原	呼和浩特	沈　阳
每百只								
主产品产量	公斤	227.60	280.00	231.40	238.70	156.00	222.20	290.00
产值合计	元	1661.66	2070.90	1654.44	1947.00	1137.57	1577.63	1860.30
主产品产值	元	1642.46	2058.00	1628.94	1909.33	1116.13	1561.98	1851.40
副产品产值	元	19.20	12.90	25.50	37.67	21.44	15.65	8.90
总成本	元	1517.84	1803.40	1541.61	1504.08	1089.42	1417.25	1594.80
生产成本	元	1512.96	1799.53	1540.38	1499.08	1084.36	1408.50	1594.80
物质与服务费用	元	1434.27	1758.97	1490.31	1357.63	990.85	1341.91	1490.75
人工成本	元	78.69	40.56	50.07	141.45	93.51	66.59	104.05
家庭用工折价	元	68.11	40.56	22.31	141.45	60.84	66.59	76.05
雇工费用	元	10.58		27.76		32.67		28.00
土地成本	元	4.88	3.87	1.23	5.00	5.06	8.75	
净利润	元	143.82	267.50	112.83	442.92	48.15	160.38	265.50
成本利润率	%	9.48	14.83	7.32	29.45	4.42	11.32	16.65
耗粮数量	公斤	367.30	388.50	308.00	456.20	212.00	285.90	460.30
每50公斤主产品								
平均出售价格	元	360.82	367.50	351.97	399.94	357.73	351.48	319.21
总成本	元	329.59	320.03	327.97	308.96	342.59	315.75	273.65
生产成本	元	328.53	319.34	327.70	307.93	341.00	313.80	273.65
净利润	元	31.23	47.47	24.00	90.98	15.14	35.73	45.56
耗粮数量	公斤	80.69	69.38	66.55	95.56	67.95	64.33	79.36
附:								
每核算单位用工数量	日	4.40	2.40	2.14	8.37	4.69	3.94	5.50
平均饲养天数	日	55.00	50.00	44.00	61.00	34.00	39.00	55.00

5－2－6－1 续表 1

项　　目	单位	大　连	长　春	哈尔滨	上　海	宁　波	济　南	青　岛
每百只								
主产品产量	公斤	239.00	310.60	268.90	235.00	257.30	204.50	246.70
产值合计	元	1665.00	1872.03	1793.11	1455.44	1941.86	1315.99	1686.10
主产品产值	元	1649.00	1859.03	1780.79	1402.11	1938.33	1297.36	1666.57
副产品产值	元	16.00	13.00	12.32	53.33	3.53	18.63	19.53
总成本	元	1513.66	1783.83	1559.30	1397.30	1613.75	1175.32	1631.47
生产成本	元	1513.66	1762.16	1559.30	1394.90	1610.25	1174.78	1628.27
物质与服务费用	元	1407.19	1627.66	1488.49	1350.45	1554.90	1085.89	1575.88
人工成本	元	106.47	134.50	70.81	44.45	55.35	88.89	52.39
家庭用工折价	元	106.47	121.17	64.56	44.45	49.52	88.89	52.39
雇工费用	元		13.33	6.25		5.83		
土地成本	元		21.67		2.40	3.50	0.54	3.20
净利润	元	151.34	88.20	233.81	58.14	328.11	140.67	54.63
成本利润率	%	10.00	4.94	14.99	4.16	20.33	11.97	3.35
耗粮数量	公斤	384.40	506.00	440.30	374.60	415.30	326.20	334.10
每50公斤主产品								
平均出售价格	元	344.98	299.26	331.12	298.32	376.67	317.20	337.77
总成本	元	313.62	285.16	287.94	286.40	313.03	283.29	326.83
生产成本	元	313.62	281.70	287.94	285.91	312.35	283.16	326.19
净利润	元	31.36	14.10	43.18	11.92	63.64	33.91	10.94
耗粮数量	公斤	80.42	81.46	81.87	79.70	80.70	79.76	67.71
附：								
每核算单位用工数量	日	6.30	7.74	4.07	2.63	3.10	5.26	3.10
平均饲养天数	日	52.00	57.00	55.00	56.00	51.00	54.00	44.00

5-2-6-1 续表 2

项目	单位	郑州	武汉	广州	南宁	昆明	兰州	银川
每百只								
主产品产量	公斤	193.10	137.50	168.30	156.00	258.00	222.50	236.70
产值合计	元	1438.83	1017.85	1670.61	1506.50	2163.00	1834.72	1624.16
主产品产值	元	1421.73	995.00	1666.52	1485.00	2151.50	1813.75	1596.63
副产品产值	元	17.10	22.85	4.09	21.50	11.50	20.97	27.53
总成本	元	1330.57	867.94	1556.55	1446.91	1952.56	1727.55	1848.62
生产成本	元	1325.07	867.94	1554.71	1446.91	1952.56	1717.55	1823.62
物质与服务费用	元	1217.33	834.16	1503.50	1370.01	1882.63	1616.47	1740.30
人工成本	元	107.74	33.78	51.21	76.90	69.93	101.08	83.32
家庭用工折价	元	41.07	30.93	51.21	76.90	54.93	87.88	83.32
雇工费用	元	66.67	2.85			15.00	13.20	
土地成本	元	5.50		1.84			10.00	25.00
净利润	元	108.26	149.91	114.06	59.59	210.44	107.17	-224.46
成本利润率	%	8.14	17.27	7.33	4.12	10.78	6.20	-12.13
耗粮数量	公斤	317.80	200.40	449.60	280.00	382.10	363.50	461.00
每50公斤主产品								
平均出售价格	元	368.13	361.82	495.10	475.96	416.96	407.58	337.27
总成本	元	340.43	308.53	461.30	457.13	376.39	383.77	383.88
生产成本	元	339.02	308.53	460.75	457.13	376.39	381.55	378.69
净利润	元	27.70	53.29	33.80	18.83	40.57	23.81	-46.61
耗粮数量	公斤	82.29	72.87	133.57	89.74	74.05	81.69	97.38
附:								
每核算单位用工数量	日	4.55	1.91	3.03	4.55	4.00	5.80	4.93
平均饲养天数	日	55.00	49.00	77.00	88.00	56.00	63.00	56.00

5-2-6-2　2006年大中城市中规模肉鸡费用和用工情况

项　　目	单位	平　均	北　京	天　津	石家庄	太　原	呼和浩特	沈　阳
一、每百只物质与服务费用	元	1434.27	1758.97	1490.31	1357.63	990.85	1341.91	1490.75
(一)直接费用	元	1403.22	1695.26	1476.30	1331.63	973.18	1334.98	1465.45
1. 仔畜进价	元	221.02	364.00	307.80	213.33	300.00	215.50	197.50
2. 精饲料费	元	1051.00	1214.60	1035.13	1014.00	580.07	956.57	1106.50
3. 青粗饲料费	元	0.19						
4. 饲料加工费	元	1.31						
5. 水费	元	4.06		2.20	4.97	2.84	4.91	1.00
6. 燃料动力费	元	26.05	23.73	30.17	20.50	16.00	62.26	29.55
电费	元	8.51	13.23	8.98	20.50	6.00	8.09	9.45
煤费	元	16.55	10.50	15.82		10.00	54.17	20.10
其他燃料动力费	元	0.99		5.37				
7. 医疗防疫费	元	59.49	65.00	82.29	51.67	37.22	53.66	85.50
8. 死亡损失费	元	25.45	24.70	12.72	18.33	27.89	26.02	32.25
9. 技术服务费	元	1.01		0.20				
10. 工具材料费	元	7.45		1.67	1.33	3.16	9.24	7.90
11. 修理维护费	元	4.28	3.23	3.20	7.50	6.00	6.82	1.10
12. 其他直接费用	元	1.91		0.92				4.15
(二)间接费用	元	31.05	63.71	14.01	26.00	17.67	6.93	25.30
1. 固定资产折旧	元	23.80	42.58	11.21	18.67	15.67	6.93	15.80
2. 税金	元							
3. 保险费	元							
4. 管理费	元	2.63	5.00					
5. 财务费	元	0.83	16.13					
6. 销售费	元	3.79		2.80	7.33	2.00		9.50
二、每百只人工成本	元	78.69	40.56	50.07	141.45	93.51	66.59	104.05
1. 家庭用工折价	元	68.11	40.56	22.31	141.45	60.84	66.59	76.05
家庭用工天数	日	4.03	2.40	1.32	8.37	3.60	3.94	4.50
劳动日工价	元	16.90	16.90	16.90	16.90	16.90	16.90	16.90
2. 雇工费用	元	10.58		27.76		32.67		28.00
雇工天数	日	0.37		0.82		1.09		1.00
雇工工价	元	28.59	23.00	33.85	16.00	29.97	34.00	28.00
三、附记								
1. 仔畜重量	公斤							
2. 精饲料数量	公斤	520.50	555.00	440.00	651.70	265.00	408.40	657.50
3. 耗粮数量	公斤	367.30	388.50	308.00	456.20	212.00	285.90	460.30

5-2-6-2 续表 1

项 目	单位	大 连	长 春	哈尔滨	上 海	宁 波	济 南	青 岛
一、每百只物质与服务费用	元	1407.19	1627.66	1488.49	1350.45	1554.90	1085.89	1575.88
(一)直接费用	元	1384.29	1601.23	1435.00	1330.05	1502.58	1066.99	1534.69
1. 仔畜进价	元	200.00	188.33	185.91	165.67	242.00	113.75	313.33
2. 精饲料费	元	1032.25	1284.70	1107.63	1061.87	1095.47	842.08	1067.13
3. 青粗饲料费	元						3.71	
4. 饲料加工费	元		4.50	3.68		3.53	1.30	
5. 水费	元	6.89	6.33	3.31	1.50	2.63	2.10	1.50
6. 燃料动力费	元	26.05	37.00	30.50	15.00	36.83	32.52	11.63
电费	元	8.05	7.57	10.85	5.07	8.50	5.64	4.70
煤费	元	18.00	29.43	19.65	9.93	28.33	26.88	6.93
其他燃料动力费	元							
7. 医疗防疫费	元	91.65	59.23	37.10	44.17	70.00	48.46	110.00
8. 死亡损失费	元	20.50	15.47	41.73	23.05	40.67	20.02	20.03
9. 技术服务费	元			3.40				
10. 工具材料费	元	3.45	3.17	16.83	7.77	6.17	1.33	4.59
11. 修理维护费	元	3.50	2.50	2.33	4.67	5.28	1.72	6.48
12. 其他直接费用	元			2.58	6.35			
(二)间接费用	元	22.90	26.43	53.49	20.40	52.32	18.90	41.19
1. 固定资产折旧	元	19.50	26.43	48.00	20.40	46.00	15.49	30.73
2. 税金	元							
3. 保险费	元							
4. 管理费	元			0.64			0.71	
5. 财务费	元							
6. 销售费	元	3.40		4.85		6.32	2.70	10.46
二、每百只人工成本	元	106.47	134.50	70.81	44.45	55.35	88.89	52.39
1. 家庭用工折价	元	106.47	121.17	64.56	44.45	49.52	88.89	52.39
家庭用工天数	日	6.30	7.17	3.82	2.63	2.93	5.26	3.10
劳动日工价	元	16.90	16.90	16.90	16.90	16.90	16.90	16.90
2. 雇工费用	元		13.33	6.25		5.83		
雇工天数	日		0.57	0.25		0.17		
雇工工价	元	30.00	23.39	25.00	26.40	34.29	24.33	25.00
三、附记								
1. 仔畜重量	公斤							
2. 精饲料数量	公斤	549.10	722.90	628.90	535.10	593.30	433.70	494.30
3. 耗粮数量	公斤	384.40	506.00	440.30	374.60	415.30	326.20	334.10

5-2-6-2 续表 2

项　　目	单位	郑 州	武 汉	广 州	南 宁	昆 明	兰 州	银 川
一、每百只物质与服务费用	元	1217.33	834.16	1503.50	1370.01	1882.63	1616.47	1740.30
（一）直接费用	元	1191.51	817.16	1484.43	1325.36	1853.63	1545.70	1715.00
1. 仔畜进价	元	223.69	121.15	153.33	183.25	273.50	231.43	226.93
2. 精饲料费	元	839.83	645.50	1163.90	1053.73	1419.27	1164.00	1335.77
3. 青粗饲料费	元							
4. 饲料加工费	元	4.18			3.50		1.00	4.47
5. 水费	元	6.94	3.35	2.57		13.50	10.72	3.90
6. 燃料动力费	元	19.67	19.00	3.47	20.75	10.50	36.12	39.93
电费	元	9.38	2.70	3.47	1.25	5.50	9.69	21.60
煤费	元	10.29	13.30		8.00	5.00	26.43	18.33
其他燃料动力费	元		3.00		11.50			
7. 医疗防疫费	元	70.91	19.00	58.17	36.75	79.51	33.22	56.37
8. 死亡损失费	元	18.52	5.35	40.04	12.75	18.35	54.42	36.17
9. 技术服务费	元	0.63		15.00	1.00			
10. 工具材料费	元	2.91	3.08	22.30	6.00	39.00	4.28	4.83
11. 修理维护费	元	1.86	0.73	22.32	2.50			3.83
12. 其他直接费用	元	2.37		3.33	5.13		10.51	2.80
（二）间接费用	元	25.82	17.00	19.07	44.65	29.00	70.77	25.30
1. 固定资产折旧	元	22.30	14.50	19.07	23.50	29.00	28.06	22.08
2. 税金	元							
3. 保险费	元							
4. 管理费	元	1.86			8.50		34.26	1.57
5. 财务费	元						0.40	
6. 销售费	元	1.66	2.50		12.65		8.05	1.65
二、每百只人工成本	元	107.74	33.78	51.21	76.90	69.93	101.08	83.32
1. 家庭用工折价	元	41.07	30.93	51.21	76.90	54.93	87.88	83.32
家庭用工天数	日	2.43	1.83	3.03	4.55	3.25	5.20	4.93
劳动日工价	元	16.90	16.90	16.90	16.90	16.90	16.90	16.90
2. 雇工费用	元	66.67	2.85			15.00	13.20	
雇工天数	日	2.12	0.08			0.75	0.60	
雇工工价	元	31.45	35.63	40.00	20.00	20.00	22.00	25.00
三、附记								
1. 仔畜重量	公斤							
2. 精饲料数量	公斤	440.20	286.30	594.70	400.00	545.90	550.00	658.60
3. 耗粮数量	公斤	317.80	200.40	449.60	280.00	382.10	363.50	461.00

5-2-7-1 2006年大中城市大规模肉鸡成本收益情况

项目	单位	平均	北京	天津	上海	杭州
每百只						
主产品产量	公斤	187.70	275.00	275.40	185.20	170.40
产值合计	元	1627.33	2033.11	1937.59	1490.69	1822.34
主产品产值	元	1612.71	2021.25	1911.59	1487.32	1818.87
副产品产值	元	14.62	11.86	26.00	3.37	3.47
总成本	元	1426.82	1799.90	1754.61	1224.04	1418.63
生产成本	元	1419.77	1794.82	1753.17	1219.34	1403.63
物质与服务费用	元	1364.28	1741.98	1703.30	1206.46	1328.48
人工成本	元	55.49	52.84	49.87	12.88	75.15
家庭用工折价	元	7.61	10.14	22.48	4.06	
雇工费用	元	47.88	42.70	27.39	8.82	75.15
土地成本	元	7.05	5.08	1.44	4.70	15.00
净利润	元	200.51	233.21	182.98	266.65	403.71
成本利润率	%	14.05	12.96	10.43	21.78	28.46
耗粮数量	公斤	321.20	385.00	379.20	293.40	384.40
每50公斤主产品						
平均出售价格	元	429.60	367.50	347.06	401.54	533.71
总成本	元	376.67	325.35	314.28	329.71	415.48
生产成本	元	374.81	324.43	314.03	328.45	411.08
净利润	元	52.93	42.15	32.78	71.83	118.23
耗粮数量	公斤	85.57	70.00	68.85	79.21	112.79
附:						
每核算单位用工数量	日	2.20	2.40	2.33	0.52	1.67
平均饲养天数	日	67.00	50.00	48.00	74.00	85.00

5-2-7-1 续表

项　　目	单位	合　肥	长　沙	广　州	南　宁	昆　明
每百只						
主产品产量	公斤	125.00	149.00	160.00	203.30	146.00
产值合计	元	887.00	1331.20	1483.00	1631.16	2029.83
主产品产值	元	875.00	1311.20	1463.00	1611.33	2014.80
副产品产值	元	12.00	20.00	20.00	19.83	15.03
总成本	元	776.21	1234.55	1471.01	1513.69	1648.06
生产成本	元	770.21	1229.65	1470.01	1504.92	1631.46
物质与服务费用	元	722.53	1202.01	1426.00	1444.15	1503.44
人工成本	元	47.68	27.64	44.01	60.77	128.02
家庭用工折价	元	12.68	10.14		8.45	
雇工费用	元	35.00	17.50	44.01	52.32	128.02
土地成本	元	6.00	4.90	1.00	8.77	16.60
净利润	元	110.79	96.65	11.99	117.47	381.77
成本利润率	%	14.27	7.83	0.82	7.76	23.16
耗粮数量	公斤	212.00	250.30	354.40	305.00	327.40
每50公斤主产品						
平均出售价格	元	350.00	440.00	457.19	396.29	690.00
总成本	元	306.28	408.05	453.49	367.75	560.22
生产成本	元	303.92	406.43	453.19	365.62	554.58
净利润	元	43.72	31.95	3.70	28.54	129.78
耗粮数量	公斤	84.80	83.99	110.75	75.01	112.12
附:						
每核算单位用工数量	日	1.75	1.10	1.30	2.43	6.30
平均饲养天数	日	55.00	50.00	87.00	71.00	85.00

5-2-7-2 2006年大中城市大规模肉鸡费用和用工情况

项目	单位	平均	北京	天津	上海	杭州
一、每百只物质与服务费用	元	1364.28	1741.98	1703.30	1206.46	1328.48
(一)直接费用	元	1316.76	1682.74	1670.03	1197.90	1315.48
1. 仔畜进价	元	207.84	364.00	234.17	158.07	144.00
2. 精饲料费	元	987.83	1198.25	1213.17	964.36	1098.55
3. 青粗饲料费	元					
4. 饲料加工费	元					
5. 水费	元	4.79		10.00	3.81	3.00
6. 燃料动力费	元	23.09	26.61	54.60	18.86	13.82
电费	元	12.00	15.25	16.53	15.74	13.82
煤费	元	10.57	11.36	38.07	3.12	
其他燃料动力费	元	0.52				
7. 医疗防疫费	元	53.52	63.00	118.77	27.28	30.26
8. 死亡损失费	元	16.43	27.49	5.48	21.11	14.40
9. 技术服务费	元	6.52			0.67	1.00
10. 工具材料费	元	10.08		16.67	1.44	4.85
11. 修理维护费	元	4.05	3.39	12.17	1.66	5.60
12. 其他直接费用	元	2.61		5.00	0.64	
(二)间接费用	元	47.52	59.24	33.27	8.56	13.00
1. 固定资产折旧	元	23.72	37.29	19.11	8.56	8.50
2. 税金	元					
3. 保险费	元	0.22				
4. 管理费	元	3.88	5.00	2.77		
5. 财务费	元	6.81	16.95	9.72		
6. 销售费	元	12.89		1.67		4.50
二、每百只人工成本	元	55.49	52.84	49.87	12.88	75.15
1. 家庭用工折价	元	7.61	10.14	22.48	4.06	
家庭用工天数	日	0.45	0.60	1.33	0.24	
劳动日工价	元	16.90	16.90	16.90	16.90	16.90
2. 雇工费用	元	47.88	42.70	27.39	8.82	75.15
雇工天数	日	1.75	1.80	1.00	0.28	1.67
雇工工价	元	27.36	23.72	27.39	31.50	45.00
三、附记						
1. 仔畜重量	公斤					
2. 精饲料数量	公斤	451.90	550.00	541.70	419.20	549.10
3. 耗粮数量	公斤	321.20	385.00	379.20	293.40	384.40

5-2-7-2 续表

项　　目	单位	合　肥	长　沙	广　州	南　宁	昆　明
一、每百只物质与服务费用	元	722.53	1202.01	1426.00	1444.15	1503.44
(一)直接费用	元	703.53	1083.84	1343.00	1411.16	1443.04
1. 仔畜进价	元	125.00	223.00	180.00	252.33	190.00
2. 精饲料费	元	542.91	786.72	1056.00	1048.33	982.14
3. 青粗饲料费	元					
4. 饲料加工费	元					
5. 水费	元			9.00	3.67	13.60
6. 燃料动力费	元	9.00	19.60	21.00	34.50	9.80
电费	元	4.00	5.50	11.00	16.33	9.80
煤费	元	5.00	14.10	8.00	15.50	
其他燃料动力费	元			2.00	2.67	
7. 医疗防疫费	元	20.00	40.00	48.00	34.33	100.00
8. 死亡损失费	元	3.86	5.50	9.00	11.00	50.00
9. 技术服务费	元				7.00	50.00
10. 工具材料费	元	1.76	6.50	2.00	10.00	47.50
11. 修理维护费	元	1.00		9.00	3.67	
12. 其他直接费用	元		2.52	9.00	6.33	
(二)间接费用	元	19.00	118.17	83.00	32.99	60.40
1. 固定资产折旧	元	13.00	26.67	49.00	18.33	33.00
2. 税金	元					
3. 保险费	元			2.00		
4. 管理费	元			9.00	7.33	10.80
5. 财务费	元	1.00		17.00		16.60
6. 销售费	元	5.00	91.50	6.00	7.33	
二、每百只人工成本	元	47.68	27.64	44.01	60.77	128.02
1. 家庭用工折价	元	12.68	10.14		8.45	
家庭用工天数	日	0.75	0.60		0.50	
劳动日工价	元	16.90	16.90	16.90	16.90	16.90
2. 雇工费用	元	35.00	17.50	44.01	52.32	128.02
雇工天数	日	1.00	0.50	1.30	1.93	6.30
雇工工价	元	35.00	35.00	33.85	27.11	20.32
三、附记						
1. 仔畜重量	公斤					
2. 精饲料数量	公斤	302.90	357.60	443.00	435.70	467.70
3. 耗粮数量	公斤	212.00	250.30	354.40	305.00	327.40

5-2-8-1　2006年大中城市小规模蛋鸡成本收益情况

项　　目	单位	平　均	天　津	哈尔滨	济　南	郑　州
每百只						
主产品产量	公斤	1630.90	1649.80	1548.70	1630.30	1694.90
产值合计	元	9481.66	9030.75	9023.34	9645.94	10226.59
主产品产值	元	8218.67	7715.75	7716.67	8298.09	9144.17
副产品产值	元	1262.99	1315.00	1306.67	1347.85	1082.42
总成本	元	8408.80	8404.44	8070.74	8231.85	8928.29
生产成本	元	8407.18	8404.44	8070.74	8231.85	8921.82
物质与服务费用	元	7954.58	8125.59	7479.24	7829.63	8383.77
人工成本	元	452.60	278.85	591.50	402.22	538.05
家庭用工折价	元	386.84	278.85	591.50	402.22	274.96
雇工费用	元	65.76				263.09
土地成本	元	1.62				6.47
净利润	元	1072.86	626.31	952.60	1414.09	1298.30
成本利润率	%	12.76	7.45	11.80	17.18	14.54
耗粮数量	公斤	2749.40	2937.10	2408.30	2632.80	3019.20
每50公斤主产品						
平均出售价格	元	251.97	233.84	249.13	254.50	269.76
总成本	元	223.46	217.62	222.83	217.19	235.51
生产成本	元	223.42	217.62	222.83	217.19	235.34
净利润	元	28.51	16.22	26.30	37.31	34.25
耗粮数量	公斤	84.29	89.01	77.75	80.75	89.07
附：						
每核算单位用工数量	日	25.40	16.50	35.00	23.80	26.30
平均饲养天数	日	351.00	330.00	345.00	365.00	365.00

5-2-8-2 2006年大中城市小规模蛋鸡费用和用工情况

项目	单位	平均	天津	哈尔滨	济南	郑州
一、每百只物质与服务费用	元	7954.58	8125.59	7479.24	7829.63	8383.77
(一)直接费用	元	7871.63	8025.59	7439.57	7725.95	8295.33
1. 仔畜进价	元	1412.69	1605.00	1655.67	1355.75	1034.35
2. 精饲料费	元	6239.89	6189.34	5527.67	6182.15	7060.38
3. 青粗饲料费	元					
4. 饲料加工费	元	27.39		46.13	50.37	13.07
5. 水费	元	14.57	31.00	10.67	4.83	11.76
6. 燃料动力费	元	36.32	73.34	24.00	17.28	30.64
电费	元	32.69	73.34	24.00	14.59	18.81
煤费	元	3.63			2.69	11.83
其他燃料动力费	元					
7. 医疗防疫费	元	60.80	52.09	31.00	51.23	108.86
8. 死亡损失费	元	66.21	55.00	127.10	53.08	29.65
9. 技术服务费	元	0.83		3.33		
10. 工具材料费	元	8.08	11.67	14.00	4.38	2.26
11. 修理维护费	元	3.83	8.15		4.23	2.95
12. 其他直接费用	元	1.02			2.65	1.41
(二)间接费用	元	82.95	100.00	39.67	103.68	88.44
1. 固定资产折旧	元	72.13	100.00	39.67	66.75	82.09
2. 税金	元					
3. 保险费	元					
4. 管理费	元	1.09			1.29	3.06
5. 财务费	元					
6. 销售费	元	9.73			35.64	3.29
二、每百只人工成本	元	452.60	278.85	591.50	402.22	538.05
1. 家庭用工折价	元	386.84	278.85	591.50	402.22	274.96
家庭用工天数	日	22.89	16.50	35.00	23.80	16.27
劳动日工价	元	16.90	16.90	16.90	16.90	16.90
2. 雇工费用	元	65.76				263.09
雇工天数	日	2.51				10.03
雇工工价	元	26.20	29.00	30.00	22.00	26.23
三、附记						
1. 仔畜重量	公斤					
2. 精饲料数量	公斤	3904.00	4195.90	3440.40	3761.10	4218.40
3. 耗粮数量	公斤	2749.40	2937.10	2408.30	2632.80	3019.20

5-2-9-1　2006年大中城市中规模蛋鸡成本收益情况

项　　目	单位	平　均	北　京	天　津	石家庄	太　原	呼和浩特
每百只							
主产品产量	公斤	1629.10	1692.50	1734.20	1723.10	1660.00	1722.00
产值合计	元	9472.67	9424.30	9657.61	9754.84	9861.98	10884.61
主产品产值	元	8281.68	8127.86	8395.22	8812.57	8965.31	9484.23
副产品产值	元	1190.99	1296.44	1262.39	942.27	896.67	1400.38
总成本	元	8628.74	8787.68	8827.67	8073.06	8287.79	9753.93
生产成本	元	8598.86	8773.98	8823.82	8062.39	8275.79	9637.78
物质与服务费用	元	8260.05	8452.90	8595.81	7700.39	7824.00	9247.65
人工成本	元	338.81	321.08	228.01	362.00	451.79	390.13
家庭用工折价	元	214.12	78.59	95.15	362.00	371.80	229.84
雇工费用	元	124.69	242.49	132.86		79.99	160.29
土地成本	元	29.88	13.70	3.85	10.67	12.00	116.15
净利润	元	843.93	636.62	829.94	1681.78	1574.19	1130.68
成本利润率	%	9.78	7.24	9.40	20.83	18.99	11.59
耗粮数量	公斤	2656.50	2945.30	2838.80	2461.50	2905.00	3030.40
每50公斤主产品							
平均出售价格	元	254.18	240.11	242.05	255.72	270.04	275.38
总成本	元	231.53	223.89	221.25	211.63	226.94	246.77
生产成本	元	230.73	223.54	221.15	211.35	226.61	243.84
净利润	元	22.65	16.22	20.80	44.09	43.10	28.61
耗粮数量	公斤	81.53	87.01	81.85	71.43	87.50	87.99
附：							
每核算单位用工数量	日	17.29	15.84	10.16	21.42	24.67	18.92
平均饲养天数	日	360.00	365.00	360.00	365.00	365.00	360.00

5－2－9－1 续表 1

项　　目	单位	沈　阳	大　连	长　春	上　海	杭　州	宁　波
每百只							
主产品产量	公斤	1726.20	1727.30	1692.60	1676.10	1847.30	1731.00
产值合计	元	8833.06	9143.80	8485.16	10450.01	9916.97	10490.08
主产品产值	元	7681.73	7988.80	7159.09	9329.97	9050.30	9575.03
副产品产值	元	1151.33	1155.00	1326.07	1120.04	866.67	915.05
总成本	元	8105.68	8273.64	8059.30	10112.29	10125.89	10087.22
生产成本	元	8105.68	8273.64	8043.13	10051.62	10119.02	10087.22
物质与服务费用	元	7867.39	8042.95	7659.95	9800.38	9839.57	9916.53
人工成本	元	238.29	230.69	383.18	251.24	279.45	170.69
家庭用工折价	元	238.29	230.69	326.51			170.69
雇工费用	元			56.67	251.24	279.45	
土地成本	元			16.17	60.67	6.87	
净利润	元	727.38	870.16	425.86	337.72	－208.92	402.86
成本利润率	%	8.97	10.52	5.28	3.34	－2.05	3.99
耗粮数量	公斤	2815.40	2811.20	2467.70	2843.80	2245.40	3068.80
每 50 公斤主产品							
平均出售价格	元	222.50	231.25	211.48	278.32	244.96	276.58
总成本	元	204.18	209.24	200.87	269.33	250.12	265.96
生产成本	元	204.18	209.24	200.46	267.71	249.95	265.96
净利润	元	18.32	22.01	10.61	8.99	－5.16	10.62
耗粮数量	公斤	81.55	81.38	72.90	84.83	60.78	88.64
附：							
每核算单位用工数量	日	14.10	13.65	21.66	9.23	8.73	10.10
平均饲养天数	日	365.00	365.00	342.00	365.00	365.00	365.00

5－2－9－1　续表 2

项　　目	单位	济　南	青　岛	郑　州	武　汉	重　庆
每百只						
主产品产量	公斤	1571.70	1812.20	1642.10	1068.00	1359.30
产值合计	元	8978.59	10823.18	10154.53	7702.00	7917.50
主产品产值	元	7883.73	9449.42	8996.33	6732.00	6965.80
副产品产值	元	1094.86	1373.76	1158.20	970.00	951.70
总成本	元	8430.76	9126.29	8846.17	6388.85	6942.94
生产成本	元	8395.70	9113.64	8824.03	6188.85	6897.08
物质与服务费用	元	8006.90	8878.58	8339.65	6046.10	6496.94
人工成本	元	388.80	235.06	484.38	142.75	400.14
家庭用工折价	元	380.08	173.73	377.72	76.05	323.64
雇工费用	元	8.72	61.33	106.66	66.70	76.50
土地成本	元	35.06	12.65	22.14	200.00	45.86
净利润	元	547.83	1696.89	1308.36	1313.15	974.56
成本利润率	%	6.50	18.59	14.79	20.55	14.04
耗粮数量	公斤	2947.70	2814.40	2820.80	1754.40	2191.00
每50公斤主产品						
平均出售价格	元	250.80	260.72	273.93	315.17	256.23
总成本	元	235.50	219.84	238.64	261.44	224.69
生产成本	元	234.52	219.54	238.04	253.25	223.21
净利润	元	15.30	40.88	35.29	53.73	31.54
耗粮数量	公斤	93.77	77.65	85.89	82.13	80.59
附：						
每核算单位用工数量	日	22.93	12.52	26.62	6.50	21.70
平均饲养天数	日	365.00	340.00	396.00	365.00	365.00

5-2-9-1 续表 3

项　　目	单位	成　都	昆　明	兰　州	银　川	乌鲁木齐
每百只						
主产品产量	公斤	1470.00	1231.80	1705.50	1768.60	1650.20
产值合计	元	8552.00	8658.10	10921.77	9292.10	9023.90
主产品产值	元	7350.00	7291.60	9289.13	7817.43	7569.70
副产品产值	元	1202.00	1366.50	1632.64	1474.67	1454.20
总成本	元	6388.23	8227.49	9623.43	10355.12	8382.47
生产成本	元	6384.00	8227.49	9598.43	10320.12	8375.06
物质与服务费用	元	5997.33	8005.06	9069.94	9638.56	8034.58
人工成本	元	386.67	222.43	528.49	681.56	340.48
家庭用工折价	元	386.67	199.93		375.69	101.23
雇工费用	元		22.50	528.49	305.87	239.25
土地成本	元	4.23		25.00	35.00	7.41
净利润	元	2163.77	430.61	1298.34	-1063.02	641.43
成本利润率	%	33.87	5.23	13.49	-10.26	7.65
耗粮数量	公斤	2143.80	2005.70	2910.60	2855.90	2908.70
每50公斤主产品						
平均出售价格	元	250.00	295.97	272.33	221.01	229.36
总成本	元	186.75	281.25	239.96	246.29	213.06
生产成本	元	186.62	281.25	239.33	245.46	212.87
净利润	元	63.25	14.72	32.37	-25.28	16.30
耗粮数量	公斤	72.92	81.41	85.33	80.74	88.13
附:						
每核算单位用工数量	日	22.88	13.33	18.23	34.46	15.56
平均饲养天数	日	305.00	345.00	365.00	365.00	365.00

5-2-9-2 2006年大中城市中规模蛋鸡费用和用工情况

项　　目	单位	平　均	北　京	天　津	石家庄	太　原	呼和浩特
一、每百只物质与服务费用	元	8260.05	8452.90	8595.81	7700.39	7824.00	9247.65
（一）直接费用	元	8157.58	8408.08	8524.01	7600.40	7739.22	9244.26
1. 仔畜进价	元	1633.49	1600.00	1822.03	1192.87	1500.00	2015.28
2. 精饲料费	元	6138.63	6345.24	6464.08	6174.57	5976.00	6859.58
3. 青粗饲料费	元	112.86					
4. 饲料加工费	元	10.13		15.06			
5. 水费	元	12.36		15.99	8.84		19.41
6. 燃料动力费	元	69.59	226.22	51.34	38.55	98.00	118.81
电费	元	47.76	106.87	38.86	38.55	40.00	72.55
煤费	元	20.86	119.35	11.73		58.00	46.26
其他燃料动力费	元	0.97		0.75			
7. 医疗防疫费	元	97.49	73.00	98.10	138.87	60.00	126.58
8. 死亡损失费	元	61.83	100.50	46.25	34.15	80.00	65.81
9. 技术服务费	元	0.47		0.63			
10. 工具材料费	元	8.73	11.35	4.72	4.69	10.00	19.03
11. 修理维护费	元	10.82	51.77	4.56	7.86	15.22	19.76
12. 其他直接费用	元	1.18		1.25			
（二）间接费用	元	102.47	44.82	71.80	99.99	84.78	3.39
1. 固定资产折旧	元	76.89	26.49	65.61	88.20	69.78	
2. 税金	元						
3. 保险费	元						
4. 管理费	元	11.49	17.22				
5. 财务费	元	3.04	1.11				3.39
6. 销售费	元	11.05		6.19	11.79	15.00	
二、每百只人工成本	元	338.81	321.08	228.01	362.00	451.79	390.13
1. 家庭用工折价	元	214.12	78.59	95.15	362.00	371.80	229.84
家庭用工天数	日	12.67	4.65	5.63	21.42	22.00	13.60
劳动日工价	元	16.90	16.90	16.90	16.90	16.90	16.90
2. 雇工费用	元	124.69	242.49	132.86		79.99	160.29
雇工天数	日	4.62	11.19	4.53		2.67	5.32
雇工工价	元	26.99	21.67	29.33	18.06	29.96	30.13
三、附记							
1. 仔畜重量	公斤						
2. 精饲料数量	公斤	3832.40	4207.50	4055.40	4102.50	4150.00	4329.20
3. 耗粮数量	公斤	2656.50	2945.30	2838.80	2461.50	2905.00	3030.40

5-2-9-2 续表 1

项目	单位	沈阳	大连	长春	上海	杭州	宁波
一、每百只物质与服务费用	元	7867.39	8042.95	7659.95	9800.38	9839.57	9916.53
(一)直接费用	元	7783.13	7935.25	7597.35	9601.20	9763.24	9852.70
1. 仔畜进价	元	1769.67	1695.00	1659.04	1835.32	1804.33	1596.67
2. 精饲料费	元	5871.93	6023.95	5713.89	7380.21	5325.67	7944.20
3. 青粗饲料费	元					2370.00	
4. 饲料加工费	元			20.59		0.33	26.43
5. 水费	元		9.95	1.78	37.08	16.67	26.90
6. 燃料动力费	元	16.70	45.25	47.15	108.30	69.67	98.00
电费	元	16.70	19.25	23.82	108.30	69.67	70.50
煤费	元		26.00	6.16			27.50
其他燃料动力费	元			17.17			
7. 医疗防疫费	元	60.33	78.00	105.04	99.92	66.67	80.90
8. 死亡损失费	元	52.53	66.50	37.64	93.30	100.20	45.00
9. 技术服务费	元					1.40	
10. 工具材料费	元	6.11	10.30	3.69	6.01	7.20	13.07
11. 修理维护费	元	4.43	6.30	8.53	32.40	1.10	21.53
12. 其他直接费用	元	1.43			8.66		
(二)间接费用	元	84.26	107.70	62.60	199.18	76.33	63.83
1. 固定资产折旧	元	78.33	87.00	62.60	155.12	76.33	5.50
2. 税金	元						
3. 保险费	元						
4. 管理费	元		6.55				
5. 财务费	元				44.06		
6. 销售费	元	5.93	14.15				58.33
二、每百只人工成本	元	238.29	230.69	383.18	251.24	279.45	170.69
1. 家庭用工折价	元	238.29	230.69	326.51			170.69
家庭用工天数	日	14.10	13.65	19.32			10.10
劳动日工价	元	16.90	16.90	16.90	16.90	16.90	16.90
2. 雇工费用	元			56.67	251.24	279.45	
雇工天数	日			2.34	9.23	8.73	
雇工工价	元	28.00	34.00	24.22	27.22	32.01	35.00
三、附记							
1. 仔畜重量	公斤						
2. 精饲料数量	公斤	4022.00	4016.00	3801.20	4062.60	3207.70	4384.00
3. 耗粮数量	公斤	2815.40	2811.20	2467.70	2843.80	2245.40	3068.80

5-2-9-2 续表 2

项目	单位	济南	青岛	郑州	武汉	重庆
一、每百只物质与服务费用	元	8006.90	8878.58	8339.65	6046.10	6496.94
(一)直接费用	元	7894.68	8822.95	8240.45	6026.10	6377.84
1. 仔畜进价	元	1667.94	1826.64	1295.23	1598.00	1389.70
2. 精饲料费	元	6061.00	6788.87	6702.30	4140.00	4618.31
3. 青粗饲料费	元					
4. 饲料加工费	元	11.69	22.25	12.23	20.00	13.73
5. 水费	元	13.56	11.33	14.53	13.00	19.54
6. 燃料动力费	元	28.26	53.28	56.55	37.50	114.96
电费	元	27.02	40.61	44.84	37.50	114.96
煤费	元	1.24	12.67	10.78		
其他燃料动力费	元			0.93		
7. 医疗防疫费	元	50.82	67.72	113.45	183.30	127.98
8. 死亡损失费	元	47.83	27.68	30.49	24.30	69.71
9. 技术服务费	元	0.43	4.46	1.69		
10. 工具材料费	元	5.13	10.11	7.36	8.00	13.03
11. 修理维护费	元	7.60	10.61	3.93	2.00	6.20
12. 其他直接费用	元	0.42		2.69		4.68
(二)间接费用	元	112.22	55.63	99.20	20.00	119.10
1. 固定资产折旧	元	89.74	37.91	87.81	20.00	57.79
2. 税金	元					
3. 保险费	元					
4. 管理费	元	11.48	0.72	6.06		25.32
5. 财务费	元		0.60			6.90
6. 销售费	元	11.00	16.40	5.33		29.09
二、每百只人工成本	元	388.80	235.06	484.38	142.75	400.14
1. 家庭用工折价	元	380.08	173.73	377.72	76.05	323.64
家庭用工天数	日	22.49	10.28	22.35	4.50	19.15
劳动日工价	元	16.90	16.90	16.90	16.90	16.90
2. 雇工费用	元	8.72	61.33	106.66	66.70	76.50
雇工天数	日	0.44	2.24	4.27	2.00	2.55
雇工工价	元	19.82	27.38	24.98	33.35	30.00
三、附记						
1. 仔畜重量	公斤					
2. 精饲料数量	公斤	3964.30	4116.80	4029.70	2580.00	3130.00
3. 耗粮数量	公斤	2947.70	2814.40	2820.80	1754.40	2191.00

5－2－9－2 续表 3

项 目	单位	成 都	昆 明	兰 州	银 川	乌鲁木齐
一、每百只物质与服务费用	元	5997.33	8005.06	9069.94	9638.56	8034.58
（一）直接费用	元	5719.73	7945.96	8786.30	9522.03	7924.35
1. 仔畜进价	元	200.00	2673.00	1807.50	1900.00	1455.15
2. 精饲料费	元	5206.25	5157.88	6695.98	7343.53	6117.83
3. 青粗饲料费	元					
4. 饲料加工费	元			40.34	30.00	
5. 水费	元		1.57	25.88	11.93	11.62
6. 燃料动力费	元	48.48	7.82	45.15	54.80	96.68
电费	元	12.48	6.24	45.15	44.37	24.65
煤费	元	36.00			10.43	72.03
其他燃料动力费	元		1.58			
7. 医疗防疫费	元	150.00	69.26	80.20	83.90	133.33
8. 死亡损失费	元	105.00	29.71	75.21	73.34	93.33
9. 技术服务费	元		1.29			
10. 工具材料费	元	10.00	5.29	11.04	8.60	8.51
11. 修理维护费	元		0.14	5.00	10.30	7.90
12. 其他直接费用	元				5.63	
（二）间接费用	元	277.60	59.10	283.64	116.53	110.23
1. 固定资产折旧	元	273.60	49.26	119.80	78.89	85.00
2. 税金	元					
3. 保险费	元					
4. 管理费	元			141.00	12.97	19.98
5. 财务费	元			2.59		5.25
6. 销售费	元	4.00	9.84	20.25	24.67	
二、每百只人工成本	元	386.67	222.43	528.49	681.56	340.48
1. 家庭用工折价	元	386.67	199.93		375.69	101.23
家庭用工天数	日	22.88	11.83		22.23	5.99
劳动日工价	元	16.90	16.90	16.90	16.90	16.90
2. 雇工费用	元		22.50	528.49	305.87	239.25
雇工天数	日		1.50	18.23	12.23	9.57
雇工工价	元	30.00	15.00	28.99	25.01	25.00
三、附记						
1. 仔畜重量	公斤					
2. 精饲料数量	公斤	3062.60	2865.30	4158.00	4079.90	4155.30
3. 耗粮数量	公斤	2143.80	2005.70	2910.60	2855.90	2908.70

5-2-10-1 2006年大中城市大规模蛋鸡成本收益情况

项目	单位	平均	北京	天津	大连	长春	上海	南京
每百只								
主产品产量	公斤	1661.60	1683.30	1788.10	1677.00	1950.00	1590.10	1746.50
产值合计	元	10090.87	9412.94	9841.19	9084.65	9680.00	9637.41	10561.59
主产品产值	元	8760.23	8327.23	8535.00	7965.65	8580.00	8543.49	8735.35
副产品产值	元	1330.64	1085.71	1306.19	1119.00	1100.00	1093.92	1826.24
总成本	元	9449.39	9376.60	9180.18	8323.79	8665.70	9411.09	9606.30
生产成本	元	9417.02	9356.38	9128.72	8323.79	8635.70	9355.64	9506.30
物质与服务费用	元	9075.01	8893.41	8940.36	7929.37	8263.70	9026.44	9198.16
人工成本	元	342.01	462.97	188.36	394.42	372.00	329.20	308.14
家庭用工折价	元	39.21	4.23	3.55	30.42			77.74
雇工费用	元	302.80	458.74	184.81	364.00	372.00	329.20	230.40
土地成本	元	32.37	20.22	51.46		30.00	55.45	100.00
净利润	元	641.48	36.34	661.01	760.86	1014.30	226.32	955.29
成本利润率	%	6.79	0.39	7.20	9.14	11.70	2.40	9.94
耗粮数量	公斤	2755.00	2942.90	3008.10	2731.40	2340.00	2763.40	2922.70
每50公斤主产品								
平均出售价格	元	263.61	247.35	238.66	237.50	220.00	268.65	250.08
总成本	元	246.85	246.40	222.63	217.61	196.95	262.34	227.46
生产成本	元	246.01	245.86	221.38	217.61	196.27	260.80	225.09
净利润	元	16.76	0.95	16.03	19.89	23.05	6.31	22.62
耗粮数量	公斤	82.90	87.41	84.11	81.44	60.00	86.89	83.67
附：								
每核算单位用工数量	日	13.22	15.12	6.55	12.55	15.50	10.00	14.20
平均饲养天数	日	358.00	363.00	364.00	365.00	360.00	365.00	358.00

5-2-10-1 续表 1

项　　目	单位	合 肥	福 州	青 岛	郑 州	武 汉	广 州
每百只							
主产品产量	公斤	1696.00	1703.10	1850.00	1744.80	1255.00	1550.50
产值合计	元	10646.08	10604.61	10920.00	10490.60	7916.00	11790.14
主产品产值	元	9497.48	9090.61	9620.00	9474.45	6706.00	10740.14
副产品产值	元	1148.60	1514.00	1300.00	1016.15	1210.00	1050.00
总成本	元	9208.58	10612.89	10423.86	8948.23	7362.90	12600.57
生产成本	元	9180.58	10612.89	10404.95	8933.58	7354.90	12597.57
物质与服务费用	元	8863.68	10132.77	10264.26	8290.02	7231.75	12010.62
人工成本	元	316.90	480.12	140.69	643.56	123.15	586.95
家庭用工折价	元	16.90	26.87	8.45	91.77	35.49	
雇工费用	元	300.00	453.25	132.24	551.79	87.66	586.95
土地成本	元	28.00		18.91	14.65	8.00	3.00
净利润	元	1437.50	-8.28	496.14	1542.37	553.10	-810.43
成本利润率	%	15.61	-0.07	4.76	17.24	7.51	-6.42
耗粮数量	公斤	2937.20	2934.20	3456.00	2764.60	2486.40	3101.00
每50公斤主产品							
平均出售价格	元	280.00	266.88	260.00	271.51	267.17	346.34
总成本	元	242.19	267.09	248.19	231.59	248.50	370.15
生产成本	元	241.46	267.09	247.74	231.21	248.23	370.06
净利润	元	37.81	-0.21	11.81	39.92	18.67	-23.81
耗粮数量	公斤	86.59	86.14	93.41	79.22	99.06	100.00
附：							
每核算单位用工数量	日	13.50	14.54	5.06	22.76	5.10	17.50
平均饲养天数	日	350.00	362.00	360.00	367.00	365.00	360.00

5－2－10－1 续表 2

项　目	单位	海　口	重　庆	成　都	贵　阳	昆　明	兰　州
每百只							
主产品产量	公斤	1479.10	1426.50	1650.00	1548.50	1804.20	1766.90
产值合计	元	11673.40	8210.95	8990.00	9655.90	12733.60	9786.68
主产品产值	元	9535.22	7224.55	7610.00	8490.40	10527.50	8481.12
副产品产值	元	2138.18	986.40	1380.00	1165.50	2206.10	1305.56
总成本	元	12075.65	7356.77	6627.41	8271.57	12276.09	9760.49
生产成本	元	11935.78	7328.35	6593.61	8258.24	12268.58	9730.54
物质与服务费用	元	11343.96	7033.27	6255.53	7990.41	12133.48	9549.18
人工成本	元	591.82	295.08	338.08	267.83	135.10	181.36
家庭用工折价	元		223.08	152.10	33.80		
雇工费用	元	591.82	72.00	185.98	234.03	135.10	181.36
土地成本	元	139.87	28.42	33.80	13.33	7.51	29.95
净利润	元	－402.25	854.18	2362.59	1384.33	457.51	26.19
成本利润率	%	－3.32	11.61	35.65	16.74	3.73	0.27
耗粮数量	公斤	1665.40	2300.90	3193.40	2682.00	3112.70	2247.90
每50公斤主产品							
平均出售价格	元	322.33	253.23	230.61	274.15	291.75	240.00
总成本	元	333.44	226.89	170.01	234.85	281.27	239.36
生产成本	元	329.57	226.01	169.14	234.47	281.10	238.62
净利润	元	－11.11	26.34	60.60	39.30	10.48	0.64
耗粮数量	公斤	56.30	80.65	96.77	86.60	86.26	63.61
附：							
每核算单位用工数量	日	15.36	15.60	25.20	12.75	6.40	10.20
平均饲养天数	日	294.00	365.00	360.00	360.00	360.00	365.00

5－2－10－2　2006年大中城市大规模蛋鸡费用和用工情况

项　　目	单位	平　均	北　京	天　津	大　连	长　春	上　海	南　京
一、每百只物质与服务费用	元	9075.01	8893.41	8940.36	7929.37	8263.70	9026.44	9198.16
（一）直接费用	元	8751.31	8679.68	8894.49	7785.72	8119.90	8800.62	8863.26
1. 仔畜进价	元	1710.69	1701.33	1931.37	1780.00	1850.00	1720.07	1514.00
2. 精饲料费	元	6656.11	6490.23	6768.04	5755.50	5850.00	6748.10	6955.46
3. 青粗饲料费	元	5.93						
4. 饲料加工费	元	18.10	17.40	2.83		46.80		43.00
5. 水费	元	24.03	13.62	25.00	13.35	35.00	50.96	26.90
6. 燃料动力费	元	79.61	166.98	41.78	41.35	71.40	76.41	59.50
电费	元	63.82	99.95	32.72	19.60	48.00	76.41	59.50
煤费	元	11.33	67.03	9.06	21.75	16.70		
其他燃料动力费	元	4.46				6.70		
7. 医疗防疫费	元	123.80	124.77	90.75	90.50	100.00	90.27	156.00
8. 死亡损失费	元	89.64	116.77	20.39	86.50	100.00	77.98	73.00
9. 技术服务费	元	1.31	4.60					
10. 工具材料费	元	10.15	3.00	7.14	11.50	16.70	8.72	3.40
11. 修理维护费	元	23.08	37.18	7.19	7.02	50.00	23.91	32.00
12. 其他直接费用	元	8.86	3.80				4.20	
（二）间接费用	元	323.70	213.73	45.87	143.65	143.80	225.82	334.90
1. 固定资产折旧	元	126.61	88.19	40.48	82.45	143.80	115.50	89.00
2. 税金	元							
3. 保险费	元	8.43						
4. 管理费	元	67.29	86.46	2.94	6.10		46.71	15.90
5. 财务费	元	26.87	11.48				30.55	124.00
6. 销售费	元	94.50	27.60	2.45	55.10		33.06	106.00
二、每百只人工成本	元	342.01	462.97	188.36	394.42	372.00	329.20	308.14
1. 家庭用工折价	元	39.21	4.23	3.55	30.42			77.74
家庭用工天数	日	2.32	0.25	0.21	1.80			4.60
劳动日工价	元	16.90	16.90	16.90	16.90	16.90	16.90	16.90
2. 雇工费用	元	302.80	458.74	184.81	364.00	372.00	329.20	230.40
雇工天数	日	10.90	14.87	6.34	10.75	15.50	10.00	9.60
雇工工价	元	27.78	30.85	29.15	33.86	24.00	32.92	24.00
三、附记								
1. 仔畜重量	公斤							
2. 精饲料数量	公斤	3996.90	4204.20	4297.30	3902.00	3900.00	3947.70	4175.30
3. 耗粮数量	公斤	2755.00	2942.90	3008.10	2731.40	2340.00	2763.40	2922.70

5-2-10-2 续表 1

项目	单位	合肥	福州	青岛	郑州	武汉	广州
一、每百只物质与服务费用	元	8863.68	10132.77	10264.26	8290.02	7231.75	12010.62
(一)直接费用	元	8528.27	9880.21	10213.81	8151.11	7020.75	10782.14
1. 仔畜进价	元	1257.96	2105.00	2200.00	1068.10	1620.00	1980.00
2. 精饲料费	元	6976.54	7427.75	7776.00	6845.10	5037.00	8067.28
3. 青粗饲料费	元						
4. 饲料加工费	元	44.04	10.00	58.38	16.15		38.76
5. 水费	元		37.61	9.73	16.62	15.00	48.26
6. 燃料动力费	元	92.78	117.37	53.50	40.78	37.75	93.54
电费	元	78.90	69.48	13.60	26.43	35.25	93.54
煤费	元	13.88	1.60	12.70	14.35	2.50	
其他燃料动力费	元		46.29	27.20			
7. 医疗防疫费	元	107.67	60.02	24.00	122.75	200.00	168.25
8. 死亡损失费	元	33.62	94.58	73.00	31.63	88.00	275.10
9. 技术服务费	元			12.00	0.35		
10. 工具材料费	元	3.00	2.88	4.80	4.08	12.00	38.20
11. 修理维护费	元	2.90	25.00	2.40	3.77	4.00	63.50
12. 其他直接费用	元	9.76			1.78	7.00	9.25
(二)间接费用	元	335.41	252.56	50.45	138.91	211.00	1228.48
1. 固定资产折旧	元	149.44	128.23	9.45	127.10	125.00	144.96
2. 税金	元						
3. 保险费	元					3.00	148.67
4. 管理费	元	47.35	35.63	5.00	7.93	50.50	329.73
5. 财务费	元	93.55	57.61			30.00	131.84
6. 销售费	元	45.07	31.09	36.00	3.88	2.50	473.28
二、每百只人工成本	元	316.90	480.12	140.69	643.56	123.15	586.95
1. 家庭用工折价	元	16.90	26.87	8.45	91.77	35.49	
家庭用工天数	日	1.00	1.59	0.50	5.43	2.10	
劳动日工价	元	16.90	16.90	16.90	16.90	16.90	16.90
2. 雇工费用	元	300.00	453.25	132.24	551.79	87.66	586.95
雇工天数	日	12.50	12.95	4.56	17.33	3.00	17.50
雇工工价	元	24.00	35.00	29.00	31.84	29.22	33.54
三、附记							
1. 仔畜重量	公斤						
2. 精饲料数量	公斤	4196.00	4191.70	4320.00	4252.60	3108.00	3876.30
3. 耗粮数量	公斤	2937.20	2934.20	3456.00	2764.60	2486.40	3101.00

5－2－10－2 续表 2

项 目	单位	海 口	重 庆	成 都	贵 阳	昆 明	兰 州
一、每百只物质与服务费用	元	11343.96	7033.27	6255.53	7990.41	12133.48	9549.18
（一）直接费用	元	9951.78	6854.24	5903.20	7762.35	12019.45	9312.74
1. 仔畜进价	元	1850.00	1446.20	350.00	1767.00	2743.33	1908.00
2. 精饲料费	元	7446.32	4930.50	4980.00	5738.60	9025.33	6992.22
3. 青粗饲料费	元					106.67	
4. 饲料加工费	元		19.47		29.00		
5. 水费	元	28.04	44.63		13.55	29.17	25.18
6. 燃料动力费	元	234.59	92.66	46.40	55.80	16.62	93.76
电费	元	234.59	69.50	31.20	49.73	16.62	93.76
煤费	元		23.16	15.20	6.07		
其他燃料动力费	元						
7. 医疗防疫费	元	110.06	200.00	350.00	52.75	86.17	94.52
8. 死亡损失费	元	127.27	98.90	138.00	80.00	4.27	94.43
9. 技术服务费	元					6.67	
10. 工具材料费	元	13.38	7.90		10.84	1.22	34.00
11. 修理维护费	元	60.70	4.78	10.00	10.49		70.63
12. 其他直接费用	元	81.42	9.20	28.80	4.32		
（二）间接费用	元	1392.18	179.03	352.33	228.06	114.03	236.44
1. 固定资产折旧	元	375.31	59.50	320.40	57.43	111.67	111.11
2. 税金	元						
3. 保险费	元						
4. 管理费	元	348.63	50.72		59.77	0.53	117.33
5. 财务费	元		4.21			0.50	
6. 销售费	元	668.24	64.60	31.93	110.86	1.33	8.00
二、每百只人工成本	元	591.82	295.08	338.08	267.83	135.10	181.36
1. 家庭用工折价	元		223.08	152.10	33.80		
家庭用工天数	日		13.20	9.00	2.00		
劳动日工价	元	16.90	16.90	16.90	16.90	16.90	16.90
2. 雇工费用	元	591.82	72.00	185.98	234.03	135.10	181.36
雇工天数	日	15.36	2.40	16.20	10.75	6.40	10.20
雇工工价	元	38.53	30.00	11.48	21.77	21.11	17.78
三、附记							
1. 仔畜重量	公斤						
2. 精饲料数量	公斤	3330.90	3287.00	4562.00	3704.50	4446.70	4241.30
3. 耗粮数量	公斤	1665.40	2300.90	3193.40	2682.00	3112.70	2247.90

5-2-11-1 2006年大中城市散养奶牛成本收益情况

项　　目	单位	平　均	太　原	呼和浩特	哈尔滨	济　南	青　岛
每头							
主产品产量	公斤	4942.20	5584.40	4569.20	4964.30	5430.90	5064.30
产值合计	元	10213.10	9900.11	8819.16	9146.69	12026.34	9966.52
主产品产值	元	9227.75	8692.26	8041.86	8200.19	11151.51	9102.75
副产品产值	元	985.35	1207.85	777.30	946.50	874.83	863.77
总成本	元	8507.28	7293.52	8675.72	7429.39	9941.91	8273.81
生产成本	元	8472.91	7293.52	8675.72	7429.39	9906.72	8236.05
物质与服务费用	元	7424.43	6275.99	7846.27	6280.19	8557.59	7289.65
人工成本	元	1048.48	1017.53	829.45	1149.20	1349.13	946.40
家庭用工折价	元	1048.31	1015.86	829.45	1149.20	1349.13	946.40
雇工费用	元	0.17	1.67				
土地成本	元	34.37				35.19	37.76
净利润	元	1705.82	2606.59	143.44	1717.30	2084.43	1692.71
成本利润率	%	20.05	35.74	1.65	23.11	20.97	20.46
耗粮数量	公斤	1946.80	1760.70	2149.00	1793.20	2308.00	1924.80
每50公斤主产品							
平均出售价格	元	93.36	77.83	88.00	82.59	102.67	89.87
总成本	元	77.77	57.34	86.57	67.08	84.88	74.61
生产成本	元	77.45	57.34	86.57	67.08	84.57	74.27
净利润	元	15.59	20.49	1.43	15.51	17.79	15.26
耗粮数量	公斤	19.70	15.76	23.52	18.06	21.25	19.00
附：							
每核算单位用工数量	日	62.04	60.17	49.08	68.00	79.83	56.00
平均饲养天数	日	365.00	365.00	365.00	365.00	365.00	365.00

5-2-11-1 续表

项目	单位	南宁	重庆	贵阳	昆明	西安
每头						
主产品产量	公斤	5365.00	5439.80	5072.30	3120.30	4811.80
产值合计	元	14391.25	11151.56	12476.21	5493.08	8760.13
主产品产值	元	13658.50	10350.01	11666.21	4196.55	7217.69
副产品产值	元	732.75	801.55	810.00	1296.53	1542.44
总成本	元	12318.35	8541.76	10021.26	5037.98	7539.13
生产成本	元	12086.60	8541.76	9982.26	5037.98	7539.13
物质与服务费用	元	11174.00	7326.99	8990.74	4142.96	6359.85
人工成本	元	912.60	1214.77	991.52	895.02	1179.28
家庭用工折价	元	912.60	1214.77	991.52	895.02	1179.28
雇工费用	元					
土地成本	元	231.75		39.00		
净利润	元	2072.90	2609.80	2454.95	455.10	1221.00
成本利润率	%	16.83	30.55	24.50	9.03	16.20
耗粮数量	公斤	2496.20	1662.10	2430.80	1237.00	1706.00
每50公斤主产品						
平均出售价格	元	127.29	95.13	115.00	67.25	75.00
总成本	元	108.96	72.87	92.37	61.68	64.55
生产成本	元	106.91	72.87	92.01	61.68	64.55
净利润	元	18.33	22.26	22.63	5.57	10.45
耗粮数量	公斤	23.26	15.28	23.96	19.82	17.73
附:						
每核算单位用工数量	日	54.00	71.88	58.67	52.96	69.78
平均饲养天数	日	365.00	365.00	365.00	365.00	365.00

5-2-11-2 2006年大中城市散养奶牛费用和用工情况

项目	单位	平均	太原	呼和浩特	哈尔滨	济南	青岛
一、每头物质与服务费用	元	7424.43	6275.99	7846.27	6280.19	8557.59	7289.65
(一)直接费用	元	6111.58	4875.54	6511.53	5174.45	7434.77	5836.70
1.仔畜进价	元						
2.精饲料费	元	4452.95	3849.86	5187.18	3565.06	5395.17	4824.88
3.青粗饲料费	元	1129.62	737.22	763.46	1209.42	763.33	574.05
4.饲料加工费	元	36.44	24.45	27.47	54.25	32.53	80.83
5.水费	元	40.27	20.13	19.34	19.17	180.77	
6.燃料动力费	元	116.87	62.97	63.27	47.41	470.00	43.33
电费	元	53.53	32.97	25.22	32.13	209.67	43.33
煤费	元	56.26	30.00		15.28	260.33	
其他燃料动力费	元	7.08		38.05			
7.医疗防疫费	元	159.30	90.75	158.19	81.87	230.00	193.07
8.死亡损失费	元	50.52	21.67	96.19	55.92	53.00	
9.技术服务费	元	27.74		93.33	5.52	125.00	
10.工具材料费	元	25.75	30.50	38.44	18.43	45.30	19.77
11.修理维护费	元	30.01	37.99	24.66	8.58	139.67	10.77
12.其他直接费用	元	42.11		40.00	108.82		90.00
(二)间接费用	元	1312.85	1400.45	1334.74	1105.74	1122.82	1452.95
1.固定资产折旧	元	1205.15	1369.45	1334.74	1076.32	875.98	1028.57
2.税金	元						
3.保险费	元						
4.管理费	元	8.49			12.23	27.67	
5.财务费	元						
6.销售费	元	99.21	31.00		17.19	219.17	424.38
二、每头人工成本	元	1048.48	1017.53	829.45	1149.20	1349.13	946.40
1.家庭用工折价	元	1048.31	1015.86	829.45	1149.20	1349.13	946.40
家庭用工天数	日	62.03	60.11	49.08	68.00	79.83	56.00
劳动日工价	元	16.90	16.90	16.90	16.90	16.90	16.90
2.雇工费用	元	0.17	1.67				
雇工天数	日	0.01	0.06				
雇工工价	元	17.00	27.83	32.20	30.00	30.00	30.00
三、附记							
1.仔畜重量	公斤						
2.精饲料数量	公斤	2767.60	2515.30	3070.10	2561.60	3161.70	2749.70
3.耗粮数量	公斤	1946.80	1760.70	2149.00	1793.20	2308.00	1924.80

5-2-11-2 续表

项　　目	单位	南　宁	重　庆	贵　阳	昆　明	西　安
一、每头物质与服务费用	元	11174.00	7326.99	8990.74	4142.96	6359.85
(一)直接费用	元	9589.25	5607.19	7693.07	3446.36	4946.84
1. 仔畜进价	元					
2. 精饲料费	元	6632.75	3841.17	5556.00	2345.09	3332.36
3. 青粗饲料费	元	2071.25	1382.70	1750.00	815.95	1228.77
4. 饲料加工费	元		22.70	48.33	18.40	55.40
5. 水费	元	49.50	48.75	30.00	17.82	17.19
6. 燃料动力费	元	81.75	124.78	72.67	63.93	138.57
电费	元	49.00	63.26	27.67	18.54	33.50
煤费	元		61.52	45.00	45.39	105.07
其他燃料动力费	元	32.75				
7. 医疗防疫费	元	345.00	119.11	119.73	86.18	169.11
8. 死亡损失费	元	156.25		52.67	69.45	
9. 技术服务费	元	35.00	11.25		7.34	
10. 工具材料费	元	24.25	44.05	24.67	12.11	
11. 修理维护费	元	11.25	12.68	39.00	10.09	5.44
12. 其他直接费用	元	182.25				
(二)间接费用	元	1584.75	1719.80	1297.67	696.60	1413.01
1. 固定资产折旧	元	1410.75	1596.10	1250.00	696.60	1413.01
2. 税金	元					
3. 保险费	元					
4. 管理费	元	45.00				
5. 财务费	元					
6. 销售费	元	129.00	123.70	47.67		
二、每头人工成本	元	912.60	1214.77	991.52	895.02	1179.28
1. 家庭用工折价	元	912.60	1214.77	991.52	895.02	1179.28
家庭用工天数	日	54.00	71.88	58.67	52.96	69.78
劳动日工价	元	16.90	16.90	16.90	16.90	16.90
2. 雇工费用	元					
雇工天数	日					
雇工工价	元	20.00	32.50	20.00	20.00	20.00
三、附记						
1. 仔畜重量	公斤					
2. 精饲料数量	公斤	3566.00	2374.40	3472.50	1767.20	2437.20
3. 耗粮数量	公斤	2496.20	1662.10	2430.80	1237.00	1706.00

5－2－12－1　2006年大中城市小规模奶牛成本收益情况

项　　目	单位	全国平均	天津市辖区	石家庄市	沈阳市	哈尔滨市	福州市
每头							
主产品产量	公斤	5176.10	6010.50	5656.70	6125.00	4960.00	5216.80
产值合计	元	10638.74	11485.38	10237.67	10781.50	9623.75	11051.10
主产品产值	元	9696.30	10619.65	9050.67	9800.00	8474.50	10433.60
副产品产值	元	942.44	865.73	1187.00	981.50	1149.25	617.50
总成本	元	8444.41	9800.29	7503.01	8640.80	7437.07	10618.68
生产成本	元	8406.82	9790.29	7478.01	8640.80	7437.07	10618.68
物质与服务费用	元	7475.09	8826.03	6753.00	7964.15	6410.39	8834.11
人工成本	元	931.73	964.26	725.01	676.65	1026.68	1784.57
家庭用工折价	元	550.94	550.10	725.01	481.65	1026.68	89.57
雇工费用	元	380.79	414.16		195.00		1695.00
土地成本	元	37.59	10.00	25.00			
净利润	元	2194.33	1685.09	2734.66	2140.70	2186.68	432.42
成本利润率	%	25.99	17.19	36.45	24.77	29.40	4.07
耗粮数量	公斤	2100.60	2694.50	1911.90	2147.80	1844.80	1899.50
每50公斤主产品							
平均出售价格	元	93.66	88.34	80.00	80.00	85.43	100.00
总成本	元	74.34	75.38	58.63	64.12	66.02	96.09
生产成本	元	74.01	75.30	58.44	64.12	66.02	96.09
净利润	元	19.32	12.96	21.37	15.88	19.41	3.91
耗粮数量	公斤	20.29	22.41	16.90	17.53	18.60	18.21
附：							
每核算单位用工数量	日	46.83	44.39	42.90	36.00	60.75	61.80
平均饲养天数	日	364.00	365.00	365.00	365.00	365.00	365.00

5-2-12-1 续表

项目	单位	济南市	郑州市	长沙市	南宁市	成都市	昆明市
每头							
主产品产量	公斤	5097.60	5189.80	4375.00	5150.00	5711.00	3444.20
产值合计	元	9787.28	10063.82	10019.73	13473.00	13885.50	6617.38
主产品产值	元	9108.71	8918.19	9187.50	12811.33	12778.50	5476.66
副产品产值	元	678.57	1145.63	832.23	661.67	1107.00	1140.72
总成本	元	7288.12	8820.06	8331.40	11427.76	7633.08	5387.69
生产成本	元	7288.12	8796.94	8321.69	11148.09	7633.08	5321.69
物质与服务费用	元	6510.99	7702.67	7466.21	10240.67	6742.63	4775.31
人工成本	元	777.13	1094.27	855.48	907.42	890.45	546.38
家庭用工折价	元	434.33	516.13	600.29	799.88	289.67	546.38
雇工费用	元	342.80	578.14	255.19	107.54	600.78	
土地成本	元		23.12	9.71	279.67		66.00
净利润	元	2499.16	1243.76	1688.33	2045.24	6252.42	1229.69
成本利润率	%	34.29	14.10	20.26	17.90	81.91	22.82
耗粮数量	公斤	2331.60	1790.20	1849.80	2181.90	3025.30	1429.20
每50公斤主产品							
平均出售价格	元	89.34	85.92	105.00	124.38	111.88	79.51
总成本	元	66.53	75.30	87.31	105.50	61.50	64.73
生产成本	元	66.53	75.10	87.21	102.92	61.50	63.94
净利润	元	22.81	10.62	17.69	18.88	50.38	14.78
耗粮数量	公斤	22.87	17.25	21.14	21.18	26.49	20.75
附：							
每核算单位用工数量	日	42.90	50.84	42.15	52.36	48.71	32.33
平均饲养天数	日	365.00	365.00	365.00	365.00	352.00	365.00

5-2-12-2　2006年大中城市小规模奶牛费用和用工情况

项　　目	单位	平　均	天　津	石家庄	沈　阳	哈尔滨	福　州
一、每头物质与服务费用	元	7475.09	8826.03	6753.00	7964.15	6410.39	8834.11
（一）直接费用	元	6228.73	7586.03	5260.67	6910.65	5217.97	6823.20
1. 仔畜进价	元						
2. 精饲料费	元	4575.19	6330.47	4529.68	4416.50	3593.06	4654.60
3. 青粗饲料费	元	1117.92	849.59	468.67	1835.00	1241.00	1582.60
4. 饲料加工费	元	28.22	27.21	46.33	59.00	56.00	
5. 水费	元	35.11	58.34	19.00	27.50	19.80	112.50
6. 燃料动力费	元	111.65	90.63	57.00	252.50	55.25	167.50
电费	元	69.34	75.63	57.00	85.00	35.25	167.50
煤费	元	40.95			167.50	20.00	
其他燃料动力费	元	1.36	15.00				
7. 医疗防疫费	元	129.37	60.22	52.33	65.00	60.63	230.00
8. 死亡损失费	元	118.07	157.24	48.33	240.50	61.10	50.30
9. 技术服务费	元	37.48		10.00		6.98	
10. 工具材料费	元	15.91	7.08	13.33	8.85	13.90	25.70
11. 修理维护费	元	26.66	5.25	16.00	5.80	8.10	
12. 其他直接费用	元	33.15				102.15	
（二）间接费用	元	1246.36	1240.00	1492.33	1053.50	1192.42	2010.91
1. 固定资产折旧	元	1131.63	1240.00	1339.00	1037.50	1139.78	1753.11
2. 税金	元						
3. 保险费	元						
4. 管理费	元	15.80				28.75	30.00
5. 财务费	元	7.97					
6. 销售费	元	90.96		153.33	16.00	23.89	227.80
二、每头人工成本	元	931.73	964.26	725.01	676.65	1026.68	1784.57
1. 家庭用工折价	元	550.94	550.10	725.01	481.65	1026.68	89.57
家庭用工天数	日	32.60	32.55	42.90	28.50	60.75	5.30
劳动日工价	元	16.90	16.90	16.90	16.90	16.90	16.90
2. 雇工费用	元	380.79	414.16		195.00		1695.00
雇工天数	日	14.23	11.84		7.50		56.50
雇工工价	元	26.76	34.98	19.00	26.00	30.00	30.00
三、附记							
1. 仔畜重量	公斤						
2. 精饲料数量	公斤	2962.60	3849.20	2941.30	3025.00	2635.40	2713.60
3. 耗粮数量	公斤	2100.60	2694.50	1911.90	2147.80	1844.80	1899.50

5－2－12－2 续表

项目	单位	济南	郑州	长沙	南宁	成都	昆明
一、每头物质与服务费用	元	6510.99	7702.67	7466.21	10240.67	6742.63	4775.31
（一）直接费用	元	5578.28	6516.14	6169.54	8660.67	5829.88	3963.15
1. 仔畜进价	元						
2. 精饲料费	元	4158.52	4395.64	5275.48	5798.00	4483.75	2691.42
3. 青粗饲料费	元	615.24	1635.62	268.33	2023.00	791.63	986.45
4. 饲料加工费	元	74.04	37.39				10.50
5. 水费	元	5.05	42.47		51.33	38.75	11.50
6. 燃料动力费	元	172.23	93.39	104.23	84.00	82.50	69.00
电费	元	85.71	58.10	71.37	70.67	48.00	8.50
煤费	元	86.52	35.29	32.86	13.33	34.50	60.50
其他燃料动力费	元						
7. 医疗防疫费	元	134.55	206.42	98.73	296.67	96.00	122.50
8. 死亡损失费	元	266.67	40.84	109.67	191.67	116.00	16.45
9. 技术服务费	元	114.29		178.00	28.00	75.00	
10. 工具材料费	元	25.38	35.75	24.03	21.00		
11. 修理维护费	元	12.31	28.62	111.07	15.00	35.75	55.33
12. 其他直接费用	元				152.00	110.50	
（二）间接费用	元	932.71	1186.53	1296.67	1580.00	912.75	812.16
1. 固定资产折旧	元	750.00	1127.32	1002.36	1386.33	912.75	759.83
2. 税金	元						
3. 保险费	元						
4. 管理费	元		34.02	24.00	57.00		
5. 财务费	元			35.38			52.33
6. 销售费	元	182.71	25.19	234.93	136.67		
二、每头人工成本	元	777.13	1094.27	855.48	907.42	890.45	546.38
1. 家庭用工折价	元	434.33	516.13	600.29	799.88	289.67	546.38
家庭用工天数	日	25.70	30.54	35.52	47.33	17.14	32.33
劳动日工价	元	16.90	16.90	16.90	16.90	16.90	16.90
2. 雇工费用	元	342.80	578.14	255.19	107.54	600.78	
雇工天数	日	17.20	20.30	6.63	5.03	31.57	
雇工工价	元	19.93	28.48	38.49	21.38	19.03	25.00
三、附记							
1. 仔畜重量	公斤						
2. 精饲料数量	公斤	2743.10	2557.40	2642.50	3117.00	4321.80	2041.80
3. 耗粮数量	公斤	2331.60	1790.20	1849.80	2181.90	3025.30	1429.20

5－2－13－1　2006年大中城市中规模奶牛成本收益情况

项　　目	单位	平　均	北　京	天　津	长　春	哈尔滨	上　海	杭　州
每头								
主产品产量	公斤	5692.60	5572.50	5292.00	5824.30	5950.00	7371.40	6300.00
产值合计	元	12857.22	10117.84	11596.00	11289.06	11690.00	18884.58	17049.00
主产品产值	元	11820.24	8475.75	10574.67	10248.41	10710.00	17826.01	15939.00
副产品产值	元	1036.98	1642.09	1021.33	1040.65	980.00	1058.57	1110.00
总成本	元	11047.02	8207.75	11205.03	10962.86	8419.58	17639.69	12245.40
生产成本	元	11019.06	8180.28	11191.13	10922.86	8419.58	17552.52	12243.00
物质与服务费用	元	9749.51	7369.22	10443.31	10302.51	7361.58	15458.76	10913.00
人工成本	元	1269.55	811.06	747.82	620.35	1058.00	2093.76	1330.00
家庭用工折价	元	82.13	25.35	19.77		338.00		
雇工费用	元	1187.42	785.71	728.05	620.35	720.00	2093.76	1330.00
土地成本	元	27.96	27.47	13.90	40.00		87.17	2.40
净利润	元	1810.20	1910.09	390.97	326.20	3270.42	1244.89	4803.60
成本利润率	%	16.39	23.27	3.49	2.98	38.84	7.06	39.23
耗粮数量	公斤	2122.00	1891.20	2428.80	2119.50	2206.60	2481.70	2485.00
每50公斤主产品								
平均出售价格	元	103.82	76.05	99.91	87.98	90.00	120.91	126.50
总成本	元	89.20	61.69	96.54	85.44	64.82	112.94	90.86
生产成本	元	88.98	61.49	96.42	85.13	64.82	112.38	90.84
净利润	元	14.62	14.36	3.37	2.54	25.18	7.97	35.64
耗粮数量	公斤	18.64	16.97	22.95	18.20	18.54	16.83	19.72
附：								
每核算单位用工数量	日	40.20	22.88	24.00	23.75	44.00	56.39	35.00
平均饲养天数	日	365.00	365.00	365.00	365.00	365.00	365.00	365.00

5-2-13-1 续表

项　　目	单位	福　州	郑　州	海　口	重　庆	西　安	兰　州	银　川
每头								
主产品产量	公斤	5311.60	5195.40	3920.00	5234.00	7546.80	5114.80	5370.60
产值合计	元	11577.00	10351.71	15496.21	12335.46	16799.87	9964.22	9992.90
主产品产值	元	10892.40	9225.92	14893.96	11462.46	15330.00	8950.90	9133.67
副产品产值	元	684.60	1125.79	602.25	873.00	1469.87	1013.32	859.23
总成本	元	11063.79	9108.71	15394.02	10114.55	12267.04	8710.38	8271.40
生产成本	元	11063.79	9077.89	15349.02	10072.55	12227.37	8710.38	8236.40
物质与服务费用	元	9644.39	7743.30	12744.38	8287.55	11297.37	7950.27	7228.01
人工成本	元	1419.40	1334.59	2604.64	1785.00	930.00	760.11	1008.39
家庭用工折价	元	76.90	210.24					396.64
雇工费用	元	1342.50	1124.35	2604.64	1785.00	930.00	760.11	611.75
土地成本	元		30.82	45.00	42.00	39.67		35.00
净利润	元	513.21	1243.00	102.19	2220.91	4532.83	1253.84	1721.50
成本利润率	%	4.64	13.65	0.66	21.96	36.95	14.39	20.81
耗粮数量	公斤	1965.30	1782.60	2082.20	1820.00	2564.30	1976.80	1781.70
每50公斤主产品								
平均出售价格	元	102.53	88.79	189.97	109.50	101.57	87.50	85.03
总成本	元	97.98	78.13	188.72	89.79	74.17	76.49	70.38
生产成本	元	97.98	77.86	188.17	89.41	73.93	76.49	70.08
净利润	元	4.55	10.66	1.25	19.71	27.40	11.01	14.65
耗粮数量	公斤	18.50	17.16	26.56	17.39	16.99	19.32	16.59
附:								
每核算单位用工数量	日	49.30	50.84	58.40	51.00	31.00	28.10	47.94
平均饲养天数	日	365.00	365.00	365.00	365.00	365.00	365.00	365.00

5－2－13－2　2006年大中城市中规模奶牛费用和用工情况

项　目	单位	平　均	北　京	天　津	长　春	哈尔滨	上　海	杭　州
一、每头物质与服务费用	元	9749.51	7369.22	10443.31	10302.51	7361.58	15458.76	10913.00
（一）直接费用	元	7954.94	5844.98	7853.47	8277.92	6304.50	13504.58	9828.00
1. 仔畜进价	元							
2. 精饲料费	元	4861.24	4652.28	5051.67	4978.35	4534.08	6264.55	7100.00
3. 青粗饲料费	元	2263.46	777.34	2050.00	2284.56	1212.50	4889.09	1789.00
4. 饲料加工费	元	25.02	16.96	34.33	47.27	53.90		25.00
5. 水费	元	66.20	28.25	38.33		35.60	214.25	85.00
6. 燃料动力费	元	179.29	138.20	286.91	184.53	74.62	383.58	255.00
电费	元	135.38	91.19	151.33	93.96	27.25	355.68	160.00
煤费	元	40.00	37.67	135.58	49.14	47.37	27.90	95.00
其他燃料动力费	元	3.91	9.34		41.43			
7. 医疗防疫费	元	193.18	114.53	144.67	157.40	150.00	371.39	310.00
8. 死亡损失费	元	118.45	61.84	34.23	100.00	77.00	230.94	90.00
9. 技术服务费	元	16.32	3.84			3.40	47.95	45.00
10. 工具材料费	元	52.19	14.64	43.67	165.46	11.20	136.68	40.00
11. 修理维护费	元	90.58	24.60	104.33	200.00	50.20	461.13	37.00
12. 其他直接费用	元	89.01	12.50	65.33	160.35	102.00	505.02	52.00
（二）间接费用	元	1794.57	1524.24	2589.84	2024.59	1057.08	1954.18	1085.00
1. 固定资产折旧	元	1190.70	1210.22	1296.17	1296.50	1005.26	1486.14	1030.00
2. 税金	元							
3. 保险费	元	10.65	35.00				103.39	
4. 管理费	元	315.68	1.25	489.33	405.49	15.40	221.31	
5. 财务费	元	86.28	7.15	604.67	322.60	1.20	119.66	3.00
6. 销售费	元	191.26	270.62	199.67		35.22	23.68	52.00
二、每头人工成本	元	1269.55	811.06	747.82	620.35	1058.00	2093.76	1330.00
1. 家庭用工折价	元	82.13	25.35	19.77		338.00		
家庭用工天数	日	4.86	1.50	1.17		20.00		
劳动日工价	元	16.90	16.90	16.90	16.90	16.90	16.90	16.90
2. 雇工费用	元	1187.42	785.71	728.05	620.35	720.00	2093.76	1330.00
雇工天数	日	35.34	21.38	22.83	23.75	24.00	56.39	35.00
雇工工价	元	33.60	36.75	31.89	26.12	30.00	37.13	38.00
三、附记								
1. 仔畜重量	公斤							
2. 精饲料数量	公斤	3033.70	2701.70	3469.70	3260.70	3152.30	3545.30	3550.00
3. 耗粮数量	公斤	2122.00	1891.20	2428.80	2119.50	2206.60	2481.70	2485.00

5－2－13－2 续表

项　　目	单位	福　州	郑　州	海　口	重　庆	西　安	兰　州	银　川
一、每头物质与服务费用	元	9644.39	7743.30	12744.38	8287.55	11297.37	7950.27	7228.01
（一）直接费用	元	7377.33	6446.29	9184.35	7190.55	9855.31	5592.28	6154.64
1. 仔畜进价	元							
2. 精饲料费	元	4831.53	4452.67	5296.58	3646.69	5260.03	3294.68	3832.97
3. 青粗饲料费	元	1937.15	1499.12	2331.78	2737.50	4134.62	1994.19	1788.17
4. 饲料加工费	元		40.14				90.79	16.93
5. 水费	元	135.70	45.70	130.24	52.30	22.33	49.47	23.38
6. 燃料动力费	元	173.15	92.34	258.51	102.20	280.61	23.60	77.53
电费	元	173.15	51.35	258.51	84.00	212.40	23.60	77.53
煤费	元		40.99		18.20	68.21		
其他燃料动力费	元							
7. 医疗防疫费	元	271.65	216.29	221.92	178.86	157.72	41.53	175.37
8. 死亡损失费	元		46.17	502.69	207.00		47.77	142.23
9. 技术服务费	元			111.97				
10. 工具材料费	元	28.15	27.04	49.36	73.00		20.67	68.61
11. 修理维护费	元		26.82	189.37	41.00		29.58	13.50
12. 其他直接费用	元			91.93	152.00			15.95
（二）间接费用	元	2267.06	1297.01	3560.03	1097.00	1442.06	2357.99	1073.37
1. 固定资产折旧	元	1688.56	1230.05	883.28	782.00	1296.73	1259.77	1014.37
2. 税金	元							
3. 保险费	元							
4. 管理费	元	28.85	48.02	1582.87	286.00	145.33	837.07	42.97
5. 财务费	元				29.00		34.41	
6. 销售费	元	549.65	18.94	1093.88			226.74	16.03
二、每头人工成本	元	1419.40	1334.59	2604.64	1785.00	930.00	760.11	1008.39
1. 家庭用工折价	元	76.90	210.24					396.64
家庭用工天数	日	4.55	12.44					23.47
劳动日工价	元	16.90	16.90	16.90	16.90	16.90	16.90	16.90
2. 雇工费用	元	1342.50	1124.35	2604.64	1785.00	930.00	760.11	611.75
雇工天数	日	44.75	38.40	58.40	51.00	31.00	28.10	24.47
雇工工价	元	30.00	29.28	44.60	35.00	30.00	27.05	25.00
三、附记								
1. 仔畜重量	公斤							
2. 精饲料数量	公斤	2807.60	2546.60	2974.60	2600.00	3419.00	2864.90	2545.20
3. 耗粮数量	公斤	1965.30	1782.60	2082.20	1820.00	2564.30	1976.80	1781.70

5－2－14－1 2006年大中城市大规模奶牛成本收益情况

项目	单位	平均	天津	大连	南京	杭州	宁波	合肥
每头								
主产品产量	公斤	6411.40	7621.60	5400.00	6465.30	6467.00	6707.20	6501.20
产值合计	元	15095.50	17521.89	11206.17	17186.00	17406.18	18165.00	14152.92
主产品产值	元	14013.86	15822.37	10267.75	16173.67	16426.18	17304.00	13133.72
副产品产值	元	1081.64	1699.52	938.42	1012.33	980.00	861.00	1019.20
总成本	元	12536.83	15995.25	10054.31	15341.01	14006.30	14705.20	10434.58
生产成本	元	12517.27	15995.25	10054.31	15322.18	13971.30	14705.20	10434.58
物质与服务费用	元	11239.96	15049.31	8773.61	13413.00	12755.30	13029.00	9148.33
人工成本	元	1277.31	945.94	1280.70	1909.18	1216.00	1676.20	1286.25
家庭用工折价	元							
雇工费用	元	1277.31	945.94	1280.70	1909.18	1216.00	1676.20	1286.25
土地成本	元	19.56			18.83	35.00		
净利润	元	2558.67	1526.64	1151.86	1844.99	3399.88	3459.80	3718.34
成本利润率	%	20.41	9.54	11.46	12.03	24.27	23.53	35.63
耗粮数量	公斤	2262.70	2675.60	1857.20	2157.60	2478.00	2235.80	1827.80
每50公斤主产品								
平均出售价格	元	109.29	103.80	95.07	125.08	127.00	129.00	101.01
总成本	元	90.77	94.76	85.30	111.65	102.19	104.43	74.47
生产成本	元	90.62	94.76	85.30	111.52	101.94	104.43	74.47
净利润	元	18.52	9.04	9.77	13.43	24.81	24.57	26.54
耗粮数量	公斤	17.65	17.55	17.20	16.69	19.16	16.67	14.06
附：								
每核算单位用工数量	日	35.55	27.83	42.69	45.50	32.00	34.00	36.75
平均饲养天数	日	365.00	365.00	365.00	365.00	365.00	365.00	365.00

5－2－14－1 续表

项目	单位	济南	郑州	武汉	广州	兰州	西宁	乌鲁木齐
每头								
主产品产量	公斤	6239.90	5846.30	6300.00	6000.00	7776.40	4430.00	7593.90
产值合计	元	13763.29	11891.70	14760.00	19250.00	15353.66	8794.00	16790.62
主产品产值	元	12412.84	10640.50	13860.00	18000.00	14217.94	7974.00	15947.19
副产品产值	元	1350.45	1251.20	900.00	1250.00	1135.72	820.00	843.43
总成本	元	13416.85	10270.28	14141.08	12620.00	12069.56	8319.48	11605.79
生产成本	元	13416.85	10225.78	14024.08	12581.00	12069.56	8319.48	11605.79
物质与服务费用	元	12831.27	9026.15	11514.00	11216.00	11400.06	6915.18	11048.29
人工成本	元	585.58	1199.63	2510.08	1365.00	669.50	1404.30	557.50
家庭用工折价	元							
雇工费用	元	585.58	1199.63	2510.08	1365.00	669.50	1404.30	557.50
土地成本	元		44.50	117.00	39.00			
净利润	元	346.44	1621.42	618.92	6630.00	3284.10	474.52	5184.83
成本利润率	%	2.58	15.79	4.38	52.54	27.21	5.70	44.67
耗粮数量	公斤	1786.20	2046.40	3175.20	2678.40	2529.50	1416.80	2550.70
每50公斤主产品								
平均出售价格	元	99.46	91.00	110.00	150.00	91.42	90.00	105.00
总成本	元	96.96	78.59	105.39	98.34	71.87	85.14	72.58
生产成本	元	96.96	78.25	104.52	98.03	71.87	85.14	72.58
净利润	元	2.50	12.41	4.61	51.66	19.55	4.86	32.42
耗粮数量	公斤	14.31	17.50	25.20	22.32	16.26	15.99	16.79
附：								
每核算单位用工数量	日	15.10	45.70	64.00	35.00	21.20	40.10	22.30
平均饲养天数	日	365.00	365.00	365.00	365.00	365.00	365.00	365.00

5－2－14－2　2006年大中城市大规模奶牛费用和用工情况

项　　目	单位	平　均	天　津	大　连	南　京	杭　州	宁　波	合　肥
一、每头物质与服务费用	元	11239.96	15049.31	8773.61	13413.00	12755.30	13029.00	9148.33
（一）直接费用	元	9046.86	10518.69	6743.66	10893.34	11663.00	10932.00	6987.81
1. 仔畜进价	元							
2. 精饲料费	元	5165.14	5949.23	3870.97	4977.67	7056.00	5185.00	4552.00
3. 青粗饲料费	元	2778.40	3192.60	2112.91	4035.33	3500.00	3603.00	1632.00
4. 饲料加工费	元	48.63	43.44	60.00	30.67	13.00	58.00	
5. 水费	元	63.93	108.26	70.00	151.67	71.00	147.00	
6. 燃料动力费	元	282.55	358.70	327.10	481.17	496.00	491.00	272.86
电费	元	210.94	240.50	161.29	367.67	349.00	485.00	213.37
煤费	元	44.08	66.20	165.81	27.33	12.00	6.00	59.49
其他燃料动力费	元	27.53	52.00		86.17	135.00		
7. 医疗防疫费	元	228.90	208.69	82.26	404.33	279.00	712.00	215.40
8. 死亡损失费	元	130.87	63.96	103.00	239.67	85.00	426.00	167.70
9. 技术服务费	元	21.35	15.67			12.00		
10. 工具材料费	元	91.98	126.20	67.42	270.83	25.00	27.00	97.68
11. 修理维护费	元	86.79	59.24	50.00	80.33	37.00	178.00	50.17
12. 其他直接费用	元	148.32	392.70		221.67	89.00	105.00	
（二）间接费用	元	2193.10	4530.62	2029.95	2519.66	1092.30	2097.00	2160.52
1. 固定资产折旧	元	1479.12	1935.08	1272.81	1792.00	1045.00	1350.00	1479.52
2. 税金	元							
3. 保险费	元	23.26			302.33			
4. 管理费	元	536.65	2055.05	394.70	425.33		745.00	681.00
5. 财务费	元	49.67	257.05			2.30	2.00	
6. 销售费	元	104.40	283.44	362.44		45.00		
二、每头人工成本	元	1277.31	945.94	1280.70	1909.18	1216.00	1676.20	1286.25
1. 家庭用工折价	元							
家庭用工天数	日							
劳动日工价	元	16.90	16.90	16.90	16.90	16.90	16.90	16.90
2. 雇工费用	元	1277.31	945.94	1280.70	1909.18	1216.00	1676.20	1286.25
雇工天数	日	35.55	27.83	42.69	45.50	32.00	34.00	36.75
雇工工价	元	35.93	33.99	30.00	41.96	38.00	49.30	35.00
三、附记								
1. 仔畜重量	公斤							
2. 精饲料数量	公斤	3217.70	3822.30	2653.10	3082.30	3540.00	3194.00	2611.10
3. 耗粮数量	公斤	2262.70	2675.60	1857.20	2157.60	2478.00	2235.80	1827.80

5-2-14-2 续表 1

项目	单位	济南	郑州	武汉	广州	兰州	西宁	乌鲁木齐
一、每头物质与服务费用	元	12831.27	9026.15	11514.00	11216.00	11400.06	6915.18	11048.29
(一)直接费用	元	10029.93	7736.30	9921.00	9503.00	8588.76	4803.11	9288.75
1. 仔畜进价	元							
2. 精饲料费	元	5233.71	5244.90	5318.00	7000.00	5197.59	2715.47	4846.26
3. 青粗饲料费	元	3232.07	1887.55	3460.00	1650.00	2644.28	1600.59	3568.89
4. 饲料加工费	元		46.00	275.00	35.00	36.06		35.00
5. 水费	元	23.40	49.05	35.00	40.00	42.86	67.89	25.00
6. 燃料动力费	元	195.87	155.85	255.00	305.00	28.57	210.57	95.50
电费	元	172.02	96.40	243.00	265.00	28.57	104.88	15.50
煤费	元	23.85	59.45				72.92	80.00
其他燃料动力费	元			12.00	40.00		32.77	
7. 医疗防疫费	元	235.98	237.95	110.00	250.00	66.48	74.39	99.26
8. 死亡损失费	元	206.87	50.00	50.00	150.00	100.40	28.73	30.00
9. 技术服务费	元			60.00	3.00	186.92		
10. 工具材料费	元	341.89	35.30	126.00	30.00	5.48	14.99	28.00
11. 修理维护费	元	329.76	29.70	105.00	40.00	109.06		60.00
12. 其他直接费用	元	230.38		127.00		171.06	90.48	500.84
(二)间接费用	元	2801.34	1289.85	1593.00	1713.00	2811.30	2112.07	1759.54
1. 固定资产折旧	元	2597.40	1201.25	1242.00	1550.00	1353.26	1149.30	1260.94
2. 税金	元							
3. 保险费	元							
4. 管理费	元	164.47	50.90	162.00	150.00	938.52	809.47	400.00
5. 财务费	元			189.00	7.00	54.56	35.14	98.60
6. 销售费	元	39.47	37.70		6.00	464.96	118.16	
二、每头人工成本	元	585.58	1199.63	2510.08	1365.00	669.50	1404.30	557.50
1. 家庭用工折价	元							
家庭用工天数	日							
劳动日工价	元	16.90	16.90	16.90	16.90	16.90	16.90	16.90
2. 雇工费用	元	585.58	1199.63	2510.08	1365.00	669.50	1404.30	557.50
雇工天数	日	15.10	45.70	64.00	35.00	21.20	40.10	22.30
雇工工价	元	38.78	26.25	39.22	39.00	31.58	35.02	25.00
三、附记								
1. 仔畜重量	公斤							
2. 精饲料数量	公斤	2666.00	2923.50	3969.00	3348.00	4015.10	2361.30	3643.90
3. 耗粮数量	公斤	1786.20	2046.40	3175.20	2678.40	2529.50	1416.80	2550.70

六、各地区水产品

（一）省、自治区、直辖市

6-1-1-1 2006年各地区淡水鱼一般户精养成本收益情况

项 目	单位	平 均	黑龙江	上 海	江 苏	浙 江	安 徽	福 建
每亩								
主产品产量	公斤	884.80	458.40	964.10	568.80	2115.30	318.20	791.40
产值合计	元	7636.32	3628.10	9247.76	3045.78	30943.00	2127.48	4958.32
主产品产值	元	7097.90	3591.27	6753.24	3045.78	27143.33	2121.85	4958.32
副产品产值	元	538.42	36.83	2494.52		3799.67	5.63	
总成本	元	5763.96	2957.64	7428.96	3046.11	18966.36	1960.19	3727.94
生产成本	元	5478.47	2919.86	7067.51	2794.44	18683.03	1782.27	3340.90
物质与服务费用	元	4402.23	2537.74	6603.70	2345.27	12679.11	1236.90	2631.71
人工成本	元	1076.24	382.12	463.81	449.17	6003.92	545.37	709.19
家庭用工折价	元	993.50	316.16	463.81	422.33	6003.92	519.74	552.21
雇工费用	元	82.74	65.96		26.84		25.63	156.98
土地成本	元	285.49	37.78	361.45	251.67	283.33	177.92	387.04
净利润	元	1872.36	670.46	1818.80	-0.33	11976.64	167.29	1230.38
成本利润率	%	32.48	22.67	24.48		63.15	8.53	33.00
耗粮数量	公斤	828.90	511.30	1477.50	303.70	2774.80	124.70	577.90
每50公斤主产品								
平均出售价格	元	401.10	391.72	350.24	267.74	641.60	333.41	313.26
总成本	元	302.75	319.33	281.36	267.77	393.27	307.19	235.53
生产成本	元	287.76	315.25	267.67	245.65	387.39	279.31	211.07
净利润	元	98.35	72.39	68.88	-0.03	248.33	26.22	77.73
耗粮数量	公斤	46.84	55.77	76.63	26.70	65.59	19.59	36.51
附:								
每核算单位用工数量	日	44.98	16.10	19.57	18.59	253.33	22.81	30.80
平均饲养天数	日	292.00	142.00	365.00	343.00	365.00	302.00	360.00

6-1-1-1 续表

项　　目	单位	湖　北	湖　南	广　东	重　庆	云　南	陕　西
每亩							
主产品产量	公斤	745.60	585.50	968.70	572.00	1292.80	1237.00
产值合计	元	4633.59	4287.64	6794.86	5161.01	9270.22	7538.00
主产品产值	元	4525.26	4271.60	6794.86	5161.01	9270.22	7538.00
副产品产值	元	108.33	16.04				
总成本	元	4208.63	3218.82	6059.55	4151.69	7618.25	5824.60
生产成本	元	3990.57	3123.17	5213.80	4142.85	7109.38	5575.10
物质与服务费用	元	3526.94	2540.29	4654.51	3344.34	6622.91	4103.35
人工成本	元	463.63	582.88	559.29	798.51	486.47	1471.75
家庭用工折价	元	443.43	506.71	389.63	733.52	169.93	1401.86
雇工费用	元	20.20	76.17	169.66	64.99	316.54	69.89
土地成本	元	218.06	95.65	845.75	8.84	508.87	249.50
净利润	元	424.96	1068.82	735.31	1009.32	1651.97	1713.40
成本利润率	%	10.10	33.21	12.13	24.31	21.68	29.42
耗粮数量	公斤	611.90	379.10	1105.80	404.60	902.10	773.80
每50公斤主产品							
平均出售价格	元	303.46	364.78	350.72	451.14	358.53	304.69
总成本	元	275.63	273.85	312.77	362.91	294.64	235.43
生产成本	元	261.35	265.71	269.11	362.14	274.96	225.35
净利润	元	27.83	90.93	37.95	88.23	63.89	69.26
耗粮数量	公斤	41.03	32.37	57.08	35.37	34.89	31.28
附：							
每核算单位用工数量	日	19.24	23.72	19.21	33.12	21.17	62.10
平均饲养天数	日	292.00	303.00	250.00	251.00	325.00	209.00

6-1-1-2 2006年各地区淡水鱼一般户精养费用和用工情况

项　目	单位	平　均	黑龙江	上　海	江　苏	浙　江	安　徽	福　建
一、每亩物质与服务费用	元	4402.23	2537.74	6603.70	2345.27	12679.11	1236.90	2631.71
（一）直接费用	元	4283.10	2490.17	6574.79	2270.64	11889.11	1187.54	2608.03
1. 仔畜进价	元	1313.48	773.15	2587.65	779.62	4094.00	421.21	619.08
2. 精饲料费	元	2347.85	1481.35	3395.36	1152.13	5163.67	246.49	1735.93
3. 青粗饲料费	元	166.20	14.23	177.25	111.63	704.00	276.87	
4. 饲料加工费	元	28.07	6.94			322.67	7.21	
5. 水费	元	7.63	30.12		8.42			
6. 燃料动力费	元	138.07	80.05	188.01	40.97	175.56	73.07	191.85
电费	元	131.51	53.74	188.01	40.97	175.56	62.13	191.85
煤费	元	1.33	15.52					
其他燃料动力费	元	5.23	10.79				10.94	
7. 医疗防疫费	元	83.12	44.73	77.77	75.28	145.33	49.39	14.26
8. 死亡损失费	元	96.14	31.54	84.95	54.16	739.00	50.34	
9. 技术服务费	元	8.87	2.61	6.66		83.33	5.42	
10. 工具材料费	元	35.78	11.05	18.35	15.35	168.33	47.41	36.13
11. 修理维护费	元	33.24	8.45	29.93	29.17	209.33	5.30	10.78
12. 其他直接费用	元	24.65	5.95	8.86	3.91	83.89	4.83	
（二）间接费用	元	119.13	47.57	28.91	74.63	790.00	49.36	23.68
1. 固定资产折旧	元	92.17	37.72	11.09	30.54	726.67	36.68	23.68
2. 税金	元							
3. 保险费	元							
4. 管理费	元	8.19	3.46	14.42	35.75			
5. 财务费	元	7.91	2.42			30.00		
6. 销售费	元	10.86	3.97	3.40	8.34	33.33	12.68	
二、每亩人工成本	元	1076.24	382.12	463.81	449.17	6003.92	545.37	709.19
1. 家庭用工折价	元	993.50	316.16	463.81	422.33	6003.92	519.74	552.21
家庭用工天数	日	41.92	13.34	19.57	17.82	253.33	21.93	23.30
劳动日工价	元	23.70	23.70	23.70	23.70	23.70	23.70	23.70
2. 雇工费用	元	82.74	65.96		26.84		25.63	156.98
雇工天数	日	3.06	2.76		0.77		0.88	7.50
雇工工价	元	27.04	23.90	41.23	34.86	32.00	29.13	20.93
三、附记								
1. 仔畜重量	公斤	185.70	98.70	389.70	148.40	671.00	33.80	64.70
2. 精饲料数量	公斤	1235.70	746.30	2110.70	567.00	3964.00	178.10	760.40
3. 耗粮数量	公斤	828.90	511.30	1477.50	303.70	2774.80	124.70	577.90

6-1-1-2 续表

项　　目	单 位	湖 北	湖 南	广 东	重 庆	云 南	陕 西
一、每亩物质与服务费用	元	3526.94	2540.29	4654.51	3344.34	6622.91	4103.35
(一)直接费用	元	3456.87	2443.66	4597.42	3259.88	6552.91	4066.20
1. 仔畜进价	元	842.29	658.96	1284.95	723.47	2332.47	644.95
2. 精饲料费	元	2183.67	1381.16	2761.41	2152.62	3616.02	2904.38
3. 青粗饲料费	元	122.29	108.35	169.99	77.39	163.73	68.68
4. 饲料加工费	元						
5. 水费	元		5.00			29.84	18.15
6. 燃料动力费	元	110.76	60.66	208.21	101.35	159.71	266.67
电费	元	110.76	59.97	197.02	101.35	146.02	250.77
煤费	元		0.39				
其他燃料动力费	元		0.30	11.19		13.69	15.90
7. 医疗防疫费	元	84.53	76.17	77.95	46.70	244.79	60.55
8. 死亡损失费	元	27.55	33.04	32.72	47.33		53.08
9. 技术服务费	元		7.38	0.43			0.60
10. 工具材料费	元	25.69	15.93	20.72	39.62	6.35	24.42
11. 修理维护费	元	14.23	19.98	23.85	23.16		24.72
12. 其他直接费用	元	45.86	77.03	17.19	48.24		
(二)间接费用	元	70.07	96.63	57.09	84.46	70.00	37.15
1. 固定资产折旧	元	36.59	26.57	55.80	49.11	42.25	29.35
2. 税金	元						
3. 保险费	元						
4. 管理费	元		44.64				
5. 财务费	元	12.33	5.42		18.48	21.08	5.20
6. 销售费	元	21.15	20.00	1.29	16.87	6.67	2.60
二、每亩人工成本	元	463.63	582.88	559.29	798.51	486.47	1471.75
1. 家庭用工折价	元	443.43	506.71	389.63	733.52	169.93	1401.86
家庭用工天数	日	18.71	21.38	16.44	30.95	7.17	59.15
劳动日工价	元	23.70	23.70	23.70	23.70	23.70	23.70
2. 雇工费用	元	20.20	76.17	169.66	64.99	316.54	69.89
雇工天数	日	0.53	2.34	2.77	2.17	14.00	2.95
雇工工价	元	38.11	32.55	61.25	29.95	22.61	23.69
三、附记							
1. 仔畜重量	公斤	118.30	94.60	154.00	53.40	306.40	95.40
2. 精饲料数量	公斤	932.30	541.50	1548.60	702.10	1671.80	1105.40
3. 耗粮数量	公斤	611.90	379.10	1105.80	404.60	902.10	773.80

6－1－2－1 2006年各地区淡水鱼规模户精养成本收益情况

项　　目	单位	平　均	北　京	天　津	黑龙江	上　海	江　苏
每亩							
主产品产量	公斤	777.30	1241.70	1022.00	447.10	1136.30	504.00
产值合计	元	6130.68	7908.83	6062.02	3343.00	11691.90	2835.50
主产品产值	元	5601.88	7908.83	6062.02	3305.18	8283.23	2815.50
副产品产值	元	528.80			37.82	3408.67	20.00
总成本	元	4964.63	7254.10	4570.45	2777.35	9695.03	2409.34
生产成本	元	4713.32	7195.76	4368.88	2739.35	9238.36	2144.34
物质与服务费用	元	4258.92	6946.88	4042.92	2417.77	8951.80	1815.04
人工成本	元	454.40	248.88	325.96	321.58	286.56	329.30
家庭用工折价	元	200.50	39.58	230.36	235.34	86.98	94.80
雇工费用	元	253.90	209.30	95.60	86.24	199.58	234.50
土地成本	元	251.31	58.34	201.57	38.00	456.67	265.00
净利润	元	1166.05	654.73	1491.57	565.65	1996.87	426.16
成本利润率	%	23.49	9.03	32.64	20.37	20.60	17.69
耗粮数量	公斤	871.50	1555.20	781.50	540.20	1672.80	165.70
每50公斤主产品							
平均出售价格	元	360.34	318.47	296.58	369.62	364.48	279.32
总成本	元	291.80	292.11	223.61	307.08	302.23	237.34
生产成本	元	277.03	289.76	213.74	302.88	287.99	211.24
净利润	元	68.54	26.36	72.97	62.54	62.25	41.98
耗粮数量	公斤	56.06	62.62	38.23	60.41	73.61	16.44
附：							
每核算单位用工数量	日	16.27	9.61	12.20	13.46	9.20	10.70
平均饲养天数	日	277.00	209.00	221.00	159.00	365.00	360.00

6－1－2－1 续表

项　　目	单位	浙　江	安　徽	湖　北	湖　南	广　东	陕　西
每亩							
主产品产量	公斤	587.00	642.70	500.30	310.10	1316.10	842.50
产值合计	元	8045.81	4336.19	2677.76	1984.64	13496.81	5055.00
主产品产值	元	5730.75	4336.19	2677.76	1984.64	13461.61	5055.00
副产品产值	元	2315.06				35.20	
总成本	元	5666.22	3397.76	2320.34	1438.93	10247.85	4832.15
生产成本	元	5407.88	3265.00	2186.78	1255.60	9501.05	4542.15
物质与服务费用	元	4954.23	2582.94	1756.59	966.68	8970.31	3443.00
人工成本	元	453.65	682.06	430.19	288.92	530.74	1099.15
家庭用工折价	元	100.73	120.40	307.86	197.42	91.72	699.15
雇工费用	元	352.92	561.66	122.33	91.50	439.02	400.00
土地成本	元	258.34	132.76	133.56	183.33	746.80	290.00
净利润	元	2379.59	938.43	357.42	545.71	3248.96	222.85
成本利润率	%	42.00	27.62	15.40	37.92	31.70	4.61
耗粮数量	公斤	571.90	572.20	328.60	102.00	2542.10	754.30
每50公斤主产品							
平均出售价格	元	488.14	337.34	267.62	320.00	511.42	300.00
总成本	元	343.77	264.33	231.90	232.01	388.31	286.77
生产成本	元	328.10	254.01	218.55	202.45	360.01	269.56
净利润	元	144.37	73.01	35.72	87.99	123.11	13.23
耗粮数量	公斤	48.71	44.52	32.84	16.45	96.58	44.77
附：							
每核算单位用工数量	日	12.17	22.61	16.21	10.16	13.07	49.50
平均饲养天数	日	275.00	210.00	298.00	300.00	302.00	349.00

6－1－2－2　2006年各地区淡水鱼规模户精养费用和用工情况

项　　目	单位	平　均	北　京	天　津	黑龙江	上　海	江　苏
一、每亩物质与服务费用	元	4258.92	6946.88	4042.92	2417.77	8951.80	1815.04
（一）直接费用	元	4186.44	6828.36	3939.19	2356.30	8912.16	1735.94
1. 仔畜进价	元	972.05	945.84	716.75	710.00	4256.07	486.50
2. 精饲料费	元	2735.44	5087.67	2672.10	1418.30	3902.70	1137.50
3. 青粗饲料费	元	71.39		95.98	14.89	150.17	12.50
4. 饲料加工费	元	5.03	36.17	6.00	9.03		
5. 水费	元	9.28		43.15	27.12		
6. 燃料动力费	元	219.15	604.17	218.02	78.84	239.42	27.07
电费	元	213.15	580.00	218.02	52.80	239.42	18.62
煤费	元	3.76	24.17		12.24		5.00
其他燃料动力费	元	2.24			13.80		3.45
7. 医疗防疫费	元	77.64	102.17	92.94	43.59	114.60	20.73
8. 死亡损失费	元	46.41	30.17	32.92	29.01	219.38	35.00
9. 技术服务费	元	2.14		5.45	3.15		
10. 工具材料费	元	18.00		15.35	7.35	14.80	4.90
11. 修理维护费	元	15.18	17.17	26.42	8.54	15.02	11.74
12. 其他直接费用	元	14.73	5.00	14.11	6.48		
（二）间接费用	元	72.48	118.52	103.73	61.47	39.64	79.10
1. 固定资产折旧	元	41.94	98.34	50.32	37.06	19.77	79.10
2. 税金	元						
3. 保险费	元	0.31			1.13		
4. 管理费	元	5.50	12.34	0.60	3.24		
5. 财务费	元	9.30		25.60	6.50		
6. 销售费	元	15.43	7.84	27.21	13.54	19.87	
二、每亩人工成本	元	454.40	248.88	325.96	321.58	286.56	329.30
1. 家庭用工折价	元	200.50	39.58	230.36	235.34	86.98	94.80
家庭用工天数	日	8.46	1.67	9.72	9.93	3.67	4.00
劳动日工价	元	23.70	23.70	23.70	23.70	23.70	23.70
2. 雇工费用	元	253.90	209.30	95.60	86.24	199.58	234.50
雇工天数	日	7.81	7.94	2.48	3.53	5.53	6.70
雇工工价	元	32.51	26.36	38.55	24.43	36.09	35.00
三、附记							
1. 仔畜重量	公斤	151.10	195.20	110.50	96.20	570.70	71.50
2. 精饲料数量	公斤	1261.00	2221.70	1116.40	748.90	2389.70	552.30
3. 耗粮数量	公斤	871.50	1555.20	781.50	540.20	1672.80	165.70

6－1－2－2 续表

项　　目	单位	浙　江	安　徽	湖　北	湖　南	广　东	陕　西
一、每亩物质与服务费用	元	4954.23	2582.94	1756.59	966.68	8970.31	3443.00
（一）直接费用	元	4921.75	2502.53	1669.81	931.35	8887.03	3366.50
1. 仔畜进价	元	656.48	519.17	507.47	594.77	1072.04	227.50
2. 精饲料费	元	3829.81	1676.69	868.69	228.33	6793.06	2475.00
3. 青粗饲料费	元	13.42	11.67	45.46	39.40	324.27	77.50
4. 饲料加工费	元		4.17				
5. 水费	元	1.34				5.42	25.00
6. 燃料动力费	元	297.34	102.39	74.84	23.31	310.27	435.00
电费	元	290.00	102.39	74.84	23.31	310.27	435.00
煤费	元						
其他燃料动力费	元	7.34					
7. 医疗防疫费	元	55.95	70.73	60.88	32.87	207.12	52.50
8. 死亡损失费	元	13.44	55.99	9.68	12.67	51.29	21.00
9. 技术服务费	元		8.88			0.60	5.50
10. 工具材料费	元	15.17	18.38	11.61		98.91	11.50
11. 修理维护费	元	27.90	15.40	17.43		22.33	5.00
12. 其他直接费用	元	10.90	19.06	73.75		1.72	31.00
（二）间接费用	元	32.48	80.41	86.78	35.33	83.28	76.50
1. 固定资产折旧	元	21.64	33.47	31.99	9.00	51.70	29.00
2. 税金	元						
3. 保险费	元					2.23	
4. 管理费	元		27.22			17.12	
5. 财务费	元		4.17	21.75	12.33	6.93	25.00
6. 销售费	元	10.84	15.55	33.04	14.00	5.30	22.50
二、每亩人工成本	元	453.65	682.06	430.19	288.92	530.74	1099.15
1. 家庭用工折价	元	100.73	120.40	307.86	197.42	91.72	699.15
家庭用工天数	日	4.25	5.08	12.99	8.33	3.87	29.50
劳动日工价	元	23.70	23.70	23.70	23.70	23.70	23.70
2. 雇工费用	元	352.92	561.66	122.33	91.50	439.02	400.00
雇工天数	日	7.92	17.53	3.22	1.83	9.20	20.00
雇工工价	元	44.56	32.04	37.99	50.00	47.72	20.00
三、附记							
1. 仔畜重量	公斤	110.90	103.20	69.50	169.90	142.30	22.10
2. 精饲料数量	公斤	817.00	817.40	440.00	145.70	3544.60	1077.50
3. 耗粮数量	公斤	571.90	572.20	328.60	102.00	2542.10	754.30

（二）大中城市

6-2-1-1 2006年大中城市淡水鱼一般户精养成本收益情况

项　　目	单位	平　均	哈尔滨	上　海	南　京	杭　州	厦　门
每亩							
主产品产量	公斤	972.50	493.30	964.10	608.20	2115.30	791.40
产值合计	元	8356.62	4043.97	9247.76	3449.02	30943.00	4958.32
主产品产值	元	7766.36	4007.80	6753.24	3449.02	27143.33	4958.32
副产品产值	元	590.26	36.17	2494.52		3799.67	
总成本	元	6231.02	3268.46	7428.96	3460.76	18966.36	3727.94
生产成本	元	5925.23	3232.62	7067.51	3210.76	18683.03	3340.90
物质与服务费用	元	4841.10	2833.67	6603.70	2803.12	12679.11	2631.71
人工成本	元	1084.13	398.95	463.81	407.64	6003.92	709.19
家庭用工折价	元	998.48	351.71	463.81	407.64	6003.92	552.21
雇工费用	元	85.65	47.24				156.98
土地成本	元	305.79	35.84	361.45	250.00	283.33	387.04
净利润	元	2125.60	775.51	1818.80	-11.74	11976.64	1230.38
成本利润率	%	34.11	23.73	24.48	-0.33	63.15	33.00
耗粮数量	公斤	898.10	439.20	1477.50	248.60	2774.80	577.90
每50公斤主产品							
平均出售价格	元	399.30	406.22	350.24	283.54	641.60	313.26
总成本	元	297.73	328.32	281.36	284.51	393.27	235.53
生产成本	元	283.12	324.72	267.67	263.95	387.39	211.07
净利润	元	101.57	77.90	68.88	-0.97	248.33	77.73
耗粮数量	公斤	46.17	44.52	76.63	20.44	65.59	36.51
附：							
每核算单位用工数量	日	45.24	16.54	19.57	17.20	253.33	30.80
平均饲养天数	日	284.00	130.00	365.00	360.00	365.00	360.00

6－2－1－1 续表

项　　目	单位	武 汉	长 沙	广 州	重 庆	昆 明	西 安
每亩							
主产品产量	公斤	813.30	637.50	915.60	572.00	1292.80	1494.00
产值合计	元	5136.56	5377.67	5335.32	5161.01	9270.22	9000.00
主产品产值	元	4974.06	5377.67	5335.32	5161.01	9270.22	9000.00
副产品产值	元	162.50					
总成本	元	4947.85	5133.69	4797.75	4151.69	7618.25	5039.42
生产成本	元	4620.77	4838.82	4105.39	4142.85	7109.38	4825.42
物质与服务费用	元	4212.69	4394.54	3567.26	3344.34	6622.91	3558.66
人工成本	元	408.08	444.28	538.13	798.51	486.47	1266.76
家庭用工折价	元	377.78	383.94	335.12	733.52	169.93	1203.96
雇工费用	元	30.30	60.34	203.01	64.99	316.54	62.80
土地成本	元	327.08	294.87	692.36	8.84	508.87	214.00
净利润	元	188.71	243.98	537.57	1009.32	1651.97	3960.58
成本利润率	%	3.81	4.75	11.20	24.31	21.68	78.59
耗粮数量	公斤	793.70	720.70	788.20	404.60	902.10	751.20
每50公斤主产品							
平均出售价格	元	305.79	421.78	291.36	451.14	358.53	301.20
总成本	元	294.56	402.64	262.00	362.91	294.64	168.65
生产成本	元	275.08	379.52	224.19	362.14	274.96	161.49
净利润	元	11.23	19.14	29.36	88.23	63.89	132.55
耗粮数量	公斤	48.80	56.53	43.04	35.37	34.89	25.14
附:							
每核算单位用工数量	日	16.73	17.71	17.56	33.12	21.17	53.94
平均饲养天数	日	315.00	325.00	120.00	251.00	325.00	205.00

6-2-1-2 2006年大中城市淡水鱼一般户精养费用和用工情况

项目	单位	平均	哈尔滨	上海	南京	杭州	厦门
一、物质与服务费用	元	4841.10	2833.67	6603.70	2803.12	12679.11	2631.71
(一)直接费用	元	4723.69	2801.28	6574.79	2768.32	11889.11	2608.03
1. 仔畜进价	元	1429.25	875.59	2587.65	1043.88	4094.00	619.08
2. 精饲料费	元	2667.76	1684.97	3395.36	1361.64	5163.67	1735.93
3. 青粗饲料费	元	141.62	10.55	177.25	130.00	704.00	
4. 饲料加工费	元	29.90	6.20			322.67	
5. 水费	元	8.38	38.51				
6. 燃料动力费	元	155.25	67.31	188.01	65.00	175.56	191.85
电费	元	150.07	55.84	188.01	65.00	175.56	191.85
煤费	元	1.04	11.47				
其他燃料动力费	元	4.14					
7. 医疗防疫费	元	100.49	45.75	77.77	64.80	145.33	14.26
8. 死亡损失费	元	93.47	39.00	84.95	35.00	739.00	
9. 技术服务费	元	8.44	1.64	6.66		83.33	
10. 工具材料费	元	32.72	20.50	18.35	18.00	168.33	36.13
11. 修理维护费	元	36.94	11.26	29.93	50.00	209.33	10.78
12. 其他直接费用	元	19.47		8.86		83.89	
(二)间接费用	元	117.41	32.39	28.91	34.80	790.00	23.68
1. 固定资产折旧	元	94.90	28.47	11.09	34.80	726.67	23.68
2. 税金	元						
3. 保险费	元						
4. 管理费	元	1.58	2.92	14.42			
5. 财务费	元	10.78				30.00	
6. 销售费	元	10.15	1.00	3.40		33.33	
二、每亩人工成本	元	1084.13	398.95	463.81	407.64	6003.92	709.19
1. 家庭用工折价	元	998.48	351.71	463.81	407.64	6003.92	552.21
家庭用工天数	日	42.13	14.84	19.57	17.20	253.33	23.30
劳动日工价	元	23.70	23.70	23.70	23.70	23.70	23.70
2. 雇工费用	元	85.65	47.24				156.98
雇工天数	日	3.11	1.70				7.50
雇工工价	元	27.54	27.79	41.23	30.00	32.00	20.93
三、附记							
1. 仔畜重量	公斤	202.60	109.10	389.70	179.80	671.00	64.70
2. 精饲料数量	公斤	1362.00	725.40	2110.70	621.50	3964.00	760.40
3. 耗粮数量	公斤	898.10	439.20	1477.50	248.60	2774.80	577.90

6－2－1－2　续表

项　　目	单位	武　汉	长　沙	广　州	重　庆	昆　明	西　安
一、物质与服务费用	元	4212.69	4394.54	3567.26	3344.34	6622.91	3558.66
（一）直接费用	元	4127.27	4325.11	3542.11	3259.88	6552.91	3511.46
1. 仔畜进价	元	826.77	1261.33	1081.46	723.47	2332.47	276.00
2. 精饲料费	元	2890.83	2783.91	2021.41	2152.62	3616.02	2539.00
3. 青粗饲料费	元	9.38		199.89	77.39	163.73	85.60
4. 饲料加工费	元						
5. 水费	元					29.84	23.80
6. 燃料动力费	元	137.20	47.33	114.56	101.35	159.71	459.80
电费	元	137.20	47.33	114.56	101.35	146.02	428.00
煤费	元						
其他燃料动力费	元					13.69	31.80
7. 医疗防疫费	元	112.65	215.99	82.73	46.70	244.79	54.60
8. 死亡损失费	元	35.86		25.61	47.33		21.40
9. 技术服务费	元						1.20
10. 工具材料费	元	29.96	6.55	1.89	39.62	6.35	14.20
11. 修理维护费	元	15.83	10.00	10.21	23.16		35.86
12. 其他直接费用	元	68.79		4.35	48.24		
（二）间接费用	元	85.42	69.43	25.15	84.46	70.00	47.20
1. 固定资产折旧	元	41.75	35.82	18.69	49.11	42.25	31.60
2. 税金	元						
3. 保险费	元						
4. 管理费	元						
5. 财务费	元	18.50	20.11		18.48	21.08	10.40
6. 销售费	元	25.17	13.50	6.46	16.87	6.67	5.20
二、每亩人工成本	元	408.08	444.28	538.13	798.51	486.47	1266.76
1. 家庭用工折价	元	377.78	383.94	335.12	733.52	169.93	1203.96
家庭用工天数	日	15.94	16.20	14.14	30.95	7.17	50.80
劳动日工价	元	23.70	23.70	23.70	23.70	23.70	23.70
2. 雇工费用	元	30.30	60.34	203.01	64.99	316.54	62.80
雇工天数	日	0.79	1.51	3.42	2.17	14.00	3.14
雇工工价	元	38.35	39.96	59.36	29.95	22.61	20.00
三、附记							
1. 仔畜重量	公斤	120.30	130.20	161.70	53.40	306.40	42.50
2. 精饲料数量	公斤	1221.10	1029.60	1101.90	702.10	1671.80	1073.20
3. 耗粮数量	公斤	793.70	720.70	788.20	404.60	902.10	751.20

6－2－2－1　2006年大中城市淡水鱼规模户精养成本收益情况

项　　目	单位	平　均	北　京	天　津	哈尔滨	上　海	南　京
每亩							
主产品产量	公斤	757.50	1241.70	1022.00	375.50	1136.30	504.00
产值合计	元	5991.36	7908.83	6062.02	2965.50	11691.90	2835.50
主产品产值	元	5181.82	7908.83	6062.02	2928.90	8283.23	2815.50
副产品产值	元	809.54			36.60	3408.67	20.00
总成本	元	4781.16	7254.10	4570.45	2353.86	9695.03	2409.34
生产成本	元	4548.61	7195.76	4368.88	2318.86	9238.36	2144.34
物质与服务费用	元	4106.13	6946.88	4042.92	1974.02	8951.80	1815.04
人工成本	元	442.48	248.88	325.96	344.84	286.56	329.30
家庭用工折价	元	206.90	39.58	230.36	253.59	86.98	94.80
雇工费用	元	235.58	209.30	95.60	91.25	199.58	234.50
土地成本	元	232.55	58.34	201.57	35.00	456.67	265.00
净利润	元	1210.20	654.73	1491.57	611.64	1996.87	426.16
成本利润率	%	25.31	9.03	32.64	25.98	20.60	17.69
耗粮数量	公斤	745.90	1555.20	781.50	383.90	1672.80	165.70
每50公斤主产品							
平均出售价格	元	342.03	318.47	296.58	390.00	364.48	279.32
总成本	元	272.94	292.11	223.61	309.56	302.23	237.34
生产成本	元	259.67	289.76	213.74	304.96	287.99	211.24
净利润	元	69.09	26.36	72.97	80.44	62.25	41.98
耗粮数量	公斤	49.24	62.62	38.23	51.12	73.61	16.44
附：							
每核算单位用工数量	日	16.01	9.61	12.20	14.35	9.20	10.70
平均饲养天数	日	279.00	209.00	221.00	171.00	365.00	360.00

6－2－2－1 续表

项　　目	单 位	杭 州	宁 波	合 肥	武 汉	西 安
每亩						
主产品产量	公斤	641.20	532.70	769.80	509.70	842.50
产值合计	元	11406.50	4685.12	4763.58	2539.67	5055.00
主产品产值	元	8336.50	3125.00	4763.58	2539.67	5055.00
副产品产值	元	3070.00	1560.12			
总成本	元	8189.75	3142.58	3023.49	2341.76	4832.15
生产成本	元	7839.75	2975.91	2691.87	2171.18	4542.15
物质与服务费用	元	7299.75	2608.62	2260.04	1719.32	3443.00
人工成本	元	540.00	367.29	431.83	451.86	1099.15
家庭用工折价	元		201.45	171.83	292.22	699.15
雇工费用	元	540.00	165.84	260.00	159.64	400.00
土地成本	元	350.00	166.67	331.62	170.58	290.00
净利润	元	3216.75	1542.54	1740.09	197.91	222.85
成本利润率	%	39.28	49.09	57.55	8.45	4.61
耗粮数量	公斤	641.20	502.50	638.90	363.40	754.30
每50公斤主产品						
平均出售价格	元	650.07	293.32	309.40	249.13	300.00
总成本	元	466.74	196.75	196.38	229.72	286.77
生产成本	元	446.80	186.31	174.84	212.98	269.56
净利润	元	183.33	96.57	113.02	19.41	13.23
耗粮数量	公斤	50.00	47.17	41.50	35.65	44.77
附：						
每核算单位用工数量	日	12.00	12.33	13.75	16.53	49.50
平均饲养天数	日	240.00	310.00	249.00	318.00	349.00

6－2－2－2　2006年大中城市淡水鱼规模户精养费用和用工情况

项　　目	单位	平　均	北　京	天　津	哈尔滨	上　海	南　京
一、每亩物质与服务费用	元	4106.13	6946.88	4042.92	1974.02	8951.80	1815.04
（一）直接费用	元	4037.37	6828.36	3939.19	1932.67	8912.16	1735.94
1. 仔畜进价	元	915.83	945.84	716.75	480.99	4256.07	486.50
2. 精饲料费	元	2652.60	5087.67	2672.10	1206.48	3902.70	1137.50
3. 青粗饲料费	元	44.49		95.98	26.95	150.17	12.50
4. 饲料加工费	元	4.73	36.17	6.00	5.15		
5. 水费	元	10.41		43.15	33.30		
6. 燃料动力费	元	242.36	604.17	218.02	74.89	239.42	27.07
电费	元	237.12	580.00	218.02	69.72	239.42	18.62
煤费	元	3.43	24.17		5.17		5.00
其他燃料动力费	元	1.81					3.45
7. 医疗防疫费	元	70.28	102.17	92.94	43.74	114.60	20.73
8. 死亡损失费	元	44.14	30.17	32.92	32.65	219.38	35.00
9. 技术服务费	元	1.36		5.45	2.65		
10. 工具材料费	元	10.51		15.35	11.57	14.80	4.90
11. 修理维护费	元	18.25	17.17	26.42	14.30	15.02	11.74
12. 其他直接费用	元	22.41	5.00	14.11			
（二）间接费用	元	68.76	118.52	103.73	41.35	39.64	79.10
1. 固定资产折旧	元	41.75	98.34	50.32	33.35	19.77	79.10
2. 税金	元						
3. 保险费	元						
4. 管理费	元	1.54	12.34	0.60	2.50		
5. 财务费	元	7.96		25.60			
6. 销售费	元	17.51	7.84	27.21	5.50	19.87	
二、每亩人工成本	元	442.48	248.88	325.96	344.84	286.56	329.30
1. 家庭用工折价	元	206.90	39.58	230.36	253.59	86.98	94.80
家庭用工天数	日	8.73	1.67	9.72	10.70	3.67	4.00
劳动日工价	元	23.70	23.70	23.70	23.70	23.70	23.70
2. 雇工费用	元	235.58	209.30	95.60	91.25	199.58	234.50
雇工天数	日	7.28	7.94	2.48	3.65	5.53	6.70
雇工工价	元	32.36	26.36	38.55	25.00	36.09	35.00
三、附记							
1. 仔畜重量	公斤	137.40	195.20	110.50	66.00	570.70	71.50
2. 精饲料数量	公斤	1093.30	2221.70	1116.40	548.40	2389.70	552.30
3. 耗粮数量	公斤	745.90	1555.20	781.50	383.90	1672.80	165.70

6-2-2-2 续表

项　　目	单位	杭　州	宁　波	合　肥	武　汉	西　安
一、每亩物质与服务费用	元	7299.75	2608.62	2260.04	1719.32	3443.00
（一）直接费用	元	7278.15	2565.28	2200.04	1615.51	3366.50
1. 仔畜进价	元	835.00	477.95	357.50	374.16	227.50
2. 精饲料费	元	5954.45	1705.17	1460.24	924.67	2475.00
3. 青粗饲料费	元		26.83	35.00	20.00	77.50
4. 饲料加工费	元					
5. 水费	元		2.67			25.00
6. 燃料动力费	元	450.00	144.67	148.00	82.45	435.00
电费	元	450.00	130.00	148.00	82.45	435.00
煤费	元					
其他燃料动力费	元		14.67			
7. 医疗防疫费	元	8.70	103.20	88.19	76.03	52.50
8. 死亡损失费	元	6.20	20.67	33.17	10.20	21.00
9. 技术服务费	元					5.50
10. 工具材料费	元	5.00	25.33	6.00	10.67	11.50
11. 修理维护费	元	7.80	48.00	18.05	19.00	5.00
12. 其他直接费用	元	11.00	10.79	53.89	98.33	31.00
（二）间接费用	元	21.60	43.34	60.00	103.81	76.50
1. 固定资产折旧	元	21.60	21.67	30.00	34.33	29.00
2. 税金	元					
3. 保险费	元					
4. 管理费	元					
5. 财务费	元				29.00	25.00
6. 销售费	元		21.67	30.00	40.48	22.50
二、每亩人工成本	元	540.00	367.29	431.83	451.86	1099.15
1. 家庭用工折价	元		201.45	171.83	292.22	699.15
家庭用工天数	日		8.50	7.25	12.33	29.50
劳动日工价	元	23.70	23.70	23.70	23.70	23.70
2. 雇工费用	元	540.00	165.84	260.00	159.64	400.00
雇工天数	日	12.00	3.83	6.50	4.20	20.00
雇工工价	元	45.00	43.30	40.00	38.01	20.00
三、附记						
1. 仔畜重量	公斤	89.20	132.50	61.00	55.60	22.10
2. 精饲料数量	公斤	916.00	717.90	912.70	480.00	1077.50
3. 耗粮数量	公斤	641.20	502.50	638.90	363.40	754.30

七、各地区蔬菜

7-1-1　2006年大中城市露地西红柿成本收益情况

项　　目	单位	平　均	北　京	天　津	石家庄	太　原	呼和浩特
每亩							
主产品产量	公斤	4589.80	4733.40	4317.90	5074.90	4212.50	4411.90
产值合计	元	4474.22	2530.76	3482.12	5407.45	3738.00	3433.50
主产品产值	元	4474.07	2530.76	3482.12	5407.45	3738.00	3433.50
副产品产值	元	0.15					
总成本	元	2137.55	1742.49	1378.54	1553.68	1994.74	1631.35
生产成本	元	1977.17	1599.12	1278.54	1459.33	1794.74	1411.35
物质与服务费用	元	1052.06	564.99	441.01	552.81	1193.56	828.30
人工成本	元	925.11	1034.13	837.53	906.52	601.18	583.05
家庭用工折价	元	858.01	637.13	815.09	906.52	537.42	583.05
雇工费用	元	67.10	397.00	22.44		63.76	
土地成本	元	160.38	143.37	100.00	94.35	200.00	220.00
流转地租金	元	14.98	24.94	12.80		14.00	17.60
自营地折租	元	145.40	118.43	87.20	94.35	186.00	202.40
净利润	元	2336.68	788.27	2103.58	3853.77	1743.26	1802.15
现金成本	元	1134.14	986.93	476.25	552.81	1271.32	845.90
现金收益	元	3340.08	1543.83	3005.87	4854.64	2466.68	2587.60
成本利润率	%	109.32	45.24	152.59	248.04	87.39	110.47
每50公斤主产品							
平均出售价格	元	48.74	26.73	40.32	53.28	44.37	38.91
总成本	元	23.29	18.40	15.96	15.31	23.68	18.49
生产成本	元	21.54	16.89	14.80	14.38	21.30	15.99
净利润	元	25.45	8.33	24.36	37.97	20.69	20.42
现金成本	元	12.35	10.42	5.51	5.45	15.09	9.59
现金收益	元	36.39	16.31	34.81	47.83	29.28	29.32
附：							
每亩用工数量	日	53.42	52.58	48.98	53.64	33.90	34.50
每亩主产品出售数量	公斤	4491.90	4237.30	4317.90	5030.80	3791.30	4262.30
每亩主产品出售产值	元	4379.08	2530.76	3482.12	5360.05	3364.20	3317.78
商品率	%	98.40	100.00	100.00	99.50	90.00	96.60
每亩补贴收入	元	0.97			4.24		
每亩成本外支出	元	0.75					

7－1－1 续表 1

项　　目	单位	沈　阳	大　连	长　春	哈尔滨	合　肥	福　州
每亩							
主产品产量	公斤	6138.20	4136.60	3000.00	3825.00	4287.80	6089.80
产值合计	元	2641.13	3850.00	2400.00	2295.00	4614.05	11714.45
主产品产值	元	2641.13	3850.00	2400.00	2295.00	4614.05	11714.45
副产品产值	元						
总成本	元	1601.06	1761.86	2087.77	1254.40	2046.36	3312.49
生产成本	元	1434.39	1526.97	1954.47	1159.40	1921.36	3220.42
物质与服务费用	元	1038.42	800.74	940.47	432.70	805.96	2014.45
人工成本	元	395.97	726.23	1014.00	726.70	1115.40	1205.97
家庭用工折价	元	395.97	182.52	1014.00	726.70	1115.40	1132.30
雇工费用	元		543.71				73.67
土地成本	元	166.67	234.89	133.30	95.00	125.00	92.07
流转地租金	元		27.56			12.50	23.02
自营地折租	元	166.67	207.33	133.30	95.00	112.50	69.05
净利润	元	1040.07	2088.14	312.23	1040.60	2567.69	8401.96
现金成本	元	1038.42	1372.01	940.47	432.70	818.46	2111.14
现金收益	元	1602.71	2477.99	1459.53	1862.30	3795.59	9603.31
成本利润率	%	64.96	118.52	14.96	82.96	125.48	253.64
每50公斤主产品							
平均出售价格	元	21.51	46.54	40.00	30.00	53.80	96.18
总成本	元	13.04	21.30	34.80	16.40	23.86	27.20
生产成本	元	11.68	18.46	32.57	15.16	22.40	26.44
净利润	元	8.47	25.24	5.20	13.60	29.94	68.98
现金成本	元	8.46	16.59	15.67	5.66	9.54	17.33
现金收益	元	13.05	29.95	24.33	24.34	44.26	78.85
附：							
每亩用工数量	日	23.43	28.96	60.00	43.00	66.00	68.50
每亩主产品出售数量	公斤	6138.20	4136.60	2995.00	3825.00	4202.80	6089.80
每亩主产品出售产值	元	2641.13	3850.00	2396.00	2295.00	4522.29	11700.45
商品率	%	100.00	100.00	99.90	100.00	98.00	100.00
每亩补贴收入	元				21.00		
每亩成本外支出	元						

7－1－1 续表 2

项 目	单位	厦 门	南 昌	济 南	青 岛	郑 州	武 汉
每亩							
主产品产量	公斤	3213.00	4237.60	5457.40	3650.00	4595.40	3485.00
产值合计	元	8343.40	5516.24	4440.08	3831.67	5701.51	3147.91
主产品产值	元	8343.40	5516.24	4440.08	3831.67	5701.51	3147.91
副产品产值	元						
总成本	元	2980.60	2772.84	2271.62	2022.06	1889.62	1454.28
生产成本	元	2730.60	2652.84	1990.48	1842.06	1739.62	1403.28
物质与服务费用	元	1927.85	1515.47	912.08	1052.83	1086.77	881.88
人工成本	元	802.75	1137.37	1078.40	789.23	652.85	521.40
家庭用工折价	元	802.75	1137.37	1050.67	789.23	652.85	514.44
雇工费用	元			27.73			6.96
土地成本	元	250.00	120.00	281.14	180.00	150.00	51.00
流转地租金	元	62.50				15.90	6.10
自营地折租	元	187.50	120.00	281.14	180.00	134.10	44.90
净利润	元	5362.80	2743.40	2168.46	1809.61	3811.89	1693.63
现金成本	元	1990.35	1515.47	939.81	1052.83	1102.67	894.94
现金收益	元	6353.05	4000.77	3500.27	2778.84	4598.84	2252.97
成本利润率	%	179.92	98.94	95.46	89.49	201.73	116.46
每50公斤主产品							
平均出售价格	元	129.84	65.09	40.68	52.49	62.03	45.16
总成本	元	46.38	32.72	20.81	27.70	20.56	20.86
生产成本	元	42.49	31.30	18.24	25.23	18.93	20.13
净利润	元	83.46	32.37	19.87	24.79	41.47	24.30
现金成本	元	30.97	17.88	8.61	14.42	12.00	12.84
现金收益	元	98.87	47.21	32.07	38.07	50.03	32.32
附:							
每亩用工数量	日	47.50	67.30	63.61	46.70	38.63	30.64
每亩主产品出售数量	公斤	3213.00	4237.60	5370.50	3450.00	4365.50	3444.50
每亩主产品出售产值	元	8343.40	5516.24	4375.37	3200.00	5428.91	3109.18
商品率	%	100.00	100.00	99.10	96.00	95.10	99.00
每亩补贴收入	元						1.82
每亩成本外支出	元			1.73			4.16

7-1-1 续表 3

项目	单位	长沙	广州	南宁	海口	重庆	贵阳
每亩							
主产品产量	公斤	5261.80	3826.70	4766.70	2404.50	3483.10	3937.50
产值合计	元	6840.22	3444.00	6433.33	4613.52	3124.42	4021.00
主产品产值	元	6840.22	3444.00	6433.33	4613.52	3124.42	4016.75
副产品产值	元						4.25
总成本	元	3442.10	2876.62	2528.81	1933.18	1601.81	1713.00
生产成本	元	3274.30	2701.62	2461.81	1811.51	1547.70	1575.50
物质与服务费用	元	1782.03	1432.43	1604.98	1140.58	708.95	857.25
人工成本	元	1492.27	1269.19	856.83	670.93	838.75	718.25
家庭用工折价	元	1492.27	1269.19	856.83	670.93	838.75	718.25
雇工费用	元						
土地成本	元	167.80	175.00	67.00	121.67	54.11	137.50
流转地租金	元	67.12	43.75			10.85	
自营地折租	元	100.68	131.25	67.00	121.67	43.26	137.50
净利润	元	3398.12	567.38	3904.52	2680.34	1522.61	2308.00
现金成本	元	1849.15	1476.18	1604.98	1140.58	719.80	857.25
现金收益	元	4991.07	1967.82	4828.35	3472.94	2404.62	3163.75
成本利润率	%	98.72	19.72	154.40	138.65	95.06	134.73
每50公斤主产品							
平均出售价格	元	65.00	45.00	67.48	95.94	44.85	51.01
总成本	元	32.71	37.59	26.53	40.20	22.99	21.73
生产成本	元	31.11	35.30	25.82	37.67	22.22	19.99
净利润	元	32.29	7.41	40.95	55.74	21.86	29.28
现金成本	元	17.57	19.29	16.83	23.72	10.33	10.87
现金收益	元	47.43	25.71	50.65	72.22	34.52	40.14
附:							
每亩用工数量	日	88.30	75.10	50.70	39.70	49.63	42.50
每亩主产品出售数量	公斤	5155.50	3826.70	4671.30	2400.30	3418.10	3937.50
每亩主产品出售产值	元	6702.15	3444.00	6304.67	4605.34	3066.92	4012.50
商品率	%	98.00	100.00	98.00	99.90	98.80	100.00
每亩补贴收入	元						
每亩成本外支出	元						

7－1－1 续表 4

项目	单位	昆明	西安	兰州	银川	乌鲁木齐
每亩						
主产品产量	公斤	4765.70	3829.00	7216.70	4651.30	9505.80
产值合计	元	3204.60	3741.32	3366.74	4136.17	5265.62
主产品产值	元	3204.60	3741.32	3366.74	4136.17	5265.62
副产品产值	元					
总成本	元	2252.81	3339.43	1930.66	2150.02	2329.45
生产成本	元	2035.09	2996.47	1630.66	2030.02	2179.45
物质与服务费用	元	934.44	1008.69	402.03	1450.35	1145.64
人工成本	元	1100.65	1987.78	1228.63	579.67	1033.81
家庭用工折价	元	1055.24	1689.49	1228.63	579.67	633.75
雇工费用	元	45.41	298.29			400.06
土地成本	元	217.72	342.96	300.00	120.00	150.00
流转地租金	元		35.84	30.00		15.00
自营地折租	元	217.72	307.12	270.00	120.00	135.00
净利润	元	951.79	401.89	1436.08	1986.15	2936.17
现金成本	元	979.85	1342.82	432.03	1450.35	1560.70
现金收益	元	2224.75	2398.50	2934.71	2685.82	3704.92
成本利润率	%	42.25	12.03	74.38	92.38	126.05
每50公斤主产品						
平均出售价格	元	33.62	48.86	23.33	44.46	27.70
总成本	元	23.63	43.61	13.38	23.11	12.25
生产成本	元	21.35	39.13	11.30	21.82	11.47
净利润	元	9.99	5.25	9.95	21.35	15.45
现金成本	元	10.28	17.54	2.99	15.59	8.21
现金收益	元	23.34	31.32	20.34	28.87	19.49
附：						
每亩用工数量	日	64.73	119.53	72.70	34.30	50.80
每亩主产品出售数量	公斤	4765.70	3673.60	7133.30	4366.70	9315.70
每亩主产品出售产值	元	3204.60	3522.95	3327.83	3882.74	5107.68
商品率	%	100.00	97.30	98.80	94.30	98.00
每亩补贴收入	元					
每亩成本外支出	元				15.00	

7－1－2 2006年大中城市露地西红柿费用和用工情况

项 目	单位	平 均	北 京	天 津	石家庄	太 原	呼和浩特
一、每亩物质与服务费用	元	1052.06	564.99	441.01	552.81	1193.56	828.30
（一）直接费用	元	897.15	540.96	417.23	505.20	1107.06	687.37
1.种子费	元	95.79	52.42	29.61	51.87	74.00	42.51
2.化肥费	元	257.38	129.79	138.63	134.36	274.68	195.00
3.农家肥费	元	133.75	134.29	58.55	108.15	240.00	175.71
4.农药费	元	141.69	115.98	26.16	74.99	31.25	126.81
5.农膜费	元	74.06	37.15	55.46	25.01	78.00	42.52
6.租赁作业费	元	76.26	45.46	77.43	81.27	177.50	61.39
机械作业费	元	27.33	15.97	25.11	28.82	25.00	23.63
排灌费	元	39.15	29.49	52.32	52.45	152.50	37.76
其中：水费	元	15.91	21.50	2.45			37.76
畜力费	元	9.78					
7.燃料动力费	元	10.19	8.51				
8.技术服务费	元	0.34					
9.工具材料费	元	97.84	17.36	23.97	26.92	217.75	31.94
10.修理维护费	元	7.10		7.42	2.63	13.88	11.49
11.其他直接费用	元	2.74					
（二）间接费用	元	154.91	24.03	23.78	47.61	86.50	140.93
1.固定资产折旧	元	22.81		5.03	4.33	16.25	
2.税金	元						
3.保险费	元						
4.管理费	元	0.93					
5.财务费	元						
6.销售费	元	131.17	24.03	18.75	43.28	70.25	140.93
二、每亩人工成本	元	925.11	1034.13	837.53	906.52	601.18	583.05
1.家庭用工折价	元	858.01	637.13	815.09	906.52	537.42	583.05
家庭用工天数	日	50.77	37.70	48.23	53.64	31.80	34.50
劳动日工价	元	16.90	16.90	16.90	16.90	16.90	16.90
2.雇工费用	元	67.10	397.00	22.44		63.76	
雇工天数	日	2.65	14.88	0.75		2.10	
雇工工价	元	25.32	26.68	29.92	20.00	30.36	34.00
三、附记							
1.每亩种子用量	公斤						
2.每亩化肥用量	公斤	55.15	26.46	33.46	38.00	61.64	44.36
3.每亩农膜用量	公斤	6.55	3.31	4.07	2.22	6.00	3.43

7-1-2 续表 1

项 目	单位	沈 阳	大 连	长 春	哈尔滨	合 肥	福 州
一、每亩物质与服务费用	元	1038.42	800.74	940.47	432.70	805.96	2014.45
(一)直接费用	元	957.59	747.40	709.36	391.70	744.46	1114.21
1.种子费	元	312.50	49.16	88.89	28.50	68.25	9.58
2.化肥费	元	143.51	219.81	143.88	44.70	199.38	356.79
3.农家肥费	元	130.00	170.12	35.97	57.50	123.75	109.22
4.农药费	元	79.58	148.28	18.00	83.50	67.25	272.53
5.农膜费	元	65.00	55.38	168.00	92.50	116.25	79.26
6.租赁作业费	元	118.00	69.30	62.64	85.00	85.58	40.00
机械作业费	元	31.33	25.79	46.67	42.50		
排灌费	元	55.00	43.51	15.97	42.50	30.58	
其中:水费	元		43.51		42.50	15.13	
畜力费	元	31.67				55.00	40.00
7.燃料动力费	元			154.00			
8.技术服务费	元						
9.工具材料费	元	109.00	27.62	20.00		73.25	216.27
10.修理维护费	元		7.73	17.98		10.75	30.56
11.其他直接费用	元						
(二)间接费用	元	80.83	53.34	231.11	41.00	61.50	900.24
1.固定资产折旧	元		15.07	53.33		48.25	27.35
2.税金	元						
3.保险费	元						
4.管理费	元		6.89				
5.财务费	元						
6.销售费	元	80.83	31.38	177.78	41.00	13.25	872.89
二、每亩人工成本	元	395.97	726.23	1014.00	726.70	1115.40	1205.97
1.家庭用工折价	元	395.97	182.52	1014.00	726.70	1115.40	1132.30
家庭用工天数	日	23.43	10.80	60.00	43.00	66.00	67.00
劳动日工价	元	16.90	16.90	16.90	16.90	16.90	16.90
2.雇工费用	元		543.71				73.67
雇工天数	日		18.16				1.50
雇工工价	元	30.00	29.94	24.00	30.00	27.50	49.11
三、附记							
1.每亩种子用量	公斤						
2.每亩化肥用量	公斤	32.70	48.05	31.30	9.60	31.88	44.70
3.每亩农膜用量	公斤	5.00	3.68	11.20	10.00	7.75	6.77

7-1-2 续表 2

项　　目	单位	厦　门	南　昌	济　南	青　岛	郑　州	武　汉
一、每亩物质与服务费用	元	1927.85	1515.47	912.08	1052.83	1086.77	881.88
（一）直接费用	元	1567.85	1340.29	854.25	736.17	1036.91	816.48
1. 种子费	元	130.00	133.33	81.94	73.33	46.40	58.66
2. 化肥费	元	622.55	230.47	320.98	242.50	281.24	344.56
3. 农家肥费	元	128.80	371.43	85.99	166.67	211.96	109.97
4. 农药费	元	338.50	313.33	104.14	105.00	101.06	123.60
5. 农膜费	元	49.50	105.23	95.92		216.16	76.82
6. 租赁作业费	元	185.00	9.17	55.64	102.00	79.39	54.50
机械作业费	元			15.36	53.33	35.43	21.69
排灌费	元	110.00	9.17	40.28	48.67	43.96	25.10
其中：水费	元	110.00		2.17	28.33	33.21	1.48
畜力费	元	75.00					7.71
7. 燃料动力费	元						
8. 技术服务费	元			1.12			
9. 工具材料费	元	113.50	177.33	103.69	46.67	96.76	40.96
10. 修理维护费	元			2.39		3.94	7.41
11. 其他直接费用	元			2.44			
（二）间接费用	元	360.00	175.18	57.83	316.66	49.86	65.40
1. 固定资产折旧	元		18.33	30.57	133.33	11.48	33.20
2. 税金	元						
3. 保险费	元						
4. 管理费	元			0.54		9.85	2.36
5. 财务费	元						
6. 销售费	元	360.00	156.85	26.72	183.33	28.53	29.84
二、每亩人工成本	元	802.75	1137.37	1078.40	789.23	652.85	521.40
1. 家庭用工折价	元	802.75	1137.37	1050.67	789.23	652.85	514.44
家庭用工天数	日	47.50	67.30	62.17	46.70	38.63	30.44
劳动日工价	元	16.90	16.90	16.90	16.90	16.90	16.90
2. 雇工费用	元			27.73			6.96
雇工天数	日			1.44			0.20
雇工工价	元	30.00	50.00	19.26	26.90	30.34	34.80
三、附记							
1. 每亩种子用量	公斤						
2. 每亩化肥用量	公斤	154.43	82.62	69.94	48.33	67.73	64.31
3. 每亩农膜用量	公斤	11.50	21.05	8.65		15.83	5.96

7-1-2 续表 3

项 目	单位	长沙	广州	南宁	海口	重庆	贵阳
一、每亩物质与服务费用	元	1782.03	1432.43	1604.98	1140.58	708.95	857.25
(一)直接费用	元	1070.03	1432.43	1538.32	960.12	625.45	835.75
1.种子费	元	172.90	20.00	402.00	58.63	50.41	138.75
2.化肥费	元	269.23	330.00	370.99	438.98	179.42	193.00
3.农家肥费	元	237.50	212.33	120.00	35.00	60.04	77.50
4.农药费	元	118.07	276.33	323.33	257.19	118.81	175.00
5.农膜费	元	96.20		37.67		83.71	80.25
6.租赁作业费	元	60.60	135.30	93.33	31.25	9.14	39.25
机械作业费	元	47.33	120.00			9.14	35.00
排灌费	元	13.27	15.30	60.00			4.25
其中:水费	元		15.30				4.25
畜力费	元			33.33	31.25		
7.燃料动力费	元			25.00			
8.技术服务费	元			8.33			
9.工具材料费	元	85.00	450.00	150.00	128.86	117.40	127.50
10.修理维护费	元	13.00	8.47	7.67		6.52	4.50
11.其他直接费用	元	17.53			10.21		
(二)间接费用	元	712.00		66.66	180.46	83.50	21.50
1.固定资产折旧	元	65.00		6.00	2.13	14.51	8.25
2.税金	元						
3.保险费	元						
4.管理费	元			6.33			
5.财务费	元						
6.销售费	元	647.00		54.33	178.33	68.99	13.25
二、每亩人工成本	元	1492.27	1269.19	856.83	670.93	838.75	718.25
1.家庭用工折价	元	1492.27	1269.19	856.83	670.93	838.75	718.25
家庭用工天数	日	88.30	75.10	50.70	39.70	49.63	42.50
劳动日工价	元	16.90	16.90	16.90	16.90	16.90	16.90
2.雇工费用	元						
雇工天数	日						
雇工工价	元	50.00	44.10	20.00	26.10	30.00	20.00
三、附记							
1.每亩种子用量	公斤						
2.每亩化肥用量	公斤	63.21	56.67	79.67	64.60	38.95	48.70
3.每亩农膜用量	公斤	6.97		3.87		7.31	6.00

7-1-2 续表 4

项 目	单位	昆 明	西 安	兰 州	银 川	乌鲁木齐
一、每亩物质与服务费用	元	934.44	1008.69	402.03	1450.35	1145.64
（一）直接费用	元	872.08	856.32	369.44	1312.35	973.45
1.种子费	元	87.21	114.33	60.00	176.67	70.34
2.化肥费	元	229.31	198.41	210.50	572.01	191.90
3.农家肥费	元	156.39	182.26		160.00	85.92
4.农药费	元	182.40	151.71	15.83	114.00	104.69
5.农膜费	元	70.39	36.16	44.00	82.67	184.40
6.租赁作业费	元	36.21	98.91	19.60	70.00	152.53
机械作业费	元	36.21	38.91		30.00	58.00
排灌费	元		60.00	19.60	40.00	94.53
其中：水费	元			19.60	40.00	28.33
畜力费	元					
7.燃料动力费	元	42.09				55.80
8.技术服务费	元					
9.工具材料费	元	68.08	59.45	19.51	76.00	114.86
10.修理维护费	元		15.09		14.33	13.01
11.其他直接费用	元				46.67	
（二）间接费用	元	62.36	152.37	32.59	138.00	172.19
1.固定资产折旧	元		43.80	32.59	70.00	
2.税金	元					
3.保险费	元					
4.管理费	元					
5.财务费	元					
6.销售费	元	62.36	108.57		68.00	172.19
二、每亩人工成本	元	1100.65	1987.78	1228.63	579.67	1033.81
1.家庭用工折价	元	1055.24	1689.49	1228.63	579.67	633.75
家庭用工天数	日	62.44	99.97	72.70	34.30	37.50
劳动日工价	元	16.90	16.90	16.90	16.90	16.90
2.雇工费用	元	45.41	298.29			400.06
雇工天数	日	2.29	19.56			13.30
雇工工价	元	19.83	15.25	25.00	25.00	30.08
三、附记						
1.每亩种子用量	公斤					
2.每亩化肥用量	公斤	51.18	41.75	47.30	126.24	36.28
3.每亩农膜用量	公斤	5.44	3.01	4.00	6.00	14.30

7-1-3　2006年大中城市露地西红柿化肥投入情况

项　　目	单位	平　均	北　京	天　津	石家庄	太　原	呼和浩特
一、每亩化肥金额	元	257.38	129.79	138.63	134.36	274.68	195.00
（一）氮肥	元	70.98	59.71	72.73	68.72	70.30	93.37
1.尿素	元	59.88	59.71	72.73	33.52	64.05	93.37
2.碳铵	元	7.31			35.20	6.25	
3.其他氮肥	元	3.79					
（二）磷肥	元	13.42		3.83	1.56	1.88	
其中:过磷酸钙	元	9.18		3.83	1.56	1.88	
（三）钾肥	元	27.51			23.01		
其中:氯化钾	元	24.24			23.01		
（四）复混肥	元	137.88	64.65	62.07	41.07	202.50	98.13
1.复合肥	元	132.25	64.65	55.60	41.07	202.50	98.13
其中:二铵	元	45.47	31.55	49.10	22.06	202.50	98.13
2.混配肥	元	5.63		6.47			
（五）其他肥料	元	7.59	5.43				3.50
二、每亩化肥折纯用量	公斤	55.15	26.46	33.46	38.00	61.64	44.36
（一）氮肥	公斤	17.58	13.30	18.37	21.21	18.23	22.60
1.尿素	公斤	14.37	13.30	18.37	8.35	16.10	22.60
2.碳铵	公斤	2.69			12.86	2.13	
3.其他氮肥	公斤	0.52					
（二）磷肥	公斤	4.78		1.06	0.54	0.21	
其中:过磷酸钙	公斤	2.77		1.06	0.54	0.21	
（三）钾肥	公斤	6.20			6.48		
其中:氯化钾	公斤	5.87			6.48		
（四）复混肥	公斤	26.59	13.16	14.03	9.77	43.20	21.76
1.复合肥	公斤	25.61	13.16	12.53	9.77	43.20	21.76
其中:二铵	公斤	9.96	7.84	11.04	5.04	43.20	21.76
2.混配肥	公斤	0.98		1.50			

7－1－3 续表 1

项 目	单位	沈 阳	大 连	长 春	哈尔滨	合 肥	福 州
一、每亩化肥金额	元	143.51	219.81	143.88	44.70	199.38	356.79
（一）氮肥	元	44.33	64.88	35.97		52.50	
1. 尿素	元	44.33	64.88	35.97		52.50	
2. 碳铵	元						
3. 其他氮肥	元						
（二）磷肥	元					6.75	16.73
其中：过磷酸钙	元					6.75	
（三）钾肥	元	17.33				12.00	10.00
其中：氯化钾	元	17.33					
（四）复混肥	元	81.85	154.93	107.91	44.70	128.13	202.28
1. 复合肥	元	81.85	154.93	107.91	44.70	111.88	202.28
其中：二铵	元	58.18	61.26	107.91	44.70		
2. 混配肥	元					16.25	
（五）其他肥料	元						127.78
二、每亩化肥折纯用量	公斤	32.70	48.05	31.30	9.60	31.88	44.70
（一）氮肥	公斤	10.73	15.45	8.28		11.50	
1. 尿素	公斤	10.73	15.45	8.28		11.50	
2. 碳铵	公斤						
3. 其他氮肥	公斤						
（二）磷肥	公斤					1.28	4.18
其中：过磷酸钙	公斤					1.28	
（三）钾肥	公斤	4.33				1.50	1.67
其中：氯化钾	公斤	4.33					
（四）复混肥	公斤	17.64	32.60	23.02	9.60	17.60	38.85
1. 复合肥	公斤	17.64	32.60	23.02	9.60	15.00	38.85
其中：二铵	公斤	12.80	13.54	23.02	9.60		
2. 混配肥	公斤					2.60	

7-1-3 续表 2

项　　目	单位	厦 门	南 昌	济 南	青 岛	郑 州	武 汉
一、每亩化肥金额	元	622.55	230.47	320.98	242.50	281.24	344.56
（一）氮肥	元	99.00		119.57	117.50	209.55	56.60
1. 尿素	元	99.00		119.57	117.50	130.24	56.60
2. 碳铵	元					79.31	
3. 其他氮肥	元						
（二）磷肥	元	84.80	33.33				3.21
其中：过磷酸钙	元	84.80					3.21
（三）钾肥	元	438.75					19.75
其中：氯化钾	元	438.75					19.75
（四）复混肥	元		197.14	189.09	125.00	71.69	263.55
1. 复合肥	元		197.14	160.70	85.67	71.69	263.55
其中：二铵	元			76.83		14.34	
2. 混配肥	元			28.39	39.33		
（五）其他肥料	元			12.32			1.45
二、每亩化肥折纯用量	公斤	154.43	82.62	69.94	48.33	67.73	64.31
（一）氮肥	公斤	20.70		29.84	26.83	58.93	12.77
1. 尿素	公斤	20.70		29.84	26.83	34.01	12.77
2. 碳铵	公斤					24.92	
3. 其他氮肥	公斤						
（二）磷肥	公斤	30.60	33.33				0.88
其中：过磷酸钙	公斤	30.60					0.88
（三）钾肥	公斤	103.13					4.55
其中：氯化钾	公斤	103.13					4.55
（四）复混肥	公斤		49.29	40.10	21.50	8.80	46.11
1. 复合肥	公斤		49.29	32.89	17.10	8.80	46.11
其中：二铵	公斤			17.60		1.04	
2. 混配肥	公斤			7.21	4.40		

7－1－3 续表 3

项 目	单位	长 沙	广 州	南 宁	海 口	重 庆	贵 阳
一、每亩化肥金额	元	269.23	330.00	370.99	438.98	179.42	193.00
（一）氮肥	元			92.66		64.34	82.50
1. 尿素	元			63.33		55.94	82.50
2. 碳铵	元					8.40	
3. 其他氮肥	元			29.33			
（二）磷肥	元	48.67		28.33	23.08	26.55	
其中：过磷酸钙	元	48.67		8.33	23.08	5.55	
（三）钾肥	元	103.89		70.00		22.34	
其中：氯化钾	元	103.89		70.00		5.91	
（四）复混肥	元	116.67	330.00	180.00	415.90	61.14	110.50
1. 复合肥	元	116.67	330.00	180.00	359.65	61.14	110.50
其中：二铵	元						
2. 混配肥	元				56.25		
（五）其他肥料	元					5.05	
二、每亩化肥折纯用量	公斤	63.21	56.67	79.67	64.60	38.95	48.70
（一）氮肥	公斤			16.47		16.17	20.70
1. 尿素	公斤			13.80		13.66	20.70
2. 碳铵	公斤					2.51	
3. 其他氮肥	公斤			2.67			
（二）磷肥	公斤	17.23		10.83	5.34	10.27	
其中：过磷酸钙	公斤	17.23		2.83	5.34	1.85	
（三）钾肥	公斤	25.98		18.33		3.21	
其中：氯化钾	公斤	25.98		18.33		1.64	
（四）复混肥	公斤	20.00	56.67	34.04	59.26	9.30	28.00
1. 复合肥	公斤	20.00	56.67	34.04	49.88	9.30	28.00
其中：二铵	公斤						
2. 混配肥	公斤				9.38		

7－1－3 续表 4

项目	单位	昆明	西安	兰州	银川	乌鲁木齐
一、每亩化肥金额	元	229.31	198.41	210.50	572.01	191.90
（一）氮肥	元	84.50	74.31	62.50	329.00	32.85
1. 尿素	元	74.41	64.94	62.50	196.33	32.85
2. 碳铵	元	10.09	9.37		56.00	
3. 其他氮肥	元				76.67	
（二）磷肥	元	32.58	27.78		36.67	
其中：过磷酸钙	元	32.58			36.67	
（三）钾肥	元	9.26	26.11			17.83
其中：氯化钾	元					
（四）复混肥	元	102.97	50.65	148.00	176.67	133.44
1. 复合肥	元	92.07	50.65	148.00	176.67	133.44
其中：二铵	元		48.61	148.00	176.67	133.44
2. 混配肥	元	10.90				
（五）其他肥料	元		19.56		29.67	7.78
二、每亩化肥折纯用量	公斤	51.18	41.75	47.30	126.24	36.28
（一）氮肥	公斤	20.38	21.87	15.30	85.47	7.01
1. 尿素	公斤	17.63	17.82	15.30	47.47	7.01
2. 碳铵	公斤	2.75	4.05		26.00	
3. 其他氮肥	公斤				12.00	
（二）磷肥	公斤	12.64	2.22		3.10	
其中：过磷酸钙	公斤	12.64			3.10	
（三）钾肥	公斤	0.75	2.22			1.55
其中：氯化钾	公斤					
（四）复混肥	公斤	17.41	15.44	32.00	37.67	27.72
1. 复合肥	公斤	15.05	15.44	32.00	37.67	27.72
其中：二铵	公斤		14.95	32.00	37.67	27.72
2. 混配肥	公斤	2.36				

7－2－1　2006年大中城市大棚西红柿成本收益情况

项　　目	单位	平　均	天　津	石家庄	太　原	呼和浩特	沈　阳	大　连
每亩								
主产品产量	公斤	5001.40	4098.90	5590.50	5858.00	5883.80	5967.60	5476.80
产值合计	元	7100.09	5153.82	7807.83	10605.64	5748.57	9297.21	10722.74
主产品产值	元	7100.09	5153.82	7807.83	10605.64	5748.57	9297.21	10722.74
副产品产值	元							
总成本	元	4278.30	2050.57	5975.22	6542.53	3867.74	4413.04	6470.98
生产成本	元	3976.64	1947.20	5715.93	6342.53	3124.09	4249.32	6123.24
物质与服务费用	元	2367.22	1104.85	3905.43	4676.33	1657.17	3441.84	3043.84
人工成本	元	1609.42	842.35	1810.50	1666.20	1466.92	807.48	3079.40
家庭用工折价	元	1277.47	746.47	1810.50	1536.21	1466.92	807.48	147.20
雇工费用	元	331.95	95.88		129.99			2932.20
土地成本	元	301.66	103.37	259.29	200.00	743.65	163.72	347.74
流转地租金	元	36.48	16.35	19.31	14.00	59.49		43.24
自营地折租	元	265.18	87.02	239.98	186.00	684.16	163.72	304.50
净利润	元	2821.79	3103.25	1832.61	4063.11	1880.83	4884.17	4251.76
现金成本	元	2735.65	1217.08	3924.74	4820.32	1716.66	3441.84	6019.28
现金收益	元	4364.44	3936.74	3883.09	5785.32	4031.91	5855.37	4703.46
成本利润率	%	65.96	151.34	30.67	62.10	48.63	110.68	65.71
每50公斤主产品								
平均出售价格	元	70.98	62.87	69.83	90.52	48.85	77.90	97.89
总成本	元	42.77	25.01	53.44	55.84	32.87	36.98	59.07
生产成本	元	39.75	23.75	51.12	54.13	26.55	35.60	55.90
净利润	元	28.21	37.86	16.39	34.68	15.98	40.92	38.82
现金成本	元	27.35	14.85	35.10	41.14	14.59	28.84	54.95
现金收益	元	43.63	48.02	34.73	49.38	34.26	49.06	42.94
附：								
每亩用工数量	日	86.47	46.76	107.13	95.20	86.80	47.78	106.45
每亩主产品出售数量	公斤	4865.10	4098.90	5570.80	5272.20	5758.30	5967.60	5476.80
每亩主产品出售产值	元	6890.46	5153.82	7780.75	9654.52	5626.96	9297.21	10722.74
商品率	%	97.60	100.00	99.80	90.00	97.90	100.00	100.00
每亩补贴收入	元	1.03						
每亩成本外支出	元	2.02						

7-2-1 续表 1

项　　目	单位	长春	上海	南京	杭州	宁波	合肥	青岛
每亩								
主产品产量	公斤	3217.70	3968.00	3807.00	5728.90	3510.00	5144.90	3400.00
产值合计	元	4926.16	5555.20	7949.00	9301.22	6225.00	6081.65	6280.00
主产品产值	元	4926.16	5555.20	7949.00	9301.22	6225.00	6081.65	6280.00
副产品产值	元							
总成本	元	4302.88	2656.63	4820.48	4703.23	3423.25	3103.27	3998.93
生产成本	元	2886.24	2581.63	4535.38	4443.23	3264.58	2928.27	3818.93
物质与服务费用	元	1389.82	1331.03	2183.88	2438.40	1222.06	1688.15	2664.66
人工成本	元	1496.42	1250.60	2351.50	2004.83	2042.52	1240.12	1154.27
家庭用工折价	元	1199.90	1250.60	2303.47	1194.83	316.03	1240.12	1154.27
雇工费用	元	296.52		48.03	810.00	1726.49		
土地成本	元	1416.64	75.00	285.10	260.00	158.67	175.00	180.00
流转地租金	元		37.50	99.79	86.06	65.37	17.00	
自营地折租	元	1416.64	37.50	185.31	173.94	93.30	158.00	180.00
净利润	元	623.28	2898.57	3128.52	4597.99	2801.75	2978.38	2281.07
现金成本	元	1686.34	1368.53	2331.70	3334.46	3013.92	1705.15	2664.66
现金收益	元	3239.82	4186.67	5617.30	5966.76	3211.08	4376.50	3615.34
成本利润率	%	14.49	109.11	64.90	97.76	81.84	95.98	57.04
每50公斤主产品								
平均出售价格	元	76.55	70.00	104.40	81.18	88.68	59.10	92.35
总成本	元	66.86	33.48	63.31	41.05	48.77	30.16	58.81
生产成本	元	44.85	32.53	59.57	38.78	46.51	28.46	56.16
净利润	元	9.69	36.52	41.09	40.13	39.91	28.94	33.54
现金成本	元	26.20	17.24	30.62	29.10	42.94	16.57	39.18
现金收益	元	50.35	52.76	73.78	52.08	45.74	42.53	53.17
附：								
每亩用工数量	日	85.10	74.00	138.00	88.70	68.00	73.38	68.30
每亩主产品出售数量	公斤	3206.30	3968.00	3472.60	5728.90	3510.00	5061.60	3250.00
每亩主产品出售产值	元	4908.78	5555.20	7259.64	9301.20	6225.00	5870.13	6000.00
商品率	%	99.70	100.00	91.30	100.00	100.00	98.40	97.70
每亩补贴收入	元							
每亩成本外支出	元			19.12				

7-2-1 续表 2

项目	单位	武汉	成都	西安	兰州	西宁	银川	乌鲁木齐
每亩								
主产品产量	公斤	3766.70	3931.00	4342.90	6337.20	6260.50	6290.20	7446.50
产值合计	元	4557.51	4712.00	5343.81	6121.02	11006.44	7322.46	7284.46
主产品产值	元	4557.51	4712.00	5343.81	6121.02	11006.44	7322.46	7284.46
副产品产值	元							
总成本	元	2522.57	3808.80	4278.98	4340.06	3916.57	5651.82	4719.54
生产成本	元	2471.57	3523.80	3954.25	4118.50	3553.77	5531.82	4419.54
物质与服务费用	元	1800.51	2332.35	1657.39	1758.41	1581.56	4367.41	3099.21
人工成本	元	671.06	1191.45	2296.86	2360.09	1972.21	1164.41	1320.33
家庭用工折价	元	664.00	1191.45	1978.48	2360.09	1908.18	1164.41	1110.33
雇工费用	元	7.06		318.38		64.03		210.00
土地成本	元	51.00	285.00	324.73	221.56	362.80	120.00	300.00
流转地租金	元	5.25	142.50	35.35	22.16	36.28		30.00
自营地折租	元	45.75	142.50	289.38	199.40	326.52	120.00	270.00
净利润	元	2034.94	903.20	1064.83	1780.96	7089.87	1670.64	2564.92
现金成本	元	1812.82	2474.85	2011.12	1780.57	1681.87	4367.41	3339.21
现金收益	元	2744.69	2237.15	3332.69	4340.45	9324.57	2955.05	3945.25
成本利润率	%	80.67	23.71	24.89	41.04	181.02	29.56	54.35
每50公斤主产品								
平均出售价格	元	60.50	59.93	61.52	48.29	87.90	58.21	48.91
总成本	元	33.49	48.44	49.26	34.24	31.28	44.93	31.69
生产成本	元	32.81	44.82	45.52	32.49	28.38	43.98	29.67
净利润	元	27.01	11.49	12.26	14.05	56.62	13.28	17.22
现金成本	元	24.06	31.48	23.15	14.05	13.43	34.72	22.42
现金收益	元	36.44	28.45	38.37	34.24	74.47	23.49	26.49
附：								
每亩用工数量	日	39.50	70.50	137.17	139.65	115.47	68.90	72.70
每亩主产品出售数量	公斤	3721.40	3931.00	4167.10	5946.60	6045.00	5926.60	7223.00
每亩主产品出售产值	元	4500.38	4712.00	4956.79	5705.15	10573.72	6939.36	7065.92
商品率	%	98.60	100.00	97.60	93.50	96.60	94.60	97.00
每亩补贴收入	元	3.23				17.32		
每亩成本外支出	元	3.24		2.98			15.00	

7-2-2 2006年大中城市大棚西红柿费用和用工情况

项 目	单位	平 均	天 津	石家庄	太 原	呼和浩特	沈 阳	大 连
一、每亩物质与服务费用	元	2367.22	1104.85	3905.43	4676.33	1657.17	3441.84	3043.84
(一)直接费用	元	1666.44	808.82	1956.26	2816.33	1253.45	2417.34	2406.57
1. 种子费	元	128.33	34.12	172.65	112.00	92.27	419.26	217.64
2. 化肥费	元	298.67	203.38	207.66	447.33	202.15	311.85	352.08
3. 农家肥费	元	218.54	74.97	184.22	263.00	242.67	173.21	317.93
4. 农药费	元	117.26	44.35	118.93	105.00	139.08	133.99	202.73
5. 农膜费	元	579.06	346.20	827.49	1196.00	200.53	575.55	1063.91
6. 租赁作业费	元	96.29	29.41	103.55	395.00	115.28	109.34	192.74
机械作业费	元	29.66			95.00	29.98	60.81	13.43
排灌费	元	63.09	29.41	103.55	300.00	85.30	48.53	179.31
其中:水费	元	24.01	12.43			85.30		179.31
畜力费	元	3.55						
7. 燃料动力费	元	50.15	51.48	149.63		101.25	356.27	16.53
8. 技术服务费	元	0.78		15.63				
9. 工具材料费	元	144.26	23.44	149.36	248.00	152.92	293.04	24.94
10. 修理维护费	元	32.50	1.47	27.14	50.00	7.30	44.83	18.07
11. 其他直接费用	元	0.60						
(二)间接费用	元	700.78	296.03	1949.17	1860.00	403.72	1024.50	637.27
1. 固定资产折旧	元	558.67	253.88	1897.18	1420.00	228.06	950.34	453.25
2. 税金	元							
3. 保险费	元	4.08						
4. 管理费	元	3.61						10.23
5. 财务费	元	1.50						
6. 销售费	元	132.93	42.15	51.99	440.00	175.66	74.16	173.79
二、每亩人工成本	元	1609.42	842.35	1810.50	1666.20	1466.92	807.48	3079.40
1. 家庭用工折价	元	1277.47	746.47	1810.50	1536.21	1466.92	807.48	147.20
家庭用工天数	日	75.59	44.17	107.13	90.90	86.80	47.78	8.71
劳动日工价	元	16.90	16.90	16.90	16.90	16.90	16.90	16.90
2. 雇工费用	元	331.95	95.88		129.99			2932.20
雇工天数	日	10.88	2.59		4.30			97.74
雇工工价	元	30.51	37.02	20.00	30.23	34.00	30.00	30.00
三、附记								
1. 每亩种子用量	公斤							
2. 每亩化肥用量	公斤	55.69	50.02	45.76	111.83	38.62	52.34	38.52
3. 每亩农膜用量	公斤	40.70	25.32	67.15	92.00	13.91	44.52	66.98

7-2-2 续表 1

项 目	单位	长 春	上 海	南 京	杭 州	宁 波	合 肥	青 岛
一、每亩物质与服务费用	元	1389.82	1331.03	2183.88	2438.40	1222.06	1688.15	2664.66
(一)直接费用	元	863.25	800.90	1988.79	1358.74	863.73	1437.52	2094.66
1.种子费	元	95.20	86.20	68.93	51.00	66.00	60.63	70.00
2.化肥费	元	47.70	153.50	148.41	328.33	149.67	215.19	257.33
3.农家肥费	元	40.86	50.00	356.30	184.83	78.33	78.75	293.33
4.农药费	元	48.78	169.60	254.92	110.33	68.33	76.25	137.67
5.农膜费	元	239.89	135.00	687.00	400.67	300.00	730.63	1055.00
6.租赁作业费	元	63.66	70.40	64.98	26.93	56.67	86.44	101.33
机械作业费	元		45.00	51.68		45.00	35.00	53.33
排灌费	元	63.66	25.40	13.30	26.93	11.67	30.81	48.00
其中:水费	元				12.67	7.33	14.49	30.00
畜力费	元						20.63	
7.燃料动力费	元	270.76						
8.技术服务费	元							
9.工具材料费	元	27.75	89.40	396.30	98.18	16.40	185.63	160.00
10.修理维护费	元	26.15	46.80	11.95	158.47	128.33	4.00	20.00
11.其他直接费用	元	2.50						
(二)间接费用	元	526.57	530.13	195.09	1079.66	358.33	250.63	570.00
1.固定资产折旧	元	406.82	95.00	123.66	899.33	300.00	245.63	226.67
2.税金	元							
3.保险费	元		81.50					
4.管理费	元		60.43					
5.财务费	元		29.90					
6.销售费	元	119.75	263.30	71.43	180.33	58.33	5.00	343.33
二、每亩人工成本	元	1496.42	1250.60	2351.50	2004.83	2042.52	1240.12	1154.27
1.家庭用工折价	元	1199.90	1250.60	2303.47	1194.83	316.03	1240.12	1154.27
家庭用工天数	日	71.00	74.00	136.30	70.70	18.70	73.38	68.30
劳动日工价	元	16.90	16.90	16.90	16.90	16.90	16.90	16.90
2.雇工费用	元	296.52		48.03	810.00	1726.49		
雇工天数	日	14.10		1.70	18.00	49.30		
雇工工价	元	21.03	30.00	28.25	45.00	35.02	27.50	26.90
三、附记								
1.每亩种子用量	公斤							
2.每亩化肥用量	公斤	10.37	37.30	37.22	50.35	34.04	30.75	57.46
3.每亩农膜用量	公斤	17.76	9.00	50.53	28.40	19.50	48.63	65.00

7-2-2 续表 2

项　　目	单位	武 汉	成 都	西 安	兰 州	西 宁	银 川	乌鲁木齐
一、每亩物质与服务费用	元	1800.51	2332.35	1657.39	1758.41	1581.56	4367.41	3099.21
(一)直接费用	元	1525.10	1524.35	1467.56	1598.63	1195.29	3070.46	1880.96
1. 种子费	元	65.46	32.00	151.57	137.67	70.06	456.83	107.06
2. 化肥费	元	373.45	326.70	304.64	187.39	285.32	934.73	536.54
3. 农家肥费	元	250.63	120.00	197.68	431.31	225.90	240.26	566.67
4. 农药费	元	132.54	115.00	177.32	64.73	36.04	139.70	70.00
5. 农膜费	元	562.53	787.05	353.63	672.65	379.33	638.99	429.06
6. 租赁作业费	元	50.04	68.00	120.27	22.63	28.97	100.95	119.26
机械作业费	元	23.54		47.07			30.00	63.33
排灌费	元	16.21	28.00	73.20	22.63	28.97	70.95	55.93
其中:水费	元	1.30	28.00		22.63	28.97	41.00	16.78
畜力费	元	10.29	40.00					
7. 燃料动力费	元				44.98		12.00	
8. 技术服务费	元							
9. 工具材料费	元	70.45	75.60	140.65	34.40	169.67	504.99	24.04
10. 修理维护费	元	20.00		21.80	2.87		32.42	28.33
11. 其他直接费用	元						9.59	
(二)间接费用	元	275.41	808.00	189.83	159.78	386.27	1296.95	1218.25
1. 固定资产折旧	元	232.36	808.00	38.25	82.70	312.46	1141.57	1058.25
2. 税金	元							
3. 保险费	元							
4. 管理费	元	1.58						
5. 财务费	元							
6. 销售费	元	41.47		151.58	77.08	73.81	155.38	160.00
二、每亩人工成本	元	671.06	1191.45	2296.86	2360.09	1972.21	1164.41	1320.33
1. 家庭用工折价	元	664.00	1191.45	1978.48	2360.09	1908.18	1164.41	1110.33
家庭用工天数	日	39.29	70.50	117.07	139.65	112.91	68.90	65.70
劳动日工价	元	16.90	16.90	16.90	16.90	16.90	16.90	16.90
2. 雇工费用	元	7.06		318.38		64.03		210.00
雇工天数	日	0.21		20.10		2.56		7.00
雇工工价	元	33.62	14.00	15.84	23.75	25.01	25.00	30.00
三、附记								
1. 每亩种子用量	公斤							
2. 每亩化肥用量	公斤	68.42	78.40	59.14	41.49	62.41	117.08	92.22
3. 每亩农膜用量	公斤	43.09	58.30	27.60	50.35	29.25	27.82	28.97

7－2－3　2006 年大中城市大棚西红柿化肥投入情况

项　　目	单位	平 均	天 津	石家庄	太 原	呼和浩特	沈 阳	大 连
一、每亩化肥金额	元	298.67	203.38	207.66	447.33	202.15	311.85	352.08
（一）氮肥	元	59.90	100.81	29.25		51.49	36.60	72.43
1.尿素	元	54.16	100.81	29.25		49.93	36.60	72.43
2.碳铵	元	3.27				1.56		
3.其他氮肥	元	2.47						
（二）磷肥	元	10.42	18.76					
其中：过磷酸钙	元	6.56	18.76					
（三）钾肥	元	22.81		22.03			24.62	110.40
其中：氯化钾	元	9.31		22.03			24.62	
（四）复混肥	元	173.29	83.81	156.38	447.33	117.40	178.57	72.23
1.复合肥	元	147.81	83.81	156.38		117.40	178.57	72.23
其中：二铵	元	75.50	83.81	62.72		117.40	133.54	
2.混配肥	元	25.48			447.33			
（五）其他肥料	元	32.26				33.26	72.06	97.02
二、每亩化肥折纯用量	公斤	55.69	50.02	45.76	111.83	38.62	52.34	38.52
（一）氮肥	公斤	14.54	25.68	7.46		12.93	8.44	16.45
1.尿素	公斤	13.21	25.68	7.46		12.35	8.44	16.45
2.碳铵	公斤	1.06				0.58		
3.其他氮肥	公斤	0.27						
（二）磷肥	公斤	2.47	5.24					
其中：过磷酸钙	公斤	1.19	5.24					
（三）钾肥	公斤	3.40		5.68			6.15	7.76
其中：氯化钾	公斤	2.31		5.68			6.15	
（四）复混肥	公斤	35.28	19.10	32.62	111.83	25.69	37.75	14.31
1.复合肥	公斤	29.16	19.10	32.62		25.69	37.75	14.31
其中：二铵	公斤	16.52	19.10	14.54		25.69	28.57	
2.混配肥	公斤	6.12			111.83			

7-2-3 续表 1

项目	单位	长春	上海	南京	杭州	宁波	合肥	青岛
一、每亩化肥金额	元	47.70	153.50	148.41	328.33	149.67	215.19	257.33
(一)氮肥	元	22.94	93.50	37.10	6.67	60.33	40.00	66.67
1.尿素	元	22.94	64.50	33.00	6.67	60.33	40.00	66.67
2.碳铵	元		29.00	4.10				
3.其他氮肥	元							
(二)磷肥	元				3.33	20.67		
其中:过磷酸钙	元				3.33	20.67		
(三)钾肥	元						23.50	
其中:氯化钾	元							
(四)复混肥	元	24.76	60.00	111.31	318.33	68.67	140.44	190.66
1.复合肥	元	24.76	60.00	98.54	318.33	68.67	112.31	169.33
其中:二铵	元	20.51						30.00
2.混配肥	元			12.77			28.13	21.33
(五)其他肥料	元						11.25	
二、每亩化肥折纯用量	公斤	10.37	37.30	37.22	50.35	34.04	30.75	57.46
(一)氮肥	公斤	5.40	22.30	8.89	1.53	15.33	9.20	15.33
1.尿素	公斤	5.40	13.80	7.61	1.53	15.33	9.20	15.33
2.碳铵	公斤		8.50	1.28				
3.其他氮肥	公斤							
(二)磷肥	公斤				0.81	6.24		
其中:过磷酸钙	公斤				0.81	6.24		
(三)钾肥	公斤						2.05	
其中:氯化钾	公斤							
(四)复混肥	公斤	4.97	15.00	28.33	48.01	12.47	19.50	42.13
1.复合肥	公斤	4.97	15.00	24.58	48.01	12.47	15.00	39.80
其中:二铵	公斤	4.44						12.80
2.混配肥	公斤			3.75			4.50	2.33

7-2-3 续表 2

项 目	单位	武 汉	成 都	西 安	兰 州	西 宁	银 川	乌鲁木齐
一、每亩化肥金额	元	373.45	326.70	304.64	187.39	285.32	934.73	536.54
(一)氮肥	元	46.75	37.20	87.86	40.97	46.88	204.35	116.16
1. 尿素	元	29.66	37.20	74.18	40.97	46.88	155.04	116.16
2. 碳铵	元	17.09		13.68				
3. 其他氮肥	元						49.31	
(二)磷肥	元	17.63	42.00	47.08		1.37	57.50	
其中:过磷酸钙	元	17.63	12.00			1.37	57.50	
(三)钾肥	元	18.47	121.00	45.47	2.03			88.66
其中:氯化钾	元	18.47	121.00					
(四)复混肥	元	289.06	126.50	78.73	144.39	237.07	314.29	305.79
1. 复合肥	元	289.06	126.50	78.73	144.39	237.07	314.29	305.79
其中:二铵	元			78.73	126.07	237.07	314.29	305.79
2. 混配肥	元							
(五)其他肥料	元	1.54		45.50			358.59	25.93
二、每亩化肥折纯用量	公斤	68.42	78.40	59.14	41.49	62.41	117.08	92.22
(一)氮肥	公斤	12.38	9.20	26.45	10.30	12.35	45.24	25.98
1. 尿素	公斤	6.98	9.20	21.11	10.30	12.35	39.76	25.98
2. 碳铵	公斤	5.40		5.34				
3. 其他氮肥	公斤						5.48	
(二)磷肥	公斤	4.60	21.70	5.57		0.89	4.26	
其中:过磷酸钙	公斤	4.60	1.70			0.89	4.26	
(三)钾肥	公斤	4.06	30.25	3.79	0.41			7.87
其中:氯化钾	公斤	4.06	30.25					
(四)复混肥	公斤	47.38	17.25	23.33	30.78	49.17	67.58	58.37
1. 复合肥	公斤	47.38	17.25	23.33	30.78	49.17	67.58	58.37
其中:二铵	公斤			23.33	26.74	49.17	67.58	58.37
2. 混配肥	公斤							

7-3-1 2006年大中城市露地黄瓜成本收益情况

项 目	单位	平 均	北 京	天 津	石家庄	太 原	呼和浩特	沈 阳
每亩								
主产品产量	公斤	3895.20	3542.10	4149.10	6045.60	5220.00	5028.10	5325.00
产值合计	元	3594.84	2480.47	3965.20	5600.21	3760.80	3827.42	2533.67
主产品产值	元	3594.68	2480.47	3965.20	5600.21	3760.80	3827.42	2533.67
副产品产值	元	0.16						
总成本	元	1869.31	1488.93	1314.58	1410.82	2227.08	1618.73	1436.35
生产成本	元	1726.31	1345.45	1210.54	1327.90	2027.08	1398.73	1336.35
物质与服务费用	元	930.91	397.31	442.53	642.94	1260.60	854.55	993.79
人工成本	元	795.40	948.14	768.01	684.96	766.48	544.18	342.56
家庭用工折价	元	717.07	449.54	718.59	684.96	709.80	544.18	342.56
雇工费用	元	78.33	498.60	49.42		56.68		
土地成本	元	143.00	143.48	104.04	82.92	200.00	220.00	100.00
流转地租金	元	12.07	24.48	20.96		14.00	17.60	
自营地折租	元	130.92	119.00	83.08	82.92	186.00	202.40	100.00
净利润	元	1725.53	991.54	2650.62	4189.39	1533.72	2208.69	1097.32
现金成本	元	1021.31	920.39	512.91	642.94	1331.28	872.15	993.79
现金收益	元	2573.52	1560.08	3452.29	4957.27	2429.52	2955.27	1539.88
成本利润率	%	92.31	66.59	201.63	296.95	68.87	136.45	76.40
每50公斤主产品								
平均出售价格	元	46.14	35.01	47.78	46.32	36.02	38.06	23.79
总成本	元	23.99	21.02	15.84	11.67	21.33	16.10	13.49
生产成本	元	22.16	18.99	14.59	10.98	19.41	13.91	12.55
净利润	元	22.15	13.99	31.94	34.65	14.69	21.96	10.30
现金成本	元	13.11	12.99	6.18	5.32	12.75	8.67	9.33
现金收益	元	33.03	22.02	41.60	41.00	23.27	29.39	14.46
附:								
每亩用工数量	日	45.27	45.17	44.17	40.53	44.00	32.20	20.27
每亩主产品出售数量	公斤	3772.20	3324.70	4149.10	5937.40	4690.20	4839.20	5325.00
每亩主产品出售产值	元	3481.68	2480.47	3965.20	5503.88	3377.72	3682.90	2533.67
商品率	%	97.50	100.00	100.00	98.30	90.00	96.90	100.00
每亩补贴收入	元	1.34			12.81			
每亩成本外支出	元	1.15		8.60				

7－3－1 续表 1

项目	单位	大连	长春	哈尔滨	合肥	福州	厦门	南昌
每亩								
主产品产量	公斤	4260.50	2428.90	2793.30	4058.80	1695.60	2111.40	2866.10
产值合计	元	3112.50	2673.78	1656.62	4703.66	1834.33	4805.65	2614.22
主产品产值	元	3112.50	2673.78	1656.62	4703.66	1834.33	4805.65	2614.22
副产品产值	元							
总成本	元	1670.55	1866.11	1318.33	2108.57	1395.47	2540.25	1797.20
生产成本	元	1470.55	1704.99	1223.33	1983.57	1270.47	2399.50	1677.20
物质与服务费用	元	798.95	598.04	697.99	837.75	993.31	1850.25	918.39
人工成本	元	671.60	1106.95	525.34	1145.82	277.16	549.25	758.81
家庭用工折价	元	236.60	1106.95	125.91	1145.82	277.16	549.25	758.81
雇工费用	元	435.00		399.43				
土地成本	元	200.00	161.12	95.00	125.00	125.00	140.75	120.00
流转地租金	元	20.00			12.50	68.75	35.19	
自营地折租	元	180.00	161.12	95.00	112.50	56.25	105.56	120.00
净利润	元	1441.95	807.67	338.29	2595.09	438.86	2265.40	817.02
现金成本	元	1253.95	598.04	1097.42	850.25	1062.06	1885.44	918.39
现金收益	元	1858.55	2075.74	559.20	3853.41	772.27	2920.21	1695.83
成本利润率	%	86.32	43.28	25.66	123.07	31.45	89.18	45.46
每50公斤主产品								
平均出售价格	元	36.53	55.04	29.65	57.94	54.09	113.80	45.61
总成本	元	19.61	38.41	23.60	25.97	41.15	60.15	31.36
生产成本	元	17.26	35.10	21.90	24.43	37.46	56.82	29.26
净利润	元	16.92	16.63	6.05	31.97	12.94	53.65	14.25
现金成本	元	14.72	12.31	19.64	10.47	31.32	44.65	16.02
现金收益	元	21.81	42.73	10.01	47.47	22.77	69.15	29.59
附:								
每亩用工数量	日	28.50	65.50	20.80	67.80	16.40	32.50	44.90
每亩主产品出售数量	公斤	4260.50	2398.90	2788.60	3998.50	1695.60	2111.40	2866.10
每亩主产品出售产值	元	3112.50	2640.90	1654.27	4631.03	1834.33	4805.65	2614.22
商品率	%	100.00	99.00	99.90	98.50	100.00	100.00	100.00
每亩补贴收入	元			21.74				
每亩成本外支出	元							

7－3－1　续表 2

项　　目	单位	济　南	青　岛	郑　州	武　汉	广　州	南　宁	海　口
每亩								
主产品产量	公斤	5124.80	2883.30	4353.00	3252.40	3574.80	4066.70	2033.40
产值合计	元	3553.09	4690.00	4057.34	3684.47	5751.43	5033.33	2289.39
主产品产值	元	3553.09	4690.00	4057.34	3684.47	5751.43	5033.33	2289.39
副产品产值	元							
总成本	元	1873.19	2411.43	1974.83	1713.41	933.81	2350.54	1747.82
生产成本	元	1656.42	2231.43	1824.83	1662.41	870.14	2283.54	1631.99
物质与服务费用	元	802.95	1318.83	1187.53	1048.74	295.54	1421.64	775.16
人工成本	元	853.47	912.60	637.30	613.67	574.60	861.90	856.83
家庭用工折价	元	832.49	912.60	637.30	597.92	574.60	861.90	856.83
雇工费用	元	20.98			15.75			
土地成本	元	216.77	180.00	150.00	51.00	63.67	67.00	115.83
流转地租金	元			15.00	6.23	15.92		
自营地折租	元	216.77	180.00	135.00	44.77	47.75	67.00	115.83
净利润	元	1679.90	2278.57	2082.51	1971.06	4817.62	2682.79	541.57
现金成本	元	823.93	1318.83	1202.53	1070.72	311.46	1421.64	775.16
现金收益	元	2729.16	3371.17	2854.81	2613.75	5439.97	3611.69	1514.23
成本利润率	%	89.68	94.49	105.45	115.04	515.91	114.14	30.99
每50公斤主产品								
平均出售价格	元	34.67	81.33	46.60	56.64	80.44	61.88	56.29
总成本	元	18.28	41.82	22.68	26.34	13.06	28.90	42.97
生产成本	元	16.16	38.70	20.96	25.56	12.17	28.07	40.13
净利润	元	16.39	39.51	23.92	30.30	67.38	32.98	13.32
现金成本	元	8.04	22.87	13.81	16.46	4.36	17.48	19.06
现金收益	元	26.63	58.46	32.79	40.18	76.08	44.40	37.23
附：								
每亩用工数量	日	50.13	54.00	37.71	35.83	34.00	51.00	50.70
每亩主产品出售数量	公斤	5039.30	2753.30	4135.30	3228.90	3205.60	3985.30	1987.60
每亩主产品出售产值	元	3495.27	4444.00	3793.73	3656.47	5157.21	4932.67	2239.61
商品率	%	98.90	95.70	95.20	99.30	89.70	98.00	97.60
每亩补贴收入	元				1.59			
每亩成本外支出	元	2.84			4.64			

7-3-1 续表 3

项 目	单位	重 庆	贵 阳	昆 明	西 安	兰 州	银 川	乌鲁木齐
每亩								
主产品产量	公斤	2625.00	3870.00	3223.00	3788.90	4611.30	5645.00	6594.40
产值合计	元	2762.74	4457.50	2386.07	3042.05	4150.17	3950.00	3684.50
主产品产值	元	2762.74	4453.25	2386.07	3042.05	4150.17	3950.00	3684.50
副产品产值	元		4.25					
总成本	元	1417.04	1716.82	1589.35	2681.08	3322.12	2599.40	1945.72
生产成本	元	1363.81	1574.32	1324.40	2382.35	3202.12	2479.40	1745.72
物质与服务费用	元	657.22	851.00	742.70	986.38	1172.43	1871.00	716.99
人工成本	元	706.59	723.32	581.70	1395.97	2029.69	608.40	1028.73
家庭用工折价	元	706.59	723.32	581.70	1276.96	2029.69	608.40	508.69
雇工费用	元				119.01			520.04
土地成本	元	53.23	142.50	264.95	298.73	120.00	120.00	200.00
流转地租金	元	11.12			32.27	12.00		20.00
自营地折租	元	42.11	142.50	264.95	266.46	108.00	120.00	180.00
净利润	元	1345.70	2740.68	796.72	360.97	828.05	1350.60	1738.78
现金成本	元	668.34	851.00	742.70	1137.66	1184.43	1871.00	1257.03
现金收益	元	2094.40	3606.50	1643.37	1904.39	2965.74	2079.00	2427.47
成本利润率	%	94.97	159.64	50.13	13.46	24.93	51.96	89.36
每50公斤主产品								
平均出售价格	元	52.62	57.54	37.02	40.14	45.00	34.99	27.94
总成本	元	26.99	22.16	24.66	35.38	36.02	23.03	14.75
生产成本	元	25.98	20.32	20.55	31.44	34.72	21.96	13.24
净利润	元	25.63	35.38	12.36	4.76	8.98	11.96	13.19
现金成本	元	12.73	10.99	11.52	15.01	12.84	16.57	9.53
现金收益	元	39.89	46.55	25.50	25.13	32.16	18.42	18.41
附:								
每亩用工数量	日	41.81	42.80	34.42	83.51	120.10	36.00	47.40
每亩主产品出售数量	公斤	2587.10	3870.00	3223.00	3574.20	4150.10	5250.00	6473.70
每亩主产品出售产值	元	2737.00	4449.00	2386.07	2859.84	3735.15	3667.50	3615.17
商品率	%	98.70	100.00	100.00	96.30	90.00	92.80	99.00
每亩补贴收入	元							
每亩成本外支出	元						15.00	

7－3－2 2006年大中城市露地黄瓜费用和用工情况

项目	单位	平均	北京	天津	石家庄	太原	呼和浩特	沈阳
一、每亩物质与服务费用	元	930.91	397.31	442.53	642.94	1260.60	854.55	993.79
（一）直接费用	元	837.15	379.05	413.50	602.66	1171.60	707.92	912.79
1. 种子费	元	97.39	46.49	50.11	73.53	82.00	50.88	337.67
2. 化肥费	元	239.86	143.90	164.96	232.91	339.60	239.97	134.91
3. 农家肥费	元	138.86	87.25	71.39	90.83	156.00	168.88	90.00
4. 农药费	元	118.87	25.22	32.50	92.22	46.00	105.10	30.27
5. 农膜费	元	51.72	8.32	30.38	9.35	78.00	45.02	65.00
6. 租赁作业费	元	73.11	45.21	43.68	81.31	255.00	67.42	93.67
机械作业费	元	19.89	9.21	28.63	28.22	25.00	24.63	31.33
排灌费	元	42.20	36.00	15.05	53.09	230.00	42.79	30.67
其中：水费	元	17.89	27.71	5.21			42.79	
畜力费	元	11.02						31.67
7. 燃料动力费	元	3.28	7.52					
8. 技术服务费	元	0.04						
9. 工具材料费	元	108.39	15.14	12.82	20.30	215.00	28.77	161.27
10. 修理维护费	元	5.61		7.66	2.21		1.88	
11. 其他直接费用	元	0.03						
（二）间接费用	元	93.76	18.26	29.03	40.28	89.00	146.63	81.00
1. 固定资产折旧	元	17.41		9.39	4.51	14.00		
2. 税金	元							
3. 保险费	元							
4. 管理费	元	1.15						
5. 财务费	元	0.27						
6. 销售费	元	74.92	18.26	19.64	35.77	75.00	146.63	81.00
二、每亩人工成本	元	795.40	948.14	768.01	684.96	766.48	544.18	342.56
1. 家庭用工折价	元	717.07	449.54	718.59	684.96	709.80	544.18	342.56
家庭用工天数	日	42.43	26.60	42.52	40.53	42.00	32.20	20.27
劳动日工价	元	16.90	16.90	16.90	16.90	16.90	16.90	16.90
2. 雇工费用	元	78.33	498.60	49.42		56.68		
雇工天数	日	2.84	18.57	1.65		2.00		
雇工工价	元	27.58	26.85	29.95	20.00	28.34	34.00	30.00
三、附记								
1. 每亩种子用量	公斤							
2. 每亩化肥用量	公斤	50.89	30.88	40.52	52.80	76.43	55.11	29.87
3. 每亩农膜用量	公斤	4.34	0.79	2.23	0.84	6.01	3.50	5.00

7－3－2　续表 1

项　　目	单位	大　连	长　春	哈尔滨	合　肥	福　州	厦　门	南　昌
一、每亩物质与服务费用	元	798.95	598.04	697.99	837.75	993.31	1850.25	918.39
（一）直接费用	元	746.10	471.99	622.57	784.00	937.88	1565.25	689.95
1. 种子费	元	74.50	41.89	44.13	66.00	20.00	87.50	61.67
2. 化肥费	元	235.00	136.66	79.26	195.25	301.25	527.75	180.00
3. 农家肥费	元	139.00	20.24	83.33	128.50	58.00	75.00	152.78
4. 农药费	元	130.00	17.68	98.19	77.25	152.00	400.00	91.11
5. 农膜费	元	60.00	84.29	81.23	119.25	109.17		66.67
6. 租赁作业费	元	58.50	97.10	109.18	88.25	62.13	140.00	8.11
机械作业费	元	17.00	21.09	37.67				
排灌费	元	41.50	13.05	67.29	30.75	31.00	90.00	8.11
其中：水费	元	41.50		67.29	15.13	31.00	90.00	
畜力费	元		62.96	4.22	57.50	31.13	50.00	
7. 燃料动力费	元		52.23					
8. 技术服务费	元							
9. 工具材料费	元	35.10	12.74	127.25	100.25	213.33	335.00	129.61
10. 修理维护费	元	14.00	9.16		9.25	22.00		
11. 其他直接费用	元							
（二）间接费用	元	52.85	126.05	75.42	53.75	55.43	285.00	228.44
1. 固定资产折旧	元	17.00	28.28		47.50	21.00		16.22
2. 税金	元							
3. 保险费	元							
4. 管理费	元	10.95						
5. 财务费	元							
6. 销售费	元	24.90	97.77	75.42	6.25	34.43	285.00	212.22
二、每亩人工成本	元	671.60	1106.95	525.34	1145.82	277.16	549.25	758.81
1. 家庭用工折价	元	236.60	1106.95	125.91	1145.82	277.16	549.25	758.81
家庭用工天数	日	14.00	65.50	7.45	67.80	16.40	32.50	44.90
劳动日工价	元	16.90	16.90	16.90	16.90	16.90	16.90	16.90
2. 雇工费用	元	435.00		399.43				
雇工天数	日	14.50		13.35				
雇工工价	元	30.00	24.00	29.92	27.50	40.00	30.00	50.00
三、附记								
1. 每亩种子用量	公斤							
2. 每亩化肥用量	公斤	46.15	23.41	17.63	32.51	70.83	125.52	45.00
3. 每亩农膜用量	公斤	3.95	5.97	5.28	7.95	11.43		13.33

7-3-2 续表 2

项目	单位	济南	青岛	郑州	武汉	广州	南宁	海口
一、每亩物质与服务费用	元	802.95	1318.83	1187.53	1048.74	295.54	1421.64	775.16
(一)直接费用	元	747.82	1092.16	1142.35	973.21	295.54	1353.84	605.23
1. 种子费	元	58.33	225.00	62.85	84.46	12.33	146.00	67.33
2. 化肥费	元	278.38	237.50	300.13	296.73	48.05	400.17	194.82
3. 农家肥费	元	119.16	290.00	335.06	48.02	153.33	143.33	39.45
4. 农药费	元	81.56	120.00	127.82	162.97	18.33	343.33	118.05
5. 农膜费	元	46.36		159.11	84.37		30.00	
6. 租赁作业费	元	61.05	121.33	73.98	61.30		30.00	38.31
机械作业费	元	9.69	53.33	33.89	22.40			
排灌费	元	51.36	68.00	40.09	28.77			18.31
其中:水费	元	3.28	43.00	30.42	1.83			
畜力费	元				10.13		30.00	20.00
7. 燃料动力费	元						16.67	
8. 技术服务费	元	1.16						
9. 工具材料费	元	99.47	78.33	78.73	225.36	63.50	235.67	147.27
10. 修理维护费	元	1.63	20.00	4.67	10.00		8.67	
11. 其他直接费用	元	0.72						
(二)间接费用	元	55.13	226.67	45.18	75.53		67.80	169.93
1. 固定资产折旧	元	24.18	46.67	12.35	31.51		5.80	4.74
2. 税金	元							
3. 保险费	元							
4. 管理费	元	0.58		10.23	2.60		6.67	
5. 财务费	元							
6. 销售费	元	30.37	180.00	22.60	41.42		55.33	165.19
二、每亩人工成本	元	853.47	912.60	637.30	613.67	574.60	861.90	856.83
1. 家庭用工折价	元	832.49	912.60	637.30	597.92	574.60	861.90	856.83
家庭用工天数	日	49.26	54.00	37.71	35.38	34.00	51.00	50.70
劳动日工价	元	16.90	16.90	16.90	16.90	16.90	16.90	16.90
2. 雇工费用	元	20.98			15.75			
雇工天数	日	0.87			0.45			
雇工工价	元	24.11	26.90	30.50	35.00	40.00	20.00	25.54
三、附记								
1. 每亩种子用量	公斤							
2. 每亩化肥用量	公斤	59.74	48.60	76.95	51.32	8.50	86.54	33.18
3. 每亩农膜用量	公斤	4.26		11.39	6.63		2.53	

7－3－2　续表 3

项　　目	单位	重　庆	贵　阳	昆　明	西　安	兰　州	银　川	乌鲁木齐
一、每亩物质与服务费用	元	657.22	851.00	742.70	986.38	1172.43	1871.00	716.99
（一）直接费用	元	581.30	829.25	710.18	908.84	965.92	1725.00	667.16
1. 种子费	元	48.87	72.50	31.50	103.85	54.61	562.50	62.92
2. 化肥费	元	158.71	231.75	207.12	274.23	167.23	644.50	125.48
3. 农家肥费	元	91.65	87.50	138.79	180.02	545.73	170.00	86.08
4. 农药费	元	85.29	176.25	183.14	133.76	170.65	150.00	40.67
5. 农膜费	元	67.12	79.50	55.30	5.48		63.00	49.50
6. 租赁作业费	元	13.86	39.50	35.79	129.27	10.50	70.00	139.56
机械作业费	元	13.86	35.00	35.79	37.26		30.00	43.09
排灌费	元		4.50		92.01	10.50	40.00	96.47
其中：水费	元		4.50			10.50	40.00	28.94
畜力费	元							
7. 燃料动力费	元			12.01				
8. 技术服务费	元							
9. 工具材料费	元	109.95	137.50	46.53	72.45	17.20	45.00	162.95
10. 修理维护费	元	5.85	4.75		9.78		20.00	
11. 其他直接费用	元							
（二）间接费用	元	75.92	21.75	32.52	77.54	206.51	146.00	49.83
1. 固定资产折旧	元	16.84	8.50		40.82	50.88	70.00	
2. 税金	元							
3. 保险费	元							
4. 管理费	元							
5. 财务费	元							7.33
6. 销售费	元	59.08	13.25	32.52	36.72	155.63	76.00	42.50
二、每亩人工成本	元	706.59	723.32	581.70	1395.97	2029.69	608.40	1028.73
1. 家庭用工折价	元	706.59	723.32	581.70	1276.96	2029.69	608.40	508.69
家庭用工天数	日	41.81	42.80	34.42	75.56	120.10	36.00	30.10
劳动日工价	元	16.90	16.90	16.90	16.90	16.90	16.90	16.90
2. 雇工费用	元				119.01			520.04
雇工天数	日				7.95			17.30
雇工工价	元	31.33	20.00	20.00	14.97	25.00	25.00	30.06
三、附记								
1. 每亩种子用量	公斤							
2. 每亩化肥用量	公斤	32.28	58.90	48.86	49.26	39.27	117.00	16.90
3. 每亩农膜用量	公斤	5.85	6.00	4.37	1.27		5.00	3.57

7－3－3　2006年大中城市露地黄瓜化肥投入情况

项　目	单位	平　均	北　京	天　津	石家庄	太　原	呼和浩特	沈　阳
一、每亩化肥金额	元	239.86	143.90	164.96	232.91	339.60	239.97	134.91
（一）氮肥	元	86.55	65.17	94.71	55.33	101.60	98.08	15.83
1. 尿素	元	70.63	61.30	94.71	54.52	101.60	98.08	15.83
2. 碳铵	元	13.55	3.87		0.81			
3. 其他氮肥	元	2.37						
（二）磷肥	元	8.94		8.75	9.50	1.33		10.00
其中：过磷酸钙	元	5.58		8.75	9.50	1.33		10.00
（三）钾肥	元	21.12			2.86			9.33
其中：氯化钾	元	17.23			2.86			9.33
（四）复混肥	元	116.80	68.73	61.50	165.22	236.67	141.89	99.75
1. 复合肥	元	112.82	68.73	61.50	165.22	236.67	141.89	99.75
其中：二铵	元	42.83	52.25	61.50	43.89	236.67	141.89	35.58
2. 混配肥	元	3.98						
（五）其他肥料	元	6.45	10.00					
二、每亩化肥折纯用量	公斤	50.89	30.88	40.52	52.80	76.43	55.11	29.87
（一）氮肥	公斤	20.60	14.51	24.20	14.11	25.56	23.69	3.83
1. 尿素	公斤	16.88	13.40	24.20	13.86	25.56	23.69	3.83
2. 碳铵	公斤	3.53	1.11		0.25			
3. 其他氮肥	公斤	0.19						
（二）磷肥	公斤	2.42		2.54	3.30	0.38		2.83
其中：过磷酸钙	公斤	1.85		2.54	3.30	0.38		2.83
（三）钾肥	公斤	4.49			0.80			2.28
其中：氯化钾	公斤	4.16			0.80			2.28
（四）复混肥	公斤	23.38	16.37	13.78	34.59	50.49	31.42	20.93
1. 复合肥	公斤	22.69	16.37	13.78	34.59	50.49	31.42	20.93
其中：二铵	公斤	9.43	13.09	13.78	10.03	50.49	31.42	7.80
2. 混配肥	公斤	0.69						

7－3－3　续表 1

项　　目	单位	大　连	长　春	哈尔滨	合　肥	福　州	厦　门	南　昌
一、每亩化肥金额	元	235.00	136.66	79.26	195.25	301.25	527.75	180.00
（一）氮肥	元	78.50	50.34	31.20	62.50	169.58	110.00	
1. 尿素	元	78.50	50.34	31.20	62.50	139.58	110.00	
2. 碳铵	元					30.00		
3. 其他氮肥	元							
（二）磷肥	元		27.19		5.75		37.50	
其中：过磷酸钙	元				5.75		37.50	
（三）钾肥	元		24.09		7.00		380.25	
其中：氯化钾	元						380.25	
（四）复混肥	元	156.50	35.04	48.06	115.00	131.67		180.00
1. 复合肥	元	75.00	35.04	48.06	115.00	131.67		180.00
其中：二铵	元		33.14	48.06				
2. 混配肥	元	81.50						
（五）其他肥料	元				5.00			
二、每亩化肥折纯用量	公斤	46.15	23.41	17.63	32.51	70.83	125.52	45.00
（一）氮肥	公斤	18.40	11.58	7.36	14.38	42.03	23.00	
1. 尿素	公斤	18.40	11.58	7.36	14.38	32.58	23.00	
2. 碳铵	公斤					9.45		
3. 其他氮肥	公斤							
（二）磷肥	公斤		2.43		2.13		13.14	
其中：过磷酸钙	公斤				2.13		13.14	
（三）钾肥	公斤		2.01		1.00		89.38	
其中：氯化钾	公斤						89.38	
（四）复混肥	公斤	27.75	7.39	10.27	15.00	28.80		45.00
1. 复合肥	公斤	15.75	7.39	10.27	15.00	28.80		45.00
其中：二铵	公斤		7.07	10.27				
2. 混配肥	公斤	12.00						

7-3-3 续表 2

项目	单位	济南	青岛	郑州	武汉	广州	南宁	海口
一、每亩化肥金额	元	278.38	237.50	300.13	296.73	48.05	400.17	194.82
(一)氮肥	元	120.64	66.50	266.03	21.57		86.67	6.66
1.尿素	元	116.76	66.50	159.80	9.29		86.67	6.66
2.碳铵	元	3.88		106.23	12.28			
3.其他氮肥	元							
(二)磷肥	元				14.85		24.17	16.50
其中:过磷酸钙	元				14.85		8.33	16.50
(三)钾肥	元						70.00	
其中:氯化钾	元						70.00	
(四)复混肥	元	141.60	171.00	34.10	258.45	48.05	219.33	171.66
1.复合肥	元	141.60	171.00	34.10	258.45	48.05	219.33	155.60
其中:二铵	元	83.90						
2.混配肥	元							16.06
(五)其他肥料	元	16.14			1.86			
二、每亩化肥折纯用量	公斤	59.74	48.60	76.95	51.32	8.50	86.54	33.18
(一)氮肥	公斤	30.37	16.10	72.50	6.06		19.17	1.47
1.尿素	公斤	29.10	16.10	38.02	2.14		19.17	1.47
2.碳铵	公斤	1.27		34.48	3.92			
3.其他氮肥	公斤							
(二)磷肥	公斤				3.52		9.17	4.37
其中:过磷酸钙	公斤				3.52		2.83	4.37
(三)钾肥	公斤						19.25	
其中:氯化钾	公斤						19.25	
(四)复混肥	公斤	29.37	32.50	4.45	41.74	8.50	38.95	27.34
1.复合肥	公斤	29.37	32.50	4.45	41.74	8.50	38.95	24.00
其中:二铵	公斤	19.21						
2.混配肥	公斤							3.34

7-3-3 续表 3

项 目	单位	重 庆	贵 阳	昆 明	西 安	兰 州	银 川	乌鲁木齐
一、每亩化肥金额	元	158.71	231.75	207.12	274.23	167.23	644.50	125.48
(一)氮肥	元	76.80	74.25	109.30	111.27	61.43	349.00	53.89
1.尿素	元	69.60	74.25	101.75	100.30		189.00	28.29
2.碳铵	元	7.20		7.55	10.97	61.43	96.00	25.60
3.其他氮肥	元						64.00	
(二)磷肥	元	11.20		36.26	38.33			
其中:过磷酸钙	元	1.99		36.26				
(三)钾肥	元	14.75		18.84	33.42			9.67
其中:氯化钾	元	2.68						
(四)复混肥	元	49.65	157.50	42.72	53.15	105.80	225.00	35.53
1.复合肥	元	49.65	157.50	32.76	53.15	105.80	225.00	35.53
其中:二铵	元				53.15	105.80	225.00	35.53
2.混配肥	元			9.96				
(五)其他肥料	元	6.31			38.06		70.50	26.39
二、每亩化肥折纯用量	公斤	32.28	58.90	48.86	49.26	39.27	117.00	16.90
(一)氮肥	公斤	19.60	18.40	26.05	28.42	17.41	69.00	9.03
1.尿素	公斤	17.38	18.40	24.00	25.52		46.00	6.67
2.碳铵	公斤	2.22		2.05	2.90	17.41	18.00	2.36
3.其他氮肥	公斤						5.00	
(二)磷肥	公斤	3.50		14.20	3.83			
其中:过磷酸钙	公斤	0.61		14.20				
(三)钾肥	公斤	1.83		1.52	2.78			0.40
其中:氯化钾	公斤	0.70						
(四)复混肥	公斤	7.35	40.50	7.09	14.23	21.86	48.00	7.47
1.复合肥	公斤	7.35	40.50	3.92	14.23	21.86	48.00	7.47
其中:二铵	公斤				14.23	21.86	48.00	7.47
2.混配肥	公斤			3.17				

7-4-1 2006年大中城市大棚黄瓜成本收益情况

项目	单位	平均	天津	石家庄	太原	呼和浩特	沈阳
每亩							
主产品产量	公斤	4903.50	6319.80	6103.80	5300.00	6121.10	8500.00
产值合计	元	6448.48	9160.17	9434.02	10068.00	6115.05	11500.00
主产品产值	元	6448.48	9160.17	9434.02	10068.00	6115.05	11500.00
副产品产值	元						
总成本	元	3799.52	2336.88	5822.76	6278.47	4064.62	4001.15
生产成本	元	3521.67	2235.42	5579.46	6078.47	3101.11	3858.65
物质与服务费用	元	2089.25	1197.05	3838.08	4431.55	1542.93	2861.55
人工成本	元	1432.42	1038.37	1741.38	1646.92	1558.18	997.10
家庭用工折价	元	1263.95	811.37	1741.38	1466.92	1558.18	997.10
雇工费用	元	168.47	227.00		180.00		
土地成本	元	277.85	101.46	243.30	200.00	963.51	142.50
流转地租金	元	34.81	16.38	20.05	14.00	77.08	
自营地折租	元	243.03	85.08	223.25	186.00	886.43	142.50
净利润	元	2648.96	6823.29	3611.26	3789.53	2050.43	7498.85
现金成本	元	2292.53	1440.43	3858.13	4625.55	1620.01	2861.55
现金收益	元	4155.95	7719.74	5575.89	5442.45	4495.04	8638.45
成本利润率	%	69.72	291.98	62.02	60.36	50.45	187.42
每50公斤主产品							
平均出售价格	元	65.75	72.47	77.28	94.98	49.95	67.65
总成本	元	38.74	18.49	47.70	59.23	33.20	23.54
生产成本	元	35.91	17.69	45.70	57.34	25.33	22.70
净利润	元	27.01	53.98	29.58	35.75	16.75	44.11
现金成本	元	23.38	11.40	31.60	43.64	13.23	16.83
现金收益	元	42.37	61.07	45.68	51.34	36.72	50.82
附：							
每亩用工数量	日	80.14	54.15	103.04	92.80	92.20	59.00
每亩主产品出售数量	公斤	4785.90	6319.80	6089.60	4770.00	6011.90	8500.00
每亩主产品出售产值	元	6283.28	9160.17	9411.67	9061.31	6005.50	11500.00
商品率	%	97.80	100.00	99.80	90.00	98.40	100.00
每亩补贴收入	元	0.91					
每亩成本外支出	元	1.91					

7－4－1　续表 1

项　　目	单位	大　连	长　春	上　海	南　京	杭　州	宁　波
每亩							
主产品产量	公斤	4298.60	3426.10	4025.00	2876.70	4273.90	2081.30
产值合计	元	4316.57	5299.16	5232.50	3967.23	8017.00	4467.87
主产品产值	元	4316.57	5299.16	5232.50	3967.23	8017.00	4467.87
副产品产值	元						
总成本	元	3060.89	4410.73	2450.10	2600.43	3845.61	3079.66
生产成本	元	2760.89	3248.86	2375.10	2315.33	3605.61	2973.16
物质与服务费用	元	1436.99	1765.94	1276.60	1475.44	2089.56	1183.43
人工成本	元	1323.90	1482.92	1098.50	839.89	1516.05	1789.73
家庭用工折价	元	417.60	1373.97	1098.50	795.99	884.38	704.73
雇工费用	元	906.30	108.95		43.90	631.67	1085.00
土地成本	元	300.00	1161.87	75.00	285.10	240.00	106.50
流转地租金	元	45.86		37.50	99.79	69.64	43.88
自营地折租	元	254.14	1161.87	37.50	185.31	170.36	62.62
净利润	元	1255.68	888.43	2782.40	1366.80	4171.39	1388.21
现金成本	元	2389.15	1874.89	1314.10	1619.13	2790.87	2312.31
现金收益	元	1927.42	3424.27	3918.40	2348.10	5226.13	2155.56
成本利润率	%	41.02	20.14	113.56	52.56	108.47	45.08
每50公斤主产品							
平均出售价格	元	50.21	77.34	65.00	68.95	93.79	107.33
总成本	元	35.60	64.37	30.44	45.20	44.99	73.98
生产成本	元	32.11	47.42	29.50	40.24	42.18	71.42
净利润	元	14.61	12.97	34.56	23.75	48.80	33.35
现金成本	元	27.79	27.36	16.32	28.14	32.65	55.55
现金收益	元	22.42	49.98	48.68	40.81	61.14	51.78
附:							
每亩用工数量	日	54.93	85.80	65.00	48.50	66.66	72.70
每亩主产品出售数量	公斤	4298.60	3415.70	4025.00	2638.10	4273.90	2081.30
每亩主产品出售产值	元	4316.57	5281.43	5232.50	3636.84	8017.00	4467.87
商品率	%	100.00	99.70	100.00	91.70	100.00	100.00
每亩补贴收入	元						
每亩成本外支出	元				19.18		

7－4－1　续表 2

项　　目	单位	合　肥	青　岛	武　汉	长　沙	成　都
每亩						
主产品产量	公斤	4416.30	4016.70	3669.90	5046.70	3000.00
产值合计	元	5820.63	7692.67	4203.98	4293.65	2400.00
主产品产值	元	5820.63	7692.67	4203.98	4293.65	2400.00
副产品产值	元					
总成本	元	3192.16	4485.77	2435.54	1969.21	3204.80
生产成本	元	3017.16	4305.77	2384.54	1869.21	2919.80
物质与服务费用	元	1775.01	3067.00	1732.20	1164.48	1787.50
人工成本	元	1242.15	1238.77	652.34	704.73	1132.30
家庭用工折价	元	1242.15	1238.77	652.34	704.73	1132.30
雇工费用	元					
土地成本	元	175.00	180.00	51.00	100.00	285.00
流转地租金	元	17.00		6.23	30.00	142.50
自营地折租	元	158.00	180.00	44.77	70.00	142.50
净利润	元	2628.47	3206.90	1768.44	2324.44	－804.80
现金成本	元	1792.01	3067.00	1738.43	1194.48	1930.00
现金收益	元	4028.62	4625.67	2465.55	3099.17	470.00
成本利润率	%	82.34	71.49	72.61	118.04	－25.10
每 50 公斤主产品						
平均出售价格	元	65.90	95.76	57.28	42.54	40.00
总成本	元	36.14	55.84	33.18	19.51	53.41
生产成本	元	34.16	53.60	32.49	18.52	48.66
净利润	元	29.76	39.92	24.10	23.03	－13.41
现金成本	元	20.29	38.18	23.69	11.83	32.17
现金收益	元	45.61	57.58	33.59	30.71	7.83
附：						
每亩用工数量	日	73.50	73.30	38.60	41.70	67.00
每亩主产品出售数量	公斤	4337.90	3866.70	3643.30	4943.00	3000.00
每亩主产品出售产值	元	5717.13	7386.67	4182.87	4204.60	2400.00
商品率	%	98.30	97.00	99.40	98.00	100.00
每亩补贴收入	元			1.60		
每亩成本外支出	元			5.93		

7－4－1　续表 3

项　　目	单位	西　安	兰　州	西　宁	银　川	乌鲁木齐
每亩						
主产品产量	公斤	4124.10	6422.50	4695.00	7275.00	6981.60
产值合计	元	4045.65	6967.01	7538.31	8416.82	6461.83
主产品产值	元	4045.65	6967.01	7538.31	8416.82	6461.83
副产品产值	元					
总成本	元	3989.58	5153.33	3488.83	6386.15	3532.81
生产成本	元	3685.35	4943.33	3198.49	6266.15	3232.81
物质与服务费用	元	1546.62	2044.81	1425.85	4292.23	1939.44
人工成本	元	2138.73	2898.52	1772.64	1973.92	1293.37
家庭用工折价	元	1953.64	2898.52	1686.11	1973.92	1210.04
雇工费用	元	185.09		86.53		83.33
土地成本	元	304.23	210.00	290.34	120.00	300.00
流转地租金	元	31.15	21.00	29.03		30.00
自营地折租	元	273.08	189.00	261.31	120.00	270.00
净利润	元	56.07	1813.68	4049.48	2030.67	2929.02
现金成本	元	1762.86	2065.81	1541.41	4292.23	2052.77
现金收益	元	2282.79	4901.20	5996.90	4124.59	4409.06
成本利润率	%	1.41	35.19	116.07	31.80	82.91
每50公斤主产品						
平均出售价格	元	49.05	54.24	80.28	57.85	46.28
总成本	元	48.37	40.12	37.15	43.89	25.30
生产成本	元	44.68	38.49	34.06	43.07	23.15
净利润	元	0.68	14.12	43.13	13.96	20.98
现金成本	元	21.37	16.08	16.42	29.50	14.70
现金收益	元	27.68	38.16	63.86	28.35	31.58
附：						
每亩用工数量	日	127.58	171.51	103.23	116.80	74.90
每亩主产品出售数量	公斤	3926.20	6211.30	4498.60	6880.00	6772.10
每亩主产品出售产值	元	3843.79	6723.99	7183.00	7948.00	6267.97
商品率	%	96.50	96.90	95.60	95.00	97.00
每亩补贴收入	元			17.50		
每亩成本外支出	元				15.00	

7-4-2 2006年大中城市大棚黄瓜费用和用工情况

项　　目	单位	平　均	天　津	石家庄	太　原	呼和浩特	沈　阳
一、每亩物质与服务费用	元	2089.25	1197.05	3838.08	4431.55	1542.93	2861.55
（一）直接费用	元	1526.62	829.03	2049.24	2624.33	1294.01	2087.29
1. 种子费	元	134.48	41.02	179.87	110.00	90.76	377.34
2. 化肥费	元	263.53	192.56	239.73	400.00	199.48	163.87
3. 农家肥费	元	182.29	98.16	164.60	208.33	225.53	242.25
4. 农药费	元	122.36	49.43	110.20	105.00	127.58	92.63
5. 农膜费	元	509.87	340.47	761.50	1170.00	205.76	647.16
6. 租赁作业费	元	84.53	26.13	139.42	325.00	101.56	134.66
机械作业费	元	26.02			85.00	28.62	71.25
排灌费	元	55.96	26.13	139.42	240.00	72.94	63.41
其中：水费	元	18.75	9.92			72.94	
畜力费	元	2.54					
7. 燃料动力费	元	52.57	59.51	235.11		113.05	
8. 技术服务费	元	2.56		22.73	31.11		
9. 工具材料费	元	142.61	20.77	168.35	233.33	220.08	283.32
10. 修理维护费	元	30.96	0.98	27.73	41.56	10.21	146.06
11. 其他直接费用	元	0.85					
（二）间接费用	元	562.63	368.02	1788.84	1807.22	248.92	774.26
1. 固定资产折旧	元	449.44	272.49	1725.37	1487.22	95.32	750.75
2. 税金	元						
3. 保险费	元	3.88					
4. 管理费	元	3.40					
5. 财务费	元	1.43					
6. 销售费	元	104.48	95.53	63.47	320.00	153.60	23.51
二、每亩人工成本	元	1432.42	1038.37	1741.38	1646.92	1558.18	997.10
1. 家庭用工折价	元	1263.95	811.37	1741.38	1466.92	1558.18	997.10
家庭用工天数	日	74.79	48.01	103.04	86.80	92.20	59.00
劳动日工价	元	16.90	16.90	16.90	16.90	16.90	16.90
2. 雇工费用	元	168.47	227.00		180.00		
雇工天数	日	5.35	6.14		6.00		
雇工工价	元	31.49	36.97	20.00	30.00	34.00	30.00
三、附记							
1. 每亩种子用量	公斤						
2. 每亩化肥用量	公斤	50.10	47.66	58.28	100.00	36.63	27.93
3. 每亩农膜用量	公斤	35.74	25.03	61.76	90.00	14.10	49.88

7－4－2　续表 1

项　　目	单位	大　连	长　春	上　海	南　京	杭　州	宁　波
一、每亩物质与服务费用	元	1436.99	1765.94	1276.60	1475.44	2089.56	1183.43
（一）直接费用	元	1144.37	1142.63	786.70	1316.65	1201.90	855.10
1. 种子费	元	134.71	114.87	83.00	29.03	104.00	60.67
2. 化肥费	元	170.76	55.66	149.00	142.95	227.00	156.09
3. 农家肥费	元	138.45	115.13	50.00	225.80	241.67	55.00
4. 农药费	元	103.67	54.92	164.30	151.51	150.23	61.00
5. 农膜费	元	464.41	278.06	135.00	544.20	272.67	338.67
6. 租赁作业费	元	92.85	61.13	69.20	54.24	36.00	36.50
机械作业费	元			45.00	44.97		24.83
排灌费	元	92.85	61.13	24.20	9.27	36.00	11.67
其中：水费	元	92.85				19.67	6.17
畜力费	元						
7. 燃料动力费	元	13.49	402.26				
8. 技术服务费	元						
9. 工具材料费	元	15.42	35.00	89.40	160.61	76.33	21.00
10. 修理维护费	元	10.61	24.39	46.80	8.31	94.00	126.17
11. 其他直接费用	元		1.21				
（二）间接费用	元	292.62	623.31	489.90	158.79	887.66	328.33
1. 固定资产折旧	元	225.51	485.98	95.00	109.34	845.33	250.00
2. 税金	元						
3. 保险费	元			81.50			
4. 管理费	元	8.01		60.00			
5. 财务费	元			30.00			
6. 销售费	元	59.10	137.33	223.40	49.45	42.33	78.33
二、每亩人工成本	元	1323.90	1482.92	1098.50	839.89	1516.05	1789.73
1. 家庭用工折价	元	417.60	1373.97	1098.50	795.99	884.38	704.73
家庭用工天数	日	24.71	81.30	65.00	47.10	52.33	41.70
劳动日工价	元	16.90	16.90	16.90	16.90	16.90	16.90
2. 雇工费用	元	906.30	108.95		43.90	631.67	1085.00
雇工天数	日	30.22	4.50		1.40	14.33	31.00
雇工工价	元	29.99	24.21	30.00	31.36	44.08	35.00
三、附记							
1. 每亩种子用量	公斤						
2. 每亩化肥用量	公斤	21.37	12.37	37.30	35.93	39.83	31.39
3. 每亩农膜用量	公斤	30.60	16.92	9.00	39.97	20.27	21.83

7－4－2 续表 2

项 目	单位	合 肥	青 岛	武 汉	长 沙	成 都
一、每亩物质与服务费用	元	1775.01	3067.00	1732.20	1164.48	1787.50
（一）直接费用	元	1523.76	2444.33	1444.22	874.48	1144.50
1. 种子费	元	71.75	233.33	60.55	46.67	16.00
2. 化肥费	元	232.07	287.67	257.67	137.98	318.50
3. 农家肥费	元	93.75	366.67	69.37	170.00	
4. 农药费	元	97.50	180.00	142.86	206.83	44.50
5. 农膜费	元	753.75	1108.33	586.06	84.00	607.50
6. 租赁作业费	元	86.44	125.00	42.17	72.67	78.00
机械作业费	元	55.63	53.33	19.53	50.00	
排灌费	元	30.81	71.67	19.25	22.67	28.00
其中：水费	元	14.49	43.33	2.34		28.00
畜力费	元			3.39		50.00
7. 燃料动力费	元					
8. 技术服务费	元					
9. 工具材料费	元	188.50	135.00	265.79	133.33	80.00
10. 修理维护费	元		8.33	19.75	6.33	
11. 其他直接费用	元				16.67	
（二）间接费用	元	251.25	622.67	287.98	290.00	643.00
1. 固定资产折旧	元	251.25	266.67	232.48	263.33	643.00
2. 税金	元					
3. 保险费	元					
4. 管理费	元			3.40		
5. 财务费	元					
6. 销售费	元		356.00	52.10	26.67	
二、每亩人工成本	元	1242.15	1238.77	652.34	704.73	1132.30
1. 家庭用工折价	元	1242.15	1238.77	652.34	704.73	1132.30
家庭用工天数	日	73.50	73.30	38.60	41.70	67.00
劳动日工价	元	16.90	16.90	16.90	16.90	16.90
2. 雇工费用	元					
雇工天数	日					
雇工工价	元	27.50	26.90	40.00	40.00	14.00
三、附记						
1. 每亩种子用量	公斤					
2. 每亩化肥用量	公斤	51.32	58.83	45.17	17.87	41.06
3. 每亩农膜用量	公斤	50.25	65.00	44.61	5.97	45.00

7－4－1　续表 3

项　　目	单位	西　安	兰　州	西　宁	银　川	乌鲁木齐
一、每亩物质与服务费用	元	1546.62	2044.81	1425.85	4292.23	1939.44
（一）直接费用	元	1325.34	1945.85	1087.11	3256.56	1681.53
1. 种子费	元	148.83	236.12	57.18	523.64	104.73
2. 化肥费	元	311.06	264.51	254.77	967.03	405.78
3. 农家肥费	元	162.30	472.53	166.89	250.67	311.06
4. 农药费	元	107.37	216.76	86.97	249.07	67.24
5. 农膜费	元	336.50	630.48	366.38	588.38	488.07
6. 租赁作业费	元	123.06	21.61	28.96	79.00	41.46
机械作业费	元	38.31			30.00	
排灌费	元	84.75	21.61	28.96	49.00	41.46
其中：水费	元		21.61	28.96	41.00	12.44
畜力费	元					
7. 燃料动力费	元		65.57		43.10	171.83
8. 技术服务费	元					
9. 工具材料费	元	111.48	26.91	125.96	538.00	66.25
10. 修理维护费	元	24.74	11.36		17.67	25.11
11. 其他直接费用	元					
（二）间接费用	元	221.28	98.96	338.74	1035.67	257.91
1. 固定资产折旧	元	46.94	66.57	241.20	826.67	257.91
2. 税金	元					
3. 保险费	元					
4. 管理费	元					
5. 财务费	元					
6. 销售费	元	174.34	32.39	97.54	209.00	
二、每亩人工成本	元	2138.73	2898.52	1772.64	1973.92	1293.37
1. 家庭用工折价	元	1953.64	2898.52	1686.11	1973.92	1210.04
家庭用工天数	日	115.60	171.51	99.77	116.80	71.60
劳动日工价	元	16.90	16.90	16.90	16.90	16.90
2. 雇工费用	元	185.09		86.53		83.33
雇工天数	日	11.98		3.46		3.30
雇工工价	元	15.45	25.00	25.01	25.00	25.25
三、附记						
1. 每亩种子用量	公斤					
2. 每亩化肥用量	公斤	60.33	61.34	54.13	153.96	59.40
3. 每亩农膜用量	公斤	26.95	50.86	27.59	21.60	33.30

7-4-3　2006年大中城市大棚黄瓜化肥投入情况

项　　目	单位	平　均	天　津	石家庄	太　原	呼和浩特	沈　阳
一、每亩化肥金额	元	263.53	192.56	239.73	400.00	199.48	163.87
(一)氮肥	元	67.41	95.65	65.47		56.11	
1.尿素	元	60.05	95.65	65.47		50.64	
2.碳铵	元	6.42				5.47	
3.其他氮肥	元	0.94					
(二)磷肥	元	6.37	22.76				
其中:过磷酸钙	元	3.60	22.76				
(三)钾肥	元	15.96		18.08			57.00
其中:氯化钾	元	4.85		18.08			57.00
(四)复混肥	元	140.47	74.15	156.18	400.00	100.89	64.12
1.复合肥	元	120.08	74.15	156.18		100.89	64.12
其中:二铵	元	59.34	74.15	94.25		100.89	64.12
2.混配肥	元	20.39			400.00		
(五)其他肥料	元	33.32				42.48	42.75
二、每亩化肥折纯用量	公斤	50.10	47.66	58.28	100.00	36.63	27.93
(一)氮肥	公斤	17.12	24.39	16.65		14.43	
1.尿素	公斤	15.13	24.39	16.65		12.54	
2.碳铵	公斤	1.86				1.89	
3.其他氮肥	公斤	0.13					
(二)磷肥	公斤	1.25	6.35				
其中:过磷酸钙	公斤	0.78	6.35				
(三)钾肥	公斤	2.13		4.50			14.25
其中:氯化钾	公斤	1.23		4.50			14.25
(四)复混肥	公斤	29.59	16.92	37.13	100.00	22.20	13.68
1.复合肥	公斤	24.62	16.92	37.13		22.20	13.68
其中:二铵	公斤	14.28	16.92	24.45		22.20	13.68
2.混配肥	公斤	4.98			100.00		

7－4－3 续表 1

项　　目	单位	大 连	长 春	上 海	南 京	杭 州	宁 波
一、每亩化肥金额	元	170.76	55.66	149.00	142.95	227.00	156.09
(一)氮肥	元	35.72	27.62	89.00	45.78	45.33	58.92
1.尿素	元	15.86	27.62	60.00	28.55	45.33	58.92
2.碳铵	元	13.24		29.00	17.23		
3.其他氮肥	元	6.62					
(二)磷肥	元	6.70				4.67	
其中:过磷酸钙	元	6.70				4.67	
(三)钾肥	元	35.88					
其中:氯化钾	元						
(四)复混肥	元	40.88	28.04	60.00	97.17	177.00	97.17
1.复合肥	元	40.88	28.04	60.00	97.17	177.00	97.17
其中:二铵	元		23.37				
2.混配肥	元						
(五)其他肥料	元	51.58					
二、每亩化肥折纯用量	公斤	21.37	12.37	37.30	35.93	39.83	31.39
(一)氮肥	公斤	8.16	6.50	22.30	11.66	10.56	14.72
1.尿素	公斤	3.65	6.50	13.80	6.54	10.56	14.72
2.碳铵	公斤	3.92		8.50	5.12		
3.其他氮肥	公斤	0.59					
(二)磷肥	公斤	1.90				1.19	
其中:过磷酸钙	公斤	1.90				1.19	
(三)钾肥	公斤	2.70					
其中:氯化钾	公斤						
(四)复混肥	公斤	8.61	5.87	15.00	24.27	28.08	16.67
1.复合肥	公斤	8.61	5.87	15.00	24.27	28.08	16.67
其中:二铵	公斤		5.29				
2.混配肥	公斤						

7－4－3　续表 2

项　　目	单位	合　肥	青　岛	武　汉	长　沙	成　都
一、每亩化肥金额	元	232.07	287.67	257.67	137.98	318.50
（一）氮肥	元	74.00	102.00	20.68	28.33	46.50
1. 尿素	元	74.00	70.00	13.56	28.33	46.50
2. 碳铵	元		32.00	7.12		
3. 其他氮肥	元					
（二）磷肥	元	3.75		7.03		12.00
其中：过磷酸钙	元	3.75		7.03		12.00
（三）钾肥	元	16.50		11.78		140.00
其中：氯化钾	元			11.78		15.00
（四）复混肥	元	137.82	185.67	211.71	109.65	120.00
1. 复合肥	元	109.69	185.67	211.71	109.65	120.00
其中：二铵	元					
2. 混配肥	元	28.13				
（五）其他肥料	元			6.47		
二、每亩化肥折纯用量	公斤	51.32	58.83	45.17	17.87	41.06
（一）氮肥	公斤	29.04	23.83	5.61	6.52	11.50
1. 尿素	公斤	29.04	15.33	3.16	6.52	11.50
2. 碳铵	公斤		8.50	2.45		
3. 其他氮肥	公斤					
（二）磷肥	公斤	1.28		1.83		0.43
其中：过磷酸钙	公斤	1.28		1.83		0.43
（三）钾肥	公斤	1.50		2.88		14.13
其中：氯化钾	公斤			2.88		4.13
（四）复混肥	公斤	19.50	35.00	34.85	11.35	15.00
1. 复合肥	公斤	15.00	35.00	34.85	11.35	15.00
其中：二铵	公斤					
2. 混配肥	公斤	4.50				

7－4－3 续表 3

项 目	单位	西 安	兰 州	西 宁	银 川	乌鲁木齐
一、每亩化肥金额	元	311.06	264.51	254.77	967.03	405.78
（一）氮肥	元	122.63	133.80	77.37	221.61	69.07
1. 尿素	元	96.85	133.80	77.37	203.50	69.07
2. 碳铵	元	25.78			5.00	
3. 其他氮肥	元				13.11	
（二）磷肥	元	58.13			14.32	4.44
其中：过磷酸钙	元				14.32	4.44
（三）钾肥	元	37.18				18.73
其中：氯化钾	元					
（四）复混肥	元	62.79	130.71	177.40	326.00	192.52
1. 复合肥	元	62.79	130.71	177.40	326.00	192.52
其中：二铵	元	62.79	130.71	177.40	326.00	192.52
2. 混配肥	元					
（五）其他肥料	元	30.33			405.10	121.02
二、每亩化肥折纯用量	公斤	60.33	61.34	54.13	153.96	59.40
（一）氮肥	公斤	30.72	33.45	17.79	55.08	16.69
1. 尿素	公斤	23.76	33.45	17.79	51.06	16.69
2. 碳铵	公斤	6.96			1.80	
3. 其他氮肥	公斤				2.22	
（二）磷肥	公斤	10.06			2.04	1.26
其中：过磷酸钙	公斤				2.04	1.26
（三）钾肥	公斤	3.10				1.63
其中：氯化钾	公斤					
（四）复混肥	公斤	16.45	27.89	36.34	96.84	39.82
1. 复合肥	公斤	16.45	27.89	36.34	96.84	39.82
其中：二铵	公斤	16.45	27.89	36.34	96.84	39.82
2. 混配肥	公斤					

7-5-1 2006年大中城市露地茄子成本收益情况

项 目	单位	平 均	北 京	天 津	太 原	呼和浩特	沈 阳	大 连
每亩								
主产品产量	公斤	3377.70	3996.70	3734.30	3988.90	4534.60	3632.80	3108.30
产值合计	元	2867.39	1731.67	2831.11	3511.11	2691.01	2461.00	3618.29
主产品产值	元	2866.83	1731.67	2831.11	3511.11	2691.01	2461.00	3618.29
副产品产值	元	0.56						
总成本	元	1777.52	1312.04	1130.04	2757.10	1452.47	1401.29	1843.25
生产成本	元	1611.81	1188.71	1030.04	2607.10	1232.47	1301.29	1581.48
物质与服务费用	元	809.08	568.99	323.28	803.87	610.55	822.17	798.49
人工成本	元	802.73	619.72	706.76	1803.23	621.92	479.12	782.99
家庭用工折价	元	754.75	619.72	706.76	1803.23	621.92	479.12	94.98
雇工费用	元	47.98						688.01
土地成本	元	165.71	123.33	100.00	150.00	220.00	100.00	261.77
流转地租金	元	31.06	10.03	13.17	10.50	17.60		43.53
自营地折租	元	134.65	113.30	86.83	139.50	202.40	100.00	218.24
净利润	元	1089.87	419.63	1701.07	754.01	1238.54	1059.71	1775.04
现金成本	元	888.12	579.02	336.45	814.37	628.15	822.17	1530.03
现金收益	元	1979.28	1152.65	2494.66	2696.74	2062.86	1638.83	2088.26
成本利润率	%	61.31	31.98	150.53	27.35	85.27	75.62	96.30
每50公斤主产品								
平均出售价格	元	42.44	21.66	37.91	44.01	29.67	33.87	58.20
总成本	元	26.31	16.41	15.13	34.56	16.01	19.29	29.65
生产成本	元	23.86	14.87	13.79	32.68	13.59	17.91	25.44
净利润	元	16.13	5.25	22.78	9.45	13.66	14.58	28.55
现金成本	元	13.14	7.24	4.51	10.21	6.93	11.32	24.61
现金收益	元	29.30	14.42	33.40	33.80	22.74	22.55	33.59
附:								
每亩用工数量	日	46.35	36.67	41.82	106.70	36.80	28.35	26.77
每亩主产品出售数量	公斤	3268.50	3996.70	3733.10	3677.80	4385.70	3632.80	3108.30
每亩主产品出售产值	元	2781.64	1731.67	2830.28	3400.00	2602.67	2461.00	3618.29
商品率	%	97.40	100.00	100.00	92.70	97.10	100.00	100.00
每亩补贴收入	元	0.75						
每亩成本外支出	元	0.85						

7-5-1　续表 1

项　　目	单位	长　春	哈尔滨	合　肥	福　州	厦　门	济　南	青　岛
每亩								
主产品产量	公斤	2140.30	2501.70	3368.80	1826.00	1694.00	4424.50	3166.70
产值合计	元	1634.50	1181.24	2735.75	3267.54	4443.68	2749.78	3330.00
主产品产值	元	1634.50	1181.24	2735.75	3267.54	4443.68	2749.78	3330.00
副产品产值	元							
总成本	元	1499.69	866.69	1942.06	2159.39	1962.38	1726.80	1906.78
生产成本	元	1332.99	768.80	1817.06	2026.06	1774.88	1560.67	1726.78
物质与服务费用	元	518.41	459.72	777.71	966.43	1225.63	745.41	995.01
人工成本	元	814.58	309.08	1039.35	1059.63	549.25	815.26	731.77
家庭用工折价	元	814.58	277.50	1039.35	1059.63	549.25	815.26	731.77
雇工费用	元		31.58					
土地成本	元	166.70	97.89	125.00	133.33	187.50	166.13	180.00
流转地租金	元			12.50	33.33	46.88		
自营地折租	元	166.70	97.89	112.50	100.00	140.62	166.13	180.00
净利润	元	134.81	314.55	793.69	1108.15	2481.30	1022.98	1423.22
现金成本	元	518.41	491.30	790.21	999.76	1272.51	745.41	995.01
现金收益	元	1116.09	689.94	1945.54	2267.78	3171.17	2004.37	2334.99
成本利润率	%	8.99	36.29	40.87	51.32	126.44	59.24	74.64
每50公斤主产品								
平均出售价格	元	38.18	23.61	40.60	89.47	131.16	31.07	52.58
总成本	元	35.03	17.32	28.82	59.13	57.92	19.51	30.11
生产成本	元	31.14	15.37	26.97	55.48	52.39	17.63	27.27
净利润	元	3.15	6.29	11.78	30.34	73.24	11.56	22.47
现金成本	元	12.11	9.82	11.73	27.37	37.56	8.42	15.71
现金收益	元	26.07	13.79	28.87	62.10	93.60	22.65	36.87
附:								
每亩用工数量	日	48.20	17.47	61.50	62.70	32.50	48.24	43.30
每亩主产品出售数量	公斤	2120.00	2494.30	3322.00	1826.00	1694.00	4320.90	2966.70
每亩主产品出售产值	元	1618.33	1177.55	2691.00	3267.54	4443.68	2697.12	2980.00
商品率	%	99.10	99.60	98.60	100.00	100.00	98.10	94.30
每亩补贴收入	元		20.25					
每亩成本外支出	元						3.44	

7-5-1 续表 2

项 目	单位	郑 州	武 汉	长 沙	广 州	南 宁	海 口	重 庆
每亩								
主产品产量	公斤	4703.60	2537.40	4082.00	1601.30	4133.30	1137.00	3431.90
产值合计	元	4348.45	2331.02	5162.03	2643.08	3096.67	2022.72	3492.80
主产品产值	元	4348.45	2331.02	5162.03	2643.08	3096.67	2022.72	3492.80
副产品产值	元							
总成本	元	1601.13	1215.58	3631.59	1167.97	2106.57	1610.82	1380.09
生产成本	元	1451.13	1164.58	3464.59	1103.97	2039.57	1513.32	1327.23
物质与服务费用	元	1012.91	643.38	2192.02	382.34	1148.94	915.06	640.92
人工成本	元	438.22	521.20	1272.57	721.63	890.63	598.26	686.31
家庭用工折价	元	438.22	521.20	1272.57	721.63	890.63	598.26	686.31
雇工费用	元							
土地成本	元	150.00	51.00	167.00	64.00	67.00	97.50	52.86
流转地租金	元	15.00	7.19	66.80	16.00			10.04
自营地折租	元	135.00	43.81	100.20	48.00	67.00	97.50	42.82
净利润	元	2747.32	1115.44	1530.44	1475.11	990.10	411.90	2112.71
现金成本	元	1027.91	650.57	2258.82	398.34	1148.94	915.06	650.96
现金收益	元	3320.54	1680.45	2903.21	2244.74	1947.73	1107.66	2841.84
成本利润率	%	171.59	91.76	42.14	126.30	47.00	25.57	153.08
每50公斤主产品								
平均出售价格	元	46.22	45.93	63.23	82.53	37.46	88.95	50.89
总成本	元	17.02	23.95	44.48	36.47	25.48	70.84	20.11
生产成本	元	15.42	22.95	42.44	34.47	24.67	66.55	19.34
净利润	元	29.20	21.98	18.75	46.06	11.98	18.11	30.78
现金成本	元	10.93	12.82	27.67	12.44	13.90	40.24	9.48
现金收益	元	35.29	33.11	35.56	70.09	23.56	48.71	41.41
附:								
每亩用工数量	日	25.93	30.84	75.30	42.70	52.70	35.40	40.61
每亩主产品出售数量	公斤	4468.20	2536.80	4000.00	1440.90	4050.70	1128.80	3391.10
每亩主产品出售产值	元	4130.97	2330.22	5058.33	2378.78	3034.73	2008.14	3465.15
商品率	%	95.00	100.00	98.00	90.00	98.00	99.30	99.00
每亩补贴收入	元							
每亩成本外支出	元		4.58					

7-5-1 续表 3

项 目	单位	成 都	贵 阳	昆 明	西 安	兰 州	银 川	乌鲁木齐
每亩								
主产品产量	公斤	3071.00	2519.90	2584.40	3976.30	3859.40	4706.20	6736.10
产值合计	元	1701.00	2050.40	2601.52	2486.04	4087.10	2707.16	2502.97
主产品产值	元	1701.00	2047.32	2589.36	2486.04	4087.10	2707.16	2502.97
副产品产值	元		3.08	12.16				
总成本	元	2164.20	1059.09	1941.76	2744.62	2097.20	1507.70	1804.00
生产成本	元	1264.20	932.40	1845.25	2444.62	1977.20	1387.70	1654.00
物质与服务费用	元	791.00	456.16	855.35	801.31	432.54	1058.15	899.38
人工成本	元	473.20	476.24	989.90	1643.31	1544.66	329.55	754.62
家庭用工折价	元	473.20	476.24	927.98	1549.56	1544.66	329.55	334.62
雇工费用	元			61.92	93.75			420.00
土地成本	元	900.00	126.69	96.51	300.00	120.00	120.00	150.00
流转地租金	元	450.00		25.88	33.16	12.00		15.00
自营地折租	元	450.00	126.69	70.63	266.84	108.00	120.00	135.00
净利润	元	-463.20	991.31	659.76	-258.58	1989.90	1199.46	698.97
现金成本	元	1241.00	456.16	943.15	928.22	444.54	1058.15	1334.38
现金收益	元	460.00	1594.24	1658.37	1557.82	3642.56	1649.01	1168.59
成本利润率	%	-21.39	93.60	33.98	-9.41	94.88	79.56	38.75
每50公斤主产品								
平均出售价格	元	27.69	40.62	50.10	31.26	52.95	28.76	18.58
总成本	元	35.23	20.98	37.39	34.51	27.17	16.02	13.39
生产成本	元	20.58	18.47	35.54	30.74	25.62	14.74	12.28
净利润	元	-7.54	19.64	12.71	-3.25	25.78	12.74	5.19
现金成本	元	20.20	9.04	18.16	11.67	5.76	11.24	9.91
现金收益	元	7.49	31.58	31.94	19.59	47.19	17.52	8.67
附:								
每亩用工数量	日	28.00	28.18	57.96	97.94	91.40	19.50	33.80
每亩主产品出售数量	公斤	2565.00	2511.70	2549.60	3750.00	3751.30	4360.00	6466.70
每亩主产品出售产值	元	1361.00	2038.16	2553.16	2335.00	3972.66	2516.06	2402.86
商品率	%	90.00	99.50	98.80	97.20	97.20	92.90	96.00
每亩补贴收入	元							
每亩成本外支出	元						15.00	

7－5－2　2006年大中城市露地茄子费用和用工情况

项　　目	单位	平　均	北　京	天　津	太　原	呼和浩特	沈　阳	大　连
一、每亩物质与服务费用	元	809.08	568.99	323.28	803.87	610.55	822.17	798.49
（一）直接费用	元	686.01	497.66	295.23	644.98	457.99	732.17	689.93
1.种子费	元	74.24	51.00	23.76	16.67	45.11	315.00	63.24
2.化肥费	元	231.16	147.33	105.44	137.78	163.45	118.86	244.76
3.农家肥费	元	118.93	112.50	50.67	144.44	70.66	90.00	131.41
4.农药费	元	81.72	51.33	27.98	19.44	50.34	49.13	105.59
5.农膜费	元	59.18	50.00	26.64	136.11	42.22	65.00	57.24
6.租赁作业费	元	74.77	55.00	40.41	132.22	68.66	90.50	37.02
机械作业费	元	19.98	20.00	5.87		20.00	31.00	13.43
排灌费	元	41.10	35.00	34.54	132.22	48.66	32.00	23.59
其中:水费	元	21.72	25.00	4.58	98.89	48.66		23.59
畜力费	元	13.69					27.50	
7.燃料动力费	元	5.71	30.50		14.44			
8.技术服务费	元	0.08			2.22			
9.工具材料费	元	32.35		15.03	19.44	7.89	3.68	36.41
10.修理维护费	元	6.51		5.30	22.22	4.44		14.26
11.其他直接费用	元	1.37				5.22		
（二）间接费用	元	123.06	71.33	28.05	158.89	152.56	90.00	108.56
1.固定资产折旧	元	18.14			21.11			19.85
2.税金	元							
3.保险费	元							
4.管理费	元	1.02						9.59
5.财务费	元							
6.销售费	元	103.90	71.33	28.05	137.78	152.56	90.00	79.12
二、每亩人工成本	元	802.73	619.72	706.76	1803.23	621.92	479.12	782.99
1.家庭用工折价	元	754.75	619.72	706.76	1803.23	621.92	479.12	94.98
家庭用工天数	日	44.66	36.67	41.82	106.70	36.80	28.35	5.62
劳动日工价	元	16.90	16.90	16.90	16.90	16.90	16.90	16.90
2.雇工费用	元	47.98						688.01
雇工天数	日	1.69						21.15
雇工工价	元	28.39	27.50	33.33	30.00	34.00	30.00	32.53
三、附记								
1.每亩种子用量	公斤							
2.每亩化肥用量	公斤	50.59	29.73	26.24	57.11	36.20	27.30	49.08
3.每亩农膜用量	公斤	5.22	3.33	1.95	22.67	3.24	5.00	3.85

7-5-2 续表 1

项　　目	单位	长　春	哈尔滨	合　肥	福　州	厦　门	济　南	青　岛
一、每亩物质与服务费用	元	518.41	459.72	777.71	966.43	1225.63	745.41	995.01
（一）直接费用	元	460.14	365.83	724.46	735.00	980.63	699.10	821.68
1.种子费	元	42.52	48.89	62.75	3.86	50.00	78.17	84.67
2.化肥费	元	157.16	67.00	195.88	216.95	475.13	245.01	217.00
3.农家肥费	元	12.58	58.68	107.50	140.36	60.00	131.61	313.33
4.农药费	元	16.78	25.11	74.50	164.67	169.50	90.38	41.67
5.农膜费	元	58.48	98.49	120.00	53.18		59.23	
6.租赁作业费	元	143.43	59.84	89.33	48.17	155.00	64.79	101.67
机械作业费	元	5.52	43.33				14.92	46.67
排灌费	元	14.08	12.30	30.58		105.00	48.12	55.00
其中:水费	元		12.30	15.13		105.00		31.33
畜力费	元	123.83	4.21	58.75	48.17	50.00	1.75	
7.燃料动力费	元	14.90					3.42	
8.技术服务费	元							
9.工具材料费	元	8.00	7.82	63.25	94.70	71.00	24.60	56.67
10.修理维护费	元	6.29		11.25	13.11		1.56	6.67
11.其他直接费用	元						0.33	
（二）间接费用	元	58.27	93.89	53.25	231.43	245.00	46.31	173.33
1.固定资产折旧	元	17.02	20.26	41.25	35.50		16.56	
2.税金	元							
3.保险费	元							
4.管理费	元						0.34	
5.财务费	元							
6.销售费	元	41.25	73.63	12.00	195.93	245.00	29.41	173.33
二、每亩人工成本	元	814.58	309.08	1039.35	1059.63	549.25	815.26	731.77
1.家庭用工折价	元	814.58	277.50	1039.35	1059.63	549.25	815.26	731.77
家庭用工天数	日	48.20	16.42	61.50	62.70	32.50	48.24	43.30
劳动日工价	元	16.90	16.90	16.90	16.90	16.90	16.90	16.90
2.雇工费用	元		31.58					
雇工天数	日		1.05					
雇工工价	元	24.00	30.08	27.50	50.00	27.50	24.25	26.90
三、附记								
1.每亩种子用量	公斤							
2.每亩化肥用量	公斤	24.78	15.55	30.12	34.65	112.75	60.34	40.14
3.每亩农膜用量	公斤	4.50	7.17	8.00	4.67		4.74	

7－5－2　续表 2

项　　目	单位	郑　州	武　汉	长　沙	广　州	南　宁	海　口	重　庆
一、每亩物质与服务费用	元	1012.91	643.38	2192.02	382.34	1148.94	915.06	640.92
（一）直接费用	元	967.33	603.63	1429.35	382.34	1076.17	793.23	575.71
1. 种子费	元	38.23	145.19	135.67	20.67	41.67	21.49	48.83
2. 化肥费	元	329.29	205.31	452.20	143.33	436.16	312.32	179.04
3. 农家肥费	元	250.23	2.92	386.00	131.67	66.67	137.86	78.07
4. 农药费	元	84.61	63.53	220.33	45.67	250.00	194.91	90.76
5. 农膜费	元	134.37	100.94	87.75		30.00		87.58
6. 租赁作业费	元	77.07	38.70	70.00		160.00	121.40	19.07
机械作业费	元	34.34	16.77	50.00			20.00	17.31
排灌费	元	42.73	21.93	20.00		128.33	81.00	1.76
其中：水费	元	33.43	1.31				81.00	
畜力费	元					31.67	20.40	
7. 燃料动力费	元					21.67		
8. 技术服务费	元							
9. 工具材料费	元	48.38	42.04	35.00	41.00	61.33	5.25	68.91
10. 修理维护费	元	5.15	5.00	14.00		8.67		3.45
11. 其他直接费用	元			28.40				
（二）间接费用	元	45.58	39.75	762.67		72.77	121.83	65.21
1. 固定资产折旧	元	9.51	36.96	65.00		6.77	20.13	8.25
2. 税金	元							
3. 保险费	元							
4. 管理费	元	9.65	2.08			6.00		
5. 财务费	元							
6. 销售费	元	26.42	0.71	697.67		60.00	101.70	56.96
二、每亩人工成本	元	438.22	521.20	1272.57	721.63	890.63	598.26	686.31
1. 家庭用工折价	元	438.22	521.20	1272.57	721.63	890.63	598.26	686.31
家庭用工天数	日	25.93	30.84	75.30	42.70	52.70	35.40	40.61
劳动日工价	元	16.90	16.90	16.90	16.90	16.90	16.90	16.90
2. 雇工费用	元							
雇工天数	日							
雇工工价	元	30.00	40.00	50.00	40.00	20.00	25.20	31.67
三、附记								
1. 每亩种子用量	公斤							
2. 每亩化肥用量	公斤	64.39	35.32	104.64	24.60	90.90	60.59	34.25
3. 每亩农膜用量	公斤	9.65	8.09	6.27		2.73		7.40

7-5-2 续表 3

项　　目	单位	成 都	贵 阳	昆 明	西 安	兰 州	银 川	乌鲁木齐
韦韦一、每亩物质与服务费用	元	791.00	456.16	855.35	801.31	432.54	1058.15	899.38
（一）直接费用	元	715.00	435.25	784.75	707.35	300.70	926.15	720.63
1. 种子费	元	100.00	20.13	144.60	114.58	38.37	223.00	26.33
2. 化肥费	元	360.00	161.45	218.67	188.93	147.16	402.85	212.81
3. 农家肥费	元	25.00	81.08	132.70	142.79	53.19	92.60	206.56
4. 农药费	元		36.36	142.27	71.46	40.78	24.40	54.87
5. 农膜费	元	60.00	62.31	68.73	84.00		74.40	41.31
6. 租赁作业费	元	70.00	33.43	55.36	83.92	10.50	70.00	123.34
机械作业费	元	40.00	26.92	33.25	22.50		30.00	47.67
排灌费	元	30.00	3.08	22.11	61.42	10.50	40.00	75.67
其中：水费	元	30.00	3.08			10.50	40.00	22.70
畜力费	元		3.43					
7. 燃料动力费	元			6.98			14.22	48.09
8. 技术服务费	元							
9. 工具材料费	元	75.00	31.85	15.44	12.92	10.70	13.20	3.89
10. 修理维护费	元	25.00	5.71		8.75		11.48	3.43
11. 其他直接费用	元		2.93					
（二）间接费用	元	76.00	20.91	70.60	93.96	131.84	132.00	178.75
1. 固定资产折旧	元	25.00	7.71		28.75	50.28	60.00	
2. 税金	元							
3. 保险费	元							
4. 管理费	元							
5. 财务费	元							
6. 销售费	元	51.00	13.20	70.60	65.21	81.56	72.00	178.75
二、每亩人工成本	元	473.20	476.24	989.90	1643.31	1544.66	329.55	754.62
1. 家庭用工折价	元	473.20	476.24	927.98	1549.56	1544.66	329.55	334.62
家庭用工天数	日	28.00	28.18	54.91	91.69	91.40	19.50	19.80
劳动日工价	元	16.90	16.90	16.90	16.90	16.90	16.90	16.90
2. 雇工费用	元			61.92	93.75			420.00
雇工天数	日			3.05	6.25			14.00
雇工工价	元	25.00	25.00	20.30	15.00	25.00	25.00	30.00
三、附记								
1. 每亩种子用量	公斤							
2. 每亩化肥用量	公斤	94.00	42.58	56.70	42.05	35.28	95.79	40.89
3. 每亩农膜用量	公斤	10.00	4.62	4.98	9.22		5.80	3.07

7-5-3 2006年大中城市露地茄子化肥投入情况

项目	单位	平均	北京	天津	太原	呼和浩特	沈阳	大连
一、每亩化肥金额	元	231.16	147.33	105.44	137.78	163.45	118.86	244.76
(一)氮肥	元	69.65	45.83	59.19		81.78	43.63	78.06
1.尿素	元	55.82	45.83	49.43		81.78	43.63	78.06
2.碳铵	元	12.80		9.76				
3.其他氮肥	元	1.03						
(二)磷肥	元	21.22					5.00	
其中:过磷酸钙	元	16.72					5.00	
(三)钾肥	元	21.82					22.75	
其中:氯化钾	元	17.63					22.75	
(四)复混肥	元	111.76	92.17	46.25	137.78	81.67	47.48	166.70
1.复合肥	元	103.38	92.17	46.25	137.78	81.67	47.48	102.35
其中:二铵	元	32.62	48.00	39.20	137.78	81.67	22.73	71.18
2.混配肥	元	8.39						64.35
(五)其他肥料	元	6.71	9.33					
二、每亩化肥折纯用量	公斤	50.59	29.73	26.24	57.11	36.20	27.30	49.08
(一)氮肥	公斤	17.45	11.50	15.68		18.81	10.35	18.62
1.尿素	公斤	13.71	11.50	12.74		18.81	10.35	18.62
2.碳铵	公斤	3.65		2.94				
3.其他氮肥	公斤	0.09						
(二)磷肥	公斤	4.95					1.42	
其中:过磷酸钙	公斤	3.83					1.42	
(三)钾肥	公斤	4.68					5.50	
其中:氯化钾	公斤	4.27					5.50	
(四)复混肥	公斤	23.51	18.23	10.56	57.11	17.39	10.03	30.46
1.复合肥	公斤	21.85	18.23	10.56	57.11	17.39	10.03	21.25
其中:二铵	公斤	8.20	10.67	8.94	57.11	17.39	4.96	15.66
2.混配肥	公斤	1.66						9.21

7－5－3 续表 1

项 目	单位	长 春	哈尔滨	合 肥	福 州	厦 门	济 南	青 岛
一、每亩化肥金额	元	157.16	67.00	195.88	216.95	475.13	245.01	217.00
（一）氮肥	元	75.23	31.28	62.00	12.67	181.50	129.97	53.33
1. 尿素	元	75.23	31.28	62.00	9.07	181.50	117.39	
2. 碳铵	元				3.60		12.58	53.33
3. 其他氮肥	元							
（二）磷肥	元	54.38			47.14	45.00	1.12	
其中：过磷酸钙	元				34.61	45.00	1.12	
（三）钾肥	元	23.74		5.50		248.63		
其中：氯化钾	元			5.50		248.63		
（四）复混肥	元	3.81	35.72	108.38	129.20		113.92	163.67
1. 复合肥	元	3.81	35.72	108.38	129.20		90.28	101.67
其中：二铵	元		35.72				79.57	
2. 混配肥	元						23.64	62.00
（五）其他肥料	元			20.00	27.94			
二、每亩化肥折纯用量	公斤	24.78	15.55	30.12	34.65	112.75	60.34	40.14
（一）氮肥	公斤	17.30	7.49	14.49	3.26	37.95	34.57	14.17
1. 尿素	公斤	17.30	7.49	14.49	2.13	37.95	30.59	
2. 碳铵	公斤				1.13		3.98	14.17
3. 其他氮肥	公斤							
（二）磷肥	公斤	4.86			6.23	16.36	0.40	
其中：过磷酸钙	公斤				2.59	16.36	0.40	
（三）钾肥	公斤	1.98		1.38		58.44		
其中：氯化钾	公斤			1.38		58.44		
（四）复混肥	公斤	0.64	8.06	14.25	25.16		25.37	25.97
1. 复合肥	公斤	0.64	8.06	14.25	25.16		19.32	19.50
其中：二铵	公斤		8.06				17.47	
2. 混配肥	公斤						6.05	6.47

7-5-3 续表 2

项 目	单位	郑 州	武 汉	长 沙	广 州	南 宁	海 口	重 庆
一、每亩化肥金额	元	329.29	205.31	452.20	143.33	436.16	312.32	179.04
(一)氮肥	元	175.01	12.92	56.03		103.33	15.07	57.58
1.尿素	元	134.74	12.92	40.00		103.33	15.07	46.20
2.碳铵	元	40.27		16.03				11.38
3.其他氮肥	元							
(二)磷肥	元			56.00		20.83	66.54	8.90
其中:过磷酸钙	元			36.00			66.54	
(三)钾肥	元			119.17		75.33	16.00	5.23
其中:氯化钾	元			119.17		75.33		4.58
(四)复混肥	元	154.28	187.17	221.00	143.33	236.67	214.71	100.40
1.复合肥	元	154.28	187.17	221.00	143.33	236.67	174.71	100.40
其中:二铵	元							
2.混配肥	元						40.00	
(五)其他肥料	元		5.22					6.93
二、每亩化肥折纯用量	公斤	64.39	35.32	104.64	24.60	90.90	60.59	34.25
(一)氮肥	公斤	44.06	2.97	14.44		22.23	3.14	15.22
1.尿素	公斤	31.66	2.97	9.20		22.23	3.14	11.55
2.碳铵	公斤	12.40		5.24				3.67
3.其他氮肥	公斤							
(二)磷肥	公斤			21.08		8.33	15.92	3.57
其中:过磷酸钙	公斤			12.75			15.92	
(三)钾肥	公斤			29.79		19.25	0.96	1.10
其中:氯化钾	公斤			29.79		19.25		0.97
(四)复混肥	公斤	20.33	32.35	39.33	24.60	41.09	40.57	14.36
1.复合肥	公斤	20.33	32.35	39.33	24.60	41.09	28.57	14.36
其中:二铵	公斤							
2.混配肥	公斤						12.00	

7-5-3 续表 3

项 目	单位	成 都	贵 阳	昆 明	西 安	兰 州	银 川	乌鲁木齐
一、每亩化肥金额	元	360.00	161.45	218.67	188.93	147.16	402.85	212.81
(一)氮肥	元		63.49	105.16	73.51	63.83	221.05	79.11
1.尿素	元		63.49	90.85	65.92		124.41	35.00
2.碳铵	元			14.31	7.59	63.83	68.80	44.11
3.其他氮肥	元						27.84	
(二)磷肥	元	212.00	10.82	40.25	5.00			
其中:过磷酸钙	元	212.00	10.82	40.25				
(三)钾肥	元				47.92			24.78
其中:氯化钾	元							
(四)复混肥	元	108.00	87.14	73.26	61.25	83.33	119.40	100.92
1.复合肥	元	108.00	87.14	36.81	61.25	83.33	119.40	100.92
其中:二铵	元				61.25	83.33	119.40	100.92
2.混配肥	元			36.45				
(五)其他肥料	元	40.00			1.25		62.40	8.00
二、每亩化肥折纯用量	公斤	94.00	42.58	56.70	42.05	35.28	95.79	40.89
(一)氮肥	公斤		15.95	25.33	20.16	18.08	68.69	16.56
1.尿素	公斤		15.95	21.03	18.01		43.25	9.20
2.碳铵	公斤			4.30	2.15	18.08	23.04	7.36
3.其他氮肥	公斤						2.40	
(二)磷肥	公斤	34.00	4.00	16.00	1.59			
其中:过磷酸钙	公斤	34.00	4.00	16.00				
(三)钾肥	公斤				4.17			3.74
其中:氯化钾	公斤							
(四)复混肥	公斤	60.00	22.63	15.37	16.13	17.20	27.10	20.59
1.复合肥	公斤	60.00	22.63	4.21	16.13	17.20	27.10	20.59
其中:二铵	公斤				16.13	17.20	27.10	20.59
2.混配肥	公斤			11.16				

7－6－1　2006年大中城市大棚茄子成本收益情况

项　　目	单位	平　均	天　津	上　海	南　京	杭　州
每亩						
主产品产量	公斤	3723.50	5618.50	3281.00	3215.00	1566.00
产值合计	元	5342.06	12285.27	3937.20	3294.07	4226.00
主产品产值	元	5342.06	12285.27	3937.20	3294.07	4226.00
副产品产值	元					
总成本	元	2976.38	2272.00	2222.24	2538.55	2513.20
生产成本	元	2814.42	2172.00	2147.24	2253.45	2313.20
物质与服务费用	元	1599.13	1334.60	1055.50	1350.74	1431.00
人工成本	元	1215.29	837.40	1091.74	902.71	882.20
家庭用工折价	元	997.61	777.40	1091.74	865.28	642.20
雇工费用	元	217.68	60.00		37.43	240.00
土地成本	元	161.97	100.00	75.00	285.10	200.00
流转地租金	元	47.77	20.00	37.50	99.79	36.80
自营地折租	元	114.19	80.00	37.50	185.31	163.20
净利润	元	2365.68	10013.27	1714.96	755.52	1712.80
现金成本	元	1864.58	1414.60	1093.00	1487.96	1707.80
现金收益	元	3477.48	10870.67	2844.20	1806.11	2518.20
成本利润率	%	79.48	440.72	77.17	29.76	68.15
每50公斤主产品						
平均出售价格	元	71.73	109.33	60.00	51.23	134.93
总成本	元	39.97	20.22	33.87	39.48	80.24
生产成本	元	37.79	19.33	32.72	35.05	73.86
净利润	元	31.76	89.11	26.13	11.75	54.69
现金成本	元	25.04	12.59	16.66	23.14	54.53
现金收益	元	46.69	96.74	43.34	28.09	80.40
附:						
每亩用工数量	日	65.20	48.00	64.60	52.40	44.00
每亩主产品出售数量	公斤	3679.60	5618.50	3281.00	3075.00	1566.00
每亩主产品出售产值	元	5292.15	12285.27	3937.20	3149.55	4226.00
商品率	%	98.90	100.00	100.00	95.70	100.00
每亩补贴收入	元	0.70				
每亩成本外支出	元	2.01			18.10	

7-6-1 续表

项　　目	单位	宁 波	合 肥	武 汉	成 都	兰 州
每亩						
主产品产量	公斤	2768.70	3856.30	2475.30	4000.00	6730.40
产值合计	元	5083.67	3171.44	3083.00	4000.00	8997.92
主产品产值	元	5083.67	3171.44	3083.00	4000.00	8997.92
副产品产值	元					
总成本	元	3216.25	2981.86	2144.11	4534.00	4365.75
生产成本	元	3074.25	2806.86	2093.11	4249.00	4221.15
物质与服务费用	元	1153.23	1710.39	1400.21	3049.10	1907.37
人工成本	元	1921.02	1096.47	692.90	1199.90	2313.78
家庭用工折价	元	299.13	1096.47	692.90	1199.90	2313.78
雇工费用	元	1621.89				
土地成本	元	142.00	175.00	51.00	285.00	144.60
流转地租金	元	58.50	17.00	3.42	142.50	14.46
自营地折租	元	83.50	158.00	47.58	142.50	130.14
净利润	元	1867.42	189.58	938.89	-534.00	4632.17
现金成本	元	2833.62	1727.39	1403.63	3191.60	1921.83
现金收益	元	2250.05	1444.05	1679.37	808.40	7076.09
成本利润率	%	58.06	6.36	43.79	-11.77	106.10
每50公斤主产品						
平均出售价格	元	91.81	41.12	62.28	50.00	66.85
总成本	元	58.08	38.66	43.31	56.68	32.44
生产成本	元	55.52	36.39	42.28	53.11	31.36
净利润	元	33.73	2.46	18.97	-6.68	34.41
现金成本	元	51.17	22.40	28.35	39.90	14.28
现金收益	元	40.64	18.72	33.93	10.10	52.57
附:						
每亩用工数量	日	64.00	64.88	41.00	71.00	136.91
每亩主产品出售数量	公斤	2768.70	3793.40	2436.70	4000.00	6576.80
每亩主产品出售产值	元	5083.67	3120.25	3035.00	4000.00	8792.41
商品率	%	100.00	98.40	98.50	100.00	97.70
每亩补贴收入	元			6.28		
每亩成本外支出	元					

7-6-2 2006年大中城市大棚茄子费用和用工情况

项　　目	单位	平　均	天　津	上　海	南　京	杭　州
一、每亩物质与服务费用	元	1599.13	1334.60	1055.50	1350.74	1431.00
(一)直接费用	元	1205.72	939.60	656.60	1231.36	793.00
1.种子费	元	51.92	30.00	84.10	31.53	36.00
2.化肥费	元	280.39	220.00	150.40	155.73	117.00
3.农家肥费	元	164.50	150.00	50.00	172.78	350.00
4.农药费	元	83.26	60.00	130.50	103.99	45.00
5.农膜费	元	455.34	330.00	135.00	527.18	150.00
6.租赁作业费	元	49.79	12.60	64.80	58.25	15.00
机械作业费	元	22.40		45.00	50.30	
排灌费	元	19.06	12.60	19.80	7.95	15.00
其中:水费	元	9.06				8.00
畜力费	元	8.33				
7.燃料动力费	元	26.01	125.00			
8.技术服务费	元					
9.工具材料费	元	68.47	12.00		172.03	35.00
10.修理维护费	元	21.95		41.80	9.87	45.00
11.其他直接费用	元	4.10				
(二)间接费用	元	393.41	395.00	398.90	119.38	638.00
1.固定资产折旧	元	322.38	290.00	95.00	86.25	593.00
2.税金	元					
3.保险费	元	9.06		81.50		
4.管理费	元	6.51		58.60		
5.财务费	元	3.36		30.20		
6.销售费	元	52.11	105.00	133.60	33.13	45.00
二、每亩人工成本	元	1215.29	837.40	1091.74	902.71	882.20
1.家庭用工折价	元	997.61	777.40	1091.74	865.28	642.20
家庭用工天数	日	59.03	46.00	64.60	51.20	38.00
劳动日工价	元	16.90	16.90	16.90	16.90	16.90
2.雇工费用	元	217.68	60.00		37.43	240.00
雇工天数	日	6.17	2.00		1.20	6.00
雇工工价	元	35.28	30.00	30.00	31.19	40.00
三、附记						
1.每亩种子用量	公斤					
2.每亩化肥用量	公斤	39.52	56.20	37.30	39.00	21.86
3.每亩农膜用量	公斤	32.89	24.44	9.00	39.02	11.50

7－6－2 续表

项　　目	单位	宁 波	合 肥	武 汉	成 都	兰 州
一、每亩物质与服务费用	元	1153.23	1710.39	1400.21	3049.10	1907.37
（一）直接费用	元	793.56	1478.51	1109.54	2091.10	1758.17
1.种子费	元	59.33	55.25	63.33	30.00	77.71
2.化肥费	元	128.66	230.94	99.54	1190.60	230.61
3.农家肥费	元	62.67	107.50	120.67		466.89
4.农药费	元	69.33	78.75	75.33	100.00	86.42
5.农膜费	元	320.00	759.38	579.33	607.50	689.70
6.租赁作业费	元	62.67	86.69	58.00	68.00	22.09
机械作业费	元	50.67	55.63			
排灌费	元	12.00	31.06	23.00	28.00	22.09
其中：水费	元	8.00	14.68	0.81	28.00	22.09
畜力费	元			35.00	40.00	
7.燃料动力费	元					109.05
8.技术服务费	元					
9.工具材料费	元	12.73	160.00	90.67	95.00	38.81
10.修理维护费	元	78.17		22.67		
11.其他直接费用	元					36.89
（二）间接费用	元	359.67	231.88	290.67	958.00	149.20
1.固定资产折旧	元	300.00	231.88	272.00	958.00	75.28
2.税金	元					
3.保险费	元					
4.管理费	元					
5.财务费	元					
6.销售费	元	59.67		18.67		73.92
二、每亩人工成本	元	1921.02	1096.47	692.90	1199.90	2313.78
1.家庭用工折价	元	299.13	1096.47	692.90	1199.90	2313.78
家庭用工天数	日	17.70	64.88	41.00	71.00	136.91
劳动日工价	元	16.90	16.90	16.90	16.90	16.90
2.雇工费用	元	1621.89				
雇工天数	日	46.30				
雇工工价	元	35.03	27.50	40.00	14.00	22.50
三、附记						
1.每亩种子用量	公斤					
2.每亩化肥用量	公斤	29.64	40.38	22.82	58.40	50.10
3.每亩农膜用量	公斤	20.67	50.63	43.00	45.00	52.71

7－6－3　2006年大中城市大棚茄子化肥投入情况

项　　目	单位	平　均	天　津	上　海	南　京	杭　州
一、每亩化肥金额	元	280.39	220.00	150.40	155.73	117.00
(一)氮肥	元	161.31	110.00	89.90	46.85	52.00
1.尿素	元	154.05	110.00	60.90	32.70	52.00
2.碳铵	元	7.26		29.00	14.15	
3.其他氮肥	元					
(二)磷肥	元	10.73	60.00			
其中:过磷酸钙	元	10.73	60.00			
(三)钾肥	元	9.61				
其中:氯化钾	元	0.85				
(四)复混肥	元	97.62	50.00	60.50	108.88	65.00
1.复合肥	元	94.49	50.00	60.50	108.88	65.00
其中:二铵	元	18.63	50.00			
2.混配肥	元	3.13				
(五)其他肥料	元	1.11				
二、每亩化肥折纯用量	公斤	39.52	56.20	37.30	39.00	21.86
(一)氮肥	公斤	17.04	28.11	22.30	11.92	11.73
1.尿素	公斤	14.80	28.11	13.80	7.61	11.73
2.碳铵	公斤	2.24		8.50	4.31	
3.其他氮肥	公斤					
(二)磷肥	公斤	3.04	16.72			
其中:过磷酸钙	公斤	3.04	16.72			
(三)钾肥	公斤	1.77				
其中:氯化钾	公斤	0.20				
(四)复混肥	公斤	17.67	11.37	15.00	27.08	10.13
1.复合肥	公斤	17.17	11.37	15.00	27.08	10.13
其中:二铵	公斤	4.12	11.37			
2.混配肥	公斤	0.50				

7-6-3 续表

项目	单位	宁波	合肥	武汉	成都	兰州
一、每亩化肥金额	元	128.66	230.94	99.54	1190.60	230.61
(一)氮肥	元	57.73	87.50	35.20	931.00	41.62
1.尿素	元	57.73	87.50	13.00	931.00	41.62
2.碳铵	元			22.20		
3.其他氮肥	元					
(二)磷肥	元	16.60		20.00		
其中:过磷酸钙	元	16.60		20.00		
(三)钾肥	元		7.50	7.67		71.35
其中:氯化钾	元			7.67		
(四)复混肥	元	54.33	135.94	26.67	259.60	117.64
1.复合肥	元	54.33	107.81	26.67	259.60	117.64
其中:二铵	元					117.64
2.混配肥	元		28.13			
(五)其他肥料	元			10.00		
二、每亩化肥折纯用量	公斤	29.64	40.38	22.82	58.40	50.10
(一)氮肥	公斤	14.72	20.13	10.44	23.00	10.99
1.尿素	公斤	14.72	20.13	3.07	23.00	10.99
2.碳铵	公斤			7.37		
3.其他氮肥	公斤					
(二)磷肥	公斤	5.05		5.60		
其中:过磷酸钙	公斤	5.05		5.60		
(三)钾肥	公斤		0.75	1.83		13.38
其中:氯化钾	公斤			1.83		
(四)复混肥	公斤	9.87	19.50	4.95	35.40	25.73
1.复合肥	公斤	9.87	15.00	4.95	35.40	25.73
其中:二铵	公斤					25.73
2.混配肥	公斤		4.50			

7－7－1　2006年大中城市露地菜椒成本收益情况

项　　目	单位	平　均	北　京	天　津	石家庄	太　原	呼和浩特	沈　阳
每亩								
主产品产量	公斤	2518.10	3000.00	2747.30	3145.50	3682.30	3537.10	2752.00
产值合计	元	2955.44	2400.00	3084.42	3075.68	3579.82	2102.26	1598.75
主产品产值	元	2955.30	2400.00	3084.42	3075.68	3579.82	2102.26	1598.75
副产品产值	元	0.15						
总成本	元	1643.85	1968.00	1333.31	1141.71	1650.43	1281.17	1271.84
生产成本	元	1448.65	1828.00	1233.31	1050.19	1450.43	1061.17	1171.84
物质与服务费用	元	777.83	1067.50	420.21	592.37	901.18	569.38	821.16
人工成本	元	670.82	760.50	813.10	457.82	549.25	491.79	350.68
家庭用工折价	元	621.24	760.50	772.16	457.82	549.25	491.79	350.68
雇工费用	元	49.58		40.94				
土地成本	元	195.20	140.00	100.00	91.52	200.00	220.00	100.00
流转地租金	元	41.14	14.00	16.16	2.59	14.00	17.60	
自营地折租	元	154.07	126.00	83.84	88.93	186.00	202.40	100.00
净利润	元	1311.59	432.00	1751.11	1933.97	1929.39	821.09	326.91
现金成本	元	868.54	1081.50	477.31	594.96	915.18	586.98	821.16
现金收益	元	2086.90	1318.50	2607.11	2480.72	2664.64	1515.28	777.59
成本利润率	%	79.79	21.95	131.34	169.39	116.90	64.09	25.70
每50公斤主产品								
平均出售价格	元	58.68	40.00	56.14	48.89	48.61	29.72	29.05
总成本	元	32.64	32.80	24.27	18.15	22.41	18.11	23.11
生产成本	元	28.76	30.47	22.45	16.69	19.70	15.00	21.29
净利润	元	26.04	7.20	31.87	30.74	26.20	11.61	5.94
现金成本	元	17.24	18.03	8.69	9.46	12.43	8.30	14.92
现金收益	元	41.44	21.97	47.45	39.43	36.18	21.42	14.13
附：								
每亩用工数量	日	38.55	45.00	47.05	27.09	32.50	29.10	20.75
每亩主产品出售数量	公斤	2469.60	3000.00	2746.40	3041.40	3622.70	3421.80	2752.00
每亩主产品出售产值	元	2901.88	2400.00	3083.40	2967.57	3522.73	2033.61	1598.75
商品率	%	98.60	100.00	100.00	99.10	99.10	97.20	100.00
每亩补贴收入	元	1.38			14.59			
每亩成本外支出	元	1.35		9.31				

7－7－1 续表 1

项目	单位	大连	长春	哈尔滨	合肥	福州	厦门	济南
每亩								
主产品产量	公斤	2459.30	1740.00	2260.00	2685.00	1537.70	2866.50	2384.80
产值合计	元	2447.71	2251.10	1640.67	3254.45	1709.33	5731.29	2463.10
主产品产值	元	2447.71	2251.10	1640.67	3254.45	1709.33	5731.29	2463.10
副产品产值	元							
总成本	元	1487.48	1367.92	865.37	1944.13	1338.69	2057.65	1724.24
生产成本	元	1287.48	1201.22	767.04	1819.13	1233.69	1870.15	1574.83
物质与服务费用	元	642.63	469.45	433.60	816.96	782.46	1304.00	724.25
人工成本	元	644.85	731.77	333.44	1002.17	451.23	566.15	850.58
家庭用工折价	元	64.05	731.77	333.44	1002.17	451.23	566.15	850.58
雇工费用	元	580.80						
土地成本	元	200.00	166.70	98.33	125.00	105.00	187.50	149.41
流转地租金	元	24.29			11.56	52.50	46.88	
自营地折租	元	175.71	166.70	98.33	113.44	52.50	140.62	149.41
净利润	元	960.23	883.18	775.30	1310.32	370.64	3673.64	738.86
现金成本	元	1247.72	469.45	433.60	828.52	834.96	1350.88	724.25
现金收益	元	1199.99	1781.65	1207.07	2425.93	874.37	4380.41	1738.85
成本利润率	%	64.55	64.56	89.59	67.40	27.69	178.54	42.85
每50公斤主产品								
平均出售价格	元	49.76	64.69	36.30	60.60	55.58	99.97	51.64
总成本	元	30.24	39.31	19.15	36.20	43.53	35.89	36.15
生产成本	元	26.17	34.52	16.97	33.87	40.11	32.62	33.02
净利润	元	19.52	25.38	17.15	24.40	12.05	64.08	15.49
现金成本	元	25.37	13.49	9.59	15.43	27.15	23.56	15.18
现金收益	元	24.39	51.20	26.71	45.17	28.43	76.41	36.46
附：								
每亩用工数量	日	23.15	43.30	19.73	59.30	26.70	33.50	50.33
每亩主产品出售数量	公斤	2459.30	1731.30	2260.00	2642.10	1537.70	2866.50	2309.00
每亩主产品出售产值	元	2447.71	2239.83	1640.67	3202.57	1709.33	5731.29	2388.72
商品率	%	100.00	99.60	100.00	98.50	100.00	100.00	98.60
每亩补贴收入	元			19.99				
每亩成本外支出	元							

7－7－1 续表 2

项目	单位	青岛	郑州	武汉	南宁	海口	重庆
每亩							
主产品产量	公斤	2666.70	3105.20	1675.10	2166.70	1708.30	2618.60
产值合计	元	3002.00	5264.73	3099.87	3160.00	2893.43	3335.32
主产品产值	元	3002.00	5264.73	3099.87	3160.00	2893.43	3335.32
副产品产值	元						
总成本	元	2344.33	1907.43	1152.00	1891.05	2037.49	1272.80
生产成本	元	2164.33	1757.43	1101.00	1824.05	1934.99	1220.90
物质与服务费用	元	1138.50	1116.92	729.67	1041.58	865.22	465.64
人工成本	元	1025.83	640.51	371.33	782.47	1069.77	755.26
家庭用工折价	元	1025.83	640.51	358.11	782.47	1069.77	755.26
雇工费用	元			13.22			
土地成本	元	180.00	150.00	51.00	67.00	102.50	51.90
流转地租金	元		15.00	7.19			9.35
自营地折租	元	180.00	135.00	43.81	67.00	102.50	42.55
净利润	元	657.67	3357.30	1947.87	1268.95	855.94	2062.52
现金成本	元	1138.50	1131.92	750.08	1041.58	865.22	474.99
现金收益	元	1863.50	4132.81	2349.79	2118.42	2028.21	2860.33
成本利润率	%	28.05	176.01	169.09	67.10	42.01	162.05
每50公斤主产品							
平均出售价格	元	56.29	84.77	92.53	72.92	84.69	63.69
总成本	元	43.96	30.71	34.39	43.64	59.64	24.30
生产成本	元	40.58	28.30	32.86	42.09	56.64	23.31
净利润	元	12.33	54.06	58.14	29.28	25.05	39.39
现金成本	元	21.35	18.23	22.39	24.04	25.32	9.07
现金收益	元	34.94	66.54	70.14	48.88	59.37	54.62
附：							
每亩用工数量	日	60.70	37.90	21.61	46.30	63.30	44.69
每亩主产品出售数量	公斤	2516.70	2949.90	1669.90	2123.30	1686.50	2576.60
每亩主产品出售产值	元	2853.33	5001.31	3087.70	3096.80	2857.95	3301.36
商品率	%	94.30	95.00	99.70	98.00	98.40	98.20
每亩补贴收入	元						
每亩成本外支出	元			9.41			

7－7－1 续表 3

项　　目	单位	成都	贵阳	昆明	西安	银川	乌鲁木齐
每亩							
主产品产量	公斤	1700.00	1860.00	2119.70	2086.70	2493.30	3954.80
产值合计	元	3400.00	2362.00	3794.42	1885.66	3349.63	3000.43
主产品产值	元	3400.00	2358.33	3794.42	1885.66	3349.63	3000.43
副产品产值	元		3.67				
总成本	元	2573.50	1074.78	2139.25	2162.34	1482.06	1626.05
生产成本	元	1073.50	933.11	1967.07	1851.99	1362.06	1476.05
物质与服务费用	元	313.00	539.34	1108.76	856.16	944.63	781.07
人工成本	元	760.50	393.77	858.31	995.83	417.43	694.98
家庭用工折价	元	760.50	393.77	805.62	903.98	417.43	234.91
雇工费用	元			52.69	91.85		460.07
土地成本	元	1500.00	141.67	172.18	310.35	120.00	150.00
流转地租金	元	750.00			32.30		15.00
自营地折租	元	750.00	141.67	172.18	278.05	120.00	135.00
净利润	元	826.50	1287.22	1655.17	－276.68	1867.57	1374.38
现金成本	元	1063.00	539.34	1161.45	980.31	944.63	1256.14
现金收益	元	2337.00	1822.66	2632.97	905.35	2405.00	1744.29
成本利润率	%	32.12	119.77	77.37	－12.79	126.01	84.52
每 50 公斤主产品							
平均出售价格	元	100.00	63.40	89.50	45.18	67.17	37.93
总成本	元	75.69	28.85	50.46	51.81	29.72	20.56
生产成本	元	31.57	25.05	46.40	44.37	27.31	18.66
净利润	元	24.31	34.55	39.04	－6.63	37.45	17.37
现金成本	元	31.26	14.48	27.40	23.49	18.94	15.88
现金收益	元	68.74	48.92	62.10	21.69	48.23	22.05
附：							
每亩用工数量	日	45.00	23.30	49.88	59.63	24.70	29.20
每亩主产品出售数量	公斤	1700.00	1860.00	2119.70	1961.60	2350.00	3836.10
每亩主产品出售产值	元	3400.00	2354.67	3794.42	1765.29	3157.83	2910.19
商品率	%	100.00	100.00	100.00	97.00	94.40	97.00
每亩补贴收入	元						
每亩成本外支出	元					15.00	

7－7－2　2006年大中城市露地菜椒费用和用工情况

项　　目	单位	平　均	北　京	天　津	石家庄	太　原	呼和浩特	沈　阳
一、每亩物质与服务费用	元	777.83	1067.50	420.21	592.37	901.18	569.38	821.16
（一）直接费用	元	678.06	967.50	391.05	551.12	545.68	430.05	739.41
1.种子费	元	95.28	70.00	46.43	124.45	31.76	35.22	371.25
2.化肥费	元	206.78	203.50	141.22	146.91	130.74	149.22	94.98
3.农家肥费	元	116.47	217.50	61.68	102.04	160.12	71.11	82.50
4.农药费	元	78.72	190.00	29.36	56.35	42.02	48.22	31.50
5.农膜费	元	61.43	90.00	44.18	14.07	50.73	42.39	65.00
6.租赁作业费	元	79.48	105.00	49.68	89.67	130.31	56.56	90.50
机械作业费	元	24.43	30.00	17.60	32.88	23.86	20.00	31.00
排灌费	元	43.30	75.00	32.08	56.79	106.45	36.56	32.00
其中：水费	元	18.62	75.00	1.91			36.56	
畜力费	元	11.75						27.50
7.燃料动力费	元	10.11	91.50					
8.技术服务费	元	0.43			7.21		3.55	
9.工具材料费	元	24.14		12.47	8.40		6.89	3.68
10.修理维护费	元	4.86		6.03	2.02		8.33	
11.其他直接费用	元	0.35					8.56	
（二）间接费用	元	99.76	100.00	29.16	41.25	355.50	139.33	81.75
1.固定资产折旧	元	12.86		6.47	4.23	16.22		
2.税金	元							
3.保险费	元							
4.管理费	元	1.06						
5.财务费	元							
6.销售费	元	85.85	100.00	22.69	37.02	339.28	139.33	81.75
二、每亩人工成本	元	670.82	760.50	813.10	457.82	549.25	491.79	350.68
1.家庭用工折价	元	621.24	760.50	772.16	457.82	549.25	491.79	350.68
家庭用工天数	日	36.76	45.00	45.69	27.09	32.50	29.10	20.75
劳动日工价	元	16.90	16.90	16.90	16.90	16.90	16.90	16.90
2.雇工费用	元	49.58		40.94				
雇工天数	日	1.79		1.36				
雇工工价	元	27.70	30.00	30.10	20.00	25.00	34.00	30.00
三、附记								
1.每亩种子用量	公斤							
2.每亩化肥用量	公斤	47.93	41.15	34.25	34.83	31.18	32.99	20.98
3.每亩农膜用量	公斤	4.99	5.00	3.25	1.23	4.06	3.32	5.00

7－7－2 续表 1

项 目	单位	大 连	长 春	哈尔滨	合 肥	福 州	厦 门	济 南
一、每亩物质与服务费用	元	642.63	469.45	433.60	816.96	782.46	1304.00	724.25
（一）直接费用	元	602.98	412.43	402.60	768.96	558.71	1079.00	656.50
1. 种子费	元	65.71	22.22	40.33	63.75	31.67	80.00	117.69
2. 化肥费	元	194.85	157.16	74.08	201.38	229.11	410.50	205.00
3. 农家肥费	元	139.43	12.58	73.33	143.75	71.12	135.00	126.52
4. 农药费	元	71.57	16.78	4.67	72.00	144.34	198.00	42.87
5. 农膜费	元	53.00	58.48	95.20	125.00	31.47	40.00	53.51
6. 租赁作业费	元	52.43	116.02	76.66	89.33	6.67	155.00	87.31
机械作业费	元	8.00	5.52	55.33				15.72
排灌费	元	44.43	14.08	21.33	30.58		105.00	68.65
其中：水费	元	44.43		21.33	15.13		105.00	
畜力费	元		96.42		58.75	6.67	50.00	2.94
7. 燃料动力费	元		14.90					
8. 技术服务费	元							
9. 工具材料费	元	20.60	8.00	38.33	63.25	26.33	60.50	20.09
10. 修理维护费	元	5.39	6.29		10.50	18.00		3.28
11. 其他直接费用	元							0.23
（二）间接费用	元	39.65	57.02	31.00	48.00	223.75	225.00	67.75
1. 固定资产折旧	元	17.29	17.02		37.50	32.00		13.87
2. 税金	元							
3. 保险费	元							
4. 管理费	元	3.36						0.48
5. 财务费	元							
6. 销售费	元	19.00	40.00	31.00	10.50	191.75	225.00	53.40
二、每亩人工成本	元	644.85	731.77	333.44	1002.17	451.23	566.15	850.58
1. 家庭用工折价	元	64.05	731.77	333.44	1002.17	451.23	566.15	850.58
家庭用工天数	日	3.79	43.30	19.73	59.30	26.70	33.50	50.33
劳动日工价	元	16.90	16.90	16.90	16.90	16.90	16.90	16.90
2. 雇工费用	元	580.80						
雇工天数	日	19.36						
雇工工价	元	30.00	24.00	27.50	27.50	30.00	30.00	24.00
三、附记								
1. 每亩种子用量	公斤							
2. 每亩化肥用量	公斤	43.09	25.99	18.03	32.45	64.66	102.91	47.41
3. 每亩农膜用量	公斤	3.87	4.50	7.43	8.33	3.67	6.00	4.70

7－7－2 续表 2

项　　目	单位	青 岛	郑 州	武 汉	南 宁	海 口	重 庆
一、每亩物质与服务费用	元	1138.50	1116.92	729.67	1041.58	865.22	465.64
（一）直接费用	元	960.17	1059.51	685.95	979.34	727.22	411.44
1. 种子费	元	104.00	58.02	96.59	86.67	72.37	65.61
2. 化肥费	元	198.83	297.43	236.00	470.00	358.38	139.67
3. 农家肥费	元	366.67	280.01	77.13	56.67	6.67	62.44
4. 农药费	元	66.67	91.33	84.93	135.00	142.63	55.41
5. 农膜费	元		176.77	90.83	27.67		54.19
6. 租赁作业费	元	114.00	77.09	71.23	128.33	140.30	9.23
机械作业费	元	53.33	37.68	35.43		27.50	9.23
排灌费	元	60.67	39.41	29.71	98.33	97.50	
其中：水费	元	38.00	29.34	2.66		37.50	
畜力费	元			6.09	30.00	15.30	
7. 燃料动力费	元				30.00		
8. 技术服务费	元						
9. 工具材料费	元	110.00	75.26	24.24	35.00	6.87	21.05
10. 修理维护费	元		3.60	5.00	10.00		3.84
11. 其他直接费用	元						
（二）间接费用	元	178.33	57.41	43.72	62.24	138.00	54.20
1. 固定资产折旧	元		12.23	30.76	5.57	12.50	9.61
2. 税金	元						
3. 保险费	元						
4. 管理费	元		11.72	4.26	6.67		
5. 财务费	元						
6. 销售费	元	178.33	33.46	8.70	50.00	125.50	44.59
二、每亩人工成本	元	1025.83	640.51	371.33	782.47	1069.77	755.26
1. 家庭用工折价	元	1025.83	640.51	358.11	782.47	1069.77	755.26
家庭用工天数	日	60.70	37.90	21.19	46.30	63.30	44.69
劳动日工价	元	16.90	16.90	16.90	16.90	16.90	16.90
2. 雇工费用	元			13.22			
雇工天数	日			0.42			
雇工工价	元	26.90	30.00	31.48	20.00	26.10	31.67
三、附记							
1. 每亩种子用量	公斤						
2. 每亩化肥用量	公斤	42.90	65.77	39.45	110.37	71.08	28.91
3. 每亩农膜用量	公斤		12.55	7.23	2.67		4.90

7-7-2 续表 3

项 目	单位	成 都	贵 阳	昆 明	西 安	银 川	乌鲁木齐
一、每亩物质与服务费用	元	313.00	539.34	1108.76	856.16	944.63	781.07
(一)直接费用	元	253.00	521.00	982.23	753.49	826.30	685.97
1. 种子费	元	25.00	85.00	83.01	151.29	339.83	114.21
2. 化肥费	元	115.00	179.00	231.83	151.78	197.13	255.87
3. 农家肥费	元	40.00	76.67	238.49	164.47	85.00	60.90
4. 农药费	元	25.00	53.33	268.20	54.99	35.67	7.22
5. 农膜费	元	48.00	79.00	70.24	115.09	66.00	45.00
6. 租赁作业费	元		39.00	37.67	69.85	70.00	125.10
机械作业费	元		35.00	37.67	28.25	30.00	76.67
排灌费	元		4.00		41.60	40.00	48.43
其中:水费	元		4.00			40.00	14.53
畜力费	元						
7. 燃料动力费	元			45.27			71.09
8. 技术服务费	元						
9. 工具材料费	元		5.33	7.52	31.55	16.00	2.15
10. 修理维护费	元		3.67		14.47	16.67	4.43
11. 其他直接费用	元						
(二)间接费用	元	60.00	18.34	126.53	102.67	118.33	95.10
1. 固定资产折旧	元		7.67		38.47	60.00	
2. 税金	元						
3. 保险费	元						
4. 管理费	元						
5. 财务费	元						
6. 销售费	元	60.00	10.67	126.53	64.20	58.33	95.10
二、每亩人工成本	元	760.50	393.77	858.31	995.83	417.43	694.98
1. 家庭用工折价	元	760.50	393.77	805.62	903.98	417.43	234.91
家庭用工天数	日	45.00	23.30	47.67	53.49	24.70	13.90
劳动日工价	元	16.90	16.90	16.90	16.90	16.90	16.90
2. 雇工费用	元			52.69	91.85		460.07
雇工天数	日			2.21	6.14		15.30
雇工工价	元	20.00	20.00	23.84	14.96	25.00	30.07
三、附记							
1. 每亩种子用量	公斤						
2. 每亩化肥用量	公斤	93.00	47.07	47.15	29.88	47.07	45.57
3. 每亩农膜用量	公斤	4.00	6.00	5.47	12.65	5.33	3.63

7-7-3 2006年大中城市露地菜椒化肥投入情况

项目	单位	平均	北京	天津	石家庄	太原	呼和浩特	沈阳
一、每亩化肥金额	元	206.78	203.5	141.22	146.91	130.74	149.22	94.98
(一)氮肥	元	70.60	61.00	70.12	54.10	72.56	71.00	38.88
1. 尿素	元	56.25	47.50	63.55	29.91	62.46	71.00	38.88
2. 碳铵	元	14.35	13.50	6.57	24.19	10.10		
3. 其他氮肥	元							
(二)磷肥	元	19.44		5.46	1.70	9.09		
其中:过磷酸钙	元	13.83		5.46	1.70	9.09		
(三)钾肥	元	17.97						
其中:氯化钾	元	16.17						
(四)复混肥	元	96.86	142.50	65.64	91.11	49.09	78.22	56.10
1. 复合肥	元	94.59	142.50	54.29	91.11	49.09	78.22	56.10
其中:二铵	元	27.64	72.50	49.60	8.18	49.09	78.22	22.00
2. 混配肥	元	2.27		11.35				
(五)其他肥料	元	1.91						
二、每亩化肥折纯用量	公斤	47.93	41.15	34.25	34.83	31.18	32.99	20.98
(一)氮肥	公斤	19.05	15.75	17.88	15.62	17.42	16.33	9.20
1. 尿素	公斤	14.90	11.50	15.96	7.58	13.95	16.33	9.20
2. 碳铵	公斤	4.15	4.25	1.92	8.04	3.47		
3. 其他氮肥	公斤							
(二)磷肥	公斤	5.58		1.56	0.58	3.09		
其中:过磷酸钙	公斤	4.36		1.56	0.58	3.09		
(三)钾肥	公斤	4.14						
其中:氯化钾	公斤	3.96						
(四)复混肥	公斤	19.16	25.40	14.81	18.63	10.67	16.66	11.78
1. 复合肥	公斤	18.86	25.40	12.16	18.63	10.67	16.66	11.78
其中:二铵	公斤	6.11	16.00	11.21	1.85	10.67	16.66	4.80
2. 混配肥	公斤	0.30		2.65				

7－7－3 续表 1

项　　目	单位	大 连	长 春	哈尔滨	合 肥	福 州	厦 门	济 南
一、每亩化肥金额	元	194.85	157.16	74.08	201.38	229.11	410.5	205
(一)氮肥	元	79.14	75.23	35.08	71.50	84.00	74.25	55.61
1.尿素	元	79.14	75.23	35.08	71.50		74.25	55.61
2.碳铵	元					84.00		
3.其他氮肥	元							
(二)磷肥	元		54.38		4.60	84.00	73.00	2.26
其中:过磷酸钙	元		18.33		4.60	77.78	73.00	2.26
(三)钾肥	元		23.74		9.80		263.25	
其中:氯化钾	元		10.00				263.25	
(四)复混肥	元	115.71	3.81	39.00	107.98	61.11		147.13
1.复合肥	元	115.71	3.81	39.00	107.98	61.11		147.13
其中:二铵	元			39.00				123.52
2.混配肥	元							
(五)其他肥料	元				7.50			
二、每亩化肥折纯用量	公斤	43.09	25.99	18.03	32.45	64.66	102.91	47.41
(一)氮肥	公斤	18.60	17.30	8.43	16.45	25.50	15.53	14.05
1.尿素	公斤	18.60	17.30	8.43	16.45		15.53	14.05
2.碳铵	公斤					25.50		
3.其他氮肥	公斤							
(二)磷肥	公斤		4.61		0.85	25.83	25.50	0.80
其中:过磷酸钙	公斤		1.42		0.85	23.61	25.50	0.80
(三)钾肥	公斤		3.44		0.90		61.88	
其中:氯化钾	公斤		2.29				61.88	
(四)复混肥	公斤	24.49	0.64	9.60	14.25	13.33		32.56
1.复合肥	公斤	24.49	0.64	9.60	14.25	13.33		32.56
其中:二铵	公斤			9.60				28.15
2.混配肥	公斤							

7-7-3 续表 2

项　　目	单位	青 岛	郑 州	武 汉	南 宁	海 口	重 庆
一、每亩化肥金额	元	198.83	297.43	236	470	358.38	139.67
(一)氮肥	元	109.50	186.96		126.67	12.77	53.96
1.尿素	元	47.50	137.15		126.67	12.77	43.06
2.碳铵	元	62.00	49.81				10.90
3.其他氮肥	元						
(二)磷肥	元			12.17	45.00	88.62	12.33
其中:过磷酸钙	元			12.17		88.62	6.65
(三)钾肥	元			4.35	93.33	13.46	1.75
其中:氯化钾	元			4.35	93.33	13.46	1.75
(四)复混肥	元	89.33	110.47	215.13	205.00	243.53	67.38
1.复合肥	元	44.00	110.47	215.13	205.00	243.53	67.38
其中:二铵	元						
2.混配肥	元	45.33					
(五)其他肥料	元			4.35			4.25
二、每亩化肥折纯用量	公斤	42.90	65.77	39.45	110.37	71.08	28.91
(一)氮肥	公斤	28.50	51.26		27.60	2.86	14.02
1.尿素	公斤	11.50	35.45		27.60	2.86	10.66
2.碳铵	公斤	17.00	15.81				3.36
3.其他氮肥	公斤						
(二)磷肥	公斤			2.63	18.00	20.02	4.35
其中:过磷酸钙	公斤			2.63		20.02	2.07
(三)钾肥	公斤			1.04	25.67	3.54	0.46
其中:氯化钾	公斤			1.04	25.67	3.54	0.46
(四)复混肥	公斤	14.40	14.51	35.78	39.10	44.66	10.08
1.复合肥	公斤	9.60	14.51	35.78	39.10	44.66	10.08
其中:二铵	公斤						
2.混配肥	公斤	4.80					

7-7-3 续表 3

项　　目	单位	成　都	贵　阳	昆　明	西　安	银　川	乌鲁木齐
一、每亩化肥金额	元	115	179	231.83	151.78	197.13	255.87
(一)氮肥	元	35.00	73.00	73.27	46.69	84.13	120.61
1. 尿素	元	35.00	73.00	62.13	36.01	55.80	73.11
2. 碳铵	元			11.14	10.68	28.33	47.50
3. 其他氮肥	元						
(二)磷肥	元	20.00		26.15	47.21		
其中:过磷酸钙	元	20.00		26.15			
(三)钾肥	元			18.11			21.45
其中:氯化钾	元			18.11			
(四)复混肥	元	60.00	106.00	114.30	57.13	113.00	82.86
1. 复合肥	元	60.00	106.00	114.30	57.13	113.00	82.86
其中:二铵	元				53.02	113.00	82.86
2. 混配肥	元						
(五)其他肥料	元				0.75		30.95
二、每亩化肥折纯用量	公斤	93.00	47.07	47.15	29.88	47.07	45.57
(一)氮肥	公斤	46.00	18.40	18.32	12.15	22.97	26.15
1. 尿素	公斤	46.00	18.40	14.88	9.19	14.27	16.91
2. 碳铵	公斤			3.44	2.96	8.70	9.24
3. 其他氮肥	公斤						
(二)磷肥	公斤	17.00		9.80	4.79		
其中:过磷酸钙	公斤	17.00		9.80			
(三)钾肥	公斤			4.10			2.37
其中:氯化钾	公斤			4.10			
(四)复混肥	公斤	30.00	28.67	14.93	12.94	24.10	17.05
1. 复合肥	公斤	30.00	28.67	14.93	12.94	24.10	17.05
其中:二铵	公斤				12.69	24.10	17.05
2. 混配肥	公斤						

7－8－1 2006年大中城市大棚菜椒成本收益情况

项目	单位	平均	天津	上海	南京	杭州	宁波
每亩							
主产品产量	公斤	2901.00	4949.60	2308.00	3426.70	1174.20	2576.70
产值合计	元	4686.60	5372.29	2817.60	4102.33	8740.30	4108.00
主产品产值	元	4686.60	5372.29	2817.60	4102.33	8740.30	4108.00
副产品产值	元						
总成本	元	2919.32	2228.36	2009.10	2536.86	3522.00	3538.23
生产成本	元	2745.27	2122.65	1934.10	2251.76	3262.00	3379.56
物质与服务费用	元	1437.84	1109.41	1004.60	1340.85	1562.00	1249.99
人工成本	元	1307.43	1013.24	929.50	910.91	1700.00	2129.57
家庭用工折价	元	1012.99	857.00	929.50	872.04	845.00	321.10
雇工费用	元	294.44	156.24		38.87	855.00	1808.47
土地成本	元	174.05	105.71	75.00	285.10	260.00	158.67
流转地租金	元	51.67	14.00	37.50	99.79	86.06	65.42
自营地折租	元	122.38	91.71	37.50	185.31	173.94	93.25
净利润	元	1767.28	3143.93	808.50	1565.47	5218.30	569.77
现金成本	元	1783.95	1279.65	1042.10	1479.51	2503.06	3123.88
现金收益	元	2902.65	4092.64	1775.50	2622.82	6237.24	984.12
成本利润率	%	60.54	141.09	40.24	61.71	148.16	16.10
每50公斤主产品							
平均出售价格	元	80.78	54.27	61.04	59.86	372.18	79.71
总成本	元	50.32	22.51	43.52	37.02	149.97	68.65
生产成本	元	47.32	21.44	41.90	32.86	138.90	65.58
净利润	元	30.46	31.76	17.52	22.84	222.21	11.06
现金成本	元	30.75	12.93	22.58	21.59	106.59	60.61
现金收益	元	50.03	41.34	38.46	38.27	265.59	19.10
附:							
每亩用工数量	日	67.87	55.21	55.00	52.90	69.00	70.70
每亩主产品出售数量	公斤	2863.30	4949.60	2308.00	3301.00	1174.20	2576.70
每亩主产品出售产值	元	4629.56	5372.29	2817.60	3928.42	8740.30	4108.00
商品率	%	98.80	100.00	100.00	96.30	100.00	100.00
每亩补贴收入	元	0.22					
每亩成本外支出	元	2.55			19.13		

7－8－1　续表

项　　目	单位	合　肥	武　汉	长　沙	成　都	兰　州
每亩						
主产品产量	公斤	2850.00	2778.40	1390.00	3509.00	4047.40
产值合计	元	4584.00	3323.60	3651.00	3860.00	6306.86
主产品产值	元	4584.00	3323.60	3651.00	3860.00	6306.86
副产品产值	元					
总成本	元	2956.68	2399.88	2006.94	3197.34	4797.18
生产成本	元	2781.68	2348.88	1936.94	2912.34	4522.18
物质与服务费用	元	1631.76	1529.39	939.84	1847.64	2162.94
人工成本	元	1149.92	819.49	997.10	1064.70	2359.24
家庭用工折价	元	1104.92	778.92	997.10	1064.70	2359.24
雇工费用	元	45.00	40.57			
土地成本	元	175.00	51.00	70.00	285.00	275.00
流转地租金	元	17.00	5.90	21.00	142.50	27.50
自营地折租	元	158.00	45.10	49.00	142.50	247.50
净利润	元	1627.32	923.72	1644.06	662.66	1509.68
现金成本	元	1693.76	1575.86	960.84	1990.14	2190.44
现金收益	元	2890.24	1747.74	2690.16	1869.86	4116.42
成本利润率	%	55.04	38.49	81.92	20.73	31.47
每50公斤主产品						
平均出售价格	元	80.42	59.81	131.33	55.00	77.91
总成本	元	51.87	43.19	72.19	45.56	59.26
生产成本	元	48.80	42.27	69.67	41.50	55.86
净利润	元	28.55	16.62	59.14	9.44	18.65
现金成本	元	29.71	28.36	34.56	28.36	27.06
现金收益	元	50.71	31.45	96.77	26.64	50.85
附：						
每亩用工数量	日	66.88	47.35	59.00	63.00	139.60
每亩主产品出售数量	公斤	2793.00	2745.80	1361.70	3509.00	3913.50
每亩主产品出售产值	元	4492.25	3295.00	3576.54	3860.00	6105.22
商品率	%	98.00	98.90	98.00	100.00	96.80
每亩补贴收入	元		2.15			
每亩成本外支出	元		6.35			

7－8－2 2006年大中城市大棚菜椒费用和用工情况

项 目	单位	平 均	天 津	上 海	南 京	杭 州	宁 波
一、每亩物质与服务费用	元	1437.84	1109.41	1004.60	1340.85	1562.00	1249.99
（一）直接费用	元	1094.34	792.27	645.80	1208.24	899.00	781.66
1.种子费	元	57.92	30.36	80.00	44.79	25.00	64.00
2.化肥费	元	204.95	249.64	149.00	137.21	199.00	193.00
3.农家肥费	元	136.41	47.14	50.00	167.27	182.00	50.33
4.农药费	元	95.36	48.35	124.20	109.21	152.00	71.00
5.农膜费	元	436.03	342.50	135.00	512.03	116.00	326.67
6.租赁作业费	元	54.31	37.14	65.80	57.45	25.00	58.83
机械作业费	元	27.08		45.00	49.28		49.33
排灌费	元	22.20	37.14	20.80	8.17	25.00	9.50
其中：水费	元	12.15	25.00			12.00	6.83
畜力费	元	5.03					
7.燃料动力费	元	19.66	5.71				
8.技术服务费	元						
9.工具材料费	元	68.32	30.00		170.08	101.00	5.83
10.修理维护费	元	20.82	1.43	41.80	10.20	99.00	12.00
11.其他直接费用	元	0.56					
（二）间接费用	元	343.50	317.14	358.80	132.61	663.00	468.33
1.固定资产折旧	元	264.44	227.14	95.00	99.48	471.00	300.00
2.税金	元						
3.保险费	元	8.15		81.50			
4.管理费	元	6.33		60.00			
5.财务费	元	3.00		30.00			
6.销售费	元	61.58	90.00	92.30	33.13	192.00	168.33
二、每亩人工成本	元	1307.43	1013.24	929.50	910.91	1700.00	2129.57
1.家庭用工折价	元	1012.99	857.00	929.50	872.04	845.00	321.10
家庭用工天数	日	59.94	50.71	55.00	51.60	50.00	19.00
劳动日工价	元	16.90	16.90	16.90	16.90	16.90	16.90
2.雇工费用	元	294.44	156.24		38.87	855.00	1808.47
雇工天数	日	7.93	4.50		1.30	19.00	51.70
雇工工价	元	37.13	34.72	30.00	29.90	45.00	34.98
三、附记							
1.每亩种子用量	公斤						
2.每亩化肥用量	公斤	41.19	60.26	37.30	33.59	30.15	46.45
3.每亩农膜用量	公斤	31.93	25.14	9.00	38.23	8.50	20.67

7-8-2 续表

项 目	单位	合 肥	武 汉	长 沙	成 都	兰 州
一、每亩物质与服务费用	元	1631.76	1529.39	939.84	1847.64	2162.94
(一)直接费用	元	1403.01	1312.03	658.34	1190.04	2053.04
1. 种子费	元	63.13	79.98	50.00	60.00	81.95
2. 化肥费	元	226.19	283.09	183.50	156.00	272.91
3. 农家肥费	元	48.75	67.43	110.00		641.18
4. 农药费	元	66.25	131.06	149.34	10.00	92.14
5. 农膜费	元	750.00	579.27	102.50	810.00	686.34
6. 租赁作业费	元	80.56	67.56	50.00	68.00	32.71
机械作业费	元	50.00	27.14	50.00		
排灌费	元	30.56	30.13		28.00	32.71
其中:水费	元	14.61	2.32		28.00	32.71
畜力费	元		10.29		40.00	
7. 燃料动力费	元				1.04	189.85
8. 技术服务费	元					
9. 工具材料费	元	162.50	89.87	7.00	85.00	31.93
10. 修理维护费	元		13.77	6.00		24.03
11. 其他直接费用	元	5.63				
(二)间接费用	元	228.75	217.36	281.50	657.60	109.90
1. 固定资产折旧	元	228.75	202.23	260.00	657.60	103.21
2. 税金	元					
3. 保险费	元					
4. 管理费	元		3.26			
5. 财务费	元					
6. 销售费	元		11.87	21.50		6.69
二、每亩人工成本	元	1149.92	819.49	997.10	1064.70	2359.24
1. 家庭用工折价	元	1104.92	778.92	997.10	1064.70	2359.24
家庭用工天数	日	65.38	46.09	59.00	63.00	139.60
劳动日工价	元	16.90	16.90	16.90	16.90	16.90
2. 雇工费用	元	45.00	40.57			
雇工天数	日	1.50	1.26			
雇工工价	元	30.00	32.20	40.00	14.00	25.00
三、附记						
1. 每亩种子用量	公斤					
2. 每亩化肥用量	公斤	39.33	47.13	32.16	26.50	59.01
3. 每亩农膜用量	公斤	50.00	44.23	7.60	60.00	55.90

7-8-3 2006年大中城市大棚菜椒化肥投入情况

项目	单位	平均	天津	上海	南京	杭州	宁波
一、每亩化肥金额	元	204.95	249.64	149.00	137.21	199.00	193.00
(一)氮肥	元	47.79	122.50	89.00	32.56		61.00
1.尿素	元	43.68	122.50	60.00	32.56		61.00
2.碳铵	元	4.11		29.00			
3.其他氮肥	元						
(二)磷肥	元	7.69					57.67
其中:过磷酸钙	元	7.69					57.67
(三)钾肥	元	6.14					
其中:氯化钾	元	4.60					
(四)复混肥	元	142.25	127.14	60.00	104.65	199.00	74.33
1.复合肥	元	139.44	127.14	60.00	104.65	199.00	74.33
其中:二铵	元	35.89	127.14				
2.混配肥	元	2.81					
(五)其他肥料	元	1.09					
二、每亩化肥折纯用量	公斤	41.19	60.26	37.30	33.59	30.15	46.45
(一)氮肥	公斤	11.84	31.26	22.30	7.43		15.64
1.尿素	公斤	10.58	31.26	13.80	7.43		15.64
2.碳铵	公斤	1.26		8.50			
3.其他氮肥	公斤						
(二)磷肥	公斤	2.32					17.34
其中:过磷酸钙	公斤	2.32					17.34
(三)钾肥	公斤	1.30					
其中:氯化钾	公斤	1.15					
(四)复混肥	公斤	25.73	29.00	15.00	26.16	30.15	13.47
1.复合肥	公斤	25.28	29.00	15.00	26.16	30.15	13.47
其中:二铵	公斤	7.78	29.00				
2.混配肥	公斤	0.45					

7－8－3 续表

项　　目	单位	合　肥	武　汉	长　沙	成　都	兰　州
一、每亩化肥金额	元	226.19	283.09	183.50	156.00	272.91
（一）氮肥	元	68.75	24.48	38.50		41.13
1. 尿素	元	68.75	12.34	38.50		41.13
2. 碳铵	元		12.14			
3. 其他氮肥	元					
（二）磷肥	元	7.00	12.23			
其中：过磷酸钙	元	7.00	12.23			
（三）钾肥	元	14.50	0.86		46.00	
其中：氯化钾	元				46.00	
（四）复混肥	元	135.94	234.66	145.00	110.00	231.78
1. 复合肥	元	107.81	234.66	145.00	110.00	231.78
其中：二铵	元					231.78
2. 混配肥	元	28.13				
（五）其他肥料	元		10.86			
二、每亩化肥折纯用量	公斤	39.33	47.13	32.16	26.50	59.01
（一）氮肥	公斤	15.81	6.92	8.86		10.18
1. 尿素	公斤	15.81	2.84	8.86		10.18
2. 碳铵	公斤		4.08			
3. 其他氮肥	公斤					
（二）磷肥	公斤	2.72	3.09			
其中：过磷酸钙	公斤	2.72	3.09			
（三）钾肥	公斤	1.30	0.23		11.50	
其中：氯化钾	公斤				11.50	
（四）复混肥	公斤	19.50	36.89	23.30	15.00	48.83
1. 复合肥	公斤	15.00	36.89	23.30	15.00	48.83
其中：二铵	公斤					48.83
2. 混配肥	公斤	4.50				

7－9－1　2006年大中城市露地圆白菜成本收益情况

项　　目	单位	平　均	天　津	呼和浩特	沈　阳	大　连	长　春	哈尔滨
每亩								
主产品产量	公斤	3291.00	3262.00	6187.20	4235.00	3265.20	2154.20	2966.80
产值合计	元	2087.41	1305.40	2474.53	1752.70	2242.77	1183.35	1852.19
主产品产值	元	2086.18	1305.40	2474.53	1752.70	2242.77	1183.35	1852.19
副产品产值	元	1.23						
总成本	元	1209.68	1183.99	899.60	1154.56	1451.80	1126.74	919.29
生产成本	元	1011.49	1082.52	679.60	1054.56	1251.80	951.71	819.77
物质与服务费用	元	530.54	490.56	405.14	709.46	598.11	410.91	460.31
人工成本	元	480.95	591.96	274.46	345.10	653.69	540.80	359.46
家庭用工折价	元	443.29	561.08	274.46	345.10	155.99	540.80	307.41
雇工费用	元	37.66	30.88			497.70		52.05
土地成本	元	198.19	101.47	220.00	100.00	200.00	175.03	99.52
流转地租金	元	49.60	18.88	17.60		25.45		
自营地折租	元	148.59	82.59	202.40	100.00	174.55	175.03	99.52
净利润	元	877.73	121.41	1574.93	598.14	790.97	56.61	932.90
现金成本	元	617.80	540.32	422.74	709.46	1121.26	410.91	512.36
现金收益	元	1469.61	765.08	2051.79	1043.24	1121.51	772.44	1339.83
成本利润率	%	72.56	10.25	175.07	51.81	54.48	5.02	101.48
每50公斤主产品								
平均出售价格	元	31.70	20.01	20.00	20.69	34.34	27.47	31.22
总成本	元	18.37	18.15	7.27	13.63	22.23	26.16	15.50
生产成本	元	15.36	16.59	5.49	12.45	19.17	22.09	13.82
净利润	元	13.33	1.86	12.73	7.06	12.11	1.31	15.72
现金成本	元	9.38	8.28	3.42	8.37	17.17	9.54	8.64
现金收益	元	22.32	11.73	16.58	12.32	17.17	17.93	22.58
附:								
每亩用工数量	日	27.65	34.23	16.24	20.42	25.82	32.00	19.77
每亩主产品出售数量	公斤	3186.90	3260.90	5886.10	4235.00	3265.20	2142.10	2648.80
每亩主产品出售产值	元	2004.67	1305.22	2353.89	1752.70	2242.77	1176.60	1549.77
商品率	%	98.10	100.00	95.50	100.00	100.00	99.50	93.80
每亩补贴收入	元	1.18						20.10
每亩成本外支出	元	1.53						

7-9-1 续表 1

项 目	单位	上 海	南 京	宁 波	福 州	厦 门	南 昌
每亩							
主产品产量	公斤	2348.00	2417.70	3278.30	2099.50	1520.00	2750.20
产值合计	元	1878.40	1555.24	1808.67	2736.18	2204.05	2470.20
主产品产值	元	1878.40	1555.24	1808.67	2736.18	2204.05	2470.20
副产品产值	元						
总成本	元	1257.60	1300.27	792.22	1173.84	1382.20	1131.69
生产成本	元	1182.60	1015.17	722.22	1042.89	1242.20	1011.69
物质与服务费用	元	777.00	421.20	279.44	628.93	811.25	426.95
人工成本	元	405.60	593.97	442.78	413.96	430.95	584.74
家庭用工折价	元	405.60	562.77	442.78	346.45	430.95	584.74
雇工费用	元		31.20		67.51		
土地成本	元	75.00	285.10	70.00	130.95	140.00	120.00
流转地租金	元	37.50	99.79	33.18	45.83	35.00	
自营地折租	元	37.50	185.31	36.82	85.12	105.00	120.00
净利润	元	620.80	254.97	1016.45	1562.34	821.85	1338.51
现金成本	元	814.50	552.19	312.62	742.27	846.25	426.95
现金收益	元	1063.90	1003.05	1496.05	1993.91	1357.80	2043.25
成本利润率	%	49.36	19.61	128.30	133.10	59.46	118.28
每50公斤主产品							
平均出售价格	元	40.00	32.16	27.59	65.16	72.50	44.91
总成本	元	26.78	26.89	12.08	27.95	45.47	20.57
生产成本	元	25.18	20.99	11.02	24.84	40.86	18.39
净利润	元	13.22	5.27	15.51	37.21	27.03	24.34
现金成本	元	17.34	11.42	4.77	17.68	27.84	7.76
现金收益	元	22.66	20.74	22.82	47.48	44.66	37.15
附:							
每亩用工数量	日	24.00	34.30	26.20	22.80	25.50	34.60
每亩主产品出售数量	公斤	2348.00	2151.20	3278.30	2099.50	1520.00	2750.20
每亩主产品出售产值	元	1878.40	1372.53	1808.67	2736.18	2204.05	2470.20
商品率	%	100.00	96.70	100.00	100.00	100.00	100.00
每亩补贴收入	元						
每亩成本外支出	元		18.36				

7-9-1 续表 2

项　　目	单位	济 南	青 岛	郑 州	武 汉	重 庆	成 都
每亩							
主产品产量	公斤	4123.90	3003.30	4193.50	3823.20	2648.10	3350.00
产值合计	元	2875.30	3300.67	1516.69	1431.49	1607.61	4020.00
主产品产值	元	2875.30	3300.67	1516.69	1431.49	1598.29	4020.00
副产品产值	元					9.32	
总成本	元	1624.01	1544.79	906.97	892.45	925.19	2155.20
生产成本	元	1444.77	1364.79	756.97	841.45	873.48	655.20
物质与服务费用	元	825.96	802.02	499.08	535.68	293.30	182.00
人工成本	元	618.81	562.77	257.89	305.77	580.18	473.20
家庭用工折价	元	613.81	562.77	257.89	296.26	580.18	473.20
雇工费用	元	5.00			9.51		
土地成本	元	179.24	180.00	150.00	51.00	51.71	1500.00
流转地租金	元			15.00	4.72	7.28	750.00
自营地折租	元	179.24	180.00	135.00	46.28	44.43	750.00
净利润	元	1251.29	1755.88	609.72	539.04	682.42	1864.80
现金成本	元	830.96	802.02	514.08	549.91	300.58	932.00
现金收益	元	2044.34	2498.65	1002.61	881.58	1307.03	3088.00
成本利润率	%	77.05	113.66	67.23	60.40	73.76	86.53
每50公斤主产品							
平均出售价格	元	34.86	54.95	18.08	18.72	30.18	60.00
总成本	元	19.69	25.72	10.81	11.67	17.37	32.17
生产成本	元	17.52	22.72	9.02	11.00	16.40	9.78
净利润	元	15.17	29.23	7.27	7.05	12.81	27.83
现金成本	元	10.07	13.35	6.13	7.19	5.64	13.91
现金收益	元	24.79	41.60	11.95	11.53	24.54	46.09
附:							
每亩用工数量	日	36.59	33.30	15.26	17.77	34.33	28.00
每亩主产品出售数量	公斤	4046.30	2883.30	3983.60	3815.50	2572.40	3350.00
每亩主产品出售产值	元	2798.78	3150.00	940.82	1429.08	1550.78	4020.00
商品率	%	98.90	97.00	95.00	99.80	98.60	100.00
每亩补贴收入	元				4.12		
每亩成本外支出	元	3.25					

7－9－1 续表 3

项　　目	单位	昆　明	西　安	兰　州	西　宁	银　川	乌鲁木齐
每亩							
主产品产量	公斤	2623.70	3402.90	3767.60	2955.00	5189.70	3417.90
产值合计	元	1708.84	2276.45	1618.64	3172.75	1377.47	1728.20
主产品产值	元	1688.57	2276.45	1618.64	3172.75	1377.47	1728.20
副产品产值	元	20.27					
总成本	元	993.33	1840.80	1095.04	799.83	1456.41	1025.92
生产成本	元	897.04	1525.69	990.81	657.83	1336.41	875.92
物质与服务费用	元	654.11	467.99	341.85	289.41	778.71	643.54
人工成本	元	242.93	1057.70	648.96	368.42	557.70	232.38
家庭用工折价	元	190.46	960.09	648.96	368.42	557.70	172.38
雇工费用	元	52.47	97.61				60.00
土地成本	元	96.29	315.11	104.23	142.00	120.00	150.00
流转地租金	元	26.48	34.08	10.42	14.20		15.00
自营地折租	元	69.81	281.03	93.81	127.80	120.00	135.00
净利润	元	715.51	435.65	523.60	2372.92	－78.94	702.28
现金成本	元	733.06	599.68	352.27	303.61	778.71	718.54
现金收益	元	975.78	1676.77	1266.37	2869.14	598.76	1009.66
成本利润率	%	72.03	23.67	47.82	296.68	－5.41	68.45
每 50 公斤主产品							
平均出售价格	元	32.18	33.45	21.48	53.68	13.27	25.28
总成本	元	18.71	27.05	14.53	13.53	14.03	15.01
生产成本	元	16.89	22.42	13.15	11.13	12.87	12.81
净利润	元	13.47	6.40	6.95	40.15	－0.76	10.27
现金成本	元	13.80	8.81	4.67	5.14	7.50	10.51
现金收益	元	18.38	24.64	16.81	48.54	5.77	14.77
附：							
每亩用工数量	日	13.86	63.30	38.40	21.80	33.00	12.20
每亩主产品出售数量	公斤	2377.60	3253.80	3728.40	2738.80	4766.70	3383.20
每亩主产品出售产值	元	1671.31	2184.36	1588.98	2935.88	1280.12	1710.94
商品率	%	99.40	96.50	99.00	92.70	92.10	99.00
每亩补贴收入	元				4.00		
每亩成本外支出	元					15.00	

7-9-2 2006年大中城市露地圆白菜费用和用工情况

项目	单位	平均	天津	呼和浩特	沈阳	大连	长春	哈尔滨
一、每亩物质与服务费用	元	530.54	490.56	405.14	709.46	598.11	410.91	460.31
(一)直接费用	元	451.42	462.43	345.16	629.56	545.18	343.42	432.09
1.种子费	元	52.00	19.51	44.50	282.50	36.86	31.51	28.77
2.化肥费	元	149.15	120.00	119.51	79.02	192.63	82.75	55.93
3.农家肥费	元	90.54	126.97	91.59	90.00	156.14	51.11	90.41
4.农药费	元	47.54	10.91	26.81	16.79	92.82	14.67	46.17
5.农膜费	元	35.41	113.00		65.00	12.50	53.87	126.82
6.租赁作业费	元	54.55	43.55	44.17	92.20	47.27	84.56	83.99
机械作业费	元	21.95	15.44	23.86	31.20	22.16	4.14	45.00
排灌费	元	25.05	28.11	20.31	34.00	25.11	12.92	38.99
其中:水费	元	13.04	0.37	20.31		25.11		38.99
畜力费	元	7.55			27.00		67.50	
7.燃料动力费	元	4.18					11.18	
8.技术服务费	元							
9.工具材料费	元	13.95	25.58	18.58	4.05	4.01	7.67	
10.修理维护费	元	4.08	2.91			2.95	6.10	
11.其他直接费用	元	0.03						
(二)间接费用	元	79.11	28.13	59.98	79.90	52.93	67.49	28.22
1.固定资产折旧	元	13.98	4.94			10.91	14.16	
2.税金	元							
3.保险费	元	3.40						
4.管理费	元	2.83				3.11		
5.财务费	元	1.20						
6.销售费	元	57.71	23.19	59.98	79.90	38.91	53.33	28.22
二、每亩人工成本	元	480.95	591.96	274.46	345.10	653.69	540.80	359.46
1.家庭用工折价	元	443.29	561.08	274.46	345.10	155.99	540.80	307.41
家庭用工天数	日	26.23	33.20	16.24	20.42	9.23	32.00	18.19
劳动日工价	元	16.90	16.90	16.90	16.90	16.90	16.90	16.90
2.雇工费用	元	37.66	30.88			497.70		52.05
雇工天数	日	1.42	1.03			16.59		1.58
雇工工价	元	26.52	29.98	34.00	30.00	30.00	24.00	32.94
三、附记								
1.每亩种子用量	公斤							
2.每亩化肥用量	公斤	37.24	29.53	28.70	17.79	34.96	15.56	12.89
3.每亩农膜用量	公斤	3.04	8.36		5.00	0.91	4.15	10.33

7－9－2 续表 1

项　　目	单位	上 海	南 京	宁 波	福 州	厦 门	南 昌
一、每亩物质与服务费用	元	777.00	421.20	279.44	628.93	811.25	426.95
（一）直接费用	元	426.40	364.10	248.77	490.48	696.25	300.66
1. 种子费	元	49.20	17.90	25.67	29.95	27.50	43.96
2. 化肥费	元	129.90	114.54	73.00	247.43	353.25	104.13
3. 农家肥费	元	35.00	115.73	26.50	110.00		95.30
4. 农药费	元	115.30	53.62	52.90	87.00	130.00	46.26
5. 农膜费	元					36.00	
6. 租赁作业费	元	60.20	42.41	64.73	3.50	140.00	11.01
机械作业费	元	45.00	34.98	46.00			
排灌费	元	15.20	7.43	8.40	3.50	80.00	11.01
其中：水费	元					80.00	
畜力费	元			10.33		60.00	
7. 燃料动力费	元						
8. 技术服务费	元						
9. 工具材料费	元		13.72	2.90	12.60	9.50	
10. 修理维护费	元	36.80	6.18	3.07			
11. 其他直接费用	元						
（二）间接费用	元	350.60	57.10	30.67	138.45	115.00	126.29
1. 固定资产折旧	元	95.00	22.00				16.30
2. 税金	元						
3. 保险费	元	81.50					
4. 管理费	元	59.90					
5. 财务费	元	28.80					
6. 销售费	元	85.40	35.10	30.67	138.45	115.00	109.99
二、每亩人工成本	元	405.60	593.97	442.78	413.96	430.95	584.74
1. 家庭用工折价	元	405.60	562.77	442.78	346.45	430.95	584.74
家庭用工天数	日	24.00	33.30	26.20	20.50	25.50	34.60
劳动日工价	元	16.90	16.90	16.90	16.90	16.90	16.90
2. 雇工费用	元		31.20		67.51		
雇工天数	日		1.00		2.30		
雇工工价	元	30.00	31.20	35.00	29.35	30.00	50.00
三、附记							
1. 每亩种子用量	公斤						
2. 每亩化肥用量	公斤	32.70	28.71	19.11	48.38	74.53	26.39
3. 每亩农膜用量	公斤					7.00	

7－9－2 续表 2

项　　目	单位	济 南	青 岛	郑 州	武 汉	重 庆	成 都
一、每亩物质与服务费用	元	825.96	802.02	499.08	535.68	293.30	182.00
（一）直接费用	元	788.74	621.02	462.82	478.96	248.90	150.00
1.种子费	元	49.78	52.00	38.29	55.46	25.71	15.00
2.化肥费	元	242.94	175.34	141.69	199.99	112.95	85.00
3.农家肥费	元	173.14	240.00	141.84	79.85	49.65	35.00
4.农药费	元	36.78	31.67	60.32	67.46	31.19	15.00
5.农膜费	元	147.61					
6.租赁作业费	元	68.54	78.67	73.01	52.51	14.17	
机械作业费	元	25.53	46.67	35.61	13.75	14.17	
排灌费	元	43.01	32.00	37.40	22.35		
其中:水费	元	3.75	19.33	28.62	0.53		
畜力费	元				16.41		
7.燃料动力费	元						
8.技术服务费	元						
9.工具材料费	元	68.06	36.67	5.60	16.72	11.70	
10.修理维护费	元	1.21	6.67	2.07	6.97	3.53	
11.其他直接费用	元	0.68					
（二）间接费用	元	37.22	181.00	36.26	56.72	44.40	32.00
1.固定资产折旧	元	13.94		10.17	23.03	3.22	
2.税金	元						
3.保险费	元						
4.管理费	元	0.05		4.75			
5.财务费	元						
6.销售费	元	23.23	181.00	21.34	33.69	41.18	32.00
二、每亩人工成本	元	618.81	562.77	257.89	305.77	580.18	473.20
1.家庭用工折价	元	613.81	562.77	257.89	296.26	580.18	473.20
家庭用工天数	日	36.32	33.30	15.26	17.53	34.33	28.00
劳动日工价	元	16.90	16.90	16.90	16.90	16.90	16.90
2.雇工费用	元	5.00			9.51		
雇工天数	日	0.27			0.24		
雇工工价	元	18.52	26.90	30.00	39.63	31.67	20.00
三、附记							
1.每亩种子用量	公斤						
2.每亩化肥用量	公斤	60.81	35.93	33.38	40.01	32.73	93.00
3.每亩农膜用量	公斤	14.08					

7－9－2　续表 3

项　　目	单位	昆　明	西　安	兰　州	西　宁	银　川	乌鲁木齐
一、每亩物质与服务费用	元	654.11	467.99	341.85	289.41	778.71	643.54
（一）直接费用	元	591.67	378.39	317.41	225.16	643.05	643.54
1.种子费	元	95.68	26.73	37.80	17.75	169.17	26.76
2.化肥费	元	167.49	102.97	144.02	78.71	261.44	194.94
3.农家肥费	元	91.26	126.10	55.72	91.00	75.67	25.05
4.农药费	元	94.50	40.34	21.34	16.00	28.17	4.89
5.农膜费	元	66.31		21.48			207.32
6.租赁作业费	元	54.01	61.88	25.17	21.70	70.00	72.00
机械作业费	元	32.41	18.81			30.00	42.00
排灌费	元	21.60	43.07	25.17	21.70	40.00	30.00
其中：水费	元			25.17	21.70	40.00	9.00
畜力费	元						
7.燃料动力费	元	6.11				26.60	56.39
8.技术服务费	元						
9.工具材料费	元	16.31	9.34	10.86		7.67	53.19
10.修理维护费	元		11.03	1.02		4.33	3.00
11.其他直接费用	元						
（二）间接费用	元	62.44	89.60	24.44	64.25	135.66	
1.固定资产折旧	元		40.11	13.49		68.33	
2.税金	元						
3.保险费	元						
4.管理费	元						
5.财务费	元						
6.销售费	元	62.44	49.49	10.95	64.25	67.33	
二、每亩人工成本	元	242.93	1057.70	648.96	368.42	557.70	232.38
1.家庭用工折价	元	190.46	960.09	648.96	368.42	557.70	172.38
家庭用工天数	日	11.27	56.81	38.40	21.80	33.00	10.20
劳动日工价	元	16.90	16.90	16.90	16.90	16.90	16.90
2.雇工费用	元	52.47	97.61				60.00
雇工天数	日	2.59	6.49				2.00
雇工工价	元	20.26	15.04	22.50	25.00	25.00	30.00
三、附记							
1.每亩种子用量	公斤						
2.每亩化肥用量	公斤	45.02	26.99	36.28	16.88	57.91	45.63
3.每亩农膜用量	公斤	4.80		1.72			16.49

7－9－3　2006年大中城市露地圆白菜化肥投入情况

项　　目	单位	平　均	天　津	呼和浩特	沈　阳	大　连	长　春	哈尔滨
一、每亩化肥金额	元	149.15	120.00	119.51	79.02	192.63	82.75	55.93
（一）氮肥	元	69.74	55.90	97.18	36.12	60.18	56.42	55.93
1.尿素	元	54.02	45.90	81.09	36.12	60.18	56.42	55.93
2.碳铵	元	15.10	10.00	16.09				
3.其他氮肥	元	0.62						
（二）磷肥	元	10.48	5.33				18.37	
其中：过磷酸钙	元	8.53	5.33					
（三）钾肥	元	8.82					5.10	
其中：氯化钾	元	8.53						
（四）复混肥	元	58.08	58.77	22.33	42.90	132.45	2.86	
1.复合肥	元	51.96	58.77	22.33	42.90	29.09	2.86	
其中：二铵	元	21.11	58.77	22.33	26.40	7.95		
2.混配肥	元	6.12				103.36		
（五）其他肥料	元	2.03						
二、每亩化肥折纯用量	公斤	37.24	29.53	28.70	17.79	34.96	15.56	12.89
（一）氮肥	公斤	19.27	14.71	23.83	8.65	14.53	12.98	12.89
1.尿素	公斤	14.46	11.58	18.76	8.65	14.53	12.98	12.89
2.碳铵	公斤	4.74	3.13	5.07				
3.其他氮肥	公斤	0.07						
（二）磷肥	公斤	3.30	1.47				1.67	
其中：过磷酸钙	公斤	2.78	1.47					
（三）钾肥	公斤	2.03					0.43	
其中：氯化钾	公斤	2.01						
（四）复混肥	公斤	12.65	13.35	4.87	9.14	20.43	0.48	
1.复合肥	公斤	11.62	13.35	4.87	9.14	5.55	0.48	
其中：二铵	公斤	4.67	13.35	4.87	5.76	1.75		
2.混配肥	公斤	1.03				14.88		

7－9－3　续表 1

项　　目	单位	上　海	南　京	宁　波	福　州	厦　门	南　昌
一、每亩化肥金额	元	129.90	114.54	73.00	247.43	353.25	104.13
（一）氮肥	元	69.90	32.61	52.33	153.70	22.00	
1. 尿素	元	41.00	21.09	52.33	153.70	22.00	
2. 碳铵	元	28.90	11.52				
3. 其他氮肥	元						
（二）磷肥	元			20.67		35.00	
其中：过磷酸钙	元			20.67		35.00	
（三）钾肥	元					204.75	
其中：氯化钾	元					204.75	
（四）复混肥	元	60.00	81.93		93.73	60.00	104.13
1. 复合肥	元	60.00	81.93		93.73	60.00	104.13
其中：二铵	元						
2. 混配肥	元						
（五）其他肥料	元					31.50	
二、每亩化肥折纯用量	公斤	32.70	28.71	19.11	48.38	74.53	26.39
（一）氮肥	公斤	17.70	8.33	12.88	33.35	4.60	
1. 尿素	公斤	9.20	4.87	12.88	33.35	4.60	
2. 碳铵	公斤	8.50	3.46				
3. 其他氮肥	公斤						
（二）磷肥	公斤			6.23		12.80	
其中：过磷酸钙	公斤			6.23		12.80	
（三）钾肥	公斤					48.13	
其中：氯化钾	公斤					48.13	
（四）复混肥	公斤	15.00	20.38		15.03	9.00	26.39
1. 复合肥	公斤	15.00	20.38		15.03	9.00	26.39
其中：二铵	公斤						
2. 混配肥	公斤						

7-9-3 续表 2

项目	单位	济南	青岛	郑州	武汉	重庆	成都
一、每亩化肥金额	元	242.94	175.34	141.69	199.99	112.95	85.00
(一)氮肥	元	123.78	112.67	88.53	52.13	50.44	35.00
1.尿素	元	85.63	70.00	22.37	21.33	29.20	35.00
2.碳铵	元	38.15	42.67	66.16	30.80	21.24	
3.其他氮肥	元						
(二)磷肥	元				9.84	40.54	20.00
其中:过磷酸钙	元				9.84	18.31	20.00
(三)钾肥	元					1.82	
其中:氯化钾	元						
(四)复混肥	元	109.20	62.67	53.16	132.11	20.15	30.00
1.复合肥	元	96.24	46.67	53.16	132.11	20.15	30.00
其中:二铵	元	91.58					
2.混配肥	元	12.96	16.00				
(五)其他肥料	元	9.96			5.91		
二、每亩化肥折纯用量	公斤	60.81	35.93	33.38	40.01	32.73	93.00
(一)氮肥	公斤	35.09	26.66	26.39	14.65	14.06	46.00
1.尿素	公斤	21.86	15.33	5.42	4.98	7.23	46.00
2.碳铵	公斤	13.23	11.33	20.97	9.67	6.83	
3.其他氮肥	公斤						
(二)磷肥	公斤				2.63	15.39	17.00
其中:过磷酸钙	公斤				2.63	6.47	17.00
(三)钾肥	公斤					0.17	
其中:氯化钾	公斤						
(四)复混肥	公斤	25.72	9.27	6.99	22.73	3.11	30.00
1.复合肥	公斤	22.02	7.60	6.99	22.73	3.11	30.00
其中:二铵	公斤	20.91					
2.混配肥	公斤	3.70	1.67				

7－9－3 续表 3

项 目	单位	昆 明	西 安	兰 州	西 宁	银 川	乌鲁木齐
一、每亩化肥金额	元	167.49	102.97	144.02	78.71	261.44	194.94
（一）氮肥	元	110.64	49.21	103.50	29.23	141.27	85.11
1. 尿素	元	89.69	43.55	103.50	29.23	56.17	85.11
2. 碳铵	元	20.95	5.66			70.17	
3. 其他氮肥	元					14.93	
（二）磷肥	元	28.93	6.01	19.07		47.67	
其中：过磷酸钙	元	28.93		19.07		47.67	
（三）钾肥	元						
其中：氯化钾	元						
（四）复混肥	元	27.92	46.34	21.45	49.48	72.50	109.83
1. 复合肥	元	13.30	46.34	21.45	49.48	72.50	109.83
其中：二铵	元		46.34	21.45	49.48	72.50	109.83
2. 混配肥	元	14.62					
（五）其他肥料	元		1.41				
二、每亩化肥折纯用量	公斤	45.02	26.99	36.28	16.88	57.91	45.63
（一）氮肥	公斤	27.39	13.45	25.93	6.86	39.34	22.20
1. 尿素	公斤	21.08	11.76	25.93	6.86	14.07	22.20
2. 碳铵	公斤	6.31	1.69			23.50	
3. 其他氮肥	公斤					1.77	
（二）磷肥	公斤	11.37	1.73	5.72		3.10	
其中：过磷酸钙	公斤	11.37		5.72		3.10	
（三）钾肥	公斤						
其中：氯化钾	公斤						
（四）复混肥	公斤	6.26	11.81	4.63	10.02	15.47	23.43
1. 复合肥	公斤	1.79	11.81	4.63	10.02	15.47	23.43
其中：二铵	公斤		11.81	4.63	10.02	15.47	23.43
2. 混配肥	公斤	4.47					

7－10－1　2006年大中城市露地大白菜成本收益情况

项　　目	单位	平　均	北　京	天　津	石家庄	太　原	呼和浩特
每亩							
主产品产量	公斤	4205.30	5762.00	5603.40	7375.60	5634.10	5624.10
产值合计	元	2221.50	757.15	1665.97	1862.75	1728.29	2249.76
主产品产值	元	2219.44	757.15	1665.97	1862.75	1728.29	2249.76
副产品产值	元	2.06					
总成本	元	1134.99	500.11	741.81	750.70	1210.81	888.64
生产成本	元	956.64	386.15	641.21	633.68	1010.81	668.64
物质与服务费用	元	496.29	228.98	265.13	318.66	631.63	380.16
人工成本	元	460.35	157.17	376.08	315.02	379.18	288.48
家庭用工折价	元	420.30	157.17	346.79	315.02	349.49	288.48
雇工费用	元	40.05		29.29		29.69	
土地成本	元	178.35	113.96	100.60	117.02	200.00	220.00
流转地租金	元	41.44	9.31	18.20	4.98	14.00	17.60
自营地折租	元	136.91	104.65	82.40	112.04	186.00	202.40
净利润	元	1086.51	257.04	924.16	1112.05	517.48	1361.12
现金成本	元	577.78	238.29	312.62	323.64	675.32	397.76
现金收益	元	1643.72	518.86	1353.35	1539.11	1052.97	1852.00
成本利润率	%	95.73	51.40	124.58	148.14	42.74	153.17
每50公斤主产品							
平均出售价格	元	26.39	6.57	14.87	12.63	15.34	20.00
总成本	元	13.48	4.34	6.62	5.09	10.75	7.90
生产成本	元	11.36	3.35	5.72	4.30	8.97	5.94
净利润	元	12.91	2.23	8.25	7.54	4.59	12.10
现金成本	元	6.86	2.07	2.79	2.19	5.99	3.54
现金收益	元	19.53	4.50	12.08	10.44	9.35	16.46
附：							
每亩用工数量	日	26.21	9.30	21.51	18.64	21.67	17.07
每亩主产品出售数量	公斤	4021.40	5762.00	5394.70	6841.00	5280.70	5419.60
每亩主产品出售产值	元	2097.59	757.15	1622.10	1737.82	1633.88	2167.51
商品率	%	97.00	100.00	95.70	95.30	94.50	97.10
每亩补贴收入	元	1.23			3.83		
每亩成本外支出	元	0.91		6.68			

7－10－1　续表 1

项　目	单位	沈　阳	大　连	长　春	哈尔滨	上　海	杭　州
每亩							
主产品产量	公斤	5878.60	5072.10	5208.40	4764.50	2669.00	1654.00
产值合计	元	1006.00	1713.88	1138.33	1022.06	2609.00	4275.00
主产品产值	元	1006.00	1713.88	1138.33	1022.06	2609.00	4275.00
副产品产值	元						
总成本	元	734.97	1198.35	1121.61	595.52	1251.10	1873.90
生产成本	元	634.97	998.35	946.58	487.28	1176.10	1673.90
物质与服务费用	元	381.30	370.29	388.88	364.75	635.30	910.00
人工成本	元	253.67	628.06	557.70	122.53	540.80	763.90
家庭用工折价	元	253.67	43.94	557.70	122.53	540.80	523.90
雇工费用	元		584.12				240.00
土地成本	元	100.00	200.00	175.03	108.24	75.00	200.00
流转地租金	元		27.09		4.45	37.50	36.80
自营地折租	元	100.00	172.91	175.03	103.79	37.50	163.20
净利润	元	271.03	515.53	16.72	426.54	1357.90	2401.10
现金成本	元	381.30	981.50	388.88	369.20	672.80	1186.80
现金收益	元	624.70	732.38	749.45	652.86	1936.20	3088.20
成本利润率	%	36.88	43.02	1.49	71.62	108.54	128.13
每 50 公斤主产品							
平均出售价格	元	8.56	16.90	10.93	10.73	48.88	129.23
总成本	元	6.25	11.82	10.77	6.25	23.44	56.65
生产成本	元	5.40	9.84	9.09	5.12	22.03	50.60
净利润	元	2.31	5.08	0.16	4.48	25.44	72.58
现金成本	元	3.24	9.68	3.73	3.88	12.61	35.88
现金收益	元	5.32	7.22	7.20	6.85	36.27	93.35
附：							
每亩用工数量	日	15.01	22.09	33.00	7.25	32.00	37.00
每亩主产品出售数量	公斤	5878.60	5072.10	4970.80	4668.50	2669.00	1654.00
每亩主产品出售产值	元	1006.00	1713.88	1089.68	1004.75	2609.00	4275.00
商品率	%	100.00	100.00	95.90	97.90	100.00	100.00
每亩补贴收入	元				21.53		
每亩成本外支出	元						

7－10－1　续表 2

项　　目	单位	宁 波	福 州	厦 门	南 昌	济 南	青 岛
每亩							
主产品产量	公斤	3500.70	2122.20	1940.00	2433.20	4202.10	5066.70
产值合计	元	2169.33	2729.50	2996.75	2420.13	1391.60	3670.00
主产品产值	元	2169.33	2729.50	2996.75	2420.13	1391.60	3670.00
副产品产值	元						
总成本	元	836.47	1076.30	1426.85	1495.07	649.52	1504.57
生产成本	元	766.47	957.35	1301.85	1375.07	569.01	1324.57
物质与服务费用	元	298.34	577.10	896.25	408.39	296.75	781.01
人工成本	元	468.13	380.25	405.60	966.68	272.26	543.56
家庭用工折价	元	468.13	380.25	405.60	966.68	272.26	376.87
雇工费用	元						166.69
土地成本	元	70.00	118.95	125.00	120.00	80.51	180.00
流转地租金	元	33.18	41.63	31.25			
自营地折租	元	36.82	77.32	93.75	120.00	80.51	180.00
净利润	元	1332.86	1653.20	1569.90	925.06	742.08	2165.43
现金成本	元	331.52	618.73	927.50	408.39	296.75	947.70
现金收益	元	1837.81	2110.77	2069.25	2011.74	1094.85	2722.30
成本利润率	%	159.34	153.60	110.03	61.87	114.25	143.92
每 50 公斤主产品							
平均出售价格	元	30.98	64.31	77.24	49.73	16.56	36.22
总成本	元	11.95	25.36	36.78	30.72	7.73	14.85
生产成本	元	10.95	22.56	33.55	28.26	6.77	13.07
净利润	元	19.03	38.95	40.46	19.01	8.83	21.37
现金成本	元	4.73	14.58	23.91	8.39	3.53	9.35
现金收益	元	26.25	49.73	53.33	41.34	13.03	26.87
附：							
每亩用工数量	日	27.70	22.50	24.00	57.20	16.11	27.60
每亩主产品出售数量	公斤	3500.70	2122.20	1940.00	2433.20	3304.80	4216.70
每亩主产品出售产值	元	1423.33	2729.50	2996.75	2420.13	927.62	3026.67
商品率	%	100.00	100.00	100.00	100.00	91.30	85.00
每亩补贴收入	元						
每亩成本外支出	元					4.73	

7－10－1　续表 3

项　　目	单位	郑　州	武　汉	长　沙	海　口	重　庆	成　都
每亩							
主产品产量	公斤	3926.90	2937.00	4593.70	1437.30	2834.20	3220.00
产值合计	元	1688.50	1161.33	2967.26	2291.61	3348.48	3864.00
主产品产值	元	1688.50	1161.33	2967.26	2291.61	3325.25	3864.00
副产品产值	元					23.23	
总成本	元	971.73	931.59	2463.30	958.01	899.82	2249.50
生产成本	元	821.73	880.59	2301.97	903.92	849.91	749.50
物质与服务费用	元	608.79	436.12	1445.14	457.76	331.25	242.50
人工成本	元	212.94	444.47	856.83	446.16	518.66	507.00
家庭用工折价	元	212.94	444.47	856.83	446.16	518.66	507.00
雇工费用	元						
土地成本	元	150.00	51.00	161.33	54.09	49.91	1500.00
流转地租金	元	15.00	3.42	64.53		10.40	750.00
自营地折租	元	135.00	47.58	96.80	54.09	39.51	750.00
净利润	元	716.77	229.74	503.96	1333.60	2448.66	1614.50
现金成本	元	623.79	439.54	1509.67	457.76	341.65	992.50
现金收益	元	1064.71	721.79	1457.59	1833.85	3006.83	2871.50
成本利润率	%	73.76	24.66	20.46	139.21	272.13	71.77
每50公斤主产品							
平均出售价格	元	21.50	19.77	32.30	79.72	58.66	60.00
总成本	元	12.37	15.86	26.81	33.33	15.76	34.93
生产成本	元	10.46	14.99	25.06	31.45	14.89	11.64
净利润	元	9.13	3.91	5.49	46.39	42.90	25.07
现金成本	元	7.94	7.48	16.43	15.92	5.99	15.41
现金收益	元	13.56	12.29	15.87	63.80	52.67	44.59
附：							
每亩用工数量	日	12.60	26.30	50.70	26.40	30.69	30.00
每亩主产品出售数量	公斤	3730.60	2908.70	4501.60	1430.50	2759.00	3220.00
每亩主产品出售产值	元	1604.03	1146.67	2907.79	2281.30	3144.66	3864.00
商品率	%	95.00	99.10	98.00	99.50	97.90	100.00
每亩补贴收入	元		6.28				
每亩成本外支出	元						

7-10-1　续表 4

项　　目	单位	贵 阳	昆 明	西 安	兰 州	西 宁	银 川
每亩							
主产品产量	公斤	2166.10	3959.50	5528.80	6404.40	5063.70	5370.70
产值合计	元	1888.17	1938.69	2067.40	1951.38	3734.97	2116.25
主产品产值	元	1859.36	1931.03	2067.40	1951.38	3734.97	2116.25
副产品产值	元	28.81	7.66				
总成本	元	753.26	1295.03	1864.99	903.75	886.36	879.59
生产成本	元	649.15	1212.03	1521.75	805.57	733.36	759.59
物质与服务费用	元	268.16	665.71	610.90	396.39	314.24	482.43
人工成本	元	380.99	546.32	910.85	409.18	419.12	277.16
家庭用工折价	元	374.50	491.62	874.91	394.45	419.12	277.16
雇工费用	元	6.49	54.70	35.94	14.73		
土地成本	元	104.11	83.00	343.24	98.18	153.00	120.00
流转地租金	元		19.92	37.47	9.82	15.30	
自营地折租	元	104.11	63.08	305.77	88.36	137.70	120.00
净利润	元	1134.91	643.66	202.41	1047.63	2848.61	1236.66
现金成本	元	274.65	740.33	684.31	420.94	329.54	482.43
现金收益	元	1613.52	1198.36	1383.09	1530.44	3405.43	1633.82
成本利润率	%	150.67	49.70	10.85	115.92	321.38	140.60
每50公斤主产品							
平均出售价格	元	42.92	24.38	18.70	15.23	36.88	19.70
总成本	元	17.12	16.29	16.87	7.05	8.75	8.19
生产成本	元	14.76	15.24	13.76	6.29	7.24	7.07
净利润	元	25.80	8.09	1.83	8.18	28.13	11.51
现金成本	元	6.24	9.31	6.19	3.29	3.25	4.49
现金收益	元	36.68	15.07	12.51	11.94	33.63	15.21
附:							
每亩用工数量	日	22.48	31.73	54.24	24.08	24.80	16.40
每亩主产品出售数量	公斤	2091.60	3878.60	5277.60	6334.90	4466.70	4891.50
每亩主产品出售产值	元	1758.35	1893.56	1964.87	1922.96	3291.35	1909.75
商品率	%	97.30	98.20	96.40	98.20	88.20	91.10
每亩补贴收入	元					4.00	
每亩成本外支出	元						15.00

7－10－2　2006年大中城市露地大白菜费用和用工情况

项　　目	单位	平　均	北　京	天　津	石家庄	太　原	呼和浩特
一、每亩物质与服务费用	元	496.29	228.98	265.13	318.66	631.63	380.16
（一）直接费用	元	395.66	218.64	250.78	293.33	467.57	322.69
1.种子费	元	31.42	35.43	32.47	40.18	15.06	49.00
2.化肥费	元	144.40	81.33	126.24	85.48	82.00	125.35
3.农家肥费	元	77.85	14.70	50.85	70.93	156.91	61.31
4.农药费	元	55.30	38.56	16.39	24.85	29.04	31.15
5.农膜费	元	15.87				61.69	
6.租赁作业费	元	55.26	48.62	17.84	66.64	116.90	46.17
机械作业费	元	20.73	21.39	0.58	30.00	24.10	26.62
排灌费	元	24.31	27.23	17.26	36.64	92.80	19.55
其中：水费	元	10.06	18.75	0.34			19.55
畜力费	元	10.22					
7.燃料动力费	元	1.29					
8.技术服务费	元						
9.工具材料费	元	8.02		5.44	2.67	5.97	9.71
10.修理维护费	元	6.23		1.55	2.58		
11.其他直接费用	元	0.02					
（二）间接费用	元	100.63	10.34	14.35	25.33	164.06	57.47
1.固定资产折旧	元	22.27		2.65	4.81	11.47	
2.税金	元						
3.保险费	元	2.81					
4.管理费	元	2.45					
5.财务费	元	1.03					
6.销售费	元	72.05	10.34	11.70	20.52	152.59	57.47
二、每亩人工成本	元	460.35	157.17	376.08	315.02	379.18	288.48
1.家庭用工折价	元	420.30	157.17	346.79	315.02	349.49	288.48
家庭用工天数	日	24.87	9.30	20.52	18.64	20.68	17.07
劳动日工价	元	16.90	16.90	16.90	16.90	16.90	16.90
2.雇工费用	元	40.05		29.29		29.69	
雇工天数	日	1.34		0.99		0.99	
雇工工价	元	29.89	27.78	29.59	20.00	29.99	34.00
三、附记							
1.每亩种子用量	公斤						
2.每亩化肥用量	公斤	36.00	19.93	30.33	21.92	20.70	30.22
3.每亩农膜用量	公斤	1.42				4.78	

7－10－2　续表 1

项　　目	单位	沈　阳	大　连	长　春	哈尔滨	上　海	杭　州
一、每亩物质与服务费用	元	381.30	370.29	388.88	364.75	635.30	910.00
（一）直接费用	元	271.94	308.71	310.65	262.40	374.80	528.00
1.种子费	元	25.29	41.15	41.50	39.76	25.00	35.00
2.化肥费	元	59.70	95.82	64.38	63.88	129.00	125.00
3.农家肥费	元	72.86	52.44	51.11	57.94	32.00	101.00
4.农药费	元	20.56	72.44	14.67	21.85	92.40	53.00
5.农膜费	元						121.00
6.租赁作业费	元	89.72	41.64	125.22	78.97	60.60	18.00
机械作业费	元	30.86	23.53	4.14	61.76	45.00	
排灌费	元	31.00	18.11	12.92	17.21	15.60	18.00
其中：水费	元		18.11		17.21		8.00
畜力费	元	27.86		108.16			
7.燃料动力费	元						
8.技术服务费	元						
9.工具材料费	元	3.81	2.84	7.67			20.00
10.修理维护费	元		2.38	6.10		35.80	55.00
11.其他直接费用	元						
（二）间接费用	元	109.36	61.58	78.23	102.35	260.50	382.00
1.固定资产折旧	元		7.69	9.07			350.00
2.税金	元						
3.保险费	元					81.50	
4.管理费	元		4.59			60.00	
5.财务费	元					30.00	
6.销售费	元	109.36	49.30	69.16	102.35	89.00	32.00
二、每亩人工成本	元	253.67	628.06	557.70	122.53	540.80	763.90
1.家庭用工折价	元	253.67	43.94	557.70	122.53	540.80	523.90
家庭用工天数	日	15.01	2.60	33.00	7.25	32.00	31.00
劳动日工价	元	16.90	16.90	16.90	16.90	16.90	16.90
2.雇工费用	元		584.12				240.00
雇工天数	日		19.49				6.00
雇工工价	元	30.00	29.97	24.00	27.50	30.00	40.00
三、附记							
1.每亩种子用量	公斤						
2.每亩化肥用量	公斤	14.17	20.72	13.89	14.89	32.70	24.14
3.每亩农膜用量	公斤						10.20

7－10－2　续表 2

项　　目	单位	宁 波	福 州	厦 门	南 昌	济 南	青 岛
一、每亩物质与服务费用	元	298.34	577.10	896.25	408.39	296.75	781.01
（一）直接费用	元	260.67	436.40	706.25	308.32	266.79	611.01
1. 种子费	元	25.67	19.05	57.00	33.33	14.37	20.33
2. 化肥费	元	95.00	259.00	316.25	118.63	163.94	232.67
3. 农家肥费	元	20.83			83.13	9.65	160.00
4. 农药费	元	49.60	127.95	165.50	67.08	15.28	67.00
5. 农膜费	元			30.00			
6. 租赁作业费	元	66.87	5.75	137.50	6.13	60.44	98.34
机械作业费	元	46.17				28.42	46.67
排灌费	元	9.20	5.75	70.00	6.13	30.84	51.67
其中：水费	元			70.00			30.67
畜力费	元	11.50		67.50		1.18	
7. 燃料动力费	元					0.94	18.00
8. 技术服务费	元						
9. 工具材料费	元	0.83	24.65			1.60	8.00
10. 修理维护费	元	1.87				0.57	6.67
11. 其他直接费用	元				0.02		
（二）间接费用	元	37.67	140.70	190.00	100.07	29.96	170.00
1. 固定资产折旧	元				12.26	9.85	
2. 税金	元						
3. 保险费	元						
4. 管理费	元					0.20	
5. 财务费	元						
6. 销售费	元	37.67	140.70	190.00	87.81	19.91	170.00
二、每亩人工成本	元	468.13	380.25	405.60	966.68	272.26	543.56
1. 家庭用工折价	元	468.13	380.25	405.60	966.68	272.26	376.87
家庭用工天数	日	27.70	22.50	24.00	57.20	16.11	22.30
劳动日工价	元	16.90	16.90	16.90	16.90	16.90	16.90
2. 雇工费用	元						166.69
雇工天数	日						5.30
雇工工价	元	35.00	30.00	30.00	50.00	19.67	31.45
三、附记							
1. 每亩种子用量	公斤						
2. 每亩化肥用量	公斤	19.31	55.10	80.26	29.66	39.08	53.94
3. 每亩农膜用量	公斤			8.00			

7-10-2 续表 3

项　　目	单位	郑 州	武 汉	长 沙	海 口	重 庆	成 都
一、每亩物质与服务费用	元	608.79	436.12	1445.14	457.76	331.25	242.50
(一)直接费用	元	585.20	335.45	1076.14	415.63	279.14	207.50
1. 种子费	元	46.52	10.33	12.67	26.96	22.46	20.00
2. 化肥费	元	155.41	57.96	377.14	180.88	117.03	117.50
3. 农家肥费	元	232.50	102.33	344.33	25.82	51.53	45.00
4. 农药费	元	75.58	25.60	123.67	140.93	42.08	25.00
5. 农膜费	元		38.33	114.00			
6. 租赁作业费	元	71.63	67.57	65.33	33.62	20.57	
机械作业费	元	36.52	7.67	50.00	5.45	20.57	
排灌费	元	35.11	19.90	15.33	10.99		
其中:水费	元	27.80					
畜力费	元		40.00		17.18		
7. 燃料动力费	元						
8. 技术服务费	元						
9. 工具材料费	元	2.27	28.33	25.00	7.42	22.87	
10. 修理维护费	元	1.29	5.00	14.00		2.60	
11. 其他直接费用	元						
(二)间接费用	元	23.59	100.67	369.00	42.13	52.11	35.00
1. 固定资产折旧	元	6.35	35.67	65.00	2.90	8.37	
2. 税金	元						
3. 保险费	元						
4. 管理费	元	6.39					
5. 财务费	元						
6. 销售费	元	10.85	65.00	304.00	39.23	43.74	35.00
二、每亩人工成本	元	212.94	444.47	856.83	446.16	518.66	507.00
1. 家庭用工折价	元	212.94	444.47	856.83	446.16	518.66	507.00
家庭用工天数	日	12.60	26.30	50.70	26.40	30.69	30.00
劳动日工价	元	16.90	16.90	16.90	16.90	16.90	16.90
2. 雇工费用	元						
雇工天数	日						
雇工工价	元	30.00	40.00	50.00	26.10	29.50	20.00
三、附记							
1. 每亩种子用量	公斤						
2. 每亩化肥用量	公斤	37.40	16.96	83.17	34.00	23.55	93.00
3. 每亩农膜用量	公斤		2.77	8.03			

7-10-2 续表 4

项 目	单位	贵 阳	昆 明	西 安	兰 州	西 宁	银 川
一、每亩物质与服务费用	元	268.16	665.71	610.90	396.39	314.24	482.43
(一)直接费用	元	242.95	620.74	501.26	355.62	265.57	390.01
1.种子费	元	27.59	80.69	30.46	29.94	15.67	38.17
2.化肥费	元	86.27	205.37	172.02	202.64	96.46	195.17
3.农家肥费	元	65.13	107.28	132.14	40.79	115.07	
4.农药费	元	26.61	95.76	54.49	21.48	16.67	48.58
5.农膜费	元		63.13	11.35	20.72		
6.租赁作业费	元	28.97	39.85	72.14	24.59	21.70	71.25
机械作业费	元	5.27	23.99	26.70	5.73		30.00
排灌费	元	0.68	15.86	45.44	18.86	21.70	41.25
其中:水费	元	0.68			18.86	21.70	40.00
畜力费	元	23.02					
7.燃料动力费	元		16.90				1.67
8.技术服务费	元						
9.工具材料费	元	5.10	11.76	10.81	7.28		18.50
10.修理维护费	元	2.63		17.85	8.18		16.67
11.其他直接费用	元	0.65					
(二)间接费用	元	25.21	44.97	109.64	40.77	48.67	92.42
1.固定资产折旧	元	2.66		43.57	13.58		60.00
2.税金	元						
3.保险费	元						
4.管理费	元						
5.财务费	元						
6.销售费	元	22.55	44.97	66.07	27.19	48.67	32.42
二、每亩人工成本	元	380.99	546.32	910.85	409.18	419.12	277.16
1.家庭用工折价	元	374.50	491.62	874.91	394.45	419.12	277.16
家庭用工天数	日	22.16	29.09	51.77	23.34	24.80	16.40
劳动日工价	元	16.90	16.90	16.90	16.90	16.90	16.90
2.雇工费用	元	6.49	54.70	35.94	14.73		
雇工天数	日	0.32	2.64	2.47	0.74		
雇工工价	元	20.28	20.72	14.55	19.91	25.00	25.00
三、附记							
1.每亩种子用量	公斤						
2.每亩化肥用量	公斤	22.52	52.71	42.26	50.93	20.62	45.86
3.每亩农膜用量	公斤		4.53	1.26	1.56		

7-10-3 2006年大中城市露地大白菜化肥投入情况

项目	单位	平均	北京	天津	石家庄	太原	呼和浩特
一、每亩化肥金额	元	144.40	81.33	126.24	85.48	82.00	125.35
(一)氮肥	元	57.30	41.12	66.86	45.93	40.48	125.35
1. 尿素	元	49.05	30.24	66.86	37.56	29.44	125.35
2. 碳铵	元	8.15	10.88		8.37	11.04	
3. 其他氮肥	元	0.10					
(二)磷肥	元	10.07		11.24	4.57	10.60	
其中:过磷酸钙	元	9.60		11.24		7.32	
(三)钾肥	元	9.82					
其中:氯化钾	元	9.35					
(四)复混肥	元	66.71	40.21	48.14	34.98	30.92	
1. 复合肥	元	62.83	36.33	48.14	34.98	28.28	
其中:二铵	元	18.27	11.44	46.96	29.04	28.28	
2. 混配肥	元	3.87	3.88			2.64	
(五)其他肥料	元	0.50					
二、每亩化肥折纯用量	公斤	36.00	19.93	30.33	21.92	20.70	30.22
(一)氮肥	公斤	15.65	10.87	16.71	12.32	10.52	30.22
1. 尿素	公斤	12.97	7.44	16.71	9.50	6.76	30.22
2. 碳铵	公斤	2.64	3.43		2.82	3.76	
3. 其他氮肥	公斤	0.04					
(二)磷肥	公斤	3.51		2.83	1.70	3.76	
其中:过磷酸钙	公斤	3.33		2.83		2.46	
(三)钾肥	公斤	2.28					
其中:氯化钾	公斤	2.23					
(四)复混肥	公斤	14.56	9.06	10.79	7.90	6.42	
1. 复合肥	公斤	13.74	8.43	10.79	7.90	5.76	
其中:二铵	公斤	4.12	2.58	10.53	6.71	5.76	
2. 混配肥	公斤	0.82	0.63			0.66	

7-10-3 续表 1

项目	单位	沈阳	大连	长春	哈尔滨	上海	杭州
一、每亩化肥金额	元	59.70	95.82	64.38	63.88	129.00	125.00
(一)氮肥	元	52.82	60.70	56.42	44.82	69.00	45.00
1.尿素	元	52.82	60.70	56.42	44.82	40.00	45.00
2.碳铵	元					29.00	
3.其他氮肥	元						
(二)磷肥	元						
其中:过磷酸钙	元						
(三)钾肥	元			5.10			
其中:氯化钾	元						
(四)复混肥	元	6.88	35.12	2.86	19.06	60.00	80.00
1.复合肥	元	6.88	35.12	2.86	19.06	60.00	80.00
其中:二铵	元	6.88			19.06		
2.混配肥	元						
(五)其他肥料	元						
二、每亩化肥折纯用量	公斤	14.17	20.72	13.89	14.89	32.70	24.14
(一)氮肥	公斤	12.65	14.50	12.98	10.77	17.70	11.27
1.尿素	公斤	12.65	14.50	12.98	10.77	9.20	11.27
2.碳铵	公斤					8.50	
3.其他氮肥	公斤						
(二)磷肥	公斤						
其中:过磷酸钙	公斤						
(三)钾肥	公斤			0.43			
其中:氯化钾	公斤						
(四)复混肥	公斤	1.52	6.22	0.48	4.12	15.00	12.87
1.复合肥	公斤	1.52	6.22	0.48	4.12	15.00	12.87
其中:二铵	公斤	1.52			4.12		
2.混配肥	公斤						

7-10-3 续表 2

项　　目	单位	宁波	福州	厦门	南昌	济南	青岛
一、每亩化肥金额	元	95.00	259.00	316.25	118.63	163.94	232.67
(一)氮肥	元	57.33	116.00			60.03	74.67
1.尿素	元	57.33	116.00			52.74	74.67
2.碳铵	元					7.29	
3.其他氮肥	元						
(二)磷肥	元		28.00	45.00			
其中:过磷酸钙	元		28.00	45.00			
(三)钾肥	元			271.25			
其中:氯化钾	元			271.25			
(四)复混肥	元	37.67	115.00		118.63	103.91	158.00
1.复合肥	元	37.67	115.00		118.63	103.91	105.33
其中:二铵	元					76.08	
2.混配肥	元						52.67
(五)其他肥料	元						
二、每亩化肥折纯用量	公斤	19.31	55.10	80.26	29.66	39.08	53.94
(一)氮肥	公斤	14.41	25.30			17.25	16.87
1.尿素	公斤	14.41	25.30			14.77	16.87
2.碳铵	公斤					2.48	
3.其他氮肥	公斤						
(二)磷肥	公斤		6.80	15.63			
其中:过磷酸钙	公斤		6.80	15.63			
(三)钾肥	公斤			64.63			
其中:氯化钾	公斤			64.63			
(四)复混肥	公斤	4.90	23.00		29.66	21.83	37.07
1.复合肥	公斤	4.90	23.00		29.66	21.83	28.80
其中:二铵	公斤					16.62	
2.混配肥	公斤						8.27

7－10－3 续表 3

项　目	单位	郑 州	武 汉	长 沙	海 口	重 庆	成 都
一、每亩化肥金额	元	155.41	57.96	377.14	180.88	117.03	117.50
（一）氮肥	元	95.60	34.96	30.79	28.63	56.79	52.50
1.尿素	元	24.24	3.23		28.63	53.31	52.50
2.碳铵	元	71.36	31.73	30.79		3.48	
3.其他氮肥	元						
（二）磷肥	元		23.00	75.05	17.13	4.85	20.00
其中：过磷酸钙	元		23.00	75.05	17.13	1.16	20.00
（三）钾肥	元					8.29	
其中：氯化钾	元						
（四）复混肥	元	59.81		271.30	135.12	44.20	45.00
1.复合肥	元	59.81		271.30	119.48	44.20	45.00
其中：二铵	元						
2.混配肥	元				15.64		
（五）其他肥料	元					2.90	
二、每亩化肥折纯用量	公斤	37.40	16.96	83.17	34.00	23.55	93.00
（一）氮肥	公斤	29.60	11.08	10.06	6.10	14.40	46.00
1.尿素	公斤	6.41	0.77		6.10	13.36	46.00
2.碳铵	公斤	23.19	10.31	10.06		1.04	
3.其他氮肥	公斤						
（二）磷肥	公斤		5.88	26.58	3.85	1.95	17.00
其中：过磷酸钙	公斤		5.88	26.58	3.85	0.41	17.00
（三）钾肥	公斤					0.92	
其中：氯化钾	公斤						
（四）复混肥	公斤	7.80		46.53	24.05	6.28	30.00
1.复合肥	公斤	7.80		46.53	21.32	6.28	30.00
其中：二铵	公斤						
2.混配肥	公斤				2.73		

7－10－3　续表 4

项　　目	单位	贵　阳	昆　明	西　安	兰　州	西　宁	银　川
一、每亩化肥金额	元	86.27	205.37	172.02	202.64	96.46	195.17
（一）氮肥	元	47.49	103.50	62.02	48.12	33.64	111.25
1.尿素	元	47.49	95.12	56.11	43.21	33.64	95.00
2.碳铵	元		5.34	5.91	4.91		16.25
3.其他氮肥	元		3.04				
（二）磷肥	元	5.94	28.86	1.89			15.83
其中：过磷酸钙	元	5.94	28.86				15.83
（三）钾肥	元						
其中：氯化钾	元						
（四）复混肥	元	32.84	73.01	108.11	154.52	62.82	56.42
1.复合肥	元	32.84	35.47	108.11	154.52	62.82	56.42
其中：二铵	元			108.11	84.77	62.82	56.42
2.混配肥	元		37.54				
（五）其他肥料	元						11.67
二、每亩化肥折纯用量	公斤	22.52	52.71	42.26	50.93	20.62	45.86
（一）氮肥	公斤	11.40	24.95	15.55	12.64	7.90	29.75
1.尿素	公斤	11.40	22.16	13.69	11.25	7.90	23.75
2.碳铵	公斤		1.58	1.86	1.39		6.00
3.其他氮肥	公斤		1.21				
（二）磷肥	公斤	2.16	11.54	0.76			1.43
其中：过磷酸钙	公斤	2.16	11.54				1.43
（三）钾肥	公斤						
其中：氯化钾	公斤						
（四）复混肥	公斤	8.96	16.22	25.95	38.29	12.72	14.68
1.复合肥	公斤	8.96	4.73	25.95	38.29	12.72	14.68
其中：二铵	公斤			25.95	18.38	12.72	14.68
2.混配肥	公斤		11.49				

7－11－1　2006 年大中城市露地马铃薯成本收益情况

项　　目	单位	平　均	太　原	呼和浩特	长　春	济　南	青　岛
每亩							
主产品产量	公斤	1561.80	451.70	392.20	2467.10	2073.60	2020.00
产值合计	元	1343.40	406.50	304.54	2467.10	2212.23	2028.00
主产品产值	元	1342.05	406.50	304.54	2467.10	2212.23	2028.00
副产品产值	元	1.36					
总成本	元	771.30	486.27	367.66	1099.66	1122.36	1165.11
生产成本	元	684.97	426.27	332.66	932.96	985.88	985.11
物质与服务费用	元	431.99	255.58	150.46	503.70	655.48	664.01
人工成本	元	252.98	170.69	182.20	429.26	330.40	321.10
家庭用工折价	元	221.90	170.69	175.76	429.26	330.40	321.10
雇工费用	元	31.08		6.44			
土地成本	元	86.33	60.00	35.00	166.70	136.48	180.00
流转地租金	元	3.08	4.20				
自营地折租	元	83.26	55.80	35.00	166.70	136.48	180.00
净利润	元	572.10	－79.77	－63.12	1367.44	1089.87	862.89
现金成本	元	466.14	259.78	156.90	503.70	655.48	664.01
现金收益	元	877.26	146.72	147.64	1963.40	1556.75	1363.99
成本利润率	%	74.17	－16.39	－17.16	124.35	97.11	74.06
每 50 公斤主产品							
平均出售价格	元	42.96	45.00	38.82	50.00	53.34	50.20
总成本	元	24.66	53.83	46.87	22.29	27.06	28.84
生产成本	元	21.90	47.19	42.40	18.91	23.77	24.38
净利润	元	18.30	－8.83	－8.05	27.71	26.28	21.36
现金成本	元	14.91	28.76	20.00	10.21	15.80	16.44
现金收益	元	28.05	16.24	18.82	39.79	37.54	33.76
附:							
每亩用工数量	日	14.59	10.10	10.60	25.40	19.55	19.00
每亩主产品出售数量	公斤	1371.20	73.70	181.70	2253.30	1958.70	1870.00
每亩主产品出售产值	元	1199.71	60.30	131.79	2253.30	2111.90	1874.67
商品率	%	81.40	21.30	75.00	91.10	95.90	93.70
每亩补贴收入	元	1.70					
每亩成本外支出	元	0.17	0.37			1.36	

7－11－1 续表

项目	单位	武汉	重庆	兰州	西宁	乌鲁木齐
每亩						
主产品产量	公斤	1818.30	1233.70	859.20	2600.00	1702.30
产值合计	元	1578.67	1333.50	469.72	1352.00	1281.76
主产品产值	元	1578.67	1333.50	469.72	1352.00	1268.20
副产品产值	元					13.56
总成本	元	929.01	615.68	473.99	787.03	665.57
生产成本	元	878.01	565.15	443.02	769.21	530.76
物质与服务费用	元	683.66	292.55	302.24	407.81	404.39
人工成本	元	194.35	272.60	140.78	361.40	126.37
家庭用工折价	元	194.35	272.60	140.78	101.40	81.97
雇工费用	元				260.00	44.40
土地成本	元	51.00	50.53	30.97	17.82	134.81
流转地租金	元	3.42	8.11	0.12	1.78	13.13
自营地折租	元	47.58	42.42	30.85	16.04	121.68
净利润	元	649.66	717.82	-4.27	564.97	616.19
现金成本	元	687.08	300.66	302.36	669.59	461.92
现金收益	元	891.59	1032.84	167.36	682.41	819.84
成本利润率	%	69.93	116.59	-0.89	71.79	92.58
每50公斤主产品						
平均出售价格	元	43.41	54.04	27.33	26.00	37.25
总成本	元	25.55	24.95	27.58	15.14	19.34
生产成本	元	24.14	22.90	25.78	14.79	15.42
净利润	元	17.86	29.09	-0.25	10.86	17.91
现金成本	元	18.89	12.18	17.59	12.88	13.42
现金收益	元	24.52	41.86	9.74	13.12	23.83
附：						
每亩用工数量	日	11.50	16.13	8.33	19.00	6.28
每亩主产品出售数量	公斤	1818.30	1201.20	376.80	2340.00	1638.40
每亩主产品出售产值	元	1578.67	1299.37	249.83	1216.80	1220.44
商品率	%	100.00	97.80	53.20	90.00	96.20
每亩补贴收入	元	6.28			10.70	
每亩成本外支出	元					

7-11-2　2006年大中城市露地马铃薯费用和用工情况

项　　目	单位	平　均	太　原	呼和浩特	长　春	济　南	青　岛
一、每亩物质与服务费用	元	431.99	255.58	150.46	503.70	655.48	664.01
（一）直接费用	元	390.69	215.16	139.62	456.12	626.85	547.34
1.种子费	元	135.65	58.50	45.44	191.67	217.14	156.67
2.化肥费	元	107.49	79.15	53.75	62.05	254.41	125.00
3.农家肥费	元	55.17	9.87	8.58	9.38	29.06	143.33
4.农药费	元	9.87	3.10		14.07	15.94	5.67
5.农膜费	元	7.14				33.64	
6.租赁作业费	元	62.09	56.00	29.88	159.74	68.06	85.00
机械作业费	元	19.10		29.88	8.29	25.86	46.67
排灌费	元	14.82			17.95	39.61	38.33
其中：水费	元	5.64				1.36	24.67
畜力费	元	28.17	56.00		133.50	2.59	
7.燃料动力费	元	0.61				4.61	
8.技术服务费	元	1.98					
9.工具材料费	元	6.78	1.07	1.13	10.73	2.61	20.00
10.修理维护费	元	3.14		0.84	8.48	1.03	11.67
11.其他直接费用	元	0.78	7.47			0.35	
（二）间接费用	元	41.30	40.42	10.84	47.58	28.63	116.67
1.固定资产折旧	元	7.59	2.07	10.84	12.16	12.00	
2.税金	元						
3.保险费	元						
4.管理费	元	3.09	26.80			0.13	
5.财务费	元	1.20					
6.销售费	元	29.42	11.55		35.42	16.50	116.67
二、每亩人工成本	元	252.98	170.69	182.20	429.26	330.40	321.10
1.家庭用工折价	元	221.90	170.69	175.76	429.26	330.40	321.10
家庭用工天数	日	13.13	10.10	10.40	25.40	19.55	19.00
劳动日工价	元	16.90	16.90	16.90	16.90	16.90	16.90
2.雇工费用	元	31.08		6.44			
雇工天数	日	1.46		0.20			
雇工工价	元	21.29	30.00	32.20	24.00	22.00	26.90
三、附记							
1.每亩种子用量	公斤						
2.每亩化肥用量	公斤	24.25	18.11	15.92	14.27	49.76	19.64
3.每亩农膜用量	公斤	0.61				3.12	

7－11－2 续表

项　　目	单位	武　汉	重　庆	兰　州	西　宁	乌鲁木齐
一、每亩物质与服务费用	元	683.66	292.55	302.24	407.81	404.39
（一）直接费用	元	661.99	262.16	256.04	339.82	401.76
1. 种子费	元	303.33	65.26	72.28	120.00	126.16
2. 化肥费	元	140.67	116.28	64.33	77.22	102.04
3. 农家肥费	元	83.33	43.21	46.53	100.00	78.41
4. 农药费	元	27.33	14.00	0.04	15.00	3.57
5. 农膜费	元	37.33		0.38		
6. 租赁作业费	元	50.00	14.40	67.52	4.00	86.34
机械作业费	元		14.40			65.92
排灌费	元	10.00		17.92	4.00	20.42
其中：水费	元	2.33		17.92	4.00	6.13
畜力费	元	40.00		49.60		
7. 燃料动力费	元					1.47
8. 技术服务费	元				19.80	
9. 工具材料费	元	15.33	6.73	4.32	3.80	2.03
10. 修理维护费	元	4.67	2.28	0.64		1.74
11. 其他直接费用	元					
（二）间接费用	元	21.67	30.39	46.20	67.99	2.63
1. 固定资产折旧	元	21.67	6.60	9.37		1.22
2. 税金	元					
3. 保险费	元					
4. 管理费	元				4.01	
5. 财务费	元				11.98	
6. 销售费	元		23.79	36.83	52.00	1.41
二、每亩人工成本	元	194.35	272.60	140.78	361.40	126.37
1. 家庭用工折价	元	194.35	272.60	140.78	101.40	81.97
家庭用工天数	日	11.50	16.13	8.33	6.00	4.85
劳动日工价	元	16.90	16.90	16.90	16.90	16.90
2. 雇工费用	元				260.00	44.40
雇工天数	日				13.00	1.43
雇工工价	元	40.00	31.67	20.00	20.00	31.05
三、附记						
1. 每亩种子用量	公斤					
2. 每亩化肥用量	公斤	32.95	34.71	16.86	19.71	20.60
3. 每亩农膜用量	公斤	2.97		0.03		

7－11－3　2006年大中城市露地马铃薯化肥投入情况

项　　目	单位	平　均	太　原	呼和浩特	长　春	济　南	青　岛
一、每亩化肥金额	元	107.49	79.15	53.75	62.05	254.41	125.00
（一）氮肥	元	41.94	69.28	39.53	62.05	27.15	21.33
1. 尿素	元	20.88		2.07	62.05	27.15	
2. 碳铵	元	21.06	69.28	37.46			21.33
3. 其他氮肥	元						
（二）磷肥	元	9.50					
其中：过磷酸钙	元	5.61					
（三）钾肥	元	3.32					
其中：氯化钾	元	2.22					
（四）复混肥	元	50.28		8.20		223.60	103.67
1. 复合肥	元	44.08		8.20		223.60	41.67
其中：二铵	元	14.76		8.20		30.24	
2. 混配肥	元	6.20					62.00
（五）其他肥料	元	2.46	9.87	6.02		3.66	
二、每亩化肥折纯用量	公斤	24.25	18.11	15.92	14.27	49.76	19.64
（一）氮肥	公斤	11.40	18.11	14.11	14.27	6.86	5.67
1. 尿素	公斤	5.13		0.51	14.27	6.86	
2. 碳铵	公斤	6.27	18.11	13.60			5.67
3. 其他氮肥	公斤						
（二）磷肥	公斤	2.88					
其中：过磷酸钙	公斤	1.39					
（三）钾肥	公斤	0.67					
其中：氯化钾	公斤	0.56					
（四）复混肥	公斤	9.31		1.81		42.90	13.97
1. 复合肥	公斤	8.66		1.81		42.90	7.50
其中：二铵	公斤	3.27		1.81		7.07	
2. 混配肥	公斤	0.65					6.47

7－11－3 续表

项 目	单位	武 汉	重 庆	兰 州	西 宁	乌鲁木齐
一、每亩化肥金额	元	140.67	116.28	64.33	77.22	102.04
(一)氮肥	元	41.67	56.07	38.75	29.97	33.57
1. 尿素	元		33.00	20.94	29.97	33.57
2. 碳铵	元	41.67	23.07	17.81		
3. 其他氮肥	元					
(二)磷肥	元	26.00	44.14	24.86		
其中:过磷酸钙	元	26.00	5.22	24.86		
(三)钾肥	元	20.00	6.17			7.01
其中:氯化钾	元	20.00	2.17			
(四)复混肥	元	48.00	9.90	0.72	47.25	61.46
1. 复合肥	元	48.00	9.90	0.72	47.25	61.46
其中:二铵	元			0.42	47.25	61.46
2. 混配肥	元					
(五)其他肥料	元	5.00				
二、每亩化肥折纯用量	公斤	32.95	34.71	16.86	19.71	20.60
(一)氮肥	公斤	12.75	15.44	10.85	8.51	7.44
1. 尿素	公斤		8.37	5.34	8.51	7.44
2. 碳铵	公斤	12.75	7.07	5.51		
3. 其他氮肥	公斤					
(二)磷肥	公斤	6.20	16.77	5.83		
其中:过磷酸钙	公斤	6.20	1.85	5.83		
(三)钾肥	公斤	5.00	1.00			0.65
其中:氯化钾	公斤	5.00	0.60			
(四)复混肥	公斤	9.00	1.50	0.18	11.20	12.51
1. 复合肥	公斤	9.00	1.50	0.18	11.20	12.51
其中:二铵	公斤			0.09	11.20	12.51
2. 混配肥	公斤					

7－12－1　2006年大中城市露地菜花成本收益情况

项　　目	单位	平　均	天　津	长　春	福　州	厦　门	南　昌	青　岛
每亩								
主产品产量	公斤	1689.40	2279.30	1337.50	1376.00	1724.00	1469.40	1950.00
产值合计	元	3041.44	3483.66	2140.00	3770.23	2686.45	2376.64	3791.67
主产品产值	元	3041.44	3483.66	2140.00	3770.23	2686.45	2376.64	3791.67
副产品产值	元							
总成本	元	1435.01	1075.93	1308.39	1197.50	1470.75	1916.68	1640.29
生产成本	元	1301.53	968.28	1158.39	1079.25	1345.75	1796.68	1460.29
物质与服务费用	元	744.81	326.48	776.45	647.55	796.50	951.68	970.19
人工成本	元	556.72	641.80	381.94	431.70	549.25	845.00	490.10
家庭用工折价	元	530.32	610.94	381.94	304.20	549.25	845.00	490.10
雇工费用	元	26.40	30.86		127.50			
土地成本	元	133.48	107.65	150.00	118.25	125.00	120.00	180.00
流转地租金	元	11.05	23.24		11.83	31.25		
自营地折租	元	122.43	84.41	150.00	106.42	93.75	120.00	180.00
净利润	元	1606.43	2407.73	831.61	2572.73	1215.70	459.96	2151.38
现金成本	元	782.26	380.58	776.45	786.88	827.75	951.68	970.19
现金收益	元	2259.18	3103.08	1363.55	2983.35	1858.70	1424.96	2821.48
成本利润率	%	111.95	223.78	63.56	214.84	82.66	24.00	131.16
每50公斤主产品								
平均出售价格	元	90.02	76.42	80.00	137.00	77.91	80.87	97.22
总成本	元	42.47	23.60	48.91	43.51	42.65	65.22	42.06
生产成本	元	38.52	21.24	43.30	39.22	39.03	61.14	37.44
净利润	元	47.55	52.82	31.09	93.49	35.26	15.65	55.16
现金成本	元	23.15	8.35	29.03	28.59	24.01	32.38	24.88
现金收益	元	66.87	68.07	50.97	108.41	53.90	48.49	72.34
附：								
每亩用工数量	日	32.27	37.18	22.60	22.30	32.50	50.00	29.00
每亩主产品出售数量	公斤	1668.90	2279.30	1331.40	1376.00	1724.00	1469.40	1833.30
每亩主产品出售产值	元	3003.41	3483.66	2130.15	3770.23	2686.45	2376.64	3573.33
商品率	%	99.20	100.00	99.70	100.00	100.00	100.00	95.30
每亩补贴收入	元							
每亩成本外支出	元	1.29	7.74					

7-12-2 2006年大中城市露地菜花费用和用工情况

项　　目	单位	平　均	天　津	长　春	福　州	厦　门	南　昌	青　岛
一、每亩物质与服务费用	元	744.81	326.48	776.45	647.55	796.50	951.68	970.19
（一）直接费用	元	575.03	277.50	598.04	456.05	616.50	737.59	764.52
1.种子费	元	87.06	42.46	116.67	84.00	110.00	53.89	115.33
2.化肥费	元	242.83	127.48	164.67	151.80	260.50	506.66	245.84
3.农家肥费	元	77.77	28.08	27.68	92.50		98.33	220.00
4.农药费	元	62.04	17.62	18.18	74.00	131.00	72.78	58.67
5.农膜费	元	19.18	23.84	91.21				
6.租赁作业费	元	63.20	28.35	101.59	39.00	115.00	5.93	89.34
机械作业费	元	16.07	8.74	20.28	20.75			46.67
排灌费	元	25.44	19.61	11.18	3.25	70.00	5.93	42.67
其中：水费	元	17.92	10.20			70.00		27.33
畜力费	元	21.69		70.13	15.00	45.00		
7.燃料动力费	元	10.11		60.67				
8.技术服务费	元							
9.工具材料费	元	10.50	8.22	11.37	14.75			28.67
10.修理维护费	元	2.35	1.45	6.00				6.67
11.其他直接费用	元							
（二）间接费用	元	169.78	48.98	178.41	191.50	180.00	214.09	205.67
1.固定资产折旧	元	9.16	4.65	38.41			11.87	
2.税金	元							
3.保险费	元							
4.管理费	元							
5.财务费	元							
6.销售费	元	160.62	44.33	140.00	191.50	180.00	202.22	205.67
二、每亩人工成本	元	556.72	641.80	381.94	431.70	549.25	845.00	490.10
1.家庭用工折价	元	530.32	610.94	381.94	304.20	549.25	845.00	490.10
家庭用工天数	日	31.38	36.15	22.60	18.00	32.50	50.00	29.00
劳动日工价	元	16.90	16.90	16.90	16.90	16.90	16.90	16.90
2.雇工费用	元	26.40	30.86		127.50			
雇工天数	日	0.89	1.03		4.30			
雇工工价	元	29.66	29.96	24.00	29.65	30.00	50.00	26.90
三、附记								
1.每亩种子用量	公斤							
2.每亩化肥用量	公斤	55.34	30.65	30.73	33.25	59.48	129.25	48.66
3.每亩农膜用量	公斤	1.35	1.75	6.35				

7－12－3　2006年大中城市露地菜花化肥投入情况

项　　目	单位	平　均	天　津	长　春	福　州	厦　门	南　昌	青　岛
一、每亩化肥金额	元	242.83	127.48	164.67	151.80	260.50	506.66	245.84
（一）氮肥	元	68.95	51.23	71.00	121.80	39.50	8.33	121.84
1.尿素	元	67.17	51.23	71.00	121.80	39.50	8.33	111.17
2.碳铵	元	1.78						10.67
3.其他氮肥	元							
（二）磷肥	元	10.61	6.17	27.50	30.00			
其中：过磷酸钙	元	6.03	6.17		30.00			
（三）钾肥	元	39.33		15.00		221.00		
其中：氯化钾	元	36.83				221.00		
（四）复混肥	元	123.93	70.08	51.17			498.33	124.00
1.复合肥	元	108.13	59.28	51.17			498.33	40.00
其中：二铵	元	16.95	56.26	45.45				
2.混配肥	元	15.80	10.80					84.00
（五）其他肥料	元							
二、每亩化肥折纯用量	公斤	55.34	30.65	30.73	33.25	59.48	129.25	48.66
（一）氮肥	公斤	15.97	13.05	16.33	26.45	8.05	3.83	28.13
1.尿素	公斤	15.50	13.05	16.33	26.45	8.05	3.83	25.30
2.碳铵	公斤	0.47						2.83
3.其他氮肥	公斤							
（二）磷肥	公斤	1.84	1.76	2.50	6.80			
其中：过磷酸钙	公斤	1.43	1.76		6.80			
（三）钾肥	公斤	8.78		1.25		51.43		
其中：氯化钾	公斤	8.57				51.43		
（四）复混肥	公斤	28.74	15.84	10.65			125.42	20.53
1.复合肥	公斤	26.57	13.34	10.65			125.42	10.00
其中：二铵	公斤	3.73	12.68	9.70				
2.混配肥	公斤	2.17	2.50					10.53

7－13－1　2006年大中城市露地萝卜成本收益情况

项　　目	单位	平均	天津	长春	南昌	青岛	武汉	贵阳
每亩								
主产品产量	公斤	3050	3160	2383.4	2104.1	3246.7	3305.5	4100
产值合计	元	2222.59	1959.2	953.35	1815.4	2906.67	2411.91	3289
主产品产值	元	2221.84	1959.2	953.35	1815.4	2906.67	2411.91	3284.5
副产品产值	元	0.75						4.5
总成本	元	987.59	750.4	813.25	1315.04	1286.61	885.67	874.4
生产成本	元	858.81	630.4	646.55	1195.04	1106.61	834.67	739.4
物质与服务费用	元	435.97	360	279.82	267.23	628.34	611.42	469
人工成本	元	422.84	270.4	366.73	927.81	478.27	223.25	270.4
家庭用工折价	元	422.84	270.4	366.73	927.81	478.27	223.25	270.4
雇工费用	元							
土地成本	元	128.78	120	166.7	120	180	51	135
流转地租金	元	19.08	108				6.5	
自营地折租	元	109.7	12	166.7	120	180	44.5	135
净利润	元	1235	1208.8	140.1	500.36	1620.06	1526.24	2414.6
现金成本	元	455.05	468	279.82	267.23	628.34	617.92	469
现金收益	元	1767.54	1491.2	673.53	1548.17	2278.33	1793.99	2820
成本利润率	%	125.05	161.09	17.23	38.05	125.92	172.33	276.14
每50公斤主产品								
平均出售价格	元	36.42	31	20	43.14	44.76	36.48	40.05
总成本	元	16.18	11.87	17.06	31.25	19.81	13.4	10.65
生产成本	元	14.07	9.97	13.56	28.4	17.04	12.62	9
净利润	元	20.24	19.13	2.94	11.89	24.95	23.08	29.4
现金成本	元	7.46	7.41	5.87	6.35	9.68	9.35	5.71
现金收益	元	28.96	23.59	14.13	36.79	35.08	27.13	34.34
附:								
每亩用工数量	日	25.02	16	21.7	54.9	28.3	13.21	16
每亩主产品出售数量	公斤	2976.3	3160	2333.3	1897.7	3066.7	3300.1	4100
每亩主产品出售产值	元	2187.28	1959.2	933.3	1815.4	2728	2407.77	3280
商品率	%	98.7	100	98	100	94.3	99.9	100
每亩补贴收入	元	0.19					1.14	
每亩成本外支出	元	1.4					8.39	

7－13－2　2006年大中城市露地萝卜费用和用工情况

项　目	单位	平　均	天　津	长　春	南　昌	青　岛	武　汉	贵　阳
一、每亩物质与服务费用	元	435.97	360	279.82	267.23	628.34	611.42	469
（一）直接费用	元	363.48	345	234.33	201.26	458.67	493.14	448.5
1.种子费	元	64.85	80	25	60.21	45	73.88	105
2.化肥费	元	134.76	139	62.05	59.56	171.33	251.12	125.5
3.农家肥费	元	42.53		9.38	49.47	86.67	34.64	75
4.农药费	元	35.05	70	14.07	27.64	42	42.07	14.5
5.农膜费	元	16.11					17.18	79.5
6.租赁作业费	元	54.72	54	104.62	4.38	83.67	43.16	38.5
机械作业费	元	26.42	44	8.29		46.67	24.55	35
排灌费	元	14.03	10	17.95	4.38	37	11.34	3.5
其中:水费	元	4.85				22.67	2.93	3.5
畜力费	元	14.28		78.38			7.27	
7.燃料动力费	元							
8.技术服务费	元							
9.工具材料费	元	11.15	2	10.73		23.33	24.82	6
10.修理维护费	元	4.32		8.48		6.67	6.27	4.5
11.其他直接费用	元							
（二）间接费用	元	72.49	15	45.49	65.97	169.67	118.28	20.5
1.固定资产折旧	元	9.77		12.16	8.76		30.18	7.5
2.税金	元							
3.保险费	元							
4.管理费	元	0.78					4.69	
5.财务费	元							
6.销售费	元	61.94	15	33.33	57.21	169.67	83.41	13
二、每亩人工成本	元	422.84	270.4	366.73	927.81	478.27	223.25	270.4
1.家庭用工折价	元	422.84	270.4	366.73	927.81	478.27	223.25	270.4
家庭用工天数	日	25.02	16	21.7	54.9	28.3	13.21	16
劳动日工价	元	16.9	16.9	16.9	16.9	16.9	16.9	16.9
2.雇工费用	元							
雇工天数	日							
雇工工价	元	32.98	37	24	50	26.9	40	20
三、附记								
1.每亩种子用量	公斤							
2.每亩化肥用量	公斤	27.95	32.93	14.27	17.07	29.1	40.85	33.45
3.每亩农膜用量	公斤	1.22					1.31	6

7－13－3 2006年大中城市露地萝卜化肥投入情况

项目	单位	平均	天津	长春	南昌	青岛	武汉	贵阳
一、每亩化肥金额	元	134.76	139	62.05	59.56	171.33	251.12	125.5
（一）氮肥	元	31.09	54	62.05		54	2.96	13.5
1.尿素	元	30.59	54	62.05		54		13.5
2.碳铵	元	0.49					2.96	
3.其他氮肥	元							
（二）磷肥	元	1.56			1.56		7.77	
其中:过磷酸钙	元	1.3					7.77	
（三）钾肥	元							
其中:氯化钾	元							
（四）复混肥	元	101.58	85		58	117.33	237.12	112
1.复合肥	元	92.24	85		58	61.33	237.12	112
其中:二铵	元	14.17	85					
2.混配肥	元	9.33				56		
（五）其他肥料	元	0.55					3.27	
二、每亩化肥折纯用量	公斤	27.95	32.93	14.27	17.07	29.1	40.85	33.45
（一）氮肥	公斤	7.42	13.57	14.27		12.27	0.96	3.45
1.尿素	公斤	7.26	13.57	14.27		12.27		3.45
2.碳铵	公斤	0.16					0.96	
3.其他氮肥	公斤							
（二）磷肥	公斤	0.39			0.78		1.55	
其中:过磷酸钙	公斤	0.26					1.55	
（三）钾肥	公斤							
其中:氯化钾	公斤							
（四）复混肥	公斤	20.14	19.36		16.29	16.83	38.34	30
1.复合肥	公斤	19.12	19.36		16.29	10.7	38.34	30
其中:二铵	公斤	3.23	19.36					
2.混配肥	公斤	1.02				6.13		

7-14-1 2006年大中城市露地豆角成本收益情况

项　　目	单位	平　均	天　津	沈　阳	长　春	南　昌	青　岛	武　汉
每亩								
主产品产量	公斤	1917.50	2364.30	3497.50	889.20	1402.60	2466.70	884.70
产值合计	元	2333.76	2890.83	2012.25	1242.20	2372.28	4273.33	1211.67
主产品产值	元	2333.76	2890.83	2012.25	1242.20	2372.28	4273.33	1211.67
副产品产值	元							
总成本	元	1408.34	1493.70	1131.17	1089.43	1799.53	1873.76	1062.61
生产成本	元	1289.63	1392.43	1031.17	929.43	1679.53	1693.76	1011.61
物质与服务费用	元	673.50	643.13	686.41	400.46	680.74	938.33	691.92
人工成本	元	616.13	749.30	344.76	528.97	998.79	755.43	319.69
家庭用工折价	元	600.46	707.94	344.76	528.97	998.79	755.43	267.02
雇工费用	元	15.67	41.36					52.67
土地成本	元	118.71	101.27	100.00	160.00	120.00	180.00	51.00
流转地租金	元	4.21	18.04					7.19
自营地折租	元	114.51	83.23	100.00	160.00	120.00	180.00	43.81
净利润	元	925.42	1397.13	881.08	152.77	572.75	2399.57	149.06
现金成本	元	693.37	702.53	686.41	400.46	680.74	938.33	751.78
现金收益	元	1640.39	2188.30	1325.84	841.74	1691.54	3335.00	459.89
成本利润率	%	65.71	93.53	77.89	14.02	31.83	128.06	14.03
每50公斤主产品								
平均出售价格	元	60.85	61.14	28.77	69.85	84.57	86.62	68.48
总成本	元	36.72	31.59	16.17	61.26	64.15	37.98	60.06
生产成本	元	33.63	29.45	14.74	52.26	59.87	34.33	57.17
净利润	元	24.13	29.55	12.60	8.59	20.42	48.64	8.42
现金成本	元	18.08	14.86	9.81	22.52	24.27	19.02	42.49
现金收益	元	42.77	46.28	18.96	47.33	60.30	67.60	25.99
附:								
每亩用工数量	日	36.04	43.27	20.40	31.30	59.10	44.70	17.50
每亩主产品出售数量	公斤	1885.70	2364.30	3497.50	876.90	1402.60	2300.00	873.00
每亩主产品出售产值	元	2274.94	2890.83	2012.25	1224.62	2372.28	3953.33	1196.33
商品率	%	99.10	100.00	100.00	98.70	100.00	97.00	98.80
每亩补贴收入	元							
每亩成本外支出	元	4.13	9.33					15.46

7－14－2 2006年大中城市露地豆角费用和用工情况

项目	单位	平均	天津	沈阳	长春	南昌	青岛	武汉
一、每亩物质与服务费用	元	673.50	643.13	686.41	400.46	680.74	938.33	691.92
（一）直接费用	元	550.45	601.12	635.66	314.64	381.12	719.00	651.15
1.种子费	元	82.67	50.70	128.50	39.11	99.36	97.33	81.00
2.化肥费	元	129.33	155.46	85.53	131.97	69.33	177.33	156.34
3.农家肥费	元	78.64	116.46	90.00	23.35	62.00	180.00	
4.农药费	元	49.66	10.00	10.03	17.90	91.67	63.33	105.00
5.农膜费	元	31.12	55.74	65.00				66.00
6.租赁作业费	元	61.75	45.27	90.50	77.93	5.63	97.67	53.48
机械作业费	元	27.88	25.60	31.00	22.00		48.67	40.00
排灌费	元	21.57	19.67	32.00	9.63	5.63	49.00	13.48
其中：水费	元	5.69	0.64				29.67	3.82
畜力费	元	12.30		27.50	46.30			
7.燃料动力费	元							
8.技术服务费	元							
9.工具材料费	元	112.77	163.66	166.10	15.07	53.13	96.67	182.00
10.修理维护费	元	4.52	3.83		9.31		6.67	7.33
11.其他直接费用	元							
（二）间接费用	元	123.05	42.01	50.75	85.82	299.62	219.33	40.77
1.固定资产折旧	元	10.08	9.73		11.15	11.27		28.33
2.税金	元							
3.保险费	元							
4.管理费	元	1.02						6.11
5.财务费	元							
6.销售费	元	111.95	32.28	50.75	74.67	288.35	219.33	6.33
二、每亩人工成本	元	616.13	749.30	344.76	528.97	998.79	755.43	319.69
1.家庭用工折价	元	600.46	707.94	344.76	528.97	998.79	755.43	267.02
家庭用工天数	日	35.53	41.89	20.40	31.30	59.10	44.70	15.80
劳动日工价	元	16.90	16.90	16.90	16.90	16.90	16.90	16.90
2.雇工费用	元	15.67	41.36					52.67
雇工天数	日	0.51	1.38					1.70
雇工工价	元	30.73	29.97	30.00	24.00	50.00	26.90	30.98
三、附记								
1.每亩种子用量	公斤							
2.每亩化肥用量	公斤	31.70	37.36	19.12	23.35	44.34	37.48	28.55
3.每亩农膜用量	公斤	2.38	4.03	5.00				5.27

7－14－3　2006年大中城市露地豆角化肥投入情况

项　　目	单位	平 均	天 津	沈 阳	长 春	南 昌	青 岛	武 汉
一、每亩化肥金额	元	129.33	155.46	85.53	131.97	69.33	177.33	156.34
（一）氮肥	元	41.38	75.11	39.70	47.15	33.33	32.00	21.00
1. 尿素	元	32.55	75.11	39.70	47.15	33.33		
2. 碳铵	元	8.83					32.00	21.00
3. 其他氮肥	元							
（二）磷肥	元	6.35	9.50		17.94			10.67
其中：过磷酸钙	元	3.36	9.50					10.67
（三）钾肥	元	4.14			24.83			
其中：氯化钾	元							
（四）复混肥	元	77.46	70.85	45.83	42.05	36.00	145.33	124.67
1. 复合肥	元	75.79	60.84	45.83	42.05	36.00	145.33	124.67
其中：二铵	元	20.56	60.84	22.73	39.76			
2. 混配肥	元	1.67	10.01					
（五）其他肥料	元							
二、每亩化肥折纯用量	公斤	31.70	37.36	19.12	23.35	44.34	37.48	28.55
（一）氮肥	公斤	14.72	18.88	9.43	10.84	35.34	7.65	6.18
1. 尿素	公斤	12.42	18.88	9.43	10.84	35.34		
2. 碳铵	公斤	2.31					7.65	6.18
3. 其他氮肥	公斤							
（二）磷肥	公斤	1.05	2.45		1.58			2.24
其中：过磷酸钙	公斤	0.78	2.45					2.24
（三）钾肥	公斤	0.35			2.07			
其中：氯化钾	公斤							
（四）复混肥	公斤	15.59	16.03	9.69	8.86	9.00	29.83	20.13
1. 复合肥	公斤	15.21	13.73	9.69	8.86	9.00	29.83	20.13
其中：二铵	公斤	4.53	13.73	4.96	8.48			
2. 混配肥	公斤	0.38	2.30					

八、各地区中药材

8-1-1 2006年各地区普通参、边条参(五年)成本收益情况

项 目	单位	普通参平均	辽 宁	吉 林	黑龙江	边条参(五年)平均	吉 林
每亩							
主产品产量	公斤	376.70	353.30	617.70	277.20	439.10	439.10
产值合计	元	11419.76	7790.83	14636.14	10697.58	15355.45	15355.45
主产品产值	元	10835.31	7498.21	13552.79	10274.56	14744.78	14744.78
副产品产值	元	584.45	292.62	1083.35	423.02	610.67	610.67
总成本	元	7626.83	4519.88	10965.04	6757.12	8975.01	8975.01
生产成本	元	6338.02	4212.74	6980.48	6449.10	8263.90	8263.90
物质与服务费用	元	3783.39	2816.08	4750.64	3543.60	5169.62	5169.62
人工成本	元	2554.63	1396.66	2229.84	2905.50	3094.28	3094.28
家庭用工折价	元	525.08	1281.53	152.44	547.56	2260.88	2260.88
雇工费用	元	2029.55	115.13	2077.40	2357.94	833.40	833.40
土地成本	元	1288.81	307.14	3984.56	308.02	711.11	711.11
流转地租金	元	1288.81	307.14	3984.56	308.02	245.76	245.76
自营地折租	元					465.35	465.35
净利润	元	3792.93	3270.95	3671.10	3940.46	6380.44	6380.44
现金成本	元	7101.75	3238.35	10812.60	6209.56	6248.78	6248.78
现金收益	元	4318.01	4552.48	3823.54	4488.02	9106.67	9106.67
成本利润率	%	49.73	72.37	33.48	58.32	71.09	71.09
每50公斤主产品							
平均出售价格	元	1438.19	1061.17	1097.04	1853.28	1678.98	1678.98
总成本	元	960.51	615.64	821.88	1170.62	981.34	981.34
生产成本	元	798.20	573.81	523.22	1117.26	903.58	903.58
净利润	元	477.68	445.53	275.16	682.66	697.64	697.64
现金成本	元	894.39	441.09	810.45	1075.76	683.25	683.25
现金收益	元	543.80	620.08	286.59	777.52	995.73	995.73
附:							
每亩用工数量	日	94.08	82.03	59.09	111.34	161.56	161.56
每亩主产品出售数量	公斤	353.40	353.30	617.70	239.70	439.10	439.10
每亩主产品出售产值	元	9974.85	7498.21	13552.79	8887.06	14744.78	14744.78
商品率	%	100.00	100.00	100.00	100.00	100.00	100.00
每亩补贴收入	元						
每亩成本外支出	元						

8-1-2 2006年各地区普通参、边条参(五年)费用和用工情况

项目	单位	普通参平均	辽宁	吉林	黑龙江	边条参(五年)平均	吉林
一、每亩物质与服务费用	元	3783.39	2816.08	4750.64	3543.60	5169.62	5169.62
(一)直接费用	元	3549.16	2695.36	4750.64	3187.92	5046.73	5046.73
1.种子费	元	1477.80	1721.40	1805.53	1292.40	2724.44	2724.44
2.化肥费	元	64.86	144.00	182.10		316.67	316.67
3.农家肥费	元	351.46			566.73		
4.农药费	元	88.30	213.17	182.52	25.01	375.06	375.06
5.农膜费	元	552.74	340.19	825.73	474.04	516.11	516.11
6.租赁作业费	元	233.93	25.67	46.58	352.49	200.00	200.00
机械作业费	元	233.34	21.31	46.58	352.33		
排灌费	元					200.00	200.00
其中:水费	元					165.67	165.67
畜力费	元	0.59	4.36		0.16		
7.燃料动力费	元	0.11	0.93			179.00	179.00
8.技术服务费	元	9.30			15.00		
9.工具材料费	元	444.80	229.64	1102.00	201.29	274.67	274.67
10.修理维护费	元	26.55	16.58	33.04	25.58	73.11	73.11
11.其他直接费用	元	299.31	3.78	573.14	235.38	387.67	387.67
(二)间接费用	元	234.23	120.72		355.68	122.89	122.89
1.固定资产折旧	元	121.41	82.74		180.69	122.89	122.89
2.税金	元						
3.保险费	元	12.29			19.81		
4.管理费	元	6.13			9.89		
5.财务费	元	44.60			71.91		
6.销售费	元	49.80	37.98		73.38		
二、每亩人工成本	元	2554.63	1396.66	2229.84	2905.50	3094.28	3094.28
1.家庭用工折价	元	525.08	1281.53	152.44	547.56	2260.88	2260.88
家庭用工天数	日	31.07	75.83	9.02	32.40	133.78	133.78
劳动日工价	元	16.90	16.90	16.90	16.90	16.90	16.90
2.雇工费用	元	2029.55	115.13	2077.40	2357.94	833.40	833.40
雇工天数	日	63.01	6.20	50.07	78.94	27.78	27.78
雇工工价	元	32.21	18.57	41.49	29.87	30.00	30.00
三、附记							
1.每亩种子用量	公斤						
2.每亩化肥用量	公斤	11.11	14.23	35.59		79.53	79.53
3.每亩农膜用量	公斤	51.02	30.71	62.75	49.67	36.78	36.78

8-2-1 2006年各地区黄莲、当归成本收益情况

项 目	单位	黄莲平均	湖 北	陕 西	当归平均	云 南	甘 肃
每亩							
主产品产量	公斤	159.10	160.00	82.00	131.30	94.70	137.50
产值合计	元	6209.34	6210.31	6125.00	1651.82	1162.29	1734.83
主产品产值	元	6204.72	6210.31	5716.67	1626.45	1162.29	1705.16
副产品产值	元	4.62		408.33	25.37		29.67
总成本	元	4004.32	4019.70	2667.74	976.60	732.33	1018.02
生产成本	元	3908.88	3924.14	2582.74	927.55	697.91	966.49
物质与服务费用	元	1525.12	1539.14	301.24	346.87	99.31	388.85
人工成本	元	2383.76	2385.00	2281.50	580.68	598.60	577.64
家庭用工折价	元	2320.20	2320.71	2281.50	580.68	598.60	577.64
雇工费用	元	63.56	64.29				
土地成本	元	95.44	95.56	85.00	49.05	34.42	51.53
流转地租金	元	11.75	11.88		1.00	0.15	1.14
自营地折租	元	83.69	83.68	85.00	48.05	34.27	50.39
净利润	元	2205.02	2190.61	3457.26	675.22	429.96	716.81
现金成本	元	1600.43	1615.31	301.24	347.87	99.46	389.99
现金收益	元	4608.91	4595.00	5823.76	1303.95	1062.83	1344.84
成本利润率	%	55.07	54.50	129.60	69.14	58.71	70.41
每50公斤主产品							
平均出售价格	元	1949.94	1940.72	3485.77	619.36	613.67	620.06
总成本	元	1257.49	1256.16	1518.22	366.18	386.66	363.86
生产成本	元	1227.52	1226.29	1469.85	347.79	368.48	345.44
净利润	元	692.45	684.56	1967.55	253.18	227.01	256.20
现金成本	元	502.59	504.78	171.44	130.44	52.51	139.39
现金收益	元	1447.35	1435.94	3314.33	488.92	561.16	480.67
附：							
每亩用工数量	日	139.30	139.35	135.00	34.36	35.42	34.18
每亩主产品出售数量	公斤	28.50	27.90	82.00	130.80	91.20	137.50
每亩主产品出售产值	元	1130.70	1078.21	5716.67	1621.74	1129.75	1705.16
商品率	%	100.00	100.00	100.00	99.70	97.70	100.00
每亩补贴收入	元						
每亩成本外支出	元						

8－2－2 2006年各地区黄莲、当归费用和用工情况

项　　目	单位	黄莲平均	湖　北	陕　西	当归平均	云　南	甘　肃
一、每亩物质与服务费用	元	1525.12	1539.14	301.24	346.87	99.31	388.85
（一）直接费用	元	1064.06	1073.04	280.24	338.56	77.46	382.84
1. 种子费	元	341.23	343.45	147.67	227.78	44.37	258.88
2. 化肥费	元	296.19	298.82	66.50	51.09	7.27	58.53
3. 农家肥费	元	86.60	87.59		14.09	13.25	14.23
4. 农药费	元	20.57	20.67	12.00	4.90		5.73
5. 农膜费	元						
6. 租赁作业费	元	27.64	27.96		29.20	6.92	32.98
机械作业费	元						
排灌费	元						
其中：水费	元						
畜力费	元	27.64	27.96		29.20	6.92	32.98
7. 燃料动力费	元	265.85	268.89				
8. 技术服务费	元				3.14		3.67
9. 工具材料费	元	14.01	13.80	32.27	4.28	5.65	4.05
10. 修理维护费	元	2.23	2.01	21.80	3.52		4.12
11. 其他直接费用	元	9.74	9.85		0.56		0.65
（二）间接费用	元	461.06	466.10	21.00	8.31	21.85	6.01
1. 固定资产折旧	元	455.84	460.82	21.00	5.14		6.01
2. 税金	元						
3. 保险费	元						
4. 管理费	元						
5. 财务费	元						
6. 销售费	元	5.22	5.28		3.17	21.85	
二、每亩人工成本	元	2383.76	2385.00	2281.50	580.68	598.60	577.64
1. 家庭用工折价	元	2320.20	2320.71	2281.50	580.68	598.60	577.64
家庭用工天数	日	137.29	137.32	135.00	34.36	35.42	34.18
劳动日工价	元	16.90	16.90	16.90	16.90	16.90	16.90
2. 雇工费用	元	63.56	64.29				
雇工天数	日	2.01	2.03				
雇工工价	元	31.62	31.67	20.00	17.50	20.00	15.00
三、附记							
1. 每亩种子用量	公斤						
2. 每亩化肥用量	公斤	67.52	68.11	15.58	11.48	2.06	13.07
3. 每亩农膜用量	公斤						

8-3-1 2006年各地区川芎、生地成本收益情况

项 目	单位	川芎平均	四 川	生地平均	山 西	河 南
每亩						
主产品产量	公斤	221.80	221.80	439.90	461.10	385.80
产值合计	元	2963.45	2963.45	2200.25	2155.31	2314.90
主产品产值	元	2878.73	2878.73	2200.25	2155.31	2314.90
副产品产值	元	84.72	84.72			
总成本	元	846.86	846.86	1436.15	1246.91	1918.77
生产成本	元	809.86	809.86	1277.74	1121.33	1676.59
物质与服务费用	元	390.74	390.74	685.70	596.01	914.60
人工成本	元	419.12	419.12	592.04	525.32	761.99
家庭用工折价	元	419.12	419.12	414.22	430.44	372.65
雇工费用	元			177.82	94.88	389.34
土地成本	元	37.00	37.00	158.41	125.58	242.18
流转地租金	元	2.44	2.44	13.18	16.97	3.51
自营地折租	元	34.56	34.56	145.23	108.61	238.67
净利润	元	2116.59	2116.59	764.10	908.40	396.13
现金成本	元	393.18	393.18	876.70	707.86	1307.45
现金收益	元	2570.27	2570.27	1323.55	1447.45	1007.45
成本利润率	%	249.93	249.93	53.20	72.85	20.64
每50公斤主产品						
平均出售价格	元	648.95	648.95	250.09	233.71	300.01
总成本	元	185.45	185.45	163.24	135.21	248.67
生产成本	元	177.35	177.35	145.23	121.59	217.29
净利润	元	463.50	463.50	86.85	98.50	51.34
现金成本	元	86.10	86.10	99.65	76.76	169.44
现金收益	元	562.85	562.85	150.44	156.95	130.57
附:						
每亩用工数量	日	24.80	24.80	33.18	29.06	43.68
每亩主产品出售数量	公斤	218.80	218.80	349.70	457.40	74.90
每亩主产品出售产值	元	2839.42	2839.42	1662.42	2137.89	449.30
商品率	%	98.80	98.80	99.60	99.40	100.00
每亩补贴收入	元	17.00	17.00			
每亩成本外支出	元					

8-3-2 2006年各地区川芎、生地费用和用工情况

项目	单位	川芎平均	四川	生地平均	山西	河南
一、每亩物质与服务费用	元	390.74	390.74	685.70	596.01	914.60
(一)直接费用	元	382.95	382.95	673.65	581.79	908.10
1. 种子费	元	177.30	177.30	208.13	213.63	194.10
2. 化肥费	元	69.03	69.03	201.00	160.88	303.39
3. 农家肥费	元	50.03	50.03	34.33	18.37	75.06
4. 农药费	元	15.76	15.76	51.28	35.11	92.54
5. 农膜费	元			32.80	45.66	
6. 租赁作业费	元	31.86	31.86	94.86	104.58	70.09
机械作业费	元	17.86	17.86	52.07	52.66	50.57
排灌费	元	14.00	14.00	42.14	51.01	19.52
其中:水费	元	14.00	14.00	1.64	2.28	
畜力费	元			0.65	0.91	
7. 燃料动力费	元			48.31		171.57
8. 技术服务费	元					
9. 工具材料费	元	14.87	14.87	2.94	3.56	1.35
10. 修理维护费	元	10.64	10.64			
11. 其他直接费用	元	13.46	13.46			
(二)间接费用	元	7.79	7.79	12.05	14.22	6.50
1. 固定资产折旧	元	7.79	7.79	3.76	3.11	5.41
2. 税金	元					
3. 保险费	元					
4. 管理费	元					
5. 财务费	元					
6. 销售费	元			8.29	11.11	1.09
二、每亩人工成本	元	419.12	419.12	592.04	525.32	761.99
1. 家庭用工折价	元	419.12	419.12	414.22	430.44	372.65
家庭用工天数	日	24.80	24.80	24.51	25.47	22.05
劳动日工价	元	16.90	16.90	16.90	16.90	16.90
2. 雇工费用	元			177.82	94.88	389.34
雇工天数	日			8.67	3.59	21.63
雇工工价	元	20.00	20.00	20.51	26.43	18.00
三、附记						
1. 每亩种子用量	公斤					
2. 每亩化肥用量	公斤	21.23	21.23	42.48	38.28	53.20
3. 每亩农膜用量	公斤			2.70	3.76	

8－4－1 2006年各地区白芍、白术成本收益情况

项目	单位	白芍平均	浙江	安徽	四川	白术平均	浙江	湖南
每亩								
主产品产量	公斤	566.80	439.90	626.10	451.00	171.00	193.40	151.80
产值合计	元	4067.82	4008.13	4248.96	2928.00	4416.42	5140.30	3795.09
主产品产值	元	3946.76	4008.13	4069.79	2928.00	4107.55	4694.64	3603.64
副产品产值	元	121.06		179.17		308.87	445.66	191.45
总成本	元	1551.22	2213.46	1374.47	1213.55	2029.12	2258.64	1832.15
生产成本	元	1458.03	2173.46	1254.47	1182.55	1882.80	2035.06	1752.15
物质与服务费用	元	752.10	835.26	801.55	202.35	935.72	1001.29	879.43
人工成本	元	705.93	1338.20	452.92	980.20	947.08	1033.77	872.72
家庭用工折价	元	701.35	1318.20	452.92	980.20	947.08	1033.77	872.72
雇工费用	元	4.58	20.00					
土地成本	元	93.19	40.00	120.00	31.00	146.32	223.58	80.00
流转地租金	元	3.04	12.00		3.10	16.34	35.37	
自营地折租	元	90.15	28.00	120.00	27.90	129.98	188.21	80.00
净利润	元	2516.60	1794.67	2874.49	1714.45	2387.30	2881.66	1962.94
现金成本	元	759.72	867.26	801.55	205.45	952.06	1036.66	879.43
现金收益	元	3308.10	3140.87	3447.41	2722.55	3464.36	4103.64	2915.66
成本利润率	%	162.23	81.08	209.13	141.28	117.65	127.58	107.14
每50公斤主产品								
平均出售价格	元	348.16	455.57	325.01	324.61	1201.04	1213.71	1186.97
总成本	元	132.77	251.59	105.14	134.54	551.82	533.30	573.03
生产成本	元	124.79	247.04	95.96	131.10	512.03	480.51	548.01
净利润	元	215.39	203.98	219.87	190.07	649.22	680.41	613.94
现金成本	元	65.02	98.57	61.31	22.78	258.91	244.77	275.05
现金收益	元	283.14	357.00	263.70	301.83	942.13	968.94	911.92
附:								
每亩用工数量	日	41.61	78.50	26.80	58.00	56.04	61.17	51.64
每亩主产品出售数量	公斤	500.70	151.10	626.10	451.00	154.80	158.30	151.80
每亩主产品出售产值	元	3285.62	1120.22	4069.79	2928.00	3783.93	3993.97	3603.64
商品率	%	96.90	86.40	100.00	100.00	100.00	100.00	100.00
每亩补贴收入	元	1.53			16.00			
每亩成本外支出	元							

8-4-2 2006年各地区白芍、白术费用和用工情况

项 目	单位	白芍平均	浙 江	安 徽	四 川	白术平均	浙 江	湖 南
一、每亩物质与服务费用	元	752.10	835.26	801.55	202.35	935.72	1001.29	879.43
(一)直接费用	元	745.82	835.26	793.33	194.67	922.54	984.41	869.43
1.种子费	元	168.87	352.27	119.80	76.25	633.77	601.21	661.71
2.化肥费	元	350.22	343.32	402.00		143.28	161.98	127.24
3.农家肥费	元	17.24	4.17	8.06	113.67	47.35	47.13	47.53
4.农药费	元	44.44	80.92	38.36		57.54	96.48	24.12
5.农膜费	元							
6.租赁作业费	元	122.90		181.89				
机械作业费	元	96.02		142.11				
排灌费	元	26.88		39.78				
其中:水费	元							
畜力费	元							
7.燃料动力费	元	36.28	39.58	40.28		32.32	69.97	
8.技术服务费	元							
9.工具材料费	元	5.05	15.00	1.72	4.75	3.80	7.64	0.50
10.修理维护费	元	0.82		1.22		2.69		5.00
11.其他直接费用	元					1.79		3.33
(二)间接费用	元	6.28		8.22	7.68	13.18	16.88	10.00
1.固定资产折旧	元	3.42		4.22	6.01	11.28	12.77	10.00
2.税金	元							
3.保险费	元							
4.管理费	元							
5.财务费	元							
6.销售费	元	2.86		4.00	1.67	1.90	4.11	
二、每亩人工成本	元	705.93	1338.20	452.92	980.20	947.08	1033.77	872.72
1.家庭用工折价	元	701.35	1318.20	452.92	980.20	947.08	1033.77	872.72
家庭用工天数	日	41.50	78.00	26.80	58.00	56.04	61.17	51.64
劳动日工价	元	16.90	16.90	16.90	16.90	16.90	16.90	16.90
2.雇工费用	元	4.58	20.00					
雇工天数	日	0.11	0.50					
雇工工价	元	41.64	40.00	20.00	19.17	36.67	28.33	45.00
三、附记								
1.每亩种子用量	公斤							
2.每亩化肥用量	公斤	79.15	65.11	95.08		30.32	34.02	27.14
3.每亩农膜用量	公斤							

8-5-1 2006年各地区黄芪成本收益情况

项目	单位	平均	河北	内蒙古	陕西	甘肃	宁夏
每亩							
主产品产量	公斤	211.00	137.70	208.70	120.00	172.20	263.80
产值合计	元	1130.13	1438.44	1153.02	1920.00	620.00	1177.50
主产品产值	元	1081.07	1424.67	1091.78	1920.00	620.00	1177.50
副产品产值	元	49.06	13.77	61.24			
总成本	元	689.24	983.16	656.08	1071.20	901.33	739.89
生产成本	元	629.96	783.16	592.80	985.20	846.33	718.64
物质与服务费用	元	389.98	342.07	408.68	297.88	184.94	392.54
人工成本	元	239.98	441.09	184.12	687.32	661.39	326.10
家庭用工折价	元	171.03	441.09	102.08	687.32	619.72	321.10
雇工费用	元	68.95		82.04		41.67	5.00
土地成本	元	59.28	200.00	63.28	86.00	55.00	21.25
流转地租金	元	2.18		2.73			
自营地折租	元	57.10	200.00	60.55	86.00	55.00	21.25
净利润	元	440.89	455.28	496.94	848.80	-281.33	437.61
现金成本	元	461.11	342.07	493.45	297.88	226.61	397.54
现金收益	元	669.02	1096.37	659.57	1622.12	393.39	779.96
成本利润率	%	63.97	46.31	75.74	79.24	-31.20	59.15
每50公斤主产品							
平均出售价格	元	256.18	517.31	261.57	800.00	180.02	223.18
总成本	元	156.24	353.58	148.84	446.33	261.71	140.24
生产成本	元	142.80	281.65	134.48	410.50	245.74	136.21
净利润	元	99.94	163.73	112.73	353.67	-81.69	82.94
现金成本	元	104.53	123.02	111.94	124.12	65.80	75.35
现金收益	元	151.65	394.29	149.63	675.88	114.22	147.83
附:							
每亩用工数量	日	12.44	26.10	8.77	40.67	38.34	19.25
每亩主产品出售数量	公斤	211.00	137.70	208.70	120.00	172.20	263.80
每亩主产品出售产值	元	1081.07	1424.67	1091.78	1920.00	620.00	1177.50
商品率	%	100.00	100.00	100.00	100.00	100.00	100.00
每亩补贴收入	元	1.41		1.77			
每亩成本外支出	元						

8－5－2　2006 年各地区黄芪费用和用工情况

项　　目	单位	平　均	河　北	内蒙古	陕　西	甘　肃	宁　夏
一、每亩物质与服务费用	元	389.98	342.07	408.68	297.88	184.94	392.54
（一）直接费用	元	387.57	330.80	406.86	291.53	179.94	388.53
1. 种子费	元	253.39	120.33	282.29	90.00	60.67	190.00
2. 化肥费	元	41.32	122.67	30.38	68.67	62.50	96.78
3. 农家肥费	元	7.01	6.70	2.84	81.90		33.50
4. 农药费	元	8.39	14.27	6.84		12.77	17.00
5. 农膜费	元						
6. 租赁作业费	元	76.46	64.90	83.59	46.79	43.00	50.00
机械作业费	元	42.82	37.43	47.72	26.47		35.75
排灌费	元	28.34	27.47	33.23	20.32		11.75
其中：水费	元	5.99		5.88			11.25
畜力费	元	5.30		2.64		43.00	2.50
7. 燃料动力费	元						
8. 技术服务费	元						
9. 工具材料费	元	0.84	1.93	0.80	4.17		1.25
10. 修理维护费	元	0.16		0.12		1.00	
11. 其他直接费用	元						
（二）间接费用	元	2.41	11.27	1.82	6.35	5.00	4.01
1. 固定资产折旧	元	1.27	1.77	0.96	6.35	1.67	2.70
2. 税金	元						
3. 保险费	元						
4. 管理费	元						
5. 财务费	元						
6. 销售费	元	1.14	9.50	0.86		3.33	1.31
二、每亩人工成本	元	239.98	441.09	184.12	687.32	661.39	326.10
1. 家庭用工折价	元	171.03	441.09	102.08	687.32	619.72	321.10
家庭用工天数	日	10.12	26.10	6.04	40.67	36.67	19.00
劳动日工价	元	16.90	16.90	16.90	16.90	16.90	16.90
2. 雇工费用	元	68.95		82.04		41.67	5.00
雇工天数	日	2.32		2.73		1.67	0.25
雇工工价	元	29.72	25.00	30.05	20.00	24.95	20.00
三、附记							
1. 每亩种子用量	公斤						
2. 每亩化肥用量	公斤	9.21	32.98	7.00	16.33	8.53	22.64
3. 每亩农膜用量	公斤						

8－6－1　2006年各地区麦冬、牛膝成本收益情况

项　　目	单位	麦冬平均	四　川	牛膝平均	河　北	河　南	四　川
每亩							
主产品产量	公斤	412.80	412.80	282.70	225.00	237.00	374.40
产值合计	元	8455.92	8455.92	1663.22	766.00	1504.23	2080.00
主产品产值	元	8438.53	8438.53	1663.22	766.00	1504.23	2080.00
副产品产值	元	17.39	17.39				
总成本	元	1782.48	1782.48	1298.02	859.88	1485.58	1015.36
生产成本	元	1748.78	1748.78	1155.35	629.88	1287.56	986.32
物质与服务费用	元	632.50	632.50	358.40	241.18	493.03	128.14
人工成本	元	1116.28	1116.28	796.95	388.70	794.53	858.18
家庭用工折价	元	870.52	870.52	616.01	388.70	501.09	858.18
雇工费用	元	245.76	245.76	180.94		293.44	
土地成本	元	33.70	33.70	142.67	230.00	198.02	29.04
流转地租金	元	4.04	4.04	3.10		3.21	3.34
自营地折租	元	29.66	29.66	139.57	230.00	194.81	25.70
净利润	元	6673.44	6673.44	365.20	-93.88	18.65	1064.64
现金成本	元	882.30	882.30	542.44	241.18	789.68	131.48
现金收益	元	7573.62	7573.62	1120.78	524.82	714.55	1948.52
成本利润率	%	374.39	374.39	28.14	-10.91	1.26	104.85
每50公斤主产品							
平均出售价格	元	1022.11	1022.11	294.17	170.22	317.35	277.78
总成本	元	215.46	215.46	229.58	191.08	313.42	135.60
生产成本	元	211.38	211.38	204.34	139.97	271.64	131.72
净利润	元	806.65	806.65	64.59	-20.86	3.93	142.18
现金成本	元	106.65	106.65	95.94	53.59	166.60	17.56
现金收益	元	915.46	915.46	198.23	116.63	150.75	260.22
附：							
每亩用工数量	日	65.84	65.84	45.83	23.00	44.87	50.78
每亩主产品出售数量	公斤	412.80	412.80	194.10	225.00	93.40	374.40
每亩主产品出售产值	元	8438.53	8438.53	1052.70	766.00	513.89	2080.00
商品率	%	100.00	100.00	99.90	100.00	99.80	100.00
每亩补贴收入	元	17.00	17.00	5.38			16.00
每亩成本外支出	元	6.74	6.74				

8-6-2 2006年各地区麦冬、牛膝费用和用工情况

项　目	单位	麦冬平均	四　川	牛膝平均	河　北	河　南	四　川
一、每亩物质与服务费用	元	632.50	632.50	358.40	241.18	493.03	128.14
(一)直接费用	元	617.94	617.94	352.49	215.90	489.86	119.89
1.种子费	元	22.11	22.11	67.12	30.90	81.48	45.89
2.化肥费	元	429.56	429.56	173.33	108.50	239.72	60.74
3.农家肥费	元	12.19	12.19	33.60		53.77	1.33
4.农药费	元	37.56	37.56	20.71	12.75	31.53	2.01
5.农膜费	元						
6.租赁作业费	元	79.20	79.20	52.09	62.55	79.72	
机械作业费	元	43.08	43.08	30.44	36.90	46.56	
排灌费	元	16.12	16.12	16.85	25.65	25.37	
其中:水费	元	15.89	15.89				
畜力费	元	20.00	20.00	4.80		7.79	
7.燃料动力费	元			1.08			3.21
8.技术服务费	元						
9.工具材料费	元	13.83	13.83	2.82	1.20	3.13	2.48
10.修理维护费	元	23.49	23.49	0.99		0.51	2.00
11.其他直接费用	元			0.75			2.23
(二)间接费用	元	14.56	14.56	5.91	25.28	3.17	8.25
1.固定资产折旧	元	14.56	14.56	3.27	2.15	2.52	4.81
2.税金	元						
3.保险费	元						
4.管理费	元						
5.财务费	元			0.26	5.63		
6.销售费	元			2.38	17.50	0.65	3.44
二、每亩人工成本	元	1116.28	1116.28	796.95	388.70	794.53	858.18
1.家庭用工折价	元	870.52	870.52	616.01	388.70	501.09	858.18
家庭用工天数	日	51.51	51.51	36.45	23.00	29.65	50.78
劳动日工价	元	16.90	16.90	16.90	16.90	16.90	16.90
2.雇工费用	元	245.76	245.76	180.94		293.44	
雇工天数	日	14.33	14.33	9.38		15.22	
雇工工价	元	17.15	17.15	19.29	25.00	19.28	20.00
三、附记							
1.每亩种子用量	公斤						
2.每亩化肥用量	公斤	109.82	109.82	38.61	24.65	51.64	16.67
3.每亩农膜用量	公斤						

8-7-1 2006年各地区三七、菊花成本收益情况

项目	单位	三七平均	云南	菊花平均	河北	浙江	安徽	河南
每亩								
主产品产量	公斤	143.90	143.90	145.10	130.80	168.50	135.20	146.70
产值合计	元	11138.31	11138.31	2655.97	1606.70	5380.74	2351.12	2266.33
主产品产值	元	8951.60	8951.60	2650.31	1604.25	5380.74	2332.82	2266.33
副产品产值	元	2186.71	2186.71	5.66	2.45		18.30	
总成本	元	10065.22	10065.22	1240.36	1170.00	1929.40	968.32	1234.66
生产成本	元	9542.62	9542.62	1089.64	890.00	1872.73	942.02	1001.46
物质与服务费用	元	5873.02	5873.02	442.38	349.20	489.48	408.82	460.71
人工成本	元	3669.60	3669.60	647.26	540.80	1383.25	533.20	540.75
家庭用工折价	元	1364.84	1364.84	465.43	540.80	1199.90	533.20	231.87
雇工费用	元	2304.76	2304.76	181.83		183.35		308.88
土地成本	元	522.60	522.60	150.72	280.00	56.67	26.30	233.20
流转地租金	元	510.89	510.89	2.01		3.74		2.99
自营地折租	元	11.71	11.71	148.71	280.00	52.93	26.30	230.21
净利润	元	1073.09	1073.09	1415.61	436.70	3451.34	1382.80	1031.67
现金成本	元	8688.67	8688.67	626.22	349.20	676.57	408.82	772.58
现金收益	元	2449.64	2449.64	2029.75	1257.50	4704.17	1942.30	1493.75
成本利润率	%	10.66	10.66	114.13	37.32	178.88	142.80	83.56
每50公斤主产品								
平均出售价格	元	3110.35	3110.35	913.27	613.25	1596.66	862.73	772.44
总成本	元	2810.69	2810.69	426.50	446.57	572.52	355.32	420.81
生产成本	元	2664.76	2664.76	374.68	339.70	555.71	345.67	341.33
净利润	元	299.66	299.66	486.77	166.68	1024.14	507.41	351.63
现金成本	元	2426.29	2426.29	215.33	133.28	200.76	150.01	263.32
现金收益	元	684.06	684.06	697.94	479.97	1395.90	712.72	509.12
附：								
每亩用工数量	日	269.83	269.83	37.02	32.00	76.33	31.55	30.88
每亩主产品出售数量	公斤	143.90	143.90	83.90	130.80	168.50	135.20	27.10
每亩主产品出售产值	元	8951.60	8951.60	1670.38	1604.25	5380.74	2332.82	352.73
商品率	%	100.00	100.00	99.90	100.00	100.00	100.00	99.80
每亩补贴收入	元							
每亩成本外支出	元							

8－7－2　2006年各地区三七、菊花费用和用工情况

项　　目	单位	三七平均	云　南	菊花平均	河　北	浙　江	安　徽	河　南
一、每亩物质与服务费用	元	5873.02	5873.02	442.38	349.20	489.48	408.82	460.71
（一）直接费用	元	5683.12	5683.12	425.76	334.65	445.04	389.93	452.21
1. 种子费	元	1990.07	1990.07	83.48	78.75		20.38	142.20
2. 化肥费	元	317.34	317.34	146.57	134.89	290.78	173.26	95.83
3. 农家肥费	元	9.01	9.01	13.69	7.50	21.48	34.80	
4. 农药费	元	837.73	837.73	24.08	38.75	40.00	50.83	2.68
5. 农膜费	元							
6. 租赁作业费	元	247.57	247.57	63.15	65.68	5.00	40.23	91.00
机械作业费	元	16.14	16.14	37.37	43.13		28.41	51.41
排灌费	元	156.59	156.59	25.78	22.55	5.00	11.82	39.59
其中：水费	元	113.63	113.63	0.65		5.00		
畜力费	元	74.84	74.84					
7. 燃料动力费	元	50.68	50.68	89.65		61.85	68.14	119.36
8. 技术服务费	元							
9. 工具材料费	元	2221.22	2221.22	3.64	1.33	19.63	1.47	1.14
10. 修理维护费	元	9.50	9.50	1.06		6.30	0.82	
11. 其他直接费用	元			0.44	7.75			
（二）间接费用	元	189.90	189.90	16.62	14.55	44.44	18.89	8.50
1. 固定资产折旧	元	13.19	13.19	10.59	1.80	44.44	3.20	7.40
2. 税金	元							
3. 保险费	元							
4. 管理费	元	139.72	139.72					
5. 财务费	元							
6. 销售费	元	36.99	36.99	6.03	12.75		15.69	1.10
二、每亩人工成本	元	3669.60	3669.60	647.26	540.80	1383.25	533.20	540.75
1. 家庭用工折价	元	1364.84	1364.84	465.43	540.80	1199.90	533.20	231.87
家庭用工天数	日	80.76	80.76	27.54	32.00	71.00	31.55	13.72
劳动日工价	元	16.90	16.90	16.90	16.90	16.90	16.90	16.90
2. 雇工费用	元	2304.76	2304.76	181.83		183.35		308.88
雇工天数	日	189.07	189.07	9.48		5.33		17.16
雇工工价	元	12.19	12.19	19.18	25.00	34.40	25.00	18.00
三、附记								
1. 每亩种子用量	公斤							
2. 每亩化肥用量	公斤	59.80	59.80	35.33	36.69	58.17	41.85	25.58
3. 每亩农膜用量	公斤							

8－8－1　2006年各地区银花成本收益情况

项　　目	单位	平　均	山　东	河　南	湖　南	广　西
每亩						
主产品产量	公斤	56.80	86.40	57.50	71.90	13.70
产值合计	元	1387.65	2754.41	1983.75	1015.77	212.97
主产品产值	元	1387.65	2754.41	1983.75	1015.77	212.97
副产品产值	元					
总成本	元	681.53	1097.33	1501.50	558.17	300.68
生产成本	元	623.21	1019.03	1401.50	478.17	282.68
物质与服务费用	元	116.68	158.80	269.71	149.13	38.98
人工成本	元	506.53	860.23	1131.79	329.04	243.70
家庭用工折价	元	356.59	551.95	1131.79	191.14	243.70
雇工费用	元	149.94	308.28		137.90	
土地成本	元	58.32	78.30	100.00	80.00	18.00
流转地租金	元	17.20	46.20			1.15
自营地折租	元	41.12	32.10	100.00	80.00	16.85
净利润	元	706.12	1657.08	482.25	457.60	－87.71
现金成本	元	283.82	513.28	269.71	287.03	40.13
现金收益	元	1103.83	2241.13	1714.04	728.74	172.84
成本利润率	%	103.61	151.01	32.12	81.98	－29.16
每50公斤主产品						
平均出售价格	元	1221.52	1593.99	1725.00	706.38	777.26
总成本	元	599.94	635.03	1305.65	388.16	1097.37
生产成本	元	548.60	589.72	1218.70	332.53	1031.68
净利润	元	621.58	958.96	419.35	318.22	－320.11
现金成本	元	249.84	297.04	234.53	199.60	146.46
现金收益	元	971.68	1296.95	1490.47	506.78	630.80
附：						
每亩用工数量	日	29.05	51.82	66.97	14.89	14.42
每亩主产品出售数量	公斤	55.50	86.40	57.50	66.90	13.70
每亩主产品出售产值	元	1370.13	2754.41	1983.75	951.77	212.97
商品率	%	100.00	100.00	100.00	100.00	100.00
每亩补贴收入	元					
每亩成本外支出	元					

8－8－2 2006年各地区银花费用和用工情况

项　　目	单位	平　均	山　东	河　南	湖　南	广　西
一、每亩物质与服务费用	元	116.68	158.80	269.71	149.13	38.98
(一)直接费用	元	109.74	144.68	268.71	149.13	33.81
1.种子费	元	1.91				5.52
2.化肥费	元	63.55	82.19	233.42	99.11	7.26
3.农家肥费	元	11.63	3.89		19.56	14.08
4.农药费	元	19.28	33.36	9.17	24.56	0.77
5.农膜费	元	5.67	15.60			
6.租赁作业费	元	2.30	5.09	26.12		
机械作业费	元					
排灌费	元	2.30	5.09	26.12		
其中:水费	元					
畜力费	元					
7.燃料动力费	元	1.54			5.62	
8.技术服务费	元					
9.工具材料费	元	2.48	3.83		0.28	2.94
10.修理维护费	元	0.41	0.72			0.42
11.其他直接费用	元	0.97				2.82
(二)间接费用	元	6.94	14.12	1.00		5.17
1.固定资产折旧	元	0.97				2.81
2.税金	元					
3.保险费	元					
4.管理费	元					
5.财务费	元					
6.销售费	元	5.97	14.12	1.00		2.36
二、每亩人工成本	元	506.53	860.23	1131.79	329.04	243.70
1.家庭用工折价	元	356.59	551.95	1131.79	191.14	243.70
家庭用工天数	日	21.10	32.66	66.97	11.31	14.42
劳动日工价	元	16.90	16.90	16.90	16.90	16.90
2.雇工费用	元	149.94	308.28		137.90	
雇工天数	日	7.95	19.16		3.58	
雇工工价	元	18.86	16.09	30.00	38.52	22.50
三、附记						
1.每亩种子用量	公斤					
2.每亩化肥用量	公斤	16.35	22.36	49.36	24.56	1.88
3.每亩农膜用量	公斤	0.41	1.12			

8-9-1 2006年各地区元胡、桔梗成本收益情况

项　　目	单位	元胡平均	江　苏	浙　江	桔梗平均	安　徽	湖　北
每亩							
主产品产量	公斤	134.10	120.50	134.20	149.10	211.70	136.20
产值合计	元	2336.97	1205.00	2347.09	1812.28	2214.00	1729.46
主产品产值	元	2336.97	1205.00	2347.09	1795.73	2117.20	1729.46
副产品产值	元				16.55	96.80	
总成本	元	1188.42	1649.40	1184.25	832.06	862.65	825.83
生产成本	元	1103.51	1529.40	1099.66	782.77	802.65	778.75
物质与服务费用	元	515.39	548.69	515.09	201.88	321.51	177.23
人工成本	元	588.12	980.71	584.57	580.89	481.14	601.52
家庭用工折价	元	588.12	980.71	584.57	354.56	481.14	328.54
雇工费用	元				226.33		272.98
土地成本	元	84.91	120.00	84.59	49.29	60.00	47.08
流转地租金	元	20.06	12.00	20.13	2.74		3.30
自营地折租	元	64.85	108.00	64.46	46.55	60.00	43.78
净利润	元	1148.55	-444.40	1162.84	980.22	1351.35	903.63
现金成本	元	535.45	560.69	535.22	430.95	321.51	453.51
现金收益	元	1801.52	644.31	1811.87	1381.33	1892.49	1275.95
成本利润率	%	96.65	-26.93	98.19	117.81	156.65	109.42
每50公斤主产品							
平均出售价格	元	871.35	500.00	874.47	602.19	500.05	634.90
总成本	元	443.11	684.40	441.22	276.48	194.84	303.17
生产成本	元	411.45	634.61	409.71	260.10	181.29	285.89
净利润	元	428.24	-184.40	433.25	325.71	305.21	331.73
现金成本	元	199.64	232.65	199.41	143.20	72.62	166.49
现金收益	元	671.71	267.35	675.06	458.99	427.43	468.41
附：							
每亩用工数量	日	34.80	58.03	34.59	29.79	28.47	30.07
每亩主产品出售数量	公斤	63.70	107.20	63.30	149.10	211.70	136.20
每亩主产品出售产值	元	1095.33	964.80	1096.50	1795.73	2117.20	1729.46
商品率	%	90.30	100.00	90.20	100.00	100.00	100.00
每亩补贴收入	元						
每亩成本外支出	元	0.24	27.10				

8-9-2 2006年各地区元胡、桔梗费用和用工情况

项目	单位	元胡平均	江苏	浙江	桔梗平均	安徽	湖北
一、每亩物质与服务费用	元	515.39	548.69	515.09	201.88	321.51	177.23
(一)直接费用	元	515.36	544.94	515.09	179.48	315.25	151.51
1.种子费	元	267.53	320.00	267.06	30.51	30.15	30.59
2.化肥费	元	150.20	197.56	149.77	104.33	221.95	80.09
3.农家肥费	元	31.80	9.50	32.00	7.87	9.00	7.64
4.农药费	元	22.79	5.48	22.94	29.80	15.60	32.73
5.农膜费	元						
6.租赁作业费	元	23.89	9.05	24.03	6.00	35.10	
机械作业费	元	23.87	6.25	24.03	6.00	35.10	
排灌费	元	0.02	2.80				
其中:水费	元	0.02	2.80				
畜力费	元						
7.燃料动力费	元	4.85		4.89			
8.技术服务费	元						
9.工具材料费	元	14.29	2.24	14.40	0.72	2.00	0.46
10.修理维护费	元	0.01	1.11		0.25	1.45	
11.其他直接费用	元						
(二)间接费用	元	0.03	3.75		22.40	6.26	25.72
1.固定资产折旧	元	0.03	3.30		6.41	4.26	6.85
2.税金	元						
3.保险费	元						
4.管理费	元		0.45				
5.财务费	元						
6.销售费	元				15.99	2.00	18.87
二、每亩人工成本	元	588.12	980.71	584.57	580.89	481.14	601.52
1.家庭用工折价	元	588.12	980.71	584.57	354.56	481.14	328.54
家庭用工天数	日	34.80	58.03	34.59	20.98	28.47	19.44
劳动日工价	元	16.90	16.90	16.90	16.90	16.90	16.90
2.雇工费用	元				226.33		272.98
雇工天数	日				8.81		10.63
雇工工价	元	34.17	30.00	38.34	25.69	20.00	25.68
三、附记							
1.每亩种子用量	公斤						
2.每亩化肥用量	公斤	34.91	40.88	34.86	26.30	50.32	21.36
3.每亩农膜用量	公斤						

8－10－1 2006年各地区茯苓、贝母成本收益情况

项　　目	单位	茯苓平均	湖　北	广　西	贝母平均	江　苏	浙　江	湖　北
每亩								
主产品产量	公斤	315.30	320.50	288.50	115.90	186.20	166.80	103.50
产值合计	元	1705.84	1649.82	1991.89	4457.35	4469.07	4341.00	4478.65
主产品产值	元	1704.30	1649.82	1982.46	4457.35	4469.07	4341.00	4478.65
副产品产值	元	1.54		9.43				
总成本	元	1421.87	1382.39	1623.57	2685.97	4261.94	3522.69	2465.26
生产成本	元	1376.94	1338.23	1574.66	2596.55	4141.94	3336.19	2395.26
物质与服务费用	元	772.68	782.60	722.01	1870.06	3231.71	2639.40	1670.63
人工成本	元	604.26	555.63	852.65	726.49	910.23	696.79	724.63
家庭用工折价	元	377.04	317.55	680.56	692.73	567.33	696.79	697.13
雇工费用	元	227.22	238.08	172.09	33.76	342.90		27.50
土地成本	元	44.93	44.16	48.91	89.42	120.00	186.50	70.00
流转地租金	元	2.74	2.82	2.35	12.14	12.00	77.02	
自营地折租	元	42.19	41.34	46.56	77.28	108.00	109.48	70.00
净利润	元	283.97	267.43	368.32	1771.38	207.13	818.31	2013.39
现金成本	元	1002.64	1023.50	896.45	1915.96	3586.61	2716.42	1698.13
现金收益	元	703.20	626.32	1095.44	2541.39	882.46	1624.58	2780.52
成本利润率	%	19.97	19.35	22.69	65.95	4.86	23.23	81.67
每50公斤主产品								
平均出售价格	元	270.27	257.38	343.58	1922.93	1200.07	1301.26	2163.60
总成本	元	225.28	215.66	280.05	1158.75	1144.45	1055.96	1190.95
生产成本	元	218.16	208.77	271.61	1120.17	1112.23	1000.06	1157.13
净利润	元	44.99	41.72	63.53	764.18	55.62	245.30	972.65
现金成本	元	158.86	159.67	154.63	826.56	963.10	814.28	820.35
现金收益	元	111.41	97.71	188.95	1096.37	236.97	486.98	1343.25
附:								
每亩用工数量	日	31.37	28.26	47.24	42.04	45.00	41.23	42.08
每亩主产品出售数量	公斤	315.30	320.50	288.50	74.70	68.30	46.40	80.30
每亩主产品出售产值	元	1704.30	1649.82	1982.46	3092.24	1622.10	1285.00	3490.40
商品率	%	100.00	100.00	100.00	92.40	98.50	50.30	100.00
每亩补贴收入	元							
每亩成本外支出	元				0.90	27.10		

8－10－2　2006年各地区茯苓、贝母费用和用工情况

项　目	单位	茯苓平均	湖　北	广　西	贝母平均	江　苏	浙　江	湖　北
一、每亩物质与服务费用	元	772.68	782.60	722.01	1870.06	3231.71	2639.40	1670.63
（一）直接费用	元	740.26	753.01	675.17	1861.62	3225.62	2639.40	1660.51
1.种子费	元	343.30	340.74	356.34	1509.31	2812.00	2130.50	1340.00
2.化肥费	元	0.41	0.49		63.75	304.00	111.70	45.00
3.农家肥费	元	21.57	25.80		144.86	39.00	289.95	122.00
4.农药费	元	45.36	46.41	40.01	25.55	56.08	35.75	22.40
5.农膜费	元	0.30		1.85				
6.租赁作业费	元				28.56	11.30	60.00	23.38
机械作业费	元				7.71	8.50	48.75	
排灌费	元				1.81	2.80	11.25	
其中：水费	元				0.09	2.80		
畜力费	元				19.04			23.38
7.燃料动力费	元	11.13		67.96	70.77			86.90
8.技术服务费	元	0.69	0.82					
9.工具材料费	元	286.68	338.75	20.87	18.29	2.14	8.25	20.83
10.修理维护费	元	2.25		13.73	0.53	1.10	3.25	
11.其他直接费用	元	28.57		174.41				
（二）间接费用	元	32.42	29.59	46.84	8.44	6.09		10.12
1.固定资产折旧	元	9.23	7.56	17.74	0.17	5.21		
2.税金	元							
3.保险费	元							
4.管理费	元				0.03	0.88		
5.财务费	元							
6.销售费	元	23.19	22.03	29.10	8.24			10.12
二、每亩人工成本	元	604.26	555.63	852.65	726.49	910.23	696.79	724.63
1.家庭用工折价	元	377.04	317.55	680.56	692.73	567.33	696.79	697.13
家庭用工天数	日	22.31	18.79	40.27	40.99	33.57	41.23	41.25
劳动日工价	元	16.90	16.90	16.90	16.90	16.90	16.90	16.90
2.雇工费用	元	227.22	238.08	172.09	33.76	342.90		27.50
雇工天数	日	9.06	9.47	6.97	1.05	11.43		0.83
雇工工价	元	25.08	25.14	24.69	32.15	30.00	60.00	33.13
三、附记								
1.每亩种子用量	公斤							
2.每亩化肥用量	公斤				12.59	64.77	25.80	8.00
3.每亩农膜用量	公斤	0.10		0.62				

8－11－1　2006 年各地区芋肉、杜仲成本收益情况

项　　目	单位	芋肉平均	河　南	杜仲平均	湖　北	陕　西
每亩						
主产品产量	公斤	5.50	5.50	119.70	143.40	83.70
产值合计	元	87.47	87.47	675.73	721.87	605.48
主产品产值	元	87.47	87.47	667.51	714.18	596.45
副产品产值	元			8.22	7.69	9.03
总成本	元	114.21	114.21	441.74	468.74	400.56
生产成本	元	75.32	75.32	394.98	420.08	356.70
物质与服务费用	元	20.73	20.73	75.10	85.85	58.75
人工成本	元	54.59	54.59	319.88	334.23	297.95
家庭用工折价	元	54.59	54.59	294.23	308.26	272.77
雇工费用	元			25.65	25.97	25.18
土地成本	元	38.89	38.89	46.76	48.66	43.86
流转地租金	元			2.27	1.82	2.96
自营地折租	元	38.89	38.89	44.49	46.84	40.90
净利润	元	－26.74	－26.74	233.99	253.13	204.92
现金成本	元	20.73	20.73	103.02	113.64	86.89
现金收益	元	66.74	66.74	572.71	608.23	518.59
成本利润率	%	－23.40	－23.40	52.97	54.00	51.16
每 50 公斤主产品						
平均出售价格	元	795.18	795.18	278.83	249.02	356.30
总成本	元	1038.27	1038.27	182.28	161.70	235.71
生产成本	元	684.73	684.73	162.98	144.91	209.90
净利润	元	－243.09	－243.09	96.55	87.32	120.59
现金成本	元	188.45	188.45	42.51	39.20	51.13
现金收益	元	606.73	606.73	236.32	209.82	305.17
附：						
每亩用工数量	日	3.23	3.23	18.96	19.97	17.42
每亩主产品出售数量	公斤	5.50	5.50	108.80	125.20	83.70
每亩主产品出售产值	元	87.47	87.47	563.04	541.10	596.45
商品率	%	100.00	100.00	100.00	100.00	100.00
每亩补贴收入	元					
每亩成本外支出	元					

8－11－2 2006年各地区芋肉、杜仲费用和用工情况

项　　目	单位	芋肉平均	河　南	杜仲平均	湖　北	陕　西
一、每亩物质与服务费用	元	20.73	20.73	75.10	85.85	58.75
（一）直接费用	元	11.36	11.36	57.41	63.38	48.34
1.种子费	元			14.90	22.90	2.73
2.化肥费	元	0.87	0.87	18.38	13.35	26.02
3.农家肥费	元	0.87	0.87	11.25	17.83	1.23
4.农药费	元			0.94	1.56	
5.农膜费	元			1.85		4.66
6.租赁作业费	元			0.24	0.40	
机械作业费	元					
排灌费	元					
其中：水费	元					
畜力费	元			0.24	0.40	
7.燃料动力费	元	7.45	7.45			
8.技术服务费	元			0.21		0.54
9.工具材料费	元			6.69	2.83	12.58
10.修理维护费	元			0.45	0.36	0.58
11.其他直接费用	元	2.17	2.17	2.50	4.15	
（二）间接费用	元	9.37	9.37	17.69	22.47	10.41
1.固定资产折旧	元	9.37	9.37	5.80	8.74	1.33
2.税金	元					
3.保险费	元					
4.管理费	元			0.05		0.12
5.财务费	元					
6.销售费	元			11.84	13.73	8.96
二、每亩人工成本	元	54.59	54.59	319.88	334.23	297.95
1.家庭用工折价	元	54.59	54.59	294.23	308.26	272.77
家庭用工天数	日	3.23	3.23	17.41	18.24	16.14
劳动日工价	元	16.90	16.90	16.90	16.90	16.90
2.雇工费用	元			25.65	25.97	25.18
雇工天数	日			1.55	1.73	1.28
雇工工价	元	20.00	20.00	16.55	15.01	19.67
三、附记						
1.每亩种子用量	公斤					
2.每亩化肥用量	公斤	0.28	0.28	3.90	2.40	6.20
3.每亩农膜用量	公斤			0.15		0.39

九、各地区畜产品

9－1－1 2006年各地区本种绵羊成本收益情况

项　　目	单位	平　均	内蒙古	甘　肃	青　海	宁　夏	新　疆	附:西藏
畜群期初存栏数量	只	41513.00	5698.00	2826.00	21515.00	619.00	10855.00	1012.00
畜群期末存栏数量	只	45946.00	6601.00	3121.00	22472.00	712.00	13040.00	1230.00
每只产品畜平均活重	公斤	36.00	45.00	24.00	45.00	28.00	40.00	37.50
每百只								
产品畜数量	只	42.00	55.00	40.00	32.00	49.00	55.00	37.00
毛(绒)产量	公斤	127.50	232.40	30.10	96.10	137.10	159.50	52.00
产值合计	元	11478.73	17940.04	14411.81	8927.04	19000.55	11952.06	9226.81
产品畜产值	元	10283.30	14986.65	12674.68	8045.92	16162.87	11291.13	7443.50
毛(绒)产值	元	691.97	1532.30	129.70	691.61	891.59	386.57	664.31
副产品产值	元	503.46	1421.09	1607.43	189.51	1946.09	274.36	1119.00
总成本	元	5944.95	10844.97	9261.76	3481.09	12818.60	7000.68	3201.52
生产成本	元	5842.60	10844.97	9261.76	3288.09	12769.04	6994.62	3201.52
物质与服务费用	元	2814.00	6721.14	2593.57	1357.21	8390.62	3389.94	1732.12
人工成本	元	3028.60	4123.83	6668.19	1930.88	4378.42	3604.68	1469.40
家庭用工折价	元	2280.31	1989.13	5991.55	1722.11	4333.16	2456.07	1274.40
雇工费用	元	748.29	2134.70	676.64	208.77	45.26	1148.61	195.00
土地成本	元	102.35			193.00	49.56	6.06	
净利润	元	5533.78	7095.07	5150.05	5445.95	6181.95	4951.38	6025.29
成本利润率	%	93.08	65.42	55.60	156.44	48.22	70.72	188.20
每50公斤								
产品畜(活重)平均出售价	元	340.06	302.76	660.14	279.37	589.03	256.62	265.70
产品畜(活重)总成本	元	176.12	183.02	424.23	108.94	397.38	150.31	92.19
毛(绒)平均出售价格	元	271.36	329.67	215.45	359.84	325.16	121.18	638.80
毛(绒)总成本	元	140.54	199.28	138.45	140.31	219.36	70.97	221.65
每只								
平均出售价格(活重)	元	244.84	272.48	316.87	251.44	329.85	205.29	199.20
总成本(活重)	元	126.80	164.72	203.63	98.04	222.53	120.24	69.80
附:								
出栏(售、自食)数量	只	12944.00	2204.00	836.00	5863.00	210.00	3831.00	162.00
出栏(售、自食)产值	元	3225358.84	639466.63	265950.00	1481112.66	68234.33	770595.22	32270.40
畜群补贴收入	元	5500.00		5500.00				

9－1－2　2006 年各地区本种绵羊费用和用工情况

项　　目	单位	平　均	内蒙古	甘　肃	青　海	宁　夏	新　疆	附:西藏
一、物质与服务费用	元	2814.00	6721.14	2593.57	1357.21	8390.62	3389.94	1732.12
(一)直接费用	元	2387.51	6240.00	2094.54	929.42	8141.38	3003.47	1430.75
1. 幼畜购进费	元	119.38	97.59		149.37	137.47	101.43	68.00
2. 饲料、饲盐费	元	676.49	2397.40	219.70	81.90	6110.24	760.73	226.52
3. 饲草费	元	687.29	2500.46	271.38	211.14	1407.67	746.48	139.05
4. 饲料加工费	元	18.48	11.41	20.72	1.72	124.06	48.82	48.00
5. 医疗防疫费	元	225.11	391.56	191.32	95.98	135.53	407.58	80.00
6. 配种费	元	15.27				12.48	57.67	
7. 死亡损失费	元	165.63	165.69	680.39	41.38	158.08	278.30	661.18
8. 放牧用具费	元	97.13	57.23	120.60	85.12		141.31	118.00
9. 技术服务费	元	8.12	5.20	94.86			3.63	
10. 修理维护费	元	128.55	308.98		78.88	21.78	171.86	62.00
11. 其他直接费用	元	246.06	304.48	495.57	183.93	34.07	285.66	28.00
(二)间接费用	元	426.49	481.14	499.03	427.79	249.24	386.47	465.89
1. 固定资产折旧	元	291.59	451.10	209.88	315.16	208.72	187.14	365.25
2. 草场建设费	元	77.59	11.27	212.10	84.09		68.94	
3. 管理费	元	35.79	8.17		12.03		108.74	34.90
4. 销售费	元	17.55	7.52	77.05	14.05	40.52	12.97	51.14
5. 财务费	元	3.65	1.70		2.46		8.19	14.60
6. 税金	元							
7. 保险费	元	0.13					0.49	
8. 其他间接费用	元	0.19	1.38					
二、人工成本	元	3028.60	4123.83	6668.19	1930.88	4378.42	3604.68	1469.40
1. 家庭用工折价	元	2280.31	1989.13	5991.55	1722.11	4333.16	2456.07	1274.40
家庭用工天数	日	134.93	117.70	354.53	101.90	256.40	145.33	120.00
劳动日工价	元	16.90	16.90	16.90	16.90	16.90	16.90	10.62
2. 雇工费用	元	748.29	2134.70	676.64	208.77	45.26	1148.61	195.00
雇工天数	日	42.87	148.60	36.61	11.46	1.95	53.60	12.00
雇工工价	元	17.45	14.37	18.48	18.22	23.21	21.43	18.50
三、附记								
耗粮数量	公斤	389.50	1261.40		8.90	4962.30	527.00	50.00

9-2-1 2006年各地区改良绵羊成本收益情况

项目	单位	平均	内蒙古	甘肃	青海	新疆
畜群期初存栏数量	只	22225.00	6744.00	3826.00	6590.00	5065.00
畜群期末存栏数量	只	24507.00	7705.00	3973.00	6675.00	6154.00
每只产品畜平均活重	公斤	44.00	46.00	41.00	47.00	41.00
每百只						
产品畜数量	只	40.00	58.00	28.00	26.00	45.00
毛(绒)产量	公斤	241.90	321.30	189.70	183.20	252.00
产值合计	元	13651.83	19053.85	10307.53	9876.48	13897.37
产品畜产值	元	9843.18	15329.91	5580.68	7081.89	9350.13
毛(绒)产值	元	3077.81	2914.12	3242.78	2234.60	4268.23
副产品产值	元	730.84	809.82	1484.07	559.99	279.01
总成本	元	9003.25	15057.57	6022.85	5130.68	8231.98
生产成本	元	8802.22	15057.57	6012.61	5090.80	7409.49
物质与服务费用	元	5377.92	10240.46	3343.91	2318.43	4420.58
人工成本	元	3424.30	4817.11	2668.70	2772.37	2988.91
家庭用工折价	元	1869.30	1745.60	1536.71	2026.47	2080.89
雇工费用	元	1555.00	3071.51	1131.99	745.90	908.02
土地成本	元	201.03		10.24	39.88	822.49
净利润	元	4648.58	3996.28	4284.68	4745.80	5665.39
成本利润率	%	51.63	26.54	71.14	92.49	68.82
每50公斤						
产品畜(活重)平均出售价	元	279.64	287.29	243.06	289.77	253.39
产品畜(活重)总成本	元	184.41	227.03	142.02	150.53	150.09
毛(绒)平均出售价格	元	636.17	453.49	854.71	609.88	846.87
毛(绒)总成本	元	419.54	358.37	499.42	316.82	501.63
每只						
平均出售价格(活重)	元	246.08	264.31	199.31	272.38	207.78
总成本(活重)	元	162.28	208.87	116.45	141.49	123.07
附:						
出栏(售、自食)数量	只	6685.00	2928.00	933.00	1616.00	1208.00
出栏(售、自食)产值	元	1653429.53	772650.00	187931.00	443516.08	249332.45
畜群补贴收入	元	43120.00	18000.00	12620.00	12500.00	

9－2－2 2006年各地区改良绵羊费用和用工情况

项　　目	单位	平　均	内蒙古	甘　肃	青　海	新　疆
一、物质与服务费用	元	5377.92	10240.46	3343.91	2318.43	4420.58
（一）直接费用	元	4618.68	9680.17	2801.80	1357.81	3494.45
1. 幼畜购进费	元	103.83	85.95		144.43	153.24
2. 饲料、饲盐费	元	1109.14	2306.68	425.74	175.10	1246.12
3. 饲草费	元	2031.96	5286.88	596.06	478.62	803.74
4. 饲料加工费	元	31.43	7.83		2.82	123.80
5. 医疗防疫费	元	304.98	445.80	253.50	142.59	367.64
6. 配种费	元	42.10		14.39	4.54	167.97
7. 死亡损失费	元	251.43	28.63	1015.69	87.28	184.37
8. 放牧用具费	元	66.23	86.19	27.21	44.78	97.04
9. 技术服务费	元					
10. 修理维护费	元	212.60	391.53	123.46	66.26	232.10
11. 其他直接费用	元	464.98	1040.68	345.75	211.39	118.43
（二）间接费用	元	759.24	560.29	542.11	960.62	926.13
1. 固定资产折旧	元	412.62	464.07	177.16	624.14	246.79
2. 草场建设费	元	136.28	67.44	35.94	281.94	114.22
3. 管理费	元	133.35		159.12	19.64	439.39
4. 销售费	元	13.82		45.74	15.52	5.88
5. 财务费	元	35.60	28.78	48.36	19.38	56.14
6. 税金	元					
7. 保险费	元					
8. 其他间接费用	元	27.57		75.79		63.71
二、人工成本	元	3424.30	4817.11	2668.70	2772.37	2988.91
1. 家庭用工折价	元	1869.30	1745.60	1536.71	2026.47	2080.89
家庭用工天数	日	110.61	103.29	90.93	119.91	123.13
劳动日工价	元	16.90	16.90	16.90	16.90	16.90
2. 雇工费用	元	1555.00	3071.51	1131.99	745.90	908.02
雇工天数	日	68.29	125.43	47.72	40.71	43.62
雇工工价	元	22.77	24.49	23.72	18.32	20.82
三、附记						
耗粮数量	公斤	718.30	784.20	1486.90		984.40

9-3-1 2006年各地区山羊成本收益情况

项目	单位	平均	内蒙古	宁夏	附:西藏
畜群期初存栏数量	只	4917.00	4521.00	396.00	260.00
畜群期末存栏数量	只	5471.00	4927.00	544.00	304.00
每只产品畜平均活重	公斤	29.00	38.00	20.00	27.00
每百只					
产品畜数量	只	34.00	31.00	74.00	41.00
毛(绒)产量	公斤	33.90	35.20	19.10	20.00
产值合计	元	18825.37	18979.57	17064.81	8154.50
产品畜产值	元	9865.05	9718.92	11533.31	2482.33
毛(绒)产值	元	8437.35	8867.71	3524.02	4836.00
副产品产值	元	522.97	392.94	2007.48	836.20
总成本	元	11231.23	11140.48	12268.15	3237.25
生产成本	元	11225.97	11140.48	12202.80	3237.25
物质与服务费用	元	6736.92	6628.37	7976.18	1822.65
人工成本	元	4489.05	4512.11	4226.62	1414.60
家庭用工折价	元	3689.43	3646.00	4186.13	1219.00
雇工费用	元	799.62	866.11	40.49	195.61
土地成本	元	5.26		65.35	
净利润	元	7594.14	7839.09	4796.66	4917.25
成本利润率	%	67.61	70.36	39.09	151.90
每50公斤					
产品畜(活重)平均出售价	元	500.26	412.52	389.64	112.80
产品畜(活重)总成本	元	298.45	242.13	280.11	44.78
毛(绒)平均出售价格	元	12444.47	12596.18	9225.18	12090.00
毛(绒)总成本	元	7424.38	7393.60	6632.12	4799.60
每只					
平均出售价格(活重)	元	290.15	313.51	155.86	60.90
总成本(活重)	元	173.10	184.02	112.04	24.04
附:					
出栏(售、自食)数量	只	1125.00	978.00	147.00	62.00
出栏(售、自食)产值	元	332156.85	309404.85	22752.00	3775.90
畜群补贴收入	元	9000.00	9000.00		

9-3-2 2006年各地区山羊费用和用工情况

项目	单位	平均	内蒙古	宁夏	附:西藏
一、物质与服务费用	元	6736.92	6628.37	7976.18	1822.65
(一)直接费用	元	6169.07	6029.50	7762.46	1391.00
1.幼畜购进费	元	8.34	0.10	102.44	
2.饲料、饲盐费	元	3032.66	2806.53	5614.30	650.00
3.饲草费	元	1434.78	1427.80	1514.47	146.00
4.饲料加工费	元	48.00	40.90	129.08	38.00
5.医疗防疫费	元	426.68	452.64	130.30	80.00
6.配种费	元	1.29		16.05	
7.死亡损失费	元	204.19	204.80	197.24	260.00
8.放牧用具费	元	500.16	543.97		118.00
9.技术服务费	元	31.00	33.71		
10.修理维护费	元	83.58	89.55	15.41	62.00
11.其他直接费用	元	398.39	429.50	43.17	37.00
(二)间接费用	元	567.85	598.87	213.72	431.65
1.固定资产折旧	元	357.32	371.76	192.45	356.65
2.草场建设费	元	111.37	121.13		
3.管理费	元	10.53	11.45		51.00
4.销售费	元	13.07	12.35	21.27	24.00
5.财务费	元	66.75	72.60		
6.税金	元				
7.保险费	元				
8.其他间接费用	元	8.81	9.58		
二、人工成本	元	4489.05	4512.11	4226.62	1414.60
1.家庭用工折价	元	3689.43	3646.00	4186.13	1219.00
家庭用工天数	日	218.31	215.74	247.70	115.00
劳动日工价	元	16.90	16.90	16.90	10.62
2.雇工费用	元	799.62	866.11	40.49	195.61
雇工天数	日	67.77	73.60	1.25	11.00
雇工工价	元	11.80	11.77	32.39	17.78
三、附记					
耗粮数量	公斤	2832.10	2699.90	4341.20	50.00

9－4－1 2006年各地区牛成本收益情况

项　　目	单位	平　均	内蒙古	新　疆
畜群期初存栏数量	头	2036.00	801.00	1235.00
畜群期末存栏数量	头	2219.00	880.00	1339.00
每头产品畜平均活重	公斤	239.00	240.00	238.00
每百头				
产品畜数量	头	36.00	39.00	34.00
毛(绒)产量	公斤			
产值合计	元	55296.46	67778.70	47200.69
产品畜产值	元	53131.73	63752.95	46242.99
毛(绒)产值	元			
副产品产值	元	2164.73	4025.75	957.70
总成本	元	20093.56	35123.82	10345.07
生产成本	元	20091.64	35123.82	10341.90
物质与服务费用	元	13546.76	24795.74	6250.85
人工成本	元	6544.88	10328.08	4091.05
家庭用工折价	元	3911.50	5033.32	3183.79
雇工费用	元	2633.38	5294.76	907.26
土地成本	元	1.92		3.17
净利润	元	35202.90	32654.88	36855.62
成本利润率	%	175.19	92.97	356.26
每50公斤				
产品畜(活重)平均出售价	元	308.76	340.56	285.73
产品畜(活重)总成本	元	112.19	176.48	62.62
毛(绒)平均出售价格	元			
毛(绒)总成本	元			
每头				
平均出售价格(活重)	元	1475.88	1634.69	1360.09
总成本(活重)	元	536.30	847.11	298.09
附：				
出栏(售、自食)数量	头	547.00	231.00	316.00
出栏(售、自食)产值	元	813825.56	393158.17	420667.39
畜群补贴收入	元			

9－4－2　2006年各地区牛费用和用工情况

项　　目	单位	平　均	内蒙古	新　疆
一、物质与服务费用	元	13546.76	24795.74	6250.85
（一）直接费用	元	10730.07	18317.75	5808.82
1.幼畜购进费	元	201.26		331.80
2.饲料、饲盐费	元	3241.57	6428.06	1174.87
3.饲草费	元	3912.26	7118.38	1832.82
4.饲料加工费	元	64.89	15.79	96.73
5.医疗防疫费	元	667.33	1033.05	430.13
6.配种费	元	365.06	447.18	311.80
7.死亡损失费	元	453.02	336.16	528.81
8.放牧用具费	元	204.84	86.40	281.66
9.技术服务费	元	18.89	48.02	
10.修理维护费	元	650.04	902.83	486.08
11.其他直接费用	元	950.91	1901.88	334.12
（二）间接费用	元	2816.69	6477.99	442.03
1.固定资产折旧	元	2635.67	6260.61	284.60
2.草场建设费	元	104.70	44.88	143.50
3.管理费	元	1.09	2.76	
4.销售费	元	21.07	32.09	13.93
5.财务费	元	49.10	124.80	
6.税金	元			
7.保险费	元			
8.其他间接费用	元	5.06	12.85	
二、人工成本	元	6544.88	10328.08	4091.05
1.家庭用工折价	元	3911.50	5033.32	3183.79
家庭用工天数	日	231.45	297.83	188.39
劳动日工价	元	16.90	16.90	16.90
2.雇工费用	元	2633.38	5294.76	907.26
雇工天数	日	113.74	225.19	41.46
雇工工价	元	23.15	23.51	21.88
三、附记				
耗粮数量	公斤	654.40	316.70	873.40

9-5-1 2006年各地区牦牛成本收益情况

项　　目	单位	平　均	甘　肃	青　海	附:西藏
畜群期初存栏数量	头	4593.00	1051.00	3542.00	236.00
畜群期末存栏数量	头	4886.00	1139.00	3747.00	278.00
每头产品畜平均活重	公斤	198.00	134.00	262.00	218.00
每百头					
产品畜数量	头	21.00	30.00	19.00	29.00
毛(绒)产量	公斤	35.10	29.30	36.80	76.60
产值合计	元	41835.25	56431.94	37504.04	46487.50
产品畜产值	元	35512.55	52398.66	30502.02	30015.20
毛(绒)产值	元	272.58	176.66	301.04	1620.00
副产品产值	元	6050.12	3856.62	6700.98	14852.30
总成本	元	12491.32	11472.18	12793.65	9724.13
生产成本	元	12116.09	11454.47	12312.33	9724.13
物质与服务费用	元	4596.77	6641.91	3989.94	5413.13
人工成本	元	7519.32	4812.56	8322.39	4311.00
家庭用工折价	元	6756.11	4375.07	7462.53	3861.00
雇工费用	元	763.21	437.49	859.86	450.00
土地成本	元	375.23	17.71	481.32	
净利润	元	29343.93	44959.76	24710.39	36763.37
成本利润率	%	234.91	391.90	193.14	378.06
每50公斤					
产品畜(活重)平均出售价	元	427.04	651.72	306.37	235.50
产品畜(活重)总成本	元	127.50	132.48	104.51	49.26
毛(绒)平均出售价格	元	388.29	301.47	409.02	1057.40
毛(绒)总成本	元	115.93	61.28	139.52	221.20
每头					
平均出售价格(活重)	元	1691.07	1746.62	1605.37	1026.86
总成本(活重)	元	504.92	355.07	547.63	214.80
附:					
出栏(售、自食)数量	头	687.00	228.00	459.00	27.00
出栏(售、自食)产值	元	1136931.30	395728.50	741202.80	27725.22
畜群补贴收入	元	4800.00	4800.00		

9-5-2 2006年各地区牦牛费用和用工情况

项目	单位	平均	甘肃	青海	附:西藏
一、物质与服务费用	元	4596.77	6641.91	3989.94	5413.13
(一)直接费用	元	2918.37	5160.01	2253.23	3551.13
1.幼畜购进费	元	57.49	123.02	38.05	1430.00
2.饲料、饲盐费	元	339.16	695.58	233.40	248.10
3.饲草费	元	710.39	668.08	722.95	560.00
4.饲料加工费	元	19.08	63.32	5.95	160.00
5.医疗防疫费	元	268.15	328.87	250.13	120.50
6.配种费	元	47.68	208.37		
7.死亡损失费	元	338.26	1153.66	96.31	280.00
8.放牧用具费	元	208.82	190.69	214.20	400.53
9.技术服务费	元	50.65	195.63	7.63	
10.修理维护费	元	141.18	23.84	176.00	212.00
11.其他直接费用	元	737.51	1508.95	508.61	140.00
(二)间接费用	元	1678.40	1481.90	1736.71	1862.00
1.固定资产折旧	元	972.92	430.68	1133.82	1600.00
2.草场建设费	元	556.39	841.37	471.83	
3.管理费	元	29.43		38.16	
4.销售费	元	102.34	209.85	70.44	82.00
5.财务费	元	17.32		22.46	48.00
6.税金	元				
7.保险费	元				
8.其他间接费用	元				132.00
二、人工成本	元	7519.32	4812.56	8322.39	4311.00
1.家庭用工折价	元	6756.11	4375.07	7462.53	3861.00
家庭用工天数	日	399.77	258.88	441.57	351.00
劳动日工价	元	16.90	16.90	16.90	11.00
2.雇工费用	元	763.21	437.49	859.86	450.00
雇工天数	日	44.07	22.32	50.52	21.00
雇工工价	元	17.32	19.60	17.02	21.43
三、附记					
耗粮数量	公斤	12.50	4.50	14.90	100.00

附　　录

附录一：

主要指标解释

一、种植业

主产品产量

指实际收获的农作物主要产品的数量。主要农作物的主产品为：粮食作物按原粮（标准水分）计算（其中玉米指脱粒后的粒子），薯类按干薯计算，豆类按去豆荚后的干豆计算，棉花按皮棉计算，烟叶按调制后干烟计算，花生按带壳干花生计算，苎麻按干麻计算，黄红麻按熟麻计算，茶叶按初制加工后的干毛茶计算，甘蔗以蔗根计算，甜菜按块根计算，中药材按干货计算。

主产品产值

指生产者通过各种渠道出售主产品所得收入和留存的主产品可能得到的收入之和。其中售出部分按实际出售收入计算。以实物折抵税费的或以物易物的视作出售，以所折抵金额或所交换物品的市场价格计算出售收入。留存产品（包括自食自用的、待售的、馈送他人的）按已出售产品的综合平均价格和留存数量计算，但如果调查期内尚未开始出售或尚未大量出售的，应按照当地该产品大量上市后的预计出售价格计算。

商品率

指生产者本年度生产的产品在下一个生产年度同种产品开始收获之前通过各种渠道出售的数量占本年度产量的比率。

物质与服务费用

指在直接生产过程中消耗的各种农业生产资料的费用、购买各项服务的支出以及与生产相关的其他实物或现金支出。包括直接费用和间接费用两部分。

化肥费

指实际施用的各种化肥的费用。

化肥包括氮肥、磷肥、钾肥、复混肥以及钙肥、微肥、菌肥等其他肥料。其中复混肥包括复合肥和混配肥，复合肥是指用化学方法合成的含两种以上营养元素的化肥，混配肥是指用机械混合的方法加工而成的、含两种以上营养元素的化肥；其他化肥包括钙肥（如生石灰、消石灰）、微肥、菌肥、土壤调理剂等。植物生长调节剂计入化肥中的“其他化肥”项目。

化肥费的计算方法：购买的化肥按实际购买价格加运杂费计算，政府部门、企业或他人无偿或低价提供的化肥按正常购买期当地市场价格计算。

化肥用量

指生产过程中实际施用的氮肥、磷肥、钾肥及复混肥的有效成份数量。

租赁作业费

指生产者租用其他单位或个人机械设备和役畜进行作业所支付的费用，包括机械作业费、排灌费和畜力费三项。使用自有机械设备和耕畜作业时，在某些情况下也视同租赁作业，按照租赁作业市场价格进行核算计入租赁作业费。

燃料动力费

指生产过程中直接耗费的各项燃料、动力和润滑油的支出。

技术服务费

指生产者实际支付的与该产品生产过程直接相关的技术培训、咨询、辅导等各项技术性服务及其配套技术资料的费用。不包括购买的农业技术方面的书籍、报刊、杂志等费用及上网信息费等费用（这些费用应计入管理费中）。

固定资产折旧

固定资产是指单位价值在一百元以上，使用年限在1年以上的生产用房屋、建筑物、机器、机械、运输工具、役畜、经济林木、防护林、堤坝、水渠、机井、晒场、大棚骨架和墙体以及其他与生产有关的设备、器具、工具等。

购入的固定资产按购入价加运杂费及税金等计价；自行营建的按实际发生的全部费用计价。

农业企业的固定资产折旧按照其会计报表数据核算分摊。

保险费

指生产者实际支付的农业保险费，按照保险种类分别或分摊计入有关品种。

管理费

指生产者为组织、管理生产活动而发生的支出，包括与生产相关的书籍、报刊费、差旅费、市场信息费、上网费、会计费（包括记帐用文具、帐册及请人记帐所支付的费用）以及上缴给上级单位的管理费等。

农业企业的管理费按照其会计报表数据核算分摊。

销售费

指为销售该种产品所发生的运输费、包装费、装卸费、差旅费和广告费等。生产者自己及其家庭成员在销售产品过程中发生的用工计入家庭用工，不得折价计入销售费；雇用他人销售产品的，支付的费用计入销售费，其用工不予核算。

人工成本

指生产过程中直接使用的劳动力的成本。包括家庭用工折价和雇工费用两部分。

用工数量

指生产过程中生产者（包括其家庭成员）和雇佣工人直接劳动的天数。不包括租赁作业时由被租赁方提供的劳动用工。

用工数量使用"标准劳动日"为计量单位。一个中等劳动力正常劳动8小时为一个标准劳动日。

用工数量计算公式如下：

用工数量（日）＝各类劳动用工折算成中等劳动力的总劳动小时数÷8小时

＝家庭用工天数＋雇工天数

雇工费用、雇工天数、雇工工价

雇工费用是指因雇佣他人（包括临时雇佣工和合同工）劳动（不包括租赁作业时由被租赁方提供的劳动）而实际支付的所有费用，包括支付给雇工的工资和合理的饮食费、招待费等。短期雇工的雇工费用按照实际支付总额计算；长期雇请的合同工（一个月以上），先按照该雇工平均月工资总额（包括工资及福利费等）除以30天计算得出其日工资额，再根据其从事该产品生产的劳动天数计算得到其雇工费用。

雇工天数是指雇用工人劳动的总小时数按照标准劳动日折算的天数。其计算公式为：

雇工天数＝雇用工人劳动总小时数÷8小时

雇工工价是指平均每个雇工劳动一个标准劳动日（8小时）所得到的全部报酬（包括工资和合理的饮食费、招待费等）。

雇工工价＝雇工费用÷雇工天数

家庭用工折价、劳动日工价

家庭用工是指生产者和家庭成员的劳动、与他人相互换工的劳动以及他人单方无偿提供的劳动用工。

家庭用工天数是指家庭劳动用工折算成中等劳动力的总劳动小时数按照标准劳动日折算的天数。

家庭用工天数＝家庭劳动用工折算成中等劳动力的总劳动小时数÷8小时

家庭用工折价是指生产中耗费的家庭劳动用工按一定方法和标准折算的成本，反映了家庭劳动用工投入生产的机会成本。

家庭用工折价的计算公式为：

家庭用工折价 = 劳动日工价 × 家庭用工天数

劳动日工价是指每个劳动力从事一个标准劳动日的农业生产劳动的理论报酬，用于核算家庭劳动用工的机会成本。

劳动日工价的计算公式为：

某地某年劳动日工价 = 本地上年农村居民人均纯收入 × 本地上年每个乡村从业人员负担人口数 ÷ 全年劳动天数(365 天)

每乡村从业人员负担人口数 = 乡村人口数 ÷ 乡村从业人员数
（相当于 2001 年以前统计口径的乡村劳动力数）

土地成本（流转地租金，自营地折租）

土地成本，也可称为地租，指土地作为一种生产要素投入到生产中的成本，包括流转地租金和自营地折租。

流转地租金指生产者转包他人拥有经营权的耕地或承包集体经济组织的机动地（包括沟渠、机井等土地附着物）的使用权而实际支付的转包费、承包费（或称出让费、租金等）等土地租赁费用。

自营地折租指生产者自己拥有经营权的土地投入生产后所耗费的土地资源按一定方法和标准折算的成本，反映了自营地投入生产时的机会成本。

流转地租金按照生产者实际支付的转包费或承包费净额计算。转包费或承包费净额是指从转包费或承包费中扣除该土地应当承担的税金，统一收取的机械和排灌作业、技术服务、病虫害防治等与生产相关的直接生产费用（税金及收取的生产费用应计入相应指标项目）后的余额。

自营地折租应主要参照当地土地转包费或承包费净额计算。具体核算方法和核算参照值选取顺序如下：

(1)第一参照值：当地转包他人耕地或承包集体经济组织机动地用于种植所调查产品或者种植与该产品收益相当的其他产品的中等水平转包费或承包费净额；

(2)第二参照值：当地转包他人土地或承包集体经济组织机动地用于种植与所调查产品的收益水平相差较大的其他产品的中等水平转包费或承包费净额，按产值比例折算后得到的数值；

(3)第三参照值：如果当地很少发生农用地转包或集体机动地承包现象或者已发生的现象不具有代表性，可以把本地区耕地承担的农业税水平（分摊到该品种上）作为参照值。不收取农业税或者收取的农业税很少的地区，由市或省级成本调查机构根据全市或全省情况规定统一的自营地折租水平。

生产成本

指直接生产过程中为生产该产品而投入的各项资金（包括实物和现金）和劳动力的成本，反映了为生产该产品而发生的除土地外各种资源的耗费。其计算公式为：

每亩生产成本 = 每亩物质和服务费用 + 每亩人工成本

每 50 公斤生产成本 = 每亩生产成本 ÷ 每亩产值合计 × 每 50 公斤主产品平均出售价格

总成本

指生产过程中耗费的资金、劳动力和土地等所有资源的成本。其计算公式为：

每亩总成本 = 每亩生产成本 + 每亩土地成本 = 每亩物质与服务费用 + 每亩人工成本 + 每亩土地成本

每 50 公斤总成本 = 每亩总成本 ÷ 每亩产值合计 × 每 50 公斤主产品平均出售价格

净利润

指产品产值减去生产过程中投入的资本、劳动力和土地等全部生产要素成本后的余额，反映了生产中消耗的全部资源的净回报。其计算公式为：

净利润 = 产值合计 − 总成本

现金成本

指生产过程中为生产该产品而发生的全部现金和实物支出,包括直接现金支出和所消耗的实物折算为现金的支出(如自产种子可以按照市场价格折算为一定数额的现金)以及过去的现金支出应分摊到当期的部分(如折旧)。其计算公式为:

每亩现金成本=每亩物质与服务费用+每亩雇工费用+每亩流转地租金

每50公斤现金成本=每亩现金成本÷每亩产值合计×每50公斤主产品平均出售价格

现金收益

指产品产值减去为生产该产品而发生的全部现金和实物支出后的余额,反映了生产者实际得到的收入(包括现金收入和实物折算为现金的收入)。其计算公式为:

现金收益=产值合计-现金成本

成本利润率

反映生产中所消耗全部资源的净回报率。其计算公式为:

成本利润率=净利润÷总成本×100%

二、饲养业

平均饲养天数

指主产品的平均饲养周期。其中生猪、肉鸡、肉牛、肉羊、淡水鱼的饲养天数指仔畜(禽、鱼苗)购进到产品出售之间的天数,蛋鸡的饲养天数指从仔鸡转为育成鸡起到淘汰鸡之间的天数。奶牛的饲养天数按365天计算。

饲养规模

指所调查产品的饲养数量(养殖面积),用于区分散养和小、中、大不同规模类型。饲养规模一般按调查期(一般为一年)内平均存栏数量确定,平均存栏数量=(期初存栏数量+期末存栏数量)/2。淡水鱼的饲养规模按照调查户的淡水鱼养殖总面积计算。

主产品产量

主产品产量按照调查期内主产品实际产量计算。其中:蛋鸡的主产品是鸡蛋,奶牛的主产品是牛奶,生猪、肉鸡、肉牛、肉羊的主产品产量均按活重计算。

主产品产值

指生产者通过各种渠道出售主产品所得收入和留存的主产品可能得到的收入之和。其中出售的主产品按实际出售收入计算,留存的主产品(包括自食自用的、待售的、馈送他人的)按已出售产品的综合平均价格和留存数量计算。

仔畜进价

指购买或自育的仔畜、仔禽、鱼苗等的费用。其中,

(1)生猪、肉鸡、肉牛、肉羊、淡水鱼养殖:购进的仔猪、鸡雏、牛犊、羊羔、鱼苗按实际购进价格加运杂费计算;自繁自育的按照同类产品市场价格计算或实际饲养成本核算。仔畜与产品畜成本未分开核算的,在计算仔畜进价后应当将仔畜饲养费用从产品成本中予以剔除,以免重复计算。

(2)蛋鸡:购进的育成鸡按照实际购进价格加运杂费计算;自繁自育的按照仔鸡转为育成鸡时的市场价格计算。

(3)奶牛:奶牛不核算仔畜进价。购进的奶牛犊和自繁自育的奶牛犊转为产奶牛时,参照当时市场价格计算产奶牛价值,并按产奶年限计提折旧。

精饲料费、精饲料数量

精饲料费指调查期内实际耗用的精饲料的费用。精饲料包括:粮食、豆类、配合饲料、混合饲料、麸皮、豆饼、油籽饼、饲料添加剂和添加物等。

精饲料费用计算方法为:购进的饲料按照实际购进价格加运杂费计算,自产的按照正常购买期市场价格计算。

精饲料数量指实际耗用的各种精饲料的实物数量。

料或含粮比例极小的精饲料,其数量不计入耗粮数量。

饲料加工费

指由他人加工饲料的费用。生产者自己加工饲料的,如加工饲料的数量较少,可视同由他人加工,并参照当地由他人加工饲料的平均费用计算;如加工饲料的数量较多,经营者自己及其雇工加工饲料时发生的支出分别计入相关费用和用工中,不计入饲料加工费。

水费

指在生产过程中加工饲料、清洗和排灌等用水作业而实际支付的水费。

燃料动力费

指生产过程中实际耗费的煤、油、电力、润滑油及其他动力的支出。包括电费、煤费及其他燃料动力费。其中,电费指在生产过程中使用机械、防寒保暖、生产照明、饲料保温等实际耗用的电费支出,煤费指在生产过程中防寒保暖、饲料保温等实际耗用的煤费支出。

死亡损失费

指按照当地正常饲养条件下社会平均死亡率计算的损失费。

死亡损失费＝调查期内平均每核算单位死亡畜禽发生的各项直接费用×社会平均死亡率

技术服务费指生产者实际支付的与该产品饲养过程直接相关的技术培训、咨询、辅导、诊断等各项技术性服务及其配套技术资料的费用。不包括购买的饲养技术方面的书籍、报刊、杂志等费用及上网信息费等(这些费用应计入管理费中)。

固定资产折旧

固定资产是指单位价值在一百元以上,使用年限在一年以上的生产用房屋、建筑物、机器、机械、运输工具、产奶畜、养殖池以及其他与生产有关的设备、器具、工具等。购入的固定资产原值按购入价加运杂费及税金等计价;自行营建的固定资产原值按实际发生的全部费用计价。奶牛的固定资产原值按奶牛犊转为产奶牛时的市场价格计算。农业企业固定资产折旧按照其会计报表数据填报。

土地成本

指生产者为获得饲养场地(包括土地及其附着物,如猪舍、养鱼池等)的经营使用权而实际支付的租金或承包费。以实物形式支付的按支付期市场价格折价计入,每年支付的按当年实际支付金额计算,承包期一年以上而一次性支付租金或承包费的按年限分摊后计入。承包后的场地用于多业或多品种经营的,租金或承包费应先按各业分摊,饲养业应分摊部分再按产值或饲养数量(养殖面积)在各品种之间分摊。不在承包场地上饲养的品种不要分摊租金或承包费。

三、畜产品

期初、期末存栏数量

期初存栏数量指调查户上年4月1日登记的畜群数量,期末存栏数量指调查户当年3月31日登记的畜群数量。仔畜、种畜均不计入畜群数量。

产品畜数量

指每单位畜群(以一百头或一百只牲畜为一单位畜群,下同)调查期内出栏畜和净增畜的数量。其中,出栏畜指调查期内出售和自食的牲畜,净增畜指调查期内净增加的牲畜。同期出售的仔畜、种畜不作为产品畜计算。

每单位畜群出栏畜数量＝出栏畜总数量(出售畜总数量＋自食畜总数量)÷期初存栏数×100

每单位畜群净增畜数量＝(期末存栏数量－期初存栏数量)÷期初存栏数量×100

每单位畜群产品畜数量=(出栏畜总数量+期末存栏数量-期初存栏数量)÷期初存栏数量×100

=每单位畜群出栏畜数量+每单位畜群净增畜数量

当净增畜数量(净增畜数量=期末存栏数量-期初存栏数量)为负数时,应同时调减出栏畜数量和调增期末存栏数量。调减后的出栏畜数量=实际出栏畜数量-净增畜数量的绝对值;调增后的期末存栏数量=期初存栏数量。

每头(只)产品畜平均活重

指调查期内出栏畜(包括出售畜和自食畜)和净增畜的平均活体重量。

每头(只)产品畜平均活重=(出售畜总活重+自食畜总活重+净增畜总活重)÷产品畜数量

净增畜总活重=出栏畜总活重÷出栏畜数量×净增畜数量

出栏畜总活重=出售畜总活重+自食畜总活重

产品畜产值

指每单位畜群调查期内出栏畜(出售畜和自食畜)和净增畜的产值。出售畜的产值按实际出售收入计算,自食畜和净增畜的产值均按出售畜的平均活重价格乘以自食畜和净增畜总活重计算。

每单位畜群产品畜产值=产品畜总产值÷期初存栏数量×100

产品畜总产值=出栏畜总产值+净增畜总产值=出售畜总产值+自食畜总产值+净增畜总产值

自食畜(净增畜)总产值=出售畜的平均活重价格×自食畜(净增畜)总活重

毛(绒)产量和毛(绒)产值

指每单位畜群调查期内毛(绒)产量和毛(绒)产值。只计算实际出售的和自用的毛(绒)产量和产值,霉烂或丢弃的毛(绒)不计算。已出售的按实际出售收入计算,待出售的或自用的按已出售的平均价格计算

每单位畜群毛(绒)产量=毛(绒)总产量÷期初存栏数量×100

每单位畜群毛(绒)产值=[已出售毛(绒)的总产值+待售和自用的毛(绒)总产值]

÷期初存栏数量×100

待售和自用的毛(绒)总产值=已出售毛(绒)的平均出售价格×待售和自用毛绒总数量

副产品产值

指调查期内被出售或利用的畜群副产品的产值。畜群的副产品包括自然死亡牲畜、淘汰的牲畜、产奶、粪肥及出售的幼畜等。其中:出售的副产品按实际出售收入计算。自已利用的副产品(不含幼畜),(1)价值较大的,按照市场价格计算,市场没有交易的按照市县成本调查机构统一规定的价格核算;(2)价值较小的或处理费用与出售收入相差不大的,不予核算副产品产值。未被利用的副产品一律不计算其产值。

每单位畜群副产品产值=各种副产品产值之和÷期初存栏数量×100

饲料、饲盐费

指自产和购买的精饲料、粗饲料和饲盐的费用。购买的按实际购买价格计算,自产的参照市场价格计算。

饲料加工费

指由他人加工饲料的费用。生产者自己加工饲料的,如加工饲料的数量较少,可视同由他人加工,并参照当地由他人加工饲料的平均费用计算;如加工饲料的数量较多,可将加工饲料时发生的人工和支付的费用分别计入相关用工和费用中,不再计入饲料加工费。

饲草费

指牲畜生产过程中发生的饲草支出。购买的饲草按实际购进价格计算。自产、自采饲草可参照市场价格计算。无市场价格的,可将其采割饲草所发生的人工成本(参照雇工工价计算)和费用支出计入饲草费。

配种费

指牲畜生产过程中发生的种畜配种支出。使用他人种畜配种的,按实际发生的费用计算;使用自养种畜配种的费用参照市场价格计算。

死亡损失费

指按照当地正常饲养条件下实际死亡牲畜数量计算的损失费。

死亡损失费 = 畜群实际死亡牲畜发生的各项直接费用 ÷ 期初存栏数量 ×100

放牧用具费

指放牧用的防寒、防雨用具及鞭子、叉子、电筒、剪子、套马杆等用具的费用。

技术服务费

指生产者实际支付的与该畜群饲养过程直接相关的技术培训、咨询、辅导、诊断等各项技术性服务及其配套技术资料的费用。

修理维护费

指调查期内修理或维护畜牧业机械、设备和生产用房等发生的材料支出和修理费。应由多业或多品种共同分摊的费用,按照产值或工作量分摊。大修理费按照预计下一次大修理之前的年限平均摊销。生产者自己修理的用工计入家庭用工。

其他直接费用

指与牲畜生产过程有关的未包括在上述各项之中的费用,以及应计入成本的不用分摊的费用支出。如转场搬迁费、放牧用燃油费、水费等。

固定资产折旧

固定资产是指单位价值在100元以上、使用年限在一年以上的生产专用房、畜棚、粉碎机、提灌机、放牧用畜、放牧用车及其他各种生产用具和设备。畜牧业产品生产各项固定资产参考折旧率为:生产专用房、永久性畜棚8%,简易畜棚25%,机械设备、动力设备、电器设备、运输工具12.5%,其他固定资产折旧率均按20%计算。

草场建设费

指为改善草原生产条件所发生的费用支出(包括灭鼠、除虫等费用)。数额较大或多年受益的,按受益年限进行分摊;国家投资的不计算。

土地成本

指牧户为获得某块草场的使用权向集体或他人支付的承包或租赁费用。以实物形式支付的按支付期市场价格折价计入,每年支付的按当年实际支付金额计算,承包期一年以上而一次性支付多年租金的按年限分摊后计入。承包后的草场用于放牧多品种牲畜的,租金或承包费应在各品种间分摊。没有使用承包草场的品种不要分摊承包费。

每50公斤和每头成本、价格计算公式

每50公斤产品畜(活重)平均出售价格 = 产品畜产值 ÷ 产品畜数量 ÷ 平均活重 ×50

每50公斤产品畜(活重)总成本 = 产品畜产值 ÷ 产值合计 × 总成本 ÷ 产品畜数量 ÷ 平均活重 ×50

= 总成本 ÷ 产值合计 × 每50公斤产品畜平均出售价格

每50公斤毛(绒)平均出售价格 = 毛(绒)产值 ÷ 毛绒产量 ×50

每50公斤毛(绒)总成本 = 毛(绒)产值 ÷ 产值合计 × 总成本 ÷ 毛(绒)产量 ×50

= 总成本 ÷ 产值合计 × 每50公斤毛(绒)平均出售价格

每头(只)产品畜(活重)平均出售价格 = 产品畜产值 ÷ 产品畜数量

每头(只)产品畜(活重)总成本 = 产品畜产值 ÷ 产值合计 × 总成本 ÷ 产品畜数量

= 总成本 ÷ 产值合计 × 每头(只)产品畜平均出售价格

附录二：

新旧农产品成本核算指标转换方法说明

2004 年，我国开始实施新农产品成本调查核算指标体系。与原有体系相比（以下简称 1998 版），2004 版新指标体系在体系结构、指标名称及关系、指标涵义乃至调查汇总方法等方面都作了重大调整。现将 2004 版与 1998 版的主要指标转换方法提供如下，以供参考。

2004 版：物质与服务费用 = 1998 版：物质费用 + 期间费用 + 税金 - 土地承包费

2004 版：雇工费用 = 1998 版：雇工工价 × 雇工天数

2004 版：家庭用工天数 = 1998 版：用工数量 - 雇工天数

2004 年版：流转地租金 = 1998 版：土地承包费

2004 版：现金成本 = 1998 版：物质费用 + 期间费用 + 税金 + 雇工工价 × 雇工天数

2004 版：现金收益 = 1998 版：净产值 - 期间费用 - 税金 - 雇工工价 × 雇工天数

2004 版：总成本 = 1998 版：含税成本 - 土地承包费 + 土地成本[注]

注：在将 1998 版数据转换为 2004 年版时，其土地成本一般可按照税金与成本外支出之和核算（由于 2002 年和 2003 年农产品成本调查资料中的税金采用统一规定的税费改革口径进行汇总。为保持数据的可比性，2002 年土地成本一般按照当年税金与成本外支出之和除以 0.7 计算；2003 年土地成本一般按照当年税金与成本外支出之和除以 0.6 计算）。

附录三：

2006年各省（自治区、直辖市）劳动日工价一览表

地　区	劳动日工价	地　区	劳动日工价
北京市	29.5	河南省	13.2
天津市	24	湖北省	15.3
河北省	16	湖南省	16.2
山西省	18	广东省	24
内蒙古区	15	广西区	13.2
辽宁省	19	海南省	16.9
吉林省	14	重庆市	13.7
黑龙江省	16.6	四川省	13.9
上海市	29.9	贵州省	10
江苏省	18.5	云南省	11
浙江省	26.5	陕西省	10.8
安徽省	13	甘肃省	10.4
福建省	21	青海省	11
江西省	12.3	宁夏区	13.4
山东省	17.5	新疆区	16.7

附录四：

饲养业品种规模分类标准

品种	单位	分类数量标准(Q)			
		散养	小规模	中规模	大规模
生猪	头	$Q\leqslant 30$	$30<Q\leqslant 100$	$100<Q\leqslant 1000$	$Q>1000$
肉鸡	只	$Q\leqslant 300$	$300<Q\leqslant 1000$	$1000<Q\leqslant 10000$	$Q>10000$
蛋鸡	只	$Q\leqslant 300$	$300<Q\leqslant 1000$	$1000<Q\leqslant 10000$	$Q>10000$
奶牛	头	$Q\leqslant 10$	$10<Q\leqslant 50$	$50<Q\leqslant 500$	$Q>500$
肉牛	头	$Q\leqslant 50$	$Q>50$		
肉羊	只	$Q\leqslant 100$	$Q>100$		
淡水鱼	亩	$Q\leqslant 30$	$Q>30$		

注：(1)各品种分类数量标准均按饲养规模确定，饲养规模的涵义请详见指标解释。

(2)肉牛、肉羊和淡水鱼只分散养和规模饲养两类。

附录五:

1998~2005年美国主要农产品成本收益情况

品种:稻谷　　　　　　　　　　　　　　　　　　　　　　　　　　　　单位:公斤、元

项　　目	1988年	1989年	2000年	2001年	2002年	2003年	2004年	2005年
每亩								
主产品产量	420.19	439.24	504.70	518.15	528.09	533.40	552.98	531.98
产值合计	717.17	509.95	503.03	448.34	382.71	613.42	818.64	632.99
主产品产值	717.17	509.95	503.03	448.34	382.71	613.42	818.64	632.99
副产品产值								
总成本	960.41	951.62	789.68	810.43	799.79	838.06	889.14	949.39
运营成本	464.39	467.03	387.14	408.01	382.86	420.89	448.72	506.13
种子费	34.31	33.20	31.80	28.93	27.72	26.00	36.84	37.19
肥料费	63.31	59.92	63.65	80.64	59.30	74.10	79.73	94.58
农药费	93.19	93.82	67.18	67.44	75.57	80.51	78.34	76.84
作业费	99.84	102.03	93.70	89.47	92.18	94.64	97.78	95.41
燃料动力费	79.46	83.74	78.90	94.46	82.75	100.64	106.71	148.62
修理费	39.69	40.96	26.14	27.15	27.88	28.07	29.93	30.94
排灌费	16.41	17.08	15.17	13.15	14.27	14.72	15.88	14.17
利息	38.18	36.28	10.60	6.77	3.19	2.21	3.51	8.39
间接费用	496.02	484.59	402.54	402.42	416.93	417.17	440.42	443.26
雇工费用	51.29	54.21	35.85	35.64	37.74	38.14	40.98	40.22
家庭劳动机会成本	40.24	41.99	59.41	59.88	64.02	64.44	65.30	64.87
固定资产折旧	119.59	120.94	108.34	111.98	115.46	116.30	124.12	127.87
土地机会成本	190.00	196.39	147.38	142.26	146.24	143.34	154.29	152.97
税金与保险费	52.57	34.78	21.40	21.65	21.66	22.29	22.47	22.71
管理费	42.33	36.28	30.16	31.01	31.81	32.66	33.26	34.62
净利润	-243.24	-441.67	-286.65	-362.09	-417.08	-224.64	-70.50	-316.40
现金成本	730.17	713.24	582.89	608.29	589.53	630.28	669.55	731.55
现金收益	-13.00	-203.29	-79.86	-159.95	-206.82	-16.86	149.09	-98.56
每50公斤主产品								
平均出售价格	85.34	58.05	49.83	43.26	36.24	57.50	74.02	59.49
总成本	114.28	108.33	78.23	78.20	75.73	78.56	80.39	89.23
现金成本	86.89	81.19	57.74	58.69	55.82	59.08	60.54	68.75

注:美国农产品成本收益数据来源于美国农业部经济研究中心(ERS),各年美元与人民币汇率按当年全年平均汇率计算。

品种:小麦 单位:公斤、元

项　　目	1998 年	1999 年	2000 年	2001 年	2002 年	2003 年	2004 年	2005 年
每亩								
主产品产量	185.62	173.07	168.59	154.69	125.09	182.93	173.61	163.20
产值合计	156.25	135.07	130.86	134.55	130.13	176.13	186.47	163.50
主产品产值	151.71	130.90	126.48	130.20	125.13	171.28	182.14	155.69
副产品产值	4.54	4.17	4.38	4.35	5.00	4.85	4.33	7.81
总成本	225.89	227.19	237.73	250.72	240.15	261.73	267.47	273.56
运营成本	78.51	74.96	79.83	88.81	78.04	92.69	94.84	106.96
种子费	10.41	8.72	8.40	8.67	9.09	10.41	10.45	10.78
肥料费	25.45	23.18	23.63	32.68	24.22	31.64	32.79	34.42
农药费	10.06	9.87	9.75	9.85	9.75	9.50	9.56	11.47
作业费	9.26	8.85	8.89	8.71	7.75	9.83	9.57	8.82
燃料动力费	8.40	8.93	12.48	12.57	11.86	15.01	16.19	22.91
修理费	12.31	12.91	13.63	14.00	13.88	14.88	14.60	16.39
排灌费	0.79	0.78	0.81	0.85	0.83	0.93	0.94	0.39
利息	1.83	1.72	2.24	1.48	0.66	0.49	0.74	1.78
间接费用	147.38	152.23	157.90	161.91	162.11	169.04	172.63	166.60
雇工费用	2.90	2.97	3.14	3.35	3.46	3.64	3.69	3.24
家庭劳动机会成本	20.31	20.95	21.52	21.88	22.86	23.57	25.72	28.08
固定资产折旧	58.80	62.24	65.98	67.55	66.96	71.68	72.81	65.51
土地机会成本	51.30	51.81	52.69	54.07	53.59	54.63	54.52	51.26
税金与保险费	5.06	5.11	5.22	5.35	5.33	5.40	5.48	7.38
管理费	9.01	9.15	9.35	9.71	9.91	10.12	10.41	11.13
净利润	-69.64	-92.12	-106.87	-116.17	-110.02	-85.60	-81.00	-110.06
现金成本	154.28	154.43	163.52	174.77	163.70	183.53	187.23	194.22
现金收益	1.97	-19.36	-32.66	-40.22	-33.57	-7.40	-0.76	-30.72
每50公斤主产品								
平均出售价格	40.87	37.82	37.51	42.08	50.02	46.82	52.46	47.70
总成本	59.09	63.61	68.14	78.41	92.31	69.57	75.25	79.81
现金成本	40.35	43.24	46.87	54.66	62.92	48.79	52.67	56.66

品种:玉米 单位:公斤、元

项 目	1998 年	1999 年	2000 年	2001 年	2002 年	2003 年	2004 年	2005 年
每亩								
主产品产量	569.09	564.91	577.46	602.57	560.72	623.49	707.18	652.80
产值合计	358.59	314.70	336.48	364.10	426.72	435.99	494.28	386.71
主产品产值	354.33	311.22	333.19	361.43	424.07	432.92	491.03	380.98
副产品产值	4.26	3.48	3.29	2.67	2.65	3.07	3.25	5.73
总成本	489.42	491.93	510.42	465.32	446.45	473.59	507.83	537.54
运营成本	209.57	208.47	219.43	211.29	188.87	209.98	232.88	256.58
种子费	40.95	41.32	40.95	44.11	43.43	47.51	50.23	52.66
肥料费	56.53	52.86	53.25	65.09	48.41	59.21	63.69	75.34
农药费	37.32	38.74	39.31	36.07	35.62	35.74	40.19	36.04
作业费	15.40	15.51	15.66	14.92	14.72	15.24	15.76	16.25
燃料动力费	31.32	31.43	39.72	28.48	25.82	31.46	39.95	49.95
修理费	22.71	23.42	23.94	18.77	18.97	19.40	20.94	21.67
排灌费	0.42	0.42	0.42	0.30	0.30	0.30	0.33	0.34
利息	4.92	4.77	6.18	3.55	1.60	1.12	1.79	4.33
间接费用	279.85	283.46	290.99	254.03	257.58	263.61	274.95	280.96
雇工费用	4.35	4.47	4.58	3.98	4.17	4.28	4.37	4.41
家庭劳动机会成本	41.78	42.87	43.94	34.05	35.11	36.19	36.80	36.79
固定资产折旧	90.66	93.43	95.70	74.60	75.38	77.30	83.55	86.38
土地机会成本	117.79	118.36	121.89	117.99	119.28	121.68	125.69	128.13
税金与保险费	9.62	9.49	9.73	7.49	7.39	7.56	7.61	7.83
管理费	15.65	14.84	15.15	15.92	16.25	16.60	16.93	17.42
净利润	-130.83	-177.23	-173.94	-101.22	-19.73	-37.60	-13.55	-150.83
现金成本	329.85	330.70	344.59	313.28	292.06	315.72	345.34	372.62
现金收益	28.74	-16.00	-8.11	50.82	134.66	120.27	148.94	14.09
每 50 公斤主产品								
平均出售价格	31.13	27.55	28.85	29.99	37.81	34.72	34.72	29.18
总成本	42.49	43.07	43.76	38.33	39.56	37.71	35.67	40.56
现金成本	28.64	28.95	29.55	25.80	25.88	25.14	24.26	28.12

品种:大豆　　单位:公斤、元

项　　目	1998 年	1999 年	2000 年	2001 年	2002 年	2003 年	2004 年	2005 年
每亩								
主产品产量	191.98	178.58	183.05	192.16	178.58	158.89	202.07	202.07
产值合计	304.42	242.81	248.88	243.65	287.33	318.66	345.74	341.98
主产品产值	304.42	242.81	248.88	243.65	287.33	318.66	345.74	341.98
副产品产值								
总成本	337.68	339.67	346.61	360.22	316.46	325.32	339.68	335.98
运营成本	108.20	104.12	105.41	111.62	100.25	105.93	111.55	110.33
种子费	27.91	26.26	26.16	30.81	34.72	37.40	40.53	40.09
肥料费	12.14	12.07	12.07	12.99	9.96	10.87	11.87	11.74
农药费	36.35	33.94	30.45	31.22	23.35	23.08	21.92	21.68
作业费	7.97	7.99	8.10	8.36	8.40	8.62	8.70	8.61
燃料动力费	8.14	8.05	11.73	11.85	9.52	11.91	12.88	12.74
修理费	13.08	13.35	13.87	14.45	13.31	13.33	14.60	14.44
排灌费	0.07	0.07	0.08	0.08	0.16	0.16	0.18	0.18
利息	2.54	2.39	2.95	1.86	0.83	0.56	0.87	0.86
间接费用	229.48	235.55	241.20	248.60	216.21	219.39	228.13	225.65
雇工费用	2.70	2.74	2.77	2.78	2.51	2.59	2.78	2.75
家庭劳动机会成本	24.70	25.18	26.59	27.51	21.27	21.98	21.99	21.75
固定资产折旧	69.10	70.36	73.13	76.05	59.06	59.24	64.78	64.08
土地机会成本	105.93	108.77	109.29	111.83	110.14	111.76	114.42	113.18
税金与保险费	9.40	9.23	9.56	9.74	7.72	7.91	7.98	7.89
管理费	17.65	19.27	19.86	20.69	15.51	15.91	16.18	16.00
净利润	-33.26	-96.86	-97.73	-116.57	-29.13	-6.66	6.06	6.00
现金成本	207.05	205.72	210.73	220.88	185.05	191.58	203.27	201.05
现金收益	97.37	37.09	38.15	22.77	102.28	127.08	142.47	140.92
每 50 公斤主产品								
平均出售价格	79.28	67.98	67.98	63.40	80.45	100.28	85.55	84.62
总成本	87.94	95.10	94.67	93.73	88.61	102.38	84.05	83.14
现金成本	53.92	57.60	57.56	57.48	51.81	60.29	50.30	49.75

品种:花生 单位:公斤、元

项 目	1998 年	1999 年	2000 年	2001 年	2002 年	2003 年	2004 年	2005 年
每亩								
主产品产量	184.67	176.44	149.36	192.97	172.33	233.81	226.03	235.38
产值合计	893.04	852.02	753.48	828.20	616.08	786.10	843.76	761.32
主产品产值	875.66	836.65	735.50	809.45	597.14	767.54	824.45	739.53
副产品产值	17.38	15.37	17.98	18.76	18.93	18.55	19.30	21.79
总成本	993.53	996.50	985.55	1026.59	911.69	970.26	1010.35	808.57
运营成本	439.94	429.59	427.37	453.59	438.73	492.74	516.13	434.23
种子费	102.96	99.43	99.18	100.56	100.36	102.66	105.39	89.77
肥料费	53.91	53.87	50.81	57.07	53.32	66.16	77.22	69.91
农药费	133.63	133.57	126.86	127.86	125.74	136.16	139.26	131.26
作业费	37.16	36.33	29.53	39.27	36.94	46.05	44.81	17.07
燃料动力费	47.20	45.36	63.38	63.50	56.77	66.19	74.41	77.26
修理费	41.47	37.84	39.04	40.57	42.19	43.11	43.83	48.22
利息	23.61	23.19	18.57	24.76	23.41	32.41	31.21	0.74
间接费用	553.59	566.91	558.18	573.00	472.96	477.52	494.22	374.34
雇工费用	47.93	51.45	53.34	56.54	57.99	56.77	59.00	
家庭劳动机会成本	114.04	116.82	122.43	123.44	126.86	128.74	130.02	20.11
固定资产折旧	164.90	166.30	167.26	167.74	168.94	170.39	181.71	83.89
土地机会成本	175.59	181.63	161.86	170.02	63.35	66.54	67.56	171.72
税金与保险费	28.06	26.82	27.85	29.29	30.31	30.51	31.46	75.17
管理费	23.07	23.89	25.44	25.97	25.51	24.57	24.47	23.45
净利润	-100.49	-144.48	-232.07	-198.39	-295.61	-184.16	-166.59	-47.25
现金成本	703.90	698.05	701.26	733.13	721.48	774.98	812.77	616.74
现金收益	189.14	153.97	52.22	95.07	-105.40	11.12	30.99	144.58
每 50 公斤主产品								
平均出售价格	237.09	237.09	246.22	209.73	173.25	164.14	182.38	157.09
总成本	263.77	277.29	322.06	259.97	256.38	202.59	218.39	166.84
现金成本	186.88	194.25	229.16	185.65	202.89	161.82	175.68	127.26

品种:棉花 单位:公斤、元

项 目	1998 年	1999 年	2000 年	2001 年	2002 年	2003 年	2004 年	2005 年
每亩								
主产品产量	35.90	43.68	42.56	47.57	45.92	55.50	60.70	61.10
产值合计	485.75	429.41	511.77	370.22	419.91	766.23	654.18	617.84
主产品产值	419.05	374.41	442.41	303.65	351.77	668.02	564.90	529.13
副产品产值	66.70	55.00	69.36	66.57	68.14	98.21	89.28	88.71
总成本	569.34	593.37	635.94	645.74	645.75	557.12	549.84	593.97
运营成本	255.21	260.79	297.26	309.79	303.35	294.59	295.90	330.91
种子费	24.38	25.03	41.06	51.59	65.46	50.73	62.63	72.04
肥料费	43.32	40.80	42.72	48.10	41.69	46.98	45.71	52.80
农药费	79.85	79.94	79.55	80.82	77.48	89.77	81.64	82.45
作业费	17.76	26.83	27.19	27.27	26.26	38.71	33.71	35.26
燃料动力费	35.86	36.34	50.43	49.78	42.79	33.27	39.05	51.26
修理费	37.27	35.85	37.08	38.92	39.69	28.58	28.44	29.47
排灌费	9.40	8.35	8.93	6.89	6.83	4.99	2.40	2.10
利息	7.37	7.65	10.30	6.42	3.15	1.56	2.32	5.53
间接费用	314.13	332.58	338.68	335.95	342.40	262.53	253.94	263.06
雇工费用	46.27	48.40	50.44	51.69	52.05	22.48	20.72	21.03
家庭劳动机会成本	39.23	39.93	40.79	41.30	44.65	46.19	46.04	46.32
固定资产折旧	127.08	132.04	133.64	138.44	136.94	85.19	88.46	93.54
土地机会成本	62.80	70.71	70.50	59.79	63.78	71.89	65.08	68.02
税金与保险费	19.37	20.56	21.73	22.75	23.20	12.02	10.98	10.92
管理费	19.38	20.94	21.58	21.98	21.78	24.76	22.66	23.23
净利润	-83.59	-163.96	-124.17	-275.52	-225.84	209.11	104.34	23.87
现金成本	467.31	482.73	524.65	544.65	537.32	439.04	438.72	479.63
现金收益	18.44	-53.32	-12.88	-174.43	-117.41	327.19	215.46	138.21
每 50 公斤主产品								
平均出售价格	583.64	428.58	519.75	319.16	383.02	601.82	465.32	433.00
总成本	684.08	592.22	645.86	556.68	589.02	437.58	391.10	416.27
现金成本	561.48	481.80	532.83	469.53	490.12	344.84	312.06	336.14

品种:烤烟　　　　单位:公斤、元

项　目	1998 年	1999 年	2000 年	2001 年	2002 年	2003 年	2004 年
每亩							
主产品产量	164.40	160.96	178.98	181.67	156.77	145.55	169.63
产值合计	5246.96	5107.79	5843.02	6162.86	5232.20	4910.84	5692.49
主产品产值	5246.96	5107.79	5843.02	6162.86	5232.20	4910.84	5692.49
副产品产值							
总成本	5538.01	5938.20	6585.50	6813.79	6563.94	6780.20	7585.29
运营成本	2153.72	2263.63	2510.04	2584.18	2520.95	2726.27	3014.00
种子费	80.62	86.56	81.94	87.23	93.84	101.76	104.41
肥料费	415.21	385.57	373.66	436.56	387.69	412.55	461.36
农药费	300.34	297.89	295.43	295.43	292.98	297.90	295.45
作业费	10.91	10.72	10.63	10.80	10.71	10.98	11.08
燃料动力费	434.52	530.17	774.90	720.50	650.68	772.92	970.53
修理费	150.96	153.50	157.31	162.38	166.19	169.99	173.80
排灌费	5.29	5.20	5.43	5.62	5.58	5.81	6.18
利息	755.87	794.02	810.74	865.66	913.28	954.36	991.19
间接费用	3384.29	3674.57	4075.46	4229.61	4042.99	4053.93	4571.29
雇工费用	755.87	794.02	810.74	865.66	913.28	954.36	991.19
家庭劳动机会成本	306.70	322.18	328.96	351.24	370.55	387.22	402.17
固定资产折旧	553.31	569.55	614.06	588.48	585.82	551.17	569.51
土地机会成本	1328.69	1544.05	1869.30	1955.01	1698.18	1674.65	2113.27
税金与保险费	191.80	192.69	194.07	202.55	202.25	207.37	209.74
管理费	247.92	252.08	258.33	266.67	272.91	279.16	285.41
净利润	-291.05	-830.41	-742.48	-650.93	-1331.74	-1869.36	-1892.80
现金成本	3902.62	4071.97	4387.24	4507.54	4495.21	4718.33	5069.85
现金收益	1344.34	1035.82	1455.78	1655.32	736.99	192.51	622.64
每 50 公斤主产品							
平均出售价格	1595.79	1586.66	1632.31	1696.17	1668.75	1686.99	1677.91
总成本	1684.31	1844.62	1839.73	1875.32	2093.49	2329.17	2235.83
现金成本	1186.93	1264.90	1225.62	1240.58	1433.70	1620.86	1494.38

附录六：

世界主要国家农产品成本核算体系(一)

美　国	加拿大	欧　盟	巴　西
一、运营成本	一、运营成本	一、可变成本	一、直接成本
种籽费	种籽	种籽及播种	种籽和种籽处理
化肥	化肥	肥料	肥料
农家肥			
土壤改良	除草剂	作物保护	除草剂
农药	农药	农药	农药
机械作业	机械作业	机械作业	作业费用
燃料、润滑油和电力	燃料动力	动力	
修理	干燥费		
	税费		
作业资本利息	利息		
其他	其他	其他	
二、间接费用	二、固定成本	二、间接费用	二、间接成本
雇工	土地成本	折旧	税金
未付费劳动机会成本	设备折旧	工资	劳动成本
设备折旧	设备投资机会成本	管理费	管理费
土地机会成本(地租)	劳动力成本	利息	财务费
税收和保险		税金和保险	
管理费		地租	
三、总成本	三、总成本	三、总成本	三、总成本

世界主要国家农产品成本核算体系(二)

澳大利亚	日 本	韩 国	IFCN
一、物质和服务成本	**一、物质费用**	**一、直接成本**	**一、直接成本**
种籽及播种	种籽和播种	种籽及播种	种籽
肥料	化肥和农家肥	化肥	化肥
			植物保护(农药)
	灌溉和土壤改良	灌溉费用	其他
农药	农药	农药	**二、作业成本**
	租费	机械器具	烘干费
燃料和润滑油	燃料动力	燃料动力费	机械作业费
修理维护	混合材料	劳动成本	劳动
销售成本		作业成本	未付费劳动
	建造物折旧	建筑设施折旧	付费劳动
	机器设备折旧		**三、间接成本**
其他		其他	建造物成本
二、劳动成本	**二、劳动成本**	**二、间接成本**	税费
三、间接费用		土地成本	其他
利息	**三、利息**	资金成本	**四、资金成本**
税金与保险			支付的利息
折旧	**四、地租**		未支付的利息
			五、土地成本
			已支付的地租
			未支付的地租
四、总成本	**五、总成本**	**三、总成本**	**六、总成本**

注:IFCN 为 International Farm Comparison Network 的缩写,是一个国际性农业专家、研究人员和农场主协会。